2023

30강대로 끝내는

날로 먹는

유튜브
강의 링크

김민재 김명주 | 편저

쉽고 **빠**르게 **만**점 받고 싶다면!

- 2023. 7, 9급 공무원 행정법총론 수험서
- 가장 짧은 강의시간과 가장 얇은 기본서로 '단기간 다회독'에 최적화된 파격 기본서
- 현직 로펌 행정법 전문 변호사들이 집필
- 전 공단기 행정법 대표 강사 (김민재 T)
- 최신 개정법령, 기출문제 완벽 반영
- 기출 및 중요지문 컬러화를 통한 스피디한 회독 가능
- 각 단원별 기출 패턴 및 경향 분석 등 시스템 공부법 제시

개정판

공지 및 학습 문의
https://cafe.naver.com/nallo2020

https://hmstory.kr

머리말

수험생 여러분 안녕하세요.
행정법 강사 김민재 · 김명주 변호사입니다.

먼저 본 교재를 선택해 주신 여러분들께 진심으로 감사 말씀드립니다.

저희가 **30강대로 끝내는 날로 먹는 행정법** 강의와 교재 제작을 기획하게 된 이유는
수험생 여러분들의 시간과 비용 부담을 줄여드리기 위함입니다.

공무원 시험 합격을 위해
기본서와 요약서를 각각 구매해
따로따로 정리해야 하는 번거로움은 이제 그만두시고
이 책 한권으로
행정법 기본 이론과 대표적인 기출 문제들을 마스터 한 후,
기출문제만 반복 회독한다면
합격을 위한 행정법 공부는 차고 넘칠 만큼 충분합니다.

저희는 여러분들이 이 책을 통해
행정법을 더욱 효율적으로 공부하고,
그렇게 확보된 시간을
다른 과목을 공부하는데 더 할애하길 바랍니다.

나아가 다른 과목 역시
이와 같은 공부법을 통해
긍정적 효과를 볼 수 있길 기대합니다.

수험생 여러분,
큰 용기를 내어 이 시험에 도전장을 낸 여러분들은
지금 모습 그 자체만으로도 빛나는 별입니다.

공무원이 되기 위한 수험생으로서의 삶은
무언가를 위해 인생을 걸고 도전해본 적이 있는지를 구분하는
무엇보다 값진 경험이 될 것입니다.

여러분들이 인생을 걸고 도전하는 이 길에,
이 책이 조금이나마 도움이 될 수 있길 희망하며,
그 길의 끝에 합격이라는 결과가
여러분들을 반기고 있길 진심으로 기원합니다.

감사합니다.

2022. 6.
김민재 · 김명주 변호사

이 책의 특장점

1. 기출문제 지문 구성으로 인한 효율적 회독 효과

교재에 기출문제 지문을 최대한 그대로 반영함으로써, 여러분들이 기출문제 지문에 더욱 빨리 익숙해질 수 있도록 하였습니다. 또한 책 문장 뒤에 기출 연도를 표시하여, 이를 바탕으로 빈출도는 물론 최근 기출 여부 등 실질 중요도를 쉽고 명확하게 알 수 있도록 하였습니다. 이를 통해 이 책 1회독만으로 기본 이론은 물론, 중요 빈출문제까지 회독하는 효과를 누릴 수 있도록 구성하였습니다.

일반 법원	대륙 법계 (우리 나라)	해당 사건	법원조직법에는 상급법원의 재판에 있어서의 판단은 해당사건에 관하여 하급심을 기속한다는 규정이 있다(10경행)
		동종 사건	· **동종사건에 관하여 대법원의 판례가 있더라도 하급법원은 그 판례와 다른 판단을 하는 것이 가능**하다(11국가9급). · 대법원의 판례가 법률해석의 일반적인 기준을 제시한 경우에 유사한 사건을 재판하는 하급심 법원의 법관은 판례의 견해를 존중하여 재판하여야 하는 것이나, 판례가 사안이 서로 다른 사건을 재판하는 하급심법원을 직접 기속하는 효력을 갖는 것은 아니다(17경행).
헌법 재판소	'법률의 **위헌결정은 국가기관과 지방자치단체를 기속**한다'는 헌법재판소법 제 47조에 의해 위헌결정은 법원으로서의 성격을 가진다(12지방9급). 단, 헌법재판소가 법률의 위헌 여부를 판단하기 위하여 한 **법률해석**에 대법원이나 각급 법원이 **구속되는 것은 아니다**(10국가9급).		

다. 조리 (행정법의 일반원칙)

2. 중요지문 등의 컬러화로 인한 회독 속도 증가

중요 개념 및 판례를 눈에 띄게 강조하여, 빈출 개념 및 중요 판례가 무엇인지 한 눈에 알 수 있게 하였고, 이를 통해 회독 속도를 더욱 높일 수 있도록 구성하였습니다.

성립 요건	동일한 행정청·동종 사안일 것	동일한 행정청이 행한 동종 사안에 대해서만 적용됨. 행정의 자기구속의 원칙은 **처분청이 아닌 제3자 행정청에 대해서는 적용되지 않는다**(19서울9급,18국가9급).
	행정 선례의 존재	· 재량준칙이 공표된 경우, 추가적으로 행정 선례의 존재까지 필요한지 여부에 관해 학설 대립이 있으나 이에 대해 학설 대립이 있으나, **다수설과 판례**는 **재량준칙이 공표된 것만으로는 행정의 자기구속의 원칙이 적용될 수 없고, 재량준칙이 되풀이 시행되어 행정관행이 성립한 경우**에 행정의 자기구속의 원칙이 적용될 수 있다는 **선례필요설의 입장**이다(2009두7967)(18국가9급,18서울7급,15지방7급,13지방7급). · 법령보충적 행정규칙 뿐만 아니라 재량권 행사의 준칙인 행정규칙이 행정의 자기 구속원리에 따라 대외적 구속력을 가지는 경우에는 **헌법소원**의 대상이 될 수 있다(99헌마413)(20국가9급,16서울9급,08국가9급).
한계	**위법한 행정처분이 수차례에 걸쳐 반복적으로 행하여졌다** 하더라도 그러한 처분이 **위법**한 것일 때에는 행정청에 대하여 **자기구속력을 갖게 된다고 할 수 없고**(2008두13132)(21국가9급,17서울9급,18국가9급), **중대한 사정변경**이 있는 경우에도 적용될 수 **없다**	

3. 각 개념별 빈출지문 및 중요지문 반영

각 개념들과 관련하여, 빈출되거나 출제가 예상되는 중요 지문들을 페이지별 측면에 정리하였습니다. 특히 모든 지문들을 '정답' 지문으로 수록함으로써, 여러분들이 오답이 아닌 정답에만 익숙해 질 수 있도록 하였고, 하루의 공부 분량을 마친 후, 마지막으로 이 지문들을 다시 한번 빠르게 회독한다면, 중요 지문들이 다시 한번 머리에 각인될 것입니다.

2. 학교급식을 위해 국내 우수농산물을 사용하는 자에게 식재료나 구입비의 일부를 지원하는 것 등을 내용으로 하는 지방자치단체의 조례안이 '1994년 관세 및 무역에 관한 일반협정'을 위반하여 위법한 이상, 그 조례안은 효력이 없다. **20국가9급**

3. 국제법규도 행정법의 법원이나, 사인이 반덤핑부과처분이 WTO 협정 위반이라는 이유만으로 직접 국내 법원에 그 처분의 취소를 구하는 소를 제기할 수 없고, 협정위반을 처분의 독립된 취소사유로 주장할 수 없다. **19서울9급**

마. 국제법(조약 및 일반적으로 승인된 국제법규)

의의	· **조약**이란, 그 명칭에 관계없이 **국가와** **사이의 문서로 이루어진 합의**를 말하며, · **일반적으로 승인된 국제법규**란 우리나 **국제사회에서 일반적으로 그 규범성이 승**
법원성	헌법 제6조에서는 **'헌법에 의하여 체결** **인된 국제법규는 국내법과 같은 효력을 가** 반적으로 승인된 국제법규 중 국내 행정 은 **행정법의 법원이 되며, 특히 일반적으로** **조치 없이도 행정법의 법원이 된다**(18경행, 판례 **'남북 사이의 화해와 불가침 및** 북한 당국이 각기 정치적인 책임을 가지 을 약속한 것이기는 하나, **법적 구속력이** **간의 조약 또는 이에 준하는 것으로 볼** **한 효력이 인정되는 것도 아니다**(98두145

4. 표 형식의 압축 정리

이 책은 기본서이자 요약서로, 방대한 행정법의 개념 내용 및 판례들을 최대한 표 형식으로 압축하였습니다.
여러분들이 본 교재를 눈에 익힘으로써, 자연스레 행정법을 구조화하여 이해 및 암기할 수 있도록 기획하였으며, 한눈에 해당 단원의 내용을 파악할 수 있게 되어, 결론적으로 회독 속도를 높이는데 기여할 수 있도록 구성하였습니다.
나아가 표 형식의 구조화 정리는, 시험장에서 갑자기 관련 부분이 잘 떠오르지 않을 때, 연관 개념들을 기억해 내게 하여, 연쇄적 기억 회복 효과를 일으키는 효과를 발휘할 것입니다.

		기준에 부합하는 한 수리해야 하나, 보건위생상 위해방지, 공공복리 증진 등 **중대한 공익상 필요가 있는 경우 수리를 거부할 수 있음**(2008두22631).
신고 수리의 의미	**✪신고를 수리하거나 신고필증을 교부하는 행위 → 법적효과×(처분성×)**	**✪신고의 수리가 있어야 법적효과가 발생 → 처분성 ○ 단, 수리행위에 신고필증 교부 등의 행위가 꼭 필요한 것은 아니다(19사회복지9급,18지방7급,17국가9급).**
효력 발생	위 요건을 갖춘 경우 **신고서가 접수기관에 도달된 때에** 신고의무가 이행된 것으로 봄(**행정절차법** §40②)(18국가9급,17국가9급,16국가9급,10지방7급). ∴ 적법한 신고가 있은 후라면 행정청이 수리하지 않았더라도, 신고의 대상이 되는 행위를 하더라도 행정벌의 대상이 되지 않음.	**✪형식적 요건 외 실질적 요건까지 행정청이 심사하여 수리함으로써 비로소 법적효과가 발생함**(19서울9급, 13국가7급,15교행9급).

5. 2021 기출, 2022 국가직 기출지문 완벽 반영

본 교재에는 기존 10개년 이상 기출문제는 물론,
2021 기출, 2022 국가직 9급, 2022 소방, 2022국회 8급 등의 최신 기출문제와 개정법령 및 최신 판례까지 분석하여 반영하였습니다.

귀책 사유	판례 ㉠ 교통사고가 일어난 지 1년 10개월이 지난 뒤 그 교통사고를 일으킨 택시에 대하여 운송사업면허를 취소한 경우, 택시운송사업자로는 '자동차운수사업법'의 내용을 잘 알고 있어 교통사고를 낸 택시에 대하여 운송사업면허가 취소될 가능성을 예상할 수 있었으므로 별다른 행정조치가 없을 것으로 자신이 믿고 있었다 하여도 신뢰보호이익을 주장할 수는 없다(85누291).(13국가9급) ㉡ 하사관 지원시 허위의 고 졸업증명서를 제출한 하자가 있다면 이를 이유로 임용일로부터 33년이 지난 후에 행정청이 행한 하사관 및 준사관 임용취소처분은 적법하다(2001두5286).(13경찰) · ✪**귀책사유의 유무**는 상대방 뿐만 아니라 그로부터 신청행위를 위임받은 수임인 등 **관계자 모두를 기준으로 판단**하여야 한다(2001두1512).(22국가9급,21국가7급,18지방9급,11국가9급) 판례 건축주와 그로부터 건축설계를 위임받은 건축사가 관계 법령에서 정하고 있는 건축한계선의 제한이 있다는 사실을 간과한 채 건축설계를 하고 이를 토대로 건축물의 신축 및 증축허가를 받은 경우, 그 신축 및 증축허가가 정당하다고 신뢰한 데에는 귀책사유가 있다(2001두1512).(22국가9급)
국가에	

목 차

Ⅰ. 행정법 통론

II. 행정작용법

III. 행정절차법

V. 행정상의 손해전보

VI. 행정쟁송

행정법총론
총 20문제 출제

[시스템 공부법]
출제 비중에 따라, 가장 효과적으로 공부하기 !

최근 10개년 기출문제를 분석한 다음 통계를 보면 알 수 있듯이,
2단원과 6단원에서 약 65% 이상의 문제가 출제되었고,
특히 이 부분 기출 지문 중 **70% 이상이 판례 지문**이었습니다.

행정법을 처음 배우는 단계인 1회독 단계에서는,
개념을 차근차근 이해하기 위해 1단원부터 순서대로 공부하는 것이 좋지만,
기본적 개념을 익힌 **2회독 단계부터는 빈출 단원인 2단원과 6단원을 시작**으로,
기출비중에 따른 단원 순서로 회독 수를 늘려가는 것을 추천합니다.

특히 **기존 기출문제가 매년 70~80% 이상 반복 출제**되고 있고
이론을 묻는 문제보다 **판례의 결론을 묻는 문제**의 비중이 더욱 높기 때문에,

이러한 시험 데이터에 맞게 공부량과 공부 방향을 계획하면서 체계적으로 공부하여야만
남들보다 빠르게 합격의 문턱을 넘을 수 있습니다.

본 교재 역시 **시스템 공부법을 기반으로** 목차와 내용 등이 구성되어 있으며,
이 책에 다 담지 못한 시스템 공부법의 세부 내용은 동영상 강의를 통해 전달해 드릴 예정입니다.

이제 시스템 공부법으로 쉽고 빠르게 만점을 향해 달려가 볼까요?
쉽 · 빠 · 만! 날로 먹는 행정법!
민재쌤과 함께 시작해봅시다!

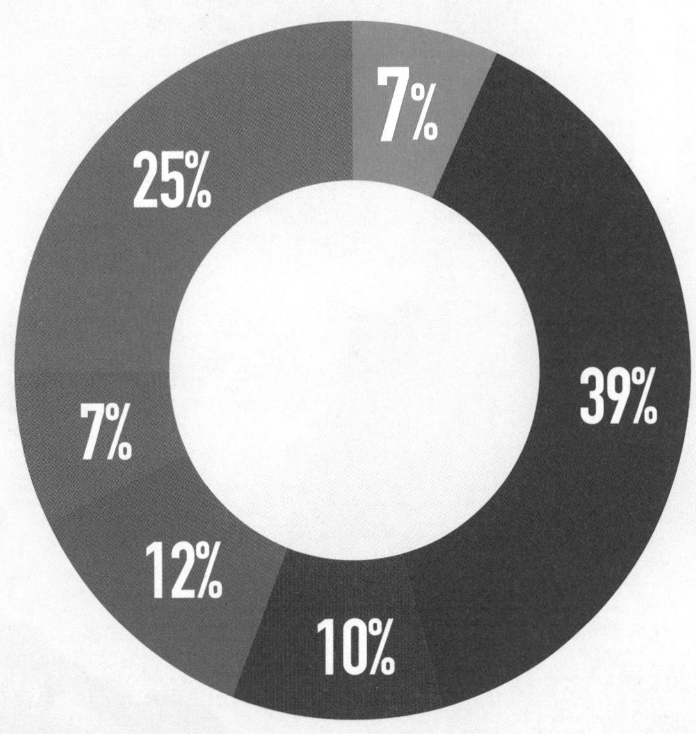

1 행정법총론

2 행정작용법

3 행정절차법

4 의무이행 확보수단

5 행정상손해전보

6 행정쟁송

01

PART 01

행정법 통론

행정

행정법

행정법의 법원과 효력

행정법의 일반원칙

행정법관계

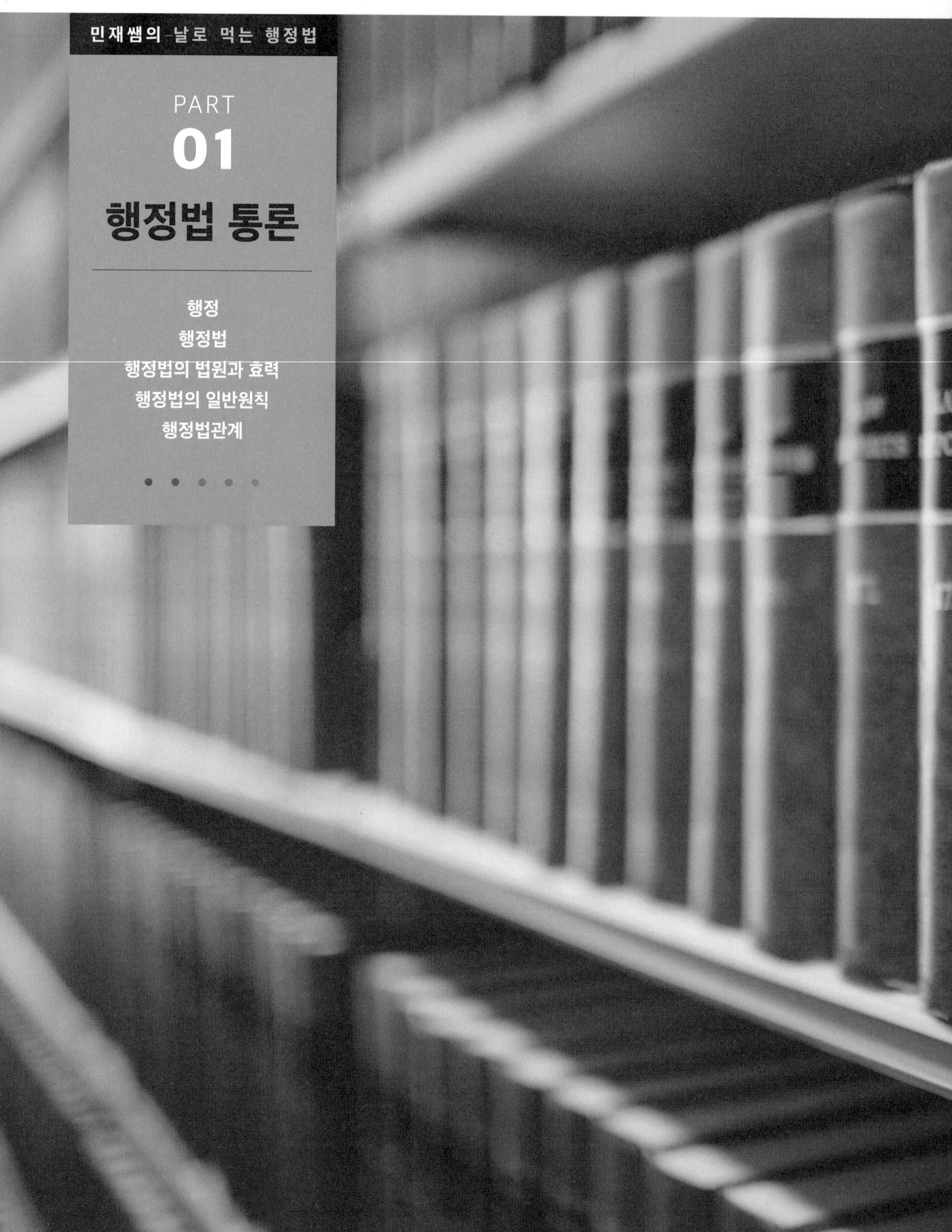
민재쌤의 날로 먹는 행정법
PART
01
행정법 통론
행정
행정법
행정법의 법원과 효력
행정법의 일반원칙
행정법관계

단원별 소개 및 추천 공부법

행정법 통론 20문제 중 1~3문제 출제

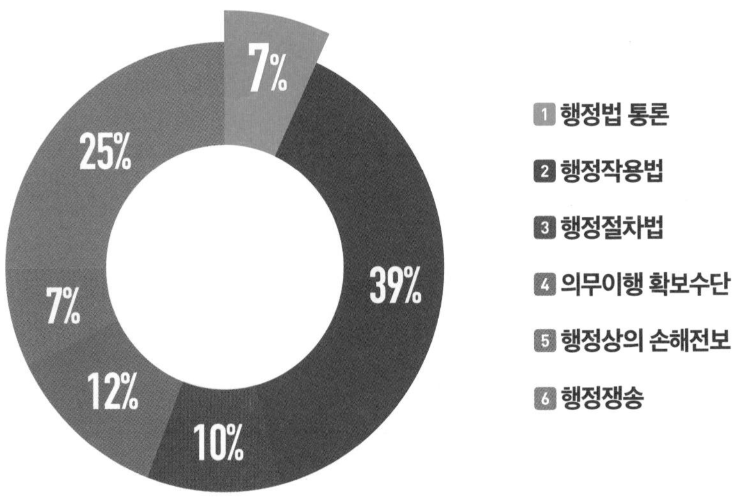

이 단원은 행정법을 공부하는데 필요한 **기본적 개념들을 숙지**하는 단원입니다.

공부량 대비 출제 비중이 낮아 보이지만,
이 단원에서 공부하는 내용이 추후 배우게 될 단원들의 개념과 연관되어 있기에
실질적 출제 비중은 결코 낮지 않습니다.

이 단원에서 잘 이해가 안되는 개념들은
다음 단원들을 공부하면서 자연스레 이해가 되는 개념들도 많으니,
너무 어렵다고 걱정할 필요는 없습니다.

따라서 용어들이 생소하고, 이해해야 할 내용이 조금 많더라도
끈기를 가지고 정진하려는 노력이 필요합니다.

쌤만 믿고 차근차근 공부해 볼까요~?

01 행정

제 1 절 행정의 의의 | 형식적 의미의 행정과 실질적 의미의 행정

형식적 의미의 행정	행정기관에 의해 행해지는 모든 활동
실질적 의미의 행정	행정의 고유한 성질과 기능을 중심으로 행정개념을 파악하는 입장으로, 실질적 의미의 입법(법 제정 · 개정)과 실질적 의미의 사법(법 위반 판단, 처벌 등) 이외의 국가작용(법 집행행위)을 실질적 의미의 행정이라 함.

제 2 절 통치행위

1 개념

통치행위란 국가기관의 행위 중 고도의 정치성을 갖는 것으로, 사법심사의 대상이 되는지 여부가 문제된다.

2 사법심사 허용 여부

가. 학설

통치행위 긍정설 (사법심사 불가)	**내재적 한계설**(권력분립의 원칙상 사법부는 행정부의 정치적 결정을 판단할 수 없다), **사법자제설**(사법부는 법이론적으로는 모든 국가작용을 심사할 수 있지만, 통치행위에 한해서는 사법부 스스로가 자제하는 것이 타당하다) 그 밖에 대권행위설, 자유재량행위설, 독자성설 등이 있음
통치행위 부정설 (사법심사 가능)	행정소송상 **개괄주의**를 채택하고 있는 현대국가에서는 사법심사가 배제되는 통치행위를 인정할 수 없다.

나. 판례의 태도

대법원	**내재적 한계설 내지 사법자제설을 근거로 통치행위를 제한적으로 긍정함.** 판례 고도의 정치성을 띤 국가행위에 대하여는 이른바 통치행위라 하여 법원 스스로 사법심사권의 행사를 억제하여 그 심사대상에서 제외하는 영역이 있으나, 이와 같이 통치행위의 개념을 인정한다고 하더라도 과도한 사법심사의 자제가 기본권을 보장하고 법치주의 이념을 구현하여야 할 법원의 책무를 태만히 하거나 포기하는 것이 되지 않도록 그 인정을 지극히 신중하게 하여야 하며, 그 **판단은 오로지 사법부**만에 의하여 이루어져야 한다(2003도7878). **(13지방9급)**
헌법 재판소	✪ 사법자제설을 근거로 통치행위의 개념을 긍정하면서도, 다만 국민의 기본권 침해와 직접적으로 관련되는 경우 통치행위라 하더라도 **사법심사의 대상이 된다**고 보아, **제한적으로 긍정**함.**(13서울7급)** 단, 기본권 침해 여부를 심사할 때 정책 판단이 명백하게 재량의 한계를 유월하거나 선택된 정책이 현저히 합리성을 결여한 것인지를 살피는 완화된 심사기준을 적용해야 한다고 함(2016헌마364).

다. 판례 정리

사법심사 대상 긍정	사법심사 대상 부정
㉠ ✪**남북정상회담 중 북한 측에** 사업권의 대가 명목으로 **송금한 행위 자체**(2003도7878)**(18경행,17지방9급,16교행9급)** ㉡ ✪**신행정수도건설, 수도이전 문제**를 국민투표에 부칠지 여부에 관한 **대통령의 의사결정**이 국민의 기본권 침해와 직접 관련된 경우(2004헌마554)**(17국가9급,16경행,13서울7급)** ㉢ ✪**금융실명제에 관한 긴급재정, 경제명령**이 국민의 기본권 침해와 직접 관련된 경우(93헌마186)**(18소방,17서울9급,15국가9급)** ㉣ ✪**비상계엄의 선포나 확대가 국헌문란의 목적**을 달성하기 위해 행해진 경우(96도3376)**(15국가9급)** ㉤ 유신헌법에 근거한 대통령의 긴급조치(2010도5986)**(18소방,17국가9급)** ㉥ 한미연합 군사훈련 중 2007년 전시증원연습을 하기로 한 결정(2007헌마369) ㉦ 지방의회의 의원징계의결(93누7341) ㉧ ✪**서훈취소**(2012두26920) ㉨ 개성공단 운영 전면중단 조치(2016헌마364)	㉠ ✪**남북정상회담 개최**(2003도7878)**(20경행,17지방 9급)** ㉡ **자이툰부대 이라크 파병 결정**(2003헌마814)**(20경행,17지방9급15국가9급,13지방9급,13서울7)** ㉢ **대통령의 사면**(97헌바74)**(14경찰,11국회9급)** ㉣ 군사시설보호구역의 설정, 변경, 해제(83누279) ㉤ 대통령의 지자체장 선거일공고 부작위(92헌마126) ㉥ 영전수여 ㉦ 법률안거부권의 행사 ㉧ 국무총리, 국무위원의 해임건의 ㉨ 국회의원의 자격심사 · 징계 · 제명 ㉩ 선전포고 · 강화 ㉪ 국가의 승인 ㉫ 외교대사의 신임 · 접수 · 파견 ㉬ 단순 긴급재정경제명령, 비상계엄 선포나 확대 (왼쪽 ㉢, ㉣과 비교)**(13지방9급)**

1. 통치행위의 개념을 인정한다고 하더라도 과도한 사법심사의 자제가 기본권을 보장하고 법치주의 이념을 구현하여야 할 법원의 책무를 태만히 하거나 포기하는 것이 되지 않도록 그 인정을 지극히 신중하게 하여야 하며, 그 판단은 오로지 사법부만에 의하여 이루어져야 한다. **13지방9급**

2. 통치행위가 국민의 기본권 침해와 직접 관련이 있는 경우는 헌법소원의 대상이 될 수 있다. **13서울7급**

3. 남북정상회담의 개최과정에서 재정경제부장관에게 신고하지 아니하거나 통일부장관의 협력사업 승인을 얻지 아니한 채 북한 측에 사업권의 대가 명목으로 송금한 행위는 사법심사의 대상이 된다. **18경행**

4. 비상계엄의 선포와 그 확대행위가 국헌문란의 목적을 달성하기 위하여 행하여진 경우에는 법원은 그 자체가 범죄행위에 해당하는 지의 여부에 관하여 심사할 수 있다. **15국가9급**

5. 대통령의 긴급재정 · 경제명령은 고도의 정치적 결단에 의하여 발동되는 이른바 통치행위에 속하지만 그것이 국민의 기본권침해와 직접 관련되는 경우에는 헌법재판소의 심판대상이 된다. **15국가9급**

6. 외국에의 국군파견결정은 그 성격상 국방 및 외교에 관련된 고도의 정치적 결단을 요하는 문제로서, 헌법과 법률이 정한 절차가 지켜진 것이라면 대통령과 국회의 판단은 존중되어야 하고 사법적 기준만으로 이를 심판하는 것은 자제되어야 한다. **17지방9급**

3 통치행위의 행위주체와 판단주체

행위주체	주로 정부(대통령)가 행사하는 것이 일반적이지만, 국회의원의 징계, 제명 등 국회의 자율권 행사와 관련해서는 국회도 통치행위의 주체가 될 수 있음. **단, 사법부의 행위는 통치행위로 인정되지 않음.(13서울7급)**
판단주체	오로지 **사법부**만에 의해 이루어져야한다.**(13지방9급)**

제 3 절 행정의 분류

주체 **(18서울9급)**	**국가행정**	국가가 직접 행정주체가 되어 행하는 행정
	자치행정	지방자치단체, 기타 공공단체가 주체가 되어 행하는 행정
	위임행정	국가 또는 공공단체가 다른 행정단체나 사인에게 위임하여 행하는 행정
목적	**질서행정**	사회공고의 안녕, 질서를 유지하기 위한 행정 **예) 경찰행정, 교통단속**
	급부행정	사회국가이념을 실현하기 위한 직접적, 간접적 지원 행위 **예) 생활무능력 지원, 사회공공시설 확충**
	유도행정	행정주체가 국민의 행동을 이끌어가며 촉진시키는 행정 **예) 중소기업육성을 위한 세금감면, 보조금지급 등**
	공과행정	행정주체가 자금을 조달하기 위하여 하는 행정 **예) 조세, 분담금 부과, 징수 등**
	조달행정	행정주체가 인적, 물적수단을 충당하는 행정 **예) 국가재정법, 국유재산법 등**
	계획행정	일정한 목표달성을 위해 행정수단을 종합하는 작용
법적 효과	**침익적행정**	국민의 자유, 권리를 제한하는 행정작용
	수익적행정	국민에게 새로운 권리, 이익을 부여하거나 이미 부과된 의무나 부담을 해제하는 것
	복효적행정	위 두 성질을 모두 갖춘 행정 **예) 도로점용허가를 하면서 점용료납부의무 부과**
법적 기속	**기속적행정**	행정주체가 행정법규에 따라 반드시 해야 하는 경우의 행정
	재량적행정	행정주체가 재량적으로 할 수 있는 경우의 행정
법적 수단	**권력적행정**	행정 주체가 개인에 대하여 우월한 지위에서 일방적으로 명령하고 강제하는 작용.
	비권력적행정	비강제성인 행정
법적 형식	**공법형식**	공법의 규율을 받아 공법의 형식에 따라 이루어지는 행정
	사법형식	사법의 규율을 받아 사법의 형식에 따라 이루어지는 행정

제 1 절 행정법의 의의 및 법적 특수성

1 행정법의 성립과 유형

대륙법계	• **공법과 사법의 구별**을 강조. • 행정사건은 사법(司法) 법원이 아닌 별도의 법원의 관할에 속하도록 함(11국가9급). • 특히, 프랑스는 대혁명 이후 행정사건에 대한 사법(司法)법원의 간섭을 배제하기 위해, 독립된 행정재판소를 출범시킴(11국가 9급).
영미법계	• 공법과 사법의 구별을 강조하지 않음. • 행정법은 **보통법의 특별법적인 성격**을 갖고, 행정사건의 재판권 역시 통상의 사법(司法) 법원이 담당 (11국가9급).
우리 행정법	• 전통적으로 **대륙법계**의 영향을 받아, 행정법은 **사법(私法)과는 구별**되는 공법으로서의 성격을 가짐. • 그러나 행정소송은 **영미법계**와 동일하게 **통상의 사법(司法)법원**의 관할에 속함(11국가9급).

2 행정법의 의의

행정법은 "행정"에 관한 "국내" "공법"이다.

3 행정법의 법적 특수성

내용상의 특수성	• 행정주체의 우월성 • 공익우선성 · 평등성
형식상의 특수성	• 성문성 - 예측가능성 보장과 법적 안정성 보장을 위해 • 형식의 다양성 예) 법률, 법규명령, 조례 등
성질상의 특수성	• 획일 · 강행성 - 다수의 국민을 상대로 획일, 강제적으로 규율됨. • 기술성 · 수단성 - 행정목적을 실현하기 위한 수단 • 행위규범성 - 국가 기관의 활동에 근거를 제공함. • 단속규정성 - 위반한 경우, 위반에 대한 제재만 가해질 뿐, 위반 행위 자체의 효력까지 부인하지는 않음 예) 구 주택건설촉진법의 규정을 위반하여 주택을 공급한 자에게 과태료를 부과한다고 하여 그 사법적 효력까지 부인된다고 볼 수는 없다(08국가9급).

제 2 절 행정법의 지도원리 | 행정법은 헌법의 구체화 법

행정기본법 제1조(목적) 이 법은 행정의 원칙과 기본사항을 규정하여 행정의 민주성과 적법성을 확보하고 적정성과 효율성을 향상시킴으로써 국민의 권익 보호에 이바지함을 목적으로 한다.

1 민주국가의 원리

의의	헌법 제1조 - 대한민국은 민주공화국이다, 대한민국의 주권은 국민에게 있고, 모든 권력은 국민으로부터 나온다.
구현	기본권보장, 행정의 투명성, 지방자치제도에서 민주국가의 원리가 행정을 통해 발현.

2 법치국가의 원리

가. 의의

행정은 헌법과 법률에 의해 행해지며, 행정에 의해 불이익을 받은 사람은 법에 의해 그 구제가 가능해야 한다.

나. 유형

	의의	행정 입법	행정 구제	법률 유보	포괄적 위임
형식적 법치주의	• 행정의 법률적합성 • 법의 내용 · 이념은 문제 삼지 않음. • 국회에서 제정된 형식적 법률중시 • 행정권한의 확대 • 국민권익보호 미흡	소극적	열기 주의	침해유보 적용범위 좁게	인정
실질적 법치주의	• 행정의 정당성 · 합헌성 • **법률의 내용 및 국민의 기본적 인권의 보호 중시** • 정당한 법에 따라 통치 • **법치행정원리의 현대적 의미(19서울7급)** • 행정기관 등 국가권한의 통제 • 국민의 권익 보호 확대	적극적	개괄 주의	중요사항 유보 적용범위 확대	금지

03 행정법의 법원과 효력

제 1 절 행정법의 법원(法源)

1 행정법의 존재형식

법원이란, 법의 존재형식 또는 인식근거를 의미하며, 대륙법계를 따르는 우리나라는 **국민의 예측가능성과 법적안정성을 위해 원칙적으로 성문법주의**를 따르며, **불문법에 의해 보완**되는 특색을 가지고 있다.

2 행정법의 성문법원 (헌법 → 법률 → 명령 → 자치법규)

가. 헌법

헌법은 **국가의 최고 규범**으로서, **기본권 규정은 행정법의 가장 기본적인 법원**이다.(19서울9급,17변시,16서울9급)

따라서 헌법은 하위 **법규범의 해석기준**이 되며, 어떤 법률이 헌법에 합치되는지 여부가 명백하지 않은 경우, 헌법에 합치되는 해석이 가능할 때에는 가능한 한 법률이 헌법에 합치되는 것으로 해석해야 한다(**헌법합치적 법률해석**).

나. 법률

국회가 제정한 형식적 의미의 법률로써, 법규명령과 자치법규보다 우월한 효력을 가진다. 다만, 헌법은 **긴급명령, 긴급재정, 경제명령**에 대해 법규명령이지만 **법률과 동일한 효력**을 가지는 것으로 규정하고 있으므로, 이들은 행정법의 법원이 된다.(17교행9급, 11지방7급)

다. 명령

명령이란 행정권에 의하여 제정되는 법 형식을 의미함.

발령주체에 따라	**대통령령, 총리령, 부령, 대법원규칙, 국회규칙 등**	
법규성 여부 국민의 권리 · 의무에 직접적인 영향을 미치느냐에 따라	법규성 ○	**법규명령**
	법규성 ×	**행정규칙**
수권성 여부 법률에 직접 명령을 발할	수권성 ○	**위임명령**-상위법령의 위임을 받아 제정된 명령
	수권성 ×	**집행명령**-상위법령의 실현을 위해 구체적인 사항, 절차 등을 제정한 명령

1. 헌법에 의하여 체결 · 공포된 조약과 일반적으로 승인된 국제법규는 국내법과 같은 효력을 갖는다. **18경행**

2. 학교급식을 위해 국내 우수농산물을 사용하는 자에게 식재료나 구입비의 일부를 지운하는 것 등을 내용으로 하는 지방자치단체의 조례안이 '1994년 관세 및 무역에 관한 일반협정'을 위반하여 위법한 이상, 그 조례안은 효력이 없다. **20국가9급**

3. 국제법규도 행정법의 법원이나, 사인이 반덤핑부과처분이 WTO 협정 위반이라는 이유만으로 직접 국내 법원에 그 처분의 취소를 구하는 소를 제기할 수 없고, 협정위반을 처분의 독립된 취소사유로 주장할 수 없다. **19서울9급**

라. 자치법규

지방자치단체가 법령의 범위 내에서 제정하는 자치에 관한 규정을 말하며, 자치법규에는 지방의회가 제정하는 조례, 지자체 장이 정하는 규칙 등이 있다. 지방자치단체의 사무에 관한 조례와 규칙 중 조례가 상위규범이다.**(13서울7급)**

마. 국제법(조약 및 일반적으로 승인된 국제법규)

의의	· **조약**이란, 그 명칭에 관계없이 **국가와 국가 사이 또는 국가와 국제기구 사이의 문서로 이루어진 합의**를 말하며, · **일반적으로 승인된 국제법규**란 우리나라가 당사국이 아닌 조약으로서 **국제사회에서 일반적으로 그 규범성이 승인**된 것을 말한다.
법원성	✪ 헌법 제6조에서는 **'헌법에 의하여 체결 · 공포된 조약과 일반적으로 승인된 국제법규는 국내법과 같은 효력을 가진다.'**라고 규정하여, 조약과 일반적으로 승인된 국제법규 중 국내 행정에 관한 사항을 정하고 있는 것은 **행정법의 법원이 되며, 특히 일반적으로 승인된 국제법규는 별도의 입법 조치 없이도 행정법의 법원이 된다.(18경행,17교행9급,15경행,12지방9급)** 판례 ✪ **'남북 사이의 화해와 불가침 및 교류협력에 관한 합의서'**는 남북한 당국이 각기 정치적인 책임을 가지고 상호간에 그 성의 있는 이행을 약속한 것이기는 하나, **법적 구속력이 있는 것은 아니어서 이를 국가 간의 조약 또는 이에 준하는 것으로 볼 수 없고**, 따라서 **국내법과 동일한 효력이 인정되는 것도 아니다**(98두14525).**(17교행9급,15경찰,14경찰,12지방9급)**
조약과 국내법의 충돌시 해결방법	일반적인 법 충돌과 동일하게 보아 **상위법 우선의 원칙, 특별법 우선의 원칙, 신법 우선의 원칙을 통해 해결**이 가능하다.**(11지방9급)** 판례 ✪ ㉠ 지방자치단체가 제정한 조례가 **1994년 관세 및 무역에 관한 일반협정**이나 정부조달에 관한 협정에 위반되는 경우, 그 조례는 **무효**이다.**(21국가9급,20국가9급,17국가9급,11지방9급)** ㉡ 학교 급식을 위해 지방자치단체에서 생산되는 우수 농산물을 사용하여 식재료를 만드는 자에게 식재료 구입비의 일부를 지원하는 지방자치단체의 조례안이 **관세 및 무역에 관한 일반협정(GATT)에 위반되어 무효**라고 판시한 바 있다(2004추10).**(20국가9급,14지방9급,12지방9급)**
국제법규와 사인 간의 효력	국제협정은 국가 사이의 권리 · 의무를 정하므로, **사인에 대해 직접적 효력이 미치지 않는다.** 판례 ✪ **사인은 반덤핑부과처분이 세계무역기구(WTO) 협정 위반이라는 이유**로 직접 국내 법원에 회원국 정부를 상대로 그 처분의 취소를 구하는 **소를 제기할 수 없다**(2008두17936)**(19서울9급,17국가9급,11지방9급)**.

3 행정법의 불문법원 - 성문법의 보충적 법원

가. 관습법

구분		내용
의의		행정관습법이란, **사회의 거듭된 관행**으로 생성한 **사회생활규범이 사회의 법적 확신**과 인식에 의하여 **법적 규범으로 승인 · 강행**되기에 이른 것을 말한다.**(15경찰)**
성립 요건		**객관적 요건인 반복된 관행 + 주관적 요건인 법적 확신** 따로 국가의 승인은 요하지 않는다**(통설, 판례)**.
종류	행정 선례법	• 행정청의 **행정사무처리 과정에서 반복된 관행에 대해 국민이 법적 확신**을 갖게 된 경우를 말한다. • **국세기본법** 제18조 제3항, **행정절차법** 제4조 제2항은 행정선례법의 존재를 **명문으로 인정**하고 있음.**(17경찰,14지방9급,10경찰,07국가9급)** **국세기본법 제18조** (세법 해석의 기준 및 소급과세의 금지) ③ 세법의 해석이나 국세행정의 관행이 일반적으로 납세자에게 받아들여진 후에는 그 해석이나 관행에 의한 행위 또는 계산은 정당한 것으로 보며, 새로운 해석이나 관행에 의하여 소급하여 과세되지 아니한다. **행정절차법 제4조** (신의성실 및 신뢰보호) ② 행정청은 법령등의 해석 또는 행정청의 관행이 일반적으로 국민들에게 받아들여졌을 때에는 공익 또는 제3자의 정당한 이익을 현저히 해칠 우려가 있는 경우를 제외하고는 새로운 해석 또는 관행에 따라 소급하여 불리하게 처리하여서는 아니 된다. • '국세기본법'상 비과세관행이 성립하려면, **상당한 기간에 걸쳐 과세를 하지 아니한 객관적 사실**이 존재할 뿐만 아니라 과세관청이 불과세 상태에 대하여 **과세하지 않겠다는 명시적 또는 묵시적 의사표시가 있어야** 한다(2016두43077).**(18변시,17지방7급,18서울7급,14지방9급,13국가7급)**
	민중 관습법	• 행정관계에 관한 일정한 관행이 민중 사이에서 장기적으로 계속되어, 그 관행에 대해 국민이 법적 확신을 갖게 된 경우로, 주로 **공물의 이용관계**에서 성립함. • 수산업법은 민중적 관습법인 입어권의 존재를 명문으로 인정하고 있음.**(14지방9급)**
효력		**성문법에 대한 보충적 효력** : 일반적으로 관습법은 성문법에 대하여 **보충적 효력**을 가지며(**보충적 효력설, 통설 · 판례**)**(15경찰,11국회속기9급)**, 법률에서 특별히 정한 경우에만 관습법에 개폐적 효력이 인정됨.
		관습법의 소멸 : 사회의 거듭된 관행으로 생성된 사회생활규범이 관습법으로 승인되었다고 하더라도 **사회 구성원들이 그러한 관행의 법적 구속력에 대하여 확신을 갖지 않게 되었다면** 그러한 관습법은 법적 규범으로서의 효력이 부정될 수 밖에 없다.**(17국가9급)**
관습 헌법		헌법재판소는 **'서울이 수도인 사실'은 관습헌법**으로 성립된 불문헌법이라고 판시하여, 관습헌법의 존재를 인정하면서, 관습헌법은 성문헌법과 같은 **헌법개정 절차를 통해서 개정될 수 있다**고 판시하였다.**(12지방9급)**

1. 판례는 국세행정상 비과세의 관행을 일종의 행정선례법으로 인정하고 있다. **14지방9급**

1. 동종사건에 관하여 대법원의 판례가 있더라도 하급법원은 그 판례와 다른 판단을 하는 것이 가능하다. **11국가9급**

나. 판례법

1) 의의

법원, 헌법재판소의 판례를 통해 형성되는 법을 의미함.

2) 판례의 법원성

이 논의는 '법원에서' 행정사건에 대한 재판을 할 때, 법원이 기존의 판례에 구속되는지에 여부 및 헌법재판소의 위헌결정이 국가기관과 지방자치단체를 기속하는지 여부와 관련한 논의

<table>
<tr><td rowspan="4">일반
법원</td><td>영미
법계</td><td colspan="2">• 선례구속성의 원칙 적용
• 영미법계에 국가에서는 선례구속의 원칙이 엄격하게 적용되어 유사사건에서 상급심의 판결은 하급심을 구속한다.(14지방9급)</td></tr>
<tr><td rowspan="3">대륙
법계
(우리
나라)</td><td colspan="2">선례구속성의 원칙 적용 X</td></tr>
<tr><td>해당
사건</td><td>법원조직법에는 상급법원의 재판에 있어서의 판단은 해당사건에 관하여 하급심을 기속한다는 규정이 있다.(10경행)</td></tr>
<tr><td>동종
사건</td><td>• ✪동종사건에 관하여 대법원의 판례가 있더라도 하급법원은 그 판례와 다른 판단을 하는 것이 가능하다.(17경행,15경행,11국가9급,07국가9급)
• 대법원의 판례가 법률해석의 일반적인 기준을 제시한 경우에 유사한 사건을 재판하는 하급심 법원의 법관은 판례의 견해를 존중하여 재판하여야 하는 것이나, 판례가 사안이 서로 다른 사건을 재판하는 하급심법원을 직접 기속하는 효력을 갖는 것은 아니다.(17경행)</td></tr>
<tr><td>헌법
재판소</td><td colspan="3">'법률의 위헌결정은 국가기관과 지방자치단체를 기속한다'는 헌법재판소법 제 47조에 의해 위헌결정은 법원으로서의 성격을 가진다.(15경찰,13국회9급,12지방9급)
단, 헌법재판소가 법률의 위헌 여부를 판단하기 위하여 한 법률해석에 대법원이나 각급 법원이 구속되는 것은 아니다.(10국가9급)</td></tr>
</table>

다. 조리 (행정법의 일반원칙)

- 일반사회의 정의감에 비추어, 법령상에는 없지만 일반적으로 통용되어야 한다고 여겨지는 **사물의 본질적 법칙**을 의미한다(정의, 형평).
- 법원은 보충적 법원으로서의 조리에 따라 재판할 수 있다.**(19교행9급)**
- **행정법의 일반원칙**은 조리에 속하며, 다른 법원과의 관계에서 보충적 역할에 그치지 않고, 헌법적 효력을 갖기도 한다.**(16서울9급,07국가9급)**

제 2 절 행정법의 효력

1 시간적 효력

가. 법령 등 시행일의 기간 계산

행정기본법 제7조(법령등 시행일의 기간 계산) 법령등(훈령 · 예규 · 고시 · 지침 등을 포함한다. 이하 이 조에서 같다)의 시행일을 정하거나 계산할 때에는 다음 각 호의 기준에 따른다.

1. 법령등을 **공포한 날부터 시행**하는 경우에는 **공포한 날**을 시행일로 한다.**(22국회8급,21행정사)**
2. 법령등을 **공포한 날부터 일정 기간이 경과한 날**부터 시행하는 경우 법령등을 **공포한 날을 첫날에 산입하지 아니한다.(22국회8급,21서울7급,21행정사,21경행)**
3. 법령등을 **공포한 날부터 일정 기간이 경과한 날**부터 시행하는 경우 그 기간의 **말일이 토요일 또는 공휴일**인 때에는 **그 말일로 기간이 만료한다.(21서울7급,21행정사)**

나. 효력발생시기

<table>
<tr><td rowspan="3">공포일</td><td>의의</td><td>• 공포란, 이미 확정된 법령 등을 국민에게 널리는 일
• 국회에서 의결된 법률안은 정부에 이송되어 15일 이내에 대통령이 공포한다(헌법 제53조 1항).</td></tr>
<tr><td>방법</td><td>법령 등 공포에 관한 법률 제11조(공포 및 공고의 절차) ① 헌법개정 · 법률 · 조약 · 대통령령 · 총리령 및 부령의 공포와 헌법개정안 · 예산 및 예산 외 국고부담계약의 공고는 관보에 게재함으로써 한다.(21지방9급,20경찰)
② 「국회법」 제98조제3항 전단에 따라 하는 국회의장의 법률공포는 서울특별시에서 발행되는 둘 이상의 일간신문에 게재함으로써 한다.(21지방9급,15지방9급)
④ 관보의 내용 해석 및 적용 시기 등에 대하여 종이관보와 전자관보는 동일한 효력을 가진다.(21지방9급)

• 지방자치단체의 장에 의한 조례와 규칙의 공포는 해당 지방자치단체의 공보에 게재하는 방법으로 한다.(15지방9급)</td></tr>
<tr><td>공포일</td><td>법령 등 공포에 관한 법률 제12조(공포일 · 공고일) 제11조의 법령 등의 공포일 또는 공고일은 해당 법령 등을 게재한 관보 또는 신문이 발행된 날로 한다.(21지방9급,09국가9급)

• 이 때 발행된 날의 의미에 대해 판례는 공포일인 관보발행일은 도달주의에 입각하여 최초 구독 가능시를 기준으로 한다고 판시함(68다1753).(09국가9급)</td></tr>
</table>

1. 법령을 소급적용하더라도 일반 국민의 이해에 직접 관계가 없는 경우나 오히려 그 이익을 증진하는 경우, 불이익이나 고통을 제거하는 경우에는 예외적으로 법령의 소급적용이 허용된다. **15사복9급**

2. 진정소급입법이라 하더라도 예외적으로 국민이 소급입법을 예상할 수 있었거나 신뢰보호의 요청에 우선하는 심히 중대한 공익상의 사유가 소급입법을 정당화하는 경우 등에는 허용될 수 있다. **20국가9급**

시행일	**원칙**	법령은 특별한 규정이 없으면 **공포일로부터 20일이 경과**된 날이 시행일임(헌법 제53조 제7항, 법령 등 공포에 관한 법률 제13조).**(21군무원9급,16교행9급,14국가9급,09국가9급)**
	예외	**국민의 권리 제한 또는 의무 부과와 직접 관련되는 법률, 대통령령, 총리령, 부령**은 **공포일로부터 30일이 경과된 날부터 시행**됨(동법 제 13조의 2).**(20국가9급,15지방9급)**

다. 법 적용의 기준 (행정기본법 §14)

1) 소급적용금지의 원칙

<table>
<tr><td rowspan="1">의의</td><td colspan="4">법령의 효력이 생긴 때를 기준으로 하여, 그 이전에 발생한 사실에 대하여는 새로운 법령을 적용하지 않는다는 원칙을 말한다. 법치국가원칙의 내용 중 법적 안정성을 보장하기 위한 원칙.

행정기본법 §14 ① 새로운 법령등은 법령등에 특별한 규정이 있는 경우를 제외하고는 그 법령등의 효력 발생 전에 완성되거나 종결된 사실관계 또는 법률관계에 대해서는 적용되지 아니한다.(21지방7급,21군무원7급)</td></tr>
<tr><td rowspan="3">적용 범위</td><td rowspan="3">진정 소급효</td><td>의의</td><td colspan="2">이미 완성된 사실에 대해 새로운 법을 적용하는 것</td></tr>
<tr><td rowspan="2">허용 여부</td><td>원칙</td><td>• 소급허용 X = 소급적용금지의 원칙 적용
• 새 법령이 시행되기 전에 종결된 사실에 대하여는 당해 법령을 적용하지 않는 것을 원칙으로 한다.(09국가9급)</td></tr>
<tr><td>예외</td><td>• 예 · 신 · 손· 공 ⇒ 소급 적용 허용(20국가9급,15서울9급,14국가9급)
① 소급입법을 예상할 수 있었거나,
② 보호할 만한 신뢰이익이 적은 경우,
③ 당사자의 손실이 경미한 경우,
④ 중대한 공익상의 이유가 있는 경우(15사복9급)

판례 구 '친일반민족행위자 재산의 국가귀속에 관한 특별법'은 진정소급입법에 해당하지만 진정소급입법이라 하더라도 예외적으로 국민이 소급입법을 예상할 수 있었거나 신뢰보호의 요청에 우선하는 심히 중대한 공익상의 사유가 소급입법을 정당화하는 경우 등에는 허용될 수 있다 할 것인데, 친일재산의 소급적 박탈은 일반적으로 소급입법을 예상할 수 있었던 예외적인 사안이고, 진정소급입법을 통해 침해되는 법적 신뢰는 심각하다고 볼 수 없는 데 반해 이를 통해 달성되는 공익적 중대성은 압도적이라고 할 수 있으므로 진정소급입법이 허용되는 경우에 해당한다.(2010두17557).(16교행9급)</td></tr>
</table>

적용 범위	부진정 소급효	의의		법령의 효력 발생일 전에 시작되었으나, **아직 완성되지 않고 계속 진행 중인 사실 등에 새로운 법령을 적용**하는 것을 의미함. **계속된 사실**이나 **새 법령 시행 후에 발생**한 부과요건 사실에 대하여 **새 법령을 적용하는 것은 소급입법금지의 원칙에 저촉되지 않는다.**(21군무원9급,21국가9급,20군무원9급,18국가7급) 판례 행정처분의 근거가 되는 개정 법령이 **그 시행 전에 완성 또는 종결되지 않은 기존의 사실 또는 법률관계를 적용대상**으로 하면서 국민의 재산권과 관련하여 종전보다 불리한 법률효과를 규정하고 있는 경우, 개정 법령의 적용은 **원칙적으로 소급입법에 의한 재산권 침해에 해당하지 않는다**(2019두31839).(22변시,21국가9급,21군무원9급,18국가7급)
		허용 여부	원칙	**소급허용 O**(21국가9급,21군무원9급,18국가7급,08국가9급) 판례 소득세법이 개정되어 세율이 인상된 경우, **법 개정 전부터 개정법이 발효된 후에까지 걸쳐 있는** 과세기간(1년)의 전체 소득에 대하여 인상된 세율을 적용하는 것은 위법하지 않다(81누423).(16서울9급) ㉡ 수강신청 후에 징계요건을 완화하는 학칙개정이 이루어지고 이어 시험이 실시되어 그 개정학칙에 따라 대학이 성적 불량을 이유로 학생에 대하여 징계처분을 한 경우라면 이는 이른바 부진정소급효에 관한 것으로서 특별한 사정이 없는 한 위법이라고 할 수 없다(87누1123).(22국가9급)
			예외	✪ 개정 전 법령의 존속에 대한 **국민의 신뢰와 개정 법령 적용에 관한 공익상의 요구 사이에 이익형량**을 하여, **국민의 신뢰가 더 보호가치가 있다고 인정하는 경우에는 허용 X.**(21서울7급,17국가7급,14국가9급)
헌법불합치 결정과 소급적용 등				판례 **헌법불합치결정을 하게 된 당해 사건** 및 **헌법불합치결정 당시**에 이 사건 법률조항의 위헌 여부가 쟁점이 되어 **법원에 계속중인 사건**에 대하여는 위 헌법불합치결정의 **소급효가 미친다**(2004헌가3). • 법률조항에 대하여 헌법재판소가 헌법불합치결정을 하여 그 법률조항을 합헌적으로 개정 또는 폐지하는 임무를 입법자의 형성재량에 맡긴 이상, 그 개선입법의 소급적용 여부와 소급적용의 범위는 원칙적으로 **입법자의 재량**에 달려 있다.(15사복9급,12국회9급)

1. 부진정소급입법은 원칙적으로 허용되지만 소급효를 요구하는 공익상의 사유와 신뢰보호의 요청 사이의 형량과정에서 신뢰보호의 관점이 입법자의 형성권에 제한을 가하게 된다. **17국가7급**

2. 개정 법령이 기존의 사실 또는 법률관계를 적용대상으로 하면서 종전보다 불리한 법률효과를 규정하고 있는 경우에도 그러한 사실 또는 법률관계가 개정법률이 시행되기 이전에 이미 종결된 것이 아니라면 이를 헌법상 금지되는 소급입법이라고 할 수는 없다. **18국가7급**

2) 처분시법주의- 신청에 따른 처분

행정기본법 §14② 당사자의 신청에 따른 처분은 법령등에 특별한 규정이 있거나 처분 당시의 법령등을 적용하기 곤란한 특별한 사정이 있는 경우를 제외하고는 **처분 당시의 법령**등에 따른다.**(21지방7급,21군무원7급)**

> 판례 ㉠ **허가 신청 후 허가기준이 변경**되었더라도 허가관청이 허가신청을 수리하고도 정당한 이유없이 처리를 늦추어 그 사이에 허가기준이 변경된 것이 아닌 이상 **변경된 허가기준에 따라 처분**해야 함(95누10877).**(19지방9급,19국가7급,19서울7급,18지방9급)**
> ㉡ ✪ 광업권자가 광업권을 취득하고 그에 대한 사업휴지인가를 받은 것은 모두 개정된 광업법시행령이 시행되기 이전이나 그 **존속기간의 만료 및 연장신청은 개정된 광업법시행령 시행 이후인 경우**, 위 광업권자의 광업권 존속기간 연장허가 신청에 대하여 **개정된 광업법시행령이 적용**된다(97누13818).

3) 행위시법주의 - 법령등을 위반한 행위의 성립과 이에 대한 제재처분

원칙 (행정기본법 §14③)	**법령등을 위반한 행위의 성립과 이에 대한 제재처분**은 법령등에 특별한 규정이 있는 경우를 제외하고는 **법령등을 위반한 행위 당시의 법령등에 따른다.(21군무원7급)** 판례 건설업자가 시공자격 없는 자에게 전문공사를 하도급한 행위에 대하여 과징금 부과처분을 하는 경우, 구체적인 부과기준에 대하여 처분시의 법령이 행위시의 법령보다 불리하게 개정되었고 어느 법령을 적용할 것인지에 대하여 특별한 규정이 없다면 **행위시의 법령을 적용**하여야 한다(2001두3228).**(15국가9급,14국가9급)**
예외 (행정기본법 §14③ 단서)	다만, 법령등을 위반한 행위 후 **법령등의 변경에 의하여 그 행위가 법령등을 위반한 행위에 해당하지 아니하거나 제재처분 기준이 가벼워진 경우**로서 해당 법령등에 특별한 규정이 없는 경우에는 **변경된 법령등을 적용**한다. → 변경된 법령 등이 **유리**해진 경우, **변경된 법령** 등을 적용함. 판례 법령이 개정된 경우 개정 법령의 소급적용 여부와 소급적용의 범위는 입법자의 형성 재량에 맡겨진 사항이므로, 개정 법령의 입법자가 개정 법령을 소급적용하도록 특별한 규정을 두지 않은 이상 법원은 그 개정 전에 발생한 사항에 대하여는 개정 법령이 아니라 개정 전의 구 법령을 적용하는 것이 원칙이나, 법령이 개정 전 구 법령에 위헌적 요소를 해소하려는 반성적 고려에서 개정되고 그 개정을 통하여 구 법령보다 행정상대방의 법적 지위를 유리하게 하는 데 입법 취지가 있다면 위헌성이 제거된 개정 법령을 소급적용하는 것이 타당하다.(2020두49850)

4) 장애급여 등 지급신청시의 법령 적용

판례 ㉠ 산업재해보상보험법상 장해급여는 근로자가 업무상의 사유로 부상을 당하거나 질병에 걸려 치료종결 후 신체 등에 장해가 있는 경우에 지급되는 것으로서, 치료종결 후 신체 등에 장해가 있을 때 그 지급 사유가 발생하고, 그때 근로자는 장해급여 지급청구권을 취득하므로, **장해급여 지급을 위한 장해등급 결정 역시 장해급여 지급청구권을 취득할 당시, 즉 그 지급 사유 발생 당시의 법령에 따르는 것이 원칙**이라 할 것이다(2004두12957). **(17국가9급,17국가7급,14지방7급)**
㉡ 나아가 이러한 법리는 기존의 장애등급이 변경되어 장애연금액을 변경하여 지급하는 경우에도 마찬가지이므로, 장애등급 변경결정 역시 변경사유 발생 당시, 즉 **장애등급을 다시 평가하는 기준일인 '질병이나 부상이 완치되는 날'의 법령에 따르는 것이 원칙**이다(2012두15135).

라. 효력의 소멸

한시법	유효기간을 정하고 있는 법령을 한시법이라고 하는데, 한시법은 명문으로 정해진 **유효기간이 경과하면 당연히 그 효력이 소멸**한다.**(12사복9급)**
한시법 이외의 경우	• 명시적 · 묵시적 폐지: 법령이 전부 개정된 경우, 특별한 사정이 없는 한 종전의 법률 부칙의 경과규정도 모두 실효된다(2003두13076).**(08국가9급)** 여기서 '특별한 사정'이란 종전의 경과규정이 실효되지 않고 계속 적용된다고 보아야 할 만한 예외적인 사정이 있는 경우 등을 뜻한다(2017두74320). • 법령이 헌법재판소에 의해 **위헌결정**을 받은 경우, 혹은 위임입법의 경우 상위법의 소멸로 효력을 상실하기도 한다.

2 지역적 효력

원칙	행정법규는 행정법규를 제정한 기관의 권한이 미치는 지역 내에서 그 효력을 가짐.
예외	• 특정 지역만을 규율대상으로 하는 법률도 유효하다.**(16교행9급)** 예) 제주특별자치도 설치 및 국제자유도시 조성을 위한 특별법 등 • 하나의 지방자치단체의 조례가 다른 지방자치단체의 구역 내에서도 그 효력을 가지는 경우가 있다. 예) 화장장 같은 공공시설을 다른 지자체의 동의를 얻어 그 지역에 설치한 경우

3 대인적 효력

원칙	행정법령은 **속지주의**에 의하여 원칙적으로 그 법령이 적용되는 지역 내에 있는 모든 자연인, 법인, 내 · 외국인에게 적용
예외	• 국외의 자국인에 대하여도 국내법령이 적용 → **속인주의** • 국제법상 치외법권자(외국원수, 외국사절) • 국내에 주둔하는 미합중국군대구성원(한미상호방위조약 제4조)

04 행정법의 일반원칙

1. 법우위의 원칙에서 법은 형식적 법률뿐 아니라 법규명령과 관습법 등을 포함하는 넓은 의미의 법이다. 19서울7급

제 1 절 법치행정의 원칙

- **법치행정의 목적은 행정의 자의를 방지하고 행정의 예측가능성을 보장하기 위함**이다.(11국가9급)

1 법률의 법규창조력

국민의 **권리 · 의무관계에 구속력**을 가지는 법규(법규범)을 창조하는 것은 국민의 대표기관인 **의회에서 제정한 법률**에 의해서만 가능하다.(19서울9급,13국회9급 등)

2 법률우위의 원칙

의의 및 근거	국가의 행정은 합헌적 절차에 따라 제정된 **법률에 위반되어서는 아니 된다**는 것을 말한다.(18교행9급) **행정기본법 제8조(법치행정의 원칙)** 행정작용은 **법률에 위반되어서는 아니 되며**…(21군무원9급,21경행)
법률의 범위	법률우위원칙에서 법은 **형식적 법률 뿐만 아니라 법규명령과 관습법 등을 포함하는 넓은 의미의 법**이다.(19서울7급)
적용범위	법률우위의 원칙은 **행정의 모든 영역**에 적용되며, 그것이 수익적 행정인지 침익적 행정인지 불문한다.(18교행9급, 17교행9급)
위반의 효과	법률의 우위원칙에 위반된 행정작용의 법적 효과는 위법하나, 행위형식에 따라 **당연무효가 되거나 취소사유**가 된다.(13국회속기9급) 판례 ㉠ 국가가 사인과 계약을 체결할 때에는 '국가를 당사자로 하는 계약에 관한 법률'에 따른 계약서를 따로 작성하는 등 그 요건과 절차를 이행하여야 할 것이고, 설령 국가와 사인 사이에 계약이 체결되었더라도 이러한 법령상 요건과 절차를 거치지 아니한 계약은 효력이 없다(2013다215133).(22소방,19사복9급,15경찰) ㉡ '집행증서 작성사무 지침' 제4조는 법률에 의하여 허용되는 쌍방대리 형태의 촉탁행위에 대하여 '대부업자 등'의 금전대부계약에 따른 채권·채무에 관한 경우에는 행정규칙의 형식으로 일반적으로 공증인에게 촉탁을 거절하여야 할 의무를 부과하는 것이어서 '법률우위원칙'에 위배되어 무효라고 보아야 한다(2020두42262).

3 법률유보 원칙

가. 의의 및 법률의 범위 등

의의	**행정기본법 제8조 : 행정작용은…… 국민의 권리를 제한하거나 의무를 부과하는 경우와 그 밖에 국민생활에 중요한 영향을 미치는 경우에는 법률에 근거하여야 한다.**(22소방,21군무원9급,21경행) **법률유보의 원칙**이란 **행정권이 발동되기 위해서는 법률에 근거가 있어야 한다**는 것을 의미하므로, 그 형식이 반드시 법률일 필요는 없다는 것이 헌재의 입장이다.**(21변호사,21소방간부)** ✪ **'법률'은 조직규범 외에 작용규범을 의미**하며**(19국가9급,19서울7급,18서울9급,17국가7급)**, 원칙적으로 개별법적 근거를 의미한다.**(17국가7급)** 판례 **개인택시운송사업자**에게 운전면허취소사유가 있더라도, 행정청은 명문 규정이 없다면 개인택시운송사업면허를 취소할 수 없다**(2007두26001).(19국가9급,19국회8급)**
법률의 범위	법률이란 국회에서 법률제정의 절차에 따라 만들어진 **형식적 의미의 법률**뿐만 아니라, **법률의 위임에 따라 제정된 법규명령도 포함**된다.**(20소방간부,19서울7급,16서울9급)** ✪ 그러나 **국회의 의결을 거치지 않은 명령이나 불문법원으로서의 관습법, 판례법은 포함되지 않으며(19서울7급, 16서울9급)**, **예산** 역시 국가기관만을 구속할 뿐 **일반 국민을 구속하진 않는다(19서울9급,13지방9급)**.
구별	**법률의 우위원칙**은 행정의 법률에의 구속성을 의미하는 **소극적** 성격인 반면, **법률유보의 원칙**은 일정한 행정권 발동을 위해서는 법률상 근거가 있어야 한다는(제정요구도 가능) **적극적**인 성격의 것이다**(13국회속기9급)**.

나. 적용범위

1) 학설

침해유보설	• 국민의 자유와 재산을 침해, 제한하거나 의무를 부과하는 등의 침해적 행정작용에 대해서만 법적 근거가 있으면 된다는 견해 • **국민의 행정으로부터의 자유**를 강조함
급부유보설	• **침해적 행정작용뿐만 아니라, 급부행정작용** 등에 대해서도 법률의 근거가 필요하다는 견해**(12지방9급)** • 침해유보설과 달리, 국민의 행정을 '통한' 자유를 강조함
전부유보설	• 행정의 모든 영역에 법적 근거가 필요하다는 견해 • 즉, **행정의 자유영역을 부정**하는 견해임**(13지방9급)** • 전부유보설은, **법률의 수권이 없는 한, 국민에게 필요한 급부를 할 수 없게 되는 문제**가 있다.**(10지방7급)**
중요사항 유보설 (의회유보설)	• 헌법상의 법치국가의 원칙, 민주주의원칙 및 기본권 규정과 관련하여 볼 때, **국민에게 중요하고 본질적인 사항에 관한 규율은 법률에 유보되어야 한다**는 견해**(17국회8급,13지방9급,10지방7급)** • 행정작용에 법률의 근거가 필요한지 여부에 그치지 않고, **법률의 규율 정도에 대해서도** 설명하는 학설임**(13지방9급)**

1. 법률유보원칙에서 요구되는 법적근거는 작용법적 근거를 의미하며, 조직법적 근거는 모든 행정권 행사에 있어서 당연히 요구된다. **18서울9급**

2. 법률유보원칙에서 **'법률의 유보'**라고 하는 경우의 **'법률'**에는 국회에서 법률제정의 절차에 따라 만들어진 형식적 의미의 법률이 포함되나, 국회의 의결을 거치지 않은 명령이나 불문법원으로서의 관습법이나 판례법은 포함되지 않는다. **19서울7급**

3. 법률유보의 적용범위는 행정의 복잡화와 다기화, 재량행위의 확대에 따라 과거에 비해 점차 확대되고 있으며, 이러한 경향에 따라 헌법재판소는 중요사항유보설의 입장을 취하고 있다. **16사복9급**

1. 법률유보의 원칙은 국민의 기본권실현과 관련된 영역에 있어서는 입법자가 그 본질적 사항에 대해서 스스로 결정하여야 한다는 요구까지 내포하고 있다. **19국가9급**

2) 판례

헌법 재판소 (중요사항 유보설)		오늘날 **법률유보원칙**은 단순히 행정작용이 법률에 근거를 두기만 하면 충분한 것이 아니라, 국가공동체와 그 구성원에게 기본적이고도 중요한 의미를 갖는 영역, ✪ **특히 국민의 기본권 실현과 관련된 영역에 있어서는 국민의 대표자인 입법자가 그 본질적 사항에 대해서 스스로 정하여야 한다는 요구까지 내포하고 있다(의회유보원칙)**,(98헌바70).**(19국가9급,19서울9급,10지방7급,07국가7급)**
대법원		어떠한 사안이 국회가 형식적 법률로 스스로 규정하여야 하는 본질적 사항에 해당되는지는, 구체적 사례에서 관련된 이익 내지 가치의 중요성, 규제 또는 침해의 정도와 방법 등을 고려하여 개별적으로 결정하여야 하지만**(21소방간부)**, **규율대상이 국민의 기본권 및 기본적 의무와 관련한 중요성을 가질수록 그리고 그에 관한 공개적 토론의 필요성 또는 상충하는 이익 사이의 조정 필요성이 클수록, 그것이 국회의 법률에 의해 직접 규율될 필요성은 더 중대된다**(2012두23808).**(22소방,19국가9급)** → **불분명하나, 중요사항유보설의 입장에서 판시한 예가 있음.**
판례	**본질 사항 속함**	㉠ **국가의 통치조직과 작용에 관한 기본적이고도 본질적인 사항**은 반드시 국회가 정하여야 할 것이다(2005헌바31).**(11지방7급)** ㉡ ✪ **텔레비전방송 수신료 금액 결정**은 수신료에 관한 본질적인 중요한 사항이므로 **국회가 스스로 결정**해야 한다(98헌바70).**(22국회8급,21소방간부,19서울9급,19사복9급,17교행9급,13지방9급)** ㉢ **토지등소유자가 도시환경정비사업을 시행**하는 경우, **사업시행인가 신청시 필요한 토지등소유자의 동의정족수를 정하는 것**은 국민의 권리와 의무의 형성에 관한 기본적이고 본질적인 사항으로 법률유보 내지 의회유보의 원칙이 지켜져야 할 영역이다(2009헌바128등).**(22국회8급,20소방간부,18서울9급,17국가9급,14경찰)** ㉣ **법외노조 통보**는그 통보로써 비로소 법외노조가 되도록 하는 형성적 행정처분으로서 헌법상 노동3권을 실질적으로 제약하는데, '노동조합법'은 이에 대한 법외노조 통보에 관하여는 아무런 규정을 두고 있지 않고, 이를 시행령에 위임하는 명문의 규정도 두고 있지 않다. 따라서 노동조합 및 노동관계조정법 시행령 제9조 제2항은 법률이 정하고 있지 아니한 사항에 관하여, 법률의 구체적이고 명시적인 위임도 없이 헌법이 보장하는 노동3권에 대한 본질적인 제한을 규정한 것으로서 법률유보원칙에 반한다.(2016두32992) ㉤ **중학교 의무교육의 실시여부 자체라든가 그 연한**은 반드시 형식적 의미의 법률로 규정되어야 할 기본적 사항이라 하겠으나, 그 실시의 시기·범위 등 구체적인 실시에 필요한 세부사항에 관하여는 반드시 그런 것은 아니고, 행정부에 위임하여도 무방한 사항이다(90헌가27).**(18서울9급,17지방9급,14경찰)** ㉥ **고급주택, 고급오락장이 무엇인지 하는 것**은 취득세 중과세요건의 핵심적 내용을 이루는 질적이고도 중요한 사항이다(98헌바23).**(17변시)** ㉦ **조세의 종목과 세율 등 납세의무에 관한 기본적, 본질적 사항**은 국민의 대표기관인 국회가 제정한 법률로 규정하여야 하고, **납세의무자에게 조세의 납부의무 뿐만 아니라 스스로 과세표준과세액을 계산하여 신고하여야 하는 의무까지 부과하는 경우**에 **신고의무불이행에 따른 납세의무자가 입게 될 불이익**은 법률로 정하여야 한다(2012두23808).**(22소방,17국가7급)**

판례	본질 사항 속함	ⓞ ✪ **지방의회의원에 대하여 유급 보좌 인력을 두는 것**은 지방의회의원의 신분 · 지위 및 처우에 관한 현행 법령상의 제도에 중대한 변경을 초래하는 것으로서 **국회의 법률로 규정하여야 할 입법사항**이다(2016추5087).**(22소방,21소방간부,18서울9급,17국가9급)** ⓩ **병역의 복무기간**은 국방의무의 본질적 내용에 관한 것이어서 이는 반드시 법률로 정하여야 하는 입법사항에 속한다(85초13).**(12국회9급)**
	본질 사항 속하지 않음	㉠ **각 국가유공자단체의 대의원의 선출에 관한 사항**은 국민의 권리와 의무의 형성에 관한 사항이나 국가의 통치조직과 작용에 관한 기본적이고 본질적인 사항이라고 볼 수 없다(2005헌바31).**(14·13변시)** ㉡ **수신료 징수업무를 한국방송공사가 직접 수행할 것인지 제3자에게 위탁할 것인지** 등은 국민의 기본권 제한에 관한 본질적인 사항이 아니라 할 것이다(2006헌바70).**(19서울9급)** ㉢ **입주자대표회의**는 공법상의 단체가 아닌 사법상의 단체로서, **이러한 특정 단체의 구성원이 될 수 있는 자격**을 제한하는 것이 국가적 차원에서 형식적 법률로 규율되어야 할 본질적 사항이라고 보기 어렵다(2014헌바158). ㉣ 구 도시 및 주거환경정비법 상 **경쟁입찰 실시를 위한 세부적 절차**는 입법자가 반드시 법률로써 규율하여야 하는 사항이라고 보기 어렵다(2014다61340). ㉤ **조합이 사업시행자로서 사업시행시, 조합의 사업시행인가 신청시의 토지 등 소유자의 동의요건**이 비록 토지 등 소유자의 재산상 권리의무에 영향을 미치는 사업시행계획에 관한 것이라고 하더라도, 토지 등 소유자의 재산상 권리 의무에 관한 기본적이고 본질적인 사항이라고 볼 수 없으므로 법률유보내지 의회유보의 원칙이 반드시 지켜져야 하는 영역이라고 할 수 없다(2006두14476).**(21소방간부,17지방9급)** → 앞 ㉢판례와 비교 ㉥ 지방자치법 제4조 제3항부터 제7항이 행정안전부장관 및 그 소속 위원회의 매립지 관할 귀속에 관한 의결 · 결정의 실체적 결정기준이나 고려요소를 구체적으로 규정하지 않았다고 하더라도 지방자치제도의 본질을 침해하였다거나 명확성원칙, 법률유보원칙에 반한다고 볼 수 없다(2015추528). ㉦ 전기판매사업자(한국전력공사)로 하여금 전기요금에 관한 약관을 작성하여 산업통상자원부장관의 인가를 받도록 한 전기사업법 제16조 제1항 중 '전기요금'에 관한 부분이 의회유보원칙에 위반되지 아니한다(2017헌가25).

1. 지방의회의원에 대하여 유급보좌인력을 두는 것은 개별 지방의회의 조례로써 규정할 사항이 아니라 국회의 법률로써 규정하여야 할 입법사항이다. **18서울9급**

2. 수신료금액결정은 수신료에 관한 본질적인 사항이므로, 국회가 반드시 스스로 행하여야 한다. **19사복9급**

다. 위반의 효과

법률유보원칙에 반하는 행정권의 행사는 위법한 행정작용이 된다.**(17교행9급,13국회9급)**

1. 같은 정도의 비위를 저지른 자들 사이에 있어서도 그 직무의 특성 등에 비추어 개전의 정이 있는 지 여부에 따라 징계종류의 선택과 양정에서 차별적으로 취급하는 것은 평등원칙에 반하지 아니한다. **14사복9급**

2. 지방의회의 감사 또는 조사를 위하여 출석요구를 받은 증인이 출석하지 않을 경우 증인의 사회적 지위에 따라 과태료의 액수에 차등을 두는 것을 내용으로 하는 조례안은 헌법상 평등원칙에 위배되어 무효이다. **17서울9급**

제 2 절 평등의 원칙

<table>
<tr><td>의의</td><td colspan="2">평등의 원칙은 행정작용에 있어서 특별히 합리적인 차별사유가 없는 한 국민을 공평하게 처우하여야 한다는 원칙으로, 재량권행사의 한계원리로서 중요한 의미를 갖는다.(10지방9급)
평등원칙은 일체의 차별적 대우를 부정하는 절대적 평등을 의미하는 것이 아니라 입법과 법의 적용에 있어서 합리적인 근거가 없는 차별을 배제하는 상대적 평등을 의미함.(21국가9급)</td></tr>
<tr><td>근거</td><td colspan="2">헌법 제11조 모든 국민은 법 앞에 평등하다.
행정기본법 제9조(평등의 원칙) 행정청은 합리적 이유 없이 국민을 차별하여서는 아니 된다.(21군무원9급,21행정사)</td></tr>
<tr><td>한계</td><td colspan="2">불법의 평등은 인정될 수 없다.</td></tr>
<tr><td>위반 효과</td><td colspan="2">평등의 원칙은 헌법상 원칙으로, 위반시 위헌 · 위법하다.</td></tr>
<tr><td rowspan="2">판례</td><td>평등원칙 위반</td><td>평등원칙 위반 X</td></tr>
<tr><td>㉠ ✪함께 화투놀이를 한 4명 중 3명에게만 가벼운 견책처분을 하고, 1명에게만 파면처분을 한 경우(13서울7급)
㉡ 공무원시험에서 국가유공자의 가족들에 10%의 가산점을 부여하고 있는 규정(21군무원9급,12국회9급) 또는 제대 군인에게 3%의 가산점을 부여한 규정
㉢ 지방의회의 감사 또는 조사를 위하여 출석요구를 받은 증인이 출석하지 않을 경우 증인의 사회적 지위에 따라 과태료의 액수에 차등을 두는 것(17서울9급,16국가7급)
㉣ 변호사, 공인회계사 등 다른 직종에 대하여 법인을 구성하여 업무를 수행할 수 있도록 하면서, 약사에게만 법인을 구성하여 약국을 개설할 수 없도록 하는 것(09서울5급)
㉤ 제대군인에 대해 과목별 만점의 5% 가산점을 부여하는 것
㉥ 청년경찰의 인원 감축을 위하여 초등학교 졸업 이하 학력소지자 집단과 중학교 중퇴 이상 학력소지자 집단으로 나누어 집단별로 같은 감원비율의 인원을 선정한 것(08국가9급)</td><td>㉠ 같은 정도의 비위를 저지른 자들 사이에 있어서도 그 직무의 특성 등에 비추어 개전의 정이 있는지 여부에 따라 징계종류의 선택과 양정에서 차별적으로 취급하는 것(20지방9급,16사복9급,14사복9급,13변시).
㉡ 일반직 직원의 정년을 58세로 규정하면서 전화교환직렬 직원만은 정년을 53세로 규정하여 5년간의 정년차등을 둔 것(11국회8급).
㉢ 국유잡종재산을 무단점유자에게 대부료의 20% 할증하여 변상금 부과한 것
㉣ 사법(私法)상의 원인에 기한 국가채권의 납입고지에 대하여 민법상 최고보다 더 강한 시효중단의 효력을 인정한 것(2003헌바22)(11국가7급)
㉤ 미신고 집회의 주최자를 미신고 시위 주최자와 동등하게 처벌하는 구 '집회 및 시위에 관한 법률' 제 19조 제 2항(2007헌바22)(11국회8급)
㉥ LPG는 석유보다 화재 위험성이 크기에 위험물지정시설인 주유소와 LPG충전소 중에서 LPG 충전소만 설치를 금지하게 한 시행령 규정(2001헌마646)(13국회9급)
㉦ 현역군인만을 국방부의 보조기관 및 차관보 · 보조기관과 병무청 및 방위사업청의 보조기관 및 보좌기관에 보할 수 있도록 정하여 군무원을 제외하고 있는 정부조직법 조항(2005헌마1275)(20군무원9급)</td></tr>
</table>

제 3 절 비례의 원칙 = 과잉금지의 원칙

1. 비례의 원칙은 침해원칙인가 급부행정인가를 가리지 아니하고 행정의 전 영역에 적용된다.
13국가9급

<table>
<tr><td>개념</td><td colspan="2">비례의 원칙이라 함은 국민의 기본권을 제한함에 있어 국가작용의 한계를 명시한 것으로서 목적의 정당성, 방법의 적정성, 피해의 최소성, 법익의 균형성 등을 의미하며 그 어느 하나에라도 저촉이 되면 위헌이 된다는 헌법상의 원칙을 말한다.(18경행)</td></tr>
<tr><td>법적 근거</td><td colspan="2">비례의 원칙은 우리 헌법 제 27조 제2항에서 근거를 찾을 수 있으며, 2021년 시행된 행정기본법에서도 비례의 원칙 규정함.
개별법, 특히 경찰관직무집행법(제1조 제2항)은 경찰작용에도 비례의 원칙이 준수되어야 하며 경찰관의 직권은 그 직무 수행에 필요한 최소한도 내에서 행사되어야 한다고 규정하고 있으며(15경행), 행정규제기본법과 행정절차법은 각각 규제의 원칙과 행정지도의 원칙으로 비례원칙을 정하고 있다.(19서울9급,17서울9급,13국가9급,12국가7급)</td></tr>
<tr><td>적용 범위</td><td colspan="2">비례의 원칙은 행정의 모든 영역에 적용되며, 침익행정인가 급부행정인가를 가리지 아니하고 행정 전 영역에 적용된다.(20지방9급,13국가9급)</td></tr>
<tr><td rowspan="3">내용</td><td>적합성의 원칙
(수단의 적절성)</td><td>• 행정목적을 달성하는 데 유효하고 적절할 것(행정기본법 §10)
• 적합성의 원칙이란 행정 목적을 달성하기 위한 수단은 그 목적을 달성하는 데에 적합해야 함을 의미한다.(14국가9급)</td></tr>
<tr><td>필요성의 원칙
(최소 침해의 원칙, 피해의 최소성)</td><td>• 행정목적을 달성하는 데 필요한 최소한도에 그칠 것(행정기본법 §10)
• 필요성의 원칙이란, 행정기관은 적합한 수단들 중에서도 최소한의 침해를 주는 수단을 선택해야 한다는 것을 의미한다.(14국가9급,08국가7급)

판례 경찰관은 범인의 체포 또는 도주의 방지, 타인 또는 경찰관의 생명 · 신체에 대한 방호, 공무집행에 대한 항거의 억제를 위하여 필요한 때에는 최소한의 범위 안에서 가스총을 사용할 수 있으나, 이 경우 가스총 사용시 요구되는 최소한의 안전수칙을 준수함으로써 장비 사용으로 인한 사고 발생을 미리 막아야 할 주의의무가 있다(2002다57218).(17경행,16경행)</td></tr>
<tr><td>상당성의 원칙
(협의의 비례의 원칙)</td><td>• 행정작용으로 인한 국민의 이익 침해가 그 행정작용이 의도하는 공익보다 크지 아니할 것(행정기본법 §10)
• 상당성의 원칙이란, 행정기관은 행정수단을 통해 달성하려는 공익과 침해되는 사익을 비교형량하여, 공익이 더 큰 경우에만 행정수단을 행사해야 함을 의미한다.
• 판례는 협의인 비례원칙인 상당성의 원칙을 재량권 행사의 적법성 기준에 해당한다고 본다.(13국가9급)</td></tr>
<tr><td>위반 효과</td><td colspan="2">비례원칙에 위반한 처분은 위법한 것으로 항고소송의 대상이 되며, 국가배상청구소송의 대상이 된다.
헌법재판소는 비례의 원칙을 위헌법률심사의 기준으로 삼고 있으며(12국가7급), 위 세가지 원칙에 목적의 정당성을 더하여 판단하고 있고(17국회8급), 이를 위반한 법률은 위헌이 된다.</td></tr>
</table>

1. 위험한 건물에 대하여 개수명령으로써 목적을 달성할 수 있음에도 불구하고 철거명령을 발령하는 것은 비례원칙의 내용 중 필요성의 원칙에 반한다. **08국가7급**

판례	판례 ㉠ 비례의 원칙에 의할 때 공무원이 단지 1회 훈령에 위반하여 요정 출입을 하였다는 사유만으로 한 파면처분은 위법하다(67누24).**(21소방,21해경승진,15경행,18소방9급)** ㉡ 자동차를 이용하여 범죄행위를 한 경우 범죄의 경중에 상관없이 반드시 운전면허를 취소하도록 한 규정은 비례 원칙을 위반한 것이다(99헌가11·12).**(19국회8급)** ㉢ 변호사법 제10조 제2항의 개업지 제한규정은 직업선택의 자유를 제한하는 것으로서 헌법 제37조 제2항에 위반된다(89헌가102).**(13국회9급)** ㉣ 청소년유해매체물로 결정 · 고시된 만화인 사실을 모르고 있던 도서대여업자가 그 고시일로부터 8일 후에 청소년에게 그 만화를 대여한 것을 사유로 그 도서대여업자에게 금 700만원의 과징금이 부과된 경우, 그 과징금부과처분은 재량권을 일탈 · 남용한 것으로서 위법하다(99두9490).**(21소방)** ㉤ 독서실 열람실 내 남녀별 좌석을 구분 배열하도록 하고 그 위반 시 교습정지처분을 할 수 있도록 한 「전라북도 학원의 설립 · 운영 및 과외교습에 관한 조례」 제11조 제1호, 위 조례 시행규칙 제15조 제1항 [별표 3]은 과잉금지원칙에 반하여 독서실 운영자의 직업수행의 자유와 독서실 이용자의 일반적 행동자유권 내지 자기결정권을 침해하는 것으로 헌법에 위반된다(2019두59581). ㉥ 음주운전 금지규정을 2회 이상 위반한 사람을 2년 이상 5년 이하의 징역이나 1천만 원 이상 2천만 원 이하의 벌금에 처하도록 한 구 도로교통법 제148조의2 제1항 중 '제44조 제1항을 2회 이상 위반한 사람'에 관한 부분은, 가중요건이 되는 과거 위반행위와 처벌대상이 되는 재범 음주운전행위 사이에 아무런 시간적 제한을 두지 않고 있어, 책임과 형벌 간의 비례원칙에 위반된다(2019헌바446, 2020헌가17, 2021헌바77(병합)). → 아래㉦과 구별! ㉦ 도로교통법 제 148조의 2 제1항 제1호의 '도로교통법 제44조 제1항을 2회 이상 위반한'것에 구 도로교통법 제44조 제1항을 위반한 음주운전 전과도 포함된다고 해석하는 것은 비례원칙에 위배되지 않는다(2012도10269).**(13국가9급)** ㉧ 사법시험 제2차 시험에 과락제도를 적용하고 있는 (구)사법시험령 제15조 제2항은 비례의 원칙, 과잉금지의 원칙, 평등의 원칙에 위반되지 않는다고 판시하였다(2004두10432).**(21소방)** ㉨ 옥외집회에 대한 사전신고 이후 기재사항 보완, 금지통고, 이의절차가 원활하게 진행되기 위해 늦어도 집해외개최 48시간 전까지 사전신고하도록 한 구 '집회 및 시위에 관한 법률'제 6조 제1항 중 '옥외집회'에 관한 부분은 과잉금지원칙에 위배되지 않는다(2011헌바174).**(20소방)**

제 4 절 성실의무 및 권한남용금지의 원칙

의의	• **법률관계 당사자는 상대방의 이익을 배려하여 형평에 어긋나거나 신뢰를 저버리는 내용이나 방법으로 권리행사 또는 의무이행을 해서는 안 된다**는 원칙이다. • 행정기본법에서는 사법상 신의성실원칙을 공법관계에 맞게 행정청의 성실의무의 원칙 등으로 수정하여 규정함.
근거	원칙적으로 민법에서 인정된 법의 일반 원칙이나. **행정기본법** 제11조, **행정절차법** 제4조, 국세기본법 제15조 등에 규정되어 있다.

<table>
<tr><td rowspan="3">내용</td><td>성실의무 원칙</td><td>행정기본법 제11조 ① 행정청은 법령등에 따른 의무를 성실히 수행하여야 한다.</td></tr>
<tr><td>권리남용 금지의 원칙</td><td>행정기본법 제 11조 ② 행정청은 행정권한을 남용하거나 그 권한의 범위를 넘어서는 아니 된다.(21행정사)
권리행사의 목적이 오로지 상대방에게 고통을 주고 손해를 입히는 것에 있는 경우, 그 권리 행사를 금지하는 원칙</td></tr>
<tr><td>사정변경의 원칙</td><td>법률관계에서 그 기초가 된 사정이 그 후에 예견하지 못하거나 예견할 수 없었던 중대한 변경이 생겨서, 당초에 정해진 행위의 효과를 그대로 유지한다면 부당한 결과가 생기는 경우에는, 당사자 간에 그러한 행위를 신의칙에 맞게 변경 · 해제 · 해지할 수 있다는 원칙.</td></tr>
<tr><td>위반 효과</td><td colspan="2">위반시, 위법한 행정작용이 되어 행정쟁송 및 국가배상청구가 가능함.</td></tr>
<tr><td>관련 판례</td><td colspan="2">㉠ 세무조사가 과세자료의 수집 또는 신고내용의 정확성 검증이라는 본연의 목적이 아니라 부정한 목적을 위하여 행하여진 것이라면 이는 세무조사에 중대한 위법사유가 있는 경우에 해당하고 이러한 세무조사에 의하여 수집된 과세자료를 기초로 한 과세처분 역시 위법하다(2016두47659).(22소방,19국가7급) → 권한남용금지의 원칙
㉡ 지방공무원 임용신청 당시 잘못 기재된 생년월일에 근거하여 36년동안 공무원으로 근무하다 정년을 1년 3개월 앞두고 생년월일을 정정한 후 그에 기초하여 정년연장을 요구하는 것은 신의성실의 원칙에 반하지 않는다(2008두21300).(21국가9급,15서울7급)
㉢ 근로복지공단의 요양불승인처분의 적법여부는 사실상 휴업급여청구권 발생의 전제가 되기에 근로자가 요양불승인 취소소송의 판결 확정시까지 근로복지공단에 휴업급여를 청구하지 않았던 것은 이를 행사할 수 없는 사실상의 장애사유가 있었기 때문이므로, 근로복지공단의 그 소멸시효 항변은 신의성실의 원칙에 반하여 허용될 수 없다(2007두2173).
㉣ 관할관청이 위법한 직업능력개발훈련과정 인정제한처분을 하여 사업주로하여금 제때 훈련과정 인정신청을 할 수 없도록 하였음에도, 인정제한처분에 대한 취소판결 확정 후 사업주가 인정제한 기간 내에 실제로 실시하였던훈련에 관하여 비용지원신청을 한 경우에, 사전에 훈련과정 인정을 받지 않았다는 이유만을 들어 훈련비용 지원을 거부하는 것은 신의성실의 원칙에반하여 허용될 수 없다(2016두52019).(21국회8급)</td></tr>
</table>

제 5 절 신뢰보호의 원칙

1 의의

개념	✪ **신뢰보호의 원칙**은, 법률적 규율이나 제도가 장래에도 지속될 것이라는 합리적인 신뢰를 바탕으로 국민이 개인의 법적지위를 형성해 온 경우, 국가에게 그 신뢰를 되도록 보호할 것을 요구하는 것(법적안정성)으로서, **법치국가원리의 파생원칙**이다.**(17국가7급)**

1. 신뢰보호원칙은 판례 뿐만 아니라 실정법상의 근거를 가지고 있다. 19소방9급

2. 행정기관의 선행조치로서의 공적인 견해표명은 묵시적 언동도 가능하다. 20지방9급

근거	신뢰보호원칙은 판례 뿐만 아니라 실정법상 근거를 가지고 있다.(19소방9급) **행정기본법에 신뢰보호의 원칙에 대한 근거 생김.** **행정기본법 제12조(신뢰보호의 원칙)** ① 행정청은 **공익 또는 제3자의 이익을 현저히 해칠 우려가 있는 경우를 제외**하고는 **행정에 대한 국민의 정당하고 합리적인 신뢰를 보호**하여야 한다.(22변시,21국가7급,21경행) ② 행정청은 **권한 행사의 기회가 있음에도 불구하고 장기간 권한을 행사하지 아니하여 국민이 그 권한이 행사되지 아니할 것으로 믿을 만한 정당한 사유가 있는 경우**에는 그 권한을 행사해서는 아니 된다. 다만, **공익 또는 제3자의 이익을 현저히 해칠 우려가 있는 경우는 예외**로 한다.(22소방) **행정절차법과 국세기본법**에서도 법령 등의 해석 또는 행정청의 관행이 일반적으로 국민에게 받아들여졌을 때와 관련하여 **신뢰보호의 원칙을 규정**하고 있다.(18지방9급)
적용 범위	판례 신뢰보호의 원칙은 **법률이나 그 하위법규** 뿐만 아니라 국가관리의 입시제도와 같이 국·공립대학의 입시전형을 구속하여 **국민의 권리에 직접 영향을 미치는 제도운영지침의 개폐에도 적용**되는 것이다(97헌마38).(21변시)

2 요건

가. 행정기관의 선행조치

인정 범위	• 신뢰보호의 대상인 행정기관의 선행조치에는 **법적 행위뿐만 아니라, 행정 지도 등의 사실행위도 포함**되는데(19국가7급,14국회8급), **판례는 공적인 견해표명에 한정**. • **위법한 행정관행**에 대해서도 신뢰보호의 원칙이 **적용**될 수 있다.(19서울9급) • 신뢰의 대상인 행정청의 선행조치는 **반드시 문서의 형식일 필요도 없고**(14국회8급), ✪**반드시 명시적인 언동이어야 하는 것은 아니며, 묵시적 언동도 가능하다.**(20지방9급) • 그러나 **상대방의 추상적 질의에 대한 일반적인 견해표명**인 경우에는 신뢰보호원칙을 **적용하지 않는다.**(08지방9급) 판례 국세기본법 제18조 제3항에서 말하는 비과세관행이 성립하려면 **상당한 기간에 걸쳐 과세를 하지 아니한 객관적 사실**이 존재할 뿐만 아니라 과세관청 자신이 그 사항에 관하여 과세할 수 있음을 알면서도 어떤 특별한 사정 때문에 **과세하지 않는다는 의사**가 있어야 하며 위와 같은 공적 견해나 의사는 **명시적 또는 묵시적으로 표시**되어야 하지만, 묵시적 표시가 있다고 하기 위하여는 단순한 과세 누락과는 달리 과세관청이 상당기간 불과세 상태에 대하여 과세하지 않겠다는 의사표시를 한 것으로 볼 수 있는 사정이 있어야 하고, 이 경우 특히 과세 관청의 의사표시가 **일반론적인 견해표명에 불과한 경우에는 위 원칙의 적용을 부정**하여야 한다(2000두5203).(17지방7급,13국가7급 등)

판단	• 판례는 행정기관의 선행조치는 공적인 견해표명으로 한정한다. • ✪ 공적 견해표명이 있었는지 여부는 **반드시 행정조직상의 형식적인 권한 분장에 구애될 것은 아니고**, 담당자의 조직상의 지위와 임무, 당해 언동을 하게 된 구체적인 경위 및 그에 대한 상대방의 신뢰가능성에 비추어 **실질에 의해 판단**해야 한다(96누18380).**(21국가7급,21지방9급,20국가9급,20지방9급,18서울7급,16지방9급)** • 처분청 자신의 공적 견해 표명이 있어야만 하는 것은 아니며, 경우에 따라서는 보조기관인 담당공무원의 공적인 견해표명도 신뢰의 대상이 될 수 있다.**(19소방9급)**	
입증책임	공적인 견해표명이 있었다는 것을 주장하는 **원고**에게 있다는 것이 **판례**의 입장	
판례	**선행조치 인정**	**선행조치 부정**
	㉠ 묵시적 의사표시 ㉡ 보건사회부장관이 "의료취약지 병원설립운영자 신청공고"를 하면서 국세 및 지방세를 비과세하겠다고 발표한 경우, 그 비과세 관해표명은 과세관청의 그것과 마찬가지로 볼 여지가 충분함(95누13746)**(11지방9급)**. ㉢ 4년간 면허세를 부과할 수 있다는 사정을 알면서도 공익상 필요로 한 건도 부과한 일이 없었던 경우(80누6)**(20지방7급)** ㉣ 대통령이 담화를 발표하고 이에 따라 국방부장관이 삼청교육 관련 피해자들에게 그 피해를 보상하겠다고 공고하고 피해신고를 받은 경우(98다38364) ㉤ 도시계획구역 내 생산녹지로 답(畓)인 토지에 대하여 종교회관 건립 목적의 토지거래계약의 허가과정에서 토지형질변경이 가능하다는 공무원의 견해 표명(96누18380)**(18경행,08지방9급)** ㉥ 시의 도시계획과장과 도시계획국장이 도시계획사업의 준공과 동시에 사업부지에 편입한 토지에 대한 완충녹지지정을 해제함과 아울러 당초의 토지소유자들에게 환매하겠다는 약속을 한 경우(2008두6127)**(12국회8급,11국회8급)**. ㉦ 기술진흥단체인지 여부에 관한 질의에 대해 건설교통부 장관과 내무부 장관이 비과세 의견으로 회신한 경우	㉠ **무효인 행정행위** ㉡ 추상적 질의에 대한 일반론적인 견해표명(2011두5940)**(22소방)** ㉢ 단순한 과세 누락(92누14021)**(13국가7급)** ㉣ ✪ **헌재의 위헌결정**(2002두6965)**(19지방·교행9급,15지방7급)** ㉤ ✪ **단순한 재량준칙의 공포**(2009두7967)**(21지방9급,16지방9급,15사복9급,14국가9급)** ㉥ 병무청 담당부서의 담당공무원에게 공적 견해의 표명을 구하는 정식의 서면질의 등을 하지 아니한 채 총무과 민원팀장에 불과한 공무원이 민원봉사 차원에서 상담에 응하여 안내한 것 (2003두1875)**(22국가9급,18지방9급,18서울7급,16국가7급)** ㉦ ✪ **폐기물처리업 사업 계획에 대하여 적정통보를 한 것**만으로는 그 사업부지 토지에 대한 국토이용계획변경신청을 승인하여 주겠다는 취지의 공적인 견해표명이 아님(2004두8828)**(21서울7급,21국가9급,20국가9급,20지방9급,19지방교행9급,17서울9급)** ㉧ 폐기물처리업 사업계획에 대한 적정통보에는 당해 토지에 대한 형질 변경신청을 허가하는 취지의 공적 견해표명이 없음(98두6494)**(12지방7급)** ㉨ '개발이익환수에 관한 법률'에 정한 개발사업을 시행하기 전에 행정청이 민원예비심사에 대하여 관련부서 의견으로 '저촉사항 없음'으로 기재한 것(2004두46)**(21국가7급,16경찰,13국가9급,16경행)** ㉩ 과세관청이 납세의무자에게 부가가치세 면세사업자용 사업자등록증을 교부하거나 고유번호를 부여한 것은 그가 영위하는 사업에 관하여 부가가치세를 과세하지 않겠다는 뜻을 시사하지 않음(2001두9370)**(17지방7급)** ㉪ 문화관광부 장관이 지방자치단체장에게 한 사업승인가능성에 대한 회신**(12경행)**

1. 행정청의 공적견해표명이 있었는지 여부를 판단하는 데 있어 반드시 행정조직상의 형식적인 권한분장에 구애될 것이 아니라 담당자의 조직상의 지위와 임무, 당해 언동을 하게 된 구체적인 경위 및 그에 대한 상대방의 신뢰가능성에 비추어 실질에 의하여 판단하여야 한다.
18서울7급

판례	ⓞ 다수청소업자 난립을 이유로 한 폐기물처리업 불허가처분 시, 그 전에 행한 폐기물처리업 적정통보**(17서울9급)** ⓩ 골절치료기구의 수입판매업자들에게 골적치료기구가 부가가치세 면제대상이라고 한 세무서 직원들의 세무 지도 ⓞ 구청장의 지시에 따라 그 소속직원이 부동산 취득세 면제를 제의한 경우 ⓩ 국세청장이 훈련교육영역의 제공이 부가가치세 면세사업인 사업경영상담업에 해당하는 것으로 본다고 한 회신 ⓩ 사업소세 도입 이래 20년 이상 간호전문대학의 운영자가 경영하는 병원에 대하여 사업소세를 부과하지 않으면서, 장기간 인근 다른 과세관청의 사업소세 과세 시도를 보면서도 비과세조치를 계속 유지한 경우 ⓚ 건설부장관이 행한 국립공원 지정처분은 그 결정 및 첨부된 도면의 공고로써 그 경계가 확정되는 사실상의 행위로, 실제의 공원구역과 다르게 경계측량 및 표지를 설치한 십수년 후 착오를 발견하여 지형도를 수정한 조치가 신뢰보호의 원칙에 위배되거나 행정의 자기구속의 법리에 반하는 것이라 할 수 없다(92누2325).**(15사복9급)**	ⓔ 행정청이 지구단위계획을 수립하면서 그 권장용도를 판매 · 위락 · 숙박시설로 결정하여 고시한 것이 언제든 건축허가가 가능하리라는 공적 견해 표명한 것 아님(2004두6822)**(21국회8급,17지방7급,15서울7급)** ⓟ 조세법령의 규정 내용 자체(2001두403)**(20군무원9급)** ⓗ 법인세법 시행규칙을 개정하여 법제처의 심의를 거쳐 6월 말 경 공포 · 시행할 예정이라는 재정경제부의 보도 → 입법예고만으로는 국가가 이해관계자들에게 그 법령안에 관련된 사항을 약속하였다고 볼 수 없음(2017다249769).**(22변시,20국가9급)** ⓐ 납세자가 구 자유무역협정의 이행을 위한 관세법의 특례에 관한 법률 제10조에 따라 수입신고 시 또는 그 사후에 협정관세 적용을 신청하여 세관장이 형식적 심사만으로 수리한 것을 두고 그에 대해 과세하지 않겠다는 공적인 견해 표명이 있었다고 보기는 어렵다(2017두63726). ⓑ 당초 정구장 시설을 설치한다는 도시계획결정을 하였다가 청소년 수련시설을 설치한다는 도시계획변경결정 및 지적승인을 한 경우 당초의 도시계획결정만으로는 도시계획사업의 시행자 지정을 받게 된다는 공적견해를 표명했다고 할 수 없고, 신뢰이익을 침해한 것으로도 볼 수 없다(2000두727).**(19국가7급,18경찰,12지방7급)** ⓒ 행정청 내부의 사무처리준칙에 해당하는 농림사업시행지침서가 공표된 것만으로는 사업자로 선정되기를 희망하는 자가 사업자로 선정되어 벼 매입자금 지원 등의 혜택을 받을 수 있다는 보호가치 있는 신뢰를 가지게 되었다고 보기도 어렵다(2009두7967).**(21변시)** ⓓ 갑 주식회사가 교육환경보호구역에 해당하는 사업부지에 콘도미니엄을 신축하기 위하여 교육환경평가승인신청을 한 데 대하여, 관할 교육지원청 교육장이 보완요청서를 보낸 이후, 위 신청을 반려하는 처분을 한 사안에서, 위 보완요청서 송부행위는 공적 견해표명이 있었다고 보기 어렵고, 교육장의 교육환경평가승인이 공익 또는 제3자의 정당한 이익을 현저히 해할 우려가 있는 경우에 해당하므로 신뢰보호원칙에 반하지 않는다(2019두52799).

나. 보호가치 있는 신뢰 = 신뢰한 데에 대하여 귀책사유가 없어야

의의	신뢰보호원칙이 성립되기 위해선, 선행조치에 대한 신뢰가 보호가치가 있어야 하는데, 이러한 신뢰를 함에 있어서 개인에게 **귀책사유가 있어서는 안 된다.**(19서울7급,18서울7급) 즉, 수익적 행정행위가 수익자의 귀책사유가 있는 신청에 의해 행하여졌다면 그 신뢰의 보호가치성은 인정되지 않는다.(20지방7급,19소방9급)
귀책 사유	· ✪판례는 귀책사유의 의미에 대하여, 사후에 선행조치가 변경될 것을 **사인이 예상하였거나 중대한 과실로 알지 못한 경우** 또는 **사인의 사위나 사실은폐** 등이 있는 경우 등을 의미한다고 판시하였다.(18서울7급,17서울9급) 판례 ㉠ 교통사고가 일어난 지 1년 10개월이 지난 뒤 그 교통사고를 일으킨 택시에 대하여 운송사업면허를 취소한 경우, 택시운송사업자로는 '자동차운수사업법'의 내용을 잘 알고 있어 교통사고를 낸 택시에 대하여 운송사업면허가 취소될 가능성을 예상할 수 있었으므로 별다른 행정조치가 없을 것으로 자신이 믿고 있었다 하여도 신뢰보호이익을 주장할 수는 없다(85누291).(13국가9급) ㉡ 하사관 지원시 허위의 고 졸업증명서를 제출한 하자가 있다면 이를 이유로 임용일로부터 33년이 지난 후에 행정청이 행한 하사관 및 준사관 임용취소처분은 적법하다(2001두5286).(13경찰) · ✪**귀책사유의 유무**는 상대방 뿐만 아니라 그로부터 신청행위를 위임받은 수임인 등 **관계자 모두를 기준으로 판단**하여야 한다(2001두1512).(22국가9급,21국가7급,18지방9급,11국가9급) 판례 건축주와 그로부터 건축설계를 위임받은 건축사가 관계 법령에서 정하고 있는 건축한계선의 제한이 있다는 사실을 간과한 채 건축설계를 하고 이를 토대로 건축물의 신축 및 증축허가를 받은 경우, 그 신축 및 증축허가가 정당하다고 신뢰한 데에는 귀책사유가 있다(2001두1512).(22국가9급)
국가에 의하여 신뢰가 유인된 경우	국가에 의하여 일정 방향으로 유인된 신뢰의 행사라면, 신뢰보호의 이익이 **인정**된다.(18국가7급,16지방9급).

다. 신뢰에 입각한 국민의 행위

개인이 행정청의 공적 견해 표명을 **신뢰하고 이에 기초하여 어떠한 행위**를 하였어야 하며(09국회8급,08국회8급), 이는 **적극적, 소극적 행위를 불문**한다.

라. 선행조치와 국민의 행위 사이의 인과관계

행정청의 선행조치와 이를 신뢰하고 행한 개인의 행위 사이에는 인과관계가 있어야 한다. 행정청의 선행조치와 무관하게 행해진 사인의 처리행위는 신뢰보호의 대상이 될 수 없다.(08국회8급)

1. 신뢰가 보호할 만한 것인가는 정당한 이익형량에 의한다. 사후에 선행조치가 변경될 것을 사인이 예상하였거나 중대한 과실로 알지 못한 경우 또는 사인의 사위나 사실은폐 등이 있는 경우에는 보호가치가 있는 신뢰라고 보기 어렵다. **18서울7급**

2. 신뢰보호의 원칙과 관련하여 행정청의 선행조치가 신청자인 사인의 사위나 사실은폐에 의해 이뤄진 경우, 그 사인의 신뢰는 보호되지 않는다. **17서울9급**

3. 공적 견해표명을 신뢰한 자가 사실은폐 등 적극적 부정행위를 하지 않는 한 귀책사유가 인정되지 않는다. **09국회8급**

4. 법령개정에 대한 신뢰와 관련하여, 법령에 따른 개인의 행위가 국가에 의하여 일정한 방향으로 유인된 경우에 특별히 보호가치가 있는 신뢰이익이 인정될 수 있다. **16지방9급**

5. 행정청의 확약 또는 공적 견해표명이 있은 후에 사실적·법률적 상태가 변경되었다면, 그와 같은 확약 또는 공적 의사표명은 행정청의 별다른 의사표시를 기다리지 않고 실효된다. **15서울9급**

6. 신뢰보호의 원칙은 행정의 적법성원칙과 갈등관계가 형성될 수 있으며, 후자의 원칙을 배제할 만한 우월한 사정이 있을 때 그 효력을 인정할 수 있게 된다. **09국가7급**

마. 선행조치에 반하는 행정작용과 손해

행정기관이 개인의 신뢰에 반하는 **후행 조치**를 행하고, 이로 인하여 **개인에게 손해가 발생**해야 한다.

3 한계

공익 또는 제3자의 정당한 이익과 비교형성	판례 및 행정절차법은 **공익 또는 제3자의 정당한 이익을 현저히 해할 우려가 있는 경우가 아닐 것**을 신뢰보호원칙이 적용되는 소극적 요건으로 보며(15서울9급,14국회8급), ✪ **신뢰보호의 이익과 공익이 충돌하는 경우, 양자의 이익을 비교 형량해야 한다.**(20지방7급,19지방9급,19국회8급,16사복9급) 판례 건축주가 건축허가 내용대로 공사를 상당한 정도로 진행하였는데, 나중에 건축법이나 도시계획법에 위반되는 하자가 발견되었다는 이유로 그 일부분의 철거를 명할 수 있기 위하여는 그 건축허가를 기초로 하여 형성된 사실관계 및 법률관계를 고려하여 건축주가 입게 될 불이익과 건축행정이나 도시계획행정상의 공익, 제3자의 이익, 건축법이나 도시계획법 위반의 정도를 비교·교량하여 건축주의 이익을 희생시켜도 부득이하다고 인정되는 경우라야 할 것이다(2001두1512).(22변시)
신뢰보호 원칙과 법률 적합성 원칙과의 관계	신뢰보호원칙과 행정의 법률적합성의 원칙이 충돌하는 경우, **통설(동위설=이익형량설)과 판례**는 적법상태의 실현에 의해 달성되는 **공익과 행정 행위에 관한 개인의 신뢰보호라는 사익을 비교 형량**하여 결정해야 한다고 한다.(22소방,20지방7급,14경행,09국가7급) 판례 재건축조합에서 일단 내뷰 규범이 정립되면 조합원들은 특별한 사정이 없는 한 그것이 존속하리라는 신뢰를 가지게 되므로, 내부 규범을 변경할 경우 내부 규범 변경을 통해 달성하려는 이익이 종전 내부 규범의 존속을 신뢰한 조합원들의 이익보다 우월해야 한다(2018두34732).(21국회8급)
사정변경	✪ 판례는 **공적 견해의 표명 후에 그 전제로 된 사실적·법률적 상태가 변경**되었다면, 그와 같은 공적 의사표명은 **행정청의 별다른 의사표시를 기다리지 않고 실효된다**고 함.(22국가9급,21지방9급,21국회8급,20국가9급,20지방7급,15서울9급,17국회8급,18국가7급)
무효의 행정행위	판례 무효인 행정행위에 대해 **신뢰보호원칙을 주장할 수 없다.** ㉠ 국가가 공무원임용결격사유가 있는 자에 대하여 결격사유가 있는 것을 알지 못하고 공무원으로 임용하였다가 사후에 결격사유가 있는 자임을 발견하고 공무원 임용행위를 취소함은 당사자에게 원래의 임용행위가 당초부터 당연 무효였음을 통지하여 확인시켜 주는 행위에 지나지 아니하는 것이므로, 그러한 의미에서 당초의 임용처분을 취소함에 있어서는 신의칙 내지 신뢰의 원칙을 적용할 수 없다(86누459).(22국회8급,21국가7급,16경행) ㉡ (갑은 국가공무원법에 따라 일반직 공무원으로 임용된 사람이다) 임용 당시 갑에게 임용결격사유가 있었다면 비록 국가의 과실에 의하여 임용결격자임을 밝혀내지 못하였다 하더라도 그 임용행위는 당연무효이다(2003두469).(18국가7급)

4 위반의 효과

위반시 위법한 것으로서, 그 하자가 중대명백한 경우 당연무효이고, 그렇지 않은 경우 취소사유가 됨.**(20소방)** 이로 인해 손해입은 개인은 국가에게 손해배상청구를 할 수 있다.

판례

㉠ ✪ 폐기물처리업에 대하여 관할관청의 사전 적정통보를 받고 막대한 비용을 들여 허가요건을 갖춘 다음 허가신청을 하였음에도 청소업자의 난립으로 효율적인 청소업무의 수행에 지장이 있다는 이유로 한 불허가처분은 신뢰보호의 원칙에 반하여 재량권을 남용한 위법한 처분이다.**(17서울9급)**

㉡ 운전면허 취소사유에 해당하는 음주운전을 적발한 경찰관의 소속 경찰서장이 사무착오로 위반자에게 운전면허정지처분을 한 상태에서 위반자의 주소지 관할 지방경찰청장이 위반자에게 운전면허 취소처분을 한 것은 선행처분에 대한 당사자의 신뢰 및 법적 안정성을 저해하는 것이다.**(18경행)**

㉢ 동일한 사유에 관하여 보다 무거운 면허취소처분을 하기 위하여 이미 행하여진 가벼운 면허정지처분을 취소하는 것은 선행처분에 대한 당사자의 신뢰 및 법적 안정성을 크게 저해하는 것이 되어 허용될 수 없다.**(17국가7급)**

㉣ 내무부장관이 '갑 법인이 학술연구단체와 장학단체이고 갑 법인이 직접 사용하기 위하여 취득하는 부동산이라면 취득세가 면제된다'고 회신하였고, 이에 과세관청은 약 19년 동안 갑 법인에 대하여 기숙사 건물 등 부동산과 관련한 취득세·재산세 등을 전혀 부과하지 않았는데, 그 후 과세관청이 위 부동산이 학술연구단체가 고유업무에 직접 사용하는 부동산에 해당하지 않는다는 등의 이유로 재산세 등의 부과처분을 한 것은 신의성실의 원칙에 반하는 것으로서 위법하다(2018두42559).

1. 폐기물처리업에 대하여 관할관청의 사전 적정통보를 받고 막대한 비용을 들여 허가요건을 갖춘 다음 허가신청을 하였음에도 청소업자의 난립으로 효율적인 청소업무의 수행에 지장이 있다는 이유로 한 불허가처분은 신뢰보호의 원칙에 반하여 재량권을 남용한 위법한 처분이다. **17서울9급**

2. 동일한 사유에 관하여 보다 무거운 면허취소처분을 하기 위하여 이미 행하여진 가벼운 면허정지처분을 취소하는 것은 선행처분에 대한 당사자의 신뢰 및 법적 안정성을 크게 저해하는 것이 되어 허용될 수 없다. **17국가7급**

5 실권의 법리

의의	상당기간 권한 행사의 기회가 있었음에도 이를 장기간 행사하지 않는 경우, 상대방이 그 권한 행사를 하지 않을 것이라는 것을 믿을만한 정당한 사유가 있다면, 다시 그 권한을 행사하는 것이 허용되지 않는다는 원칙.
근거	**행정기본법 제12조 (신뢰보호의 원칙)** ② 행정청은 권한 행사의 기회가 있음에도 불구하고 **장기간 권한을 행사하지 아니하여 국민이 그 권한이 행사되지 아니할 것으로 믿을 만한 정당한 사유가 있는 경우에**는 그 **권한을 행사해서는 아니 된다.** 다만, 공익 또는 제3자의 이익을 현저히 해칠 우려가 있는 경우는 예외로 한다. **판례**는 **신의성실의 파생원칙**이라 보고 있음.**(15사복9급,14국가9급,10지방9급)**
요건	① 행정청이 **권한을 행사할 기회가 있었음**에도 ② **상당한 기간동안 권한 행사를 하지 않아,** ③ 상대방이 **권한 불행사에 대한 정당한 신뢰**를 가지게 되었어야 함. ④ 실권을 인정하는 것이 **공익 또는 제3자의 이익을 현저히 해칠 우려가 없어야.**
효과	위 요건 충족시, 행정청의 직권 취소 · 철회 권한은 실효됨.

1. 부당결부의 원칙은 행정작용을 함에 있어서 그와 실체적 관련이 없는 상대방의 반대급부를 조건으로 하여서는 안된다는 원칙을 말한다. **18소방9급**

2. 지방자치단체장이 사업자에게 주택사업계획승인을 하면서 그 주택사업과는 아무런 관련이 없는 토지를 기부채납하도록 하는 부관은 부당결부금지의 원칙에 위반되어 위법하지만, 당연무효라고 볼 수 없다. **16국가7급**

판례	판례 ㉠ 위반사실이 있은 후 3년이 지나 행정제재를 하면서 운전면허를 취소하는 행정처분을 한 경우, 신뢰보호원칙에 위반된다(87누373). ㉡ 행정청이 착오로 행정서사업 허가처분을 한 후 20년이 다 되어서야 허가를 취소하였더라도, 취소사유를 알고 장기간 권리행사를 하지 않은 것이 아니라 취소 직전에 비로소 취소사유를 알고 허가를 취소한 경우라면 실권의 법리에 위반되는 것이 아니다(87누915).**(19국가7급)** ㉢ 교통사고가 일어난 지 1년 10개월이 지난 뒤 그 교통사고를 일으킨 택시에 대하여 운송사업면허를 취소한 경우, 택시운송사업자로서는 자동차운수사업법의 내용을 잘 알고 있어 교통사고를 낸 택시에 대하여 운송사업면허가 취소될 가능성을 예상할 수 있었으므로, 별다른 행정조치가 없을 것으로 자신이 믿고 있었다 하여도 신뢰의 이익을 주장할 수는 없다(88누6283).**(13국가9급)**

제 6 절 부당결부금지의 원칙

의의	**행정기관이 행정작용을 함에 있어서 그와 실체적 관련이 없는 상대방의 반대급부를 조건으로 하여서는 안 된다는 원칙**을 말하며**(18경행,18소방9급)**, 판례는 부당결부금지의 원칙의 적용을 긍정하고 있다.	
근거	헌법상 법치국가의 원리와 자의금지의 원리로부터 도출된다는 헌법적 효력설이 다수설이었으나, 행정기본법에 근거가 생김. **행정기본법 제13조** 행정청은 행정작용을 할 때 상대방에게 해당 행정작용과 실질적인 관련이 없는 의무를 부과해서는 아니 된다.**(21소방,21군무원9급,21행정사)**	
내용	① 행정청의 **공권력 행사가 존재**하고, ② 그 공권력 행사가 상대방의 **반대급부와 결부**되어 있으며, ③ 공권력의 행사와 반대급부 사이에 **실질적 관련성이 있어야** 한다. 판례 고속국도 관리청이 고속도로 부지와 접도구역에 송유관 매설을 허가하면서 상대방과 체결한 협약에 따라 송유관 시설을 이전하게 될경우 그 비용을 상대방에게 부담하도록 한 경우 위 협약에 포함된 부관은 부당결부금지의 원칙에 반하지 않는다(2005다65500).**(21경행,21변시,19국회9급)**	
적용 영역	부관	• **적용 O** 판례 ✪ **주택사업계획승인시 관련없는 토지기부채납부관**을 붙인 것은 **위법하나 여러 사정에 비추어 볼 때 그 하자가 중대하고 명백하여 당연무효라고는 볼 수 없다**(하자의 수준이 중대, 명백까지는 아니라는 의미)(96다49560).**(21서울7급,19지방9급,16국가7급)**

	복수 운전 면허의 철회	판례는 복수의 운전면허를 취소 · 정지함에 있어서 **서로 별개의 것으로 취급하는 것이 원칙**이나(18서울9급), 다만 **그 취소나 정지사유가 다른 면허와 공통된 것이거나, 운전면허를 받은 사람에 관한 경우**에는 **여러 운전면허를 취소 · 정지할 수 있다**고 판단한다.(18지방9급) 판례 ㉠ 배기량 400cc 오토바이를 절취하였다는 이유로 제1종 대형, 제1종 보통 자동차운전면허를 모두 취소한 것(2012두1891) ⇒ **위법 :** 한 사람이 여러 종류의 자동차 운전면허를 취득하는 경우 뿐만 아니라 이를 취소 또는 정지함에 있어서도 **서로 별개의 것으로 취급하는 것이 원칙**이다. ㉡ 2종 소형 면허를 가진 사람만이 운전할 수 있는 이륜자동차를 음주운전한 사유만으로 제1종 대형면허나 보통면허의 취소 정시를 할 수 없다(91누8289). ⇒ **위법** ㉠ 제 1종 보통면허로 운전할 수 있는 차량을 음주운전한 경우 제1종 보통면허의 취소 외에 동일인이 소지하고 있는 제1종 대형면허와 원동기장치자전거 면허까지 취소할 수 있다(94누9672).(15지방9급) ㉡ 제1종 보통면허로 운전할 수 있는 승합차를 음주운전한 경우, 제1종 보통면허 외에 제1종 대형면허까지 취소한 것은 부당결부금지원칙에 반하지 않는다(96누15176).(10지방9급)
	기타	공법상 계약, 공급거부, 관허사업의 제한 등에도 적용 ○
위반 효과		부당결부금지의 원칙은 헌법적 효력을 가지므로, 이를 위반시 **위헌, 위법**하다는 것이 **다수설**의 견해임. 중대 · 명백설에 따라 해당 처분은 무효 또는 취소 사유가 되며, 이로 인해 손해를 입은 자는 항고소송 및 국가배상 청구 가능

1. 행정청이 여러 종류의 자동차운전면허를 취득한 자에 대해 그 운전면허를 취소하는 경우, 취소사유가 특정 면허에 관한 것이 아니고 다른 면허와 공통된 것이거나 운전면허를 받은 사람에 관한 것일 경우에는 여러 면허를 전부 취소할 수 있다. **18지방9급**

2. 헌법재판소는 평등의 원칙이나 신뢰보호의 원칙을 근거로 행정의 자기구속의 원칙을 인정하고 있다. **18국가9급**

제 7 절 자기구속의 원칙

개념	행정청은 **동일한 사안에 대하여 이전에 한 처분과 동일한 처분을 해야 한다**	
특징	주로 **재량의 통제법리와 관련**되며(18국가9급), 재량권행사에 있어서 **행정권의 자의 방지의 의미**를 갖는다.	
근거	✪ 행정청의 자기구속의 원칙은 **평등원칙 및 신뢰보호의 원칙에 근거**를 두고 있다.(18국가9급,18소방9급,18서울7급,17경행)	
성립 요건	재량행위의 영역	기속행위의 경우에는 법규정에 이미 기속되어 있으므로, **재량행위의 경우에만 문제됨.**
	동일한 행정청 · 동종 사안일 것	동일한 행정청이 행한 동종 사안에 대해서만 적용됨. 행정의 자기구속의 원칙은 **처분청이 아닌 제3자 행정청에 대해서는 적용되지 않는다.**(19서울9급,18국가9급)

1. 재량준칙이 정한 바에 따라 되풀이 시행되어 행정관행이 이루어지게 되면 평등의 원칙이나 신뢰보호의 원칙에 따라 행정청은 상대방에 대한 관계에서 그 규칙에 따라야 할 자기구속을 받게 되므로, 이러한 경우에는 특별한 사정이 없는 한 그에 반하는 처분은 평등의 원칙이나 신뢰보호의 원칙에 어긋나 재량권을 일탈·남용한 위법한 처분이 된다.
18서울7급

2. 반복적으로 행하여진 행정처분이 위법한 것일 경우 행정청은 자기구속원칙에 구속되지 않는다.
19국회8급

성립 요건	**행정 선례의 존재**	• 재량준칙이 공표된 경우, 추가적으로 행정 선례의 존재까지 필요한지 여부에 관해 학설 대립이 있으나 이에 대해 학설 대립이 있으나, ✪ **다수설과 판례**는 **재량준칙이 공표된 것만으로는 행정의 자기구속의 원칙이 적용될 수 없고, 재량준칙이 되풀이 시행되어 행정관행이 성립한 경우**에 행정의 자기구속의 원칙이 적용될 수 있다는 **선례필요설의 입장**이다(2009두7967).**(21지방9급,21군무원9급,20소,18국가9급,18서울7급,15지방7급,13지방7급)** • 법령보충적 행정규칙 뿐만 아니라 재량권 행사의 준칙인 행정규칙이 행정의 자기 구속원리에 따라 대외적 구속력을 가지는 경우에는 **헌법소원**의 대상이 될 수 있다(99헌마413).**(20국가9급,16서울9급,08국가9급)**
한계		✪ **위법한 행정처분이 수차례에 걸쳐 반복적으로 행하여졌다** 하더라도 그러한 처분이 **위법**한 것일 때에는 행정청에 대하여 **자기구속력을 갖게 된다고 할 수 없고** (2008두13132)**(21국가9급,17서울9급,18국가9급,17국가7급,16지방9급 등)**, **중대한 사정변경**이 있는 경우에도 적용될 수 **없다.**
효과		재량권행사의 준칙인 행정규칙이 자기구속을 받게 된 경우에는 특별한 사정이 있는 경우에도 해당 규칙에 따라야 할 절대적 구속력이 발생하고**(17경찰,13변시,11국가9급)**, 이를 위반한 행정작용은 위헌·위법한 것으로**(21군무원9급)**, **항고소송의 대상**이 되며, 이에 대한 **국가배상청구** 역시 가능하다.**(09국가7급)**

제 8 절 과소보호금지의 원칙

판례 ㉠ **국가가 국민의 생명·신체의 안전에 대한 보호의무를 다하지 않았는지 여부를 헌법재판소가 심사할 때에는 국가가 이를 보호하기 위하여 적어도 적절하고 효율적인 최소한의 보호조치를 취하였는가** 하는 이른바 **'과소보호 금지원칙'**의 위반 여부를 기준으로 삼아, 국민의 생명·신체의 안전을 보호하기 위한 조치가 필요한 상황인데도 국가가 아무런 보호조치를 취하지 않았든지 아니면 취한 조치가 법익을 보호하기에 전적으로 부적합하거나 매우 불충분한 것임이 명백한 경우에 한하여 국가의 보호의무의 위반을 확인하여야 하는 것이다(2005헌마764).**(21국가9급,21서울7급,17국가7급)**
㉡ 주거지역에서 출근 또는 등교 이전 및 퇴근 또는 하교 이후 시간대에 확성장치의 최고출력 내지 소음을 제한하는 등 사용시간과 사용지역에 따른 수인한도 내에서 확성장치의 최고출력 내지 소음 규제기준에 관한 규정을 두지 아니한 공직선거법 규정은, 적절하고 효율적인 최소한의 보호조치를 취하지 아니하여 국가의 기본권 보호의무를 과소하게 이행한 것으로서, 청구인의 건강하고 쾌적한 환경에서 생활할 권리를 침해하므로 헌법에 위반된다(2018헌마730).

05 행정법관계

제 1 절 행정법관계의 의의 및 종류

1 행정상 법률관계의 의의 및 분류

행정상 법률관계는 행정의 조직과 작용에 관한 법률관계를 의미하며, 넓은 의미의 행정상 법률관계는 행정조직법관계와 행정작용법관계를 모두 포함하지만, **좁은 의미의 행정상 법률관계는 행정작용법관계**를 의미한다.

행정 조직법 관계	행정주체 상호 간(국가-지자체, 지자체 상호간) 또는 행정주체 내부(각 부 장관간, 장관과 소속기관장)의 관계를 의미함.		
행정 작용법 관계	**공법관계**	**권력 관계**	• 행정주체가 사인에게 **일방적으로 명령·강제**하는 법률관계 • **공정력 등 행정주체에게 우월한 효력**이 인정(11사복9급) • 원칙적으론 **사법의 규율을 받지 않으나**, 민법상 일반원리적 규정은 규정은 적용될 수 있다.(16국가9급) → **항고소송**
		관리 관계	• 행정주체가 **공적 재산 또는 사업의 주체**로서 국민과 대등한 위치에 있는 법률관계 예) 공물의 관리나 공기업의 경영 • **원칙적으로 사법의 규율**을 받음.(11사복9급) → **민사소송** • 예외적으로 공익목적 달성에 필요한 한도 내에서는 특별한 공법적 규율을 받음 → **당사자소송**

<table>
<tr><td rowspan="2">행정
작용법
관계</td><td rowspan="2">사
법
관
계</td><td>행정
사법
관계</td><td>• 행정주체가 공행정작용을 수행하기 위해 사법적 형식으로 사인과 맺는 법률관계
예) 철도, 우편, 시영버스사업등과 보조금 지급 등의 자금지원
• 사법의 규율을 받음 → 민사소송</td></tr>
<tr><td>국고
관계</td><td>• 행정주체가 사법상의 재산권의 주체로서 사인과 맺는 법률관계 예) 국가가 개인과 임대차계약, 공사도급계약 체결
• 사법의 규율을 받음 → 민사소송</td></tr>
</table>

2 공법관계와 사법관계

가. 구별의 필요성

	공법관계	사법관계
소송형태	행정소송	민사소송
재판관할	행정법원	지방법원
손해배상	국가배상법 등 개별법	민사법
손실보상	○	X
공정력	공법관계 중 권력관계에서만 인정	공정력 인정 안 됨
제소기간	○	X
가구제	집행정지(소극적)	가처분(적극적)
행정심판	○	X
사정판결	○	X

나. 공법과 사법의 구별 기준

1차 기준	관련법령의 규정 내용과 성질 등을 기준으로 구별함

⇓

<table>
<tr><td rowspan="5">2차
기준</td><td>이익설</td><td>법이 실현하고자 하는 이익, 즉 법의 목적에 따라 공익을 실현하는 법을 공법, 사익을 실현하는 법을 사법이라 함.</td></tr>
<tr><td>종속설
(성질설, 복종설)</td><td>법률관계의 당사자들의 관계가 상하관계이면 공법, 대등관계이면 사법이라고 함.</td></tr>
<tr><td>주체설
(구주체설)</td><td>법률관계의 주체를 기준으로, 일방 당사자가 행정주체이면 공법이고, 사인 상호간이면 사법이라 함.</td></tr>
<tr><td>귀속설
(신주체설)</td><td>권리 · 의무가 누구에게 귀속되는지에 따라, 행정주체에게만 권리 · 의무를 귀속시키면 공법, 모든 권리주체에게 권리 · 의무를 귀속시키면 사법이라 함.</td></tr>
<tr><td>종합 검토설</td><td>여러 기준 모두를 종합적으로 고려해서 판단해야 한다는 학설.</td></tr>
</table>

종합검토설을 제외한 모든 학설들은 명확한 구별이 어렵다는 공통적인 비판을 받음.

다. 공법관계와 사법관계에 대한 판례의 태도

공법관계	사법관계
① ✪ 국유 또는 공유의 행정재산에 대한 사용허가는 공법상 계약이 아니라 강학상 특허의 성질을 지니며 그에 의해 형성되는 이용관계는 공법관계이다(97누1105).**(19서울7급,16지방9급,12국가7급,11서울9급)** ② 국유재산 관리청의 행정재산의 사용·수익허가에 따른 사용료 부과행위는 공법관계에 해당한다(95누11023).**(21국회8급,18국회8급,14서울7급)** ③ 국유재산법상의 국유재산 무단사용변상금의 부과처분은 공법관계이다(87누1046·1047).**(21소방간부,17국가7급)** ④ ✪ 국립의료원 부설주차장에 관한 위탁관리운영계약의 실질은 행정재산에 대한 국유재산법상의 사용, 수익·허가이므로 이와 관련한 가산금지급채무의 부존재에 관한 소송은 행정소송으로 제기하여야 함(2004다31074).**(21소방간부,16국가9급)** ⑤ '국가를 당사자로 하는 계약에 관한 법률'에 따른 부정당업자에 대한 입찰참가자격제한 조치는 항고소송의 대상이 되는 처분이다(99두3201).**(21군무원7급,21국회8급,13국회8급 등)** ⑥ 구 예산회계법에 따라 체결되는 계약에 있어서 입찰참가자격정지에 대해서는 항고소송으로 다투어야 한다(81누366).**(21소방간부,20국가7급)** ⑦ ✪ 시립합창(무용)단원의 위촉은 공법관계이다(2001두7794).**(20지방7급,16지방9급,12국가7급,11서울9급)** ⑧ ✪ 국가나 지방자치단체에 근무하는 청원경찰의 징계처분에 대한 소송은 행정소송에 해당한다(92다47564).**(18지방9급)** ⑨ 지방소방공무원의 근무관계 및 보수에 관한 법률관계는 공법상 근무관계에 해당하고, 지방소방공무원의 초과근무수당 지급청구는 당사자소송의 절차에 따라야 한다(2012다102629).**(21소방,18경행)** ⑩ '도시 및 주거환경정비법'상의 주택재건축정비사업조합이 수립한 관리처분계획안에 대한 조합 총회결의의 효력을 다투는 소송은 공법상 법률관계에 관한 것이다(2007다2428).**(21소방간부,21소방,17국가7급)** ⑪ 농지개량조합과 직원의 관계는 공법상 특별권력관계로서, 그 조합의 직원에 대한 징계처분은 처분성이 인정된다(94누10870).**(17사복9급, 15서울7급,13지방7급)**	① ✪ 국유잡종재산(일반재산)의 대부계약은 사법상 계약이고, 이에 따른 대부료 부과는 사법상의 이행청구에 해당한다(99다61675).**(22국회8급,18국가7급,17사복9급,17지방9급)** **주의!** 국유 일반재산의 대부료 '징수'는 공법관계 (민사소송 불가) ② 국유재산(현 일반재산)의 매각 및 매각신청반려행위는 사법상의 행위에 불과하다(86누171).**(21군무원7급,15국회8급)** ③ ✪ '국가를 당사자를 하는 계약에 관한 법률'의 적용 대상인 공기업이 일방 당사자가 되는 계약 및 입찰절차에서의 낙찰자의 결정은 국가와 사인 간에 체결된 사법상 계약이다(2001다33604).**(22국가9급,21소방,21경행,19사복9급,16국회8급)** ④ ✪ 구 예산회계법상 입찰보증금의 국고귀속조치는 민사소송의 대상이다(81누366).**(20지방9급,20국가7급,19국가9급,17교행9급,16지방9급, 14지방7급)** ⑤ ✪ '개발이익환수에 관한 법률'상 개발부담금 부과처분이 취소된 경우 그 과오납금에 대한 부당이득반환청구의 법률관계는 사법관계이다(94다51253).**(18지방9급, 17국가7급)** ⑥ ✪ '공익사업을 위한 토지 등의 취득 및 보상에 관한 법령'에 의한 협의취득은 사법상의 법률행위이므로, 이에 관한 분쟁은 민사소송의 대상이다(2010다91206)**(21군무원7급,20국가7급,19국가9급,16지방9급)**. ⑦ 구 '공공용지의 취득 및 손실보상에 관한 특례법'상의 협의취득에 기한 손실보상금의 환수통보는 사법상의 이행청구에 해당하는 것으로서 항고소송의 대상이 아니다(2010두14367).**(15지방7급)** ⑧ 서울특별시지하철공사 임직원을 징계하는 행위(89누2103)**(19국회8급,13국가7급)** ⑨ 한국조폐공사의 임원과 직원의 근무관계(78다414)**(18경행, 4서울7급)** ⑩ 종합유선방송위원회 직원들의 근로관계(2001다54038)**(11경행)** ⑪ 사립학교 교원에 대한 학교법인은 사법상 관계이므로 사립학교 교원에 대한 학교법인의 해임은 민사소송의 대상이다(92누13707).**(21국회8급,15국가9급)** ⑫ 산림청장이 국유임야무상양여신청서를 반려한 거부한 행위는 단순한 사법상의 행위이다(83누291).**(21소방간부,14서울7급)**

1. 국유재산법상의 국유재산 무단사용 변상금 부과처분은 공법관계라는 것이 판례의 입장이다. **17국가7급**

2. 국가나 지방자치단체에 근무하는 청원경찰의 징계처분에 대한 소송은 행정소송법상 행정소송에 해당한다. **18지방9급**

3. 행정재산의 사용·수익에 대한 허가는 공법관계이다. **17교행9급**

4. 시립무용단원의 해촉은 행정소송의 대상이 된다. **19서울9급**

5. 행정처분의 무단점유자에 대한 변상금부과행위는 처분이나, 대부한 일반재산에 대한 사용료부과고지행위는 처분이 아니다. **17지방9급**

6. '국가를 당사자로 하는 계약에 관한 법률'에 의하여 국가와 사인 간에 체결된 계약은 특별한 사정이 없는 한 사법상의 계약으로서 그 본질적인 내용은 사인 간의 계약과 다를 바가 없다. **16국회8급**

7. 공익사업을 위한 토지 등의 취득 및 보상에 관한 법령에 의한 협의취득은 사법상의 법률행위이므로, 이에 관한 분쟁은 민사소송의 대상이다. **19국가9급**

8. 개발부담금 부과처분이 취소된 경우, 그 과오납금에 대한 부당이득반환청구의 법률관계는 사법관계이다. **18지방9급**

1. 조세과오납반환청구는 민사소송이다. **21국가7급**

2. 입찰보증금의 국고귀속조치는 국가가 사법상의 재산권의 주체로서 행위하는것이지, 공권력을 행사하는 것이거나 공권력 작용과 일체성을 가진 것이 아니라 할 것이다. **20지방9급**

⑫ 부가가치세 환급세액 반환은 공법상 부당이득반환으로서 당사자소송의 대상이다(2011다95564).**(21국가7급,17국가9급,17지방9급,14지방7급)**

⑬ 수도료 부과 · 징수와 이에 따른 수도료 납부관계는 공법상의 권리의무 관계이므로, 이에 대한 분쟁은 행정소송의 대상이다(76다2517).**(19국가9급)**

⑭ 공공하수도의 이용관계는 공법관계이다(2001두8865).**(09지방7급)**

⑮ 초 · 중등교육법상 사립중학교에 대한 중학교 의무교육의 위탁관계는 공법적 관계이다(2012두7387).**(20국회8급,18교행9급)**

⑯ ✪ 지방재정법에 따라 기부채납받은 행정재산에 대해 공유재산 관리청의 기부자에게 사용 · 수익**허가**를 하는 것은 공법관계로서 행정처분(특허)이다(옆 ⑭와 비교)(97누1105).

⑰ 사인이 공공시설을 건설한 후, 국가 등에 기부채납하여 공물로 지정하고 그 대신 그 자가 일정한 이윤을 회수할 수 있도록 일정 기간 동안 무상으로 사용하도록 허가하는 것은 행정처분에 해당함(99두509).**(17국가7급)**

⑱ **한국수력원자력 주식회사는 공공기관의 운영에 관한법률에 따른 '공기업'**으로 지정됨으로써 입찰참가자격제한처분을 할 수 있는 권한을 부여받았으므로 '법령에 따라 행정처분권한을 위임받은 공공기관'으로서 **행정청에 해당**하고, 자신의 **'공급자관리지침'**에 근거하여 등록된 공급업체에 대하여 하는 **'등록취소 및 그에 따른 일정 기간의 거래제한조치'**는 **'처분'**에 해당함(2017두66541)(옆 ⑯과 비교).

⑲ 교육공무원법 등에 따라 대학의 장에 의하여 임용된 조교는 법정된 근무기간동안 신분이 보장되는 교육공무원법상의 교육공무원 내지 국가공무원법상의 특정직공무원 지위가 부여되므로, 그 근무관계는 공법상 근무관계에 해당함(2015두52531).**(20군무원9급)**

⑳ 국가 산하 중앙행정기관인 방위사업청과 '한국형 헬기 민군겸용 핵심구성품 개발협약'을 체결한 위 협약의 법률관계는 공법관계에 해당하므로, 개발협약을 체결한 상대방이 협약을 이행하는 과정에서 환율변동 등 외부적 요인으로 발생한 초과 비용을 청구하는 소송은 행정소송에 해당함(2015다215526).**(21경행)**

⑬ 지방재정법에 따라 지방자치단체가 당사자가 되어 체결하는 계약은 사법상 계약이다(96누14708).**(15경행1차)**

⑭ 구 '지방재정법 시행령' 제71조의 규정에 따라 기부채납 받은 공유재산을 무상으로 기부자에게 사용을 **허용**하는 행위는 사법관계에 해당한다(93누7365).**(21국회8급,15서울9급)**

⑮ ✪ 조세과오납반환청구는 민사소송이다(94다55019).**(21국가7급)**

⑯ **한국전력공사**가 **'정부투자기관회계규정'**에 의하여 행한 **입찰참가자격을 제한하는 내용의 부정당업자 제재처분**은 사법상 통지행위에 불과하다(2017두66541).**(21지방7급,15지방9급,11서울9급)**

⑰ 지방자치단체가 학교법인이 설립한 사립중학교에 의무교육대상자에 대한 교육을 위탁한 때에 그 학교법인과 해당 사립중학교에 재학 중인 학생의 재학관계(2016다33196)**(21군무원7급)**⑬번과 비교.

⑱ 공용수용의 목적물이 불필요하게 된 경우 피수용자가 다시 수용된 토지의 소유권을 회복할 수 있도록 하는 환매권의 행사는 사법관계에 해당한다.**(20국회8급,15서울9급)**

⑲ 환매권의 존부에 관한 확인을 구하는 소송 및 구 공익사업법 제91조 제4항에 따라 환매금액의 증감을 구하는 소송 역시 민사소송에 해당한다(2010두22368).**(22국가9급)**

⑳ '공공기관의 운영에 관한 법률'의 적용대상인 공기업이 일방 당사자가 되는 계약(2012다74076)**(22국가9급,21소방간부)**

㉑ 구 '정부투자기관 관리기본법'의 적용대상인 정부투자기관이 일방 당사자가 되는 계약(2010다83182).**(21지방7급)**

㉒ 지방자치단체가 일반재산을 지방자치단체를 당사자로 하는 계약에 관한 법률에 따라 입찰이나 수의계약을 통해 매각하는 것(2016다201395)**(21군무원7급)**

㉓ 지방자치단체가 사인과 체결한 자원회수시설 위탁운영협약(2018두60588)**(21경행,21소방간부,21군무원7급,20지방7급)**

제 2 절 행정법관계의 당사자

1 행정주체

가. 행정주체의 의의 및 행정기관과의 구별

<table>
<tr><td>행정주체</td><td colspan="3">행정권을 행사하여 행정상 법률효과가 귀속되는 당사자</td></tr>
<tr><td rowspan="3">행정기관</td><td>개념</td><td colspan="2">행정기관은 행정을 실제로 수행하는 자로서, 행정기관의 행위의 법적효과는 '행정주체'에게 귀속됨.</td></tr>
<tr><td rowspan="2">종류</td><td>행정청</td><td>스스로 의사를 결정하고 이를 표시할 수 있는 권한을 가진 행정기관 예) 국가, 지방자치단체, 공공단체, 공무수탁사인</td></tr>
<tr><td>보조기관</td><td>국가나 지자체의 행정청에 소속되어 행정청의 권한행사를 보조하는 기관 예) 행정 각부의 차관, 국장, 차관보 등</td></tr>
</table>

나. 행정주체의 종류

<table>
<tr><td>국가</td><td colspan="3">시원적(始原的)인 행정주체</td></tr>
<tr><td rowspan="4">공공단체</td><td>지방자치단체</td><td colspan="2">일정 지역과 그 지역 내 주민을 구성요소로 하여, 그 지역 내에서 행정권을 행사하는 공공단체</td></tr>
<tr><td>공법상 사단법인 (공공법인)</td><td colspan="2">특수한 목적을 수행하기 위해 일정한 자격을 가진 조합원들에 의해 구성된 공법상 법인
예) 주택재건축정비사업조합(17서울9급,17사회복지9급), 농지개량조합, 상공회의소, 토지개량조합, 직장의료보험조합 등</td></tr>
<tr><td>공법상 재단법인 (공재단)</td><td colspan="2">특정 행정목적을 위해 제공된 재산을 관리하기 위해 설립된 재단법인.
예) 한국연구재단, 한국학술진흥재단 등</td></tr>
<tr><td>영조물 법인</td><td colspan="2">특정 행정목적을 위해 설립된 인적 · 물적 시설의 종합체로, 공법상 법인격이 부여된 공공단체
예) 서울대학교(16서울9급), 한국방송공사, 각종 공사, 한국은행, 국립대학병원 등</td></tr>
<tr><td rowspan="3">공무수탁사인</td><td>의의</td><td colspan="2">• 공행정사무를 위탁받아 자신의 이름으로 처리할 수 있는 권한을 갖는 행정주체이자, 동시에 행정청인 사인.(17서울7급,17사복9급)
• 자연인, 법인, 법인격 없는 단체(17서울9급) 모두 가능함.
예) '항공안전 및 보안에 관한 법률'상 경찰임무를 수행하는 항공기의 기장(18서울7급), 민영교도소장(18서울7급), 공익사업을 위한 토지 등의 취득 및 보상에 관한 법률상 토지수용권을 행사하는 사인(18서울7급)</td></tr>
<tr><td rowspan="2">구별 개념</td><td>공의무 부담 사인</td><td>법률에 의해 부여된 공행정임무를 수행하나, 처분권한이 있는 공무수탁사인과는 달리, 처분권한이 없음
예) 비상시 석유비축의무를 부여하는 경우의 사업주, 소득세를 원천적으로 징수하는 사장 등(소득세원천징수의무자)(10지방9급)</td></tr>
<tr><td>행정 보조인</td><td>행정임무를 자기책임 하에 수행하는 것이 아닌, 행정청을 위해 단순 보조 역할을 하는 사인(10지방9급)
예) 아르바이트로 우편업무를 수행하는 자, 사고현장에서 경찰의 부탁으로 경찰을 돕는 자</td></tr>
</table>

1. **'도시 및 주거환경정비법'** 상 주택재건축정비사업조합은 공법인으로서 목적범위 내에서 법령이 정하는 바에 따라 일정한 행정작용을 행하는 행정주체의 지위를 갖는다. **17사복9급**

2. 소득세법에 의한 원천징수의무자의 원천징수행위는 법령에서 규정된 징수 및 납부의무를 이행하기 위한 것에 불과한 것이지, 공권력의 행사로서의 행정처분에 해당되지 아니한다고 보는 것이 판례의 입장이다. **10지방9급**

1. 공무수탁사인은 수탁받은 공무를 수행하는 범위 내에서 행정주체이고, 공무수탁사인이 행한 처분에 대하여 항고소송을 제기하는 경우 피고는 공무를 위임한 행정청이 아닌 공무수탁사인으로 하여야 한다. **17사복9급,10지방9급**

<table>
<tr><td rowspan="5">공무수탁사인</td><td>구별 개념</td><td>기타</td><td>행정대행인(행정을 단순히 대행하는 자),
민간위탁자(사법상 계약에 의해 경영 위탁을 받은 자) 등
예) 주차위반차량을 견인하는 민간사업자(18서울7급,17서울7급,17사복9급), 쓰레기 수거인</td></tr>
<tr><td rowspan="2">법적 근거</td><td>일반적 근거</td><td>행정청에게 부여된 권한이 사인에게 이전되는 것이므로, 법적 근거가 필요함.

행정기본법 §2-2호 나목. 나. 그 밖에 법령등에 따라 행정에 관한 의사를 결정하여 표시하는 권한을 가지고 있거나 그 권한을 위임 또는 위탁받은 공공단체 또는 그 기관이나 사인(私人)
정부조직법 §6 ③ 행정기관은 법령으로 정하는 바에 따라 그 소관사무 중 조사 · 검사 · 검정 · 관리 업무 등 국민의 권리 · 의무와 직접 관계되지 아니하는 사무를 지방자치단체가 아닌 법인 · 단체 또는 그 기관이나 개인에게 위탁할 수 있다.
지방자치법 §104③ 지방자치단체의 장은 조례나 규칙으로 정하는 바에 따라 그 권한에 속하는 사무 중 조사 · 검사 · 검정 · 관리업무 등 주민의 권리 · 의무와 직접 관련되지 아니하는 사무를 법인 · 단체 또는 그 기관이나 개인에게 위탁할 수 있다.(17서울7급)</td></tr>
<tr><td>개별적 근거</td><td>공무를 국가가 스스로 수행할 것인지 아니면 그 임무의 기능을 민간부문으로 하여금 수행하게 할 것인지에 관하여는 입법자에게 광범위한 입법재량 내지 형성의 자유가 인정됨(2004헌마262)(10지방9급)</td></tr>
<tr><td rowspan="2">법률 관계</td><td>행정주체와 공무수탁사인과의 관계</td><td>공무를 위임한 행정주체는 공무수탁사인을 지휘, 감독할 수 있는 특별감독관계에 있음.
합법성 뿐만 아니라 합목적성까지 감독 가능(17서울7급)</td></tr>
<tr><td>공무수탁사인과 국민과의 관계</td><td>공무수탁사인의 행정업무로 인해 침해를 받은 국민은 공무수탁사인을 직접 피청구인 또는 피고로 하여 행정심판 또는 행정소송 제기가 가능하며, 국가배상 및 손실보상청구도 가능함(단, 국가배상의 경우 위탁한 국가나 지자체가 피고가 됨).
이 경우 공무수탁사인은 행정절차법, 행정소송법과 관련하여 행정청의 지위를 가짐.(17사복9급).</td></tr>
</table>

2 행정객체

<table>
<tr><td>의의</td><td>행정주체의 상대방을 의미함. 일반적으로 사인이 행정객체에 해당함.</td></tr>
<tr><td rowspan="2">대상</td><td>행정기관은 법인격성이 없어, 행정의 객체가 될 수 없음.</td></tr>
<tr><td>지방자치단체 등 공공단체는 국가나 다른 공공단체와의 관계에서 행정의 객체가 될 수 있음.(17사복9급)</td></tr>
</table>

제 3 절 행정법관계의 내용 - 공권과 공의무

1 공권

가. 국가적공권

행정주체가 우월한 의사 주체로서 개인 또는 단체에 대해 가지는 권한

예) 하명권, 형성권 등

나. 개인적 공권

<table>
<tr><td>개념</td><td colspan="3">개인이 자신의 이익을 실현하기 위해 행정주체에 대해 일정한 행위를 요구할 수 있는 법적 권리로, 주관적 공권이라고도 함.</td></tr>
<tr><td rowspan="4">반사적 이익과의 구별</td><td></td><td>개인적 공권</td><td>반사적 이익</td></tr>
<tr><td>개념</td><td>처분의 근거 및 관계법규가 공익 뿐만 아니라 개인의 이익도 보호하는 경우에 성립됨.</td><td>행정법규가 공익목적을 위해 행정주체에게 일정한 의무를 부과한 결과, 그 반사적 효과로 개인이 얻는 이익</td></tr>
<tr><td>원고적격</td><td>원고적격 인정</td><td>원고적격 부정</td></tr>
<tr><td>손배인정</td><td>손해배상청구권 인정</td><td>손해배상청구권 부정</td></tr>
<tr><td rowspan="2">성립 요건</td><td>강행 법규의 존재</td><td colspan="2">개인적 공권이 성립되려면 강행법규가 국가 기타 행정주체에게 행위의무를 부과해야 한다. 과거에는 그 의무가 기속행위인 경우에만 인정되었으나, 오늘날에는 재량행위에도 인정된다고 보는 것이 일반적이다.(17국가9급, 15교행9급)</td></tr>
<tr><td>사익 보호성</td><td colspan="2">✪관련 법규가 공익 뿐만 아니라 사익을 보호하는 목적을 가지고 있어야 하며(12국가9급,11사복9급), 이는 직접적인 근거 법률 외에 관계 법률 등 법규 전체의 목적과 취지도 고려하여 판단한다.(15교행9급)</td></tr>
<tr><td rowspan="2">종류</td><td>헌법상 개인적 공권</td><td colspan="2">• 자유권적 기본권(소극적 방어권)은 법률 규정이 없어도 개인적 공권이 성립될 수 있음(17교행9급,17지방9급).
예) 구속된 피고인 · 피의자의 타인 접견권
• 사회적(연금수급권, 근로의 권리, 퇴직급여청구권, 환경권 등), 청구권적 기본권은 법률에 규정됨으로써 구체적인 법적 권리로 형성되지 않는 한 직접 개인적 공권으로 인정 X
(18경행,17경행,17지방9급,17지방9급,15교행9급,12국가9급)

판례 환경영향평가대상지역 밖에 거주하는 주민에게 헌법상의 환경권 또는 환경정책기본법에 근거하여 공유수면매립면허처분과 농지개량사업시행인가처분의 무효확인을 구할 원고적격이 없다(환경권으로부터 원고적격 도출 X)(2006두330).(17지방9급)</td></tr>
<tr><td>법률상 개인적 공권</td><td colspan="2">개인적 공권은 주로 법률에 의해 성립되며, 강행법규가 존재하고, 그 법규가 사익보호성이 있다면 개인적 공권이 인정된다.</td></tr>
</table>

1. 처분의 직접적인 근거법규뿐만 아니라 관계법규가 사익을 보호하는 것으로 인정되는 경우에도 공권이 성립될 수 있다. **15교행9급**

2. 개인적 공권이 성립하려면 공법상 강행법규가 국가 기타 행정주체에게 행위의무를 부과해야 한다. 과거에는 그 의무가 기속행위의 경우에만 인정되었으나, 오늘날에는 재량행위에도 인정된다고 보는 것이 일반적이다. **17국가9급**

3. 소극적 방어권인 헌법상의 자유권적 기본권은 법률의 규정이 없다고 하더라도 직접 공권이 성립될 수도 있다. **17지방9급**

4. 헌법 제32조 제1항이 규정하는 근로의 권리는 사회적 기본권으로서 국가에 대하여 직접 일자리를 청구하거나 일자리에 갈음하는 생계비의 지급청구권을 의미하는 것이 아니라 고용증진을 위한 사회적·경제적 정책을 요구할 수 있는 권리에 그치며, 근로의 권리로부터 국가에 대한 직접적인 직장존속청구권이 도출되는 것도 아니다. **17경행**

5. 환경영향평가대상지역 밖에 거주하는 주민에게 헌법상의 환경권 또는 환경정책기본법에 근거하여 공유수면매립면허처분과 농지개량사업시행인가처분의 무효확인을 구할 원고적격이 없다. **17지방9급**

1. 법령상 검사임용신청 및 그 처리에 관한 명문규정이 없다고 하여도 조리상 임용권자는 임용신청자들에게 전형의 결과인 임용 여부의 응답을 해 줄 의무가 있다. **12국가9급**

2. 행정소송에 있어서 소권은 개인의 국가에 대한 공권이므로 당사자의 합의로써 이를 포기할 수 없다. **17경행**

3. 제3자와 소권의 포기에 관한 계약을 체결하더라도 그 계약은 무효이다. **11사복9급**

	기타	개인적 공권은 **조리·관습법 등 불문법**이나(예 - 음용수권 및 관습법상 권리인 입어권, **검사임용신청에서 임용 여부의 응답을 받을 권리)(12국가9급)**, **행정행위, 공법상 계약**에 의해서도 성립가능함.**(17교행9급)** 단, **국민의 권리 · 의무와 관계없는 행정규칙**(예 : 서울시 철거민에 대한 시영아파트특별분양지침)에 의해서는 **성립되지 않음.(10국가9급)**
특성	**이전성 제한**	개인적 공권은 **일신전속적 성질**을 가지므로, **양도 · 상속, 압류가 금지 · 제한됨.** 단, 행정상 손실보상청구권, 재산침해로 인한 국가배상청구권 등은 이전 가능(그 내용이 일신전속적 성질을 갖지 않거나, 법령에 규정이 있는 경우에 한해).
	포기성 제한	✪ 개인적 공권은 공익적 목적을 띄므로, 원칙적 **포기불가**. 예) **행정소송에서의 소권은 포기할 수 없으므로, 행정소송에서 부제소특약은 무효임.** 단, 불행사는 가능함. 판례 당사자 사이에 석탄산업법시행령 제41조 제4항 제5호 소정의 재해위로금에 대한 지급청구권에 대한 부제소합의가 있었다고 하더라도 그러한 합의는 무효라고 할 것이다(97누5046,98두12598).**(21군무원9급,20소방간부)**
	비대체성	개인적 공권은 일신전속적이므로, 타인에게 대행이나 위임이 제한됨. 예) 선거권의 대행 또는 위임 금지
	소멸시효의 특수성	공권의 소멸시효는 사권에 비해 단기임. 예) 공법상 금전채권은 5년(국가재정법, 지방재정법)
	보호의 특수성	개인적 공권을 보호하기 위한 소송은 행정소송이다.

다. 개인적 공권의 확대화 경향

강행규정의 확대화	개인적 공권의 성립요건인 강행규정의 범위를 확대화시켜, 강행법규가 부과하는 행정의무의 범위를 기속행위에서 재량행위까지 넓히고 있음.**(18국가9급,15교행9급)** 이에 따라 재량영역에서도 무하자재량행사청구권, 행정개입청구권 등 개인적 공권이 성립됨.**(17국가9급)**
반사적 이익의 개인적 공권화	최근 판례는 관련 법규가 제3자의 이익까지 보호하고 있는 것까지 넓게 해석하여 제3자에게 개인적 공권을 인정하고 있고, **경업자, 경원자에게도 원고 적격을 인정**하여 원고적격을 확대함.

라. 무하자재량행사청구권과 행정개입청구권

1) 무하자재량행사청구권

<table>
<tr><td>개념</td><td colspan="3">개인이 재량행위영역에서 행정청에게 하자 없는 적법한 재량처분을 요구하는 주관적 공권을 의미함.(09국가9급)</td></tr>
<tr><td rowspan="3">법적 성격</td><td>절차적 형식적 권리</td><td colspan="2">특정처분을 구할 수 있는 실질적인 권리가 아니라(09국가9급), 하자 없는 처분을 해줄 것을 구할 수 있는 절차적, 형식적 권리임</td></tr>
<tr><td>적극적 권리</td><td colspan="2">재량처분을 함에 있어 적법한 처분을 해 줄 것을 요구하는 적극적 권리</td></tr>
<tr><td>사전적 권리</td><td colspan="2">처분을 하기 전에 재량권을 하자없이 행사해 줄 것을 요구하는 사전적 권리</td></tr>
<tr><td rowspan="2">인정 여부</td><td>학설</td><td colspan="2">• 긍정설(다수설) : 재량행위영역에서 공권의 확대 경향 설명 가능
• 부정설 : 인정하게 되면 원고적격을 너무 넓혀 민중소송화될 우려가 있음.</td></tr>
<tr><td>판례</td><td colspan="2">✪ 검사임용거부취소소송사건에서, 임용권자는 적어도 재량의 일탈이나 남용이 없는 위법하지 않은 응답할 의무가 있다고 판시한 바 있다(90누5825).(15국가9급,14지방9급,12사복9급,08국가7급)
→ 무하자재량행사청구권이라는 용어를 명시적으로 사용하지는 않았으나, 다수설은 판례가 이를 인정하고 있다고 평가한다.</td></tr>
<tr><td>성립 요건</td><td colspan="3">① 강행법규가 존재(단 특정처분을 할 의무를 의미하는 것 아님)
② 재량법규가 사익보호성이 있어야.</td></tr>
<tr><td rowspan="3">실현 수단 및 권리 구제</td><td rowspan="2">수익적 행정처분</td><td>거부처분</td><td>의무이행심판, 취소소송</td></tr>
<tr><td>부작위</td><td>의무이행심판, 부작위위법확인소송</td></tr>
<tr><td>부담적 행정처분</td><td colspan="2">취소심판, 취소소송</td></tr>
</table>

2) 행정개입청구권

<table>
<tr><td rowspan="2">개념</td><td>협의</td><td>본래적 의미의 행정개입청구권으로, 자신의 이익을 위하여 제3자에게 행정권의 발동을 요구하는 권리</td></tr>
<tr><td>광의</td><td>협의 + 자신의 이익을 위하여 자기에게 행정행위 발급을 요구하는 권리(행정행위발급청구권 포함)</td></tr>
<tr><td>법적 성격</td><td colspan="2">특정한 처분을 요구할 수 있는 실체적권리
사전 예방적, 사후구제적 권리</td></tr>
</table>

1. 검사의 임용에 있어서 임용권자는 적어도 재량권의 일탈이나 남용이 없는 위법하지 않은 응답을 할 의무가 있고, 이에 대응하여 임용신청자는 적법한 응답을 요구할 수 있는 응답신청권을 가지며, 나아가 이를 바탕으로 재량권남용의 임용거부처분에 대하여 항고소송으로 그 취소를 구할 수 있다. **15국가9급**

1. 경찰관직무집행법상 경찰관에게 재량에 의한 직무수행권한을 부여한 것처럼 되어 있으나, 경찰관에게 권한을 부여한 취지와 목적에 비추어 볼 때 구체적인 사정에 따라 경찰관이 그 권한을 행사하여 필요한 조치를 취하지 않는 것이 현저하게 불합리하다고 인정되는 경우에 권한의 불행사는 직무상 의무를 위반한 것으로 위법하다. **17국가7급**

<table>
<tr><td rowspan="3">인정 여부</td><td>긍정설이 통설이며, 판례는 행정개입청구권이라는 용어를 명시한 적은 없으나, 그 법리를 인정하고 있다.</td></tr>
<tr><td>판례 ✪주거지역 내에서 법령상의 제한면적을 초과하는 연탄공장의 건축허가처분으로 불이익을 받고 있는 인근 주민은 당해처분의 취소를 소구할 법률상 자격이 있다(73누96).(18교행9급)</td></tr>
<tr><td>반사적 이익의 공권화 경향에 따라 성립요건이 완화되고 있음.(11사복9급)</td></tr>
<tr><td rowspan="2">성립 요건</td><td>① 강행법규성의 존재
단, 재량행위의 경우 재량이 0으로 수축해야 하는데, 수축하기 위해서는,
㉠ 생명 · 신체 등 중대한 개인적 법익에 대한 위해가 존재해야 하며(15국가9급),
㉡ 그러한 위험이 행정권의 발동에 의해 제거될 수 있어야 하며,
㉢ 개인적인 노력만으로는 권익침해의 방지가 충분하게 이루어질 수 없어야
→ 이 경우 행정청은 특정 내용의 처분을 해야할 의무를 지게 되며, 무하자재량행사청구권은 특정 처분을 해줄 것을 청구할 수 있는 실체적 권리인 행정개입청구권으로 전환된다.(11사복9급)</td></tr>
<tr><td>② 사익보호성(15국가9급)</td></tr>
<tr><td rowspan="2">권리 구제</td><td>① 행정청의 거부나 부작위 → 의무이행심판, 거부처분취소소송 또는 부작위위법확인소송(의무이행소송X)(15교행9급))</td></tr>
<tr><td>② 손해를 입은 개인 → 국가배상청구 가능
판례 ㉠ ✪경찰관직무집행법상 경찰관에게 재량에 의한 직무수행권한을 부여한 것처럼 되어 있으나, 경찰관에게 권한을 부여한 취지와 목적에 비추어 볼 때 구체적인 사정에 따라 경찰관이 그 권한을 행사하여 필요한 조치를 취하지 않는 것이 현저하게 불합리하다고 인정되는 경우에 권한의 불행사는 직무상 의무를 위반한 것으로 위법하므로, 손해배상책임이 인정된다(98다16890).(17국가7급)
㉡ 경찰관이 농민들의 시위를 진압하고 시위과정에 도로상에 방치된 트랙터 1대에 대하여 이를 도로 밖으로 옮기거나 후방에 안전표지판을 설치하는 것과 같은 위험발생방지조치를 취하지 아니한 채 그대로 방치하고 철수하여 버린 결과, 야간에 그 도로를 진행하던 운전자가 위 방치된 트랙터를 피하려다가 다른 트랙터에 부딪혀 상해를 입은 경우, 경찰관의 직무상 의무를 위배한 것으로서 위법하므로 국가배상책임이 인정됨.(12지방7급)</td></tr>
</table>

3) 무하자재량행사청구권과 행정개입청구권의 비교

	무하자재량행사청구권	행정개입청구권
개념	하자 없는 재량을 구하는 권리	특정한 처분을 구하는 권리
법적성격	형식적 권리	실체적 권리
특정 처분을 할 의무	특정행위 의무 X (특정처분을 할 의무가 아닌, 하자없는 재량행사를 할 의무)	특정행위 의무 ○ (행정권의 개입의무)
인정범위	기속행위에서는 성립 X 재량행위에서만 성립 ○	기속행위에서 성립 ○ 재량이 0으로 수축하는 경우 성립○

2 공의무

• 공권에 대응하는 개념으로, 개인이 국가 등에 대해 지는 공적 의무를 의미함.
• 개인적인 공의무(예 : 병역의무 등)는 포기나 · 이전이 제한되나, 순수한 경제적 성질의 의무(예 : 납세의무)는 상속이 인정됨.

판례 법무사의 사무원 채용승인 신청에 대한 소속 지방법무사회의 **'채용승인 거부'**조치 또는 채용승인 후 법무사규칙 제37조 제6항에 근거한 **'채용승인 취소'조치**는 공법인인 지방법무사회가 행하는 구체적 사실에 관한 법집행으로서 공권력 행사 또는 그 거부에 해당하므로 **항고소송 대상인 '처분'에 해당한다. 법무사가 지방법무사회로부터 채용승인을 얻어 사무원을 채용할 의무**는 법무사법에 의해 강제되는 **공법적 의무**이기 때문이다(2015다34444).**(22국가9급)**

3 공권과 공의무의 승계

명문 규정이 있는 경우	일반법은 없음. **행정절차법** 제10조에 지위승계에 관한 조항 있음. 개별법상 권리 · 의무 이전을 제한, 금지하는 경우도 있음. 예) 국가배상법, 공무원연금법
명문 규정이 없는 경우	과거에는 명문의 규정이 없으면 공법상 권리 · 의무의 승계는 인정되지 않는다고 보았으나, 최근에는 민법상 권리 · 의무의 승계 규정을 준용하여 **일정 요건을 갖춘 경우, 공법상 권리 · 의무의 승계가 가능하다고 보는 것이 일반적 견해**이다. 판례 공인회계사법에 의하여 설립된 회계법인 사이에 흡수합병이 있는 경우, 피합병회계법인의 권리·의무가 **존속회계법인에 승계**된다.**(07서울9급)** 합병 이전의 회사에 대한 분식회계를 이유로 감사인 지정제의 처분과 손해배상공동기금의 추가적립의무를 명한 조치의 효력은 **합병 후 존속하는 법인에게 승계**될 수 있다(2002두1946).**(21군무원9급)**
	일신전속적 권리의무는 승계되지 않으나, 대물적 성격의 권리의무는 승계 가능함. 판례 산림을 무단형질변경한 자가 사망한 경우, 원상회복명령에 따른 복구의무는 타인이 대신하여 행할 수 있는 의무로서 **일신전속적 성질을 갖는 것이 아니므로** 당해 토지의 소유권 또는 점유권을 승계한 **상속인이 그 복구의무를 부담**한다(2003두9817·9824).**(21국가7급,18국회8급,11국회9급)**

1. 특별행정법관계에서의 행위도 행정소송법상 처분개념에 해당하면 사법심사의 대상이 된다. **13지방9급**

2. 교도소장의 서신검열행위는 이른바 특별권력관계 내부에서의 행위이지만 그에 대한 사법심사는 가능하다. **11지방9급**

제 4 절 특별행정법관계(특별권력관계)

1 전통적 특별권력관계이론

의의	특별 행정목적 달성을 위해 특별권력기관과 특별한 신분을 가진 자 간에 성립되는 법률관계로, 구체적 법적 근거 없이도 **포괄적 지배 · 복종이 가능**한 관계. **법률유보 원칙, 사법심사, 기본권이 모두 적용되지 않는 관계**로 이해됨.
배경	19세기 후반 독일에서 성립된 독일법에 특유한 이론으로, 프랑스에는 없는 이론이며, 행정을 국민의 의사인 법률에 의하여 제한하려는 입장과 행정의 특권적 지위를 계속 확보하려는 입장 간의 타협적 산물임

2 특별권력관계 인정여부 및 사법심사 가부

가. 울레의 수정설

기본관계	경영수행관계
특별권력관계의 성립(**예 : 공무원의 임명, 군인의 입대**), 변경(예 : 공무원의 승진), 종료(**예 : 공무원의 면직·퇴직, 군인의 제대**) 등 **구성원의 법적 지위의 본질적 사항에 해당하는 관계**	**특별권력관계 내부의 경영수행 질서를 규율하는 관계** **예) 공무원의 직무수행, 군인의 훈련**
사법심사 대상 인정 ○ (기본관계는 공법관계로서, 법치행정원리가 적용되며, 기본관계에서 이루어지는 법률관계의 변동은 행정처분으로서 행정소송의 대상이 됨.**(15국가7급)**)	**사법심사의 대상 인정 X**

나. 현대적 특별관계

특성	특별권력관계에서도 **법치주의가 적용**되어, 헌법 제37조 2항의 기본권제한의 원칙에 따라 법률의 근거 하에 기본권제한이 인정된다.**(09지방9급)** **판례** 교도소장의 서신검열행위는 법률에 근거함이 없이 행하여졌다면 위법함**(11지방9급)**	
성립	① **법률의 규정** - 병역의무자의 군입대(병역법), 수형자의 교도소 수감 등 ② **동의** - 자발적 동의(공무원의 임용), 강제적 동의(학령아동의 초등학교 취학) 등	
소멸	**목적 달성**(국 · 공립학교 졸업, 병역의무이행), **임의탈퇴**(공무원의 사임, 학생의 자퇴), 권력 주체의 일방적인 배제(공무원의 파면, 학생의 퇴학) 등	
종류 (15경행)	**공법상 근무관계**	포괄적인 근무를 내용으로 하는 관계 **예) 공무원의 근무관계, 군복무관계**
	공법상 영조물 이용관계	영조물을 이용하는 관계 **예) 국공립학교 재학관계, 교도소 수감관계**

종류 (15경행)	특별감독 관계	국가적 목적을 위해 국가로부터 특별한 감독을 받는 관계 **예) 국가와 공공단체, 국가와 공무수탁사인간의 관계**
	공법상 사단관계	공법상 사단이 조합원에 대한 특별한 권력을 갖는 관계 **예) 농지개량조합과 그 직원간의 관계(16지방7급,15서울9급)**
내용	특별권력관계에 따른 포괄적인 **명령권**과 그 위반에 대한 **징계권**이 인정	

1. 특별권력관계에서도 헌법 제**37**조 제**2**항의 기본권제한의 원칙에 따라 법률의 근거하에 기본권제한이 인정된다. **13지방7급**

다. 통설과 판례(완전한 사법심사)

현재 **통설과 판례**는 **특별권력관계에 대해서도 사법심사가 제한없이 이루어져야 한다는 입장**임(13지방7급).

판례 ① **교도소장의 서신검열행위는 이른바 특별권력관계 내부에서의 행위이지만, 그에 대한 사법심사는 가능**하다(96헌마398).(11지방9급)

② **동장과 구청장과의 관계**는 특별권력관계로서 위법 · 부당한 처분에 대하여 행정소송을 제기할 수 있다(80누86).**(05국회8급)**

③ **국립교육대학 학생에 대한 퇴학처분**은 행정처분으로서 행정소송의 대상이 된다(91누2144).**(15경행)**

④ **육군사관생도**는 군 장교를 배출하기 위하여 국가가 모든 재정을 부담하는 특수교육기관인 육군3사관학교의 구성원으로서, 학교에 입학한 날에 육군 사관생도의 병적에 편입하고 준사관에 준하는 대우를 받는 **특수한 신분관계**에 있다. 따라서 그 존립 목적을 달성하기 위하여 필요한 한도 내에서 일반 국민보다 상대적으로 기본권이 더 제한될 수 있으나, 그러한 경우에도 **법률유보원칙, 과잉금지원칙 등 기본권 제한의 헌법상 원칙들을 지켜야 한다.**(21군무원7급) → 육군3사관학교 사관생도인 갑이 4회에 걸쳐 학교 밖에서 음주를 하여 '사관생도 행정예규' 제12조에서 정한 품위유지의무를 위반하였다는 이유로 육군3사관학교장이 퇴학처분을 한 사안에서, 위 금주조항은 사관생도의 일반적 행동자유권, 사생활의 비밀과 자유 등 기본권을 과도하게 제한하는 것으로서 무효이고 위 금주조항을 적용하여 내린 퇴학처분은 위법하다(2016두60591).

제 5 절 행정법상 법률요건과 법률사실

1 법률요건과 법률사실

법률요건	행정법관계의 발생 · 변경 · 소멸이라는 법적효과를 발생시키는 원인이 되는 사실	
법률사실	법률요건을 이루는 개개의 사실	
	사건	기간, 시효, 주소 등
	용태	외부적 용태(공법행위)
		내부적 용태(고의, 과실)

1. 금전의 급부를 목적으로 하는 국가의 권리로서 시효에 관하여 다른 법률에 규정이 없는 것은 5년 동안 행사하지 아니하면 소멸한다. **16교행9급**

2. 국가재정법상 5년의 소멸시효가 적용되는 '금전의 급부를 목적으로 하는 국가의 권리'에는 국가의 사법상 행위에서 발생한 국가에 대한 금전채무도 포함된다. **16지방9급**

2 공법상 사건

가. 기간

<table>
<tr><td>개념</td><td colspan="2">• 한 시점에서 다른 시점에 이르는 시간적 간격을 의미함.</td></tr>
<tr><td rowspan="3">기산점
·
만료점</td><td>원칙</td><td>행정기본법 제6조
① 행정에 관한 기간의 계산에 관하여는 이 법 또는 다른 법령등에 특별한 규정이 있는 경우를 제외하고는 「민법」을 준용한다.(22국회8급,21국가7급,21서울7급) ⇒ 초일불산입

따라서 기간을 일·주·월·연으로 정한 경우에는, 초일을 산입하지 않고 다음 날부터 기산함.
⇒ 기산점 : 다음 날부터 기산 / 만료점 : 말일의 종료</td></tr>
<tr><td>예외</td><td>행정기본법 제6조
② 법령등 또는 처분에서 국민의 권익을 제한하거나 의무를 부과하는 경우 권익이 제한되거나 의무가 지속되는 기간의 계산은 다음 각 호의 기준에 따른다. ⇒ 초일산입
1. 기간을 일, 주, 월 또는 연으로 정한 경우에는 기간의 첫날을 산입한다.(22국회8급,21서울7급)
2. 기간의 말일이 토요일 또는 공휴일인 경우에도 기간은 그 날로 만료한다.(21경행)</td></tr>
<tr><td>예외의 예외</td><td>행정기본법 제6조
② 다만, 다음 각 호의 기준에 따르는 것이 국민에게 불리한 경우에는 그러하지 아니하다.(22국회8급) ⇒ 초일불산입</td></tr>
</table>

나. 시효

1) 소멸시효

<table>
<tr><td>개념</td><td colspan="2">권리자가 권리를 행사할 수 있음에도 불구하고 권리를 행사하지 않는 상태가 일정기간 계속된 경우에 그 권리의 소멸을 인정하는 제도.</td></tr>
<tr><td rowspan="3">기간</td><td rowspan="2">원칙</td><td>국가 등의 국민에 대한 금전채권 : 5년(국가재정법§96,지방재정법,관세법)
↔ 민법은 10년(16국가9급)</td></tr>
<tr><td>국가의 사법(私法)상 행위에서 발생한 금전채권 : 5년(16지방9급)</td></tr>
<tr><td>예외</td><td>다른 규정에 5년보다 짧은 기간이 있는 경우
예) 국가배상법상 국가배상청구권 : 3년
공무원연금법상 단기급여지급청구권 : 3년</td></tr>
<tr><td>기산점</td><td colspan="2">권리를 행사할 수 있는 때부터 진행하며,
이는 권리 행사시 법률상 장애사유가 없는 경우를 의미함.</td></tr>
<tr><td>완성</td><td colspan="2">시효가 완성되면 원래부터 그런 권리가 없었던 것이 됨(소급효)

판례 소멸시효 완성 후에 부과된 조세부과처분은 위법한 처분이어서, 당연무효이다.(16지방9급,16경행)</td></tr>
</table>

중단·정지	개념	• 시효가 중단되면, 이미 진행한 기간의 효력은 전부 상실되며, 그 중단 사유가 종료하였을 때부터 다시 시효기간을 계산함.
	규정	• 다른 특별한 규정이 없는 한 **민법 규정이 준용됨.(16경행, 09지방9급)** • 국가가 행하는 납입고지(국가재정법§96④), 국가 · 지방자치단체가 행하는 조세 등의 납세고지, 독촉(국세기본법§28①) 등에 시효중단효가 있음**(11국가7급)**
	관련판례	판례 ① ✪**법령의 규정에 의한 납입고지에 의한 시효중단의 효력은 그 납입고지에 의한 부과처분이 취소되더라도 상실되지 않는다**(98두6982). **(16지방9급,11국가7급,08지방7급)** ② **세무공무원이** 국세징수법 제26조에 의하여 체납자의 가옥 · 선박 · 창고 기타의 장소를 수색하였으나 **압류할 목적물을 찾아내지 못하여 압류를 실행하지 못하고 수색조서를 작성하는 데 그친 경우에도 소멸시효중단의 효력이 있다**(2000다12419).**(16경행)** ③ ✪**변상금 부과처분에 대한 취소소송이 진행 중**이라도 처분청은 위법한 처분을 스스로 취소하고 그 하자를 보완하여 다시 적법한 부과처분을 할 수 있는 것이어서**(18서울7급)**, 그 권리행사에 법률상의 장애사유가 있는 경우에 해당한다고 할 수 없으므로, 그 처분에 대한 취소소송이 진행되는 동안에도 **그 부과권의 소멸시효가 진행된다**(2003두5686).**(17국가9급)** ④ **산재보험법 제36조 제2항에 따른 보험급여 청구**는 행정청인 근로복지공단을 상대로 보험급여 지급결정을 구하는 **공법상 의사표시**로 볼 수 있어 **민법상 최고와는 법적 성격이 다르므로, 산재보험법 제113조는 제36조 제2항에 따른 보험급여 청구를 민법상의 시효중단 사유와는 별도의 고유한 시효중단 사유로 규정**한 것으로 볼 수 있다. 따라서 산재보험법에 따른 보험급여 청구에 대하여 최고의 시효중단 효력에 관한 민법 제174조까지 적용 내지 준용되는 것으로 해석하여 수급권자의 보험급여를 받을 권리를 제한할 수는 없다(2019두34630).

1. 금전의 급부를 목적으로 하는 국가의 권리에 있어서 소멸시효의 중단·정지 그 밖의 사항에 관하여 민법의 규정이 적용될 수 있다. **16경행**

2. 납입고지에 의한 시효중단의 효력은 그 납입고지에 의한 부과처분이 취소되더라도 상실되지 않는다. **16지방9급**

3. 변상금 부과처분에 대한 취소소송이 진행되는 동안에도 그 부과권의 소멸시효가 진행된다. **17국가9급**

4. 원래의 행정재산이 공용폐지되어 취득시효의 대상이 된다는 입증책임은 시효취득을 주장하는 자에게 있다. **14지방7급**

2) 취득시효

의의		타인의 물건을 일정기간 계속해서 점유하는 자에게 그 소유권을 취득하게 하는 등 권리를 취득하게 하는 제도(민법 §245)
국·공유재산	법규정	국유 또는 공유의 공물은 공적 목적에 제공된 물건이므로 시효취득의 대상이 되지 않는다. ∴ **공용폐지되지 않는 한 취득시효의 대상이 되지 않음(16지방9급, 09지방9급).** ↔ **일반재산(구 잡종재산)에 대한 시효취득은 가능(16지방9급)**
	공용폐지	공물의 성질을 소멸시키는 행정청의 의사표시를 의미하며, 판례는 공용폐지의 의사표시는 묵시적인 것도 무방하다고 함.
	입증책임	행정재산이 공용폐지되어 취득시효의 대상이 된다는 것에 대한 **입증책임은 그 취득시효를 주장하는 자**에게 있음.**(14지방7급)**

1. 공법상 부당이득에 관한 일반법은 없으므로, 특별한 규정이 없는 경우, 민법상 부당이득반환의 법리가 준용된다. **17지방9급**

2. 과세처분의 당연무효를 전제로 한 세금반환청구소송은 민사상 부당이득반환청구로서 민사소송이다. **16서울7급**

다. 주소

공법상 주소(주민등록법)	민법상 주소
형식주의(주민등록지만 주소)**(17지방9급)**	실질주의(생활의 근거지)
단일주의(1개 주소만 인정)**(17지방9급)**	복수주의(2개이상의 주소 인정됨)
의사주의 (30일 이상 거주할 목적 요구)	객관주의 (정주(定住)라는 객관적 사실에 따라 주소를 정의함)

제 6 절 공법상 사무관리 · 부당이득

가. 사무관리

의의	**법률상 의무없이 타인을 위하여 사무를 관리하는 행위**(민법§734)를 의미하며, 공법상 사무관리는 특별한 규정이 없는 한 민법이 유추적용됨. 판례 사무처리의 긴급성으로 인하여 해양경찰의 직접적인 지휘를 받아 보조로 방제작업을 한 경우, 사인은 그 사무를 처리하며 지출한 필요비 내지 유익비의 상환을 **국가에 대하여 민사소송으로 청구할** 수 있다. 유조선에서 원유유출사고가 발생하자 해경의 직접적 지휘를 받아 방제작업을 보조한 경우, 국가사무를 처리 한다는 의사로 방제작업을 한 것이므로 사무관리에 근거해 국가에 방제비용 청구가능하다(2012다15602).**(22국가9급)**
유형	① **강제관리** 예) 문제 있는 사립학교를 강제로 관리하는 것 등 ② **보호관리** 예) 재해시에 행하는 구호 등 ③ **역무제공** 예) 비상재해시 개인이 임의로 행정사무의 일부를 관리하는 것 등

나. 부당이득

의의	· **법률상 원인 없이 이득을 얻고 그로 인하여 타인에게 손해**를 가하는 것을 의미하며(민법 §734), 공법상 부당이득은 특별한 규정이 없는 한 **민법상 법리가 적용됨.**(17지방9급) · **'법률상 원인 없이'**란 **당연무효**에 해당하는 경우를 의미. · 행정행위가 취소사유에 그치는 것만으로는 부당이득이 되지 않으나 (공정력), 해당 행위가 권한 있는 기관 (처분청, 행정심판위원회, 법원 등)에 의해 취소된 경우에는 부당이득 성립 판례 ① 구 '지방재정법'에 의한 변상금부과처분이 당연무효인 경우, 이 변상금부과처분에 의하여 납부자가 납부한 오납금은 지방자치단체가 법률상 원인 없이 취득한 부당이득에 해당한다(2004다50143).**(21국가7급)** ② 취소사유에 해당하는 조세의 과오납은 부당이득에 해당하지 않는다(94다28000).**(18지방7급)** ③ 제3자가 '국세징수법'에 따라 체납자의 명의로 체납액을 완납한 경우 국가에 대해 부당이득반환을 청구할 수 없다(2013다215263).**(16서울7급)**

<table>
<tr><td rowspan="2">유형</td><td>행정행위에 의해 성립</td><td>행정행위가 당연무효이거나 권한 있는 기관에 의해 취소됨으로써 부당이득이 성립함.
예) 처분이 무효 또는 취소된 경우의 무자격자의 기초생활보장금의 수령 (12지방9급)</td></tr>
<tr><td>행정행위에 의하지 않고 성립</td><td>행정주체가 정당한 권한 없이 타인 소유 토지를 도로로 조성 · 사용한 경우, 공무원이 봉급을 초과수령한 경우, 사인이 국유지를 무단 사용하는 경우 등</td></tr>
<tr><td rowspan="2">권리 구제 절차 등</td><td colspan="2">다수설은 공법상 부당이득반환청구권은 공권에 해당하여 당사자소송에 의한다고 보나, 판례는 사권에 해당되므로, 민사소송에 의하여야 한다고 함.(22국가9급)</td></tr>
<tr><td colspan="2">판례 ① 무효인 조세부과처분에 기하여 납부한 세금의 반환을 구하는 것은 민사소송에 따라야 한다(94다55019).(16서울7급)
② 법령상 이미 존재와 범위가 확정되어 있는 조세과오납부액의 반환을 구하는 소송은 민사소송절차에 의한다(2013다212639).(16국가7급) ↔ 국가에 대한 납세의무자의 부가가치세 환급세액 지급청구는 당사자소송 절차에 의한다(2011다95564).(21국가7급,17국가9급,17지방9급,14지방7급)
③ 국가는 국유재산의 무단점유자에 대하여 변상금 부과 · 징수권의 행사와는 별도로 민사상 부당이득반환청구의 소를 제기할 수 있다(2011다76402).(21소방,19지방7급,18국가7급,16서울7급)
④ 구 '지방재정법'에 의한 변상금부과처분이 당연무효인 경우, 이 변상금 부과처분에 의하여 납부자가 납부한 오납금은 지방자치단체의 부당이득에 해당하고(21국가7급), 납부자의 부당이득반환청구과의 소멸시효는 변상금 부과처분의 부과시부터 진행한다(2004다50143).(20국가9급)</td></tr>
<tr><td>소멸시효</td><td colspan="2">원칙적으로 5년</td></tr>
</table>

제 7 절 사인의 공법행위

1 사인의 공법행위

<table>
<tr><td>의의</td><td colspan="2">· 공법적 효과의 발생을 목적으로 하는 사인의 법적행위를 의미하며, 이를 규율하는 일반법은 없다.(14서울9급) 일정한 형식도 요구되지 않는다
· 공정력 등 우월적 효력 X (행정행위와 구별)(15지방7급, 14국가7급), 법적효과를 가져옴(공법상 사실행위와 구별)</td></tr>
<tr><td rowspan="2">종류</td><td>자체 완성적 공법행위</td><td>사인의 의사표시나 단순 사실의 통지만으로 일정한 법적 효과를 가져오는 공법행위
예) 출생 · 사망신고, 투표행위, 혼인 · 이혼</td></tr>
<tr><td>행위 요건적 공법행위</td><td>사인의 행위가 행정주체의 공법행위의 요건을 구성하는 공법행위
예) 허가 · 특허신청, 공무원 임용신청, 행정심판제기</td></tr>
</table>

1. 권고사직의 형식을 취하고 있더라도 사직의 권고가 공무원의 의사결정의 자유를 박탈할 정도의 강박에 해당하는 경우에는 당해 권고사직은 무효이다. **14국가7급**

2. 사직원 제출자의 내심의 의사가 사직할 뜻이 없었더라도 민법상 비진의의사표시의 무효에 관한 규정이 적용되지 않으므로 그 사직원을 받아들인 의원면직처분을 당연무효라 볼 수 없다. **14지방9급**

3. 사인의 공법상 행위는 명문으로 금지되거나 성질상 불가능한 경우가 아닌 한, 그에 의거한 행정행위가 행하여질 때까지는 자유로이 철회나 보정이 가능하다. **14지방9급**

4. 공무원이 한 사직의 의사표시는 의원면직처분이 있을 때까지 철회나 취소할 수 있는 것이고, 일단 면직처분이 있고 난 이후에는 철회나 취소할 수 없다. **17국가9급**

<table>
<tr><td rowspan="8">민법
규정
유추
여부
(17지방9급)</td><td>의사능력</td><td colspan="2">의사능력이 없는 자의 행위는 민법과 마찬가지로 무효임</td></tr>
<tr><td>행위능력</td><td colspan="2">사인의 공법행위도 민법상 행위능력이 필요함.(16서울9급)
단, 행위무능력자에 의한 공법행위도 유효하다는 개별법도 있음(10국가7급) 예) 우편법 10조</td></tr>
<tr><td rowspan="2">대리</td><td>일신전속적이지 않은 행위
예) 부동산등기신청 대리, 영업허가신청 대리</td><td>대리
허용 ○</td></tr>
<tr><td>일신전속적인 행위(14국가7급)
예) 공무원시험 응시, 공무원의 사직원 제출 · 철회, 투표</td><td>대리
허용 X</td></tr>
<tr><td rowspan="2">의사표시</td><td>사기 · 강박에 의한 의사표시
권고사직의 형식을 취하고 있더라도 사직의 권고가 공무원의 의사결정의 자유를 박탈할 정도의 강박에 해당하는 경우에는 당해 권고사직은 무효이다(97누13962)(14국가7급).</td><td>민법
적용 ○</td></tr>
<tr><td>비진의의사표시의 무효에 관한 규정
① 사직원제출자의 내심의 의사가 사직할 뜻이 아니었다고 하더라도 사직의 의사가 외부에 표시된 이상 그 의사는 표시된 대로 효력을 발생한다(97누13962).(16지방7급)
② 민법상 비진의의사표시의 무효에 관한 규정은 공법행위인 영업재개신고와 같은 사인의 공법행위에 적용되지 않는다(76누276).(16서울9급)</td><td>민법
적용 X
(21지방7급)</td></tr>
<tr><td>철회
·
보완</td><td colspan="2">민법은 표시되어 그 효력이 발생한 후에는 상대방의 동의가 있어야 철회가 가능하지만, 사인의 공법행위는 의사표시에 따른 행정청의 처분이 있을 때까지 자유로이 철회하거나 보완이 가능(21지방7급,21서울7급,17국가9급,16서울9급,14국가7급,13국회8급)

판례 공무원의 사직의 의사표시의 철회는 의원면직처분이 있기 전에는 허용되며, 일단 면직처분이 있고 난 이후에는 철회나 취소할 여지가 없다(99두9971).(17국가9급,14국가7급)</td></tr>
<tr><td>효력발생
시기</td><td colspan="2">원칙 : 도달주의(의사표시가 상대방에게 도달한 때에 효력이 발생)
예외 : 개별법상 특별히 발신주의(의사표시가 상대방에게 발신된 시점에 효력이 발생)를 규정하는 경우도 있음(국세기본법§5의2)</td></tr>
<tr><td>부관</td><td colspan="3">행정법관계의 명확성, 안정성을 위해 부관 붙일 수 없음.(10국가7급)</td></tr>
<tr><td rowspan="2">하자</td><td colspan="2">사인의 공법행위가 행정행위의 단순한 동기에 불과한 경우</td><td>행정행위 효력에 영향 X(16서울9급)</td></tr>
<tr><td colspan="2">사인의 공법행위가 행정행위의 필요적 전제요건이 되는 경우</td><td>하자가 중대 · 명백하여 무효인 경우
→ 행정행위 무효(17지방7급),
하자가 단순 위법사유에 불과한 경우
→ 취소되기 전까지 행정행위 유효</td></tr>
</table>

2 사인의 공법행위로서 신고

가. 의의

신고란 사인이 행정기관에게 일정한 사항에 대해 알리는 법적 행위를 의미함

나. 자기완결적 신고와 행위요건적 신고

구분	자기완결적 공법행위의 신고 (수리를 요하지 않는 신고)	행위요건적 공법행위의 신고 (수리를 요하는 신고)
의의	**형식적 요건을 갖추어 신고하면 바로 공법상 효과가 인정**되는 신고	행정청이 **형식적 요건 뿐만 아니라 실질적 요건(기재사항의 진실함)까지 심사하여 수리해야 비로소 법적효과가 발생하는 신고**로서, 실정법상 등록으로 표현되는 경우가 있음**(11국가9급)**
근거	**행정절차법 제40조 제2항(신고)** ② 제1항에 따른 신고가 다음 각 호의 요건을 갖춘 경우에는 **신고서가 접수기관에 도달된 때에 신고의 무가 이행된 것으로 본다.**	**행정기본법 제34조(수리 여부에 따른 신고의 효력)** 법령등으로 정하는 바에 따라 행정청에 일정한 사항을 통지하여야 하는 신고로서 **법률에 신고의 수리가 필요하다고 명시되어 있는 경우**(행정기관의 내부 업무 처리 절차로서 수리를 규정한 경우는 제외한다)에는 **행정청이 수리하여야 효력이 발생**한다. [시행일 : 2023. 3. 24.]
요건	**행정절차법 제40조 제2항(신고)** 1. 신고서의 기재사항에 흠이 없을 것 2. 필요한 구비서류가 첨부되어 있을 것 3. 그 밖에 법령등에 규정된 형식상의 요건에 적합할 것**(14국가9급)**	일정한 형식적 요건 + 실질적 요건 갖춰야 함.
	신고를 규정한 법률상의 요건 외에 **타법상의 요건도 충족하여야 하는 경우, 타법상의 요건을 충족시키지 못하는 한 적법한 신고를 할 수 없다**(2008도6829).**(16국가9급, 20지방9급)**	

1. 자기완결적 신고를 규정한 법률상의 요건 외에 타법상의 요건도 충족하여야 하는 경우, 타법상의 요건을 충족시키지 못하는 한 적법한 신고를 할 수 없다. **15지방9급**

2. 식품위생법에 따른 식품접객업(일반음식점영업)의 영업신고의 요건을 갖춘 자라고 하더라도, 그 영업신고를 한 당해 건축물이 '건축법'소정의 허가를 받지 아니한 무허가 건물이라면 적법한 신고를 할 수 없다. **20지방9급**

1. 수리를 요하는 신고에서 수리행위에 신고필증 교부 등 행위가 꼭 필요한 것은 아니다. **19사복9급,18지방7급**

2. 자기완결적 신고가 행정절차법상 요건을 갖춘 경우에는 신고서가 접수기관에 도달될 때에 신고의무가 이행된 것으로 본다. **14경행**

3. 수리를 요하는 신고의 경우에는 신고의 요건을 갖춘 신고서가 접수되어 수리되어야 신고의 효력이 비로소 발생한다. **19사복9급**

4. 부동산 투기나 이주대책 요구 등을 방지할 목적으로 주민등록전입신고를 거부하는 것은 주민등록법의 입법 목적과 취지 등에 비추어 허용될 수 없다. **19지방·교행9급**

5. 주민등록법상 주민등록의 신고는 행정청에 도달하기만 하면 신고로서의 효력이 발생하는 것이 아니라 행정청이 수리한 경우에 비로소 신고의 효력이 발생한다. **19사복9급**

요건 심사	**형식적 요건만 갖추면 행정청은 이를 수리할 의무가 있고 실질적 요건까지 갖출 필요는 없다.(18지방7급)** 판례 가설건축물 존치기간을 연장하려는 건축주 등이 법령에 규정되어 있는 제반 서류와 요건을 갖추어 행정청에 연장신고를 한 경우, **행정청은 법령에서 요구하고 있지도 아니한 '대지사용승낙서' 등의 서류가 제출되지 아니하였거나, 대지소유권자의 사용승낙이 없다는 등의 사유를 들어 가설건축물 존치기간 연장신고의 수리를 거부해서는 안 된다**(2019두34630).	수리를 요하는 신고의 수리는 **원칙상 기속행위**이므로, 법령이 정한 요건을 구비한 적법한 신고가 있으면 행정청은 **원칙적으로 수리해야** 하며, **법령에 없는 이유로 수리를 거부할 수 없다.** 다만, **판례는 중대한 공익상 필요가 있는 경우에는 수리를 거부할 수 있다**고 함. 판례 ㉠ **주민등록전입신고 수리 여부에 대한 심사는 주민등록법의 입법 목적 내**에서 제한적으로 이루어져야 하고, **투기나 이주대책 요구 등을 방지할 목적으로 주민등록전입신고를 거부하는 것은 주민등록법의 입법 목적과 취지 등에 미추어 허용될 수 없다**(2008두10997).**(22국회8급,21지방9급,19지방9급,17지방7급,13국회8급)** ㉡ 사설납골시설의 설치신고는, 법령상 금지지역에 해당하지 않고 기준에 부합하는 한 수리해야 하나, 보건위생상 위해방지, 공공복리 증진 등 **중대한 공익상 필요가 있는 경우 수리를 거부할 수 있음**(2008두22631).
신고 수리의 의미	**✪신고를 수리하거나 신고필증을 교부하는 행위 → 법적효과×(처분성×)**	**✪신고의 수리가 있어야 법적효과가 발생 → 처분성 ○** **단, 수리행위에 신고필증 교부 등의 행위가 꼭 필요한 것은 아니다.(21지방7급,19사회복지9급,18지방7급,17국가9급)**
효력 발생	위 요건을 갖춘 경우 **신고서가 접수기관에 도달된 때에** 신고의무가 이행된 것으로 봄(**행정절차법** §40②).**(18국가9급,17국가9급,16국가9급,10지방7급)** ∴ 적법한 신고가 있은 후라면 행정청이 수리하지 않았더라도, 신고의 대상이 되는 행위를 한 것이 행정벌의 대상이 되지 않음(2009다97925).**(22국회8급)**	**✪형식적 요건 외 실질적 요건까지 행정청이 심사하여 수리함으로써 비로소 법적효과가 발생함.(21지방9급,19서울9급,13국가7급,15교행9급)**

부적법한 신고의 경우	**행정절차법 제40조** ③ 행정청은 제2항 각 호의 요건을 갖추지 못한 신고서가 제출된 경우에는 **지체 없이 상당한 기간을 정하여 신고인에게 보완을 요구**하여야 한다.(17국가9급) ④ 행정청은 신고인이 제3항에 따른 기간 내에 보완을 하지 아니하였을 때에는 그 이유를 구체적으로 밝혀 해당 신고서를 되돌려 보내야 한다.(18소방) → 부적법한 신고임에도 수리한 경우 **신고의 효과는 발생하지 않음**(18소방9급,17국가7급,13국회속기9급)	① **부적법한 신고**인 경우, 행정청은 수리를 **거부**할 수 있음. ② 부적법 신고임에도 수리한 경우 **하자 있는 행정행위**가 됨. - 하자가 **중대 · 명백**하면 수리는 **무효** - 하자가 **취소사유**에 불과하면 취소 전까지 유효하므로, **법적 효과 발생**
신고 수리 거부의 처분성	① 원칙 : **신고 수리 · 거부행위는 처분 X** ② ✪ 예외 : 최근 판례는 **건축신고의 수리거부, 건축물착공신고의 반려행위, 건축주명의변경신고에 대한 수리거부, 원격평생교육신고의 반려행위**에 대하여, 신고가 반려될 경우, 당해 신고의 대상이 되는 행위를 하면 **시정명령, 이행강제금, 벌금의 대상**이 되거나, 당해 건축물을 사용하여 행할 행위의 **허가가 거부될 우려**가 있어 불안정한 지위에 놓이게 되므로, **그 법적불안을 해소할 수 있도록 하기 위하여 신고거부행위의 처분성을 인정할 수 있다**고 판시한 바 있음(2008두167).(21지방9급,21군무원9급,20국가9급,20지방9급,17서울9급,19서울7급,19국가9급,17지방9급,19국회8급)	① ✪ **수리 또는 수리의 거부는 행정소송법상 처분의 대상**임.(21지방9급,19서울9급, 15지방9급, 14국가7급) ② 행정청은 수리의사표시를 한 후에도 적법상의 하자를 이유로 수리취소처분을 할 수 있음.

1. 건축법에 따른 건축신고를 반려하는 행위는 장차 있을지도 모르는 위험에서 미리 벗어날 수 있도록 길을 열어주고 위법한 건축물의 양산과 그 철거를 둘러싼 분쟁을 조기에 근본적으로 해결할 수 있게 하여야 한다는 점에서 항고소송의 대상이 된다. **17서울9급**

2. 수리를 요하는 신고에서 수리 또는 수리의 거부는 행정소송의 대상인 처분에 해당한다. **15지방9급**

1. 구 '체육시설의 설치·이용에 관한 법률'에 의한 골프장이용료 변경 신고서는 행정청에 제출하여 접수된 때에 신고가 있었다고 볼 것이고, 행정청의 수리행위가 있어야만 하는 것은 아니다. **14국가9급**

2. 식품위생법에 의한 영업양도에 따른 지위승계신고를 수리하는 허가관청의 행위는 단순히 양도·양수인 사이에 이미 발생한 사법상의 사업양도의 법률효과에 의하여 양수인이 그 영업을 승계하였다는 사실의 신고를 접수하는 행위에 그치는 것이 아니라, 영업허가자의 변경이라는 법률효과를 발생시키는 행위이다. **21지방9급**

3. 수산업법상 어업신고를 적법하게 하였으나, 관할 행정청이 수리를 거부한 경우에는 신고의 효과가 발생하지 않는다. **17국가7급**

4. 구 건축법에 의한 인·허가 의제 효과를 수반하는 건축신고는 일반적인 건축신고와는 달리 그 실체적 요건에 관한 심사를 한 후 수리해야 하는 수리를 요하는 신고에 해당한다. **21지방9급**

5. 구 의료법 시행규칙 제22조 제3항에 의하면 의원개설 신고서를 수리한 행정관청이 소정의 신고필증을 교부하도록 되어 있다 하여도, 이는 신고사실의 확인행위로서 신고필증을 교부하도록 규정한 것에 불과하므로, 신고필증의 교부가 없더라도 개설신고의 효력은 부정될 수 없다. **19지방·교행9급**

판례	① 일반적인 건축신고(19서울7급) ② **건축법상 건축물착공신고** ③ 건축주명의변경 신고(22국회8급) ④ 원격평생교육신고(21지방9급,16지방9급) ⑤ 수산업제조업의 신고(19서울9급) ⑥ 식품위생법상 영업신고(16국가9급) ⑦ 체육시설업의 신고 ⑧ 체육시설의 설치 · 이용에 관한 법률상 당구장업신고(11국가9급) ⑨ ✪ **골프연습장이용료 변경신고**(17국가7급,14국가9급) ⑩ 국제표준무도를 교습하는 학원을 설립 · 운영하려는 자가 체육시설법상 무도학원업으로 신고 또는 학원법상 평생직업교육학원으로 등록하는 것 ⑪ 구 '의료법'상 의원개설신고(22소방,19지방7급,15지방7급,12국가9급) ⑫ 축산물판매업신고(17국가7급) ⑬ 가설건축물 존치기간을 연장하려는 건축주의 연장신고(22소방) ⑭ 공중위생관리법상 숙박업을 하고자 하는 자가 법령이 정하는 시설과 설비를 갖추고 한 신고(22변시,18국가9급)	① ✪ **인 · 허가가 의제되는 건축신고**(22국회8급,21서울7급,21지방9급,21군무원9급,20국가9급,20지방9급,19국회8급, 17서울9급,16국가9급) ② '국토의 계획 및 이용에 관한 법률'상 개발행위허가가 의제되는 건축허가신청(18국가7급) ③ 특허 · 허가의 신청 ④ **수산업법에 따른 어업의 신고**(17국가7급,17서울9급,17사복9급) ⑤ 식품위생법상 영업허가 · 건축허가 ⑥ ✪ **식품위생법상 영업지위승계신고**(21지방9급,19지방·교행9급) ⑦ '체육시설회원을 모집하고자 하는 자의 시 · 도지사 등에 대한 회원모집계획서제출(20국가7급,12경행) ⑧ 구 '노인복지법'상 유료노인복지주택설치신고(20국가7급,14국가9급) ⑨ 주민등록전입신고(16국가9급,14지방9급) ⑩ **주민등록신고**(22소방,21국가7급,21지방9급,20국가9급,18지방7급,15지방7급) ⑪ '장사 등에 관한 법률'상 납골당설치신고(19서울9급,19사복9급) ⑫ 노동조합설립신고 ⑬ 액화석유가스영업자 **지위승계신고**(21지방9급,15사복9급, 13국가7급) ⑭ '유통산업발전법'상 대규모점포의 개설 등록(22변시,19국회8급,18지방7급) ⑮ 학교보건법상 위생정화구역 내 당구장업신고 ⑯ 볼링장영업신고 ⑰ 관광진흥법상 유원시설업자 또는 체육시설업자 지위승계신고(21지방9급) ⑱ 장기요양기관의 폐업신고와 노인의료복지시설의 폐지신고(22소방,20국가7급)

3 신청

의의	행정청에 대해 일정한 조치를 취해 줄 것을 요구하는 공법상 의사표시 행정절차법 제17조, 민원처리에 관한 법률 제 8조에 규정
요건	① **신청권의 존재**-신청권은 응답을 구하는 권리이지, **신청한 대로 처분을 구하는 권리는 아님**(14지방9급) ② **신청 방법**- 원칙적으로 **문서**로, 신청을 전자문서로 하는 경우에는 행정청의 컴퓨터 등에 입력된 때에 신청한 것으로 봄.

<table>
<tr><td rowspan="3">효과</td><td>접수
의무</td><td>행정절차법 제 17조 ④ 행정청은 신청을 받았을 때에는 다른 법령 등에 특별한 규정이 있는 경우를 제외하고는 그 접수를 보류 또는 거부하거나 부당하게 되돌려 보내서는 아니 되며, 신청을 접수한 경우에는 신청인에게 접수증을 주어야 한다.(22변시)

판례 ㉠ 신청인의 행정청에 대한 신청의 의사표시는 명시적이고 확정적인 것이어야 한다고 할 것이므로 신청인이 신청에 앞서 행정청의 허가업무 담당자에게 신청서의 내용에 대한 검토를 요청한 것만으로는 다른 특별한 사정이 없는 한 명시적이고 확정적인 신청의 의사표시가 있었다고 하기 어렵다(2003두13236). → 따라서 구비서류 보완 요청한 행위를 신청 거부라고 볼 수 없음.(22변시)
㉡ 신청한 내용의 일부를 행정청이 받아들일 수 없는 경우, 신청 내용 전부를 배척하는 단순 거부처분은 위법하다(2013두2402).(20변시)</td></tr>
<tr><td>처리
(응답)
의무</td><td>적법한 신청이 있으면 행정청은 재량 · 기속행위를 불문, 상당한 기간 내에 응답해야 함.(14지방9급,10국회9급)
응답의무는 신청된 내용대로 처분할 의무와는 구별되므로, 행정기관은 신청에 따른 행정행위를 하거나 거부처분을 해도 무방함.</td></tr>
<tr><td>부적법한
신청시
보관요구
의무</td><td>행정절차법 제 17조 ⑤ 행정청은 신청에 구비서류의 미비 등 흠이 있는 경우에는 보완에 필요한 상당한 기간을 정하여 지체 없이 신청인에게 보완을 요구하여야 한다.(22변시)

• 신청요건을 갖추지 못한 경우, 곧바로 접수를 거부하는 것이 아니라, 보완에 필요한 상당한 기간을 정하여 보완을 요구해야 함.
• 보완의 대상은 원칙적으로 형식적, 절차적 흠결이어서 보완이 가능한 경우여야 함. 실질적 흠결은 X

판례 ㉠ 행정절차법 제17조 제5항이 행정청으로 하여금 신청에 대하여 거부처분을 하기 전에 반드시 신청인에게 신청의 내용이나 처분의 실체적 발급요건에 관한 사항까지 보완할 기회를 부여하여야 할 의무를 정한 것은 아니다(2020두36007).
㉡ 흠결된 서류의 보완 또는 보정을 하면 이미 접수된 주요서류의 대부분을 새로 작성함이 불가피하게 되어 사실상 새로운 신청으로 보아야 할 경우에는 그 흠결서류의 접수를 거부하거나 그것을 반려할 정당한 사유가 있는 경우에 해당하여 이의 접수를 거부하거나 반려하여도 위법이 되지 않는다(90누8862).(18소방)

단, 실질적 흠결이라도 그것이 민원인의 단순한 착오나 일시적인 사정에 의한 것이라면 보완의 대상이 되고(21군무원9급,20변시), 보완요구 없이 신청을 거부하면 재량권의 일탈·남용으로서 위법하게 됨.

판례 건축불허가처분을 하면서 그 사유의 하나로 소방시설과 관련된 소방서장의 건축부동의 의견을 들고 있으나 그 보완이 가능한 경우, 보완을 요구하지 아니한 채 곧바로 건축허가신청을 거부한 것은 재량권의 범위를 벗어난 것이다(2003두6573).(15교행9급)</td></tr>
</table>

02

PART **02**

행정작용법

행정입법

행정행위

기타 행정작용

PART
02 행정작용법

행정입법
행정행위
기타 행정작용

단원별 소개 및 추천 공부법

행정작용법 20문제 중 7~9문제 출제

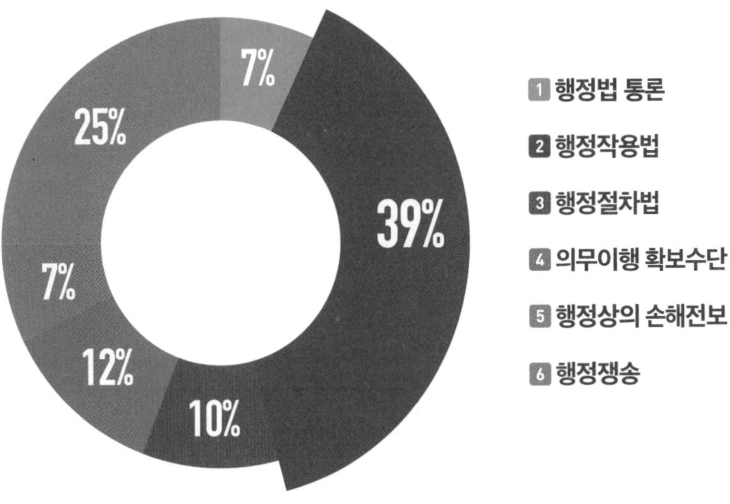

이 단원은 시험 출제 비중이 가장 높은 단원이자, 실제 여러분들이 공무원이 된 이후 접하게 될 실무와 가장 연관성이 높은 단원이기에 더욱 집중이 필요합니다.

특히나 행정입법과 행정행위 부분에서 출제가 많이 되는데, 이 부분에는 생소한 개념들이 많기 때문에 개념에 대한 명확한 이해가 선행되어야 합니다.

특히 행정행위 파트에서 판례 출제비중이 70%에 달하므로, 판례의 결론을 명확히 암기하는 것이 중요합니다.

01 행정입법

제 1 절 행정입법 개관

1 의의 및 필요성

행정입법이란 행정권이 일반적 · 추상적인 규범을 정립하는 작용 또는 그에 따라 정립된 규범을 의미한다. '일반적'은 불특정 다수를, '추상적'은 불특정 사건을 의미한다.

2 분류

가. 발령주체에 따른 분류

대통령령, 총리령, 부령, 중앙선거관리위원회규칙, 대법원 규칙 등
지자체에 의한 자치입법(조례, 규칙) **(12서울9급)**

나. 법규성에 따른 분류

법규성이란 국민의 권리 의무에 직접적 영향을 미치는 대외적 구속력을 의미함.

법규성 O	법규명령	위임명령 : 법률의 위임을 받아 제정하는 법률보충적인 명령
		집행명령 : 상위법령의 실현을 위한 구체적, 절차적인 명령
법규성 X	**행정명령**(행정규칙)(18경찰2차)	

다. 수권성에 따른 분류

수권성 O	법규명령 중 위임명령
수권성 X	법규명령 중 집행명령 행정명령(행정규칙)

1. 대통령의 긴급명령, 긴급재정, 경제명령은 헌법에 직접 근거를 둔 법규명령에 해당한다. **11지방7급**

제 2 절 법규명령

1 의의

법규명령이란 일반적으로 행정권이 정립하는 일반적 · 추상적 규정으로서, 법규의 성질을 가지는 것을 말한다(09국가7급).

2 법규명령의 종류

가. 수권의 범위 및 근거에 따른 분류

헌법대위명령	헌법적 효력을 가지는 명령 **예) 유신헌법상 대통령 긴급조치 - 현행 헌법상 인정 안 됨(15교행9급).**
법률대위명령	헌법에 근거하여, 법률과 대등한 효력을 가지는 명령 **예) 헌법§76에 따른 긴급명령, 긴급재정 · 경제명령(11지방7급,05서울9급)**
법률종속명령	법률에 종속되어 법률보다 하위의 효력을 가지는 명령 **예) 헌법§76상의 법률대위명령을 제외한 모든 법규명령** 수권여부에 따라 1) 위임명령, 2) 집행명령으로 나뉨.

1) 위임명령

위임명령	• **법률 또는 상위명령에서 구체적으로 범위를 정한 개별적인 위임이 있어야 제정할 수 있는 명령을 의미**하며, **헌법상의 일반적 근거만으로는 제정할 수 없다.** • **위임된 범위에 한해서 국민의 권리 · 의무에 관한 새로운 사항을 규정할 수 있음.**(19지방9급) → 법률이 대통령령으로 정하도록 규정한 사항을 부령으로 정했다면, 그 부령은 무효이다.(18서울7급) • 다만 **반드시 위임의 근거가 되는 상위 법령의 해당조항을 구체적으로 명시하고 있어야만 하는 것은 아니다.**(16지방9급)

1. 집행명령은 상위법령의 집행에 필요한 세칙을 정하는 범위 내에서만 가능하고 새로운 국민의 권리·의무를 정할 수 없다. **19지방·교행9급**

2. 집행명령은 법률 또는 상위명령의 개별수권 없이 발할 수 있다. **11사복9급**

3. 행정 각부가 아닌 국무총리 소속의 독립기관은 독립하여 법규명령을 발할 수 없다. **19서울9급**

4. 판례는 고시 형식의 법규명령을 인정하고 있다. **08지방7급**

5. 헌법이 인정하고 있는 위임입법의 형식은 예시적인 것으로 보아야 할 것이고, 그것은 법률이 행정규칙에 위임하더라도 그 행정규칙은 위임된 사항만을 규율할 수 있으므로, 국회입법의 원칙과 상치되지도 않는다. **10지방7급**

2) 집행명령

집행명령	• ✪**개별적인 위임규정 없이** 법령의 범위 내에서 법률 또는 상위법령의 집행을 위해 필요한 **세부적 · 기술적 사항을 규정**하는 명령으로, **국민의 권리 의무에 관한 새로운 법규사항을 규정할 수 없다.(19지방9급)** • 집행명령은 새로운 국민의 권리, 의무에 관한 사항을 규정하는 것이 아니므로, **법률 또는 상위명령의 개별적인 수권은 필요하지 않다.(15서울9급,11사복9급,06국가7급)**

나. 법형식에 따른 분류

헌법에 명시된 법규명령	**대통령령** (헌법§75)	• **대통령이 제정하는 법규명령**을 의미하며, 보통 '∼법 시행령'으로 불린다. 단, '권한의 위임 및 위탁에 관한 규정', '경찰공무원임용령'등도 대통령령에 해당한다.**(15사복9급)** • 일반적으로 대통령령은 **총리령 · 부령보다 우월한 효력**을 가진다.**(19국회8급)**
	총리령 · 부령 (헌법§95)	• **국무총리 또는 행정각부의 장**이 **법률이나 대통령령의 위임(16교행9급)**또는 **직권으로 발하는 명령**을 의미하며**(18경행경채)**, 보통 '∼법 시행규칙'으로 불림. • 총리령과 부령 **모두 위임명령, 집행명령을 발할 수 있으며,** 헌법은 부령의 발령권자를 **행정각부의 장으로 규정하므로, 행정각부의 장이 아닌 국무총리직속기관**(국민안전처장, 인사혁신처장)**이나 행정각부소속기관은 독립하여 법규명령을 발할 수 없다.(19서울9급,15서울9급)**
	중앙 선관위원회 규칙 (헌법§114⑥)	중앙선거관리위원회는 법령의 범위 안에서 선거관리 · 국민투표관리 · 정당사무 등에 관한 규칙을 제정할 수 있는 바, 이 규칙은 **법규명령**의 성질을 가지며**(13지방7급)**, 행정법의 법원이 된다.**(16교행9급)**
헌법에 명시되지 않은 법규명령	**감사원규칙**	감사원규칙은 헌법에 규정이 없고 감사원법에만 규정이 있어, 법적 성질이 문제되는데, 기존에는 통설 및 판례가 법규명령에 해당한다고 인정해왔으나, 2021년 신설된 **행정기본법**에서는 **감사원규칙을 법령 중 하나로 명시적으로 인정**함.
	법령보충 규칙	• **형식은 행정규칙(고시, 훈령 등)이나, 실질은 법규적 내용을 구체적으로 정하는 기능을 하고 있는 경우** 법규명령으로 볼 수 있다.**(21군무원9급,08지방7급)** • 종전에는 행정규제기본법과 판례가 법규명령의 성질을 가진다고 인정해왔으나, 2021년 신설된 **행정기본법**에서는 **법령보충규칙을 법령 중 하나로 명시적으로 인정함**.

다. 위임형식의 판단

• **헌법이 인정하고 있는 위임입법의 형식은 예시적인 것**으로 보아야 할 것이므로 **(19서울9급)**, 위임형식은 법규명령과 행정규칙 둘 다 가능함.

• **행정규칙에 위임**하는 경우 그 행정규칙은 위임된 사항만을 규율할 수 있으므로, 이는 **국회입법의 원칙과 상치되지 않는다.(21경행,16서울9급,10지방7급)**

단, **행정규칙의 형식으로 입법위임을 할 때에는 전문적 · 기술적 사항이나 경미한 사항으로서 업무의 성질상 위임이 불가피한 사항에 한정**되어야 한다.**(18지방·교행9급)**

3 법규명령의 근거와 한계

가. 대통령의 긴급명령, 긴급재정 · 경제명령의 근거 - 헌법 §76에 규정

나. 위임명령의 근거와 한계

1) 근거

개별적 근거	**원칙**적으로 헌법 제 75조와 95조에 따라 **법률 또는 상위명령의 개별적 수권규정이 있는 경우에만 제정이 가능**하다(14서울9급). 판례 **법령의 위임이 없음에도 법령에 규정된 처분요건에 해당하는 사항을 부령에서 변경하여 규정한 경우**에는 그 부령의 규정은 행정청 내부의 사무처리기준 등을 정한 것으로서 행정조직 내에서 적용되는 **행정명령의 성격을 가질 뿐, 대외적 구속력은 없다.**(20국가9급,19사복9급,17서울7급) 어떤 행정처분이 그와 같이 **법규성이 없는 시행규칙 등의 규정에 위배된다고 하더라도 그 이유만으로 처분이 위법하게 되는 것은 아니라 할 것**이고, 또 그 규칙 등에서 정한 요건에 부합한다고 하여 반드시 그 처분이 적법한 것이라고 할 수도 없다.(22소방) 이 경우 처분의 적법여부는 그러한 규칙 등에서 정한 요건에 합치하는지 여부가 아니라 일반 국민에 대하여 구속력을 가지는 법률 등 **법규성이 있는 관계 법령의 규정을 기준으로 판단**하여야 한다(2011두10584).(21지방7급)
위임근거가 없다가 부여된 경우	법규명령이 위임의 근거가 없어 무효였더라도 **나중에 법 개정으로 위임의 근거가 부여되면 그때부터는 유효한 법규명령**으로 볼 수 있다(93추83).(22국가9급,22소방,21지방9급,21소방간부,21국가7급,20지방7급,19사복9급,17서울7급)
근거법령의 명시 여부	판례 ㉠ 법률의 시행령은 법률에 의한 위임이 없으면 개인의 권리 · 의무에 관한 내용을 변경 · 보충하거나 법률에 규정되지 아니한 새로운 내용을 정할 수는 없지만, 시행령의 내용이 **모법의 입법 취지와 관련 조항 전체를 유기적 · 체계적으로 살펴보아 모법의 해석상 가능한 것을 명시**한 것에 지나지 아니하거나 **모법 조항의 취지에 근거하여 이를 구체화하기 위한 것**인 때에는 모법의 규율 범위를 벗어난 것으로 볼 수 없으므로, **모법에 이에 관하여 직접 위임하는 규정을 두지 않았다고 하더라도 이를 무효라고 볼 수 없다**(2012두19526).(22소방,21지방9급,21지방7급,21국가9급,17국가9급) ㉡ 반드시 위임의 근거가 되는 상위법령의 조항을 구체적으로 명시하고 있어야만 하는 것은 아니다(99두5688).(16지방9급)

2) 한계

가) 상위법령의 위임의 한계

(1) 포괄위임금지의 원칙

의의	법률이 위임명령에 대하여 위임을 할 때에는 일반적, 포괄적 위임을 해서는 안되며, **구체적으로 범위를 정하여 위임하여야** 한다.(15교행9급)
판단기준	당해 법률이나 상위법령으로부터 **위임명령에 규정될 내용의 대강을 예측할 수 있어야** 한다. 단, 그 예측가능성은 위임조항 하나만으로 판단할 것이 아니라 **관련 법 조항 전체를 유기적 · 체계적으로 종합 판단**하여야 한다(2001두5651).(11사복9급)

1. 법규명령 중 위임명령은 원칙적으로 헌법 제 **75**조와 **95**조에 따라 법률 또는 상위명령의 개별적 수권규정이 있는 경우에만 제정이 가능하다. **14서울9급**

2. 법규명령이 위임의 근거가 없어 무효였더라도 나중에 법 개정으로 위임의 근거가 부여되면 그때부터는 유효한 법규명령으로 볼 수 있다. **19사복9급**

3. 법률의 위임관계는 반드시 하위법령의 개별조항에서 위임의 근거가 되는 상위법령의 해당조항을 구체적으로 명시하고 있어야 하는 것은 아니다. **16지방9급**

4. 위임명령에 규정될 내용 및 범위의 기본사항은 구체적으로 규정되어 있어서 누구라도 당해 법령으로부터 위임명령에 규정될 내용의 대강을 예측할 수 있어야 한다. **11사복9급**

5. 법령의 위임이 없음에도 법령에 규정된 처분 요건에 해당하는 사항을 부령에서 변경하여 규정한 경우에는 그 부령의 규정은 행정명령의 성격을 가질 뿐 국민에 대한 대외적 구속력은 없다. **20국가9급**

1. 담배자동판매기의 설치를 금지하고 설치된 판매기를 철거하도록 하는 조례는 기존 담배자동판매기업자의 직업의 자유와 재산권을 제한하는 조례이므로 법률의 위임이 필요하다. **20지방9급**

2. 법률이 공법적 단체 등의 정관에 자치법적 사항을 위임한 경우에는 헌법 제75조가 정하는 포괄적인 위임입법의 금지는 원칙적으로 적용되지 않는다고 봄이 상당하다. **17서울7급**

3. 법률이 공법적 단체 등의 정관에 자치법적 사항을 위임한 경우에도 그 사항이 국민의 권리·의무에 관련되는 것인 경우에는 기본적이고 본질적인 사항은 국회가 정하여야 한다. **11지방9급**

<table>
<tr><td>구체성 정도</td><td colspan="2">규율대상의 성격에 따라 달라지는데, 기본권을 직접적으로 제한하거나 침해할 소지가 있는 처벌법규나 조세영역에서는 위임의 구체성·명확성의 요구가 강화된다(2000헌바50).(14국가9급)

판례 헌법 제38조, 제59조에서 채택하고 있는 조세법률주의의 원칙은 과세요건과 징수절차 등 조세권행사의 요건과 절차는 국민의 대표기관인 국회가 제정한 법률로써 규정하여야 한다는 것이나, 과세요건과 징수절차에 관한 사항을 명령·규칙 등 하위법령에 위임하여 규정하게 할 수 없는 것은 아니고, 이러한 사항을 하위법령에 위임하여 규정하게 하는 경우 구체적·개별적 위임만이 허용되며 포괄적·백지적 위임은 허용되지 아니하고(과세요건법정주의), 이러한 법률 또는 그 위임에 따른 명령·규칙의 규정은 일의적이고 명확하여야 한다(과세요건명확주의)는 것이다(94부18).(21국가9급)

또한 다양한 사실관계를 규율하거나 사실관계가 수시로 변화할 수 있는 사안에 대해서는 그 성격상 명확성 요구가 더 완화될 수 있다(90헌가27).(17지방9급)</td></tr>
<tr><td rowspan="2">✪
예외</td><td>조례</td><td>판례 ㉠ 조례에 대한 법률의 위임은 법규명령에 대한 법률의 위임과 같이 반드시 구체적으로 범위를 정해야 할 필요가 없으며 포괄적인 것으로 족하다(92헌마264등).(22국회8급,20지방9급,18국회8급,18교육행정9급,17지방9급,14지방9급,13지방7급)
㉡ 특정 사안과 관련하여 법령이 조례에 위임을 한 경우 조례가 위임의 한계를 준수하고 있는지 여부를 판단할 때에는, 수권 규정에서 사용하고 있는 용어의 의미를 넘어 그 범위를 확장하거나 축소하여 위임 내용을 구체화하는 단계를 벗어나 새로운 입법을 하였는지 여부 등도 고려하여야 한다(2017두56193).
㉢ 지방자치단체는 그 내용이 주민의 권리의 제한 또는 의무의 부과에 관한 사항이거나 벌칙에 관한 사항이 아닌 한 법률의 위임이 없더라도 조례를 제정할 수 있다 할 것인데 청주시의회에서 의결한 청주시행정정보공개조례안은 행정에 대한 주민의 알 권리의 실현을 그 근본내용으로 하면서도 이로 인한 개인의 권익침해 가능성을 배제하고 있으므로 이를 들어 주민의 권리를 제한하거나 의무를 부과하는 조례라고는 단정할 수 없고 따라서 그 제정에 있어서 반드시 법률의 개별적 위임이 따로 필요한 것은 아니다(92추17).
㉣ 지방자치단체의 조례가 규정하고 있는 사항이 근거 법령 등에 비추어 볼 때 자치사무나 단체위임사무에 관한 것이라면 위임조례와 같이 국가법에 적용되는 일반적인 위임입법의 한계가 적용될 여지는 없다(2000추29).(21경행, 12지방9급)</td></tr>
<tr><td>정관</td><td>법률이 공법적 단체 등의 정관에 자치법적 사항을 위임한 경우, 포괄적인 것으로 족하나(22국회8급,20군무원7급,17서울7급,15지방9급,11지방9급) 그 사항이 국민의 권리·의무에 관한 것일 경우, 기본적이고 본질적인 사항은 국회가 정해야 한다(의회유보원칙 적용).(21국가9급,19서울9급,11지방9급)</td></tr>
</table>

(2) 국회전속적 입법사항의 위임금지

헌법에서 직접 법률로 정하도록 위임한 사항은 국회가 '법률'로 정해야 하며, 법규명령으로 정할 수 없다. 예) 대한민국의 국민이 되는 요건, 국회의원의 수, 조세에 관한 사항

다만, **세부적 사항**에 대해서 구체적으로 범위를 정하여 행정입법에 위임하는 것은 **허용**된다**(14지방9급)**.

판례 헌법 제38조, 제59조에서 채택하고 있는 조세법률주의의 원칙은 과세요건과 징수절차 등 조세권행사의 요건과 절차는 국민의 대표기관인 국회가 제정한 법률로써 규정하여야 한다는 것이나, 과세요건과 징수절차에 관한 사항을 명령·규칙 등 하위법령에 위임하여 규정하게 할 수 없는 것은 아니고, 이러한 사항을 하위법령에 위임하여 규정하게 하는 경우 **구체적·개별적 위임만이 허용**되며 **포괄적·백지적 위임은 허용되지 아니**하고**(과세요건법정주의)**, 이러한 법률 또는 그 위임에 따른 명령·규칙의 규정은 **일의적이고 명확하여야** 한다**(과세요건명확주의)**(94부18).**(21국가9급)**

(3) 처벌규정의 위임금지

원칙	헌법상 죄형법정주의에 따라, **처벌 규정에 대해 위임이 원칙적으로 불허**됨.
예외	단, ① 특히 **긴급한 필요**가 있거나 미리 법률로써 자세히 정할 수 없는 **부득이한 사정이 있는 경우**에 한하여, ② 수권법률이 구성요건의 점에 대해서는 처벌대상인 행위가 어떠한 것일 거라고 이를 **예측할 수 있을 정도로 구체적**으로 정하고, ③ 형벌의 점에서는 **형벌의 종류 및 그 상한과 폭을 명확히 규정하는 것을 조건으로 위임입법이 허용**(94헌마213).**(19국가9급,13지방7급,11지방7급)**

나) 위임명령 자체의 한계

위임명령의 내용상 한계	• **법치주의원칙을 준수하고, 모법에 합치되어야 함.** 판례 ㉠ 위임명령은 **위임의 범위 내에서 제정**되어야 하며, 그 **내용상 상위법령을 위반해서도 안 되고 명확하고 실현 가능한 것**이어야 한다. 위임명령이 위임내용을 구체화는 단계를 벗어나 새로운 입법을 한 것으로 평가할 수 있다면, 이는 위임의 한계를 일탈한 것으로서 허용되지 않는다(2011두30878전합)**(17국가7급,16국가7급)**. ㉡ 노동조합 및 노동관계조정법 시행령 제9조 제2항은 법률의 위임 없이, **법률이 정하지 아니한 법외노조 통보에 관하여 규정함**으로써 헌법상 노동3권을 본질적으로 제한하여 그 자체로 **무효**에 해당한다(2016두32992(전합)). • **위임의 한계에 대한 판단** 판례 ㉠ 위임명령이 위임의 한계를 준수하고 있는지 여부를 판단할 때에는, 의회유보의 원칙이 지켜져야 할 영역인지, 당해 법규규정의 입법목적과 규정내용, 규정의 체계, 다른 규정과의 관계 등을 종합적으로 고려해야 한다.**(19사복9급)** ㉡ 어느 시행령 규정이 모법의 위임 범위를 벗어난 것인지를 판단할 때 중요한 기준 중 하나는 **예측 가능성**이다. 이는 해당 시행령의 내용이 이미 모법에서 구체적으로 위임되어 있는 사항을 규정한 것으로서 **누구라도 모법 자체로부터 위임된 내용의 대강을 예측할 수 있는 범위에 속한다는 것을 뜻하며,** 예측 가능성의 유무는 법률의 입법 취지 등을 고려하여 관련 법조항 전체를 유기적·체계적으로 종합하여 판단하여야 한다(2020두39655). ㉢ 하위법령의 규정이 상위법령의 규정에 저촉되는지 명백하지 않은 경우, **하위법령의 의미를 상위법령에 합치되는 것으로 해석하는 것이 가능한 경우**라면, 하위법령이 상위법령에 위반된다는 이유로 **쉽게 무효를 선언할 것은 아니다**(2017두45698).**(21지방7급,21소방간부)**

1. 법규명령이 법률에서 위임받은 사항에 관하여 대강을 정하고 그 중의 특정사항에 대하여 범위를 정하여 하위법령에 다시 위임하는 경우에는 재위임이 허용된다. **18국가9급**

2. 상위법령의 시행에 관하여 필요한 절차 및 형식에 관한 사항을 규정하는 집행명령은 상위법령의 명시적 수권이 없는 경우에도 발할 수 있다. **15서울9급**

3. 법령 등 공포에 관한 법률상 대총령령, 총리령, 및 부령은 특별한 규정이 없으면 공포한 날부터 20일이 경과함으로써 효력을 발생한다. **18경행**

전면적 재위임의 금지	· ✪ **위임받은 사항을 전혀 규정하지 않고 하위명령에 전면적으로 재위임하는 것은 허용되지 않으나, 위임받은 사항에 관한 대강을 정하고 세부적인 사항을 하위법령에 재위임하는 것은 가능**하다(94헌마213).**(21국가9급,18국가9급,17경행경채,14서울9급)** 이러한 법리는 조례가 '지방자치법'에 따라 주민의 권리 제한 또는 의무부과에 대한 사항을 법률로부터 위임받은 후, 이를 다시 지방자치단체장이 정하는 '규칙'이나 '고시'등에 재위임하는 경우에도 마찬가지이다(2013두14328).**(21국가9급)** · 정부조직법 제6조 제1항과 이에 근거한 "행정권한의 위임 및 위탁에 관한 규정" 제4조는 행정기관의 권한의 재위임에 관한 일반적인 근거규정이 된다.**(19서울7급)** **정부조직법 제6조(권한의 위임 또는 위탁)** 행정기관은 법령으로 정하는 바에 따라 그 소관사무의 일부를 보조기관 또는 하급행정기관에 위임하거나 다른 행정기관 · 지방자치단체 또는 그 기관에 위탁 또는 위임할 수 있다. 이 경우 위임 또는 위탁을 받은 기관은 특히 필요한 경우에는 법령으로 정하는 바에 따라 위임 또는 위탁을 받은 사무의 일부를 보조기관 또는 하급행정기관에 재위임할 수 있다.

다. 집행명령의 근거와 한계

근거	집행명령은 법률 또는 상위명령에서 정해진 내용을 실현하기 위한 규정이므로, 법률 또는 상위 명령에 **개별적 · 구체적 수권(위임)규정이 없어도 직권으로 발할 수 있다.(15서울9급,13국회8급)**
한계	**새로운 국민의 권리 · 의무에 관한 사항(법규사항)은 규정할 수 없다.(20국가7급,12사복9급)**

4 법규명령의 성립 및 효력요건

성립요건	① 헌법 또는 법률에 의하여 수권을 받은 정당한 기관이 제정하고**(주체)**, ② 그 내용이 수권의 범위 내에서 상위법령에 저촉되지 않고 객관적으로 명확하고 실현가능하여야**(내용)**, ③ 대통령령은 법제처 심사와 국무회의 심의를**(17국가9급)**, 총리령과 부령은 법제처의 심사를 거쳐야 하고**(절차)**, ④ 조문 · 번호 · 일자 등 일정한 형식을 갖추어 제정되어야 함**(형식)**.**(17사복9급)**
효력요건	**공포한 날로부터 20일이 경과함으로써 효력이 발생**하나(법령등공포에관한법률§13)**(18경행)**, 국민의 권리 제한 또는 의무부과와 직접 관련되는 법규명령은 공포일로부터 적어도 30일이 경과한 날로부터 시행되도록 해야 한다.**(18경행)**

5 법규명령의 하자 · 소멸

법규명령의 하자	하자있는 법규 명령의 효력	법규명령이 성립, 효력 요건을 갖추지 못한 경우 하자있는 법규명령이 되고**(09국가7급)**, 통설은 **하자있는 법규명령은 무효**라고 본다. 단, 어느 시행령의 규정이 모법에 저촉되는지 여부가 명백하지 아니하는 경우에는 **모법과 시행령의 다른 규정들과 그 입법취지, 연혁 등을 종합적으로 살펴 모법에 합치한다는 해석도 가능한 경우라면 그 규정을 모법위반으로 무효라고 선언해서는 안 된다**는 것이 판례입장이다(2000두2716).**(21국가9급,21지방7급,17지방9급)**
	하자있는 법규 명령에 따른 행정행위	하자있는 법규명령에 따른 행정행위 역시 위법하나, **법원의 판결이 선고되기 전에는 그 법규명령의 위법여부가 객관적으로 명백한 것이라고 할 수 없으므로, 행정처분의 하자는 취소사유에 해당한다**(2004두619).**(18국가9급,15지방9급,14지방7급,14서울9급)**
법규 명령의 소멸	법규명령은 폐지, 법규명령의 종기의 도래 또는 해제 조건의 성취로 효력이 상실된다. 또한 상위의 법규명령 또는 동일한 형식의 법규명령에서 명시적 · 묵시적인 폐지의 의사표시로도 가능하다.**(06국회8급)**	
	근거 법령의 소멸	상위법령이 폐지된 경우 법규명령도 소멸하며**(07국회8급)**, 법규명령의 근거 법령이 **위헌 결정이 선고된 경우에도 원칙적으로 효력을 상실**한다.**(21지방9급,13서울7급, 08지방7급)**
	근거법령의 개정 - (집행명령의 경우)	단, 집행명령의 경우 근거법령이 개정된 경우에는 **새로운 집행명령이 제정될 때까지는 여전히 그 효력을 유지**한다.

1. 어느 시행령의 규정이 모법에 저촉되는지 여부가 명백하지 아니하는 경우에는 모법과 시행령의 다른 규정들과 그 입법취지, 연혁 등을 종합적으로 살펴 모법에 합치한다는 해석도 가능한 경우라면 그 규정을 모법위반으로 무효라고 선언해서는 안 된다. **17지방9급**

2. 위헌 · 위법한 시행령의 무효를 선언한 대법원판결이 없는 상태에서 그러한 시행령에 근거하여 이루어진 처분은 원칙적으로 당연무효라고 할 수 없다. **18국가9급**

3. 판례는 법규명령의 위임 근거가 되는 법률에 대하여 위헌결정이 선고되면 그 위임에 근거하여 제정된 법규명령도 원칙적으로 효력을 상실한다고 보았다. **13서울7급**

4. 집행명령은 상위법령이 개정되더라도 개정법령과 성질상 모순, 저촉되지 아니하고 개정된 상위법령의 시행에 필요한 사항을 규정하고 있는 이상, 개정법령의 시행을 위한 집행명령이 제정·발효될 때까지는 여전히 그 효력을 유지한다. **19지방·교행9급**

6 법규명령의 통제

가. 입법적(국회에 의한) 통제

직접적	의회제출 제도	법규명령 등이 제정 · 개정 또는 폐지되었을 때에는 **10일 이내에 이를 국회소관상임위원회에 제출**해야 한다.**(18경행)** 다만, **대통령령의 경우에는 입법예고**를 할 때에도 제출하여야 한다.**(18경행)**
	승인유보 제도	헌법은 대통령이 긴급명령이나 긴급재정·경제명령을 행사한 때에는 **지체없이 국회의 승인을 받아야 하며 승인을 얻지 못한 때에는 그 명령은 그때부터 효력을 상실**한다고 규정하고 있음.**(20소방,13국회8급)**
간접적	헌법상 국회의 국정감사 또는 조사권(§61), 국무총리에 대한 질문권(§62), 국무총리 또는 국무위원의 해임건의권(§63) 및 대통령에 대한 탄핵소추권(§65) 등을 인정하여 위법한 법규명령을 간접적으로 통제할 수 있음.	

1. 법원에 의한 명령·규칙의 위헌·위법심사는 그 위헌 또는 위법의 여부가 재판의 전제가 된 경우에 비로소 가능한다. **16국회8급**

2. 명령·규칙 또는 처분이 헌법이나 법률에 위반되는 지 여부가 재판의 전제가 된 경우에는 대법원은 이를 최종적으로 심사할 권한을 가진다. **14경행**

3. 명령 등이 헌법이나 법률에 위반되어 대법원에서 무효라고 선언하여도 당해 사건에만 적용이 배제될 뿐 형식적으로는 존재하므로 판결확정 후 대법원은 행정안전부장관에게 통보하도록 하고 있다. **18소방9급**

4. 처분은 행정청이 행한 구체적 사실에 관한 법집행이므로 일반적·추상적 행위는 처분이 아니나, 그 효력이 다른 집행행위의 매개 없이 그 자체로서 직접 국민의 구체적인 권리와 의무나 법률관계를 규율하는 성격을 가지는 처분법규는 처분이 된다. **18소방9급**

5. 조례가 집행행위의 개입 없이 직접 국민의 구체적 권리·의무에 영향을 미치는 등의 효과를 발생하면 그 조례는 항고소송이 된다. **18서울7급**

나. 사법적 통제

간접적 규범통제 (구체적, 부수적)	구체적인 사건에 관한 재판에서 그 전제인 법규명령의 위헌 또는 위법을 심사하는 제도 **판례** 법원이 구체적 규범통제를 통해 위헌·위법으로 선언할 심판대상은, 해당 규정의 전부가 불가분적으로 결합되어 있어 일부를 무효로 하는 경우 나머지 부분이 유지될 수 없는 결과를 가져오는 특별한 사정이 없는 한, 원칙상 해당 규정 중 재판의 전제성이 인정되는 조항에 한정되며, '재판의 전제성'이란 구체적 사건이 법원에 계속 중이어야 하고, 규정의 특정 조항이 해당 소송 사건의 재판에 적용되는 것이어야 하며, 그 조항이 위헌·위법인지에 따라 그 사건을 담당하는 법원이 다른 판단을 하게 되는 경우를 말한다(2017두33985).
직접적 규범통제 (추상적)	법규명령 그 자체의 위법, 위헌 여부를 추상적으로 심사하고, 위법한 경우 그 효력을 상실시키는 제도

1) 일반법원에 의한 통제

가) 명령·규칙에 대한 간접적(구체적) 규범통제(원칙)

근거	**헌법 제107조 2항** : 명령·규칙 또는 처분이 헌법이나 법률에 위반되는 여부가 **재판의 전제가 된 경우**에는 **대법원**은 이를 최종적으로 심사할 권한을 가진다.**(16국회8급, 14경행, 12지방9급)**
심사주체	**각급 법원이 심사할 수 있으며, 대법원은 최종적으로 심사권한을 갖는다.**
심사대상	**명령은 법규명령을 의미(법령보충적 행정규칙은 예외적 포함)**하고, 규칙은 법규명령인 규칙(대법원규칙, 국회규칙, 헌법재판소규칙, 중앙선거관리위원회 규칙 등)을 의미하며, 행정규칙은 대외적 구속력이 없기에 원칙상 심사대상이 되지 않는다. **판례**는 자치입법인 **지방자치단체의 조례와 규칙도 포함**된다고 함(94누5694).
효력	위법성이 인정되는 경우, **당해 사건에 한하여 그 법규명령이 적용되지 않음.** 단, 대법원 판결에 의해 명령·규칙이 위헌·위법인 것이 확정된 경우, **행정소송법 제6조**(명령·규칙의 위헌판결등 공고) ① 행정소송에 대한 대법원판결에 의하여 명령·규칙이 헌법 또는 법률에 위반된다는 것이 확정된 경우에는 대법원은 지체없이 그 사유를 행정안전부장관에게 통보하여야 한다.**(21소방간부,19국가9급,18소방 등)** ② 제1항의 규정에 의한 통보를 받은 행정안전부장관은 지체없이 이를 관보에 게재하여야 한다.**(19국가9급,18소방,14지방7급등)**

나) 처분적 명령에 대한 직접적(추상적) 규범통제 - 항고소송

행정소송법상 항고소송의 대상은 '처분 등'이므로, 법규명령은 이에 포함되지 않아 **원칙적으로 항고소송의 대상이 아님**(17국가7급,15지방9급).

다만, ✪ **법규명령이 처분적 성질을 가지는 경우(일반적·추상적인 법령 그 자체로서 국민의 구체적인 권리·의무에 직접적인 변동을 초래하는 것)에는 항고소송의 대상이 될 수 있음**(18소방직9급).

2) 헌법재판소에 의한 통제

대법원의 입장 (**부정설**-소수설)	헌법 107조2항이 명령 · 규칙에 대한 위헌·위법 심사권을 일반법원에 부여하고 있으므로, **헌법재판소는 법규명령에 대한 심사권을 가지지 않는다고 함.**
헌법재판소의 입장 (**긍정설**-다수설)	✪ **법규명령이 별도의 집행행위를 기다리지 않고(=재판의 전제가 됨이 없이) 직접 개인의 기본권을 침해하는 경우에는 헌법소원의 대상이 된다**고 판시함(89헌마178).**(21소방간부,21변시,18지방7급,17국가9급,11사복9급)**

다. 행정내부적 통제

상급행정청의 감독	상급행정청은 하급행정청에 대한 지휘 · 감독권 행사 가능. 단 상급행정청이라도 하급행정청의 **법규명령을 스스로 개정 또는 폐지할 수 없고, 상위법령의 제정이나 개정을 통해 하위법규명령의 효력을 소멸**시킬 수 있다.**(12국회8급)**
중앙행정 심판위원회의 시정조치요청	중앙행정심판위원회는 심판청구를 심리 · 재결할 때에 처분 또는 부작위의 근거가 되는 명령 등(법규명령 + 행정규칙)의 개정 · 폐지 등 적절한 시정조치를 요청할 수 있다. 이 경우 중앙행정심판위원회는 시정조치를 요청한 사실을 법제처장에게 통보하여야 한다(**행정심판법§59①**).
국민권익 위원회의 권고	국민권익위원회는 법률을 포함한 명령 및 그 위임에 따른 훈령 · 예규 · 고시 · 공고와 조례 · 규칙의 부패유발요인을 분석 · 검토하여 그 법령 등의 소관기관의 장에게 그 개선을 위하여 필요한 사항을 권고할 수 있다(**부패방지 및 국민권익위원회의 설치와 운영에 관한 법률 §29①**).**(18경행)**
절차적 통제	국무회의에 상정될 법령안, 총리령, 부령안은 법제처의 심사를 받는다(**정부조직법§20①**).**(18지방7급)**

7 행정입법부작위

의의		• **행정권에게 명령을 제정 · 개정 또는 폐지할 법적 의무가 있음에도 불구하고 합리적인 이유없이 지체하여 명령을 제정 · 개정 또는 폐지하지 않는 것(부작위)**을 말한다. • **행정권의 행정입법 등 법집행의무는 헌법적 의무(헌법적 작위의무의 발생)**이므로**(17서울7급)**, 이를 정당한 이유 없이 이행하지 않는 것은 권력분립의 원칙과 법치국가 내지 법치행정의 원칙에 위배되는 것으로서 위법함과 동시에 위헌적인 것이 된다.**(20군무원9급,17국가9급,16지방9급 등)**
요건	**행정입법의 제정의무**	**하위 행정입법의 제정 없이 상위법령의 규정만으로도 집행이 이루어질 수 있는 경우**라면 하위 행정입법을 제정하여야 할 헌법적 작위의무는 **인정되지 않는다.(21국회8급,16지방9급)**
	상당한 기간의 경과	개별적으로 판단
	행정청이 법령을 제정하지 않음	제정, 또는 개정했지만 **그 내용이 불충분**한 경우, **해당 X.**

1. 헌법재판소는 대법원 규칙인 구 법무사법 시행규칙에 대해, 법규명령이 별도의 집행행위를 기다리지 않고 직접 개인의 기본권을 침해하는 경우에는 헌법소원의 심판의 대상이 된다고 한다. **17국가9급**

2. 국민의 구체적인 권리 의무에 직접적으로 변동을 초래하지 않는 추상적인 법령의 제정 여부 등은 부작위 위법확인소송의 대상이 될 수 없다. **18국가9급**

1. 헌법재판소는 적극적 행정입법은 물론 행정입법의 부작위에 대하여서도 헌법소원심판의 대상성을 인정한다. 16국회8급

2. 상급행정기관이 하급행정기관에 대하여 업무처리지침이나 법령의 해석적용에 관한 기준을 정하여 발하는 행정규칙은 일반적으로 행정조직 내부에서만 효력을 가질 뿐 대외적인 구속력을 갖는 것은 아니다. 18서울7급

권리구제		
	(행정소송) **항고소송 불가**	부작위위법확인소송의 대상은 처분의 부작위이지, 입법의 부작위가 아니므로, ✪ **부작위위법확인소송의 대상이 되지 않는다**는 것이 **판례**의 태도(91누11261).**(20국가7급,20경행,20국회9급,18국가9급, 17지방9급, 17국회9급,14국가7급)**
	헌법소원 가능	헌법재판소는 치과전문의자격시험 불실시에 대한 위헌 확인사건 등에서 ✪ **행정입법부작위는 공권력의 불행사에 해당**하므로 **헌법소원의 대상이 된다**고 본다(96헌마246).**(16국회8급, 10지방9급)**
	국가배상 청구 가능	행정입법부작위로 인하여 손해가 발생한 경우 **국가배상청구가 인정**될 수 있다.**(21지방9급,21국회8급,20경행)** → 판례는 군법무관보수를 규정하는 법규명령의 입법부작위에 대해 국가배상청구 인정함(2006다3561).**(16서울7급)**

제 3 절 행정규칙

1 개관

1) 의의

행정규칙이란 **상급행정기관이 하급행정기관에 대하여 행정 내부의 조직과 활동을 규율할 목적으로 발하는 일반적 · 추상적 규율**을 의미한다.

2) 법규명령과의 구별

	법규명령	행정규칙
형식	조문형식 대통령령, 총리령, 부령 등	조문 형식 또는 구술도 가능 훈령, 고시 등
권력관계	일반권력관계	특별권력관계
법적근거	위임명령 : 법률의 개별 근거 필요 ○ 집행명령 : 법률의 개별 근거 필요 X	법률의 근거 필요 X **(18국가9급)**
효력	**대외적 구속력(재판규범성) ○**	**대외적 구속력(재판규범성) X** **(18서울7급,17국가7급,14경행)**
위반의 효과	위법한 행정작용이 됨**(14서울9급)**	곧바로 위법한 작용은 아님 징계사유에는 해당함**(15경행)**
공포	공포 필요함	공포 필요하지 않음
법치행정의 원리	**법률유보의 원칙 적용(15서울9급)** **법률우위의 원칙 적용(12지방7급)**	**법률우위의 원칙만 적용**

2 행정규칙의 종류

<table>
<tr><td rowspan="6">내용에 따른 분류</td><td>조직규칙</td><td colspan="2">행정기관의 설치·조직, 내부적 권한배분, 사무처리절차 등을 정하기 위해 발하는 행정규칙</td></tr>
<tr><td>근무규칙</td><td colspan="2">상급행정기관이 하급행정기관 및 구성원의 근무에 대한 사항을 규율하기 위한 행정규칙</td></tr>
<tr><td>재량준칙</td><td colspan="2">행정기관에 재량권이 인정되어 있는 경우, 통일적이고 평등한 재량권 행사의 확보를 위해 재량권행사의 기준을 정하는 행정규칙(19서울9급, 17국가7급)</td></tr>
<tr><td>규범해석규칙</td><td colspan="2">불확정 법개념(공익, 질서유지 등)에 대한 통일적인 해석을 하기 위해서 그 기준을 제시할 목적으로 발하는 행정규칙</td></tr>
<tr><td>규범구체화 행정규칙</td><td colspan="2">고도의 전문성·기술성을 가진 행정영역에서 행정기관이 법률의 내용을 구체화하는 행정규칙</td></tr>
<tr><td>법률대위규칙</td><td colspan="2">법률이 존재하지 않는 경우 법률을 대신하여 행정작용의 기준과 방법을 정하는 행정규칙, 법률유보원칙이 적용되지 않는 예외적 영역에 한해서만 인정</td></tr>
<tr><td rowspan="7">형식에 따른 분류</td><td rowspan="4">광의의 훈령
(행정 효율과 협업 촉진에 관한 규정)</td><td>훈령</td><td>상급기관이 하급기관에 대하여 일반적으로 발하는 명령</td></tr>
<tr><td>지시</td><td>개별적·구체적으로 발하는 명령</td></tr>
<tr><td>예규</td><td>반복적인 행정사무의 처리기준</td></tr>
<tr><td>일일명령</td><td>당직·휴가·출장 등 일일업무에 관한 명령</td></tr>
<tr><td rowspan="3">고시
행정기관이 법령이 정하는 방법에 의해 일정 사항을 불특정 다수인에게 알리는 행위</td><td>행정규칙적 고시</td><td>고시가 행정사무의 처리기준이 되는 일반적·추상적 규범의 성질을 갖는 경우</td></tr>
<tr><td>일반처분적 고시</td><td>고시가 일반적·구체적 성격을 갖는 경우,
특히 고시가 물건의 성질·상태를 규율하는 경우에는 물적 행정행위로 일반 처분에 해당함.</td></tr>
<tr><td>법령규칙적 고시</td><td>고시가 법령의 수권에 의해 법령을 보충하는 사항을 규정하는 경우, 상위법령의 규정과 결합하여 대외적으로 구속력있는 법규명령으로서의 성질을 갖게 됨. (법령보충적 행정규칙)(19서울9급)</td></tr>
</table>

1. 고시가 일반·추상적 성격을 가질 때는 법규명령 또는 행정규칙에 해당하지만, 고시가 구체적인 규율의 성격을 갖는다면 행정처분에 해당한다. **18경행**

2. 행정규칙인 고시가 법령의 수권에 의해 법령을 보충하는 사항을 정하는 경우에는 근거법령규정과 결합하여 대외적으로 구속력있는 법규명령의 효력을 갖는다. **19서울9급**

3 성립 및 효력요건

성립 요건	**주체**	정당한 권한을 가진 행정기관
	절차	일반적으로 따라야 할 법정절차는 없다.
	형식	**훈령 · 고시 · 예규 · 통첩 등의 형식**으로 행해지고, **방식은 문서, 구술 모두 가능**
	내용	법률의 근거를 요하지 않으나, 법률우위의 원칙에 따라 법령에 위배되어서는 안되고, 행정법의 일반원칙에 위배되어서도 안된다(2007두4841(**21군무원7급,20군무원9급,18서울7급,15지방7급)**
효력발생 요건		**공포의 형식을 요하지 않고**, 관보 게재 등 적당한 방법으로 일반인 또는 관계인에게 표시 또는 통보함으로써 효력이 발생함(89누3731).**(21군무원7급,19서울7급)**

4 행정규칙의 효력(법적성질)

내부적 효력	행정 내부에선 **구속력**을 가지므로, 공무원이 행정규칙을 따르지 않으면 **징계사유**가 되며, 행정기관은 이를 준수할 의무가 있음**(16국가7급)**. 다만, 행정규칙은 행정규칙을 제정한 행정기관에 대하여는 대내적으로 법적 구속력을 갖지 않는다**(21군무원9급)**. 판례 그러나 공무원의 조치가 행정규칙을 위반하였다고 해서 그러한 사정만으로 **곧바로 위법하게 되는 것은 아니고**, 공무원의 조치가 행정규칙을 따른 것이라고 해서 적법성이 보장되는 것도 아니다. 공무원의 조치가 적법한지는 행정규칙에 적합한지 여부가 아니라 상위법령의 규정과 입법 목적 등에 적합한지 여부에 따라 판단해야 한다(2017다211559). 예) 일반적인 훈령(행정규칙), 규범해석규칙 성격의 행정규칙**(13지방7급)**, 일반적인 행정처분절차를 정하는 행정규칙**(21군무원7급)**
외부적 효력	원칙적으로 **법규성 인정되지 않음(18서울7급)** (∵행정규칙은 행정조직 내에서만 효력을 갖는 일반적 · 추상적 규율로서 대외적 구속력이 없기 때문)
	그러나, **행정규칙이 되풀이 시행되어 행정관행이 성립되면 평등의 원칙, 자기구속의 원칙에 의해 대외적 구속력이 인정**됨.**(17국가9급)** 다만, 행정규칙이 이를 정한 행정기관의 재량에 속하는 사항에 관한 것인 때에는 그 규정 내용이 객관적인 합리성을 결여하였다는 등의 특별한 사정이 없는 한 **법원은 이를 존중하는 것이 바람직하다**(2013두20011).**(21지방7급)**

5 법규명령형식의 행정규칙, 행정규칙 형식의 법규명령(법령보충규칙)

가. 법규명령 형식의 행정규칙

시행령 또는 시행규칙으로 행정사무처리기준을 정한 경우 이러한 규정사항을 법규명령으로 보아야 하는지, 행정규칙으로 보아야 하는지 문제된다.

특히 행정실무상 제재적 처분기준을 정한 경우와 관련하여 행정규칙설(실질설)과 법규명령성(형식설)의 다툼이 있으나 **다수설은 법규명령설의 입장**이다.

그러나 **판례**는 아래와 같이 **형식에 따라 결론을 달리**하고 있다.

1) 시행령(대통령령) 형식의 경우

성질	**법규명령**(17사복9급, 15경행2차) **(법규성 인정 → 행정의 재량권 수축효)**
효력	판례는 **원칙적으로 절대적인 구속력을 인정**하나(아래 ①, ② 판례), **예외적**으로 **처분기준을 법규명령으로 보면서도 최고한도액을 정한 것으로 보아, 행정청에게 재량의 여지**를 준 것이라고 판단한 판례도 있다(아래③판례).
판례	판례 ① 주택건설촉진법 **시행령** 제10조의 3 제1항 [별표1]은 주택건설촉진법 제7조 제2항의 위임규정에 터잡은 **규정형식상 대통령령**이므로 대외적으로 국민이나 법원을 구속하는 힘이 있다(94누14148전합).**(13국가9급)** ②「국토의 계획 및 이용에 관한 법률」 및 같은 법 **시행령**이 정한 이행강제금의 부과기준은 단지 상한을 정한 것에 불과한 것이 아니므로, 행정청에 이와 다른 이행강제금액을 결정할 재량권이 없다(2013두8653).**(15지방7급)** ③ **구 청소년보호법의 위임에 따른 동법 시행령상의 위반행위의 종별에 따른 과징금처분기준은 법규명령**이나, **처분기준에 규정된 금액은 정액이 아닌 최고한도액이라 할 것이다**(99두5207).**(19지방·교행9급,18지방9급,17지방9급)**

2) 시행규칙(총리령, 부령) 형식의 경우

성질	**제재적 처분기준이 부령(시행규칙)에 규정되어 있는 경우 행정규칙**(22국가9급,21국가9급) **(법규성 부정 → 행정의 재량권 확장효)**
효력	판례는, 행정규칙은 법규성이 인정되지 않아 **대외적으로 국민이나 법원 구속하는 것은 아니고**(①~⑥ 판례)**(22국가9급,21국가9급,18경행)**, 그 처분기준에 따른 **제재적 행정처분이 현저히 부당하다고 인정할 만한 합리적인 이유가 없는 한 섣불리 그 처분이 재량권의 범위를 일탈하였거나 재량권을 남용한 것이라고 판단해서는 안 되며**(2007두6946)**(21지방7급,21국가9급,17지방9급,16국가7급)**, 그 처분이 위 규칙에 위배되는 것이라 하더라도 위법의 문제는 생기지 아니하고, 또 위 규칙에서 정한 기준에 적합하다 하여 바로 그 처분이 적법한 것이라고도 할 수 없으며**(21지방7급)**, 그 처분의 적법여부는 위 법의 규정 및 취지에 적합한 것인가의 여부에 따라 판단하여야 한다(94누14148,94누6925).**(22국가9급)** **즉 위반시, 바로 위법이 된다고 보기 어려움.**
	예외적으로 판례는, **특허의 인가기준을 법령의 위임을 받아 부령**으로 정한 경우 **법규명령**으로 보고 있다(⑦~⑧ 판례 참조).

1. 판례는 종래부터 법령의 위임을 받아 부령으로 정한 제재적 행정처분의 기준을 행정규칙으로 보고, 대통령령으로 정한 제재적 행정처분의 기준은 법규명령으로 보는 경향이 있다. **17사복9급**

2. 구 청소년 보호법 시행령 제**40**조 **[**별표**6]**의 위반행위의 종별에 따른 과징금 처분기준에서 정한 과징금 수액은 정액이 아니고 최고한도액이다. **19지방·교행9급**

3. 행정처분이 법규성이 없는 내부지침 등의 규정에 위배된다고 하더라도 그 이유만으로 처분이 위법하게 되는 것은 아니고, 또 그 내부지침 등에서 정한 요건에 부합한다고 하여 반드시 그 처분이 적법한 것이라고 할 수도 없다. **19서울7급**

4. 부령의 형식으로 정해진 제재적 처분기준은 행정규칙이다. **16교행9급**

1. 구 도로교통법 시행규칙 제53조 제1항이 정한 [별표 16]의 운전면허행정처분기준은 부령의 형식으로 되어 있으나, 그 규정의 성질과 내용이 운전면허의 취소처분 등에 관한 사무처리기준과 처분절차 등 행정청 내부의 사무처리준칙을 규정한 것에 지나지 아니하므로 대외적 구속력이 없다. **14지방9급**

2. 구 식품위생법 시행규칙 제53조가 정한 [별표15]의 행정처분기준은 구 식품위생법 제58조에 따른 영업허가의 취소 등에 관한 행정처분의 기준을 정한 것으로 대외적 구속력이 없다. **14지방9급**

3. '공공기관의 운영에 정한 법률'에 따라 입찰참가자격 제한기준을 정하고 있는 구 '공기업·준정부기관 계약사무규칙', '국가를 당사자로 하는 계약에 관한 법률 시행규칙;은 대외적으로 국민이나 법원을 기속하는 효력이 없다. **17서울9급**

4. 대법원은 구 '여객자동차 운수사업법 시행규칙' 제31조 제2항 제1호,제2호, 제6호는 구 '여객자동차 운수사업법' 제11조 제4항의 위임에 따라 시외버스 운송사업의 사업계획 변경에 관한 절차, 인가기준 등을 구체적으로 규정한 것으로서 행정청 내부의 사무처리준칙을 규정한 행정규칙에 불과하다고 할 수는 없다고 한다. **17국가9급**

판례

판례 ① ✪ **구 도로교통법 시행규칙 제53조 제1항이 정한 [별표16]의 운전면허행정처분기준**은 부령의 형식으로 되어 있으나, 그 규정의 성질과 내용이 운전면허의 취소처분 등에 관한 사무처리기준과 처분절차 등 행정청 내부의 사무처리준칙을 규정한 것에 지나지 아니하므로, 대외적 구속력이 없다(96누5773).**(20국회9급,14지방9급)**

② ✪ **구 식품위생법 시행규칙 제53조가 정한 [별표 15]의 행정처분기준**은 행정규칙에 불과하여 대외적인 구속력이 없다(2009두22997).**(14지방9급)**

③ ✪ **'공공기관의 운영에 관한 법률'에 따라 입찰참가자격 제한기준을 정하고 있는 구 '공기업 · 준정부기관 계약사무규칙', '국가를 당사자로 하는 계약에 관한 법률 시행규칙'**은 행정내부의 재량준칙에 불과한 것으로서, 대외적으로 국민이나 법원을 기속하는 효력이 없다(2013두18964).**(17서울9급, 17사복9급)**

④ **자동차운수사업법 규정에 의한 사업면허의 취소등의 처분에 관한 규칙**은 형식은 부령으로 되어 있으나 그 규정의 성질과 내용은 자동차운수사업면허의 취소처분 등에 관한 사무처리기준과 처분절차 등 행정청 내의 사무처리준칙을 규정한 것에 불과하여 행정조직 내부에 있어서의 행정명령의 성질을 가지는 것이어서 행정조직 내부에서 관계 행정기관이나 직원을 구속함에 그치고 대외적으로 국민이나 법원을 구속하는 것은 아니다(91누4973)

⑤ 공공기관의 운영에 관한 법률(이하 '공공기관운영법'이라 한다)이나 그 하위 법령은 공기업이 거래상대방 업체에 대하여 공공기관운영법 제39조 제2항 및 공기업 · 준정부기관 계약사무규칙 제15조에서 정한 범위를 뛰어넘어 추가적인 제재조치를 취할 수 있도록 위임한 바 없다. 따라서 **한국수력원자력 주식회사의 '공급자관리지침'중 등록취소 및 그에 따른 일정 기간의 거래제한조치에 관한 규정들은 대외적 구속력이 없는 행정규칙**이다(2017두66541).**(22국가9급)**

⑥ **'검찰보존사무규칙'**은 '검찰청법' 제 11조에 기하여 제정된 법무부령이긴 하지만, 그 사실만으로 같은 규칙 내의 모든 규정이 법규적 효력을 가지는 것은 아니므로, 기록의 열람 등사의 제한을 정하고 있는 같은 규칙 제22조는 법률상의 위임근거가 없어 행정기관 내부의 사무처리준칙으로서 행정규칙에 불과하다(2006두3049).**(21변시)**

⑦ 산업재해보상보험법 시행령 [별표 3] **'업무상 질병에 대한 구체적인 인정 기준'**은 근로복지공단에 대하여 행정내부적으로 업무처리지침이나 법령의 해석 · 적용 기준을 정해주는 '행정규칙'이다(2020두39297).

⑧ 구 **'부당한 공동행위 자진신고자 등에 대한 시정조치 등 감면제도 운영고시' 제5조**는 형식 및 내용에 비추어 재량권 행사의 기준으로 마련된 행정청 내부의 사무처리준칙, 즉 재량준칙에 해당한다(2016두45783).

---

⑨ ✪**구 '여객자동차운수사업법 시행규칙' 제31조 제2항 제6호**는 구 **'여객자동차 운수사업법' 제11조 제4항의 위임에 따라 시외버스 운송사업의 사업계획변경에 관한 절차, 인가기준 등을 구체적으로 규정**한 것(2003두4355).**(17국가9급,14지방9급)** → **법규명령에 해당**

⑩ **'공익사업을 위한 토지 등의 취득 및 보상에 관한 법률'** 제68조 제3항은 **협의 취득의 보상액 산정에 관한 구체적 기준**을 시행규칙에 위임하고 있고, 위임범위 내에서 **동법 시행규칙 제22조**는 토지에 건축물 등이 있는 경우에는 건축물 등이 없는 상태를 상정하여 토지를 평가하도록 규정하고 있는 경우(2011다104253).**(14지방9급)** → **법규명령에 해당**

판례	⑪ 구 계엄법 제13조는 '비상계엄지역 내에서는 계엄사령관은 군사상 필요할 때에는 체포, 구금, 수색, 거주, 이전, 언론, 출판, 집회 또는 단체행동에 관하여 특별한 조치를 할 수 있다.'고 정하고 있고, 구 계엄법 제15조에서 정하고 있는 **'제13조의 규정에 의하여 취한 계엄사령관의 조치'는** 유신헌법 제54조 제3항, 구 계엄법 제13조에서 계엄사령관에게 국민의 기본권 제한과 관련한 특별한 조치를 할 수 있는 권한을 부여한 데 따른 것으로서 **구 계엄법 제13조, 제15조의 내용을 보충하는 기능을 하고 그와 결합하여** 대외적으로 구속력이 있는 **법규명령**으로서 효력을 가진다(2016도14781).**(21변시)** ⑫ 금융위원회의 설치 등에 관한 법률 제60조의 위임에 따라 금융위원회가 고시한 '금융기관 검사 및 제재에 관한 규정' 제18조 제1항(2018두52204)

1. 행정각부의 장이 정하는 고시는 법령의 규정으로부터 구체적 사항을 정할 수 있는 권한을 위임받아 그 법령내용을 보충하는 기능을 가진 경우에는 대외적으로 구속력을 갖는다. **18국가9급**

2. 대법원 판례에 의하면, 법령보충적 행정규칙은 행정기관에 법령의 구체적 사항을 정할 수 있는 권한을 부여한 상위법령과 결합하여 대외적 효력을 갖게 된다. **16서울9급**

3. 국세청장의 훈령형식으로 되어 있는 재산제세사무처리규정 소득세법 시행령의 위임에 따라 소득세법 시행령의 내용을 보충하는 기능을 가지므로 소득세법 시행령과 결합하여 대외적 효력을 갖는다. **13국가9급**

나. 행정규칙형식의 법규명령(법령보충규칙)

1) 의의

법령보충규칙이란, **실질은 법규명령에 해당하는 것을 법령의 위임에 의해 행정규칙 형식으로 정한 것**을 말한다.

2) 법적성질

- 이에 대해 견해가 대립하나, **판례는 법규명령설**을 따른다. 2021년 신설된 **행정기본법**에서는 **법령보충규칙을 법령 중 하나로 명시적으로 인정**함.
- 즉 ✪판례는 법령의 규정이 특정 행정기관에게 법령 내용의 구체적 사항을 정할 수 있는 권한을 부여하면서 권한 행사의 절차나 방법을 특정하지 아니한 관계로 **수임행정기관이 행정규칙의 형식으로 그 법령의 내용이 될 사항을 구체적으로 정하고** 있다면 그와 같은 **행정규칙은 행정기관에 법령의 구체적 내용을 보충할 권한을 부여한 법령규정의 효력에 의하여 그 내용을 보충하는 기능**을 갖게 된다고 보아(97누19915)**(20국가9급,18경행, 18국가9급, 19서울7급)**, 법령보충규칙에 대해 **수권법령과 결합하여 대외적인 구속력이 있는 법규명령으로서의 효력**을 갖는다고 본다**(17사복9급)**. 단, 그 행정규칙이 상위 법령의 위임 범위를 벗어났다면, 그러한 행정규칙은 대외적 구속력을 가지는 법규명령으로서의 효력이 인정되지 않는다(2003마715).**(22소방)**
- 그러나 법령의 위임을 받은 것이어도 **행정적 편의를 도모하기 위한 절차적 규정**은 단순 **행정규칙**의 성질을 가지는 데 불과하다고 판시한다(2001두403)**(14국가9급)**.

판례 ① ✪**국세청장의 훈령형식으로 되어 있는 재산제세조사사무처리규정**은 소득세법 시행령의 위임에 따라 소득세법 시행령의 내용을 보충하는 기능을 가지므로 소득세법 시행령과 결합하여 대외적 효력을 갖는다(86누484).**(13국가9급)**
② 구 노인복지법 및 같은 법 시행령은 65세 이상인 자에게 노령수당의 지급을 규정하고 있는데, 같은 법 시행령의 위임에 따라 보건사회부(현 보건복지부)장관이 정한 70세 이상의 보호대상자에게만 노령수당을 지급하는 **1994년도 노인복지사업지침**은 법규명령의 성질을 갖는다(95누7727).**(12국가9급)**

1. 행정각부의 장이 정하는 고시가 비록 법령에 근거를 둔 것이라고 하더라도 그 규정 내용이 법령의 위임범위를 벗어난 것인 경우에는 법규명령으로서 기능하지 않는다.

18서울9급

③ 구 **「지방공무원보수업무 등 처리지침」**은 지방공무원법과 구 지방공무원 보수규정의 단계적 위임에 따라 행정자치부 장관이 정한 것으로서 법규명령의 효력을 가진다(2015두53121).**(18서울9급)**

④ **2014년도 건물 및 기타물건 시가표준액 조정기준**은 '건축법' 및 지방세법령의 위임에 따른 것이어서 법규명령으로서의 효력을 가진다(2017두40764).**(18서울9급)**

⑤ "주유소의 진출입로는 도로상의 횡단보도로부터 10m이상 이격되게 설치하여야 한다." 고 규정한 **'전라남도 주유소 등록요건에 관한 고시'** 제2조 제2항 [별표1]는 석유법 및 그 시행령의 위임을 받아 도지사가 정한 것으로서, 법규명령으로서의 효력을 갖게 된다(98두7503).**(09지방9급)**

⑥ 구 '식품위생법'은 보건복지부장관이 지정하여 고시하는 영업 또는 품목의 경우는 영업허가를 제한할 수 있다고 규정하였고, 이에 따라 **보건복지부장관**이 "그 전량을 수출하거나 주한 외국인에게만 판매한다는 요건을 갖춘 경우에만 보존음료수제조업의 허가를 할 수 있다"고 **고시**한 경우, 이는 법규명령의 성질을 가진 것이다(92누1728).**(10국가9급)**

⑦ 금융위원회의 설치 등에 관한 법률 제60조의 위임에 따라 금융위원회가 고시한 **'금융기관 검사 및 제재에 관한 규정'** 제18조 제1항은 대외적으로 구속력이 있는 법규명령의 효력을 가진다(2018두52204).

⑧ 보건복지부 고시 '요양급여의 적용기준 및 방법에 관한 세부사항' Ⅰ. '일반사항' 중 '요양기관의 시설 · 인력 및 장비 등의 공동이용 시 요양급여비용 청구에 관한 사항' 부분(2020두38171).

3) 한계

- ✪ 법령보충적 행정규칙 역시 **포괄적 위임금지의 원칙에 구속을 받으므로, 구체적 · 개별적으로 한정된 사항에 대하여 행해져야** 하며**(09지방9급)**,
- 상위법령이 **위임한 내용범위를 벗어나거나(18서울9급)**, 그 **형식을 달리**하는 경우, **상위법령에 근거가 없는 경우**에는 **법규성을 인정할 수 없다.(20지방9급,19서울7급,17서울9급,16국회8급)**

판례 ① 법률의 위임규정자체가 그 의미 내용을 정확하게 알 수 있는 용어를 사용하여 위임의 한계를 분명히 하고 있는데도 **고시에서 그 문언적 의미의 한계를 벗어나면** 위임의 한계를 일탈한 것으로서 허용되지 아니한다(2015두51132).**(21국가7급,17서울9급)**

② 보건사회부장관이 정한 1994년도 노인복지사업지침은 노령수당의 지급대상자를 '70세이상'의 생활보호대상자로 규정함으로써 구 노인복지법 제13조 제2항과 구노인복지법시행령 제20조 제1항에서 **'65세 이상'의 자로 규정한 노령수당의 지급대상자를 부당하게 축소 · 조정**하였으므로 그 부분은 법령의 위임한계를 벗어난 것이어서 그 효력이 없다(95누7727).**(18경행)**

③ 상위법령에서 세부사항 등을 **시행규칙으로 위임**하였음에도 이를 **고시 등 행정규칙으로 정하였다면** 이 때 고시 등 행정규칙은 대외적 구속력을 갖는 법규명령으로서 효력이 인정될 수 없다(2010다72076).**(20지방7급,20지방9급,19지방9급,18서울9급,17서울7급)**

④ **상위법령에 근거를 두고 있지 않은 훈령인 「주류유통거래에 관한 규정」에만 근거**하여 발령된 침익적 행정처분은 무효인 훈령처분에 기초한 것으로서 당연무효이다(79누382).**(12국가7급)**

6 행정규칙의 하자 및 소멸

행정규칙의 하자	하자있는 행정규칙은 무효
행정규칙의 소멸	명시적 · 묵시적 폐지, 종기 도래, 해제조건의 성취 등으로 효력 상실

7 행정규칙의 통제

입법적 통제	직접적 통제수단 인정 X	
사법적 통제	**법원에 의한 통제**	원칙 : 행정규칙은 법규성없어, 사법통제의 대상X
		예외 : ① **법령보충규칙이나 재량준칙 등에 의해 행정관행이 성립되어 대외적인 구속력을 갖는 경우** ② 행정규칙이 **국민의 권리 · 의무에 직접 변동을 가져오는 경우**, 처분규칙으로서 **항고소송의 대상**이 됨.(21군무원7급,20국가9급)
	헌재에 의한 통제	원칙 : 행정규칙은 대외적 구속력이 없어 **헌법소원의 대상** X
		예외 : **법령보충규칙이나 재량준칙 등에 의해 행정관행이 성립되어 대외적인 구속력을 갖는 경우 헌법소원의 대상 O(20국가9급,19서울9급, 08국가7급)** 예) 청소년유해매체물의 표시방법에 관한 정보통신부고시
행정적 통제	**상급관청의 행정감독권**	상급행정청은 감독권행사를 통해 하급행정청에게 행정규칙에 관한 시정폐지를 명할 수 있음
	중앙행정 심판위원회의 시정조치요청	중앙행정심판위원회는 심판청구를 심리 · 재결할 때에 처분 또는 부작위의 근거가 되는 명령 등(법규명령+행정규칙)의 개정 · 폐지 등 적절한 시정조치를 요청할 수 있다. 이 경우 중앙행정심판위원회는 시정조치를 요청한 사실을 법제처장에게 통보하여야 한다.(**행정심판법§59①**)
	국민권익 위원회의 권고	국민권익위원회는 법률을 포함한 명령 및 그 위임에 따른 훈령 · 예규 · 고시 · 공고와 조례 · 규칙의 부패유발요인을 분석·검토하여 그 법령 등의 소관기관의 장에게 그 개선을 위하여 필요한 사항을 권고할 수 있다(**부패방지 및 국민권익위원회의 설치와 운영에 관한 법률 28조1항**).(**18경행**)
	절차적 통제	법규명령과 달리 원칙적으로 법제처의 심사는 의무사항 아님. 단, 대통령훈령 및 국무총리 훈령이 관례적으로 법제에 관한 사무의 하나로서 법제처의 사전심사를 하고 있음

1. 재량권행사의 준칙인 행정규칙이 그 정한 바에 따라 되풀이 시행되어 행정관행이 형성되어 행정기관이 그 상대방에 대한 관계에서 그 행정규칙에 따라야 할 자기구속을 당하게 되는 경우에는 그 행정규칙은 헌법소원의 심판대상이 될 수도 있다.
20국가9급

02 행정행위

1. 행정권한을 위임받은 사인도 행정청으로서 행정행위를 할 수 있다. **15서울9급**

2. 지방경찰청이 횡단보도를 설치하여 보행자 통행방법 등을 규제하는 것은 행정처분이다. **19소방9급**

제 1 절 행정행위의 개념

1 개념

행정행위는 강학상 개념으로, **행정청이 구체적인 사실에 관한 법집행으로서 행하는, 외부적 효력을 갖는 공법상의 단독행위**를 의미한다. **(17국가9급).**

2 개념 요소

<table>
<tr><td>"행정청"의 행위</td><td colspan="2">'행정청'은 기능적 개념으로, 각 행정기관의 장, 공공단체, 공무수탁사인도 포함됨.(15서울9급)</td></tr>
<tr><td rowspan="3">"구체적 사실"에 대한 행위</td><td colspan="2">① 개별적 · 구체적 규율
행정청의 개별적 · 구체적 규율을 의미함.
② 일반적 · 구체적 규율(일반처분)
불특정 다수인을 상대로 구체적인 법적 효과를 가져오는 일반처분은 행정행위에 포함되나(16서울9급),
일반적 · 추상적 규율인 법규명령은 행정행위에 해당 X
• 일반처분의 종류</td></tr>
<tr><td>대인적</td><td>불특정 다수인을 대상으로 하는 구체적 규율
예) 집회금지(09지방9급), 통행금지</td></tr>
<tr><td>대물적</td><td>물건에 대한 규율이나, 간접적으로 사람에 대하여 법적 효과를 미치는 행정 행위
예) 지방경찰청의 횡단보도를 설치하여 보행자의 통행방법 등을 규제하는 것(20지방9급,15서울9급), 도로의 공용지정행위, 문화재 지정행위 등</td></tr>
</table>

"외부"에 대한 "직접적인 법적효과"가 발생하는 행위	• **외부성은** 행정청이 국민 등 행정의 상대방에게 하는 행위를 의미. → 상관의 개별적인 직무명령과 같은 **행정조직의 내부행위**나**(15서울9급)**, 다른 행정청의 동의를 얻어 행정행위를 하는 경우 **다른 행정청의 동의 그 자체는 행정행위에 해당 X.** • 행정행위는 그로 인해 **직접적인 법적효과를 발생시켜야** 하므로, **그 자체로 아무런 법적효과를 발생시키지 않는 사실행위**(경계측량 및 표지의 설치**(17지방9급)**, 도로보수행위**(15교행9급)**) 및 **직접적이지 않는 행위**(위법 건축물에 대한 행정청의 단전 및 전화통화 단절조치 요청행위**(13지방9급, 11지방7급, 10국가9급)**)**는 행정행위 해당 X**
행정청의 "공법상 단독행위"	• 행정행위는 **사법행위가 아닌 공법행위만을 의미**하며, 공법상 계약이나 합동행위는 행정행위에 해당하지 않는다.**(16서울9급)** • 그 중에서도 **우월한 일방적인 의사의 발동으로서 권력적 단독행위만을 의미**함. 단, 행위의 근거가 공법적인 것일 뿐, 행위의 효과까지 공법적일 것까지 요구하지 않는다**(14국회8급)**. 예) 행정청이 특정인에게 어업권과 같이 사권의 성질을 가지는 권리를 설정하는 행위는 행정행위 ○

제 2 절 행정행위의 종류 · 내용

1 기속행위와 재량행위(행정주체의 재량 여부에 따른 분류)

가. 의의 및 구별 실익

1) 의의

기속행위	**행정의 근거법규가 요건에 따른 행위의 효과를 일의적 · 확정적으로 규정**되어 있어 **행정청이 그에 따라 법규를 그대로 집행**해야 하는 행정행위 **행정기본법 제20조(자동적 처분)** 행정청은 법률로 정하는 바에 따라 완전히 자동화된 시스템(인공지능 기술을 적용한 시스템을 포함한다)으로 처분을 할 수 있다. 다만, 처분에 재량이 있는 경우는 그러하지 아니하다.**(22소방,21지방7급)**
재량행위	• 행정청이 개별적 정의를 실현하기 위해 **행정권을 행사함에 있어서 선택할 수 있는 권한을 재량권**이라며, 이러한 **재량권의 행사에 의해 행해지는 행정행위(04국가9급)** • 행정청은 공익상 필요에 의해 불허가 처분 가능 판례 구 주택건설촉진법 제33조에 의한 주택건설사업계획의 승인은 상대방에게 권리나 이익을 부여하는 효과를 수반하는 이른바 수익적 행정처분으로서 법령에 행정처분의 요건에 관하여 일의적으로 규정되어 있지 아니한 이상 행정청의 재량행위에 속하므로, 이러한 승인을 받으려는 주택건설사업계획이 관계 법령이 정하는 제한에 배치되는 경우는 물론이고 그러한 제한사유가 없는 경우에도 공익상 필요가 있으면 처분권자는 그 승인신청에 대하여 불허가 결정을 할 수 있다(2006두179897).**(21국가7급,19서울7급,18국가9급,17지방7급,16국회8급 등)** • **재량행사의 기준** : 행정기본법 제21조 - 행정청은 재량이 있는 처분을 할 때에는 **관련 이익을 정당하게 형량**하여야 하며, **그 재량권의 범위를 넘어서는 아니 된다.**

1. 기속행위에 대한 사법심사는 그 법규에 대한 원칙적인 기속성으로 인하여 법원이 사실인정과 관련법규의 해석·적용을 통하여 일정한 결론을 도출한 후 그 결론에 비추어 행정청이 한 판단의 적법 여부를 독자의 입장에서 판정하는 형식에 의한다. **18경행**

2. 재량행위에 대한 사법심사는 행정청의 재량에 기한 공익판단의 여지를 감안하여 법원이 독자의 결론을 도출함이 없이 당해 행위에 재량권의 일탈·남용이 있는지 여부를 심사한다. **18국가7급**

3. 어느 행정행위가 기속행위인지 지량행위인지 나아가 재량행위라고 할지라도 기속재량행위인지 또는 자유재량에 속하는 것인지의 여부는 이를 일률적으로 규정지을 수는 없는 것이고, 당해 처분의 근거가 된 규정의 형식이나 체재 또는 문언에 따라 개별적으로 판단하여야 한다. **20지방9급**

2) 구별 실익

구분	기속행위	재량행위
사법심사의 방식	**법원이 독자적인 결론을 도출한 후 행정청의 판단과 비교하여 심사 (대체판단방식)**(18경행)	**법원은 독자의 결론을 도출함이 없이 행정청의 행위에 재량권의 일탈 · 남용이 있는지를 심사**(18국가7급,18경행)
부관의 부가 여부	**원칙**은 **불가**하나 **법령의 근거**가 있거나 **요건충족적 부관**은 부가 **가능**	통설 및 판례 : **가능**
입증책임	**행정청**이 처분이 적법함을 입증	**원고**가 행정행위의 재량권 일탈 · 남용 여부를 입증(**15서울7급**)

나. 구별 기준

요건 재량설	행정법규가 행정행위의 요건을 규정함에 있어서 공백으로 남겨두었거나 불확정 개념을 사용하고 있는 경우, 단지 공익상 필요 같은 종국목적만을 규정한 경우는 재량행위, 개개의 행정행위에 구체적인 중간목적을 규정하고 있는 경우는 기속행위.
	종국목적과 중간목적을 구별하기 힘들다는 점 등에서 비판을 받음(**10경행**)
효과 재량설	국민에게 권리나 이익을 제공하는 수익적 행정행위 또는 국민의 권리 · 의무와 관련이 없는 행위는 재량행위(**17서울7급**), 국민의 권리 · 이익을 제한하거나 새로운 의무를 부과하는 침익적 행정행위는 기속행위임.
법문언 기준설 (통설)	1차 : **행정행위의 근거법규의 문언과 형식을 고려**하여 '~할 수 있다'고 규정하면 재량행위, '~해야 한다', '~할 수 없다'고 규정하면 기속행위 2차 : 법규의 표현이 불명확한 경우, **입법목적 · 취지 뿐만 아니라 행위의 성질을 종합적으로 고려**하여 기속행위, 재량행위 여부를 판단해야 한다는 학설.
판례	• 판례는 원칙적으로 행위의 **근거가 된 법규의 체제 · 형식과 그 문언, 당해 행위가 속하는 행정분야의 주된 목적과 특성, 당해 행위 자체의 개별적 성질과 유형 등을 모두 고려하여 판단해야** 한다고 함(98두17593)(**20지방9급,20국가7급,20서울9급,18국가7급,15국가7급**). • 그러나 주택건설촉진법상의 **주택건설사업계획의 승인**은 상대방에게 권리나 이익을 부여하는 효과를 수반하는 **수익적 행정처분**이라는 점에서 **재량행위에서** 속한다고 판단하여(2005두13315), **보충적**으로 **효과재량설**을 활용하고 있음.

다. 구체적 판례

기속행위	재량행위
① 국유재산법에 의한 변상금 부과처분 (98두7602)**(18경행)** ② 귀화요건을 갖추지 못한 귀화신청에 대한 법무부장관의 귀화불허처분(2016두31616) ③ 음주측정거부를 이유로 운전면허취소(2003두12042)**(17경찰,15국회8급)** ④ 식품위생법상 일반음식점 영업허가(97누12532)**(12국가9급,07서울9급)** ⑤ 육아휴직 복직명령(2012두4852) ⑥ 부동산실명법에 따른 명의신탁자에 대한 과징금부과처분(2005두17287) (옆 16번과 비교) ⑦ 건축허가요건을 갖춘 자에 대한 건축허가(2009두8946)**(20소방,19국가9급,17국가7급)** ⑧ 지방재정법에 의한 변상금 부과처분 (99두9735)**(12국가9급)** ⑨ 법무부장관의 난민인정(2016두2913) ⑩ 의료법 제64조 제1항 제8호에 따른 의료기관 개설허가 취소처분(또는 폐쇄명령)(2019두57831)	① 사립학교법상 임원취임승인 취소처분**(19서울7급)**(2015두56540) ② 개발제한구역 내 건축물의 건축이나 그 용도변경에 대한 허가 (98두17593)**(21소방,21국가7급,19국가9급,18국가9급)** ③ 토지의 형질변경행위·농지전용행위를 수반하는 건축허가(2004두6181,2017두48956)**(21국가7급,20지방9급,19서울9급)** ④ 자동차운수사업법에 의한 개인택시운송사업 면허(2008두16087)**(19서울7급)** ⑤ 여객자동차 운수사업법에 의한 개인택시운송사업의 면허 및 그 기준을 정하는 것(2006두17987)**(14지방9급,12국가7급,08국가9급)** ⑥ 마을버스운송사업면허 (2001두10028)**(20지방9급,17지방9급)** ⑦ 구 주택건설촉진법상 주택건설사업계획승인**(16교행9급,08국가9급)**(2005두13315) ⑧ 야생동 · 식물보호법상 용도변경 승인행위**(19서울7급,17지방9급)**(2010두23033) ⑨ 자연공원사업시행허가(99두5092)**(12서울9급)** ⑩ 음주운전 면허취소(2017두67476) ⑪ 법무부장관의 난민인정 결정의 취소 ⑫ 재외동포에 대한 사증(비자)발급(2017두38874) ⑬ 귀화요건을 갖춘 귀화신청에 대한 법무부장관의 귀화허가**(21지방7급)** ⑭ 법무부장관이 공증인의 정원을 정하고 임명공증인을 임명하거나 인가공증인을 인가하는 행위(2018두41907) ⑮ 구 국민건강보험법 제52조 제1항이 정한 부당이득징수(2015두39996) ⑯ 공정거래위원회의 법 위반행위자에 대한 과징금 부과처분(2016두40207) ⑰ 장관 또는 관할부대장 등이 구 군사기지 및 군사시설 보호법상 국방부장관 또는 관할부대장에 대한 관계 행정기관장의 협의 요청 대상 행위가 군사작전에 지장을 초래하거나 초래할 우려가 있는지 판단하는 행위(2017두39785) ⑱ 국토의 계획 및 이용에 관한 법률상 개발행위허가의 허가기준 및 금지요건에 해당하는지 여부(2019두31839)**(21국가9급,18국가7급)** ⑲ 행정청이 폐기물처리사업계획서의 적합 여부를 판단하는 것(2020두36007). ⑳ 가축분뇨의 관리 및 이용에 관한 법률에 따른 가축분뇨 처리방법 변경허가(2021두35681) ㉑ 재단법인의 임원취임에 대한 행정청의 승인(인가)행위(98두16996)**(21지방7급,20국가9급,19서울7급)** ㉒ 논술형인 사법시험 제2차시험 채점위원의 채점행위(2004두10432)**(21소방)** ㉓ 공유수면 관리 및 매립에 관한 법률에 따른 공유수면의 점용 · 사용 허가(2002두5016)**(21군무원7급)**

1. 자동차운수사업법에 의한 개인택시운송사업 면허는 법령에 특별한 규정이 없는 한 재량행위이고, 그 면허를 위하여 필요한 기준을 정하는 것도 행정행위의 재량에 속한다. **19서울7급**

2. 마을버스운송사업면허의 허용여부는 운수행정을 통한 공익실현과 아울러 합목적성을 추구하기 위하여 보다 구체적 타당성에 적합한 기준에 의하여야 할 것이므로 행정청의 재량에 속하는 것이라고 보아야 한다. **20지방9급**

1. 법령에 과징금의 임의적 감경사유가 있음에도 이를 전혀 고려하지 않거나 감경사유에 해당하지 않는다고 오인하여 과징금을 감경하지 않은 경우, 그 과징금 부과처분은 재량권을 일탈·남용한 위법한 것이다. **14지방7급**

라. 재량권의 한계 - 일탈·남용

행정소송법 제27조(재량처분의 취소) 행정청의 재량에 속하는 처분이라도 재량권의 한계를 넘거나 그 남용이 있는 때에는 법원은 이를 취소할 수 있다.

1) 유형 및 판례의 태도

재량권의 일탈	재량권의 외적 한계(법규상, 객관적)를 벗어난 것**(14서울9급)**
재량권의 남용	재량권의 내적 한계, 즉 재량권을 부여한 법규의 목적·동기를 벗어난 것 **(15국가9급, 14서울9급)**
재량권의 불행사·해태	재량행위를 기속행위로 오인하여 재량을 전혀 행사하지 않거나(불행사), 충분히 행사하지 않은 경우(해태)**(15국가9급)**
판례의 태도	판례는 재량권의 **일탈과 남용을 명확히 구분하지 않고 있고(15국가9급)**, 행정권의 재량이 재량권의 한계를 넘거나 그 남용이 있는 때에는 사법심사의 대상이 되며**(12지방9급)**, 법원은 이를 취소할 수 있다고 판시함.**(13지방7급, 12지방9급, 10국가9급)**

2) 재량권 일탈·남용 인정 여부에 대한 판례

일탈·남용 인정(= 위법)	일탈·남용 부정(= 적법)
① 명의신탁자에 대한 과징금 감경사유가 있음에도 감경사유에 해당하지 않는다고 오인하여 과징금을 감경하지 않은 경우(2010두7031) **(22국가9급,21국회8급.20지방7급,15국회8급,14지방7급)** ② 행정기관이 재량행위인 건축신고반려처분을 하기 전 민원조정위원회를 개최하면서, 민원인에게 그 회의일정 등을 사전통지하여야 함에도 불구하고 그러지 아니한 경우, 이러한 사정만으로 곧바로 건축신고반려처분이 위법하다고 볼 수는 없으나, 민원인에게 의견진술의 기회를 주지 아니한 결과, 민원조정위원회의 심의과정에서 고려대상에 마땅히 포함시켜야 할 사항을 누락하는 등 재량권의 불행사 또는 해태로 볼 수 있는 사정이 있다면, 그 거부처분은 재량권을 일탈, 남용한 것으로서 위법하다(2013두1560).**(18경행,19사복9급)** ③ 상급자를 비판하는 기자회견문을 발표한 검사에 대한 징계면직처분(2000두7704) ④ 당해 공무원의 동의 없는 전출명령이 적법함을 전제로 내린 징계처분(99두1823)**(19지방7급)** ⑤ 공정한 업무처리에 대한 사의로 30만원을 두고 간 것을 알고 돈을 되돌려 준 경찰공무원에 대한 해임처분(90누8954)**(09지방7급)**	① 처분상대방에게 법령에서 정한 임의적 감경사유가 있는 경우에, 행정청이 감경사유까지 고려하고도 감경하지 않은 채 개별처분기준에서 정한 상한으로 처분을 한 경우에는 재량권을 일탈·남용하였다고 단정할 수는 없다(2019두52980).**(22소방)** ② 학교법인이 교비회계자금을 법인회계로 부당전출한 임원들에 대하여 한 취임승인취소처분 (2006두19297(전합))**(09지방7급)** ③ 건설공사를 계속하기 위한 매장문화재의 발굴허가신청에 대하여, '문화재보호법'에 따라 허가권자가 내린 불허가조치(99두264)**(14지방7급)** ④ 생물학적 동등성 시험 자료에 조작이 있음을 이유로 해당 의약품의 회수, 폐기를 명한 처분 (2008두8628)**(12사복9급)** ⑤ 경찰공무원이 교통법규 위반운전자에게 만원권 지폐 한 장을 두 번 접어서 면허증과 함께 달라고 한 경우에 내려진 해임처분(2006두16274)**(15경행)**

⑥ 요양기관이 실시한 요양급여 내용과 요양급여비용의 액수, 의료기관 개설·운영 과정에서의 개설명의인의 역할과 불법성의 정도, 의료기관 운영성과의 귀속 여부와 개설명의인이 얻은 이익의 정도, 그 밖에 조사에 대한 협조 여부 등의 사정을 고려하지 않고 의료기관의 개설명의인을 상대로 요양급여비용 전액을 징수하는 것(2015두39996).

⑦ 재외공관의 장에게 재외동포(F-4) 체류자격의 사증발급을 신청하자 재외공관장이 처분이유를 기재한 사증발급 거부처분서를 작성해 주지 않은 채 전화로 사증발급이 불허되었다고 통보한 경우, 재외공관장이 자신에게 주어진 재량권을 전혀 행사하지 않고 오로지 13년 7개월 전에 입국금지결정이 있었다는 이유만으로 그에 구속되어 사증발급 거부처분을 한 것(2017두38874).**(21행정사)**

⑧ 학술진흥법에 따라 학술지원사업 대상자로 선정된 교수 연구실의 학생연구원들이, 사업과 관련하여 지급 받은 인건비 외 초과금액을 연구실의 공동경비로 사용한 사안에서, 교육부장관이 환수처분 및 3년간 학술지원 대상자선정 제외처분을 한 것(2018두56237).

⑨ 주유소의 양도인이 유사휘발유를 판매한 바를 모르고 이를 양수한 석유판매영업자에게 양도인의 위법사유를 들어 최장기간인 6월의 영업정지 처분을 한 것(91누13106)**(13국가9급,13국회9급)**

⑩ 주유소의 관리인이 부정휘발유를 구입, 판매한 것을 이유로 한 위험물취급소 설치허가 취소처분(87누436)**(09지방7급)**

⑪ 청소년 유해매체물로 결정 · 고시된 만화인 사실을 모르고 있던 도서대여업자가 그 고시일로부터 8일 후에 평소년에게 그 만화를 대여한 것을 사유로 그 도서대여업자에게 금 700만원의 과징금이 부과된 경우, 그 과징금 부과처분(99두9490)**(21소방)**

⑥ 전국공무원노동조합 시지부 사무국장이 지방공무원 복무조례 개정안에 대한 의견을 표명하기 위하여 전국공무원 노동조합간부들과 함께 시장의 사택을 방문하였고, 이에 징계권자가 시장 개인의 명예와 시정의 위신을 실추시키고 지방공무원법에서 정한 집단행위 금지의무를 위반하였다는 등의 이유로 사무국장을 파면처분한 것(2006두16786)**(15사복9급)**

⑦ 의약품개봉판매금지를 위반한 약사에 대한 과징금처분(2007두6946)

⑧ 공정거래위원회가 자진신고자나 조사협조자에 대하여 구 '부당한 공동행위 자진신고자 등에 대한 시정조치 등 감면제도 운영고시'에서 정한 적극적 · 긍정적 고려요소가 인정된다는 점과 소극적 · 부정적 고려요소가 인정되지 않는다는 점을 고려하면서도, 위원회 심의종료 이전에 위원회의 동의 없이 감면신청 사실 누설행위가 존재한다는 사정을 중요한 고려요소로 보아 자진신고 감면불인정결정을 한 경우, 재량권 일탈 · 남용 등의 위법이 있다고 볼 수 없다(2016두45783).

⑨ 수입녹용 중 일정성분이 기준치를 0.5% 초과하였다는 이유로 수입 녹용 전부에 대하여 전량 폐기 또는 반송처리를 지시한 처분(2004두3854)**(21소방)**

1. '국토의 계획 및 이용에 관한 법률'상 개발행위허가는 허가기준 및 금지요건이 불확정개념으로 규정된 부분이 많아 그 요건에 해당하는지 여부는 행정청의 재량판단의 영역에 속한다. **20지방9급**

마. 재량행위와 구별개념-판단여지

<table>
<tr><td>의의</td><td colspan="2">행정법규의 요건에 불확정개념이 사용된 경우, 행정청의 해석 · 적용 여부에 대해 법원이 그 정당성을 판단하는 것이 합당하지 않은 영역(판단여지설)</td></tr>
<tr><td rowspan="4">판단여지를 재량과 구분하여 독자적인 개념으로 인정할 것인지 여부</td><td>부정설</td><td>판단여지와 재량은 모두 법원에 의한 사법심사가 배제된다는 점에서 동일하므로 이를 구별할 실익도 없고, 법규정은 일체적으로 판단해야 하므로, 요건과 효과 규정을 엄격하게 구분할 수 없어 모두 재량이라는 단일한 개념으로 보아야 한다는 견해(18국가7급)</td></tr>
<tr><td rowspan="3">긍정설
(다수설)</td><td>재량은 법률효과 선택의 문제, 판단여지는 법률요건에 대한 인식의 문제이므로 양자는 구별이 가능함.(17국가9급)</td></tr>
<tr><td>판단여지는 법률요건에 대한 문제인데, 법률요건은 하나의 해석만이 가능하므로, 판단여지는 전면적으로 사법심사의 대상이 됨.(17국가9급)</td></tr>
<tr><td>재량은 법 효과를 제한하는 부관을 붙일 수 있는 반면,
판단여지는 법률요건의 문제이므로, 명문의 근거가 없는 한 판단여지에는 법 효과를 제한하는 부관을 붙일 수 없음(15국가9급)</td></tr>
<tr><td>적용영역</td><td colspan="2">예측결정영역(환경위험의 예측 등),
비대체적 결정영역(시험성적 평가, 공무원 근무성적평정,
구속적 가치평가영역(공정거래위원회의 불공정거래행위결정),
행정정책 결정영역(외국인의 체류허가 갱신시 필요성에 대한 판단 등)</td></tr>
<tr><td rowspan="2">판례의 태도</td><td colspan="2">판례는 판단여지를 명시적으로 인정하지는 않으며(11서울9급), 판단여지가 인정될 수 있는 경우에도 재량권이 인정되는 것으로 보아, 부정설의 입장을 취하고 있다.</td></tr>
<tr><td colspan="2">판례 ① 교과서검정의 위법성을 재량심사에 의해 판단하고 있음.(91누6634)(10지방9급)
② 공무원 임용을 위한 면접전형에서 임용신청자의 능력이나 적격성 등에 대한 판단은 면접위원의 자유재량에 속한다(97누11911).(13지방7급,10지방9급,07국가7급 등)
③ 구 '전염병예방법'§54의2 ②항에 따른 예방접종으로 인한 질병, 장애 또는 사망의 인정 여부 결정은 보건복지부가족부장관(현 보건복지부장관)의 재량에 속한다(2014두274).(15국회8급)
④ '개발제한구역의 지정 및 관리에 관한 특별조치법' 등의 관련 법규에 의하면, 개발제한구역에서의 자동차용 액화석유가스충전사업허가는 그 기준 내지 요건이 불확정개념으로 규정되어 있으므로 그 허가 여부를 판단함에 있어서 행정청에 재량권이 부여되어 있다고 보아야 한다(2015두52423.)(17지방9급)
⑤ 국토의 계획 및 이용에 관한 법률 제56조에 따른 개발행위허가와 농지법 제34조에 따른 농지전용허가 · 협의는 금지요건 · 허가기준 등이 불확정개념으로 규정된 부분이 많아 그 요건 · 기준에 부합하는지의 판단에 관하여 행정청에 재량권이 부여되어 있으므로, 그 요건에 해당하는지 여부는 행정청의 재량판단의 영역에 속한다(2017두48956).(20지방9급)
⑥ 의료법상 신의료기술의 안전성, 유효성 평가나 신의료기술의 시술로 국민보건에 중대한 위해가 발생하거나 발생할 우려가 있는지 여부에 대한 판단과, 그 경우 행정청이 어떠한 종류와 내용의 지도나 명령을 할 것인지의 판단에 관해서는 행정청에 재량권이 부여되어 있다(2013두21120).(21국회8급)</td></tr>
</table>

2 수익적 · 침익적 · 복효적 행정행위(법률효과에 따른 분류)

수익적 행정행위	국민에게 권리 · 이익을 부여하거나 권리 제한을 해제 하는 등 수익적 효과를 발생시키는 행정행위를 의미 예) 허가, 특허, 인가, 면제, 부담적 행정행위의 철회 · 취소, 주택재건축사업시행의 인가(18지방7급)등
침익적 (부담적 · 침해적)	국민에게 의무를 부과하거나 권리 · 이익을 박탈하는 등 침익적 효과를 발생시키는 행정행위 예) 하명 · 금지, 인 · 허가의 취소, 조세부과처분 등
복효적 행정행위	하나의 행정행위가 수익적 효과와 침익적 효과를 동시에 발생시키는 이중효적 행정행위나, 한 사람에게는 수익적 효과가 나지만, 다른 사람에게는 부담적 효과가 발생하는 제3자효 행정행위를 의미하며, 주로 경업자 소송이나 인인소송에서 문제가 된다. 예) 공해시설의 설치허가(12서울9급), 화장실의 설치허가

3 대인적 · 대물적 · 혼합적 행정행위(행정행위의 대상에 따른 분류)

대인적 행정행위	상대방의 **주관적 사정을 고려**하여 행해지는 행정행위로서, 그 효과가 일신전속적이며, 승계가 인정되지 않는다. 예) 운전면허, 의사면허 등
대물적 행정행위	행위의 대상인 물건이나 시설 등의 **객관적 사정을 고려**하여 행해지는 행정행위로서, 명문 규정 없이도 제3자에게 행정행위의 효과가 승계 가능함. 예) 건축물 준공검사, 채석허가, 건물철거명령 등
혼합적 행정행위	상대방의 주관적 사정 뿐만 아니라 객관적 사정까지 **함께 고려**하여 이루어지는 행정행위로, 사전에 행정청의 승인 또는 허가를 받아야 이전이 가능함. 예) 총포 · 화약류 제조업허가, 고물영업허가 등

4 일방적 행정행위와 쌍방적 행정행위(상대방의 협력을 요하느냐에 따라)

일방적 행정행위	상대방의 협력을 요하지 않고 행정청이 직권으로 발하는 단독적 행정행위로, 주로 침익적 행정행위가 해당됨. 예) 조세부과, 영업정지처분 등
쌍방적 행정행위	상대방의 **동의나 신청 등의 협력이 필요한 행정행위**로, 주로 수익적 행정행위가 이에 해당됨. 예) 허가 · 특허에서 상대방의 신청, 영업허가, 운전면허 등

1. 구 폐기물관리법 관계법령상의 폐기물처리업허가를 받기 위한 사업계획에 대한 부적정통보는 허가신청 자체를 제한하는 등 개인의 권리 내지 법률상의 이익을 개별적이고 구체적으로 규제하고 있어 행정처분에 해당한다. **17국가9급**

2. 주택건설 사업계획승인을 함에 있어 사전결정을 하였다고 하더라도 사전결정에 기속되지 않고 다시 승인 여부를 결정할 수 있다. **17서울9급**

5 다단계행정행위와 가행정행위(의사결정단계 기준으로 한 분류)

사전결정 (예비결정)	**의의**	• 단계화된 행정절차에서 행정청이 **최종적인 행정결정을 내리기 전에 일부에 대해 심사해서 내린 결정**을 의미 예) 건축법상 사전결정, 로스쿨 본인가 전 예비인가 등 • 예비결정은 종국적 규율이기에, 종국적 규율에 대한 약속에 불과한 확약과는 구별됨**(14경찰)**.
	법적 성질	① **처분성 인정** - 그 자체가 하나의 행정행위에 해당. 판례 **폐기물처리업허가를 받기 위한 사업계획에 대한 부적정통보**는 허가신청 자체를 제한하는 등 개인의 권리 내지 법률상의 이익을 개별적이고 구체적으로 규제하고 있어 **행정처분에 해당**한다(97누21086).**(21소방간부,19서울7급,18국가7급,15국가7급,17서울9급)** ② **본행정행위에 따라 그 법적성질(재량행위 여부)이 결정**됨. ③ **기속력 X** → 그 자체만으로 상대방이 어떤 행위를 할 수 있는 것 아님(부분허가와의 차이점) 판례 구 주택건설촉진법 제33조 제1항의 규정에 의한 **주택건설사업계획의 승인**은 상대방에게 권리나 이익을 부여하는 효과를 수반하는 이른바 수익적 행정처분으로서 행정처분의 요건에 관하여 일의적으로 규정되어 있지 아니한 이상 **행정청의 재량행위**에 속함. → 주택건설사업에 대한 사전결정을 하였다고 하더라도 사업승인 단계에서 그 사전결정에 기속되지 않고 다시 사익과 공익을 비교형량하여 그 승인 여부를 결정할 수 있다(99두1052**(21국회8급,21군무원7급,17서울9급)**
	권리 구제	사전결정은 **처분성 인정 ∴항고소송의 대상 O** 단, 사전결정 이후 본처분이 내려지면 사전결정은 **본처분에 흡수**되므로 **소의 이익이 없어짐**(97누19588).**(21소방간부,19서울7급,17국가9급,13지방9급,13지방7급)**
부분허가 (부분승인)	**의의**	다단계행정행위에서 사인이 원하는 특정한 부분에 대해서만 허가·승인을 내어주는 것 예) 특정부분의 설치·운영·공사 허가
	법적 근거	부분허가는 허가에 포함되므로, 행정청은 별도의 법적 근거 없이 부분허가 가능함.**(16서울9급)**
	법적 성질	**판례**는 **원자로시설부지 사전승인**의 법적 성격을 사전적 부분건설허가라고 하여, 예비결정과 부분허가의 성격을 모두 가지고 있다고 판시하여 **처분성을 긍정**함. 단, 부지사전승인처분 이후 건설허가처분(본 처분)이 있게되면, 부지사전승인처분은 본처분에 흡수되고 **본 처분만이 소송의 대상**이 된다고 봄(97누19588).**(21소방간부,19서울7급,17국가9급,13지방9급,13지방7급)**
가행정행위 (잠정적 행정행위)	**의의**	사실관계와 법률관계의 계속적인 심사를 유보한 상태에서 행정법관계의 권리·의무를 **잠정적으로 확정**하는 행위 예) 잠정적 직위해제처분, 과세확정 전 잠정세율로 내린 과세처분
	법적 근거	다수설 : 행정청이 본 처분에 대한 권한이 있으면 명시적인 법적 근거가 없어도 가행정행위 가능함
	법적 성질	다수설 : 비록 잠정적이지만 법적 효과가 발생하므로 행정행위성 인정

가행정행위 (잠정적 행정행위)	**법적 효과**	가행정행위가 있은 후 종국적인 행정행위가 내려지면 종국적인 행정행위로 대체되어, **가행정행위는 소급하여 효력이 상실됨.** ∴ 가행정행위는 불가변력이 발생하지 않기 때문에 신뢰보호원칙이 적용된다고 보기 어려움.**(08지방9급)**
	권리 구제	선행처분이 후행처분에 **흡수되어 소멸**되는 경우, 선행처분의 취소를 구할 **소의 이익 부정(19서울7급)** 판례 공정거래위원회가 부당한 공동행위를 행한 사업자로서 자진신고나 조사협조한 자에게 과징금 부과처분('선행처분')을 한 뒤, 다시 자진신고를 이유로 과징금 감면처분('후행처분')을 했다면, **후행처분**은 자진신고 감면까지 포함해 실제로 납부할 최종 과징금액을 결정하는 **종국적 처분**이고, **선행처분**은 이러한 종국적 처분을 예정하고 있는 잠정적 처분으로서 후행처분이 있을 경우 선행처분은 **후행처분에 흡수되어 소멸**하므로 **선행처분의 취소를 구하는 소**는 이미 효력을 잃은 처분의 취소를 구하는 것으로 **부적법**하다(2013두987).**(22국가9급, 21소방간부, 21국가9급)**
		가행정행위로 인하여 권익 침해를 받은 경우, 행정심판 또는 행정소송을 제기할 수 있음

6 법률행위적 행정행위와 준법률행위적 행정행위(법률효과의 발생원인에 따른 분류)

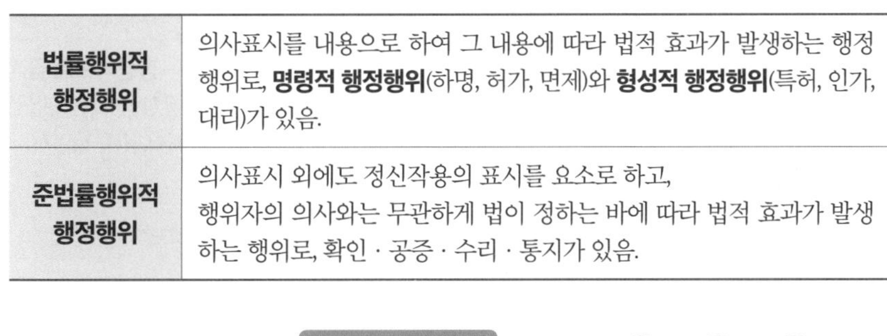

법률행위적 행정행위	의사표시를 내용으로 하여 그 내용에 따라 법적 효과가 발생하는 행정행위로, **명령적 행정행위**(하명, 허가, 면제)와 **형성적 행정행위**(특허, 인가, 대리)가 있음.
준법률행위적 행정행위	의사표시 외에도 정신작용의 표시를 요소로 하고, 행위자의 의사와는 무관하게 법이 정하는 바에 따라 법적 효과가 발생하는 행위로, 확인 · 공증 · 수리 · 통지가 있음.

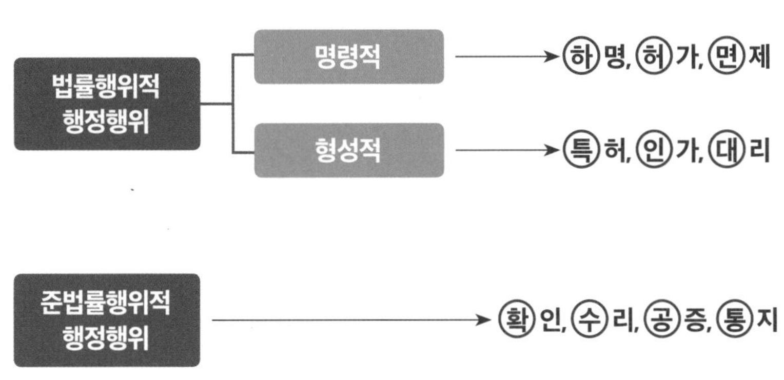

1. 지방경찰청장이 운전면허 시험에 합격한 사람에게 발급하는 운전면허는 강학상 허가이다. **19서울9급**

2. 도로법 제50조 제1항에 의하여 접도구역으로 지정된 지역 안에 있는 건물에 관하여 같은 법 제4,5항에 의하여 도로관리청으로부터 개축허가를 받았다 해도 건축법 제5조 제1항에 의한 건축허가를 다시 받아야 한다. **06국가7급**

3. 허가받아야 할 일을 허가받지 않고 행한 경우 허가를 받지 않고 한 사법상 행위의 법률상 효력은 유효함이 원칙이다. **19지방·교행9급**

4. 건축허가신청 후 건축허가기준에 관한 관계법령 및 조례의 규정이 신청인에게 불리하게 개정된 경우, 당사자의 신뢰를 보호하기 위해 신청시가 아닌 처분시 법령에서 정한 기준에 의하여 건축허가 여부를 결정하는 것이 원칙이다. **18지방9급**

가. 법률행위적 행정행위

1) 명령적 행정행위 - 하, 허, 면

가) 하명

의의	행정청이 작위 · 부작위 · 수인 · 급부 등의 의무를 명하는 행정행위
성질	부담적 행정행위로서 **기속행위**에 해당 → **법령의 근거**를 요함**(08지방9급)**
대상	법률행위(영업양도금지, 무기매매금지), 사실행위(통행금지, 위법건축물철거) 모두 가능**(08지방9급)**
상대방	특정인, 불특정 다수인(**예 : 도로의 통행금지**)에게도 행해짐 → 이 경우 일반처분의 성질을 가짐.**(08지방9급)**
효과	그 내용에 따라 개인에게 공법상 의무가 발생함.
위반행위	위반시 행정상 강제집행과 행정벌의 대상이 될 수 있음. 그러나 하명에 위반한 법률행위도 사법적으로는 유효함(86다카1288).**(08지방9급)**
권리구제	하명에 의해 법률상 이익을 침해당한 자는 손해배상청구나 행정쟁송 제기 가능**(13국회9급)**

나) 허가

(1) 일반론

의의	✪**원래 자유로운 행위**를 행정 목적 달성을 위해 **일반적 · 예방적 · 잠정적으로 금지하였다가 일정한 경우에 해제함으로써 자유를 회복**시켜주는 행정행위를 의미함**(11국가9급)**. 실무상 면허, 인가, 특허, 승인 등 다양한 이름으로 사용됨(운전면허, 영업허가, 주류판매업 면허 등) 판례 건축허가는 수허가자에게 어떤 새로운 권리나 능력을 부여하는 것이 아니다(2006다28454).**(19서울9급)**
종류	**대인적 허가** : 개인의 주관적 능력을 요함(의사면허, 운전면허, 한의사 면허, 유가보조금 반환명령)**(20경행,18서울9급,17서울9급)** **대물적 허가** : 객관적 시설, 설비 등을 요함(건축허가, 차량검사, 석유판매업(주유소) 등) 판례 **대물적 허가인 건축허가**의 경우, 행정청으로서는 허가를 할 때에 건축주 또는 토지소유자가 누구인지 등 인적 요소에 관하여는 **형식적 심사**만 함(2014두41190).**(22국가9급,21경행)** **혼합적 허가** : 개인의 능력과 객관적 시설을 모두 요함(총포류제조 허가, 시설묘지허가)
형식	행정행위의 방식(처분)에 의해 행해져야 하고, 법규의 형태로는 불가능
상대방	특정인인 경우가 일반적이나, 불특정 다수 대상 허가도 가능함 (예 : 통행금지해제)
대상	법률행위(영업허가), 사실행위(통행금지해제) 대상 모두 가능

허가의 기준	• 원칙적으로 **처분시를 기준으로 허가여부를 결정**함**(통설 · 판례)(17교행9급)**. ∴ 허가 신청 후 허가 기준이 변경되었더라도 **처분시**를 기준으로 위법 여부를 판단함.**(22소방,20국회9급,19지방교행9급,18지방9급)** • 그러나 허가관청이 허가신청을 수리하고도 정당한 이유없이 그 처리를 늦추어 그 사이에 허가 기준이 변경된 경우에는 신청시를 기준으로 함 (2004두2974).**(19지방·교행9급)**
효과	**상대적인 금지의 해제**에 불과하므로, **타법에 의한 금지까지 해제하는 효과가 있는 것은 아님.(15경행, 11국가9급)**
	판례 ① 도로법상의 허가를 받았더라도 건축법상 허가는 별도로 받아야 한다(91도218).**(06국가7급)** ② 공무원인 자가 음식점 영업허가를 받는다 하더라도 그 허가는 식품위생법상의 금지를 해제할 뿐, 국가공무원법상의 영리업무금지까지 해제하는 것은 아니다.**(19지방·교행9급)**
위반의 효과	위반시 행정상 **강제집행과 행정벌의 대상**이 될 수 있음.**(14사복9급)** 그러나 허가에 위반한 법률행위도 **사법(私法)적으로는 유효**함.**(19지방,14국가9급,11국가7급)**

(2) 허가의 법적성질

원칙 기속 행위	허가가 기속행위인지 재량행위인지 여부는 개별법령이 정하는 바에 의하되, 법령에 특별한 규정이 없는 한 **기속행위**임 → 허가의 요건은 법령으로 규정되어야 하며, 법령의 근거없이 행정권이 독자적으로 허가요건을 추가하는 것은 허용되지 아니한다**(19국가9급, 08국가7급)**. 판례 ① 식품위생법상 일반음식점영업허가(97누12532)**(19경행, 15서울7급)** ② 주류판매업 면허(95누5714)**(14지방9급)**
예외 재량 행위	**중대한 공익상 필요가 있다고 인정되어 허가를 거부**할 수 있는 경우 판례 ① 산림형질변경허가와 같이 재량행위성이 인정되는 허가의 경우 중대한 공익상 필요가 있다고 인정되는 때에는 그 허가를 거부할 수 있으며, 법규에 명문의 근거가 없더라도 거부처분을 할 수 있다(2002두12113)**(19서울9급,18지방7급,12국가7급,11국가7급)**. ② 사설법인묘지의 설치허가(2007두6106)**(19국가9급)** ③ 입목굴채허가(2001두5866)**(12사복9급)**
건축 허가	일반적으로 **기속행위**이나, 건축법 §11④의 위락시설이나 숙박시설용 건축물에 대한 건축허가의 경우와 같이 **중대한 공익상 필요가 있는 경우** 이 한도 내에서 **재량행위**가 되어 허가를 거부할 수 있다(2015두47737)**(19국가9급,19서울7급,19지방9급,16교행9급)**. 또한 ✪ **토지의 형질변경 행위를 수반하는 건축허가처럼 기속행위인 허가가 재량행위인 허가를 포함하는 경우, 그 한도 내에서 재량행위**가 됨(2004두6181).**(21국가7급,20지방9급,19국가9급,19지방9급,14사복9급,12국회9급)**

1. 건축허가권자는 신청이 법령상 요건을 구비한 경우 원칙적으로 건축허가를 하여야 하고, 중대한 공익상의 필요가 없는데도 관계 법령에서 정하는 제한사유 이외의 사유를 들어 요건을 갖춘 자에 대한 허가를 거부할 수는 없다. **19국가9급, 19서울7급**

2. 식품위생법상 일반음식점 영업허가신청에 대하여 관계법령에서 정하는 제한사유 외에 공공복리 등의 사유를 들어 거부할 수 없다. **18경행, 15서울7급**

3. 구 산림법령이 규정하는 산림훼손 금지 또는 제한 지역에 해당하지 않더라도 환경의 보존 등 중대한 공익상 필요가 인정되는 경우, 허가관청은 법규상 명문의 근거가 없어도 산림훼손허가신청을 거부할 수 있다. **19서울9급,18지방7급**

4. '국토의 계획 및 이용에 관한 법률'에 의해 지정된 도시지역 안에서 토지의 형질변경행위를 수반하는 건축허가는 재량행위에 속한다. **19국가9급**

1. 허가에 붙은 기한이 그 허가된 사업의 성질상 부당하게 짧은 경우에는 이를 그 허가 자체의 존속기간이 아니라 그 허가조건의 존속기간으로 본다. 18지방7급

2. 허가의 갱신은 허가취득자에게 종전의 지위를 계속 유지시키는 효과를 갖게 하는 것으로 갱신 후라도 갱신 전 법위반사실을 근거로 허가를 취소할 수 있다. 17국가7급

3. 갱신신청 없이 유효기간이 지나면 주된 행정행위는 효력이 상실되므로 갱신기간이 지나 신청한 경우에는 기간 연장신청이 아니라 새로운 허가신청으로 보아야 하며 허가요건의 충족 여부를 새로이 판단하여야 한다. 15국회8급

(3) 허가에 유효기간이 부가된 경우

사업의 성질상 부당히 짧은 경우 (= 허가조건의 존속기간인 경우)	㉠ ✪ **허가 자체의 존속기간이 아닌 허가 '조건'의 존속기간(갱신기간)으로 보아야** 함(18지방9급,18지방7급). ∴ 존속기간 내에 적법한 갱신신청이 있었음에도 갱신 가부의 결정이 없는 경우에는 기간이 지나도 **허가의 효력은 상실되지 않음** ㉡ 단, 이 경우라도 허가기간이 연장되기 위해서는 **종기가 도래하기 전에 기간의 연장에 관한 신청이 있어야** 하며, 만일 그러한 연장신청이 없는 상태에서 허가 기간이 만료하였다면 그 허가의 효력은 상실된다(2995두12404).(21국가9급,20국가9급,17사복9급) ㉢ 허가에 붙은 당초의 기한이 상당기간 연장되어 더이상 부당하게 짧은 경우에 해당하지 않은 경우, 관계법령의 규정에 따라 허가 여부의 재량권을 가진 행정청이 더 이상의 **기간연장을 불허가하는 것이 가능**함(2003두12837).(21국가9급,16지방7급)
유효기간 연장제도가 마련되어 있지 않은 경우 (= 허가 자체의 존속기간인 경우)	어업에 관한 허가 또는 신고에 유효기간 연장제도가 마련되어 있지 않는 경우 그 유효기간이 경과하면 **그 허가나 신고의 효력이 소멸**하며, **재차 허가를 받거나 신고**를 하더라도 허가나 신고의 기간만 갱신되어 종전의 어업허가나 신고의 효력 또는 성질이 계속된다고 볼 수 없고 **새로운 허가 내지 신고로서의 효력이 발생**한다고 할 것이다(2011두5728).(18국회8급)

(4) 허가의 갱신

의의	**종전 허가의 효력을 연장시키는 것으로, 별도의 새로운 행위는 아님.**
시간적 한계	① **기한 도래 전 이루어진 갱신허가 신청** : 신규 허가가 아니라 **종전 허가의** 효력이 **동일성을 유지**하면서 **장래에 향하여 지속**되는 것에 불과함. **판례** ㉠ **유료직업소개사업 허가갱신 후에라도 갱신 전 법위반 사실을 근거로 허가 취소가 가능**함(81누174).(20군무원7급,17국가7급,16서울9급) ㉡ 건설업 면허의 갱신은 기존 면허의 효력을 동일성을 유지하면서 장래에 향하여 지속시키는 데 그친다.(12서울9급,11지방9급) ② **기간 경과 후 이루어진 갱신허가신청** : 갱신허가의 신청은 기한의 도래전에 해야 하므로, 도래 후에는 갱신 신청 불가능함. 이에 따라 기한 도래 후의 갱신신청에 따른 허가는 **별개의 새로운 행위**가 되고(18지방7급,16지방9급,11국가9급,14경행), **허가 요건의 충족 여부를 새로이 판단해야 함**(15국회8급). ③ **연장신청이 없는 상태에서 기한이 도래**한 경우 : **허가의 효력은 상실**됨(14경행).

(5) 허가 등 영업양도와 제재사유의 승계

의의	양도는 양도인과 양수인의 합의에 의해 영업 등을 양수인에게 이전하는 것을 말함.
인정 여부	• **대인적 허가**는 그 효과가 **일신전속적**이어서, **양도 불가** • **대물적 허가(건축 허가)는 법적 근거 없이도 양도인정**(19국가9급,19서울7급) • 혼합적 허가(폐기물중간처리업허가, 유흥주점영업허가 등)는 법령에 규정이 있거나, 행정청의 승인 · 허가를 받은 경우에만 양도 인정함.

<table>
<tr>
<td>요건 및 절차</td>
<td colspan="2">• 판례는 대물적 허가의 대상이 되는 영업 양도의 신고를 '수리를 요하는 신고'로 보아, 처분청은 양도인에게 행정절차법에 따른 사전통지와 의견제출절차를 거쳐야 한다고 봄.

판례 ㉠ '액화석유가스의안전및사업관리법' 제7조 제2항에 의한 사업양수에 의한 지위승계신고를 수리하는 허가관청의 행위는 허가관청이 법 제7조 제2항에 의한 사업양수에 의한 지위승계신고를 수리하는 행위는 행정처분에 해당한다(91누11544).(15사복9급,13국가7급)
㉡ 식품위생법 제25조 제3항에 의한 영업양도에 따른 지위승계신고를 수리하는 허가관청의 행위는 단순히 양도·양수인 사이에 이미 발생한 사법상의 사업양도의 법률효과에 의하여 양수인이 그 영업을 승계하였다는 사실의 신고를 접수하는 행위에 그치는 것이 아니라, 영업허가자의 변경이라는 법률효과를 발생시키는 행위라고 할 것이다(94누9146).(19지방교행9급,17사복9급)
㉢ 행정청이 구 식품위생법 규정에 의하여 영업자지위승계신고를 수리하는 처분은 종전의 영업자의 권익을 제한하는 처분이라 할 것이고 따라서 종전의 영업자는 그 처분에 대하여 직접 그 상대가 되는 자에 해당한다고 봄이 상당하므로, 행정청으로서는 위 신고를 수리하는 처분을 함에 있어서 행정절차법 규정 소정의 당사자에 해당하는 종전의 영업자에 대하여 위 규정 소정의 행정절차를 실시하고 처분을 하여야 한다(2001두7015).(21소방,18국가9급)
㉣ 행정청이 구 관광진흥법 또는 구 체육시설법의 규정에 의하여 유원시설업자 또는 체육시설업자 지위승계신고를 수리하는 처분을 하는 경우, 행정절차법 규정에서 정한 당사자에 해당하는 종전 유원시설업자 또는 체육시설업자에 대하여 위 규정에서 정한 행정절차를 실시하고 처분을 하여야 한다(2011두29144).(19국가9급,17지방9급,14지방9급)</td>
</tr>
<tr>
<td rowspan="3">양도의 효과</td>
<td colspan="2">양수인은 양도인의 영업 승계, 승계되는 영업에는 허가의 효과도 포함.</td>
</tr>
<tr>
<td rowspan="2">제재 사유의 승계</td>
<td>학설 : 승계긍정설, 승계부정설의 대립이 있음</td>
</tr>
<tr>
<td>판례 승계긍정설에 따라, ✪ 대물적 허가의 경우 법령상의 명문규정이 없는 경우에도 양도인의 위법사유를 들어 양수인에게 제재처분을 할 수 있다고 판시.(21국가9급,20국가7급,16국회8급,13국가7급 등)
판례 ㉠ 석유판매업허가는 대물적 허가로서 양도가 기능하므로 석유판매업이 양도된 경우, 행정청은 양도인의 귀책사유로 양수인에게 제재를 가할 수 있다(86누203).(19서울9급,15경행,12서울9급,11국가9급)
㉡ 공중위생영업에 있어 그 영업을 정지할 위법사유가 있는 경우, 그 영업이 양도·양수되었다 하더라도 양수인에 대하여 영업정지처분을 할 수 있다(2001두1611).(21국가9급.13국가7급)
㉢ 영업장 면적이 변경되었음에도 그에 관한 신고의무가 이행되지 않은 영업을 양수한 자 역시 그와 같은 신고의무를 이행하지 않은 채 영업을 계속한다면 허가취소나 영업정지의 대상이 될 수 있다고 보아야 한다(2012두18882).(21경행)
㉣ 개인택시운송사업의 양도·양수가 있고 그에 대한 인가가 있은 후 그 양도·양수 이전에 있었던 양도인에 대한 운송사업면허취소사유를 들어 양수인의 사업면허를 취소할 수 있다(96누18960).(20국가7급) → 특허이나, 법리는 동일함.</td>
</tr>
</table>

1. 양도인의 위법행위로 양도인에게 이미 제재처분이 내려진 경우에 영업정지 등 그 제재처분의 효력은 양수인에게 당연히 이전된다. **17서울9급**

2. 주유소허가의 양수인은 양도인의 지위를 승계하므로 양도인에게 그 허가를 취소할 법적 사유가 있는 경우 이를 이유로 양수인에게 응분의 제재조치를 할 수 있다. **19서울7급**

3. 회사분할시 분할 전 회사에 대한 제재사유가 신설회사에 대하여 승계되지 않으므로 회사의 분할 전 법위반행위를 이유로 과징금을 부과하는 것은 허용되지 않는다. **17서울9급**

1. 전기 · 가스 등의 공급사업이나 철도 · 버스 등의 운송사업에 대한 허가는 강학상 특허로 보는 것이 일반적이다. **13지방7급**

양도의 효과	**제재 사유의 승계**	ⓜ 불법증차를 실행한 운송사업자로부터 운송사업을 양수하고 화물자동차법에 따른 신고를 하여 동법에 따라 운송사업자의 지위를 승계한 경우에는 설령 양수인이 영업양도 · 양수 대상에 불법증차 차량이 포함되어 있는지를 구체적으로 알지 못하였다 할지라도, 양수인은 불법증차 차량이라는 물적 자산과 그에 대한 운송사업자로서의 책임까지 포괄적으로 승계한다(2018두55968). 비교) 회사분할 시 분할 전 회사에 대한 제재사유는 신설회사에 대하여 승계되지 않으므로, 회사의 분할 전 법위반행위를 이유로 과징금을 부과하는 것은 허용되지 않는다(2008두18335).**(17서울9급)**
	제재처분 효과의 승계	✪ 양도인의 위법행위로 제재처분이 내려진 경우에, 그 **제재처분은 양수인에게 당연히 이전**됨**(17서울9급)**. 판례 식품위생법에 따른 영업장 면적 변경에 관한 신고의무가 이행되지 않은 영업을 양수한 자가, 양수 이후에도 그 신고의무를 이행하지 않은 채 영업을 계속하는 경우, 시정명령 또는 영업정지 등 제재처분의 대상이 된다(2019두38830).

(6) 예외적 허가(승인)와의 구별

의의	**사회적으로 유해하거나 바람직하지 않는 행위를 금지시켰다가 예외적으로 해제시켜 그 행위를 적법하게 해주는 행위(13국회8급, 10국가7급)**	
허가와의 비교	금지를 해제한다는 점에서 허가와 공통점 **(10국가7급)**	
	허가는 원칙적으로 **기속행위**	예외적 허가는 **수익적 행정행위로서 재량행위.**
	허가는 **예방적 금지를 해제** 예) **주거지역 내의 건축허가, (12국가9급) 일반음식점 영업허가, 상가지역 내 유흥주점 허가, (12국가9급) 수렵면허 등**	예외적 허가는 **억제적 금지를 해제 (10국가7급)** 예) **개발제한구역 내 건축허가(17교행9급,12국가9급), 개발제한구역 내 용도변경허가(21소방,18국가7급), 학교환경위생정화구역 내의 유흥주점업 허가(12국가9급), 카지노 허가, 자연공원 내 단란주점 허가 치료목적의 마약류취급허가(15국가9급) 등**

다) 면제

법령에 의해 부과된 작위 · 급부 · 수인 등의 **의무를 해제해주는 행정행위**로서, 의무를 해제한다는 점에서 허가와 동일하나, 허가는 부작위의무를 해제한다는 점에서 면제와 구별됨**(13국회8급)**.

2) 형성적 행정행위 - 특,인,대

개인에 대해 **새로운 권리 · 법률상의 지위, 기타 법률상의 힘을 발생 · 변경 · 소멸시키는 행정행위**를 의미함.

가) 특허

의의	**특정 개인에 대해 새로운 권리 · 능력 또는 포괄적 법률관계를 설정하는 형성적 행정행위로서 설권행위**임(19국가7급).
종류	• 권리설정행위 : **특허기업**(전기 · 가스 등 공급사업, 철도 · 버스 등의 운송사업)**에 대한 허가**(13지방7급), **광업허가, 공공용물 점용허가**(20국회8급) **등** • 능력설정행위 : **공법인을 설립하는 행위 등** • 포괄적 법률관계 설정행위 : **공무원 임용, 귀화허가**(18경찰,12지방9급,15교행9급)
법적 성질	① 상대방에게 권리를 설정해주는 **형성적행위** ② 상대방의 신청을 필수요건으로 하는 **협력을 요하는 행정행위** ③ 공익과의 비교형량이 필수적이므로 **재량행위**
효과	특허는 상대방에게 새로운 독점적 · 배타적인 법률상의 힘을 부여하므로, 이에 따라 상대방이 얻는 경영상의 이익은 **법률상의 이익에 해당**하고, 양립할 수 없는 이중의 특허가 있게 되면 후행 특허는 무효가 된다.
	특허로 인해 설정되는 권리는 공권인 경우도, 사권(어업권, 광업권)인 경우도 있음. 이에 따라, 공법적, 사법적 효과 발생
특허 인정 판례	① ✪ 도로점용허가(18경행,14국가7급), ② 하천점용허가(22소방,18지방9급), ③ 공유수면점용허가(22국회8급,21국가7급,19소방9급등) ④ 공유수면매립면허(14사복9급,13지방9급,10지방9급) ⑤ ✪ **도시 및 주거환경정비에 따른 주택재건축사업조합의 설립인가** (18경행,17지방9급,17서울7급) ⑥ 토지 등 소유자들이 직접 시행하는 도시환경정비사업에서 토지 등 소유자에 대한 사업시행인가처분(17국가7급,16국회8급) → 인가로 본 판례 6번과 비교 ⑦ 개발촉진지구 내에서 시행되는 지역개발사업에 관한 지정권자의 실시계획승인처분(19서울9급) ⑧ 폐기물처리업허가 ⑨ ✪ 법무부장관의 귀화허가(21국가7급,18경찰,12지방9급) ⑩ ✪ 출입국관리법상 체류자격 변경 허가(22소방,19서울9급,18경찰) ⑪ 개인택시운송사업면허(22국회8급,17지방9급) ⑫ 대기오염물질 총량관리 사업장 설치의 허가(19서울9급,19서울7급) ⑬ 보세구역 설영특허(15사복9급) ⑭ 항공노선면허(17국가9급)

1. 개인택시운송사업면허는 특허로서 특별한 규정이 없는 한 재량행위이다. **17사복9급**

2. 공유수면의 점용 · 사용허가는 특정인에게 공유수면이용권이라는 독점적 권리를 설정하여 주는 처분으로서, 그 처분의 여부 및 내용의 결정은 원칙적으로 행정청의 재량에 속한다. **19사복9급**

1. 재건축조합이 수립하는 관리처분계획에 대한 행정청의 인가는 다른 법률행위를 보충하여 그 법적 효력을 완성시키는 행위에 해당한다. **19국가9급**

2. 토지거래허가는 인가적 성질을 띠는 것이다. **18교행9급**

3. 행정청이 관련 법령에 근거하여 행하는 조합설립 인가처분은 그 설립행위에 대한 보충행위로서의 성질에 그치지 않고, 법령상 요건을 갖출 경우 '도시 및 주거환경정비법'상 주택재건축사업을 시행할 수 있는 권한을 갖는 행정주체(공법인)로서의 지위를 부여하는 일종의 설권적 처분의 성격을 갖는다. **20국회8급**

4. 판례에 의하면 주택재개발 정비사업조합의 설립 인가신청에 대하여 행정청의 인가적 처분이 있은 이후에 조합설립결의에 하자가 있음을 이유로 조합설립의 효력을 부정하기 위해서는 항고소송으로 인가처분의 효력을 다투어야 하고, 특별한 사정이 없는 한 이와는 별도로 민사소송으로 조합설립결의에 대하여 무효확인을 구할 확인의 이익은 없다. **16국가7급**

나) 인가

(1) 일반론

의의	**행정청이 제3자의 법률행위를 보충하여 그 법률효과를 완성**해 주는 **보충적 행정행위**임(21국가7급,14서울9급,11국가7급)
인가로 본 판례	① **재단법인의 정관변경허가**(21국가7급,20경행,20지방9급,20국회8급,19국가9급,16지방9급,15국가9급) ② **토지거래허가**(22국회8급,20군무원7급,19국가9급,18서울9급,18교행9급), ③ **자동차관리사업자단체의 조합설립인가**(21국회9급,18서울9급) ④ **학교법인 임원에 대한 감독청의 취임승인**(22국회8급,20국가9급,19서울9급, 17서울7급) ⑤ 정비조합 정관변경에 대한 인가(19소방9급) ⑥ 도시환경정비사업조합이 수립한 사업시행계획의 인가(20국회8급,18서울9급,17국가7급,16지방9급) ⑦ **재건축조합이 수립하는 관리처분계획에 대한 인가**(19국가9급) ⑧ **조합설립추진위원회 구성승인처분**(17서울7급) ⑨ 주택조합의 조합장 명의변경에 대한 시장, 군수 또는 자치구 구청장의 인가(21국회9급)
최근 판례	한편 판례는 최근 ✪**"도시 및 주거환경정비법"상 주택재건축정비사업조합의 설립인가에 대하여, 인가의 성질과 함께 행정주체(공법인)로서의 지위를 부여하는 일종의 설권적 처분을 갖는다**고 함. **판례** 행정청이 도시 및 주거환경정비법 등 관련 법령에 근거하여 행하는 **조합설립인가처분**은 단순히 사인들의 조합설립행위에 대한 보충행위로서의 성질을 갖는 것에 그치는 것이 아니라 **법령상 요건을 갖출 경우 도시 및 주거환경정비법상 주택재건축사업을 시행할 수 있는 권한을 갖는 행정주체(공법인)로서의 지위를 부여하는 일종의 설권적 처분의 성격**을 갖는다고 보아야 한다. 조합설립결의는 조합설립인가처분이라는 행정처분을 하는 데 필요한 요건 중 하나에 불과한 것이어서, **조합설립결의에 하자가 있다면 그 하자를 이유로 직접 항고소송의 방법으로 조합설립인가처분의 취소 또는 무효확인을 구하여야 하고, 이와는 별도로 조합설립결의 부분만을 따로 떼어내어 그 효력 유무를 다투는 확인의 소를 제기하는 것은 인정되지 아니한다**(2008다6056). (21국가9급,17서울7급,13국가7급,13지방9급)
성질	**보충적행위**이자 **형성적행위**(10서울9급), 기본행위가 적법해야 인가의 효력이 발생하며, **기본행위가 불성립 · 무효인 경우, 인가가 있었어도 기본행위는 여전히 무효**(20지방9급)
재량행위 여부	법문언에 따라 **개별적으로 판단**(21국가7급,20국가9급,19서울7급), 명문규정이 없는 경우 보통 재량행위이며, **재량행위인 인가에는 부관의 부가 가능**(20국가9급) **판례** 재단법인의 임원취임이 사법인인 재단법인의 정관에 근거한다 할지라도 이에 대한 행정청의 승인(인가)행위는 법인에 대한 주무관청의 감독권에 연유하는 이상 그 인가행위 또는 인가거부행위는 공법상의 행정처분으로서, 재단법인의 임원취임이 사법인인 재단법인의 정관에 근거하였다 할지라도 재단법인의 임원취임승인 신청에 대하여 주무관청이 그 신청을 당연히 승인하여야 하는 것은 아니다(98두16996).

판례	재량행위	① 공익법인의 기본재산 처분에 대한 주무관청의 허가(2004다50044)**(20국가9급,11국가7급)** ② 재단법인의 임원취임에 대한 인가(98두16996)**(21국가7급,20국가9급,19서울7급)** ③ 도지사의 시에 대한 구획정리사업인가(94다666)
	기속행위	① 관리처분계획에 대한 인가(2010두24951)**(16국가7급, 19국가9급)** ② 추진위원회 설립승인신청에 대한 인가(2008두13132) ③ 학교법인의 임원선임행위를 보충하는 이사취임승인(92누5461)
효과	① **법률효과가 완성**됨 → **인가 전에는 효력발생 X**, 인가 후에 **소급하여 유효** 판례 공유수면매립면허로 인한 권리의무의 양도·양수약정은 이에 대한 면허관청의 인가를 받지 않은 이상 법률상 효력이 발생하지 않음(90누5184).**(20국가9급,20군무원9급,17국가9급)**	
	② 위반시 **무효**이나, **행정벌, 강제집행의 대상은 아님**	
하자	기본행위에 하자	① 기본행위에 하자가 있으면 기본행위를 다퉈야 함. ② **인가가 있어도 기본행위 하자를 치유하지 않음(21국가7급,20지방9급,18국회8급)** ③ 유효한 기본행위에 인가가 행해진 후, **기본행위가 취소·실효되면 인가도 실효됨(15국가9급)** ∴기본행위를 다투어야, 인가처분의 취소 또는 무효를 구할 소의 이익 없음**(20지방9급,20국가9급,17국가7급)** 판례 기본행위가 무효이면 사립학교법인 임원의 선임에 대한 승인행위는 무효가 된다(86누152).**(19소방9급,16국가9급)**
	인가자체하자	**인가처분 자체를 다투어야 함(21국가7급,20지방9급,17국가9급).** ① 기본행위가 적법, 인가가 **무효** → 무인가행위로서 **무효** ② 기본행위가 적법하나 인가에 **취소**사유 → 기본행위 **유효**하나, 인가가 **후에 취소되면 기본행위 효력 상실됨.**

1. 강학상 인가는 기본행위에 대한 법률상의 효력을 완성시키는 보충행위로서, 그 기본이 되는 행위에 하자가 있을 때에는 그에 대한 인가가 있었다 하여도 기본행위가 유효한 것으로 될 수 없다. **20지방9급**

2. 유효한 기본행위를 대상으로 인가가 행해진 후에 기본행위가 취소되거나 실효된 경우에는 인가도 실효된다. **15국가9급**

(2) 인·허가 의제

의의	• **"인·허가의제"**란 **하나의 인허가**(이하 "주된 인허가"라 한다)**를 받으면 법률로 정하는 바에 따라 그와 관련된 여러 인·허가**(이하 "관련 인·허가"라 한다)**를 받은 것으로 보는 것**을 말한다(행정기본법 제24조 제1항)**(21국가7급).** • 창구를 단일화하고 절차를 간소화하며 비용과 시간을 절감함으로써 민원인에게 편의를 제공하는 원스톱 서비스의 기능을 수행함**(19서울7급, 13서울9급)** 판례 「건축법」에서 관련 인·허가 의제 제도를 둔 취지는 인·허가 의제사항 관련 법률에 따른 각각의 인·허가 요건에 관한 일체의 심사를 배제하려는 것이 아니다(2015두39590).**(21국가9급)**
법적 근거	인·허가 의제는 행정청의 소관사항과 관련하여 권한행사의 변경을 가져오므로, **명시적인 근거가 있는 경우에만 허용**됨**(18국가7급)**
신청	**주된 인·허가를 신청할 때 다른 인·허가 신청에 필요한 서류까지 첨부하여 주된 허가담당관청(주무행정청)에만 신청**하면 됨.**(16지방7급,13서울9급)**

1. 주된 인 · 허가에 관한 사항을 규정하고 있는 법률에서 주된 인·허가가 있으면 다른 법률에 의한 인·허가를 받은 것으로 의제한다는 규정을 둔 경우, 주된 인 · 허가가 있으면 다른 법률에 의하여 인·허가를 받았음을 전제로 하는 그 다른 법률의 모든 규정들까지 적용되는 것은 아니다. **18국가7급**

절차	주된 인 · 허가담당관청은 의제가 되는 **인 · 허가의 관계행정청과 협의**를 거치는 것이 보통이다**(13서울9급)**. **행정기본법 제24조** ② 인허가의제를 받으려면 **주된 인허가를 신청할 때 관련 인허가에 필요한 서류를 함께 제출**하여야 한다. 다만, 불가피한 사유로 함께 제출할 수 없는 경우에는 주된 인허가 행정청이 별도로 정하는 기한까지 제출할 수 있다. ③ 주된 인허가 행정청은 **주된 인허가를 하기 전**에 관련 인허가에 관하여 미리 **관련 인허가 행정청과 협의하여야 한다.** ④ 관련 인허가 행정청은 제3항에 따른 협의를 요청받으면 **그 요청을 받은 날부터 20일 이내**(제5항 단서에 따른 절차에 걸리는 기간은 제외한다)**에 의견을 제출하여야 한다.** 이 경우 전단에서 정한 기간(민원 처리 관련 법령에 따라 의견을 제출하여야 하는 기간을 연장한 경우에는 그 연장한 기간을 말한다) 내에 협의 여부에 관하여 의견을 제출하지 아니하면 협의가 된 것으로 본다. ⑤ 제3항에 따라 협의를 요청받은 관련 인허가 행정청은 **해당 법령을 위반하여 협의에 응해서는 아니 된다.** 다만, 관련 인허가에 필요한 **심의, 의견 청취 등 절차**에 관하여는 **법률에 인허가의제 시에도 해당 절차를 거친다는 명시적인 규정이 있는 경우에만 이를 거친다.** [시행일 : 2023. 3. 24.]
협의의 성질	인 · 허가기관의 협의의 성격이 실질적인 동의인지(동의설) 아니면 순수한 자문이나 협의인지에(협의설,자문설) 대해 학설이 대립하나, **판례는 협의설(자문설)을 취했다고 보는 견해가 유력**함. 판례 ㉠ 사업계획승인처분을 받으면 산지전용허가를 받은 것으로 의제되는 사안에서는 승인처분을 하기 전에 미리 산림청장과의 **협의를 하라고 규정한 의미는 그의 자문을 구하라는 것**이지 그 의견을 따라 처분을 하라는 의미는 아니다(2013다218248). ㉡ **협의**를 생략한 하자는 절차상 하자로 위법하여 취소사유가 된다(2005두14363).
절차의 집중 여부	인 · 허가가 의제되는 법률에 일정한 절차가 규정되어 있는 경우, 그 절차까지 거쳐야 하는지 주된 허가에 규정된 절차만 거치면 되는지 문제되는데, **판례는 절차집중설**에 따라 주된 인 · 허가처분이 관계기관의 장과 협의를 거쳐 발령된 이상 **의제되는 인 · 허가의 법령상 요구되는 주민의 의견청취 등의 절차는 거칠 필요가 없다**고 판시함(92누1162).**(21국가9급,16지방7급)** 판례 건설부장관이 구 주택건설촉진법에 따라 관계기관의 장과의 협의를 거쳐 사업계획승인을 한 이상 허가 · 인가 · 결정 · 승인 등이 있는 것으로 볼 것이고, 그 절차와 별도로 구 도시계획법 소정의 중앙도시계획위원회의 의결이나 주민의 의견 청취 등의 절차를 거칠 필요는 없다(92누1162).**(16국회8급)**

주무 행정청의 판단 범위	주무행정청이 의제되는 인 · 허가 요건까지 판단해야 하는지에 대해, - **다수설, 판례(실체집중 부정설)** : 주된 허가요건 뿐만 아니라 **의제되는 인 · 허가 요건까지 모두 구비한 경우에 주된 신청에 대한 허가를 할 수 있다**고 판시함 → **의제되는 인 · 허가 요건 불비를 이유로 한 주된 인 · 허가 신청에 대한 거부처분은 적법**함.**(21국가9급)** 판례 ㉠ 채광계획인가로 공유수면점용허가가 의제되는 경우 채광계획인가 관청은 공유수면점용불허가 사유를 근거로 채광계획을 인가하지 아니할 수 있다.**(16국회9급)** ㉡ 건축물의 건축이 국토계획법상 개발행위에 해당할 경우 그 건축의 허가권자는 국토계획법령의 개발행위허가기준을 확인하여야 하므로, 국토계획법상 건축물의 건축에 관한 개발행위허가가 의제되는 건축허가신청이 국토계획 법령이 정한 개발행위허가기준에 부합하지 아니하면 허가권자로서는 이를 거부할 수 있다(2016두35762).**(22소방,21국가9급)** ㉢ 건축물의 건축을 위해서는 건축법상 건축허가절차에서 관련 인허가 의제 제도를 통해 건축법상 건축허가와 국토의 계획 및 이용에 관한 법률상 개발행위허가의 발급 여부가 동시에 심사 · 결정되어야 한다. 국토의 계획 및 이용에 관한 법률상 개발행위 허가기준 충족 여부에 관한 심사가 누락 된 채 건축법상 건축허가가 발급된 경우, 건축허가를 취소할 수 있고, 이때 건축허가를 취소한 건축행정청은 개발행위허가권자와의 사전 협의를 통해 국토계획법상 개발행위 허가기준 충족 여부를 심사한 후 건축법상 건축허가 발급 여부를 다시 결정하여야 한다(2019두31839).
효과	**행정기본법 제25조(인허가의제의 효과)** ① 제24조제3항 · 제4항에 따라 협의가 된 사항에 대해서는 **주된 인허가를 받았을 때** 관련 인허가를 받은 것으로 본다. ② 인허가의제의 효과는 **주된 인허가의 해당 법률에 규정**된 관련 인허가에 한정된다. [시행일 : 2023. 3. 24.] ① **주무행정청의 허가가 있으면, 의제되는 인 · 허가를 받은 것**으로 봄. 판례 공항개발사업 실시계획 승인권자가, 관계 행정청과 미리 협의한 사항에 관한 실시계획을 수립하거나 승인하는 경우, 그 협의한 사항은 승인처분을 할 때에 인허가 등이 의제된다고 보아야 한다(2018두43095). 단, 의제되는 인 · 허가는 **주된 행정행위를 시행하는 데 필요한 범위 내에서만 그 효력이 유지**되므로, 주된 인 · 허가로 인한 사업이 완료된 이후에는 의제되는 인 · 허가는 효력이 없다(2009두18547).**(16지방7급)** ② ✪ **주된 인 · 허가가 있으면 다른 법률에 의하여 인 · 허가를 받았음을 전제로 하는 그 다른 법률의 모든 규정들까지 적용되는 것은 아니다**(2014두47686).**(18국가7급)** ③ **주된 인 · 허가가 거부되었더라도, 의제된 인 · 허가가 거부된 것 아님**(99두10988).**(18국가7급)**
의제된 인 · 허가 만의 취소가부	판례는 주된 인 · 허가로 **의제된 인·허가는 통상적인 인 · 허가와 동일한 효력**을 가지므로 의제된 인 · 허가의 취소가 허용된다고 함**(19지방9급)**, 이에 따라 **주된 인 · 허가의 효력은 유지하면서 의제된 인 · 허가만 취소 또는 철회하는 것 가능**함(2017두48734).**(20변시)**

1. 어떠한 허가처분에 대하여 타법상의 인·허가가 의제된 경우, 의제된 인·허가는 통상적인 인·허가와 동일한 효력을 가지므로, 부분 인·허가가 허용되는 경우에는 그 효력을 제기하기 위해 그 의제된 인·허가에 대한 쟁송취소가 허용된다. **20국가9급**

사후 관리	**행정기본법 제26조(인허가의제의 사후관리 등)** ① 인허가의제의 경우 관련 인허가 행정청은 관련 인허가를 직접 한 것으로 보아 관계 법령에 따른 관리·감독 등 필요한 조치를 하여야 한다. ② 주된 인허가가 있은 후 이를 변경하는 경우에는 제24조·제25조 및 이 조 제1항을 준용한다. ③ 이 절에서 규정한 사항 외에 인허가의제의 방법, 그 밖에 필요한 세부 사항은 대통령령으로 정한다. [시행일 : 2023. 3. 24.]
불복 방법	① 의제되는 행위의 요건 불비를 이유로 주된 인·허가 신청에 대해 **거부처분**이 내려진 경우, **주된 인·허가의 거부처분에 대해 행정쟁송을 제기하면서 의제되는 인·허가의 거부사유를 다툴 수 있다**(99두10988).**(21국가9급,19서울7급,16지방7급, 16서울7급,15국가9급,14지방9급)** **판례** ㉠ 소방서장의 건축부동의로 인한 건축불허가처분시, 건축불허가처분을 대상으로 쟁송을 제기해야 한다(2003두6573). ㉡ 형질변경·농지전용불허가로 인한 건축불허가처분시, 건축불허가처분을 대상으로 쟁송을 제기해야 한다(99두10988). ② 주된 인·허가 처분에 따라 의제된 인·허가의 위법함을 다투고자 하는 제3자(이해관계인)는 무엇을 대상으로 항고소송을 제기해야 하는지에 대해, **판례**는 **주된 인·허가처분이 아닌 의제된 인·허가를 항고소송의 대상**으로 삼아야 한다고 봄. **판례** 주택건설사업계획승인처분에 따라 의제된 지구단위계획결정에 하자가 있음을 이해관계인이 다투고자 하는 경우 주된 처분이 아니라 **의제된 인·허가인 지구단위계획결정을 항고소송의 대상**으로 삼아야 한다(2016두38792). **(22소방,21국가9급,20국가9급,19서울7급)**
부분 인·허가	주된 인·허가로 의제되는 것으로 규정된 인·허가 중 일부에 대해서만 협의가 완료된 경우에도 민원인의 요청이 있으면 주된 인·허가를 할 수 있는데, 단, 협의가 완료된 일부 인·허가만 의제되는 것으로 보는 제도를 말함. **판례** 의제된 인허가는 통상적인 인허가와 동일한 효력을 가지므로, 적어도 '부분 인허가 의제'가 허용되는 경우에는 그 효력을 제거하기 위한 법적 수단으로 의제된 인허가의 취소나 철회가 허용될 수 있고, 이러한 직권 취소·철회가 가능한 이상 그 의제된 인허가에 대한 쟁송취소 역시 허용된다(2016두38792).**(20국가9급,19지방7급)**

선승인 후협의제	**의의**	**의제되는 인·허가에 대한 관계행정기관과의 협의가 모두 완료되기 전**이라도, 공익상 긴급한 필요가 있는 등 일정한 경우에는, **협의가 완료되지 않은 상태**에서도 **후에 협의를 완료를 완료할 것을 조건**으로 각종 사업시행승인이나 시행인가를 할 수 있는 제도로, 사업절차가 간소화되는 효과가 있음.**(16지방7급)**
	법적 효과	협의 완료 전이라도 주된 인·허가가 있으면 의제되는 인·허가도 효력을 발생함. 단, 일정기간까지 나머지 협의가 이루어지지 않은 경우에는 주된 인·허가가 소멸·철회될 수 있음.

다) 허가 · 특허 · 인가의 비교

구분	허가	특허	인가
의의	일반적 · 상대적 금지의 해제	적극적 공공복리 새로운 권리의 부여	제3자의 법률행위를 보충하여 법률효과를 완성
법적 성질	기속행위성 강함 명령적 행위	재량행위성 강함	법문언에 따라 재량 · 기속행위 형성적 행위**(10서울9급)**
신청	원칙적으로 요하나, 없는 경우도 가능	신청이 반드시 필요 **(17국가9급)**	반드시 신청해야 **(14서울9급)**
상대방	특정인, 불특정 다수인	특정인에 대해서만	특정인에 대해서만
대상	법률행위, 사실행위 모두 가능	-	법률행위만 가능 **(17국가9급)**
형식	처분으로만 가능, 법규허가 불가	특허처분, 법규특허 가능	처분으로만 가능, 법규인가 불가
효과	공법적 효과만 ○	공법적, 사법적 효과	공법적, 사법적 효과
위반행위	위반해도 유효 행정벌, 강제집행의 대상 ○	위반시 무효 행정벌, 강제집행의 대상 X	위반시 무효 행정벌, 강제집행의 대상 X

라) 대리

의의	**타인이 행해야 할 행위를 행정주체가 대신 행함으로써 그 타인이 스스로 행한 것과 같은 법적효과를 일으키는 행정행위**를 의미하며, 공법상 대리는 **법률의 규정에 의한 법정 대리**를 뜻함.
예시	**감독청에 의한 정관작성, 행려병사자·사자의 유류품 처분(14사복9급), 조세체납처분으로서의 공매처분, 토지보상액에 대한 토지수용위원회의 재결** 등
효과	행정청의 대리행위는 **본인이 행한 것과 동일한 법적 효과**가 발생함.

나. 준법률행위적 행정행위 - 확, 수, 공, 통

1) 확인

의의	특정사실 또는 법률관계의 존재 여부 등에 대해 의문이나 다툼이 있는 경우 **행정청이 공적인 권위로 행하는 판단의 표시**행위**(11국가9급)** 예) **친일반민족행위자재산조사위원회의 친일재산 국가귀속결정(19서울7급,18교행9급, 17교행9급, 10국가9급), 행정심판의 재결(17지방9급,15교행9급), 발명특허(11국가9급), 국가시험 합격자의 결정(16서울7급), 당선인결정(20경행,11국가9급), 국가유공자등록결정, 건축물 준공검사처분(19지방7급,16지방9급,11사복9급), 국방전력발전업무훈령에 따른 연구개발확인서 발급**(2019다264700)
종류	① **준사법적 행위** - 특정사실 또는 법률관계의 존재 여부 등에 대해 판단한다는 점에서 법원의 판결과 유사하여, 준사법적 행위 또는 법선언적 행위임. ② **기속행위성** - 원칙적으로 기속행위. 단, **교과서 검정** 등은 예외적으로 재량행위

1. 발명특허는 준법률행위적 행정행위인 확인에 해당하나, 그 특허의 등록은 공증이다.
14사복9급,11국가9급

형식	언제나 처분의 형식으로 행해짐
효과	① **불가변력** - 특정 사실을 공적으로 확정하는 효과가 발생하므로, 행정청이 이를 임의적으로 변경할 수 없는 불가변력이 생김**(20군무원7급)**. 판례 개발업체가 국방전력발전업무훈령에서 정한 연구개발확인서 발급 요건을 충족한 경우, 사업관리기관이 관련 국방예산을 배정받지 못했다거나 해당 품목이 군수품 양산 우선순위에서 밀려 곧바로 수의계약을 체결하지는 않을 예정이라는 이유만으로 위 확인서 발급을 거부할 수는 없다(2019다264700). ② **법률에 규정된 효과 발생**-개별 법규정에 의한 효과를 발생시킴에 그침.

2) 수리

의의	사인의 행정청에 대한 행위를 **유효한 행위로서 수령**하는 행위로**(18국가9급)**, 단순 사실행위에 불과한 접수와는 구별됨. 예) 수리를 요하는 신고에서의 수리**(14서울9급)**, 건축주 명의변경신고의 수리**(17지방7급)**, 지위승계신고의 수리, 혼인신고의 수리, 공무원의 사직원의 수리
성질	① 원칙적으로 **기속행위** 판례 허가대상 건축물의 양수인이 구 건축법 시행규칙에 규정되어 있는 형식적 요건을 갖추어 행정관청에 적법하게 건축주의 명의변경을 신고한 경우, 행정관청은 실체적인 이유를 내세워 신고의 수리를 거부할 수 없다(93누883).**(20국가7급,17지방7급)** 단 ㉠ 건축물의 소유권을 둘러싸고 소송이 계속 중인 경우, 판결로 소유권의 귀속이 확정될 때까지 건축주명의변경신고의 수리를 거부할 수 있음. ㉡ 중대한 공익상 필요가 있는 경우에도 수리를 거부할 수 있음.**(15국회8급)** ② 판례는 **수리대상의 대상인 기본행위가 존재하지 않거나 무효**인 경우, 그 수리행위는 **당연무효**가 된다고 한다.**(15국가7급)** 판례 ㉠ 기본행위인 영업양도계약이 무효인 경우에 지위승계신고의 수리는 무효이고, 양도인은 민사소송 제기 없이 바로 행정소송으로서 무효확인을 구할 법률상 이익이 있다(2005두3554).**(22국회8급,19서울9급,18국회8급)** ㉡ 행정청이 신고를 수리하였으나 신고서 위조 등의 사유가 있어 신고행위 자체가 효력이 없는 경우, 그 수리행위는 유효한 대상이 없는 것으로서, 수리행위 자체에 중대·명백한 하자가 있는지 따질 필요없이 행정청의 수리행위는 당연히 무효이다(2005두3554).
효과	개별법이 정하는 바에 따라 사법상(혼인신고의 수리), 공법상 효과가 발생함.

3) 공증

<table>
<tr><td>의의</td><td colspan="2">특정 사실 또는 법률관계의 존재를 공적으로 증명하는 것
예) 합격증서의 발급, 영수증의 교부(15국가7급,11국회8급), 의료유사업자 자격증 갱신발급(18교행9급,12국회9급,11사복9급), 상표사용권설정등록(17지방9급), 건설업 등록증 및 건설업 등록수첩의 재발급(21경행,17지방9급)</td></tr>
<tr><td>성질</td><td colspan="2">기속행위</td></tr>
<tr><td>형식</td><td colspan="2">요식행위(원칙적으로 문서에 의해야 하고, 일정 형식이 요구됨)</td></tr>
<tr><td>효과</td><td colspan="2">① 공적 증거력(공정력 X) - 반증이 없는 한 특정한 사실에 대해 공적 증거력을 부여하고, 반증이 있으면 번복이 가능함.
② 준법률적 법률행위로, 법률규정에 따라 일정한 법률효과 발생.</td></tr>
<tr><td>법적 성격</td><td colspan="2">판례는 대체로 개인의 권리나 법적 지위를 확정하면 처분성 인정, 단순 행정편의적인 기재에 불과하면 처분성 부정하고 있음.</td></tr>
<tr><td rowspan="2">판례</td><td>처분성 인정 판례</td><td>처분성 부정 판례</td></tr>
<tr><td>① ✪ 지적공부소관청의 지목변경신청반려행위(2003두9105)(21지방9급,19서울7급,16서울9급,10지방7급)
② ✪ 건축물대장의 용도변경신청거부(2007두7277)(17국가7급)
③ 건축물대장의 작성신청 반려행위(2007두17359)(19소방9급,18서울7급)
④ 토지분할신청거부행위(92두7542).(15지방9급)
⑤ 토지대장 직권말소행위
⑥ 토지면적등록 정정신청반려행위
⑦ 건축물대장 직권말소행위
⑧ 선거인명부에의 등록(20군무원7급)</td><td>① ✪ 무허가건물등재대장 삭제(2008두11525)(19국회8급)
② 자동차운전면허대장상 일정한 사항의 등재행위(91누1400)(18서울9급)
③ 상표권말소등록행위(2014두2362)(16국회8급)
④ 과세관청이 사업자등록을 관리하는 과정에서 위장사업자명의를 실사업자 명의로 직권정정하는 행위(2008두2200)(15국회8급)
⑤ 인감증명(2000두2136)(18서울7급)
⑥ 토지대장에 일정한 사항 등재
⑦ 토지대장상 소유자명의변경신청 거부행위</td></tr>
<tr><td rowspan="2">확인과 비교</td><td>확인</td><td>공증</td></tr>
<tr><td>특정 사실 또는 법률관계의 존재에 의문이 있는 것을 전제로, 판단을 표시하는 행위
예) 발명특허(14사복9급), 공무원시험 합격자 결정</td><td>특정 사실 또는 법률관계의 존재에 의문이나 다툼이 없는 것을 전제로, 인식을 표시하는 행위
예) 합격증서의 발급 (11국가9급)</td></tr>
</table>

4) 통지

<table>
<tr><td>의의</td><td>행정청이 특정인 또는 불특정 다수인에게 특정한 사실이나 의사를 알림으로써 법적효과를 발생시키는 행위</td></tr>
<tr><td>종류</td><td>① 관념의 통지 : 단순 과거의 어떤 사실 또는 과거와 관련있는 사실을 알림
예) 특허출원의 공고(17지방9급,16서울9급), 당연퇴직 통보, 귀화의 고시 등
② 의사의 통지 : 어떠한 행위를 할 것을 표시 예) 대집행의 계고(20경행), 납세독촉</td></tr>
</table>

	준법률행위적 행정행위인 통지 = **처분**	**사실행위**로서의 통지 = **처분 X**
법적 성질	① ✪ **대학교원의 임용권자가 임용기간이 만료된 조교수에 대하여 재임용을 거부하는 취지로 한 임용기간만료의 통지** **(17서울9급,13지방9급)** ② 구 토지수용법상의 사업인정고시 ③ 대집행절차인 계고와 대집행 영장발부 통보 ④ 농지처분의무통지(2001두8742)**(21소방)**	① 정년퇴직발령(81누263)**(19서울7급,18교행9급)** ② ✪ **당연퇴직의 인사발령**(95누2036)**(21국회9급,21소방간부,20군무원9급,19소방9급,18교행9급,17서울9급,16국가9급)** ③ 민원처리법상 사전심사결과 통보**(19지방9급)** ④ '국세기본법'에 따른 과세관청의 국세환급금에 대한 결정**(19서울7급)** ⑤ 국민건강보험공단에 의한 '직장가입자 자격상실 및 자격변동 안내' 통보 및 '사업장 직권탈퇴에 따른 가입자 자격상실 안내'통보(2016두41729)**(20지방7급,20서울7급)** ⑥ 건설부장관(현 국토교통부장관)이 행한 국립공원지정처분에 따른 경계측량 밀 표지의 설치
효과	개별법이 정하는 바에 따라 효력이 발생함.	

제 3 절 행정행위의 부관

1 의의 및 구별개념

의의	**주된 행정행위의 효과를 제한하거나, 요건을 보충**하기 위해 **주된 행정행위에 부가된 종된 규율**로서, 행정청의 탄력성을 보장하는 기능을 함**(18서울9급)**	
근거	**행정기본법 제17조(부관)** ① 행정청은 **처분에 재량이 있는 경우**에는 **부관(조건, 기한, 부담, 철회권의 유보 등**을 말한다. 이하 이 조에서 같다)을 붙일 수 있다.**(21국회8급,21군무원9급)** ② 행정청은 **처분에 재량이 없는 경우**에는 **법률에 근거가 있는 경우에 부관을 붙일 수 있다.(21지방9급,21국가7급)**	
구별	**법정부관**	① **부관은 행정청 스스로 의사**를 붙인 것이나, **법정부관은 법령 자체에서 조건, 기한 등을 붙인 것(18지방9급)** ② **부관의 한계에 대한 일반적인 원칙이 적용되지 않음.(19국회8급,18지방9급,10국가9급)** ③ 위헌법률심사 또는 명령규칙심사에 의해 통제함.**(12지방9급)**
	수정부담	신청한 내용의 처분을 거부하고 다른 내용의 처분을 하는 것 부관이 아니라 독립적 행정처분에 해당함**(다수설)(17지방9급)**

2 종류 - 조 · 기 · 철 · 부 · 배

가. 조건

개념	행정행위의 **효력의 발생 · 소멸을 장래 발생 여부가 불확실한 객관적 사실에 의존**시키는 부관.	
종류	**정지조건**	**해제조건**
	행정행위 효과의 **발생**을 장래의 불확실한 발생에 의존**(15교행9급)**	행정행위 효과의 **소멸**을 장래의 불확실한 사실에 의존**(20소방)**
	조건이 성취되야 비로소 주된 행정행위의 효력이 발생됨	행정행위의 효력이 일단 발생하되, 조건이 성취되면 그 효력이 당연히 상실됨**(15사복9급,10국회8급).**
	예) 건축허가 전까지 교통영향평가 심의필증을 교부받을 것을 정한 부관, 주차시설을 완비할 것을 조건으로 한 호텔영업허가 등	예) 일정기간 내에 공사에 착수할 것을 조건으로 하는 공유수면매립면허, 특정기업에 취업할 것을 조건으로 하는 체류허가의 발급. 구 농지개혁법에 따라 정부가 자경하지 않는 자의 농지를 매수하여 취득한 것은, 나중에 그 농지가 분배되지 않을 것을 해제조건으로 한 것임(2016다243306).

나. 기한

개념	행정행위의 효력의 발생·소멸을 장래 도래할 것이 **확실한 사실에 의존**시키는 부관**(14서울7급)**	
종류	**시기**	행정행위의 효력을 발생시키는 부관 예) '2021.1.1.부터 2021.12.31. 까지 영업을 허가'에서 2021.1.1.
	종기	행정행위의 효력을 소멸하게 하는 부관 예) '2021.1.1.부터 2021.12.31. 까지 영업을 허가'에서 2021.12.31.
	확정 기한	도래하는 시기가 확실한 기한 예) 2021.1.1.까지 영업을 허가한다.
	불확정 기한	도래할 것은 확실하나 그 시기가 불확실한 기한 예) 사망시까지 영업을 허가한다

다. 철회권의 유보

의의	일정한 사실이 발생했을때 **행정행위를 철회할 수 있는 권한을 유보하는 부관** **예) 숙박영업허가를 함에 있어 윤락행위를 알선하면 허가를 취소한다는 부관을 붙인 경우(10국가9급),** **종교단체에 대하여 기본재산전환인가를 함에 있어 인가조건을 부가하고 이를 불이행시 취소할 수 있도록 한 경우**(2003다6422)**(22소방,18지방7급,14지방9급)**
법적 근거	별도의 법적 근거 필요 X
효과	**상대방의 신뢰보호원칙의 주장을 제한**함**(16서울9급,11국가9급)**
해제조건과의 구별	해제조건은 조건사실 성립시 자동으로 소멸하나, 철회권 유보는 **행정청의 철회권 행사가 있어야 소멸(13국회속기9급)**

1. 행정행위의 부관은 법령이 직접 행정행위의 조건이나 기한 등을 정한 경우와 구별되어야 한다. **18지방9급**

2. 숙박영업허가를 함에 있어 윤락행위를 알선하면 허가를 취소한다는 부관을 붙인 경우에는 철회권의 유보이다. **10국가9급**

3. 해제조건은 조건사실이 발생하면 당연히 행정행위의 효력이 소멸되지만 철회권 유보는 유보된 사실이 발생하더라도 그 효력을 소멸시키려면 행정청의 별도의 의사표시(철회)가 필요하다. **13국회속기9급**

1. 행정행위의 부관으로 철회권의 유보가 되어 있는 경우라 하더라도 그 철회권의 행사에 대해서는 행정행위의 철회의 제한에 관한 일반원리가 적용된다. 13국가9급

2. 부담은 다른 부관과는 달리 행정행위의 불가분적 요소가 아니고, 그 존속이 본체인 행정행위의 존재를 전제로 하는 것일 뿐이므로 부담 그 자체로는 행정쟁송의 대상이 될 수 있다. 09지방7급

3. 부담이 처분 당시 법령을 기준으로 적법하다면 처분 후 부담의 전제가 된 주된 행정처분의 근거법령이 개정됨으로써 행정청이 더 이상 부관을 붙일 수 없게 되었다 하더라도 곧바로 위법하게 되거나 그 효력이 소멸하게 되는 것은 아니다. 19지방·교행9급

철회의 제한에 관한 일반원리 적용	철회권이 유보된 경우라도 무조건적으로 취소권을 행사할 수 있는 것이 아니고, **취소를 필요로 할 만한 공익상의 필요가 있는 경우에 한하여 취소권을 행사할 수 있다**(64누40).(19소방9급,13국가9급,12사복9급) → **즉, 행정행위의 철회의 제한에 관한 일반원리가 적용됨.**

라. 부담

의의		행정행위의 **주된 내용에 부가하여** 상대방에 작위 · 부작위 · 수인 · 급부 등의 **의무를 과하는 부관** 예) 도로나 하천점용허가를 하면서 점용료 납부하게 하는 것, 영업허가를 하면서 위생복의 착용을 명하는 것
성질		① 그 자체가 **독립된 행정행위(하명)**에 해당함. → **독립하여 행정소송, 강제집행이 가능**(19지방7급) ② 부담 역시 부관에 속하므로, 주된 행정행위가 효력을 발생하지 않으면, 부담 역시 무효임**(부관의 부종성)**
형식		일방적 부가도 가능, **상대방과 협의하여 부담의 내용을 협약의 형식으로 정한 다음 처분을 하면서 해당 부관을 붙이는 것도 가능**(21지방9급,20서울9급,20지방교행9급,18서울9급,19서울9급) 판례 수익적 행정처분에 있어서는 법령에 특별한 근거규정이 없다고 하더라도 그 부관으로서 부담을 붙일 수 있고, 그와 같은 부담은 행정청이 행정처분을 하면서 일방적으로 부가할 수도 있지만 부담을 부가하기 이전에 상대방과 협의하여 부담의 내용을 협약의 형식으로 미리 정한 다음 행정처분을 하면서 이를 부가할 수도 있다(2005다65500).(22소방,21소방,20지방9급,20서울9급)
부담의 불이행	철회 가능	부담은 **독립한 행정행위**이므로 불이행시 주된 행정행위의 효력이 **곧바로 실효되는 것 아니고**(19서울7급), 행정청은 **부담 불이행을 이유로 주된 행정행위를 철회할 수 있다.**(22국회8급,16국가7급) 이 경우 **이익형량에 따른 철회의 제한이 적용**된다.(16서울9급)
	강제집행	부담 불이행시 행정청은 **강제집행이나 행정벌 부과 가능**함.
	후속처분 거부	행정청은 후행행위 발령을 거부할 수 있음
판단 시기		부담의 위법판단은 **처분 당시 법령을 기준**으로 하며, **처분 이후 근거법령이 개정되어도 부담의 효력은 소멸하지 않는다**(2005다65500).(21국가9급,20국가9급,18지방7급,18서울9급,15지방9급) 판례 행정청이 수익적 행정처분을 하면서 사전에 상대방과 체결한 협약상의 의무를 부담으로 부가하였는데, **부담의 전제가 된 주된 행정처분의 근거법령이 개정되어 행정청이 더 이상 부관을 붙일 수 없게 된 경우에도, 위 협약의 효력이 곧바로 소멸하는 것은 아니다**(2005다65500).(22국회8급,20국가9급,18지방7급)

<table>
<tr><td rowspan="2">위법
효과</td><td colspan="2">✪부담이 처음부터 무효이거나 취소된 경우라도, 부담의 이행으로 한 사법상 법률행위까지 무효가 되는 것은 아니고(2005다65500)(22소방,21국가9급,16지방9급15지방9급,12국가7급), 부담의 이행행위인 기부채납이나 금전납부는 부당이득이 되지 않는다.(16서울9급)

판례 ㉠ 토지소유자가 토지형질변경행위허가에 붙은 기부채납의 부관에 따라 토지를 국가나 지방자치단체에 기부채납(증여)한 경우, 기부채납의 부관이 당연무효이거나 취소되지 아니한 이상 토지소유자는 위 부관으로 인하여 증여계약의 중요부분에 착오가 있음을 이유로 증여계약을 취소할 수 없다(98다53134).(21소방간부,21국회8급,20국가9급,17서울9급,11지방9급)
㉡ 행정처분에 붙은 부담인 부관이 제소기간의 도과로 확정되어 이미 불가쟁력이 생겼다면 그 하자가 중대하고 명백하여 당연 무효로 보아야 할 경우 외에는 누구나 그 효력을 부인할 수 없을 것이지만, 부담의 이행으로서 하게 된 사법상 매매 등의 법률행위는 부담을 붙인 행정처분과는 어디까지나 별개의 법률행위이므로 그 부담의 불가쟁력의 문제와는 별도로 법률행위가 사회질서 위반이나 강행규정에 위반되는지 여부 등을 따져보아 그 법률행위의 유효 여부를 판단하여야 한다(2006다18174).(21국가9급,21국가7급,16지방7급,13지방7급)</td></tr>
<tr></tr>
<tr><td rowspan="5">조건
과의
구별</td><td>부담</td><td>조건</td></tr>
<tr><td>부담부 행정행위는 처음부터 행정행위의 효력이 발생(17지방9급)</td><td>정지조건부 행정행위는 조건의 성취가 있어야 효력이 발생함.</td></tr>
<tr><td>부담부행정행위는 상대방이 의무를 이행하지 않은 경우 효력이 당연히 소멸하지 않음(19서울9급)
행정청이 철회할 경우 효력 상실됨(22국회8급)</td><td>해제조건은 당연히 소멸함</td></tr>
<tr><td>부담만의 독립쟁송, 취소 가능
(15서울9급)</td><td>독립쟁송, 취소 불가
행정행위 전체 대상으로 해야.</td></tr>
<tr><td>강제집행의 대상 O</td><td>독자적으로 강제집행의 대상 X</td></tr>
<tr><td></td><td colspan="2">행정행위에 붙여진 부관의 성격이 조건인지 부담인지 명백하지 않은 경우에는 당사자에게 유리한 부담으로 본다.(21국회9급,15사복9급,10국가9급)</td></tr>
</table>

1. 토지소유자가 토지형질변경행위허가에 붙은 기부채납의 부관에 따라 토지를 기부채납한 경우, 기부채납의 부관이 당연무효이거나 취소되지 않은 상태에서 그 부관으로 인하여 증여계약의 중요 부분에 착오가 있음을 이유로 증여계약을 취소할 수 없다. **20국가9급,17서울9급**

2. 부담에 의하여 부가된 의무의 불이행으로 부담부 행정행위가 당연히 효력을 상실하는 것은 아니고 당해 의무불이행은 부담부 행정행위의 철회사유가 될 수 있다. **16국가7급**

3. 조건과 부담 중 행정청의 의사가 불분명한 경우 상대방에게 유리한 부담으로 보아야 한다. **21국회9급**

마. 법률효과의 일부배제

의의	법령에 따라 부여된 행정행위의 **법적 효과의 일부를 제한**하는 부관 예) **야간에 한정한 도로사용허가, 버스의 노선지정, 영업시간의 제한**
법적 근거	다른 부관들과 달리 **법률의 근거**가 있어야 함**(15교행9급)**
부관 여부	학설의 대립이 있으나, **판례는 공유수면매립준공인가를 함에 있어 매립대지의 일부에 대해 국가에 소유권을 귀속시킨 행위를 법률효과의 일부를 배제하는 부관을 붙인 것으로 보아, 부관성을 인정**하였고, 이러한 행정행위의 부관은 독립하여 행정소송의 대상이 될 수 없다(90누8503).**(20서울9급,20지방교행9급,19서울7급,16국가7급)**

1. 행정청은 법적 근거가 있는 경우에 한하여 재량행위에 부관을 붙일 수 있는 것은 아니다. **13서울7급**

2. 관련 법령에 법적 근거가 없더라도 개인택시운송사업면허를 하면서 부관을 붙일 수 있다. **17지방9급**

3. 기속행위에 대해서는 법령상 특별한 근거가 없는 한 부관을 붙일 수 없고, 가사 부관을 붙였다고 하더라도 이는 무효이다. **19국가9급**

4. 공유수면매립면허와 같은 재량적 행정행위에는 법률상의 근거가 없다고 하더라도 부관을 붙일 수 있다. **18경행**

3 부관의 한계

	법률 행위적 행정행위	**부관 부가 가능** 단, **신분설정행위(공무원 임명, 귀화허가)는 부관 부가 불가**(10국가9급)
	준법률 행위적 행정행위	부관 부가 불가(전통적 견해)**(11국가9급)** 단 확인 · 공증의 경우, 종기 같은 부관 부가 가능함.(다수설)
성질상	**기속 행위**	**행정기본법 제17조** ② 행정청은 **처분에 재량이 없는 경우**에는 **법률에 근거가 있는 경우에 부관을 붙일 수 있다**(21지방9급,21국가7급). ✪ **법령에 근거가 있으면 부관 부가 가능**(17국가9급), **법령에 근거가 없는데 부관을 붙인 경우 무효**(19국가9급, 18국가7급). 판례 ㉠ ✪ **건축허가를 하면서 일정 토지의 기부채납을 허가조건으로 하는 부관**은 기속행위 내지 기속적 재량행위에 붙인 부담이거나 또는 법령상 근거가 없는 부관이어서 **무효**이다 (94다56883).**(22국회8급,21국가9급,20소방,19국회8급,19국가7급,19서울9급,18국가7급,14국가9급,13지방7급 등)** ㉡ 65세대의 공동주택을 건설하려는 사업주체(지역주택조합)에 대한 사업계획의 승인처분을 함에 있어 진입도로 등 간선시설을 설치하고 그 부지 소유권 등을 기부채납하며 인근 주민들의 기존 통행로를 대체하는 통행로를 설치하고 그 부지 일부를 기부채납하도록 조건을 붙인 것은 위법한 부관이라 할 수 없다(96누16698).**(20소방간부)**
	재량 행위	**행정기본법 제17조** ① 행정청은 처분에 재량이 있는 경우에는 부관(조건, 기한, 부담, 철회권의 유보 등을 말한다. 이하 이 조에서 같다)을 붙일 수 있다.**(21국회8급,21군무원9급)** ✪ **법령에 근거가 없어도 부관 부가 가능**(20국가9급, 18지방9급,17지방9급,15서울9급,13서울7급) 판례 ㉠ ✪ **공유수면매립면허**와 같은 재량적 행정행위에는 법률상의 근거가 없다고 하더라도 **부관을 붙일 수 있다.(18경행)** ㉡ 사회복지법인의 정관변경을 허가는 재량행위로서, 주무관청이 그 허가를 함에 있어서 부관을 붙일 수 있다(20003두5661).**(20국회8급,18국가7급,17서울9급)** ㉢ 공익법인의 기본재산 처분에 대한 허가의 법률적 성질이 형성적 행위로서의 인가에 해당하더라도, 부관 부가가 허용되지 않는 것은 아니다(2004다50044).**(20국가9급,18국회8급)**

<table>
<tr><td rowspan="3">내용상</td><td>적법성</td><td>부관의 내용이 법령 및 헌법의 내용에 저촉되지 않아야 함.

판례 ㉠ ✪처분을 하면서 부제소특약을 부관으로 붙이는 것은 허용되지 않는다(98두8919).(19서울9급,17국회8급)
㉡ 당사자 사이에 석탄산업법시행령 제41조 제4항 제5호 소정의 재해위로금에 대한 지급청구권에 관한 부제소합의가 있었다고 하더라도 그러한 합의는 무효라고 할 것이다.(98두12598).(21군무원9급,19서울9급,13지방7급,13국회9급 등)</td></tr>
<tr><td>목적상 한계</td><td>행정기본법 제17조 ④ 부관은 다음 각 호의 요건에 적합하여야 한다.
1. 해당 처분의 목적에 위배되지 아니할 것

행정행위의 목적과 무관한 다른 목적을 위해 부가X(18서울7급,16교행9급) 예) 주택허가를 하면서 영업목적으로만 사용할 것을 부관으로 정한 경우 (18서울7급)

판례 ✪기선선망어업의 허가를 하면서 운반선, 등선 등 부속선을 사용할 수 없도록 제한한 부관은 위법함(89누6808).(19지방·교행9급,15국가9급,13지방7급)</td></tr>
<tr><td>일반 원칙상 한계</td><td>행정기본법 제17조 제4항
2. 해당 처분과 실질적인 관련이 있을 것
3. 해당 처분의 목적을 달성하기 위하여 필요한 최소한의 범위일 것

→ 부관이 주된 행정행위와 실질적 관련성을 갖더라도 주된 행정행위의 효과를 무의미하게 만든 경우라면, 그러한 부관은 비례원칙에 반하는 부관이다.(15국가9급)

판례 ✪부당결부금지 원칙에 위반하여 허용되지 않는 부관을 행정처분과 상대방 사이의 사법상 계약의 형식으로 체결하는 것은 허용되지 않는다(2007다63966).(21지방9급,20경행,21국가9급,20국가9급,19서울9급, 17국가9급)</td></tr>
<tr><td>시간적 한계</td><td colspan="2">행정기본법 제17조 제3항 ③ 행정청은 부관을 붙일 수 있는 처분이 다음 각 호의 어느 하나에 해당하는 경우에는 그 처분을 한 후에도 부관을 새로 붙이거나 종전의 부관을 변경할 수 있다.
1. 법률에 근거가 있는 경우
2. 당사자의 동의가 있는 경우(21국가7급,21행정사)
3. 사정이 변경되어 부관을 새로 붙이거나 종전의 부관을 변경하지 아니하면 해당 처분의 목적을 달성할 수 없다고 인정되는 경우(21국회8급)

✪판례는 ① 법령에 근거가 있거나 사후부관이 미리 유보되어 있는 경우, 또는 ② 상대방의 동의가 있는 경우 등에는 특별한 사정이 없는 한 허용된다고 함(2016두45028)(18국가7급). ③ 사정변경으로 인해 당초에 부담을 부가한 목적을 달성할 수 없게 된 경우에도 그 목적달성에 필요한 범위 내에서 예외적으로 사후 변경이 허용된다고 함(97누2677).(22소방,19국가9급,18국가9급,18국가7급)</td></tr>
</table>

1. 수익적 행정행위에 있어서는 법령에 특별한 근거규정이 없다고 하더라도 그 부관으로서 부담을 붙일 수 있으나, 그러한 부담은 비례의 원칙, 부당결부금지의 원칙에 위반되지 않아야 적법하다.
18경행,18서울7급

2. 처분을 하면서 처분과 관련한 소의 제기를 금지하는 내용의 부제소특약을 부관으로 붙이는 것은 허용되지 않는다.
19서울9급

3. 부당결부금지 원칙에 위반하여 허용되지 않는 부관을 행정처분과 상대방 사이의 사법상 계약의 형식으로 체결하는 것은 허용되지 않는다. **19서울9급**

4. 사정변경으로 인하여 처분에 부가되어 있는 부담의 목적을 달성할 수 없게 되어 부담의 내용을 변경하는 것은 행정청이 법률의 근거 규정 없이도 할 수 있는 조치이다.
18국가9급

1. 도로점용허가의 점용기간은 행정행위의 본질적인 요소에 해당한다고 볼 것이어서 부관인 점용기간을 정함에 있어서 위법사유가 있다면 이로써 도로점용허가처분 전부가 위법하게 된다. **19지방·교행9급**

2. 행정행위의 부관은 부담인 경우를 제외하고는 독립하여 행정소송의 대상이 될 수 없다. **18서울9급**

3. 지방국토관리청장이 일부 공유수면매립지를 국가 또는 지방자치단체에 귀속처분한 것은 법률효과의 일부를 배제하는 부관을 붙인 것이므로 이러한 행정행위의 부관은 독립하여 행정쟁송의 대상이 될 수 없다. **20지방9급**

4. 부담을 제외한 나머지 부관에 대해서는 부관이 붙은 행정행위 전체의 취소를 통하여 부관을 다툴 수 있을 뿐, 부관만의 취소를 구할 수는 없다. **16사복9급**

5. 부담 이외의 부관으로 인하여 권리를 침해당한 자는 부관부 행정행위 전체에 대해 취소소송을 제기하거나, 행정청에 부관이 없는 행정행위로 변경해 줄 것을 청구한 다음 그것이 거부된 경우 거부처분 취소소송을 제기할 수 있다. **19서울7급**

4 부관의 하자 및 독립쟁송가능성과 독립취소가능성

<table>
<tr><td rowspan="2">하자 있는 부관</td><td colspan="3">부관의 하자가 중대 · 명백한 경우 무효, 그 밖의 경우에는 취소사유</td></tr>
<tr><td colspan="3">✪ 부관이 무효인 경우 원칙적으로 부관만 무효,
단, 부관이 행정행위의 본질적인 요소에 해당할 경우에는 전부 무효(15지방9급).

판례 ① 도로점용허가의 점용기간은 행정행위의 본질적인 요소에 해당하므로 부관에 위법사유가 있다면 허가처분 전부가 위법하다(84누604).(21지방9급,19국가9급,19지방·교행9급,18서울7급)
② 공유재산의 관리청이 기부채납된 행정재산에 대해 행하는 사용 · 수익 허가의 경우, 부관인 사용·수익 허가의 기간에 위법사유가 있다면 허가 전부가 위법하게 된다(99두509).(21지방9급,20지방9급,17지방9급,16사복9급)</td></tr>
<tr><td rowspan="4">독립 쟁송 가능성</td><td rowspan="3">학설</td><td>부담만의 독립쟁송가능성설</td><td>처분성 인정되는 부담만 행정쟁송 가능</td></tr>
<tr><td>모든 부관의 독립쟁송가능성설</td><td>모든 부관에 대해 행정쟁송 가능</td></tr>
<tr><td>분리가능성설</td><td>분리가능성 있는 부관만 행정쟁송 가능</td></tr>
<tr><td>판례</td><td colspan="2">✪ 부담만이 독립하여 항고소송의 대상(21소방,20지방9급,15서울9급)
기타 부관의 경우 독립하여 항고소송의 대상 X(18서울9급,18지방9급,18국가7급)

판례 ① 기부채납받는 행정재산에 대한 사용 · 수익 허가에서 공유재산의 관리청이 정한 사용 · 수익허가의 기간에 대하여서는 독립하여 행정소송을 제기할 수 없다(99두509).(20지방9급,19국회8급)
② 어업면허처분을 함에 있어 그 면허의 유효기간을 1년으로 정한 경우, 위 면허의 유효기간은 부관이라 할 것이고, 이러한 행정행위의 부관은 독립하여 행정소송의 대상이 될 수 없다(86누202).(15서울7급)
③ 매립지 일부 국가귀속처분은 법률효과의 일부배제이므로 독립쟁송이 불가하다(90누8503).(20지방9급)</td></tr>
<tr><td rowspan="2">쟁송 형태 (대상 적격)</td><td>부담</td><td colspan="2">부담만을 대상으로한 일부취소소송(하자있는 부관만을 대상으로, 그 부관만의 취소를 구하는 것) 가능 (통설 · 판례)(19지방7급,15서울7급,13국가9급, 11지방9급)</td></tr>
<tr><td>부담 이외</td><td colspan="2">판례는 부담을 제외한 부관만의 취소를 구하는 소송에 대해 각하판결 함(99두509)(17서울9급,16지방9급).
즉, 부담이외의 부관에 대한 부진정일부취소소송(하자 있는 부관을 포함한 처분 전체를 대상으로하여, 그 부관만의 취소를 구하는 것)을 인정 X(12지방7급)
∴ ① 부관이 부가된 행정행위 전체에 대해 취소소송을 제기하거나 (전체취소소송 = 하자 있는 부관을 포함한 처분 전체를 대상으로 하여 처분 전체의 취소를 구하는 것).(18국가7급, 13서울7급)
② 부관이 없는 행정행위로 변경해 줄 것을 청구한 다음 그것이 거부된 경우에 거부처분취소소송을 제기할 수 있다(89누6808).(19서울7급,17서울7급,15국회8급)

판례 ✪기선선망어업 허가를 하면서 부속선을 사용할 수 없도록 제한한 위법한 부관에 대해서는 부속선을 사용할 수 있도록 어업허가사항변경신청을 한 다음 그것이 거부된 경우에 거부처분취소소송을 제기할 수 있다.(15국회8급)</td></tr>
</table>

독립취소 가능성 (본안 문제)	본안에서 부관만의 위법성이 인정되는 경우, 부관만을 독립하여 취소할 수 있는가에 대하여, **판례는 부담의 경우 독립취소 가능성도 인정, 그 외 부관의 경우, 독립취소 가능성을 부정하고 있으나, 사안에 따라 태도가 명확하지는 않음.**

1. 송달은 다른 법령 등에 특별한 규정이 있는 경우를 제외하고는 해당 문서가 송달받을 자에게 도달됨으로써 그 효력이 발생한다. **15서울7급**

2. 행정행위의 효력발생요건으로서의 도달은 상대방이 그 내용을 현실적으로 알 필요까지는 없고, 다만 알 수 있는 상태에 놓여짐으로써 충분하다. **17서울9급**

3. 납세자가 과세처분의 내용을 미리 알고 있는 경우에도 납세고지서의 송달이 필요하다. **17교행9급**

제 4 절 행정행위의 성립 및 효력발생 요건

1 성립요건

내부적	주체	**정당한 권한을 가진 행정청**이 그 **권한 내에서 정상적인 의사**에 따라 행해야 함 → 행정권한을 위임받은 사인도 행정청으로서 행정행위를 할 수 있음**(15서울9급)** 예) 공무수탁사인
	내용	법률상 · 사실상 **실현가능**하고, **명확**해야 함.
	형식	다른 법에 특별한 규정이 없는 한 문서로 하여야 한다고 규정 (행정절차법§24①) → 위반시 무효
	절차	일정 절차(청문 · 공청회)가 요구되는 경우, 그 절차를 거쳐야 함.
외부적		공식적으로 외부에 표시해야 함. 판례 ㉠ 행정의사가 외부에 표시되어 행정청이 자유롭게 취소·철회할 수 없는 구속을 받게되는 시점에 처분이 성립하고, 그 성립 여부는 **행정청이 행정의사를 공식적인 방법으로 외부에 표시하였는지를 기준**으로 판단해야 한다(2016두35120).**(21국가9급,21소방,21군무원9급)** ㉡ 법무부장관이 입국금지결정을 하고 이를 내부전상망인 '출입국관리정보시스템'에 입력하였으나, **통보하지 않은 경우 입국금지결정은 항고소송의 대상이 될 수 있는 '처분'에 해당하지 않는다**(2017두38874).**(21군무원9급)**

2 효력발생 요건

도달주의	행정행위는 **원칙적으로 도달주의**를 따르며(행정절차법§15①). **도달시 효력이 발생**함**(15서울7급,15교행9급,12지방9급)**. ✪ **도달이란 상대방이 알 수 있는 상태에 두는 것을 의미, 상대방이 인식할 수 있는 상태에 둠으로써 족함(18국가9급,17서울9급).** 판례 상대방 있는 행정처분은 특별한 규정이 없는 한 의사표시에 관한 일반법리에 따라 상대방에게 고지되어야 효력이 발생하고, 상대방 있는 행정처분이 상대방에게 고지되지 아니한 경우에는 상대방이 다른 경로를 통해 행정처분의 내용을 알게 되었다고 하더라도 행정처분의 효력이 발생한다고 볼 수 없다(2019두38656).**(21변시,21소방간부)**

1. 등기에 의한 우편송달의 경우라도 수취인이 주민등록지에 실제로 거주하지 않는 경우에는 우편물의 도달사실을 처분청이 입증해야 한다. **18국가9급**

2. 처분서를 보통우편의 방법으로 발송한 경우에는 그 우편물이 상당한 기간 내에 도달하였다고 추정할 수 없다. **18국가9급**

3. 문서를 송달받을 자 또는 그 사무원 등이 정당한 사유 없이 송달받기를 거부하는 때에는 그 사실을 수령확인서에 적고, 문서를 송달할 장소에 놓아둘 수 있다. **17국가7급**

4. 정보통신망을 이용하여 전자문서로 송달하는 경우에는 송달받을 자가 지정한 컴퓨터 등에 입력된 때에 도달된 것으로 본다. **18교행9급**

통지방법			
통지방법	송달	**일반론**	㉠ 송달은 우편, 교부 또는 정보통신망 이용 등의 방법으로 하되, 송달받을 자의 주소 · 거소 · 영업소 · 사무소 또는 전자우편주소로 한다.**(14서울9급)** 다만, 송달받을 자가 동의하는 경우에는 그를 만나는 장소에서 송달할 수 있다(행정절차법§14①). ㉡ 우편 · 교부송달은 상대방이 처분의 내용을 이미 알고 있는 경우에도 송달이 필요.**(17교행9급)** ㉢ 송달받을 자가 납세고지서의 수령을 회피하는 경우, 송달받을 장소에 두고 온 것만으로는 송달되었다고 볼 수 없다(2003두13908).**(20국회8급)**
		우편송달	㉠ **보통우편** 송달은 발송만으로 도달 **추정 X** (2007두20140).**(18국가9급,17서울9급,14서울9급,12지방9급)** ㉡ **등기우편** 송달은 **발송만으로 도달 추정O.(20국회8급,10서울9급)** 단, 수취인이나 가족이 주민등록지에 실제로 거주되지 않는 등의 사정이 있는 경우 도달이 추정되지 않으므로, **우편물의 도달사실을 처분청이 입증**해야 한다(97누8977).**(20국회8급,18국가8급)**
		교부송달 (행정절차법 §14②)	㉠ **원칙** : 수령확인서를 받고 문서를 교부**(14서울9급)** ㉡ **보충송달** : 송달하는 장소에서 송달받을 자를 만나지 못한 경우에는 그 사무원 · 피용자 또는 동거인으로서 **사리를 분별할 지능이 있는 사람**에게 문서를 교부할 수 있다.**(17국가7급)** ㉢ **유치송달** : **문서를 송달받을 자 또는 그 사무원등이 정당한 사유 없이 송달받기를 거부하는 때에는 그 사실을 수령확인서에 적고, 문서를 송달할 장소에 놓아둘 수 있다.(17국가7급)**
		정보통신망 이용한 송달	㉠ 정보통신망을 이용한 송달은 송달받을 자가 **동의하는 경우에만** 한다**(18교행9급)**.이 경우 송달받을 자는 송달받을 전자우편주소 등을 지정하여야 한다.(행정절차법 §14③)**(17국가7급)** ㉡ **정보통신망을 이용하여 전자문서로 송달**하는 경우에는 **송달받을 자가 지정한 컴퓨터 등에 입력된 때에 도달된 것으로 본다.**(행정절차법 §15②)**(20국회8급,18교행9급)**
	고시 · 공고	**행정절차법상 고시 · 공고**	㉠ 상대방이 **특정인**일 때 송달에 갈음하여 하는 공고 ㉡ 송달받을 자의 **주소등을 통상적인 방법으로 확인할 수 없는 경우나 송달이 불가능**한 경우, 송달받을 자가 알기 쉽도록 관보, 공보, 게시판, 일간신문 중 하나 이상에 공고하고 인터넷에도 공고하여야 한다(행정절차법 §14④).**(20국회8급,17국가7급,10서울9급)** ㉢ 공고일부터 14일이 지난 때에 그 효력이 발생(행정절차법 §15③).**(12지방9급)**
		개별법상 고시 · 공고	㉠ 상대방이 **불특정다수**일 때 하는 공고 예) 청소년유해매체물 결정 및 고시처분**(11지방9급)** ㉡ 효력발생일에 관해 명문규정이 없는 경우, 고시 공고 등이 있은 날부터 **5일이 경과한 때**에 효력이 발생(행정 효율과 협업 촉진에 관한 규정 §6)**(18국가9급)**

제 5 절 행정행위의 효력

1 구속력

구속력이란 법률행위적 행정행위는 행정청이 표시한 의사의 내용에 따라,
준법률행위적 행정행위는 법령에서 정하고 있는 바에 따라,
일정한 법적효과가 발생하여 당사자를 구속하는 실체법상 효력이다.**(16사복9급,09국가9급)**

2 공정력

<table>
<tr><td>개념</td><td colspan="2">행정행위에 하자가 있더라도, 그것이 중대 · 명백하여 당연 무효로 인정되는 경우를 제외하고는 권한 있는 기관에 의해 취소되기 전까지는 일응 유효한 것으로 통용되는 힘을 의미함.(22국가9급,21지방9급,20국회8급,15서울7급,15국가7급,14서울7급 등)</td></tr>
<tr><td rowspan="2">근거</td><td>실정법상 근거</td><td>행정기본법 제15조(처분의 효력) 처분은 권한이 있는 기관이 취소 또는 철회하거나 기간의 경과 등으로 소멸되기 전까지는 유효한 것으로 통용된다. 다만, 무효인 처분은 처음부터 그 효력이 발생하지 아니한다.</td></tr>
<tr><td>이론적 근거</td><td>행정법관계의 안정성과 상대방의 신뢰보호 등을 기반으로
법적 안정설(행정정책설)이 통설의 입장임.(17국가9급)</td></tr>
<tr><td rowspan="3">효력</td><td>상대방 · 제3자
(공정력)</td><td>구속력이 미침 = 적법하게 취소되기 전까지 행정행위의 효력 부인 X
예) 파면처분을 당한 공무원은 그 처분에 취소사유인 하자가 존재하는 경우 파면처분취소소송을 제기하여야 하고, 곧바로 공무원지위확인소송을 제기할 수 없다.(19서울9급)</td></tr>
<tr><td rowspan="2">다른 국가기관 및 법원
(구성요건적 효력)</td><td>비록 하자있는 행정행위라고 하더라도 그 하자가 중대·명백하여 당연무효가 아닌 한, 다른 국가기관 및 법원은 유효한 행정행위의 존재를 존중하여 스스로의 판단 기초 내지는 구성요건으로 삼아야 한다는 원칙으로(15교행9급), 공정력과 구별되는 개념. 그러나, 단순 논의에 불과함.
예) 법무부장관이 A에게 귀화허가를 준 경우 그 귀화허가가 무효가 아니라면, 다른 국가기관은 A를 국민으로 인정해야 함.(14서울7급)</td></tr>
<tr><td>구성요건적 효력에 대한 명시적인 법적 근거는 없으나, 국가기관 간 권한분배체계와 권한 존중의 원칙이 간접적인 근거가 됨(20국회8급)</td></tr>
<tr><td>공정력과 입증책임</td><td colspan="2">오늘날 통설은 공정력은 행정행위를 잠정적으로 유효한 것으로 통용시키는 효력에 불과한 것으로 이해하기에, 공정력과 입증책임은 무관하다고 함.(12사복9급)</td></tr>
<tr><td>한계</td><td colspan="2">공정력은 행정행위·재결에만 인정되고, 무효인 행정행위, 법규명령 · 행정규칙 · 행정계약 · 사실행위 · 행정지도 · 공법상계약 · 확약에는 인정되지 않는다
(공정력은 취소쟁송제도를 전제로 하기 때문에, 처분성이 인정되지 않으면 공정력도 인정되지 않음)</td></tr>
</table>

1. 행정처분이 위법함을 이유로 국가배상을 청구하기 위한 전제로서 그 처분이 취소되어야 하는 것은 아니다. **19국가9급**

2. 과세처분의 하자가 단지 취소할 수 있는 정도에 불과할 때에는 과세관청이 이를 스스로 취소하거나 행정쟁송절차에 의하여 취소되지 않는 한 그로 인한 조세의 납부가 부당이득이 된다고 할 수 없다. **19지방·교행9급**

3. 과세처분에 취소할 수 있는 위법사유가 있다 하더라도 그 과세처분은 그것이 적법하게 취소되기 전까지는 유효하다 할 것이므로, 민사소송절차에서 그 과세처분의 효력을 부인할 수 없다. **18국회8급**

4. 과 · 오납세금반환청구소송에서 민사법원은 그 선결문제로서 과세처분의 무효 여부를 판단할 수 있다. **19국가9급**

5. 행정처분이 당연무효임을 전제로 하여 민사소송을 제기한 때에는 그 행정처분이 당연무효인지의 여부가 선결문제이므로 법원은 이를 심사하여 그 행정처분의 하자가 당연무효라고 인정될 경우에는 이를 전제로 하여 판단할 수 있으나, 그 하자가 단순한 취소사유에 그칠 때에는 법원은 그 효력을 부인할 수 없다. **17국가7급**

<table>
<tr><td rowspan="3">선결문제</td><td>일반론</td><td>행정소송법 제11조(선결문제) ① 처분등의 효력 유무 또는 존재 여부가 민사소송의 선결문제로 되어 당해 민사소송의 수소법원이 이를 심리 · 판단하는 경우에는 제17조, 제25조, 제26조 및 제33조의 규정을 준용한다.(18국가7급)

선결문제란 처분의 위법 여부 또는 효력 유무가 취소소송 외 다른 소송의 재판을 함에 있어 먼저 해결해야 할 문제가 된 경우를 의미하는데, 행정소송법이 규정하고 있는 경우 외에 처분의 위법 여부를 민 · 형사의 선결문제로서 판단할 수 있는지 등이 문제됨.</td></tr>
<tr><td rowspan="2">민사소송</td><td>1. 행정행위의 위법 여부가 선결문제(국가배상청구소송)
: 행정행위의 위법을 이유로 국가배상청구를 한 경우, 민사법원은 행정처분의 위법 여부를 스스로 판단 가능(판례 · 통설(긍정설))

판례 ① 행정처분이 위법함을 이유로 국가배상을 청구하기 위한 전제로서 그 처분이 취소되어야만 하는 것은 아니다.
(72다337)(20지방7급,19국가9급,12국가9급,20국회8급)
② 과세대상이 아닌 것을 세무공무원이 직무상 과실로 과세대상으로 오인하여 과세처분을 행함으로 인하여 손해가 발생된 경우, 과세처분이 취소되지 아니하였다 하더라도 국가는 이로 인한 손해배상 책임이 있다(79다262).(20지방7급,18지방7급)</td></tr>
<tr><td>2. 행정행위의 효력 유무가 선결문제(부당이득반환청구소송)
가. 행정행위의 하자가 취소사유에 불과한 경우 :
법원은 행정처분의 효력을 부정할 수 없고, 그로 인한 이득을 부당이득으로 볼 수 없음 → 기각판결

판례 조세과오납 반환청구사건에서 조세의 과오납이 취소사유에 불과할 경우에는 부당이득으로 볼 수 없다(94다28000).(19서울7급,18국회8급,16서울7급,11지방7급)

나. 행정행위의 하자가 무효인 경우 :
법원은 언제든지 무효여부를 판단할 수 있다(18국회8급,18서울7급).
→ 법원은 행정처분의 효력을 부정할 수 있고, 인용판결 내림 (단, 민사법원이 처분의 무효확인판결을 할 수는 없음)(19지방·교행9급).

판례 ㉠ 국세등의 부과 및 징수처분과 같은 행정처분이 당연무효임을 전제로 하여 민사소송을 제기한 때에는 그 행정처분이 당연무효인지의 여부가 선결문제이므로 법원은 이를 심사하여 그 행정처분의 하자가 중대하고도 명백하여 당연무효라고 인정될 경우에는 이를 전제로 하여 판단할 수 있으나 그 하자가 단순한 취소사유에 그칠 때에는 법원은 그 효력을 부인할 수 없다(70다1439).(21지방9급,19국가9급,19지방9급,18국회8급)
㉡ 민사소송에 있어서 어느 행정처분의 당연무효 여부가 선결문제로 되는 때에는 이를 판단하여 당연무효임을 전제로 판결할 수 있고 반드시 행정소송 등의 절차에 의하여 그 취소나 무효확인을 받아야 하는 것은 아니다(2009다90092).(22국회8급,21소방간부,19지방9급,18국가7급)</td></tr>
</table>

선결문제	형사소송	**1. 행정행위 위법 여부가 선결문제(범죄성립을 위해 위법성을 확인해야 하는 경우 → 법원이 판단 가능** 판례 ㉠ 행정청이 침해적 행정처분인 시정명령을 하면서 사전통지를 하거나 의견제출 기회를 부여하지 않아 시정명령이 절차적 하자로 위법하다면, 그 시정명령을 위반한 사람에 대해서는 시정명령위반죄가 성립하지 않는다(2017도7321).**(20국회8급,18국가7급)** ㉡ 같은 법 제78조 제1항에 정한 처분이나 조치명령을 받은 자가 이에 위반한 경우 이로 인하여 같은 법 제92조에 정한 처벌을 하기 위하여는 그 처분이나 조치명령이 적법한 것이라야 하고, 그 처분이 당연무효가 아니라 하더라도 그것이 위법한 처분으로 인정되는 한 같은 법 제92조 위반죄가 성립될 수 없다(90도1709).**(22국가9급,17국가7급,13국가9급)** **2. 행정행위의 효력유무가 선결문제(범죄성립을 위해 행정행위의 효력이 부인되어야 하는 경우)** : 행정행위의 **하자가 취소사유에 불과**한 경우 **법원은 행정처분의 효력을 부정할 수 없고, 무효**사유인 경우 법원은 행정행위의 효력 **판단이 가능**함.**(20국회8급,17경찰,14지방9급)** 판례 ① ✪ **위법한 운전면허라도 취소되지 않는 한 유효하므로, 무면허운전죄는 성립하지 않는다**(80도2646).**(22국가9급,20국회8급,17경행,11지방7급 등)** ② ✪ 위법한 수입면허라도 **당연무효가 아닌 한, 무면허수입죄가 성립될 수 없다**(89도149).**(16지방7급,13국가9급)** ③ 소방시설 등의 설치 또는 유지 · 관리에 대한 명령이 행정처분으로서 하자가 있어 무효인 경우, 위 명령 위반을 이유로 행정형벌을 부과할 수 없다(2011도11109).**(19지방·교행9급,16서울7급,14지방7급,14국회8급)** 참고) 자동차 운전면허 취소처분을 받은 사람이 자동차를 운전하였으나 운전면허 취소처분의 원인이 된 교통사고 또는 법규 위반에 대하여 범죄사실의 증명이 없는 때에 해당한다는 이유로 무죄판결이 확정된 경우, 취소처분이 취소되지 않았더라도 도로교통법에 규정된 무면허운전의 죄로 처벌할 수 없다(2019도11826).

1. 행정처분이 당연무효이 아닌 한 형사법원은 선결문제로 그 행정처분의 효력을 부인할 수 없다. **14지방9급**

2. 연령미달의 결격자인 피고인이 소외인의 이름으로 운전면허시험에 응시, 합격하여 교부받은 운전면허는 당연 무효가 아니고 취소되지 않은 한 유효하므로 피고인의 운전행위는 무면허운전에 해당하지 아니한다. **17경행**

3. 구 '소방시설 설치 · 유지 및 안전관리에 관한 법률' 제9조에 의한 소방시설 등의 설치 또는 유지·관리에 대한 명령이 행정처분으로서 하자가 있어 무효인 경우에는 명령에 따른 의무위반이 생기지 아니하므로, 명령 위반을 이유로 행정형벌을 부과할 수 없다. **19지방·교행9급**

4. 행정행위의 불가쟁력은 형식적 존속력이라고도 한다. **18소방9급**

3 존속력 - 불가쟁력, 불가변력

	불가쟁력(형식적 존속력)	불가변력(실체적 존속력)
개념	**쟁송제기기간이 경과하거나, 쟁송수단을 다 거친 경우, 행정행위의 상대방이 더 이상 행정행위의 효력을 다툴 수 없게 되는 힘(21소방,15서울9급)**	**행정청 자신도 행정행위에 구속되어 직권으로 취소 · 변경할 수 없게 되는 힘(21소방,16사복9급,09국가9급)**
취지	행정의 안정성	상대방의 신뢰보호
성질	절차법적 효력**(21소방,17국가7급)**	실체법적 효력**(21소방,17국가7급)**
위반의 효과	불가쟁력이 발생한 행위에 대한 행정쟁송이 제기되면 부적법각하.	실질적 존속력이 있는 행정행위를 철회 · 취소시 위법한 행위가 됨.

1. 취소사유 있는 영업정지처분에 대한 취소소송의 제소기간이 도과한 경우 처분의 상대방은 국가배상청구소송을 제기하여 재산상 손해의 배상을 구할 수 있다. **19서울9급**

2. 산업재해요양보상급여취소처분이 쟁송기간의 경과로 더 이상 다툴 수 없게 된 경우에도 요양급여청구권의 부존재가 확정된 것은 아니므로 다시 요양급여청구를 할 수 있다. **17국가7급**

3. 행정처분이 불복기간의 경과로 인하여 확정될 경우, 그 확정력은 처분으로 인하여 법률상 이익을 침해받은 자가 처분의 효력을 더 이상 다툴 수 없다는 의미일 뿐 판결에 있어서와 같은 기판력이 인정되는 것은 아니다. **19지방·교행9급**

4. 불가쟁력이 발생한 행정행위일지라도 불가변력이 없는 경우에는 행정청 등 권한 있는 기관은 이를 직권으로 취소할 수 있다. **18소방9급**

5. 불가변력이 있는 행정행위도 쟁송제기기간이 경과하기 전에는 쟁송을 제기하여 그 효력을 다툴 수 있다. **15교행9급**

6. 행정행위의 불가변력은 해당 행정행위에 대해서만 인정될 뿐 그 대상을 달리하는 동종의 행정행위에 대해서도 인정되는 것은 아니다. **18지방7급**

7. 취소할 수 있는 행정행위는 제소기간의 제한을 받지만, 무효인 행정행위는 제소기간의 제한을 받지 않는다. **13국회속기9급**

구속대상	**상대방 및 이해관계**인 구속함	**처분청 등 행정기관**을 구속함.
효력발생 시기	**쟁송기간 도과시** (쟁송수단을 모두 거친 경우)	**특정한 행정행위 효력 발생시**
적용 범위	모든 행정행위	• 특정한 행정행위에 한해 인정됨. • 준사법적행정행위 ○ (행정심판재결(**18소방9급**), 특허심판원의 심결, 토지수용재결) • 확인행위 ○ (국가시험합격자결정, 당선인 결정 등) 수익적 행정행위 X (다수설 : 신뢰보호원칙에 의해 취소가 제한되는 것이지, 불가변력에 의해 제한되는 것은 아님)
효력발생 효과	**직권취소 가능,** **쟁송제기 불가**	**직권취소 불가,** **쟁송제기 가능**
상호 독립적	불가쟁력과 불가변력은 **상호독립적**이어서(**18지방9급**), 불가변력이 발생한 행위가 당연히 불가쟁력이 발생하는 것 아님. ∴ **불가변력이 있는 행위도 제소기간이 도과하기 전에는 쟁송을 제기하여 그 효력을 다툴 수 있음**(**15교행9급**)	
내용	① 행정청이 철회·취소하는 것 가능. 단, **상대방 등은 손해배상청구소송 제기가능**(손해배상청구소송은 처분의 효력을 다투지 않기 때문)(79다262)(**21지방9급,21소방,19서울9급,08지방9급**) ② **무효인 행정행위는 불가쟁력 발생 X** (**20국회8급,19소방9급**) → 무효확인소송제기시 기한의 제한 X ③ ✪ **재심사청구권 인정 X** 행정절차법상 명문규정 없음(**19소방9급**). 그러나 **행정기본법 제37조에 재심사청구 명문화함**(2023.3.24.시행) **판례** 법규에서 신청권을 규정하고 있거나 법령 해석상 변경을 구할 신청권이 없으므로, 그 행정처분에 대하여 변경을 요구하였으나 거부된 경우 그 거부는 항고소송의 대상이 되는 처분이라고 볼 수 없음(2005두11104).(**19사복9급, 18국회8급,16서울9급,13국가7급**)	① 행정청은 직권으로 취소·변경할 수 없으나, 상대방 또는 이해관계인은 쟁송기간이 경과하지 않은 경우 취소소송제기가 가능함. ② 무효인 행정행위는 **불가변력 발생 X** ③ **당해 행정행위에만 인정 동종 행정행위라도 대상이 다르면 인정되지않음**(73누129).(**21지방9급,21소방간부,18지방7급,16국가7급**)

내용	④ ✪ **판결의 효력인 기판력이 인정되는 것 아님.** → 불가쟁력이 발생한 경우, 처분의 기초가 된 사실관계나 법률적 판단이 확정되고 **당사자들이나 법원이 이에 기속되어 모순되는 주장이나 판단을 할 수 없게 되는 것은 아님(19지방·교행9급,16국가7급)** 판례 ✪ 산업재해요양보상급여취소처분이 쟁송기간의 경과로 더 이상 다툴 수 없게 된 경우에도 요양급여청구권의 부존재가 확정된 것은 아니므로 다시 요양급여청구를 할 수 있다(2002두11288).**(17국가7급)** ⑤ 불가쟁력이 발생한 행위에 대해서는 **위헌결정의 효력이 미치지 않음**(92누9463).**(16서울7급)**

4 강제력

	자력집행력	제재력
의의	행정행위에 의해 부과된 의무**(하명)**를 상대방이 불이행한 경우, 행정청이 스스로 강제력을 발동하여 그 의무를 실현시키는 힘.**(15서울9급)**	행정행위에 의해 부과된 의무를 상대방이 불이행한 경우, 이에 대한 제재로 행정벌(행정형벌, 행정질서벌)을 부과하는 효력을 의미함.**(14서울7급)**
법적 근거 요부	강제집행을 위해서는 의무를 부과하는 행위와는 **별도로 법적 근거 필요**함.**(15서울9급)**	명시적인 법적 근거 있어야 함.

제 6 절 행정행위의 하자

1 하자의 의의 및 판단시점

의의	행정행위가 성립요건이나 효력요건을 갖추지 못한 흠이 있는 것으로, 단순 오기 · 오산 등의 경우는 하자 아님.**(14국회8급,14경행)** 하자 존재시, 무효인 행정행위 또는 취소할 수 있는 행정행위가 됨.
판단시점	**처분시를 기준**으로 판단함.

2 행정행위의 무효 · 취소

가. 의의

무효인 행정행위	행정행위의 외형은 존재하나, **그 법률효과가 처음부터 발생하지 않는 행정행위**(행정행위 부존재는 처음부터 행정행위로 성립조차 하지 못하여 외형도 존재하지 않는다는 점에서 무효인 행정행위와 구별됨)
취소할 수 있는 행정행위	행정행위에 하자가 있지만 **공정력에 의해 일단 유효**하나, **권한 있는 기관에 의해 취소되면 소급해서 효력을 잃는 행정행위**

나. 구별 실익

	무효인 행정행위	취소할 수 있는 행정행위
✪ 공정력, 강제력	X	O
✪ 불가쟁력	X (쟁송제기기간 제한 X)	O (쟁송제기기간 제한 O)
선결문제 (일반법원의 판단 가능여부)	심사가능	위법성 심사는 가능 단, 스스로 효력 부인하지는 못함
하자의 치유	X	○
하자의 전환	○	X
하자의 승계	○	• 선행행위와 후행행위가 별개의 효력을 발생 : 승계 X • 양자가 결합하여 하나의 효력을 발생 : 승계 ○
신뢰보호의 원칙	X	○
행정쟁송	무효등확인심판 무효등확인소송	취소심판 취소소송
간접강제	X	○
사정판결 사정재결	X	○ (15서울9급)
국가배상청구	행정작용이 위법하기만 하면 인정되므로, 구별실익 X	
집행부정지원칙	취소소송, 무효확인소송 모두 인정되므로, 구별실익 X	

다. 구별 기준

학설	**중대 · 명백설 (통설 · 판례)**	✪ 하자가 **법규의 중요한 부분을 위반한 중대한 것으로서 일반인의 입장에서 보아도 그 하자가 있음이 객관적으로 외관상 명백한 경우에 당연무효**이고**(21소방,20국가7급,19서울9급,19사복9급,13서울7급)**, 중대성, 명백성 중 어느 하나라도 갖추지 못한 경우에는 취소사유라고 보는 견해

학설	중대 · 명백설 (통설 · 판례)	판례 어느 법률관계나 사실관계에 대하여, 어느 법령의 규정을 적용할 수 없다는 법리가 명백히 밝혀지지 않아 해석에 다툼의 여지가 있는 상태라면, 과세관청이 이를 잘못 해석하여 과세처분을 한 경우, 그 하자가 명백하다고 할 수 없다(2017다242409).
	중대설	하자가 중대한 경우에만 무효라고 보는 견해
	명백성 보충요건설	• 하자가 중대하면 무효이나, 예외적으로 제3자나 공공의 신뢰보호가 필요한 경우에는 보충적으로 명백성을 요구하는 견해.**(15서울7급)** • 이 견해는 중대 · 명백설보다 무효의 인정 범위가 넓어짐.**(17지방9급)** • 중대 명백설의 명백성 요구를 비판함.**(13국가7급)**
판례	기본적으로 **중대 · 명백설**에 따르고, 중대 · 명백성을 판별함에 있어서는 그 법규의 목적, 의미, 기능 등을 목적론적으로 고찰함과 동시에 **구체적 사안 자체의 특수성에 대하여 합리적으로 고찰**해야 한다고 함(84누419).**(15서울7급)**	

라. 구체적 판례

1) 주체상 하자

무효	㉠ ✪ 구 폐기물처리시설 설치촉진 및 주변지역지원 등에 관한 법률에서 정한 입지선정위원회가 **군수와 주민대표가 선정 · 추천한 전문가를 포함시키지 않은 채 임의로 구성되어 의결**한 경우(2006두20150).**(19국가7급,18지방9급,12지방7급,11지방9급)** ㉡ ✪ **내부위임 받은 데 불과한 구청장**이 자신의 명의로 한 **압류처분**(93누6621)**(20국가9급,19서울7급)** ㉢ 부동산을 **양도한 사실이 없는 자**에 대한 양도소득세 부과처분은 착오에 의한 행정처분으로 당연무효임(83누179) ㉣ 음주운전을 단속한 경찰관 자신의 명의로 행한 운전면허정지처분의 효력(97누2313)**(12지방7급)** ㉤ 구 개발이익환수에 관한 법률 시행 당시 납부의무자가 아닌 주택조합의 조합원에 대하여 한 개발부담금 부과처분(95다30390)**(18서울7급,11국회8급)** ㉥ 조세채권의 소멸시효기간이 완성된 후에 부과한 과세처분(87누1018)**(16경행)** ㉦ 이사회 승인의결 없는 학교법인 기본재산 교환 허가 처분(81누275)**(11국회8급)** ㉧ 납세자 아닌 제3자의 재산을 대상으로 압류처분을 한 경우(2000다68924)**(22소방)**
취소	㉠ ✪ **임면권자가 아닌 국정원장**이 행한 5급 이상 국정원 직원 의원면직처분은 당연무효가 아님(2005두15748)**(21변시,18지방9급,17국회8급,16지방7급,15지방7급)**(∵의원면직처분은 사직의사를 수리하는 소극적, 확인적 행정행위의 성격이 강하여 재량의 여지가 거의 없기 때문) ㉡ ✪ **적법한 권한위임없이 세관출장소장**이 행한 관세부과처분(2003두2403)**(19지방·교행9급,15지방9급)**(∵그동안 이의제기가 없었고, 그러한 권한이 있다고 오인할 여지가 있다고 인정됨) ㉢ 행정관청 내부의 사무처리규정에 불과한 전결규정에 위반하여 원래의 전결권자 아닌 보조기관 등이 처분권자인 행정관청의 이름으로 행정처분을 한 경우(97누1105)**(22국회8급,20국가9급)**

1. 행정처분이 당연무효이기 위해서는 그 하자가 법규의 중요한 부분을 위반한 중대한 것으로서 객관적으로 명백한 것이어야 한다. **19사복9급**

2. 하자 있는 행정처분이 당연무효가 되기 위하여는 그 하자가 법규의 중요한 부분을 위반한 중대한 것으로서 객관적으로 명백한 것이어야 하며 하자가 중대하고 명백한 것인지 여부를 판별함에 있어서는 구체적 사안 자체의 특수성에 관하여도 합리적으로 고찰함을 요한다. **15서울9급**

3. 판례는 위법하게 구성된 폐기물처리시설 입지선정위원회가 의결을 한 경우, 그에 터잡아 이루어진 폐기물처리시설 입지결정처분의 하자는 무효사유로 본다. **18지방7급**

4. 소멸시효완성 후에 부과된 조세부과처분은 납세의무 없는 자에 대하여 부과처분을 한 것으로서 그와 같은 하자는 중대하고 명백하여 그 처분의 효력은 당연무효이다. **16경행**

5. 적법한 권한위임없이 세관출장소장에 의하여 행하여진 관세부과처분은 그 하자가 중대하기는 하지만 객관적으로 명백하다고 할 수 없어 당연무효는 아니다. **19지방·교행9급**

1. 구 환경영향평가법상 환경영향평가를 실시하여야 할 사업에 대하여 환경영형평가를 거치지 아니하였음에도 승인 등 처분을 한 경우, 그 처분은 당연무효이다. **19지방·교행9급**

2. 법률상 청문을 요하는 행정처분의 경우 청문절차를 결여한 하자는 취소사유에 해당한다. **16교행9급**

2) 절차의 하자

구분		내용
법률상 필요한 상대방의 신청 · 동의 없이 행한 행위		**원칙적 무효** 분배신청을 한 바 없는 자에 대한 농지분배**(70다1750)**
타기관의 협의 등을 거치지 않은 행위		**원칙적 취소사유** 단, 다른 기관의 협의 등이 법률상 관계인의 권리보호를 위해 인정되는 경우에는 무효로 인정됨.
	취소	㉠ 보전임지를 다른 용도로 이용하기 위한 사업에 대해 승인 등 처분을 하기 전에 미리 산림청장과의 협의를 거치지 아니한 경우(2005두14363)**(22소방,15지방7급)** ㉡ 학교환경위생정화위원회 심의를 결한 정화구역 내 금지행위 및 시설 해제처분(2006두15806)**(17지방9급)** ㉢ 사전에 교통영향평가를 거치지 아니한 채 '교통영향평가 심의필증을 교부받을 것'을 부관으로 실시한 '실시계획 변경 승인 및 공사시행변경 인가처분'(2009두102)**(21서울7급,20국가9급,19지방·교행9급)** ㉣ 행정청이 사전환경성검토협의를 거쳐야 할 대상사업에 관하여 법의 해석을 잘못한 나머지 세부용도지역이 지정되지 않은 개발사업 부지에 대하여 사전환경성검토협의를 할지 여부를 결정하는 절차를 생략한 채 승인 등의 처분을 한 것(2009두2825).**(22소방)**
	무효	✪**환경영향평가를 거치지 않은 사업승인**(2005두14363)**(22소방,19지방9급,17지방7급,16서울7급,15지방9급)** 비교) 환경영향평가의 내용이 다소 부실하다 하더라도 그 부실로 인하여 당연히 처분이 위법하게 되는 것은 아님(2006두330)**(22소방,19지방·교행9급,16서울7급)**
필요한 공고 · 통지 · 열람 없이 행한 행위	**취소**	✪**주민등록법상 최고 · 공고의 절차를 거치지 않은 주민등록말소처분**(94누3223)**(14사복9급,11지방9급)**
	무효	㉠ 수정하고자 하는 내용에 대해 다시 공람절차 등을 밟지 않은 채 수정된 내용에 따라 한 환지예정지 지정처분(97누6889)**(15서울7급,11국회8급)** ㉡ 도지사의 인사교류안 작성 및 권고가 이루어지지 않은 상태에서 그 관할규역 내 시장이 인사교류처분을 행한 것은 무효인 행정행위(2004두10968)**(20지방7급,09국회8급)**
필요한 청문 또는 의견진술의 기회를 주지 않은 행위	**취소**	✪청문절차를 결여한 처분(2005두15700)**(16교행9급,12지방9급)**
	무효	과세예고 통지 후 과세 전 적부심사청구나 그에 대한 결정이 있기도 전에 행한 과세처분(2016두49228)**(19국가7급,18국가7급)**

3) 내용의 하자

<table>
<tr><td>실현 불가능</td><td colspan="2">✪사실상, 법률상 불가능한 경우 : 원칙적 무효임
예) 납세자가 아닌 제3자의 재산을 대상으로 한 압류처분(2010두4612)(15지방9급), 의사국가시험에 불합격한 자에 대한 의사면허 등</td></tr>
<tr><td>불명확한 행위</td><td colspan="2">사회통념상 인식할 수 없을 정도로 명확하지 않으면, 무효
예) 대집행 대상을 특정하지 않은 대집행의 계고</td></tr>
<tr><td rowspan="3">법령에 위반된 경우</td><td colspan="2">무효 · 취소의 구별기준에 따라 판단함</td></tr>
<tr><td>취소</td><td>㉠ 법리가 명백히 밝혀지지 아니하여 그 해석에 다툼의 여지가 있는 때에는 그 하자가 명백하다고 할 수 없음(2011두27094).(18경행)
㉡ 변상금 부과를 할 것을 사용료 부과처분을 한 경우(2012두20663)(20변시)</td></tr>
<tr><td>무효</td><td>㉠ 처분요건에 대한 해석에 다툼의 여지가 없음에도 불구하고 처분요건이 충족되지 않은 상태에서 한 행정청의 처분(2011두27094)(18경행)
㉡ 임용 당시 법령상 공무원임용결격사유가 있었음에도 임용권자의 과실에 의하여 임용결격자임을 밝혀내지 못한 경우, 그 임용행위는 당연무효임(86누459).(16국가9급)
㉢ 법령 규정의 문언만으로는 처분 요건의 의미가 분명하지 아니하여 그 해석에 다툼의 여지가 있었더라도 법원이나 헌법재판소의 분명한 판단이 있고, 행정청이 그러한 판단 내용에 따라 법령 규정을 해석·적용하는 데에 법률상 장애가 없는데도 합리적 근거 없이 사법적 판단과 어긋나게 행정처분을 하였다면 그 하자는 객관적으로 명백하다고 봄이 타당하다(2017두30122).(21소방간부,21변시)
㉣ 토지거래허가지역 내의 토지에 관하여 소유권 등 권리를 이전 또는 설정하는 내용의 거래계약을 체결한 경우, 그 거래계약이 처음부터 허가를 배제하거나 잠탈하는 내용의 계약으로서 확정적으로 무효인 경우를 제외하고는 허가를 받을 때까지는 법률상 미완성의 법률행위로서 유동적 무효 상태에 있다가 일단 허가를 받으면 그 계약은 소급하여 유효한 계약이 되고 이와 달리 불허가가 된 때에는 무효로 확정된다(97다41318).(20국회8급,13국가7급)
㉤ 도시관리계획결정 · 고시와 그 도면에 특정 토지가 도시관리계획에 포함되지 않았음이 명백한데도 도시관리계획을 집행하기 위한 후속 계획이나 처분에서 그 토지가 도시관리계획에 포함된 것처럼 표시되어 있는 경우(2018두47786).(21지방7급)
㉥ 도시계획의 결정·변경 등에 관한 권한을 가진 행정청은 이미 도시계획이 결정 · 고시된 지역에 대하여도 다른 내용의 도시계획을 결정 · 고시할 수 있고, 이 때에 후행 도시계획에 선행 도시계획과 서로 양립할 수 없는 내용이 포함되어 있다면, 선행 도시계획은 후행 도시계획과 같은 내용으로 변경되나, 후행 도시계획의 결정을 하는 행정청이 선행 도시계획의 결정·변경 등에 관한 권한이 없는 경우에 선행 도시계획과 서로 양립할 수 없는 내용이 포함된 후행 도시계획결정을 하는 것은 아무런 권한 없이 선행 도시계획결정을 폐지하고, 양립할 수 없는 새로운 내용이 포함된 후행 도시계획결정을 하는 것으로서, 선행 도시계획결정의 폐지 부분은 권한 없는 자에 의하여 행해진 것으로서 무효이고, 같은 지역에 대하여 선행 도시계획결정이 적법하게 폐지되지 아니한 상태에서 다시 한 후행 도시계획결정 역시 위법하고, 그 하자는 중대하고도 명백하여 다른 특별한 사정이 없는 한 무효라고 보아야 한다(99두11257).(21국가9급,17서울7급,17국회8급,16지방9급,16지방7급 등)</td></tr>
</table>

1. 행정행위의 하자가 치유되면 당해 행정행위는 처분 당시부터 하자가 없는 적법한 행정행위로 효력을 발생한다. **19서울7급**

2. 법치주의 원칙을 강조할 경우 행정행위의 하자의 치유는 원칙적으로 허용될 수 없지만 예외적으로 행정의 무용한 반복을 피하고 당사자의 법적 안정성을 위해 허용될 수 있다. **19서울7급**

4) 형식의 하자

행정절차법상 문서주의를 위반한 행위	㉠ ✪행정청의 처분의 방식을 규정한 행정절차법 제24조를 위반하여 행해진 행정청의 처분은 그 하자가 중대,명백하여 원칙적으로 무효임(2011도11109).**(16서울7급,19국가9급)** ㉡ ✪건물소유자에게 소방시설 불량사항을 시정 · 보완하라는 명령을 구두로 고지한 것은 하자가 중대 · 명백하여 무효임(2011도11109).**(19국가9급)** ㉢ 구두, 사이렌, 타종 기타 방법에 의한 예비군대원의 교육훈련을 위한 소집은 무효(69도724)
서명 · 날인을 결한 행위	원칙적으로 **무효**
이유제시를 결한 행위	이유제시가 전혀 없는 경우 중대, 명백하여 무효, 다소 구체적이지 않는 경우에 그치는 경우 취소사유에 해당한다는 견해가 있으나, 판례는 대체적으로 취소사유로 봄.

3 하자의 치유와 전환

가. 하자의 치유

의의		성립당시에 하자가 있는 행정행위가 이후 그 하자가 취소를 요하지 않을 정도로 경미해진 경우, ✪**처음부터 적법한 행정행위**로 보는 것(**소급효**)**(19서울7급)**
인정 범위		· ✪ **무효**인 행위는 하자 **치유 X**(88누8869),**(16지방9급14지방7급)**, · ✪ **취소**할 수 있는 행정행위 중 **내용상 하자는 치유 X(19서울7급)** ✪ **형식 · 절차에 관한 하자는 하자의 치유 인정**됨.**(16국가9급)** 단, ✪**이유제시**의 경우 절차의 하자가 중대하여 치유되지 않는다는 판례도 있음**(18국회8급)** 판례 처분당시 이유제시를 결한 절차상 하자는 피처분자가 이를 알고 있었다는 사유만으로 치유되지 않는다(90누1786).
한계	**실체적 한계**	**원칙적으로 하자의 치유는 허용되지 않으나,** ✪**예외적**으로 행정행위의 무용한 반복을 피하고 당사자의 법적 안정성을 위해 **국민의 권리와 이익을 침해하지 않는 범위 내에서 허용**됨(99두11592).**(20소방9급,19서울7급,18서울7급,14사복9급,12국가9급 등)**
	시간적 한계	✪**불복 여부의 결정 및 불복신청에 편의를 줄 수 있는 상당한 기간 내**에 해야 한다고 판시하여, **행정쟁송제기 이전**에 치유가 가능하다고 봄 **(쟁송제기전설)**(83누393).**(22국가9급,18지방9급,14사복9급)** 판례 ㉠ 과세관청이 취소소송 계속 중에 납세고지서의 세액산출근거를 밝히는 보정통지를 하였다 하여 위법성이 이로써 치유된다 할 수 없다(83누404). ㉡ ✪과세처분에 대한 전심절차가 모두 끝나고 상고심의 계류 중에 세액산출근거의 통지가 있었다고 하여 이로써 위 과세처분의 하자가 치유되었다고는 볼 수 없다(83누393).**(17국가7급)**

판례	**하자의 치유 인정**	㉠ ✪ 행정청이 **청문서 도달기간을 다소 어겼다 하더라도** 당사자가 이에 대하여 **이의하지 아니한 채 스스로 청문일에 출석하여 방어의 기회를 충분히 가졌다면** 청문서 도달기간을 준수하지 아니한 하자는 치유된다(92누2844).**(20국가9급,17국가9급,16지방9급,16국가7급,15국가9급)** ㉡ 위법한 공매통지 이후 공매기일을 연기하고 다시 적법한 공고 · 통지를 거친 공매처분(70누161) ㉢ 납세고지서에 기재사항이 누락되었더라도 과세예고통지서 등에 그러한 사항이 기재되어 있어 납세의무자가 처분의 불복 여부 결정 등에 지장을 받지 않았음이 명백하다면 하자가 치유됨(96누12634).**(14지방9급,12지방7급)**
	하자의 치유 부정	㉠ ✪ 경원자관계에서 하자치유는 상대방의 불이익이 되어 불허됨(91누13274).**(14지방7급)** ㉡ 토지소유자 등의 동의율을 충족하지 못한 주택재건축정비 사업 조합설립인가처분은 후에 토지소유자 등의 추가 동의서가 제출되었다는 사정만으로 치유되지 않는다(2011두27544).**(20소방,18서울7급,16지방9급)** ㉢ 선행처분인 개별공시지가결정이 위법하여 그에 기초한 개발부담금 부과처분도 위법하게 된 경우, 그 후 적법한 절차를 거쳐 공시된 개별공시지가결정이 종전의 위법한 공시지가결정과 그 내용이 동일하더라도 위법한 개별공시지가 결정에 기초한 개발부담금 부과처분이 적법하게 된다고 볼 수 없다(99두11592).**(19국회8급)** ㉣ ✪ **당연무효인 징계처분을 징계처분을 받은 자가 용인한 경우에도 그 하자는 치유되지 않음**(88누8869).**(19지방·교행9급)** ㉤ **세액 산출근거가 누락된 납세고지서**에 의한 부과처분의 하자가, 부과된 세금을 자진납부하였다거나, 조세채권의 소멸시효기간이 만료되었다 하여 치유되는 것이라고는 할 수 없다(84누431).**(21지방9급,17국가7급,12지방9급)**

1. 행정청이 청문서 도달기간을 다소 어겼다 하더라도 영업자가 이에 대하여 이의하지 아니한 채 스스로 청문일에 출석하여 그 의견을 진술하고 반영하는 등 방어의 기회를 충분히 가졌다면 청문서 도달기간을 준수하지 아니한 하자는 치유된다.
16국가7급

2. 하자의 치유는 늦어도 행정처분에 대한 불복 여부의 결정 및 불복 신청을 할 수 있는 상당한 기간 내에 해야 하므로, 소가 제기된 이후에는 하자의 치유가 인정될 수없다. **14사복9급**

3. 당연무효인 징계처분의 하자는 징계처분을 받은 자가 이를 용인하였다 하여 그 하자가 치유되는 것은 아니다.
19지방·교행9급

나. 하자의 전환

의의	**하자있는 행정행위가 무효**이나, **다른 행정행위의 요건이 충족**되는 경우, 이를 **다른 행정행위로 간주**하는 것을 의미함.
인정 범위	무효인 행정행위에 대해서만 인정되고**(13국회9급)**, 국민의 권리와 이익을 침해하지 않는 범위 내에서 예외적으로 인정됨.
요건	① 전환 전과 후의 행위가 **요건 · 목적 · 효과 등에서 실질적 공통성**이 있어야 함. ② 하자 있는 행정행위가 **전환되는 행정행위의 성립 · 효력 요건**을 갖추고 있어야 함. ③ **행정청의 의사에 반하지 않아야** 함 ④ **당사자가 그 전환을 의욕**하는 것으로 인정되어야 함 ⑤ 전환이 **상대방 및 제3자의 이익을 침해하지 않아야** 함.
효과	① **전환된 행정행위**는 **새로운 행정행위**이므로**(16국가7급,19국회8급)**, **별개의 처분성 인정됨.** → 항고소송의 대상이 됨. 판례 사망자에 대한 불하취소처분은 무효이나, 이를 상속인에게 송달한 경우에는 송달시에 그 상속인에 대하여 불하처분을 취소한다는 새로운 행정처분을 한 것으로 볼 수 있다(68누190).**(18서울7급,11국회8급)** ② 이에 대한 항고소송 제기시. 제소기간은 전환행위가 있음을 안 날 부터 90일 이내가 됨. ③ **종전 행정행위의 발령 당시로 소급**하여 효력이 발생함.

1. 하자의 승계문제는 선행행정행위에 하자가 존재하고, 그 하자가 무효가 아닌 취소사유인 경우에 문제되는 것이다. **17경행**

4 하자의 승계

가. 일반론

<table>
<tr><td>의의</td><td colspan="2">위법한 선행행위에 불가쟁력이 생겨 다툴수 없을 때, 후행행위의 위법을 다투면서 선행행위의 위법을 주장할 수 있는지의 문제임.
후행행위의 하자를 이유로 선행행위를 다투는 것은 인정 X(20지방7급,16국가7급,14지방7급)</td></tr>
<tr><td>논의의 전제</td><td colspan="2">① 선행행위, 후행행위 모두 행정처분일 것(20지방7급,16교행9급 등)
② 선행행위의 위법사유는 무효 아닌 취소사유일 것(17경행,16사복9급,13국회9급,10지방7급 등)
→ 연속하는 행정행위간에 선행행위의 하자가 '무효'이면, 그 하자가 후행행위로 바로 이어져 결론적으로 후행행위까지 무효가 됨(20지방7급,17지방9급,16국회8급).

판례 선행처분과 후행처분이 서로 독립하여 별개의 법률효과를 목적으로 하는 때에도 선행처분이 당연무효이면 선행처분의 하자를 이유로 후행처분의 효력을 다툴 수 있다. 도시계획시설사업의 시행자가 작성한 실시계획을 인가하는 처분은 도시계획시설사업 시행자에게 도시계획시설사업의 공사를 허가하고 수용권을 부여하는 처분으로서 선행처분인 도시계획시설사업 시행자 지정 처분이 처분 요건을 충족하지 못하여 당연무효인 경우에는 사업시행자 지정 처분이 유효함을 전제로 이루어진 후행처분인 실시계획 인가처분도 무효라고 보아야 한다(2016두35120).(22국가9급,22소방)

→ ∴선행행위의 하자가 무효사유이면 하자의 승계 자체가 문제되지 않음.

판례 ㉠ 적법한 건축물에 대한 철거명령의 하자가 중대 · 명백하여 당연무효이면, 후행행위인 건축물철거 대집행계고처분 역시 당연 무효이다 (97누6780).(22국회8급,19서울8급,16국가9급,15지방9급,15지방7급 등)
㉡ 선행 도시계획시설사업시행자 지정처분이 당연무효이면 후행처분인 실시계획인가처분도 당연무효이다(2016두3512).(18서울7급)
㉢ 조세 부과처분이 무효이면, 압류 등 체납처분의 효력 역시 무효이다 (87누383).(17지방9급)

③ 후행행위는 적법해야
④ 선행행위에는 제소기간 경과 등 불가쟁력이 발생하여 더이상 다툴 수 없게 된 경우일 것(16교행9급,16사복9급,10국회9급)</td></tr>
<tr><td rowspan="2">견해 대립</td><td>전통적 견해
(하자승계론)
통설</td><td>선행행위와 후행행위가 결합하여 하나의 법률효과의 발생을 목적으로 하는 경우에는 하자승계 긍정, 별개의 법률효과의 발생을 목적으로 하는 경우 부정(17지방9급)</td></tr>
<tr><td>새로운 이론
(규준력이론, 구속력설)</td><td>• 하자의 승계를 선행행위가 후행행위에 미치는 구속력의 문제로 파악하여, 선행행위가 구속력의 한계(① 목적 · 법적 효과 일치, ② 수범자 일치. ③ 선행행위의 사실상태 유지, ④ 선행행위의 법적결과의 예측 · 수인가능)내에서 구속력을 갖게 되면 후행행위에서 선행행위의 효과의 위법을 주장할 수 없게 된다고 함(=하자승계 부정됨)(15국가7급).
• 즉 위 한계를 넘는 경우 구속력이 차단되어 승계가 인정된다고 함 (15국가7급).</td></tr>
</table>

견해 대립	판례의 태도	**통설**에 따라 **선후의 행위가 결합하여 하나의 법률효과를 발생시는지에 따라 승계여부를 판단**하나, ✪ **예외**적으로 **별개의 법률효과를 목적으로 하는 경우에도 예측가능성과 수인한도를 고려하여 승계를 긍정**한 바 있음.

나. 구체적 판례

1) 동일한 행정 목적 달성- 승계긍정

㉠ ✪ **행정대집행의 계고 → 통지 → 대집행실행 → 비용납부명령의 각 행위 사이** (95누12507).**(20국가9급,20국회9급,18국가9급,17서울9급,17경찰,16교행9급 등)**
㉡ ✪ **조세독촉 → 압류 → 매각 → 청산의 각 행위 사이**
㉢ 납부독촉 → 가산금 및 중가산금의 징수처분(86누147)
㉣ 안경사국가시험 합격무효처분 → 안경사면허취소처분(92누4567)**(17서울9급,15경찰)**
㉤ 한지의사시험자격인정 → 한지의사면허처분(75누123)**(18서울7급)**
㉥ 귀속재산의 임대처분 → 매각처분(62누215)
㉦ 암매장분묘개장명령 → 계고처분(4293행상31)
㉧ 기준시가고지처분 → 토지수용처분(90누5603)

2) 독립하여 별개의 법률효과를 목적으로 하는 경우 - 승계부정

㉠ **도시 · 군계획시설결정 ↛ 실시계획인가**(2016두49938)**(20지방7급,18국가9급)**
㉡ **주택재건축사업시행계획 ↛ 관리처분계획**(2010두13463)**(18서울9급)**
㉢ **도시계획결정, 사업시행인가, 사업인정 ↛ 수용재결(21변시,15경찰,11국가7급,10지방9급)**
㉣ 보충역편입처분 ↛ 공익근무요원소집처분(2001두5422)**(22국가9급,21소방,20군무원9급)**
㉤ 공무원직위해제처분 ↛ 직권면직처분(84누191)**(22국가9급,21소방간부)**
㉥ **건물철거명령 ↛ 대집행계고처분**(81누293)**(22국가9급)**
㉦ **조세부과처분 ↛ 압류 등의 체납처분**(87누383)**(16사복9급)**
㉧ 소득금액변동통지 ↛ 징수처분(2009두14439)
㉨ 표준지공시지가 ↛ 조세부과처분(96누10225)
㉩ **표준지공시지가결정 ↛ 개별공시지가결정**(95누11931)
㉪ 당초과세처분 ↛ 증액경정처분(2007두16493)
㉫ 택지개발계획승인처분 ↛ 수용재결 · 이의재결(95누132410)
㉬ 택지개발예정지구지정 ↛ 택지개발계획승인(95누8409)
㉭ 액화석유가스 판매사업허가처분 ↛ 사업개시신고 반려처분
ⓐ 수강거부처분 ↛ 수료처분
ⓑ 농지전용금부담금부과처분 ↛ 압류처분(2002헌바73)
ⓒ 변상판정 ↛ 변상명령
ⓓ 개별공시지가결정 후 재조사를 청구하고 조정결정을 통지받았음에도 다투지 않은 경우, 개별공시지가결정 ↛ 과세처분(96누6059)**(17국가9급)**
ⓔ 공인중개사무소 업무정지처분 ↛ 중개사무소의 개설등록을 취소하는 처분(2017두40372)
ⓕ 근로복지공단의 사업종류변경결정 ↛ 산재보험료부과처분(2019두61137)

3) ✪ 독립하여 별개의 법률효과를 목적으로 하더라도 예측가능성과 수인한도의 법리를 고려하여 예외적으로 승계를 긍정한 경우

㉠ ✪ **개별공시지가결정 → 과세처분**(93누8542)**(21국가9급)**
㉡ **표준공시지가결정 → 수용보상금 수용재결**(2007두13845)**(18국가9급,17서울7급)**
㉢ **친일반민족행위자결정 → 독립유공자배제결정**(2012두6964)**(18지방9급,17서울9급)**

1. 대집행의 계고, 대집행영장에 의한 통지, 대집행의 실행, 대집행비용의 납부명령은 동일한 행정목적을 달성하기 위하여 일련의 절차로 연속하여 행하여지는 것으로서, 서로 결합하여 하나의 법률효과를 발생시키는 것이다. **18서울9급**

2. 선행행위와 후행행위가 서로 독립하여 별개의 법률효과를 목적으로 하는 경우라도 선행행위의 불가쟁력이나 구속력이 그로 인하여 불이익을 입는 자에게 수인한도를 넘는 가혹함을 가져오고 그 결과가 예측가능한 것이 아닌 때에는 하자의 승계를 인정할 수 있다. **17지방9급**

3. 과세처분과 체납처분 사이에는 취소사유인 하자의 승계가 인정되지 않는다. **16사복9급**

4. 개별공시지가결정과 과세처분은 비록 별개의 효과를 목적으로 하는 것이기는 하나, 관계인에게 수인한도를 넘는 불이익을 강요하는 것인 경우에는 과세처분에 대한 취소소송에서 개별공시지가결정의 위법을 주장할 수 있다. **17서울7급**

1. 이미 취소소송의 제기기간을 경과하여 확정력이 발생한 행정처분에는 위헌결정의 소급효가 미치지 않는다. **17서울7급**

5 위헌결정과 행정처분의 효력

가. 위헌법률의 소급효

헌법재판소법제 제47조(위헌결정의 효력)
① 법률의 위헌결정은 법원과 그 밖의 국가기관 및 지방자치단체를 기속한다.
② 위헌으로 결정된 법률 또는 법률의 조항은 **그 결정이 있는 날부터 효력을 상실**한다.
③ 제2항에도 불구하고 **형벌에 관한 법률 또는 법률의 조항은 소급하여 그 효력을 상실**한다. 다만, 해당 법률 또는 법률의 조항에 대하여 종전에 합헌으로 결정한 사건이 있는 경우에는 그 결정이 있는 날의 다음 날로 소급하여 효력을 상실한다.

헌법재판소	원칙 장래효	**위헌결정의 효력은 원칙적으로 장래효이므로, 위헌 결정 전에 이루어진 처분은 유효함**(14지방9급,13지방9급).
	예외 소급효 (당·동·병·일)	㉠ **당해사건** - 위헌신청의 계기가 된 사건 ㉡ **동종사건** - 위헌결정 전에 위헌제청, 또는 위헌제청신청을 한 사건 ㉢ **병행사건** - 제청신청은 하지 않았지만 당해 법률이 재판의 전제가 되어 법원에 계속 중인 사건(22국가9급,19서울9급,17서울7급,15지방9급) ㉣ ✪위헌 결정 이후 제소한 **일반 사건** 중에서, 당사자의 권리구제를 위한 **구체적 타당성의 요청이 현저한 반면 소급효를 인정하여도 법적 안정성의 침해우려가 없는 사건**(20국회8급,19사복9급)
대법원	원칙 소급효	위헌결정 이후 제소된 **모든(일반) 사건에 대해서도 소급효**가 미침
	예외 장래효	㉠ **기판력에 저촉**되거나 ㉡ ✪이미 행정처분의 **확정력(불가쟁력)이 발생**한 경우 판례 위헌결정의 효력은 그 결정 이후에 당해 법률이 재판의 전제가 되었음을 이유로 법원에 제소된 일반사건에도 미치므로, 당해 법률에 근거하여 처분이 발하여진 후에 헌법재판소가 그 법률을 위헌으로 결정하였다면 그 처분은 하자가 있는 것이 되나, **이미 취소소송의 제기기간을 경과하여 확정력이 발생한 행정처분의 경우에는 위헌결정의 소급효가 미치지 않는다**(2001두3181).(22국가9급,20국회8급,18지방9급,17서울7급,12국가7급 등) ㉢ **법적안정성 유지나 신뢰보호를 위해 불가피**한 경우, → **소급효가 제한**됨. 판례 **금고 이상의 형의 선고유예를 받은 경우에 공무원직에서 당연히 퇴직**하는 것으로 규정한 구 지방공무원법 제61조 중 제31조 제5호 부분에 대한 헌법재판소의 위헌결정의 소급효를 인정할 경우 그로 인하여 보호되는 퇴직공무원의 권리구제라는 구체적 타당성 등의 요청에 비하여 종래의 법령에 의하여 형성된 공무원의 신분관계에 관한 법적 안정성과 신뢰보호의 요청이 현저하게 우월하다는 이유로, 위 위헌결정 이후 제소된 일반사건에 대하여 위 **위헌결정의 소급효가 제한**된다(2005두5628).(14지방9급)

나. 위헌법률에 근거한 처분의 효력

<table>
<tr><td rowspan="2">위헌결정 전에 이루어진 처분의 효력</td><td>✪ 대법원, 헌법재판소 모두, 법률이 헌법에 위반된다는 사정이 위헌 결정이 있기 전에는 객관적으로 명백한 것이 아니므로, 이러한 하자는 행정처분의 취소사유에 해당한다고 봄(92누9463).(21국회8급,20국회8급,19서울9급,18서울7급,18국가9급,15지방7급,14지방9급,13국가9급)

판례 ㉠ 시행령이 헌법이나 법률에 위반된다는 사정은 그 시행령의 규정을 위헌 또는 위법하여 무효라고 선언한 대법원의 판결이 선고되지 아니한 상태에서는 그 시행령 규정의 위헌 내지 위법 여부가 해석상 다툼의 여지가 없을 정도로 명백하였다고 인정되지 아니하는 이상 객관적으로 명백한 것이라 할 수 없으므로, 이러한 시행령에 근거한 행정처분의 하자는 취소사유에 해당할 뿐 무효사유가 된다고 볼 수는 없다(2004두619).
㉡ 어느 행정처분에 대하여 그 행정처분의 근거가 된 법률이 위헌이라는 이유로 무효확인청구의 소가 제기된 경우에는 다른 특별한 사정이 없는 한 법원으로서는 그 법률이 위헌인지 여부에 대하여는 판단할 필요 없이 위 무효확인청구를 기각하여야 할 것이다(92누9463).(18지방9급,13국가9급)</td></tr>
<tr><td>단, 헌법재판소는 행정처분 자체의 효력이 쟁송기간 경과 후에도 존속 중인 경우, 특히 그 처분이 위헌법률에 근거하여 내려진 것이고 그 행정처분의 목적달성을 위하여서는 후행 행정처분이 필요한데 후행 행정처분은 아직 이루어지지 않은 경우와 같이 그 행정처분을 무효로 하더라도 법적 안정성을 크게 해치지 않는 반면에 그 하자가 중대하여 그 구제가 필요한 경우에 대하여서는 그 예외를 인정하여 이를 당연무효사유로 보아서 무효확인을 구할 수 있다고 판단한 바 있다(92헌바23).(18지방9급,15서울7급)</td></tr>
<tr><td>위헌결정 후에 그 법률을 적용하여 이루어진 처분의 효력</td><td>• 헌법재판소법 제 47조에 따라, 위헌결정된 법령을 적용하여 처분을 할 경우, 기속력에 반하므로, 당연무효가 됨.(18지방9급,15국가9급,14국회8급,13국가9급,13지방7급)
• ✪ 위헌법률에 기한 행정처분의 집행이나, 그 집행력을 유지하기 위한 행위도 당연무효임.(21군무원7급,19국가7급,19서울9급,19사복9급,18경행,17국가9급,17지방9급)

판례 ✪ 조세부과처분의 근거규정이 위헌으로 선언된 경우, 그에 기한 조세부과처분이 위헌결정에 전에 이루어졌다 하더라도 위헌결정 이후에 조세채권의 집행을 위해 새로이 착수된 체납처분은 당연무효임(2010두10907).(22국가9급,22소방,22국회8급,19사복9급,17국가9급)</td></tr>
</table>

1. 조세부과처분의 근거규정이 위헌으로 선언된 경우, 그에 기한 조세부과처분이 위헌결정 전에 이루어졌다 하더라도 위헌결정 이후에 조세채권의 집행을 위해 새로이 착수된 체납처분은 당연무효이다. **17국가9급**

2. 과세처분 이후에 그 근거 법률이 위헌결정을 받았고 이미 과세처분의 불가쟁력이 발생한 경우에도, 당해 과세처분에 대한 조세채권의 집행을 위한 체납처분의 속행은 적법하지 않다. **17지방9급**

제 7 절 행정행위의 취소 · 철회, 실효, 결격사유 및 제재처분

1 행정행위의 취소

가. 취소의 의의

행정행위의 취소란 일단 유효하게 성립된 행정행위를 **성립상의 하자**를 이유로 나중에 권한 있는 기관에 의해 그 **효력을 소멸**시키는 것을 의미함.

1. 행정행위의 처분권자는 취소사유가 있는 경우 별도의 법적 근거가 없더라도 직권취소를 할 수 있다. **18국회8급**

나. 직권취소와 쟁송취소

구분	직권취소	쟁송취소
법적 근거	**행정기본법 제18조(위법 또는 부당한 처분의 취소)** ① 행정청은 **위법 또는 부당한 처분의 전부나 일부를 소급하여 취소할 수 있다.** 다만, **당사자의 신뢰를 보호할 가치가 있는 등 정당한 사유가** 있는 경우에는 **장래를 향하여 취소할 수 있다.**	행정심판법, 행정소송법이 각 근거 규정임
취소 권자	처분청 : **별도의 법적 근거 없이도 취소 O (통설,판례)(22소방,22국회8급,21서울7급,20국가9급,18국가9급,18서울7급)** 판례 도로점용료 부과처분에, 취소사유에 해당하는 흠이 있는 경우, 점용료 부과처분에 대한 취소소송이 제기된 이후에 도로관리청이 당초 처분 자체를 취소하고 흠을 보완하여 새로운 부과처분을 하거나 흠 있는 부분에 해당하는 점용료를 감액하는 처분을 할 수 있다(2016두56721,56738). 감독청 : 법적근거 있으면 ○, 법적근거 없는 경우 견해대립. **제3자 : 직권취소청구권 X** 판례 **행정청이 직권취소를 할 수 있다는 사정만으로 이해관계인인 제3자에게 행정청에 대한 직권취소청구권이 부여된 것으로 볼 수 없음**(2004두701)**(17국가9급)**	행정심판 : 행정심판위원회 행정소송 : 법원
취소 사유	처분이 위법하거나 부당한 경우	행정소송 : 위법한 처분만 행정심판 : 위법 또는 부당
취소 절차	① 행정청의 직권으로 개시 ② 독립적인 행정행위로, 행정절차법상 처분절차를 준수해야 함. 특히 **수익적 행정행위**의 직권행위는 상대방에게 침해적 효과를 발생시키므로 행정절차법에 따른 **사전통지, 의견청취의 절차**를 거쳐야 함**(18국회8급)**.	행정심판법, 행정소송법상의 엄격한 절차를 거쳐야 함.
취소 형식	특별한 형식 요하지 않음	재결, 판결
취소 기간	원칙적 제한 없음. 판례 **행정청은 행정소송이 계속되고 있는 때에도 직권으로 해당 처분을 변경할 수 있다**(2016두56721)**(21행정사,19국가7급)**. 단, 실권의 법리에 의해 제한 있음	법률상 기한 제한 있음

취소 범위	① 소극적 변경 가능 - 적극적 변경 가능 ② 외형상 하나의 처분이라 하더라도 가분성이 있거나, 그 처분대상의 일부가 특정될 수 있다면 일부취소 가능(**13경행**).	행정심판 : 소극적 · 적극적 변경가능 행정소송 : 소극적 변경만 가능 (일부취소)
취소 효과	**원칙 소급효** (행정기본법 §18①본문) **판례** ㉠ 행정청이 의료법인의 이사에 대한 이사취임승인취소처분을 직권으로 취소하면 이사의 지위가 소급하여 회복된다.(**17국가9급,14서울7급**) ㉡ 도로관리청이 도로점용허가 중 특별사용의 필요가 없는 부분을 소급적으로 직권취소하였다면, 도로관리청은 이미 징수한 점용료 중 취소된 부분의 점용면적에 해당하는 점용료를 반환하여야 한다(2016두56721, 56738).(**20경행**) ㉢ 행정청이 의료법인의 이사에 대한 이사취임승인취소처분(제1처분)을 직권으로 취소(제2처분)한 경우에는 그로 인하여 이사가 소급하여 이사로서의 지위를 회복하게 되고, 그 결과 위 제1처분과 제2처분 사이에 법원에 의하여 선임결정된 임시이사들의 지위는 법원의 해임결정이 없더라도 당연히 소멸된다(96누3401).(**21소방간부,17국가9급,14서울7급**)	일반적 **소급효** **판례** ㉠ 영업허가취소처분이 청문절차를 거치지 않았다하여 행정심판에서 취소되었다면, 그 허가취소처분 이후 취소재결시까지 영업했던 행위는 무허가영업에 해당하지 않는다(93도277).(**22국가9급,20국가7급,19국가9급,19지방7급,17국가7급,16지방7급 등**) ㉡ 조세부과처분 취소판결이 확정된 경우 조세부과처분은 처분시에 소급해 효력을 잃어 그 처분에 따른 납부의무가 없으므로 위 확정판결은 조세포탈에 대한 무죄 내지 경한 죄를 인정할 명백한 증거이다(83도2933).
	예외 ① **당사자의 신뢰보호 등 정당한 사유**가 있는 경우(행정기본법 §18①단서) **예외** ② **수익적 행정행위**의 경우, **원칙은 장래효**(취소하면, 상대방에게 침익적이므로).(**09지방9급**) 그러나 **상대방에게 사실은폐나 기타 사위의 방법 등 귀책사유가 있는 경우, 소급효**(**11지방9급,08지방7급**)	
취소의 제한	**부담적 행정행위 : 제한 없이 자유롭게 취소 가능**(**16서울9급, 13서울7급**) **판례** 변상금 부과처분에 대한 **취소소송이 진행 중이라도** 그 부과권자는 위법한 처분을 스스로 **취소하고 그 하자를 보완하여 다시 적법한 부과처분을 할 수도 있는 것이어서, 그 권리행사에 법률상의 장애사유가 있는 경우에 해당한다고 할 수 없으므로, 그 처분에 대한 취소소송이 진행되는 동안에도 그 부과권의 소멸시효가 진행된다**(2003두5686).(**21서울7급,19국가7급,18서울7급,17국가9급**)	**쟁송취소**의 경우 : **원칙 : 취소권 제한의 문제가 발생하지 않음** (주로 부담적 행정행위가 취소의 대상이 되기 때문)

1. 운전면허취소처분을 받았으나 나중에 행정쟁송절차에 의해 취소되었다면, 운전면허취소처분은 그 처분시에 소급하여 효력을 잃게 되고, 운전면허취소처분에 복종할 의무가 원래부터 없었음이 후에 확정된 것이다. **18국회8급**

2. 변상금부과처분에 대한 취소소송이 진행 중이라도 그 부과권자는 위법한 처분을 스스로 취소하고 그 하자를 보완하여 다시 적법한 부과처분을 할 수도 있다. **17국가9급**

1. 수익적 행정행위를 직권취소하는 경우 그 취소권의 행사로 인하여 공익상의 필요보다 상대방이 받게 되는 불이익 등이 막대한 경우에는 재량권의 한계를 일탈한 것으로서 그 자체가 위법하다. **15국가9급**

2. 수익적 처분이 상대방의 허위 기타 부정한 방법으로 인하여 행하여졌다면 상대방은 그 처분이 그와 같은 사유로 인하여 취소될 것임을 예상할 수 없었다고 할 수 없으므로, 이러한 경우에까지 상대방의 신뢰를 보호하여야 하는 것은 아니다. **19지방·교행9급**

취소의 제한	**수익적 행정행위 :** **행정기본법 제 18조** ② 행정청은 제1항에 따라 **당사자에게 권리나 이익을 부여하는 처분을 취소**하려는 경우에는 **취소로 인하여 당사자가 입게 될 불이익을 취소로 달성되는 공익과 비교·형량하여야 한다.**(21서울7급) ⇒ **원칙** 다만, 다음 각 호의 어느 하나에 해당하는 경우에는 그러하지 아니하다. 1. **거짓이나 그 밖의 부정한 방법으로** 처분을 받은 경우 2. **당사자가 처분의 위법성을 알고 있었거나 중대한 과실로 알지 못한 경우 ⇒ 예외** • **원칙 - 공익과 처분 상대방의 신뢰이익의 비교형량, 제3자의 이해관계의 개입에 따른 제한이 있음.**(16서울9급) **이 때, 직권취소의 필요성에 대한 입증책임은 행정청에 있다.**(21서울7급,21행정사,18서울7급) 판례 ✪**수익적 행정처분**을 취소 또는 철회하는 경우에는 이미 부여된 그 국민의 기득권을 침해하는 것이 되므로 **그 처분으로 인하여 공익상의 필요보다 상대방이 받게 되는 불이익 등이 막대한 경우에는 재량권의 한계를 일탈한 것으로서 그 자체가 위법**하다(85누664).(21서울7급,21경행,19지방9급,16서울7급,15국가9급,12국가7급) • **예외 - 행정청의 하자가 상대방의 사실은폐나 기타 사위의 방법에 의한 경우, 취소가 제한되지 않음(= 취소됨)** 판례 허위의 고등학교 졸업증명서 제출 시 하사관 및 준사관 임용을 취소한 처분은 적법하다(2001두5286).(13경행)	판례 수익적 행정처분에 대한 취소권 등의 행사는 기득권의 침해를 정당화할 만한 중대한 공익상의 필요 또는 제3자의 이익보호의 필요가 있는 때에 한하여 허용될 수 있다는 법리는, 처분청이 수익적 행정처분을 직권으로 취소·철회하는 경우에 적용되는 법리일 뿐 쟁송취소의 경우에는 적용되지 않는다(2018두104). **예외 :** 원고의 청구가 이유있는 경우에도 **중대한 공익상 이유로 취소가 제한되는** 경우가 있음**(사정판결, 사정재결).**

다. 취소의 취소

의의	행정청이 직권취소를 한 후, 이를 번복하여 다시 그 취소를 취소해서 원래 존재했던 행정행위의 효력을 회복시킬 수 있는지의 문제임.
취소에 무효사유가 있는 경우	원래의 취소처분에 무효사유가 있는 경우, 원래의 행정행위에 아무런 영향이 없으므로, 그대로 존속함.

취소에 취소사유가 있는 경우	부담적, 침익적 행정행위	판례 : **취소의 취소 부정** 판례 ✪ 과세처분에 관한 이의신청절차에서 과세관청이 이의신청 사유가 옳다고 인정하여 **과세처분을 직권으로 취소한 이상 그 후 특별한 사유없이 이를 번복하고 종전 처분을 되풀이하는 것은 허용되지 않는다**(2011두14227).**(22소방,21지방9급,20지방7급,18지방9급,16국가7급)** 참고) 현역병 입영대상 편입처분이 보충역편입처분으로 변경된 후에 보충역편입처분이 하자를 이유로 직권취소되었다 하더라도, 종전 처분은 취소되어 소급하여 그 효력을 상실한 것이므로, 변경처분을 다시 취소한다고 하더라도 종전 현역병 입영대상편입처분의 효력이 되살아 나는 것은 아니다(2001두9653).**(21변시,16서울7급,14지방9급)**
	수익적 행정행위	판례 : **취소의 취소 긍정** 단, 취소 후 **새롭게 형성된 제3자의 권익이 침해되는 경우에는 부정**함. 판례 ✪ 광업권 허가에 대한 취소처분을 한 후 적법한 광업권 설정의 선출원이 있는 경우에는 취소처분을 취소하여 광업권을 복구시키는 조처는 위법하다(67누126).**(14서울7급)**

1. 과세관청이 부과의 취소를 다시 취소함으로써 원부과처분을 소생시킬 수 없다. **18지방9급**

2. 행정행위의 취소사유는 행정행위의 성립 당시에 존재하였던 하자를 말하고, 철회사유는 행정행위가 성립된 이후에 새로이 발생한 것으로서 행정행위의 효력을 존속시킬 수 없는 사유를 말한다. **17경행**

3. 처분청은 별도의 근거가 없더라도 행정행위를 철회하거나 변경할 수 있다. **18지방9급**

2 행정행위의 철회

의의	**행정기본법 제19조(적법한 처분의 철회)** ① 행정청은 적법한 처분이 다음 각 호의 어느 하나에 해당하는 경우에는 그 처분의 전부 또는 일부를 장래를 향하여 철회할 수 있다.**(21지방9급,21지방7급)** **일단 유효하게 성립**된 **행정행위를, 성립 후에 발생한 새로운 사유**로 인해 **장래를 향해 그 효력을 소멸**시키는 것을 의미, 실정법상 취소로 불리는 경우가 많음. **예)음주운전한 자에 대한 면허 취소**
법적근거	판례는 **법적 근거 없이도** 사정변경 또는 중대한 공익상의 필요에 의해 **철회할 수 있다**고 함(2003두10251등).**(21지방9급,20지방7급,18지방9급,18서울7급,17경찰,16서울9급, 16서울7급, 11서울9급)**
철회권자	**처분청은 별도의 근거 없이도 철회가능.(22국가9급,21지방9급,18지방9급,13서울9급)** 처분청은 별도의 법적 근거가 없어도 별개의 행정행위로 철회,변경할 수 있으나, 처분의 상대방에게 철회를 요구할 신청권이 인정되지는 않음(96누6219).**(11국가7급)** **감독청은 법률에 근거 없는 한 철회 X(18서울7급)**
절차	철회도 하나의 행정행위로, 일반 행정행위와 같은 절차에 따른다.**(18서울9급,13서울7급)** 특히 **수익적 행정행위의 철회**는 권리를 제한하므로, 사전통지와 이유제시 등 **행정절차법상 절차를 거쳐야** 함.**(21지방9급,16서울7급,13서울7급,11국가7급)**

1. 수익적 행정행위의 철회는 법령에 명시적인 규정이 있거나 행정행위의 부관으로 그 철회권이 유보되어 있는 경우, 또는 원래의 행정행위를 존속시킬 필요가 없게 된 사정변경이 생겼거나 또는 중대한 공익상의 필요가 발생한 경우 등의 예외적인 경우에만 허용된다. **18서울9급**

2. 영유아보육법 제30조 제5항에 따라 평가인증을 철회하는 처분을 하면서, 원칙적으로 별도의 법적 근거없이 평가인증의 효력을 과거로 소급하여 상실시킬 수는 없다. **19국가9급**

철회사유	• **행정기본법**에서 정한 사유(§19①) - **법률에서 정한 철회 사유**에 해당하게 된 경우 - **법령등의 변경이나 사정변경**으로 처분을 더 이상 존속시킬 필요가 없게 된 경우 - **중대한 공익**을 위하여 필요한 경우**(21지방9급)** • **그 밖에 판례가 인정**하는 사유 - **철회권이 유보**된 경우**(19소방,15사복9급)** - **부담의 불이행(21국회9급,16국가7급,15지방9급,13서울7급)** - **당사자의 신청이나 동의**가 있는 경우
일부철회	하나의 처분이라도 일부분이 철회 사유에 해당하는 경우, ① 당해 처분이 **가분성**이 있거나, ② 처분대상의 **일부가 특정**될 수 있다면, 일부철회도 가능함**(21지방9급)** **판례** 국고보조조림결정에서 정한 조건에 일부만 위반한 경우 그 보조조림결정의 전부를 취소한 것은 위법하다(86누276).**(10국회8급)**
제한	**행정기본법 제19조 제2항** 행정청은 제1항에 따라 처분을 철회하려는 경우에는 **철회로 인하여 당사자가 입게 될 불이익을 철회로 달성되는 공익과 비교·형량하여야 한다.** ① **부담적 행정행위**의 철회는 **자유로움(16서울9급,15국가9급,12지방9급,11국가7급)** ② **수익적 행정행위의 철회**는 이미 부여된 그 국민의 기득권을 침해하는 것이 되므로, 철회권의 행사는 기득권의 침해를 정당화할 만한 **중대한 공익상의 필요 또는 제3자의 이익보호의 필요가 있는 때에 한하여 상대방이 받는 불이익과 비교·교량하여 결정하여야 하고**, 그 처분으로 인하여 공익상의 필요보다 상대방이 받게 되는 불이익 등이 막대한 경우에는 재량권의 한계를 일탈한 것으로서 그 자체가 위법하다(2003두10251).**(22국가9급,17국가9급,15국가9급,12지방9급,11국가7급 등)** 이 경우 **취소·철회의 필요성에 대한 입증책임은 처분을 한 행정청**에게 있다**(18서울7급)**.
효과	① **원칙 : 장래효** **판례** '영유아보육법'상 평가인증의 취소는 강학상 철회에 해당하며, 행정청이 평가인증취소처분을 하면서 별도의 법적 근거 없이는 평가인증의 효력을 취소사유 발생일로 소급하여 상실시킬 수 없다(2015두58195).**(22소방,20지방7급,19국가9급)** ② **예외 : 별도의 법적 근거가 있는 경우, 소급효**
철회의 취소	**직권취소와 동일** ① **부담적행정행위 : 철회의 취소 부정** ② **수익적행정행위 : 철회의 취소 긍정,** 단 철회 후 새롭게 형성된 제3자의 권익이 침해되는 경우에는 부정함. **판례** 행정청이 의료법인의 이사에 대한 이사취임승인취소처분(제1처분)을 직권으로 취소(제2처분)한 경우에는 그로 인하여 이사가 소급하여 이사로서의 지위를 회복하게 되고, 그 결과 위 제1처분과 제2처분 사이에 법원에 의하여 선임결정된 임시이사들의 지위는 법원의 해임결정이 없더라도 당연히 소멸된다(96누3401).**(21소방간부,17국가9급,14서울7급)**

직권 취소와 구별		철회	직권취소
	주체	처분청 ○ 감독청 : 법적근거 있는 경우에만 가능	처분청 ○ 감독청 : 법적근거 있는 경우 ○ 법적근거 없는 경우 견해대립
	사유	**후발적 사유(15국가7급)**	**원시적 하자(13서울7급)**
	효과	**장래효**	**부담적 행정행위 : 소급효** **수익적 행정행위 : 장래효(원칙)**
	공통	유효하게 성립한 행정행위를 소멸시키고, 별개의 독립한 행정행위라는 점	

1. 신청에 의한 허가처분을 받은 자가 그 영업을 폐업한 경우에는 그 허가도 당연히 실효된다고 할 것이고, 이 경우 허가행정청의 허가취소처분은 허가가 실효되었음을 확인하는 것에 불과하다.
16국가9급

3 행정행위의 실효

의의	**하자없이 적법 · 유효하게 성립된 행정행위**가 일정한 사실의 발생에 의해 **당연히 장래를 향하여 효력이 소멸**되는 것으로**(14서울7급,07국가7급)**, 행정청의 별도의 의사표시와 무관하게 당연 소멸
실효 사유	① 행정행위 대상의 소멸**(예 운전면허받은 사람의 사망)** **판례** **자진폐업 후 내려진 영업허가취소처분**이 당사자에게 통지되지 않아 효력이 발생하지 않았더라도 영업허가는 폐업신고시에 **당연히 소멸**하고(90누2284)**(16국가9급,07국가7급)**, 재개업신고를 통하여 다시 효력을 회복하지 않는다(83누412).**(16국가9급)** ② 해제조건의 성취 또는 기간의 도래 ③ 목적의 달성 또는 목적 달성의 불가능**(11국회9급)**

4 결격사유 (행정기본법 제16조)

의의	① **자격이나 신분 등을 취득 또는 부여할 수 없거나 인가, 허가, 지정, 승인, 영업등록, 신고 수리 등**(이하 "인허가"라 한다)**을 필요로 하는 영업 또는 사업 등을 할 수 없는 사유**(이하 이 조에서 "결격사유"라 한다)는 **법률로 정한다.(22국회8급)** ⇒ **개별법에서 결격사유를 규정할 수 있는 근거를 만들어 줌.**
기준	② 결격사유를 규정할 때에는 다음 각 호의 기준에 따른다. 1. 규정의 필요성이 분명할 것 2. 필요한 항목만 최소한으로 규정할 것 3. 대상이 되는 자격, 신분, 영업 또는 사업 등과 실질적인 관련이 있을 것 4. 유사한 다른 제도와 균형을 이룰 것 ⇒ **비례의 원칙, 부당결부금지의 원칙을 법제화함.**

5 행정행위에 대한 제재처분

<table>
<tr><td>의의</td><td>“제재처분”이란 법령등에 따른 의무를 위반하거나 이행하지 아니하였음을 이유로 당사자에게 의무를 부과하거나 권익을 제한하는 처분을 말한다. 다만, 제30조제1항 각 호에 따른 행정상 강제는 제외한다(행정기본법 §2-5호).</td></tr>
<tr><td>기준</td><td>제22조(제재처분의 기준)
① 제재처분의 근거가 되는 법률에는 제재처분의 주체, 사유, 유형 및 상한을 명확하게 규정하여야 한다. 이 경우 제재처분의 유형 및 상한을 정할 때에는 해당 위반행위의 특수성 및 유사한 위반행위와의 형평성 등을 종합적으로 고려하여야 한다.
② 행정청은 재량이 있는 제재처분을 할 때에는 다음 각 호의 사항을 고려하여야 한다.
1. 위반행위의 동기, 목적 및 방법
2. 위반행위의 결과
3. 위반행위의 횟수
4. 그 밖에 제1호부터 제3호까지에 준하는 사항으로서 대통령령으로 정하는 사항 [시행일 : 2021. 9. 24.]</td></tr>
<tr><td>제척
기간</td><td>제23조(제재처분의 제척기간)
① 행정청은 법령등의 위반행위가 종료된 날부터 5년이 지나면 해당 위반행위에 대하여 제재처분(인허가의 정지 · 취소 · 철회, 등록 말소, 영업소 폐쇄와 정지를 갈음하는 과징금 부과를 말한다. 이하 이 조에서 같다)을 할 수 없다.
② 다음 각 호의 어느 하나에 해당하는 경우에는 제1항을 적용하지 아니한다.
1. 거짓이나 그 밖의 부정한 방법으로 인허가를 받거나 신고를 한 경우
2. 당사자가 인허가나 신고의 위법성을 알고 있었거나 중대한 과실로 알지 못한 경우
3. 정당한 사유 없이 행정청의 조사 · 출입 · 검사를 기피 · 방해 · 거부하여 제척기간이 지난 경우
4. 제재처분을 하지 아니하면 국민의 안전 · 생명 또는 환경을 심각하게 해치거나 해칠 우려가 있는 경우
③ 행정청은 제1항에도 불구하고 행정심판의 재결이나 법원의 판결에 따라 제재처분이 취소 · 철회된 경우에는 재결이나 판결이 확정된 날부터 1년(합의제행정기관은 2년)이 지나기 전까지는 그 취지에 따른 새로운 제재처분을 할 수 있다.
④ 다른 법률에서 제1항 및 제3항의 기간보다 짧거나 긴 기간을 규정하고 있으면 그 법률에서 정하는 바에 따른다. [시행일 : 2023. 3. 24.]</td></tr>
</table>

CHAPTER 민재쌤의 날로 먹는 행정법총론 > 행정작용법

03 기타 행정작용

제 1 절 확약

<table>
<tr><td>의의</td><td colspan="2">행정청이 자기구속의 목적으로 일정한 행위를 약속하는 것
(비구속적 법률적 견해표명인 정보제공과 구별)
예) 자진신고자에 대한 세금인하 약속, 우선순위결정 등</td></tr>
<tr><td>법적 근거</td><td colspan="2">행정절차법에는 확약에 대한 일반 규정 X
통설 · 판례는 본 처분을 할 수 있는 권한에 확약을 할 권한이 포함되어 있다고 보아, 명문 규정 없이도 확약을 허용함.(18국가9급,14경행)</td></tr>
<tr><td>성질</td><td colspan="2">판례는 확약의 처분성을 부정함.
판례 어업권면허에 선행하는 우선순위결정은 강학상 확약으로, 처분성 부정(94누6529)(21소방간부,20군무원7급,16서울9급,13국가7급,13국가9급)
비교) 자동차운송사업 양도양수인가신청에 대하여 행정청이 내인가를 한후 그 본인가신청이 있음에도 내인가를 취소함으로써 다시 본인가에 대하여 따로이 인가 여부의 처분을 한다는 사정이 보이지 않는 경우 위 내인가취소를 인가신청거부처분으로 보아야 한다(90누4402).(22국가9급,21소방간부,17서울9급)
→ 내인가 자체는 확약</td></tr>
<tr><td rowspan="4">요건</td><td>주체</td><td>본행정처분을 할 수 있는 권한을 가진 행정청이 그 권한범위 내에서 해야 함(15경행,13국가9급,10지방7급)</td></tr>
<tr><td>내용</td><td>적법하고 실현가능한 내용이어야 함</td></tr>
<tr><td>절차</td><td>본행정행위에 청문 등 일정절차가 필요한 경우 그 절차를 거쳐야 함</td></tr>
<tr><td>형식</td><td>행정절차법에 명문의 규정 없으나(16서울9급), 서면, 구술 가능함(다수설)</td></tr>
<tr><td>인정 범위</td><td colspan="2">확약의 대상은 재량행위, 기속행위 모두 허용</td></tr>
<tr><td rowspan="2">효과</td><td>구속력</td><td>공적견해표명으로서, 행정청은 확약의 내용을 해야 할 자기구속적 의무를 지며, 상대방은 행정청에 그 이행을 청구할 권리를 가짐(16서울9급).</td></tr>
<tr><td>실효</td><td>확약이 있은 후에 사실적 · 법률적 상태가 변경되었다면 그와 같은 확약 또는 공적인 의사표명은 행정청의 별다른 의사표시를 기다리지 않고 실효된다(95누10877).(22국가9급,20국가9급,18국가7급,16서울9급,13국가9급)</td></tr>
</table>

1. 어업권면허처분에 선행하는 우선순위결정은 확약에 불과하고 행정처분이 아니므로, 공정력이나 불가쟁력과 같은 효력은 인정되지 않는다. **15경행**

2. 행정청의 확약 또는 공적인 의사표명이 있은 후에 사실적·법률적 상태가 변경되었다면, 그와 같은 확약 또는 공적인 의사표명은 행정청의 별다른 의사표시를 기다리지 않고 실효된다. **20국가9급**

1. 구 도시계획법상 도시기본계획은 도시계획입안의 지침이 되는 것일 뿐 일반 국민에 대한 직접적인 구속력은 없다. **16지방9급**

2. 도시개발법에 의한 재개발조합의 관리처분계획은 토지 등의 소유자에게 구체적이고 결정적인 영향을 미치는 것으로서 조합이 행한 처분에 해당한다. **19서울9급**

3. 주택재건축정비사업조합의 사업시행계획은 항고소송의 대상이 된다. **18교행9급**

권리구제	**행정쟁송**	확약자체는 **처분성이 부정되므로 항고소송의 대상 X(18국가9급)** 그러나 확약의 불이행은 수익적 처분의 발급거부나 부작위를 의미하므로, **의무이행심판이나 거부처분취소소송, 부작위위법확인소송가능**
	손해전보	손해배상, 손실보상 가능**(14사복9급)**

제 2 절 행정계획

1 의의 및 법적 성질 등

의의	특정한 **행정목표를 달성하기 위하여 서로 관련되는 행정수단을 종합 · 조정**함으로써 **장래의 일정한 시점에 있어서 일정한 질서를 실현하기 위한 활동기준으로 설정된 것**을 말함(2005두1893)**(13서울9급,12지방9급)**		
법적성질	당해 사안에 따라 개별적으로 검토되어야 한다는 **개별검토설**이 다수설 (행정계획의 다양성 존중)		
종류	**구체화 정도에 따른 분류**	**기본계획**	행정계획의 기본원칙, 방향을 정한 것으로(도시,군기본계획), **지침적 성격을 가지므로, 처분성 부정(22국가9급,22소방,21국가9급,18국가7급)**
		실시계획	기본계획을 실행하기 위한 구체적인 기준을 정하는 계획으로(도시, 군관리계획)**(13서울9급)**, **처분성 인정**됨.
	국민, 행정기관에 대한 구속성 유무에 따른 분류	**구속적 행정계획 = 처분성 인정**	국민이나 행정기관에 구속력을 가지는 계획 → 처분성 **인정** 판례 ㉠ ✪도시계획결정(현재 도시 군 · 관리계획)(80누105)**(16국회8급)** ㉡ 개발제한구역 지정 · 고시행위(96누1313)**(17지방9급,16사복9급,14국회8급,10국가7급)** ㉢ ✪'도시 및 주거환경정비법'에 따라 인가 · 고시된 관리처분계획(2001두6333)**(20지방9급,19서울7급,12지방9급 등)** ㉣ 택지개발예정지구의 지정(95누8409) ㉤ ✪재건축정비사업조합이 행정주체의 지위에서 수립한 사업시행계획(2009마596)**(20국가9급,18지방9급,18교행9급)**

<table>
<tr><td rowspan="2">종류</td><td rowspan="2"></td><td rowspan="2">비구속적
행정계획
=
처분성
부정</td><td>단순 내부지침에 불과 → 처분성 부정(16지방9급,14서울7급)</td></tr>
<tr><td>판례 ㉠ ✪ 도시기본계획(96누13927)(22국가9급,21국가9급,19서울9급,18국가7급,17지방9급)
㉡ 개발제한구역제도 개선방안(99헌마538등)
㉢ 4대강 살리기 마스터플랜(2010무111)(17교행9급)
㉣ 택지개발사업시행자의 택지공급방법결정(93누36)
㉤ 도지사가 특정시를 혁신도시 최종입지로 선정한 행위(2007두10198)(15서울7급)
㉥ 환지계획(97누6889)(18경행,12국가7급,11지방7급).
(비교 : 환지예정지 지정,환지처분은 처분성 인정)
㉦ 하수도정비기본계획(2001두10578)(15지방9급)
㉧ '도시 및 주거환경정비법'상 토지 등 소유자들이 조합을 따로 설립하지 않고 직접 시행하는 도시환경사업에서 토지 등 소유자들이 사업시행인가를 받기 전에 작성한 사업시행계획은 인가처분의 요건 중 하나에 불과함(201두19994).(21국회9급)</td></tr>
<tr><td>법적
근거</td><td colspan="3">① 조직법적 근거 : 구속적, 비구속적 행정계획 모두 필요
② 작용법적 근거 : • 구속적 행정계획은 법적근거 필요(∵국민의 권리·의무에 직접 영향을 미치므로)
• 비구속적 행정계획은 법적근거 불요(단 공동체 및 국민의 이익에 중대한 영향을 미치는 사항에 대해서는 필요)</td></tr>
<tr><td>관련
판례</td><td colspan="3">판례 원칙적으로 개발제한구역에서의 개발행위는 제한되는 것이기는 하지만 개발제한구역의 지정목적에 위배되지 않는다면 허용될 수 있는 것인바, 시장이 이미 개발제한구역으로 지정되어 있는 부지에 묘지공원과 화장장 시설들을 설치하기로 하는 내용의 도시계획시설결정을 하였다 하더라도 위법하다고 할 수 없다(2005두1893).(22소방)</td></tr>
</table>

2 절차 및 효력 등

<table>
<tr><td>절
차</td><td>법
적
근
거</td><td>✪ 행정절차법상 일반 규정 없고(21변시,18서울7급,15지방7급), 개별법에 규정이 있을 뿐이다(18서울7급).
그러나 행정계획은 원칙적인 행정예고의 대상이 되며 (종전에는 예외적인 경우에만 행정예고를 하게 하였으나, 2019.12.10 법 개정 후, 원칙적으로 모두 행정예고를 하여야 하는 것으로 전환됨), 행정계획이 행정절차법상 처분에 해당하면 행정절차법상의 처분절차에 따라야 한다.

행정절차법 제46조(행정예고)
① 행정청은 정책, 제도 및 계획(이하 "정책등"이라 한다)을 수립 · 시행하거나 변경하려는 경우에는 이를 예고하여야 한다. 다만, 다음 각 호의 어느 하나에 해당하는 경우에는 예고를 하지 아니할 수 있다.</td></tr>
</table>

1. 행정주체가 행정계획을 입안·결정하는 데에는 일반적으로 광범위한 계획재량이 인정된다. **19서울7급**

<table>
<tr><td rowspan="1">절차</td><td>절차하자</td><td>하자의 정도에 따라 취소 또는 무효 사유가 됨
㉠ 구 '도시계획법'상 도시계획안의 공고 및 공람절차에 하자가 있는 도시계획결정(현재 도시관리계획) 결정은 위법함(98두2768).(17교행9급)
㉡ ✪환지계획인가 후에 수정하고자 하는 내용에 대하여 토지소유자 등 이해관계인의 공람절차를 거치지 아니한 채 수정된 내용에 따라 한 환지예정지 지정처분은 당연무효이다(97누6889).(15서울7급)
㉢ 공청회와 이주대책이 없는 도시계획결정은 취소사유에 해당하는 위법이 있다(87누947)(12지방9급)</td></tr>
<tr><td>발생요건</td><td colspan="2">• 공포 또는 고시
∴ 공포 또는 고시하지 않은 행정계획은 아무런 효력이 발생하지 않는다(85누186).(21군무원7급,21지방7급,14국가7급,12지방9급) → 처분의 고시는 효력발생요건임.
• 행정계획이 법규의 형식인 경우, 공포한 날부터 20일 경과함으로써 효력 발생</td></tr>
<tr><td rowspan="2">효과</td><td>일반적 효과</td><td>비구속적 계획은 아무런 법적 효과가 없으나, 구속적 계획은 국민 또는 행정기관에 구속력 등 법적 효과 발생함.</td></tr>
<tr><td>집중효</td><td>• 행정계획이 확정되면 다른 법령에 의해 받게 되어 있는 승인이나 허가 등을 받은 것으로 간주하는 효력(09지방9급)
• 집중효는 개별 법률에서 명시적으로 규정한 경우만 허용(09지방9급)
• 판례는 집중효에 있어서 절차집중만 인정, 실체집중은 부정된다고 함.(18서울7급,17국회8급)

판례 건설부장관이 구 '주택건설촉진법'에 따라 관계기관의 장과의 협의를 거쳐 사업계획승인을 한 이상 허가·인가·결정·승인 등이 있는 것으로 볼 것이고, 그 절차와 별도로 구 '도시계획법'소정의 중앙도시계획위원회의 의결이나 주민의 의견청취 등 절차를 거칠 필요는 없다(92누1162).(16국회8급)</td></tr>
</table>

3 계획재량

<table>
<tr><td>의의</td><td colspan="3">✪ 행정계획의 주체가 행정계획을 세움에 있어서 가지는 광범위한 판단여지 내지는 형성의 자유로서(22소방,19서울7급,18국가7급,16서울9급,14국가7급,13서울9급), 목적프로그램이라고 함. 예) 개발제한구역 지정처분(10국가7급)</td></tr>
<tr><td rowspan="5">계획재량과 행정재량의 구별</td><td colspan="3">계획재량과 행정재량의 질적 차이를 인정하는 것이 다수설</td></tr>
<tr><td></td><td>계획재량</td><td>행정재량</td></tr>
<tr><td>규범구조</td><td>목적프로그램</td><td>조건프로그램</td></tr>
<tr><td>재량범위</td><td>광범위한 재량</td><td>요건과 효과가 명시,
그 범위 내에서 재량 인정</td></tr>
<tr><td>통제</td><td>절차적·사전적 통제</td><td>절차적·사후적·실체적 통제</td></tr>
</table>

<table>
<tr><td rowspan="6">형량명령의 원칙</td><td>의의</td><td colspan="3">행정계획을 수립함에 있어 공익과 사익, 공익 상호간 및 사익 상호간 이익을 정당하게 형량해야 한다는 원칙으로, 계획재량의 통제법리이다.(21군무원9급,21지방7급,18국가7급, 16국가7급,14서울7급,11서울9급)</td></tr>
<tr><td rowspan="4">형량 하자
(17국가7급, 16서울9급, 15서울7급)</td><td rowspan="3">유형</td><td>형량의 해태</td><td>형량을 전혀 하지 않은 경우(22소방)</td></tr>
<tr><td>형량의 흠결</td><td>형량 고려대상 중 일부 누락(14서울7급)</td></tr>
<tr><td>오형량</td><td>형량을 하였으나 정당성, 객관성이 결여된 경우(20국회8급,14서울7급)</td></tr>
<tr><td>판례</td><td colspan="2">종래 대법원은 행정계획의 형량하자를 재량권의 일탈 · 남용의 문제로 보았음(96누10096) → 통상적인 재량행위와 계획재량은 양적인 점에서 차이가 있을 뿐 질적인 점에서는 차이가 없다는 견해로, 형량명령이 계획재량에 특수한 하자 이론이라기 보다는 비례의 원칙을 계획재량에 적용한 것이라고 함.(21군무원9급)
✪ 최근에는 형량 하자의 독자성을 인정함(17국가9급,16서울9급)

판례 행정주체가 구체적인 행정계획을 입안 · 결정할 때 가지는 형성의 자유의 한계에 관한 법리는 주민의 입안 제안 또는 변경신청을 받아들여 도시관리계획결정을 하거나 도시계획시설을 변경할 것인지를 결정할 때에도 동일하게 적용된다(2010두5806).(20국가9급,18지방·교행9급)</td></tr>
<tr><td>하자의 효과</td><td colspan="3">형량의 하자가 있으면 행정계획이 위법하게 됨(17국가7급,16서울9급,15서울7급).</td></tr>
</table>

4 계획보장 · 변경 · 폐지청구권

계획보장 청구권	행정계획은 본질상 국민의 신뢰보호 요구와 행정계획의 변경가능성이 긴장관계에 있을 수 밖에 없는데(10국가9급), 계획보장청구권은 행정계획이 변경될 경우, 기존의 행정계획에 대해 신뢰한 당사자가 행정청에게 기존 계획을 보장해 줄 것을 청구하는 권리로, **판례는 원칙적으로 이를 인정하지 않고** 있다.(13지방7급,15사복9급,16서울9급,10국가9급)
계획변경 · 폐지청구권	• **원칙** : 행정계획으로 영향을 받는 당사자가, 행정청에게 그 행정계획을 변경, 폐지해 달라고 요구할 수 있는 권리로, **원칙적으로 인정되지 않음.** (20지방9급,18서울7급,14국가9급)

1. 행정주체가 구체적인 행정계획을 입안 · 결정할 때 가지는 형성의 자유의 한계에 대한 법리는 주민의 입안 제안 또는 변경신청을 받아들여 도시관리계획 결정을 하거나 도시계획시설을 변경할 것인지를 결정할 때에도 동일하게 적용된다. 20국가9급

1. 장래 일정한 기간 내에 관계 법령이 규정하는 시설 등을 갖추어 일정한 행정처분을 구하는 신청을 할 수 있는 법률상 지위에 있는 자의 국토이용계획변경 신청을 거부하는 것이 실질적으로 당해 행정처분 자체를 거부하는 결과가 되는 경우에는 예외적으로 그 신청인에게 국토이용계획변경을 신청할 권리가 인정된다. **20국가9급,20지방9급**

2. 문화재보호구역 내의 토지소유자가 문화재보호구역의 지정해제를 신청하는 경우, 그 신청인에게 법규상 또는 조리상 행정계획 변경을 신청할 권리가 인정된다. **20지방9급**

3. 행정주체가 행정계획을 입안·결정하는 데에는 일반적으로 광범위한 계획재량이 인정된다. **19서울7급**

계획변경·폐지청구권	· **예외** : ✪ 일정한 기간 내에 요건을 갖추어 일정한 행정처분을 신청할 수 있는 법률상 지위에 있는자에 대해 국토이용계획변경신청을 거부하는 것이 실질적으로 **당해 행정처분 자체를 거부하는 결과가 되는 경우, 또는 이해관계인의 신뢰보호의 가치가 계획변경의 공익 보호보다 큰 경우, 예외적**으로 **인정**됨(2001두10936).**(21국가9급,20국가9급,20지방9급,19서울7급,15지방7급,10국가9급,10국가7급)** 판례 ㉠ ✪**도시관리계획구역내 토지를 소유하고 있는 주민**에게는 도시계획시설입안권자에게 도시시설계획의 입안 내지 변경을 요구할 수 있는 법규상 또는 조리상의 신청권이 있으므로, 이에 대한 거부행위는 항고소송의 대상이 되는 처분에 해당한다(2003두1806).**(20지방9급,17서울7급,16지방9급,15서울7급)** ㉡ ✪**도시·군계획시설결정에 이해관계 있는 주민**은 도시시설계획의 입안·변경신청권이 있다(2014두42742).**(19사복9급,18경행,17국가7급)** ㉢ ✪**문화재보호구역 내에 있는 토지소유자**는 문화재보호구역의 지정해제를 요구할 계획변경청구권이 있다(2003두8821).**(20지방9급,18지방7급)** ㉣ 산업단지개발계획상 산업단지 안의 토지 소유자로서 산업단지개발계획에 적합한 시설을 설치하여 입주하려는 자는 산업단지지정권자 또는 그로부터 권한을 위임받은 기관에 대하여 산업단지개발계획의 변경을 요청할 수 있는 법규상 또는 조리상 신청권이 있다(2016두44186).**(20국회9급)**

5 장기미집행 도시계획의 문제

도시계획결정이 있었음에도 그 계획이 집행되지 않고 있는 경우에 헌법상 재산권 보장을 위해 위 계획이 당연히 실효되는지 문제되는데,

헌법재판소는 장기미집행 도시계획시설결정의 실효제도는 헌법상 재산권으로부터 당연히 도출되는 권리는 아니며, 입법자에게 새로운 제도를 마련함에 따라 얻게 되는 **법률에 기한 권리일 뿐이라고** 판시하였다(2003헌마678,943).**(20국가9급,12국회9급)**

(현행 '국토의계획및이용에관한법률'은 '고시군계획결정고시일부터 20년이 경과하도록 사업이 시행되지 않으면 도시군계획결정은 고시일부터 20년이 되는 날의 다음날에 효력을 잃는다.'고 규정하고 있음.**(11지방7급)**)

6 권리구제

권리구제	**행정쟁송**	처분성 있는 **구속적 행정계획**에 대해 행정쟁송 **가능** (그러나 **사정재결, 사정판결 가능성이 큼**)
	손해전보	국가배상, 손실보상청구 가능함**(14서울7급)**

권리 구제	헌법소원	행정계획이 **공권력행사로 직접 국민의 권리·의무에 영향**을 미치는 경우에는, **헌법소원의 대상**이 됨.**(21국가9급,18국가7급,17국가9급,17서울7급,16지방9급,15지방7급,13지방9급,11국가7급 등)** 판례 ㉠ 서울대학교 94년도 대학입학고사 주요요강은 **비구속적 행정계획**에 해당하나, **국민의 기본권에 직접적으로 영향**을 끼치고 앞으로 법령의 뒷받침에 의하여 **그대로 실시될 것이 틀림없을 것으로 예상**될 수 있을 때에는, 공권력행위로서 **예외적으로 헌법소원의 대상**이 될 수 있다(92헌마67).**(21국가9급,18국가7급,15국회8급)** ㉡ 대학교육역량강화사업 기본계획은 총장직선제를 개선하지 않을 경우 지원금을 받지 못하게 될 가능성이 있어 대학들이 이 계획에 구속될 여지가 있다 하더라도, 계획 자체만으로는 대학의 구성원인 청구인들의 법적 지위나 권리의무에 어떠한 영향도 미친다고 보기 어렵다. 따라서 2012년도와 2013년도 계획 부분은 헌법소원의 대상이 되는 공권력 행사에 해당하지 아니한다(2013헌마576).**(17지방9급)**

1. 비구속적 행정계획안이나 행정지침이라도 국민의 기본권에 직접적으로 영향을 끼치고, 앞으로 법령의 뒷받침에 의하여 그대로 실시될 것이 틀림없을 것으로 예상될 수 있을 때에는 공권력행위로서 헌법소원의 대상이 될 수 있다.
18국가7급

제 3 절 공법상 계약

1 일반론

의의	**행정기본법 제27조(공법상 계약의 체결)** ① 행정청은 법령등을 위반하지 아니하는 범위에서 행정목적을 달성하기 위하여 필요한 경우에는 공법상 법률관계에 관한 계약(이하 "공법상 계약"이라 한다)을 체결할 수 있다.**(21지방9급)** • **행정주체를 한쪽 당사자로** 하는 양 당사자 사이의 서로 반대방향의 의사표시의 합치로, 공법적 효과를 발생시키는 행위**(18교행9급,17교행9급)** • 법의 흠결을 메어주어, 행정을 개별적인 상황에 따라 탄력적으로 처리할 수 있게 하는 역할을 함.**(13서울9급)**
공법상 합동행위와 구별	공법상 합동행위는 동일 방향의 의사합치가 요구되는 반면, 공법상 계약은 **서로 반대방향**의 의사의 합치가 요구됨.
특징	① ✪ **자력집행력·공정력·존속력 인정 X** (∵계약 당사자간 대등한 지위에 있기 때문)**(22국가9급,13서울9급,13국가7급,10서울9급)** ② **사적자치의 원칙**(계약체결·형성의 자유)이 **제한**됨. → 행정주체가 일방적으로 내용을 정하고 상대방은 그 체결 여부만을 선택해야 하는 경우 **(부합계약)**도 인정됨**(14서울7급)**
인정 범위	• 행정기본법 제27조 1항에 따라 "법령등을 위반하지 아니하는 범위에서" "행정목적을 달성하기 위하여 필요한 경우", 모든 공행정 분야(비권력적 행정분야, 권력행정 분야 등)에서 인정 • 행정 주체 상호간의 공법상 계약 체결도 가능함.**(17국가9급)**

1. 다수설에 따르면 공법상 계약은 당사자의 자유로운 의사의 합치에 의하므로 원칙적으로 법률유보의 원칙이 적용되지 않는다고 본다. **17국가9급**

2. 행정절차법은 공법상 계약의 체결절차에 대해서는 규율하고 있지 않다. **19서울7급**

3. 계약당사자의 일방은 행정주체여야 하며, 행정주체에는 공무를 수탁받은 사인도 포함된다. **12사복9급**

4. 계약직 공무원에 대한 채용계약 해지의 의사표시는 국가 또는 지방자치단체가 대등한 지위에서 행하는의사표시로 이해된다. **19사복9급**

5. 공법상 계약에는 공정력이 인정되지 않는다. **13국가7급**

6. 공법상 계약에 대해서는 법원의 판결을 통해 강제집행을 하여야 하고, 특별한 규정이 없는 한 자력집행을 할 수 없다. **10서울9급**

구분		내용
법적 근거		• **법률의 근거 없이도 자유로이 체결 가능**함(통설)**(17국가9급, 17서울9급)** → **법률유보의 원칙 적용 X** • 일반법이 없었으나, 2021년 **행정기본법에 공법상 계약에 대한 명시적인 조문 신설됨.** • 세부적인 사항은 개별법에 따르고, 개별법에도 없는 경우, '국가를 당사자로 하는 계약에 관한 법률'을 적용하며, 그 밖의 사항은 민법이 유추적용됨.**(19서울9급)**
요건	**주체**	권한 있는 행정주체여야 함.
	절차	공법상 계약에 대한 절차를 규율한 법 X, ✪ **행정절차법 적용 X(21지방9급,19서울7급,19사복9급,18국가9급,17국가9급,13지방9급)** **판례** 계약직 공무원 채용계약해지의 의사표시는 일반 공무원에 대한 징계처분과는 달리, 행정절차법에 의해 근거와 이유를 제시해야 하는 것은 아니다(2002두5948).**(21국가9급,18국가9급,17국가7급,15지방9급,14서울7급)**
	형식	행정기본법 제27조 1항 후문- 이 경우 **계약의 목적 및 내용을 명확하게 적은 계약서를 작성하여야 한다.** → **계약서 작성 의무화함.**
	내용	**행정기본법 제27조** ② 행정청은 공법상 계약의 상대방을 선정하고 계약 내용을 정할 때 **공법상 계약의 공공성과 제3자의 이해관계를 고려하여야 한다.(21지방9급)** ✪ **법률유보의 원칙은 적용되지 않으나**(∵당사자의 의사의 합치)**(21지방9급,17서울7급,17국가9급)**, **법률우위의 원칙은 적용**되고, 행정법의 일반원칙에 반하지 않아야 함.**(21지방9급,14서울7급)**
하자의 효과		공법상 계약은 **공정력이 인정되지 않아**, 위법한 공법상 계약은 **무효**이다 **(다수설, 판례).(22국가9급,13국회8급,13국가7급)**
변경 (해지)		사정변경이 있는 경우, **행정청**은 공익을 이유로 일방적으로 계약을 변경·해지 하는 것이 가능하나, 국민은 계약의 변경(해지)이 자유롭지 못함. **판례** 지방전문직공무원 채용계약에서 정한 채용기간이 만료한 경우 채용계약을 갱신하거나 채용기간을 연장할 것인지 여부는 지방자치단체장의 재량에 맡겨져 있다(92누4611).**(18국가9급)** 그렇다 하더라도, 채용계약상 특별한 약정이 없는 이상, 지방계약직 공무원에 대하여 '지방공무원법', '지방공무원 징계 및 소청 규정'에 정한 징계절차에 의하지 않고서는 보수를 삭감할 수 없다(2006두16328).**(21국가9급)**
불이행		행정대집행법 적용 X, 법원의 판결을 받아 강제해야**(19서울7급,10서울9급)**

2 공법상 계약의 종류

주체	행정주체 상호	국가와 공공단체 또는 공공단체 상호간의 사무위탁 등 예) 지방자치단체 간 교육사무위탁(**11사복9급**)
	행정 주체와 사인	행정주체와 사인 간에 성립하는 공법상 계약 예) 특별행정법관계설정(✪ 지방전문직공무원 채용계약(**16교행9급**), ✪ 시립합창단원 위촉(**20국회8급,16서울7급**), 공중보건의 채용), 보조금지급계약(국비장학금지급계약), 사인에 대한 행정권한 위탁 등
	사인 상호간	**공무수탁사인이 사인과 체결하는 계약** **예) 사업시행자와 토지소유자 사이의 협의취득**(2002다68713) → **판례는 사법상 매매계약으로 봄(22국회8급,16지방9급)**
성질	대등 계약	계약 당사자가 **대등**한 입장으로, 행정주체 상호간, 사인 상호간 계약
	종속 계약	행정주체와 사인간의 공법상 계약으로, 행정행위를 갈음하는 의미임. 예) ① 부관을 공법상 계약으로 대체하거나(택지개발사업을 승인하면서 공공시설의 기부채납을 부관으로 붙이는 경우), ② 행정행위를 공법상 계약으로 대체하는 경우(중소기업 정보화지원사업에 따른 지원금 출연을 위하여 중소기업청장이 체결하는 협약(**17지방9급,16교행9급**)

1. 시립무용단원의 채용계약과 공중보건의사 채용계약은 공법상 계약에 해당한다. **17서울7급**

2. 공법상 계약의 일방 당사자인 행정이 계약위반행위를 한다면 타방 당사자인 주민 또는 국민은 행정소송 중 당사자소송으로써 권리구제를 받을 수 있다. **17서울7급**

3 공법상 계약의 권리구제

판례 ㉠ 행정청이 자신과 상대방 사이의 법률관계를 일방적인 의사표시로 종료시켰다고 하더라도 곧바로 그 의사표시가 행정청으로서 공권력을 행사하여 행하는 행정처분이라고 단정할 수는 없고, **관계 법령이 상대방의 법률관계에 관하여 구체적으로 어떻게 규정하고 있는지에 따라 개별적으로 판단**하여야 한다(2013두6244).**(21국가9급,21지방7급)**
㉡ 공법상 계약의 한쪽 당사자가 다른 당사자를 상대로 효력을 다투거나 이행을 청구하는 소송은 공법상의 법률관계에 관한 분쟁이므로 분쟁의 실질이 공법상 권리 · 의무의 존부 · 범위에 관한 다툼이 아니라 손해배상액의 구체적인 산정방법 · 금액에 국한되는 등의 특별한 사정이 없는 한 공법상 당사자소송으로 제기하여야 한다(2019다277133).**(21지방7급)**

1. 구 중소기업기술혁신촉진법상 중소기업 정보화지원사업에 따른 지원금 출연을 위하여 중소기업청장(현 중소벤처기업부장관)이 체결하는 협약은 공법상 계약에 해당한다. **17지방7급**

가. 당사자소송과 항고소송

원칙적으로, 공법상 계약은 당사자소송에 의함(19서울7급)	단, 권력적 성격이 강한 경우 처분으로 볼 수 있음 → 항고소송(20국회8급)
㉠✪ 공중보건의사의 채용계약해지(95누10617)(21지방9급,21국회8급,19서울7급,17국가9급,15지방9급,14서울7급 등) ㉡ 계약직 공무원에 대한 채용계약해지 (2002두5948)(21국가9급,20국회8급,19서울9급) ㉢ 지방전문직공무원 채용계약 해지(92누4611) ㉣✪ 서울특별시시립무용단 단원의 해촉(95누4636)(21소방간부,16교행9급,10서울9급) ㉤ 옴부즈맨 채용행위(2013두6244) ㉥✪ 중소기업 정보화지원사업에 따른 지원금 출연을 위하여 중소기업청장이 체결하는 **협약의 해지 및 그에 대한 환수통보**(2015두41449)(22국회8급,21지방7급,21군무원7급,21국가9급,20소방9급,18국가9급,17지방7급) ㉦ 광주광역시 문화예술회관장의 단원 위촉(2001두7794)(20지방7급,19서울9급,13국가7급) ㉧ 지방자치단체와 유한회사 간 체결한 터널 민간 투자사업 실시협약(2017두46455)(22국회8급,21소방간부)	㉠✪ 지방계약직공무원에 대한 보수삭감(2006두16328)(20국회8급,15지방9급,15지방7급,12지방7급) ㉡ 한국산업단지공단이 행한 **산업단지 입주계약 해지통보**(2010두23859)(20군무원7급,20지방7급,17지방7급) ㉢ 택시회사들의 자발적 감차조치의 불이행에 따른 행정청의 직권감차명령을 내용으로 한 택시회사들과 행정청간의 합의에 따른 감차명령(2016두45028)(17국가7급) ㉣ 민간투자법상 심사계약 전에 행해지는 우선협상대상자 지정행위(21국회8급,16국가9급) ㉤ 한국환경사업기술원장이 환경기술개발사업 협약을 체결한 갑 주식회사 등에게 연차평가 실시 결과 절대평가 60점 미만으로 평가되었다는 이유로 연구개발 중단 조치 및 연구비 집행중지 조치를 한 사안에서, 각 조치(2015두264)(20국회8급) ㉥ 재단법인 한국연구재단이 대학교 총장에게 연구개발비 부당집행을 이유로 과학기술기본법령에 따라 '두뇌한국(BK)21 협약의 해지를 통보한 것(2012두28704)(20지방7급,19국가7급,17지방9급)

나. 손해배상청구소송

당사자소송으로 하는 것이 이론상 타당하나, 판례는 **민사소송**으로 처리함.

제 4 절 사실행위

의의	일정한 법적 효과의 발생을 의도하는 행위가 아닌, **단순 사실상의 결과 실현을 목적**으로 하는 행위를 의미함.
종류	① **권력적 사실행위** : 국민의 신체 · 재산 등에 직접 물리력을 행사하는 행위로서, 공권력 행사의 실체를 가지는 사실행위 예) 경찰관의 신체수색, 교도소장의 서신검열 ② **비권력적 사실행위** : ①과 같은 권력성이 인정되지 않는 행위 예) 추첨방식으로 운수사업면허대상 선정(15사복9급), 행정청의 알선 · 권유 · 사실상 통지
법적 근거	• 조직법적 근거 필요(권한 범위 내의 행위어야 함). • 작용법적 근거 : 권력적 사실관계만 필요, 비권력적 사실관계는 불요

<table>
<tr><td>한계</td><td colspan="4">법률에 적합해야 하고(법률우위), 행정법의 일반원리에 위배되지 않아야 함.</td></tr>
<tr><td>처분성</td><td colspan="4">권력적 사실행위 : 처분성 인정(통설), 비권력적 사실행위 : 처분성 부정
판례 ㉠ 권력적 사실행위인 교도소 재소자의 이송조치, 접견내용 녹음·녹화 및 접견시 교도관 참여대상자 지정행위, 단수행위(17서울9급)에 대해 처분성 긍정함.
㉡ 사실상의 통지행위에 불과한 납부통지(14사복9급), ㉢ 세액수령 등은 처분성 부정</td></tr>
<tr><td rowspan="6">권리구제</td><td>항고소송</td><td colspan="3">처분성 인정되는 권력적 사실행위는 항고소송 제기 가능
단, 단기간에 종료하는 경우가 보통이므로 협의의 소의 이익이 없어, 각하됨.
계속적 성격을 가지는 경우에만 (예 : 전염병 환자의 격리조치) 소의 이익이 인정되어 본안 판단가능</td></tr>
<tr><td rowspan="4">헌법소원</td><td>권력적 사실행위</td><td colspan="2">공권력의 행사임에도, 소의 이익이 없어 법원에 의한 구제를 기대할 수 없는 경우
보충성 원칙의 예외로 헌법소원의 대상이 됨</td></tr>
<tr><td>비권력적 사실행위</td><td colspan="2">원칙 : 인정 X
예외 : 국민의 기본권에 직접 영향을 미치고, 그대로 실시될 것이 명백한 경우, 인정 O</td></tr>
<tr><td rowspan="2">판례</td><td>대상인정</td><td>① 마약류 수형자에 대한 정기적인 소변채취
② 국립대학인 서울대학교의 94학년도 대학입학고사 주요요강(21군무원9급,17서울7급)
③ 수형자의 서신 검열행위(17지방9급)
④ 피의자 신문시 수갑 및 포승사용행위(15사복9급)
⑤ 교도소 수형자에 대한 출정제한행위
⑥ 국세징수법에 의한 체납처분의 집행으로서 한 압류처분(20군무원9급)
⑦ 교도소 수형자에게 소변을 받아 제출하게 한 것 (20군무원9급)</td></tr>
<tr><td>대상부정</td><td>① 졸업증교부 · 증명서 발급거부 통고행위 (15사복9급, 14지방7급)
② 선거법위반행위에 대한 중지촉구</td></tr>
<tr><td>손해전보</td><td colspan="3">① 위법한 사실행위로 손해입은 국민은 국가배상법상 손해배상청구가능
② 적법한 권력적 사실행위로 국민에게 손실이 발생하고, 그것이 특별한 희생에 해당한 경우 손실보상 청구 가능
③ 사실행위로 인해 법률상 이익이 침해된 자는 공법상 결과제거청구 가능(이 경우 판례는 민사소송에 의한다고 함)</td></tr>
</table>

1. 국립대학교의 대학입학고사 주요요강은 공권력에 행사에 해당하나, 행정처분은 아니다. **17서울7급**

1. 행정지도에도 법률의 우위 원칙이 적용된다. 10국회속기9급

2. 행정지도는 그 목적달성에 필요한 최소한도에 그쳐야 하며, 행정지도의 상대방의 의사에 반하여 부당하게 강요하여서는 안 된다. 19사복9급

제 5 절 행정지도

의의	**행정기관이 그 소관 사무의 범위에서**(16교행9급) **일정한 행정목적을 실현하기 위하여 특정인에게 일정한 행위를 하거나 하지 아니하도록 지도, 권고, 조언 등을 하는 행정작용**을 의미함(행정절차법 제2조 제3호)(21소방,14경행).	
법적 성질	상대방의 임의적 협력을 전제로 하는 **비권력적 사실행위**로(20소방,13서울9급, 11지방9급), 그 자체로는 아무런 법적효과가 발생하지 않음(18교행9급). 판례 행정지도만으로 건축법 소정의 도로지정이 있는 것으로 볼 수 없다(91누1776)	
종류	조성적 행정지도	일정한 질서의 형성을 도모하고, 국민 · 기업의 활동을 발전적으로 유도하기 위한 행정지도 예) 영농지도, 중소기업기술지도, 장학지도 등(12국가9급,12서울9급)
	조정적 행정지도	이해대립과 과다경쟁을 조정하기 위한 행정지도 예) 노사분쟁지도
	규제적 행정지도	일정한 행위를 억제하기 위한 규제적 행정지도 예) 물가억제를 위한 지도
법적 근거	조직법적 근거 필요 비권력적 사실행위이므로 **작용법적 근거는 필요 X**(통설)(22국가9급,17국가9급,15서울9급,12서울9급 등) 그러나 행정지도 중 규제적,구속적 행정지도의 경우에는 법적 근거가 필요하다는 견해가 있다.(21소방)	
한계	**법률우위의 원칙, 행정법의 일반원칙 등에 위반하지 않아야** 함 (19국가9급,19사복9급,15교행9급,18경행 등)	
행정지도 원칙	**행정절차법 제48조(행정지도의 원칙)** ① 행정지도는 그 목적 달성에 필요한 최소한도에 그쳐야 하며, 행정지도의 상대방의 의사에 반하여 부당하게 강요하여서는 아니 된다. → **비례의 원칙**(22국회8급,20소방,19사복9급,15교행9급), **임의성의 원칙**(20소방,18경행) ② 행정기관은 행정지도의 상대방이 행정지도에 따르지 아니하였다는 것을 이유로 불이익한 조치를 하여서는 아니 된다. → **불이익조치금지원칙**(21군무원9급,20소방,20소방9급,14서울9급,13지방9급,12지방9급) 판례 행정지도라 함은 행정주체가 일정한 행정목적을 실현하기 위하여 권고 등과 같은 비강제적인 수단을 사용하여 상대방의 자발적 협력 내지 동의를 얻어내어 행정상 바람직한 결과를 이끌어내는 행정활동으로서, 적법한 행정지도로 인정되기 위하여는 우선 그 목적이 적법한 것으로 인정될 수 있어야 할 것이므로, **주식매각의 종용이 정당한 법률적 근거 없이 자의적으로 주주에게 제재를 가하는 것**이라면 이 점에서 **행정지도의 영역을 벗어난 것**이라고 보아야 할 것이고, 더구나 집요하게 위협적인 언동을 함으로써 그 매각을 강요하였다면 이는 **위법한 강박행위에 해당한다**(93다49482).(20군무원9급,20소방간부)	

행정 지도 방식	**행정절차법 제49조(행정지도의 방식)** ① 행정지도를 하는 자는 그 상대방에게 그 행정지도의 취지 및 내용과 신분을 밝혀야 한다. → **행정지도 실명제(21변시,20경행,20소방,18경행,17교행,16지방9급,14서울9급 등)** ② 행정지도가 말로 이루어지는 경우에 상대방이 제1항의 사항을 적은 서면의 교부를 요구하면 그 행정지도를 하는 자는 직무 수행에 특별한 지장이 없으면 이를 교부하여야 한다. → **서면교부청구권(21변시,21소방,17국가9급,17교행9급,16서울9급)** **제50조(의견제출)** 행정지도의 상대방은 해당 행정지도의 방식 · 내용 등에 관하여 행정기관에 의견제출을 할 수 있다.**(20소방9급,19사복9급,17국가9급)** **제51조(다수인을 대상으로 하는 행정지도)** 행정기관이 같은 행정목적을 실현하기 위하여 많은 상대방에게 행정지도를 하려는 경우에는 특별한 사정이 없으면 행정지도에 공통적인 내용이 되는 사항을 공표하여야 한다.
처분성	**비권력적 사실행위로 처분성 인정 X(22국가9급)** 단, 국민의 **권리의무에 직접 영향**을 미치는 경우는 **예외적으로 인정**

처분성 인정 X	처분성 인정 ○
① 전기 · 전화 공급거부 요청행위 ② 세무당국이 주류거래를 일정기간 중지할 것을 요청한 행위**(19국가9급)** ③ 건물의 자진철거를 요청하는 행위	① 구청장의 사회복지법인에 특별감사 결과 지적사항에 대한 시정지시와 그 결과를 관계서류와 함께 보고하도록 지시한 경우의 시정지시**(20군무원9급,17지방9급)** ② 국가인권위원회의 성희롱결정 및 시정조치 권고**(21변시)** ③ 공정거래위원회의 표준약관 사용권장행위**(14지방7급)**

권리 구제	**행정 쟁송**	**처분성 부정**되므로, 항고소송제기시 **각하**판결**(22국가9급)**. **예외**적으로 **처분성 긍정**되는 경우 항고소송 제기 **가능**
	헌법 소원	**원칙** : 공권력에 해당하지 않아 **헌법소원 제기 불가** **판례** 노동부장관이 공공기관 단체협약내용을 분석하여 불합리한 요소를 개선하라고 요구한 행위(2009헌마330,344)**(17지방9급)**
		예외 : **사실상 강제적 효과를 발생하는 경우**에는 가능**(22국회8급)** **판례** ① 불이행시 행정 · 재정상의 불이익조치를 예정하고 있는 교육부장관의 대학총장에 대한 학칙시정요구(2002헌마337등)**(21변시,21소방,19국가9급,17국회8급)** ② 재무부장관이 제일은행장에 대하여 한 국제그룹의 해체준비착수지시와 언론발표지시(89헌마31)

1. 행정지도가 말로 이루어지는 경우에 행정지도의 취지 및 내용, 행정지도를 하는 자의 신분에 관한 사항을 적은 서면의 교부를 요구하면 그 행정지도를 하는 자는 직무수행에 특별한 지장이 없으면 이를 교부하여야 한다. **17국가9급**

2. 세무당국이 주류제조회사에 대하여 특정 업체와이 주류거래를 일정기간 중지하여 줄 것을 요청한 행위는 권고적 성격의 행위로서 행정처분이라고 할 수 없다. **19국가9급**

3. 교육인적자원부장관의 대학총장들에 대한 학칙시정요구는 법령에 따른 것으로 행정지도의 일종이지만, 단순한 행정지도로서의 한계를 넘어 헌법소원의 대상이 되는 공권력의 행사라고 볼 수 있다. **19국가9급**

1. 행정지도는 비권력적 작용이나, 국가배상법이 정한 배상청구의 요건인 공무원의 직무에 포함된다. **19사복9급**

2. 행정지도의 한계 일탈로 인해 상대방에게 손해가 발생한 경우, 행정기관은 손해배상책임이 있다. **18교행9급**

3. 위법한 행정지도에 따라 행한 사인의 행위는 법령에 명시적으로 정함이 없는 한 위법성이 조각된다고 할 수 없다. **18서울7급**

<table>
<tr><td rowspan="2">권리 구제</td><td rowspan="2">국가 배상 청구</td><td>직무행위성
: 국가배상의 직무행위에는 행정지도와 같은 비권력적 작용도 포함되므로 국가배상 청구 가능(2002다10691)(21군무원9급,19서울9급,14서울9급,12서울9급)</td></tr>
<tr><td>인과관계
원칙 : 행정지도는 상대방의 임의적 협력을 전제로 하므로 인과관계가 부정되어 손해배상 인정되지 않음.
예외 : 행정지도가 사실상 강제적 효과를 발생하여 상대방이 행정지도를 따를 수 밖에 없거나, 한계를 일탈한 위법한 행정지도로 인하여 상대방이 손해를 입은 경우 인과관계가 인정되어 손해배상의 책임 발생

판례 ㉠ 한계를 일탈한 위법한 행정지도로 인하여 상대방이 손해를 입은 경우 행정기관에게 손해를 배상할 책임이 있다(2006다18228). (21변시,21군무원9급,21소방,18교행9급,14국가7급,13지방9급)
㉡ 행정기관의 위법한 행정지도로 일정기간 어업권을 행사하지 못하는 손해를 입은 자가 그 어업권을 타인에게 매도하여 매매대금 상당의 이득을 얻었더라도 그 이득이 이 사건 손해배상책임의 원인이 되는 행위, 즉 위법한 행정지도와 상당인과관계에 있다고 볼 수 없으므로, 피해자가 얻은 매매대금 상당의 이득을 행정기관이 배상하여야 할 손해액에서 공제할 수 없다(2006다18228).(21소방,18교행9급)</td></tr>
<tr><td>효력</td><td colspan="2">위법한 행정지도에 따른 행위여도 당연무효가 되지 않으며, 해당 행위는 자발적 행위이므로 그 범법행위의 위법성이 정당화될 수 없다. ∴ 처벌됨.

판례 ① 위법한 행정지도에 따라 스스로 자진신고 납부하였다 하더라도 그 사인의 행위는 당연무효가 아니다(95다18185).
② 행정관청이 구 '국토이용관리법' 소정의 토지거래계약신고에 관하여 공시된 기준시가를 기준으로 매매가격을 신고하도록 행정지도를 하여 그에 따라 허위신고를 한 것이라 하더라도 이와 같은 행정지도는 법에 어긋나는 것으로서 그 범법행위가 정당화될 수 없다(93도3247).(20군무원9급,18서울7급,17지방9급)</td></tr>
</table>

03

PART **03**

행정절차법 등

행정절차법과
민원처리에관한법률

행정정보공개와
개인정보보호제도

PART
03
행정절차법 등

행정절차법과
민원처리에관한법률

행정정보공개와
개인정보보호제도

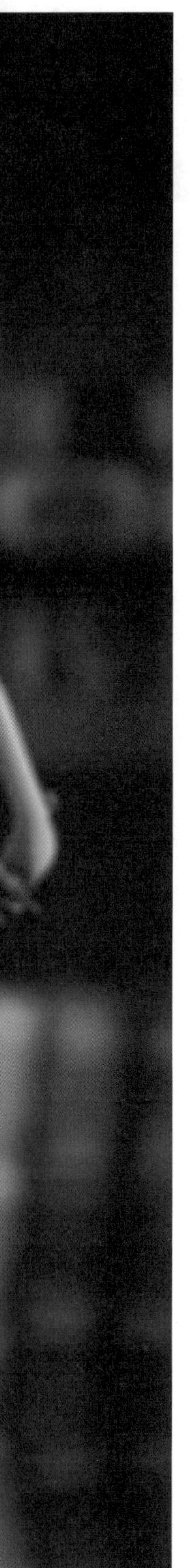

단원별 소개 및 추천 공부법

행정절차법 20문제 중 2~3문제 출제

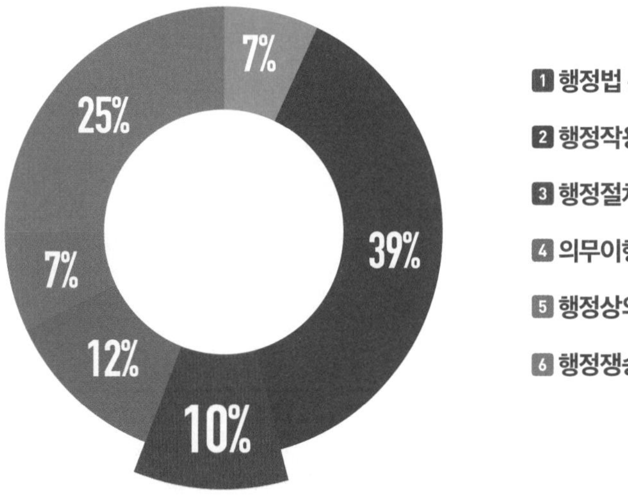

이 단원은 국민의 권익침해에 대한 사전적 권리 구제수단인 행정절차법과 정보공개등에 대한 단원으로 **조문을 중심으로 공부하는 것이 키포인트**입니다.

이 단원은 전체 시험 문제 중 **약 10%의 비중**으로 출제되고 있고, 특히 조문 및 관련 판례 위주로 시험이 출제되므로, **조문을 기본 베이스로 이와 관련된 판례를 정리**하는 방식으로 공부하는 것이 가장 효율적입니다.

CHAPTER 민재쌤의 날로 먹는 행정법총론 > 행정절차법 등

01 행정절차법과 민원처리에관한법률

1. 헌법 제**12**조의 적법절차 원리는 형사절차뿐만 아니라 입법·행정 등 국가의 모든 공권력 작용에 적용된다. **14사복9급**

제 1 절 개관

<table>
<tr><td>의의</td><td colspan="2">행정절차는 행정청이 행정작용을 함에 있어서 거치는 사전절차를 의미하는 바, 행정의 민주화 · 능률화, 공정성 확보에 기여하며, 개인의 권리침해를 사전에 방지하는 사전적 구제수단에 해당함.(13서울7급,01국가7급)</td></tr>
<tr><td rowspan="2">법적 근거</td><td>헌법적 근거</td><td>적법절차의 원칙(헌법 §12)
판례 ㉠ 헌법 제12조 제3항 본문은 동조 제1항의 규정과 함께 적법절차원리의 일반조항에 해당하는 것으로서, 형사절차상의 영역에 한정되지 않고 입법, 행정 등 국가의 모든 공권력 작용에는 절차상의 적법성 뿐만 아니라 법률의 실체적 내용도 합리성과 정당성을 갖춘 실체적인 적법성이 있어야 한다는 적법절차의 원칙을 헌법의 기본원리로 명시하고 있는 것이다(92헌가8).(20국회8급,15사복9급,14사복9급)
㉡ 하나의 납세고지서에 의해 복수의 과세처분을 함께 하는 경우에는 과세처분별로 그 세액과 산출근거 등을 구분하여 기재함으로써 납세의무자가 각 과세처분의 내용을 알 수 있도록 해야 한다(2010두12347).(20국가7급,18지방7급,17지방7급) → 적법절차원칙이 과세처분에도 적용됨(13국회8급)</td></tr>
<tr><td>법률적 근거</td><td>행정절차법, 민원처리에관한법률</td></tr>
</table>

제 2 절 행정절차법

1. 행정절차법은 행정조사에 관한 명문의 규정을 두고 있지 않다. **19소방9급**

1 개관

행정절차법은 공법상 행정절차에 관한 일반법이나,
모든 행정작용에 적용되는 것 X.
절차법이지만 실체적 규정도 포함하고 있음**(12사복9급)**

행정절차법 규정 O	행정절차법 규정 X (13서울9급)
처분, 신고, 행정상 입법예고, 행정예고**(17교행9급)**, 행정지도에서 각 행정작용에 적용되는 절차 **(15사복9급)**	확약, 공법상 계약**(17교행9급)**, 행정계획의 확정절차**(18경행)**, 행정강제, 행정행위의 하자 치유과 절차하자의 효과, 행정조사**(19소방9급)** 등

2 주요내용

가. 개관

1) 목적, 용어 정의 (§1~2)

<table>
<tr><td colspan="2">목적</td><td>이 법은 행정절차에 관한 공통적인 사항을 규정하여 국민의 행정 참여를 도모함으로써 행정의 공정성 · 투명성 및 신뢰성을 확보하고 국민의 권익을 보호함을 목적으로 한다(행정절차법§1).</td></tr>
<tr><td rowspan="3">용어정의</td><td>행정청</td><td>가. 행정에 관한 의사를 결정하여 표시하는 국가 또는 지방자치단체의 기관
나. 그 밖에 법령 또는 자치법규(이하 “법령등”이라 한다)에 따라 행정권한을 가지고 있거나 위임 또는 위탁받은 공공단체 또는 그 기관이나 사인(私人)</td></tr>
<tr><td>처분</td><td>“처분”이란 행정청이 행하는 구체적 사실에 관한 법 집행으로서의 공권력의 행사 또는 그 거부와 그 밖에 이에 준하는 행정작용을 말한다.
→ 행정계획,행정조사 등이 처분에 해당하는 것이라면 행정절차법상의 처분절차가 적용됨.(16사복9급)</td></tr>
<tr><td>당사자 등</td><td>가. 행정청의 처분에 대하여 직접 그 상대가 되는 당사자
나. 행정청이 직권으로 또는 신청에 따라 행정절차에 참여하게 한 이해관계인(17서울7급)
→ 법률상 이익을 갖는 모든 자가 이해관계인이 되는 것 아님(18서울7급)</td></tr>
</table>

2) 적용범위 (§3)

적용대상	① 처분, 신고, 확약, 위반사실 등의 공표, 행정계획, 행정상 입법예고**(21행정사)**, 행정예고 및 행정지도의 절차(이하 “행정절차”라 한다)에 관하여 다른 법률에 특별한 규정이 있는 경우를 제외하고는 이 법에서 정하는 바에 따른다.**(14국가7급)** <개정 2022. 1. 11.>

1. 지방의회의 의결을 거치거나 동의 또는 승인을 받아 행하는 사항에 대해서는 행정절차법이 적용되지 않는다. **19서울9급**

2. 공무원 인사관계법령에 따른 징계는 모두 행정절차법의 적용이 배제되는 것이 아니라, 성질상 행정절차를 거치기 곤란하거나 불필요하다고 인정되는 처분이나 행정절차에 준하는 절차를 거치도록 하고 있는 처분의 경우에만 그 적용이 배제된다. **19국회8급**

적용 제외	1. **국회 또는 지방의회의 의결을 거치거나 동의 또는 승인을 받아 행하는 사항(21행정사,19서울9급,12국회9급)** 2. 법원 또는 군사법원의 재판에 의하거나 그 집행으로 행하는 사항 3. 헌법재판소의 심판을 거쳐 행하는 사항**(12국회9급)** 4. 각급 선거관리위원회의 의결을 거쳐 행하는 사항**(11국가9급,12국회9급)** 5. **감사원**이 감사위원회의의 결정을 거쳐 행하는 사항**(21행정사,18국회8급, 11국가9급)** 6. 형사(刑事), 행형(行刑) 및 보안처분 관계 법령에 따라 행하는 사항 7. **국가안전보장 · 국방 · 외교 또는 통일**에 관한 사항 중 행정절차를 거칠 경우 국가의 중대한 이익을 현저히 해칠 우려가 있는 사항**(21행정사)** 8. **심사청구, 해양안전심판, 조세심판, 특허심판, 행정심판**, 그 밖의 불복절차에 따른 사항**(21행정사,11국가9급, 12국회9급)** 9. **「병역법」에 따른 징집 · 소집**, 외국인의 출입국 · 난민인정**(12지방9급)** · 귀화, **공무원 인사 관계 법령에 따른 징계**와 그 밖의 처분, 이해 조정을 목적으로 하는 법령에 따른 알선 · 조정 · 중재 · 재정또는 그 밖의 처분 등 해당 행정작용의 성질상 행정절차를 거치기 곤란하거나 거칠 필요가 없다고 인정되는 사항과 행정절차에 준하는 절차를 거친 사항으로서 대통령령으로 정하는 사항**(17사복9급,16국회8급)** → 단, 병역법에 따라 지역병무청장이 산업기능요원에 대하여 산업기능요원 편입취소처분을 한 때에는, 당사자의 권익을 제한하는 처분에 해당하므로 행정절차법 적용 ◯ (2002두554)**(20국가7급,20지방7급)**
판례	㉠ **국가공무원법상 직위해제**의 경우 처분의 사전 통지 및 의견청취에 관한 행정절차법의 규정이 **적용되지 않는다**(2012두26180).**(21지방9급,21국회9급,21지방7급,20국회8급,20지방7급,19서울9급,19서울7급)** ㉡ **구 군인사법상 보직해임처분**은 구 행정절차법 제3조 제2항 제9호, 같은 법 시행령 제2조 제3호에 의하여 당해 행정작용의 성질상 행정절차를 거치기 곤란하거나 불필요하다고 인정되는 사항 또는 행정절차에 준하는 절차를 거친 사항에 해당하므로, 처분의 근거와 이유 제시 등에 관한 구 **행정절차법의 규정이 별도로 적용되지 아니한다**고 봄이 상당하다(2012두5756).**(21국가7급,19지방9급,17서울9급,16국가9급)** ㉢ **공정거래위원회의 시정조치 및 과징금납부명령**에 행정절차법 소정의 의견청취 절차 생략사유가 존재한다고 하더라도, 행정절차법 시행령 제2조 제6호 규정에 의하여 공정위의 의결, 결정을 거쳐 행하는 사항은 **행정절차법의 적용이 제외**되게 되어 있으므로 공정거래위원회는 행정절차법을 적용하여 의견청취절차를 생략할 수 없다(2000두10212).**(16국가7급)** ㉣ **대통령에 의한 한국방송공사 사장의 해임에는 행정절차법이 적용된다. 해임처분 과정에서 한국방송공사 사장이 처분 내용을 사전에 통지받거나 그에 대한 의견제출의 기회 등을 받지 못했고 해임처분 시 법적근거 및 구체적 해임사유를 제시받지 못했다면, 해임처분이 행정절차법에 위배되어 위법**하지만, 절차나 처분형식의 하자가 중대하고 명백하다고 볼 수 없어 **취소사유에 해당**한다(2011두5001).**(22국가9급,20지방7급,17사복9급)** **비교)** ⓐ 공무원 인사관계 법령에 의한 처분에 관한 사항이라 하더라도 전부에 대하여 행정절차법의 적용이 배제되는 것이 아니라, **성질상 행정절차를 거치기 곤란하거나 불필요하다고 인정되는 처분이나 행정절차에 준하는 절차를 거치도록 하고 있는 처분의 경우에만 행정절차법의 적용이 배제되는 것으로 보아야** 하고, 이러한 법리는 '공무원 인사관계 법령에 의한 처분'에 해당하는 별정직 공무원에 대한 직권면직 처분에도 마찬가지로 적용된다(2011두30687).**(22국가9급,21경행,19서울9급,19사복9급,19국회8급,18변시,18국회8급)** ⓑ **육군3사관학교의 사관생도에 대한 퇴학처분에 행정절차법의 적용이 배제되는 것은 아니다**(2016두33339).**(21경행,19소방9급)**

3) 일반원칙(§4~5)

신의성실 원칙 (§4①)	행정청은 직무를 수행할 때 신의(信義)에 따라 성실히 하여야 한다.
신뢰보호 원칙 (§4②)	행정청은 법령등의 해석 또는 행정청의 관행이 일반적으로 국민들에게 받아들여졌을 때에는 공익 또는 제3자의 정당한 이익을 현저히 해칠 우려가 있는 경우를 제외하고는 새로운 해석 또는 관행에 따라 소급하여 불리하게 처리하여서는 아니 된다.**(17경행)**
투명성의 원칙 (§5)	① 행정청이 행하는 행정작용은 그 내용이 구체적이고 명확하여야 한다. ② 행정작용의 근거가 되는 법령등의 내용이 명확하지 아니한 경우 상대방은 해당 행정청에 그 해석을 요청할 수 있으며, 해당 행정청은 특별한 사유가 없으면 그 요청에 따라야 한다. ③ 행정청은 상대방에게 행정작용과 관련된 정보를 충분히 제공하여야 한다.
행정업무 혁신 (§5의2) [본조신설 2022. 1. 11.]	① 행정청은 모든 국민이 균등하고 질 높은 행정서비스를 누릴 수 있도록 노력하여야 한다. ② 행정청은 정보통신기술을 활용하여 행정절차를 적극적으로 혁신하도록 노력하여야 한다. 이 경우 행정청은 국민이 경제적 · 사회적 · 지역적 여건 등으로 인하여 불이익을 받지 아니하도록 하여야 한다. ③ 행정청은 행정청이 생성하거나 취득하여 관리하고 있는 데이터(정보처리능력을 갖춘 장치를 통하여 생성 또는 처리되어 기계에 의한 판독이 가능한 형태로 존재하는 정형 또는 비정형의 정보를 말한다)를 행정과정에 활용하도록 노력하여야 한다. ④ 행정청은 행정업무 혁신 추진에 필요한 행정적 · 재정적 · 기술적 지원방안을 마련하여야 한다.

1. 행정절차법 제**4**조에 의하면 행정청은 법령 등의 해석 또는 행정청의 관행이 일반적으로 국민들에게 받아들여졌을 때에는 공익 또는 제**3**자의 정당한 이익을 현저히 해칠 우려가 있는 경우를 제외하고는 새로운 해석 또는 관행에 따라 소급하여 불리하게 처리하여서는 아니 된다. **17경행**

4) 관할

관할 (§6)	**관할의 이송 송치**	① 행정청이 그 관할에 속하지 아니하는 사안을 접수하였거나 이송받은 경우에는 지체 없이 이를 관할 행정청에 이송하여야 하고 그 사실을 신청인에게 통지하여야 한다. 행정청이 접수하거나 이송받은 후 관할이 변경된 경우에도 또한 같다.
	관할 불분명	② 행정청의 관할이 분명하지 아니한 경우에는 해당 행정청을 공통으로 감독하는 **상급 행정청이 그 관할을 결정**하며, 공통으로 감독하는 상급 행정청이 없는 경우에는 **각 상급 행정청이 협의하여 그 관할을 결정**한다.
행정청 간 협조 (§7) [전문개정 2022. 1. 11.]	① 행정청은 행정의 원활한 수행을 위하여 서로 협조하여야 한다. ② 행정청은 업무의 효율성을 높이고 행정서비스에 대한 국민의 만족도를 높이기 위하여 필요한 경우 행정협업(다른 행정청과 공동의 목표를 설정하고 행정청 상호 간의 기능을 연계하거나 시설 · 장비 및 정보 등을 공동으로 활용하는 것을 말한다. 이하 같다)의 방식으로 적극적으로 협조하여야 한다. ③ 행정청은 행정협업을 활성화하기 위한 시책을 마련하고 그 추진에 필요한 행정적 · 재정적 지원방안을 마련하여야 한다. ④ 행정협업의 촉진 등에 필요한 사항은 대통령령으로 정한다.	

<table>
<tr><td rowspan="4">행정
응원
(§8)</td><td>응원
요청</td><td>① 행정청은 다음 각 호의 어느 하나에 해당하는 경우에는 다른 행정청에 행정응원(行政應援)을 요청할 수 있다.
1. 법령등의 이유로 독자적인 직무 수행이 어려운 경우
2. 인원 · 장비의 부족 등 사실상의 이유로 독자적인 직무 수행이 어려운 경우
3. 다른 행정청에 소속되어 있는 전문기관의 협조가 필요한 경우
4. 다른 행정청이 관리하고 있는 문서(전자문서를 포함한다. 이하 같다) · 통계 등 행정자료가 직무 수행을 위하여 필요한 경우
5. 다른 행정청의 응원을 받아 처리하는 것이 보다 능률적이고 경제적인 경우
③ 행정응원은 해당 직무를 직접 응원할 수 있는 행정청에 요청하여야 한다.</td></tr>
<tr><td>응원
거부</td><td>② 제1항에 따라 행정응원을 요청받은 행정청은 다음 각 호의 어느 하나에 해당하는 경우에는 응원을 거부할 수 있다.
1. 다른 행정청이 보다 능률적이거나 경제적으로 응원할 수 있는 명백한 이유가 있는 경우
2. 행정응원으로 인하여 고유의 직무 수행이 현저히 지장받을 것으로 인정되는 명백한 이유가 있는 경우
④ 행정응원을 요청받은 행정청은 응원을 거부하는 경우 그 사유를 응원을 요청한 행정청에 통지하여야 한다.</td></tr>
<tr><td>지휘
·
감독</td><td>⑤ 행정응원을 위하여 파견된 직원은 응원을 요청한 행정청의 지휘 · 감독을 받는다. 다만, 해당 직원의 복무에 관하여 다른 법령등에 특별한 규정이 있는 경우에는 그에 따른다.</td></tr>
<tr><td>비용
부담</td><td>⑥ 행정응원에 드는 비용은 응원을 요청한 행정청이 부담하며, 그 부담금액 및 부담방법은 응원을 요청한 행정청과 응원을 하는 행정청이 협의하여 결정한다.(21소방)</td></tr>
</table>

5) 당사자 등

<table>
<tr><td>자격
(§9)</td><td colspan="2">1. 자연인
2. 법인, 법인이 아닌 사단 또는 재단(이하 "법인등"이라 한다)(19서울7급)
3. 그 밖에 다른 법령등에 따라 권리 · 의무의 주체가 될 수 있는 자</td></tr>
<tr><td rowspan="2">지위의
승계
(§10)</td><td>당연
승계</td><td>① 당사자등이 사망하였을 때의 상속인과 다른 법령등에 따라 당사자등의 권리 또는 이익을 승계한 자는 당사자등의 지위를 승계한다.
② 당사자등인 법인등이 합병하였을 때에는 합병 후 존속하는 법인등이나 합병 후 새로 설립된 법인등이 당사자등의 지위를 승계한다.
③ 제1항 및 제2항에 따라 당사자등의 지위를 승계한 자는 행정청에 그 사실을 통지하여야 한다.</td></tr>
<tr><td>허가
승계</td><td>④ 처분에 관한 권리 또는 이익을 사실상 양수한 자는 행정청의 승인을 받아 당사자등의 지위를 승계할 수 있다(22국회8급,14국가7급)</td></tr>
</table>

대표자 (§11)	① 다수의 당사자등이 공동으로 행정절차에 관한 행위를 할 때에는 대표자를 선정할 수 있다. ② 행정청은 제1항에 따라 당사자등이 대표자를 선정하지 아니하거나 대표자가 지나치게 많아 행정절차가 지연될 우려가 있는 경우에는 그 이유를 들어 상당한 기간 내에 3인 이내의 대표자를 선정할 것을 요청할 수 있다. 이 경우 당사자등이 그 요청에 따르지 아니하였을 때에는 행정청이 직접 대표자를 선정할 수 있다. ③ 당사자등은 대표자를 변경하거나 해임할 수 있다. ④ 대표자는 각자 그를 대표자로 선정한 당사자등을 위하여 행정절차에 관한 모든 행위를 할 수 있다. 다만, 행정절차를 끝맺는 행위에 대하여는 당사자등의 동의를 받아야 한다. ⑤ 대표자가 있는 경우에는 당사자등은 그 대표자를 통하여서만 행정절차에 관한 행위를 할 수 있다. ⑥ 다수의 대표자가 있는 경우 그중 1인에 대한 행정청의 행위는 모든 당사자등에게 효력이 있다. 다만, 행정청의 통지는 대표자 모두에게 하여야 그 효력이 있다.**(18서울7급)**
대리인 (§12)	① 당사자등은 다음 각 호의 어느 하나에 해당하는 자를 대리인으로 선임할 수 있다. 1. 당사자등의 배우자, 직계 존속·비속 또는 형제자매**(20소방간부,18서울7급)** 2. 당사자등이 법인등인 경우 그 임원 또는 직원 3. 변호사**(19사복9급)** 4. 행정청 또는 청문 주재자(청문의 경우만 해당한다)의 허가를 받은 자 5. 법령등에 따라 해당 사안에 대하여 대리인이 될 수 있는 자 ② 대리인에 관하여는 제11조제3항·제4항 및 제6항을 준용한다. **판례** 행정절차법 제12조 제1항 제3호, 제2항, 제11조 제4항 본문에 따르면, 당사자 등은 변호사를 대리인으로 선임할 수 있고, 대리인으로 선임된 변호사는 당사자 등을 위하여 행정절차에 관한 모든 행위를 할 수 있다고 규정되어 있다. 위와 같은 행정절차법령의 규정과 취지, 헌법상 법치국가원리와 적법절차원칙에 비추어 징계와 같은 불이익처분절차에서 징계심의대상자에게 변호사를 통한 방어권의 행사를 보장하는 것이 필요하고, **징계심의대상자가 선임한 변호사가 징계위원회에 출석하여 징계심의대상자를 위하여 필요한 의견을 진술하는 것**은 방어권 행사의 본질적 내용에 해당하므로, **행정청**은 특별한 사정이 없는 한 이를 **거부할 수 없다**(2016두33339).**(21변시)**

6) 송달, 기간 · 기한

송달 (§14)	송달 방법	① 송달은 우편, 교부 또는 정보통신망 이용 등의 방법으로 하되, 송달받을 자(대표자 또는 대리인을 포함한다. 이하 같다)의 주소 · 거소 · 영업소 · 사무소 또는 전자우편주소로 한다. 다만, 송달받을 자가 동의하는 경우에는 그를 만나는 장소에서 송달할 수 있다.
	교부 송달	② **교부에 의한 송달은 수령확인서를 받고 문서를 교부함**으로써 하며, 송달하는 장소에서 송달받을 자를 만나지 못한 경우에는 그 사무원 · 피용자(被傭者) 또는 동거인으로서 사리를 분별할 지능이 있는 사람(이하 이 조에서 "사무원등"이라 한다)에게 문서를 교부할 수 있다. 다만, 문서를 송달받을 자 또는 그 사무원등이 정당한 사유 없이 송달받기를 거부하는 때에는 그 사실을 수령확인서에 적고, 문서를 송달할 장소에 놓아둘 수 있다.**(17국가7급)**
	정보 통신망 송달	③ **정보통신망을 이용한 송달은 송달받을 자가 동의하는 경우에만** 한다. 이 경우 **송달받을 자**는 송달받을 전자우편주소 등을 지정하여야 한다.**(22국회8급,17국가7급)**
	주소불명 송달불능	④ 다음 각 호의 어느 하나에 해당하는 경우에는 **송달받을 자가 알기 쉽도록 관보, 공보, 게시판, 일간신문 중 하나 이상에 공고**하고 **인터넷에도 공고**하여야 한다. 1. 송달받을 자의 주소등을 통상적인 방법으로 확인할 수 없는 경우 2. **송달이 불가능**한 경우.**(20국가9급,17국가7급)** ⑤ 제4항에 따른 공고를 할 때에는 민감정보 및 고유식별정보 등 송달받을 자의 개인정보를 「개인정보 보호법」에 따라 보호하여야 한다. <신설 2022. 1. 11.>
	문서의 보존	⑥ 행정청은 송달하는 문서의 명칭, 송달받는 자의 성명 또는 명칭, 발송방법 및 발송 연월일을 확인할 수 있는 기록을 보존하여야 한다.**(20국회8급)** <개정 2022. 1. 11.>
송달의 효력발생 (§15)	도달주의	① 송달은 다른 법령등에 특별한 규정이 있는 경우를 제외하고는 **해당 문서가 송달받을 자에게 도달됨으로써** 그 **효력이 발생**한다. 판례 상대방이 **부당하게 등기취급 우편물의 수취를 거부함**으로써 우편물의 내용을 알 수 있는 객관적 상태의 형성을 방해한 경우 그러한 상태가 형성되지 아니하였다는 사정만으로 **발송인의 의사표시의 효력을 부정하는 것은 신의성실의 원칙에 반하므로 허용되지 아니한다.** 이러한 경우에는 부당한 수취 거부가 없었더라면 상대방이 우편물의 내용을 알 수 있는 객관적 상태에 놓일 수 있었던 때, 즉 **수취 거부 시에 의사표시의 효력이 생긴 것**으로 보아야 한다. 이때 우편물의 수취를 거부한 것에 정당한 사유가 있는지에 관해서는 수취 거부를 한 상대방이 이를 증명할 책임이 있다(2019두34630).

송달의 효력발생 (§15)	정보 통신망	② 제14조제3항에 따라 정보통신망을 이용하여 전자문서로 송달하는 경우에는 **송달받을 자가 지정한 컴퓨터 등에 입력된 때**에 도달된 것으로 본다.**(20지방7급)**
	주소불명 송달불명	③ **제14조제4항의 경우**에는 다른 법령등에 특별한 규정이 있는 경우를 제외하고는 **공고일부터 14일이 지난 때에 그 효력이 발생**한다. 다만, 긴급히 시행하여야 할 특별한 사유가 있어 효력 발생 시기를 달리 정하여 공고한 경우에는 그에 따른다.**(22국회8급,21소방)**
기간 기한의 특례 (§16)	천재지변	① 천재지변이나 그 밖에 당사자등에게 책임이 없는 사유로 기간 및 기한을 지킬 수 없는 경우에는 그 사유가 끝나는 날까지 기간의 진행이 정지된다.
	외국거주	② 외국에 거주하거나 체류하는 자에 대한 기간 및 기한은 행정청이 그 우편이나 통신에 걸리는 일수(日數)를 고려하여 정하여야 한다.

1. 행정청은 필요한 처분기준을 해당 처분의 성질에 비추어 되도록 구체적으로 정하여 공표하여야 한다. 다만, 처분기준을 공표하는 것이 해당 처분의 성질상 현저히 곤란하거나 공공의 안전 또는 복리를 현저히 해치는 것으로 인정될 만한 상당한 이유가 있는 경우에는 처분기준을 공표하지 아니할 수 있다. **16경행**

나. 처분절차

1) 공통절차(15사복9급)

가) 처분기준의 설정 · 공표(§20)

원칙 공표	① 행정청은 **필요한 처분기준을 해당 처분의 성질에 비추어 되도록 구체적으로 정하여 공표하여야 한다.** 처분기준을 변경하는 경우에도 또한 같다.**(18국가9급)** ② 「행정기본법」 제24조에 따른 인허가의제의 경우 관련 인허가 행정청은 관련 인허가의 처분기준을 주된 인허가 행정청에 제출하여야 하고, 주된 인허가 행정청은 제출받은 관련 인허가의 처분기준을 통합하여 공표하여야 한다. 처분기준을 변경하는 경우에도 또한 같다. <신설 2022. 1. 11.> **판례** 행정청이 행정절차법 제20조 제1항의 **처분기준 사전공표 의무를 위반**하여 미리 공표하지 아니한 기준을 적용하여 처분을 하였다고 하더라도, 그러한 사정만으로 곧바로 해당 처분에 **취소사유에 이를 정도의 흠이 존재한다고 볼 수는 없다**. 다만 해당 처분에 적용한 기준이 상위법령의 규정이나 신뢰보호의 원칙 등과 같은 법의 일반원칙을 위반하였거나 객관적으로 합리성이 없다고 볼 수 있는 구체적인 사정이 있다면 해당 처분은 위법하다고 평가할 수 있다(2018두45633).
예외 비공표	③ 제1항에 따른 처분기준을 공표하는 것이 **해당 처분의 성질상 현저히 곤란하거나 공공의 안전 또는 복리를 현저히 해치는 것으로 인정될 만한 상당한 이유**가 있는 경우에는 처분기준을 **공표하지 아니할 수 있다.(16경행)** <개정 2022. 1. 11.>
설명 요청 청구권	④ 당사자등은 공표된 처분기준이 명확하지 아니한 경우 해당 행정청에 그 해석 또는 설명을 요청할 수 있다. 이 경우 해당 행정청은 특별한 사정이 없으면 그 요청에 따라야 한다.**(15서울9급)** <개정 2022. 1. 11.>

1. 신청내용을 모두 인정하는 처분인 경우 이유제시의무가 면제되는데, 처분 후 당사자가 요청하는 경우에도 마찬가지이다. **12국가9급**

2. 당사자가 신청하는 허가 등을 거부하는 처분을 하면서 당사자가 그 근거를 알 수 있을 정도로 이유를 제시했다면 처분의 근거와 이유를 구체적으로 명시하지 않았더라도 당해 처분이 위법한 것은 아니다. **18지방9급**

나) 처분의 이유제시(§23)

<table>
<tr><td>의의</td><td colspan="2">처분의 상대방에게 처분의 적법성을 보다 확신시켜 이를 수용하게 한다는 점에서 법원의 부담을 경감, 처분의 결정 과정을 보다 투명하게 하는 데 기여, 행정청의 자의를 배제시킴.(15국가7급)</td></tr>
<tr><td>원칙
(§23①)</td><td colspan="2">행정청은 처분을 할 때에는 다음 각 호의 어느 하나에 해당하는 경우를 제외하고는 당사자에게 그 근거와 이유를 제시하여야 한다.
→ 수익적 행정행위의 거부에도 이유를 제시해야 함(12지방9급)</td></tr>
<tr><td>예외
(15서울9급, 14서울9급, 18지방7급)</td><td colspan="2">1. 신청 내용을 모두 그대로 인정하는 처분인 경우(18교행9급,15국회8급)
2. 단순 · 반복적인 처분 또는 경미한 처분으로서 당사자가 그 이유를 명백히 알 수 있는 경우(12지방9급)
3. 긴급히 처분을 할 필요가 있는 경우(22국회8급)</td></tr>
<tr><td>당사자의 요청
(§23②)</td><td colspan="2">② 행정청은 제1항제2호 및 제3호의 경우에 처분 후 당사자가 요청하는 경우에는 그 근거와 이유를 제시하여야 한다.(22국회8급,18국가9급,17서울7급,12국가9급)
→ 제1호는 제외(∴신청내용 모두 인정하는 경우, 당사자가 요청해도 이유제시의무X.)</td></tr>
<tr><td rowspan="2">정도</td><td colspan="2">처분사유를 이해할 수 있을 정도로 구체적이어야 함.(14국가7급)</td></tr>
<tr><td>소극적 처분</td><td>당사자가 그 근거를 알 수 있을 정도로 상당한 이유를 제시하는 것으로 족함(2000두8912).(21변시)

판례 ㉠ 행정청이 토지형질변경허가신청을 불허하는 근거규정으로 '도시계획법 시행령 제20조'를 명시하지 아니하고 '도시계획법'이라고만 기재하였으나, 신청인이 자신의 신청이 개발제한구역의 지정 목적에 현저히 지장을 초래하는 것이라는 이유로 구 도시계획법 시행령 제20조 제1항 제2호에 따라 불허된 것임을 알 수 있었던 경우에는 그 불허처분이 위법하지 않다(2000두8912).(17지방7급)
㉡ 교육부장관이 어떤 후보자를 총장 임용에 부적격하다고 판단하여 배제하고 다른 후보자를 임용제청하는 경우라면 배제한 후보자에게 연구윤리 위반, 선거부정, 그 밖의 비위행위 등과 같은 부적격사유가 있다는 점을 구체적으로 제시할 의무가 있다. 그러나 부적격사유가 없는 후보자들 사이에서 어떤 후보자를 상대적으로 더욱 적합하다고 판단하여 임용제청하는 경우라면, 교육부장관이 어떤 후보자를 총장으로 임용제청하는 행위 자체에 그가 총장으로 더욱 적합하다는 정성적 평가 결과가 당연히 포함되어 있는 것으로, 이로써 행정절차법상 이유제시의무를 다한 것이라고 보아야 한다. 여기에서 나아가 교육부장관에게 개별 심사항목이나 고려요소에 대한 평가 결과를 더 자세히 밝힐 의무까지는 없다(2016두57564).(21변시)</td></tr>
</table>

정도	적극적 처분	처분의 근거 등을 상대방이 이해할 수 있을 정도로 **구체적이고 명확**하게 할 것이 요구됨. 판례 세무서장이 주류도매업자에 대하여 일반주류도매업면허취소통지를 하면서 그 위반사실을 구체적으로 특정하지 아니한 것은 위법하다(90누1786).(13국가7급,12국가9급) 단, **처분당시 당사자가 처분의 근거와 이유를 충분히 알 수 있어서** 행정구제절차에 별다른 지장이 없었던 경우 **이유제시의 정도가 완화**(2011두18571).(21지방9급,18지방9급,16국회8급)
시기	**처분시점**에 구비되어야 (15국가7급,13서울7급)	
하자	발생	처분에 하자가 없더라도 이유를 제시하지 않은 경우, 처분이 위법하게 되는 **취소사유**가 됨.(18국가9급) 판례 ✪ ㉠ 처분청이 변상금 부과처분을 하면서 그 납부고지서 또는 적어도 사전통지서에 그 **산출근거를 밝히지 않았다면 위법**(2000두86). ㉡ **처분 당시 당사자가 어떠한 근거와 이유로 처분이 이루어진 것인지를 충분히 알 수 있어서 그에 불복하여 행정구제절차로 나아가는 데 별다른 지장이 없었던 것으로 인정되는 경우**에는 처분시에 처분의 근거와 이유가 구체적으로 명시되어 있지 않았더라도 이를 **처분을 취소하여야 할 절차상 하자로 볼 수 없다**(2018두41907).(21지방9급)
	하자의 치유	**원칙 : 인정 X**(10국회8급) **예외 : 국민의 권익을 침해하지 않는 범위 내에서 제한적으로 인정**됨. 판례 ㉠ 과세관청이 과세처분에 앞서 납세의무자에게 보낸 과세예고통지서 등에 의하여 납세의무자가 그 처분에 대한 불복 여부의 결정 및 불복신청에 전혀 지장을 받지 않았음이 명백하다면, 이로써 납세고지서의 흠결이 보완되거나 하자가 치유된다고 보아야 하나, 이와 같이 납세고지서의 하자를 사전에 보완할 수 있는 서면은 법령 등에 의하여 납세고지에 앞서 납세의무자에게 교부하도록 되어 있어 납세고지서와 일체를 이룰 수 있는 것에 한정되는 것은 물론, 납세고지서의 필요적 기재사항이 제대로 기재되어 있어야 한다(96누12634). → **부과처분 전에 교부된 부담금예정통지서에 납부고지서의 필요적 기재사항이 제대로 기재**되어 있다면, 이로써 납부고지서의 하자는 치유될 수 있다.(14지방9급,12지방7급) ㉡ **세액산출근거가 기재되지 아니한 납세고지서에 의한 부과처분**은 그 후 부과된 세금을 자진납부하였다 하는 조세채권의 소멸시효기간이 만료되었다 하여 **하자가 치유되는 것이라고는 할 수 없다**(84누431).(21지방9급)
	시기	**행정쟁송 제기전까지** 해야 함(15국가7급,13국가7급)

1. 면허관청이 임의로 출석한 상대방의 편의를 위하여 구두로 면허정지 사실을 알린 경우, 면허정지 처분의 효력은 없다.
13지방9급

다) 처분의 방식(§24) 및 정정(§25)

원칙 : 문서 (§24)	① 행정청이 처분을 할 때에는 다른 법령등에 특별한 규정이 있는 경우를 제외하고는 **문서로 하여야** 하며, 다음 각 호의 어느 하나에 해당하는 경우에는 전자문서로 할 수 있다**(20경행,17서울9급)** <개정 2022. 1. 11.> 1. 당사자등의 동의가 있는 경우 2. 당사자가 전자문서로 처분을 신청한 경우 ② 제1항에도 불구하고 공공의 안전 또는 복리를 위하여 긴급히 처분을 할 필요가 있거나 사안이 경미한 경우에는 말, 전화, 휴대전화를 이용한 문자 전송, 팩스 또는 전자우편 등 문서가 아닌 방법으로 처분을 할 수 있다. 이 경우 당사자가 요청하면 지체 없이 처분에 관한 문서를 주어야 한다**(21행정사)**. <신설 2022. 1. 11.> 판례 ㉠ 면허관청이 운전면허정지처분을 하면서 임의로 **출석한** 상대방의 편의를 위하여 **구두**로 면허정지사실을 알린 경우 면허정지처분으로서 **효력이 없다**(95누17823).**(13지방9급)** ㉡ 명예전역 선발을 취소하는 처분은 행정절차법 제24조 제1항에 따라 문서로 해야 하고 이를 위반한 경우 그 처분은 무효가 된다(2016두49808). ㉢ **외국인의 사증발급 신청에 대한 거부처분은 당사자에게 의무를 부과하거나 적극적으로 권익을 제한하는 처분이 아니므로,** 행정절차법 제21조 제1항에서 정한 **'처분의 사전통지'**와 제22조 제3항에서 정한 **'의견제출 기회 부여'의 대상은 아니다.** 그러나 사증발급 신청에 대한 거부처분이 성질상 행정절차법 제24조에서 정한 **'처분서 작성 · 교부'를 할 필요가 없거나 곤란하다고 일률적으로 단정하기 어려우므로, 외국인의 사증발급 신청에 대한 거부처분을 하면서 행정절차법 제24조에 정한 절차를 따르지 않고 '행정절차에 준하는 절차'로 대체할 수도 없다**(2017두38874). → 즉, 이 사건 사증발급 거부처분은 '처분서 작성 · 교부'에 관한 행정절차법 제24조 제1항을 위반하여 위법함. ③ 처분을 하는 문서에는 그 처분 행정청과 담당자의 소속 · 성명 및 연락처(전화번호, 팩스번호, 전자우편주소 등을 말한다)를 적어야 한다. → **처분실명제(09지방9급)** <개정 2022. 1. 11.>
예외 : 구두 (§24)	① …다만, **신속히 처리할 필요**가 있거나 사안이 경미한 경우에는 **말 또는 그 밖의 방법으로 할 수 있다.(21행정사,14국가9급,13지방9급)** 이 경우 **당사자가 요청**하면 지체 없이 처분에 관한 **문서를 주어야** 한다**(15교행9급)**.
위반시 효과	**원칙적 무효(16서울7급, 14지방7급)**
처분의 정정 (§25)	행정청은 처분에 오기(誤記), 오산(誤算) 또는 그 밖에 이에 준하는 명백한 잘못이 있을 때에는 직권으로 또는 신청에 따라 지체 없이 정정하고 그 사실을 당사자에게 통지하여야 한다.**(21행정사,17경행)**
처분의 고지 (§26)	행정청이 처분을 할 때에는 당사자에게 그 처분에 관하여 행정심판 및 행정소송을 제기할 수 있는지 여부, 그 밖에 불복을 할 수 있는지 여부, 청구절차 및 청구기간, 그 밖에 필요한 사항을 알려야 한다.**(14경행)**

2) 수익적 처분의 절차(신청에 의한 처분절차)

<table>
<tr><td rowspan="5">처분의 신청
(§17)</td><td rowspan="2">신청 방법</td><td>원칙과 (문서주의) 예외</td><td>① 행정청에 처분을 구하는 신청은 문서로 하여야 한다.(20군무원9급,16서울9급) 다만, 다른 법령등에 특별한 규정이 있는 경우와 행정청이 미리 다른 방법을 정하여 공시한 경우에는 그러하지 아니하다.</td></tr>
<tr><td>전자문서</td><td>② 제1항에 따라 처분을 신청할 때 전자문서로 하는 경우에는 행정청의 컴퓨터 등에 입력된 때에 신청한 것으로 본다.(18서울9급,16서울9급,08국가7급)</td></tr>
<tr><td>신청 접수</td><td colspan="2">④ 행정청은 신청을 받았을 때에는 다른 법령등에 특별한 규정이 있는 경우를 제외하고는 그 접수를 보류 또는 거부하거나 부당하게 되돌려 보내서는 아니 되며, 신청을 접수한 경우에는 신청인에게 접수증을 주어야 한다. 다만, 대통령령으로 정하는 경우에는 접수증을 주지 아니할 수 있다.

판례 행정절차법 제17조 제4항 본문 규정에 따라, 신청인의 행정청에 대한 신청의 의사표시는 명시적이고 확정적인 것이어야 한다고 할 것이므로 신청인이 신청에 앞서 행정청의 허가업무 담당자에게 신청서의 내용에 대한 검토를 요청한 것만으로는 다른 특별한 사정이 없는 한 명시적이고 확정적인 신청의 의사표시가 있었다고 하기 어렵다(2003두13236). → 검토의 요청에는 행정절차법상 절차가 적용되지 않음.(21지방7급,21소방간부)</td></tr>
<tr><td>신청 보완</td><td colspan="2">⑤ 행정청은 신청에 구비서류의 미비 등 흠이 있는 경우에는 보완에 필요한 상당한 기간을 정하여 지체 없이 신청인에게 보완을 요구하여야 한다.(20군무원9급,18소방9급,16서울9급,15서울9급)

판례 행정절차법 제17조 제5항은 행정청으로 하여금 신청에 대하여 거부처분을 하기 전에 반드시 신청인에게 신청의 내용이나 처분의 실체적 발급요건에 관한 사항까지 보완할 기회를 부여하여야 할 의무를 정한 것은 아니라고 보아야 한다(2020두36007).(21서울7급)

⑥ 행정청은 신청인이 제5항에 따른 기간 내에 보완을 하지 아니하였을 때에는 그 이유를 구체적으로 밝혀 접수된 신청을 되돌려 보낼 수 있다.
⑦ 행정청은 신청인의 편의를 위하여 다른 행정청에 신청을 접수하게 할 수 있다. 이 경우 행정청은 다른 행정청에 접수할 수 있는 신청의 종류를 미리 정하여 공시하여야 한다(16서울9급).
⑧ 신청인은 처분이 있기 전에는 그 신청의 내용을 보완·변경하거나 취하(取下)할 수 있다. 다만, 다른 법령등에 특별한 규정이 있거나 그 신청의 성질상 보완·변경하거나 취하할 수 없는 경우에는 그러하지 아니하다(20지방7급).</td></tr>
<tr><td>다수 행정청의 관여
(§18)</td><td colspan="3">행정청은 다수의 행정청이 관여하는 처분을 구하는 신청을 접수한 경우에는 관계 행정청과의 신속한 협조를 통하여 그 처분이 지연되지 아니하도록 하여야 한다.</td></tr>
</table>

1. 불이익처분의 직접 상대방인 당사자 또는 행정청이 참여하게 한 이해관계인이 아닌 제3자에 대하여는 사전통지 및 의견제출에 관한 행정절차법의 규정이 적용되지 않는다. 17지방7급

<table>
<tr><td rowspan="4">처리 기간의 설정 · 공표 (§19)</td><td>원칙</td><td>① 행정청은 신청인의 편의를 위하여 처분의 처리기간을 종류별로 미리 정하여 공표하여야 한다.</td></tr>
<tr><td>예외</td><td>② 행정청은 부득이한 사유로 제1항에 따른 처리기간 내에 처분을 처리하기 곤란한 경우에는 해당 처분의 처리기간의 범위에서 한 번만 그 기간을 연장할 수 있다.(16지방9급)
③ 행정청은 제2항에 따라 처리기간을 연장할 때에는 처리기간의 연장 사유와 처리 예정 기한을 지체 없이 신청인에게 통지하여야 한다.</td></tr>
<tr><td>신속한 처리 요청</td><td>④ 행정청이 정당한 처리기간 내에 처리하지 아니하였을 때에는 신청인은 해당 행정청 또는 그 감독 행정청에 신속한 처리를 요청할 수 있다.(17국가9급)
판례 행정절차법이나 민원처리에 관한 법률상 처분·민원의 처리기간에 관한 규정은 훈시규정일 뿐 강행규정이 아니다. 따라서 행정청이 처리기간을 지나 처분을 한 경우 또는 민원 처리에 관한 법률 시행령 제23조에 따른 민원처리 진행상황을 통지 하지 않은 경우, 처분을 취소할 절차상 하자가 있는 경우로 볼 수 없다(2018두41907).</td></tr>
</table>

3) 침익적 처분의 절차

가) 처분의 사전통지(§21)

<table>
<tr><td>의의</td><td colspan="2">① 행정청은 당사자에게 의무를 부과하거나 권익을 제한하는 처분을 하는 경우에는 미리 다음 각 호의 사항을 당사자등에게 통지하여야 한다.(21국회9급,10지방7급,08지방7급)
1. 처분의 제목, 2. 당사자의 성명 또는 명칭과 주소, 3. 처분하려는 원인이 되는 사실과 처분의 내용 및 법적 근거, 4. 제3호에 대하여 의견을 제출할 수 있다는 뜻과 의견을 제출하지 아니하는 경우의 처리방법, 5. 의견제출기관의 명칭과 주소, 6. 의견제출기한, 7. 그 밖에 필요한 사항(21국회9급)
→ "당사자등"이란 당사자와 행정절차에 참여하게 한 이해관계인을 의미하므로, 이해관계인이 아닌 제3자에 대하여는 행정절차법 적용 X(21국회9급,17지방7급)</td></tr>
<tr><td rowspan="2">대상</td><td>의무부과 권익제한</td><td>• 수익적 처분과 달리, 침익적 처분은 사전통지 대상 O.(16국가9급)
→ 상대방의 귀책사유로 야기된 처분의 하자를 이유로 수익적 행정행위를 취소하는 경우, 사전통지의 대상O(21국회9급,16국가9급,11국회8급,10지방7급 등)
• 제3자효 행정행위에서, 제3자에 대해선 별도 규정 X(15국가7급)</td></tr>
<tr><td>지위승계</td><td>✪ 사전통지의 대상 O
판례
㉠ ✪ 행정청에 의한 구 '식품위생법'상의 영업자지위승계신고를 수리하는 처분은 종전의 영업자에 대해 권익을 침해하는 효과가 발생하므로 사전통지의 대상이 된다(2001두7015)(22국회8급,21소방,21국가7급,18국가9급,15지방9급,15국가7급).
㉡ 유원시설업자 또는 체육시설업자 지위승계신고수리처분은 사전통지의 대상이 된다(2011두29144).(19국가9급,14지방9급)</td></tr>
</table>

대상	거부처분	✪ **사전통지의 대상 X** 판례 신청에 따른 처분이 이루어지지 아니한 경우에는 아직 당사자에게 권익이 부과되지 아니하였으므로 특별한 사정이 없는 한 신청에 대한 거부처분이라고 하더라도 직접 당사자의 권익을 제한하는 것은 아니어서 **신청에 대한 거부처분은** 특별한 사정이 없는 한 당사자의 권익을 제한하는 처분에 해당한다고 할 수 없는 것이어서, **처분의 사전통지대상이 된다고 할 수 없다**(2003두674). **(21변시,21국회9급,21국가7급,20국가9급,19국가9급,19서울9급,18경행,18서울9급,16서울7급,15지방9급)**
	일반처분	✪ **사전통지의 대상 X** 판례 ㉠ 고시의 방법으로 불특정 다수인을 상대로 권익을 제한하는 처분의 경우, 사전통지의 대상이 아니다.(2012두7745).**(20지방9급,19국가9급)** ㉡ 도로법상 도로구역의 결정 · 변경고시는 행정처분으로서 행정절차법상 의견상 사전통지나 의견청취의 대상이 되는 처분은 아니라 할 것이다(2007두1767).**(21국가7급,17사복9급,14지방9급,17사복9급)**
통지의 생략	③ 제1항제6호에 따른 기한은 의견제출에 필요한 기간을 10일 이상으로 고려하여 정하여야 한다. ④ 다음 각 호의 어느 하나에 해당하는 경우에는 **제1항에 따른 통지를 하지 아니할 수 있다.**(15국가7급) → **사전통지의무가 면제되는 경우, 의견청취의무도 면제됨**(∵사전통지는 의견청취의 전 절차임)**(10지방7급)** 1. **공공의 안전 또는 복리를 위하여 긴급히 처분을 할 필요가 있는 경우**(16경행) 2. **법령등에서 요구된 자격이 없거나 없어지게 되면 반드시 일정한 처분을 하여야 하는 경우에 그 자격이 없거나 없어지게 된 사실이 법원의 재판 등에 의하여 객관적으로 증명된 경우**(22국가9급,18서울9급,15국가7급) 3. **해당 처분의 성질상** 의견청취가 현저히 곤란하거나 명백히 불필요하다고 인정될 만한 상당한 이유가 있는 경우 ⑤ 처분의 전제가 되는 사실이 법원의 재판 등에 의하여 객관적으로 증명된 경우 등 제4항에 따른 사전 통지를 하지 아니할 수 있는 구체적인 사항은 대통령령으로 정한다. **<행정절차법 시행령>** **제13조(처분의 사전 통지 생략사유)** 법 제21조제4항 및 제5항에 따라 사전 통지를 하지 아니할 수 있는 경우는 다음 각 호의 어느 하나에 해당하는 경우로 한다. 1. 급박한 위해의 방지 및 제거 등 공공의 안전 또는 복리를 위하여 긴급한 처분이 필요한 경우 2. 법원의 재판 또는 준사법적 절차를 거치는 행정기관의 결정 등에 따라 처분의 전제가 되는 사실이 객관적으로 증명되어 처분에 따른 의견청취가 불필요하다고 인정되는 경우 3. 의견청취의 기회를 줌으로써 처분의 내용이 미리 알려져 현저히 공익을 해치는 행위를 유발할 우려가 예상되는 등 해당 처분의 성질상 의견청취가 현저하게 곤란한 경우	

1. 신청에 따른 처분이 이루어지지 않은 경우에는 아직 당사자에게 권익이 부과되지 않았으므로 특별한 사정이 없는 한 신청에 대한 거부처분이라고 하더라도 직접 당사자의 권익을 제한하는 것은 아니라 할 것이므로 처분의 사전통지 대상이 되지 않는다. **18경행**

2. 공매를 통하여 체육시설을 인수한 자의 체육시설업자 지위승계신고를 수리하는 처분을 하는 경우, 종전 체육시설업자에게 사전에 통지하여 의견제출기회를 주어야 한다. **19국가9급**

통지의 생략	4. 법령 또는 자치법규(이하 "법령등"이라 한다)에서 준수하여야 할 기술적 기준이 명확하게 규정되고, 그 기준에 현저히 미치지 못하는 사실을 이유로 처분을 하려는 경우로서 그 사실이 실험, 계측, 그 밖에 객관적인 방법에 의하여 명확히 입증된 경우 5. 법령등에서 일정한 요건에 해당하는 자에 대하여 점용료 · 사용료 등 금전급부를 명하는 경우 법령등에서 규정하는 요건에 해당함이 명백하고, 행정청의 금액산정에 재량의 여지가 없거나 요율이 명확하게 정하여져 있는 경우 등 해당 처분의 성질상 의견청취가 명백히 불필요하다고 인정될 만한 상당한 이유가 있는 경우 판례 행정절차법 시행령 제13조 제2호에서 정한 "법원의 재판 또는 준사법적 절차를 거치는 행정기관의 결정 등에 따라 처분의 전제가 되는 사실이 객관적으로 증명되어 처분에 따른 의견청취가 불필요하다고 인정되는 경우"는 의견청취가 행정청의 처분 여부나 그 수위 결정에 영향을 미치지 못하는 경우를 의미한다. **처분의 전제가 되는 '일부'사실만 증명된 경우**이거나 **의견청취에 따라 행정청의 처분 여부나 처분 수위가 달라질 수 있는 경우,** 위 예외사유에 해당하지 않으므로 의견청취가 필요하다. 행정청이 침해적 행정처분을 하면서 당사자에게 행정절차법상의 사전 통지를 하거나 의견제출의 기회를 주지 않았다면, 사전 통지를 하지 않거나 의견제출의 기회를 주지 않아도 되는 예외적인 경우에 해당하지 않는 한, 그 처분은 위법하여 취소를 면할 수 없다(2017두66602). ⑥ 제4항에 따라 사전 통지를 하지 아니하는 경우 행정청은 처분을 할 때 당사자등에게 통지를 하지 아니한 사유를 알려야 한다. 다만, 신속한 처분이 필요한 경우에는 처분 후 그 사유를 알릴 수 있다. ⑦ 제6항에 따라 당사자등에게 알리는 경우에는 제24조(처분의 방식)를 준용한다.
위반시 효과 (판례)	판례 ✪ ㉠ **행정청이 침해적 행정처분을 하면서 당사자에게 행정절차법상의 사전통지를 하거나 의견제출의 기회를 주지 않은 경우**, 사전 통지를 하지 않거나 의견제출의 기회를 주지 않아도 되는 예외적인 경우에 해당하지 않는 한, 그 처분은 **원칙적으로 위법하여 취소사유에 해당**한다(2016두41811).**(21서울7급,16사복9급)** ㉡ 건축법의 공사중지명령에 대한 **사전통지를 하고 의견제출의 기회를 준다면 많은 액수의 손실보상금을 기대하여 공사를 강행할 우려가 있다는 사정**은 사전통지 및 의견제출절차의 **예외사유에 해당하지 아니**한다(2004두1254).**(10지방7급)** ㉢ 정규공무원으로 임용된 사람에게 시보임용처분 당시 지방공무원법에 정한 공무원임용 결격사유가 있어 시보임용처분을 취소하고 그에 따라 정규임용처분을 취소한 경우 **정규임용처분을 취소하는 처분에 대하여서는 행정절차법의 규정이 적용**된다(2008두16155).**(19국회8급)** ㉣ 한국방송공사 사장에 대한 해임처분 과정에서 처분 내용을 사전에 통지받지 못했고 해임처분시 법적 근거 및 구체적 해임사유를 제시받지 못하였다면, 그 해임처분은 위법하지만 당연무효는 아니다(2011두5001).**(22국가9급,17국가7급)**

나) 의견청취

행정처분의 상대방이나 이해관계인에게 자신의 의견을 진술하여 스스로 방어할 기회를 부여하기 위한 절차로, 청문회, 공청회, 의견제출 등이 이에 해당함.**(08지방7급)**

1. 행정절차법상 청문절차를 거쳐야 하는 처분임에도 청문절차를 결여한 처분은, 위법하나 당연무효인 것은 아니다. **17지방7급**

(1) 청문

<table>
<tr><td>의의</td><td colspan="2">행정절차법 제2조
5. "청문"이란 행정청이 어떠한 처분을 하기 전에 당사자등의 의견을 직접 듣고 증거를 조사하는 절차를 말한다.(18지방7급)
→ 위반시 위법하나 당연무효는 아님.(17지방7급)</td></tr>
<tr><td>청문
실시사유
(§22)</td><td colspan="2">① 행정청이 처분을 할 때 다음 각 호의 어느 하나에 해당하는 경우에는 청문을 한다. <개정 2022. 1. 11.>
1. 다른 법령등에서 청문을 하도록 규정하고 있는 경우(20지방9급)
2. 행정청이 필요하다고 인정하는 경우(20지방9급)
3. 다음 각 목의 처분을 하는 경우(20국회8급,19서울9급, 18국가7급,18서울9급)
가. 인허가 등의 취소
나. 신분 · 자격의 박탈
다. 법인이나 조합 등의 설립허가의 취소</td></tr>
<tr><td>실시
(§21②)</td><td colspan="2">② 행정청은 청문을 하려면 청문이 시작되는 날부터 10일 전까지 제1항 각 호의 사항을 당사자등에게 통지하여야 한다. 이 경우 제1항제4호부터 제6호까지의 사항은 청문 주재자의 소속 · 직위 및 성명, 청문의 일시 및 장소, 청문에 응하지 아니하는 경우의 처리방법 등 청문에 필요한 사항으로 갈음한다.(11지방7급)</td></tr>
<tr><td rowspan="5">청문
주재자
(§28,29)</td><td>선정
(§28①)</td><td>① 행정청은 소속 직원 또는 대통령령으로 정하는 자격을 가진 사람 중에서 청문 주재자를 공정하게 선정하여야 한다.(16교행9급,14경행) → 당사자의 신청 X</td></tr>
<tr><td>대표
(§28②)</td><td>② 행정청은 다음 각 호의 어느 하나에 해당하는 처분을 하려는 경우에는 청문 주재자를 2명 이상으로 선정할 수 있다. 이 경우 선정된 청문 주재자 중 1명이 청문 주재자를 대표한다.
1. 다수 국민의 이해가 상충되는 처분
2. 다수 국민에게 불편이나 부담을 주는 처분
3. 그 밖에 전문적이고 공정한 청문을 위하여 행정청이 청문 주재자를 2명 이상으로 선정할 필요가 있다고 인정하는 처분
<신설 2022. 1. 11.></td></tr>
<tr><td>자료의
통지
(§28③)</td><td>③ 행정청은 청문이 시작되는 날부터 7일 전까지 청문 주재자에게 청문과 관련한 필요한 자료를 미리 통지하여야 한다.
<신설 2022. 1. 11.></td></tr>
<tr><td>독립성
(§28④)</td><td>④ 청문 주재자는 독립하여 공정하게 직무를 수행하며, 그 직무수행을 이유로 본인의 의사에 반하여 신분상 어떠한 불이익도 받지 아니한다. <개정 2022. 1. 11.></td></tr>
<tr><td>공무원
의제
(§28⑤)</td><td>⑤ 제1항에 따라 대통령령으로 정하는 사람 중에서 선정된 청문 주재자는 「형법」이나 그 밖의 다른 법률에 따른 벌칙을 적용할 때에는 공무원으로 본다. <개정 2022. 1. 11.></td></tr>
</table>

구분		내용
청문 주재자 (§28,29)	제척 (§29①)	① 청문 주재자가 다음 각 호의 어느 하나에 해당하는 경우에는 청문을 주재할 수 없다. ⇒ **당연배제** 1. 자신이 당사자등이거나 당사자등과 「민법」 제777조 각 호의 어느 하나에 해당하는 친족관계에 있거나 있었던 경우 2. 자신이 해당 처분과 관련하여 증언이나 감정(鑑定)을 한 경우 3. 자신이 해당 처분의 당사자등의 대리인으로 관여하거나 관여하였던 경우 4. 자신이 해당 처분업무를 직접 처리하거나 처리하였던 경우 5. 자신이 해당 처분업무를 처리하는 부서에 근무하는 경우. 이 경우 부서의 구체적인 범위는 대통령령으로 정한다.
	기피 (§29②)	② 청문 주재자에게 **공정한 청문 진행을 할 수 없는 사정**이 있는 경우 당사자등은 **행정청에 기피신청을 할 수 있다.(21군무원9급)** 이 경우 행정청은 청문을 정지하고 그 신청이 이유가 있다고 인정할 때에는 해당 청문 주재자를 지체 없이 교체하여야 한다.
	회피 (§29③)	③ 청문 주재자는 제1항 또는 제2항의 사유에 해당하는 경우에는 **행정청의 승인을 받아 스스로 청문의 주재를 회피할 수 있다.**
청문의 공개 (§30)		청문은 **당사자가 공개를 신청하거나 청문 주재자가 필요하다고 인정하는 경우 공개할 수 있다.(16지방9급,16교행9급,13지방7급)** 다만, **공익 또는 제3자의 정당한 이익을 현저히 해칠 우려가 있는 경우**에는 공개하여서는 **아니 된다.(08국가9급)**
청문의 진행 (§31)	주재자의 설명	① 청문 주재자가 청문을 시작할 때에는 먼저 예정된 처분의 내용, 그 원인이 되는 사실 및 법적 근거 등을 설명하여야 한다.**(21군무원9급)**
	당사자 의견진술	② **당사자등은** 의견을 진술하고 증거를 제출할 수 있으며, **참고인이나 감정인 등에게 질문할 수 있다.(16국가9급,15국회8급)**
	출석간주	③ 당사자등이 의견서를 제출한 경우에는 그 내용을 출석하여 진술한 것으로 본다.**(22국회8급)**
	질서유지	④ 청문 주재자는 청문의 신속한 진행과 질서유지를 위하여 필요한 조치를 할 수 있다.
	청문의 계속	⑤ 청문을 계속할 경우에는 행정청은 당사자등에게 다음 청문의 일시 및 장소를 서면으로 통지하여야 하며, 당사자등이 동의하는 경우에는 전자문서로 통지할 수 있다. 다만, 청문에 출석한 당사자등에게는 그 청문일에 청문 주재자가 말로 통지할 수 있다.
청문의 병합·분리 (§32)		행정청은 직권으로 또는 당사자의 신청에 따라 여러 개의 사안을 병합하거나 분리하여 청문을 할 수 있다**(이해관계인의 신청 X).(17국가9급)**

<table>
<tr><td>증거조사
(§33)</td><td colspan="2">① 청문 주재자는 직권으로 또는 당사자의 신청에 따라 필요한 조사를 할 수 있으며, 당사자등이 주장하지 아니한 사실에 대하여도 조사할 수 있다.(21군무원9급,14국가9급,17국회8급)
② 증거조사는 다음 각 호의 어느 하나에 해당하는 방법으로 한다.
1. 문서 · 장부 · 물건 등 증거자료의 수집
2. 참고인 · 감정인 등에 대한 질문
3. 검증 또는 감정 · 평가
4. 그 밖에 필요한 조사
③ 청문 주재자는 필요하다고 인정할 때에는 관계 행정청에 필요한 문서의 제출 또는 의견의 진술을 요구할 수 있다. 이 경우 관계 행정청은 직무 수행에 특별한 지장이 없으면 그 요구에 따라야 한다.</td></tr>
<tr><td>청문조서
(§34)</td><td colspan="2">① 청문 주재자는 다음 각 호의 사항이 적힌 청문조서를 작성하여야 한다.
1. 제목
2. 청문 주재자의 소속, 성명 등 인적사항
3. 당사자등의 주소, 성명 또는 명칭 및 출석 여부
4. 청문의 일시 및 장소
5. 당사자등의 진술의 요지 및 제출된 증거
6. 청문의 공개 여부 및 공개하거나 제30조 단서에 따라 공개하지 아니한 이유
7. 증거조사를 한 경우에는 그 요지 및 첨부된 증거
8. 그 밖에 필요한 사항
② 당사자등은 청문조서의 내용을 열람 · 확인할 수 있으며, 이의가 있을 때에는 그 정정을 요구할 수 있다.(21국가9급,21지방9급)</td></tr>
<tr><td>의견서 작성
(§34의 2)</td><td colspan="2">청문 주재자는 다음 각 호의 사항이 적힌 청문 주재자의 의견서를 작성하여야 한다.
1. 청문의 제목, 2. 처분의 내용, 주요 사실 또는 증거, 3. 종합의견
4. 그 밖에 필요한 사항</td></tr>
<tr><td rowspan="2">청문의 종결
(§35)</td><td>원칙</td><td>① 청문 주재자는 해당 사안에 대하여 당사자등의 의견진술, 증거조사가 충분히 이루어졌다고 인정하는 경우에는 청문을 마칠 수 있다.</td></tr>
<tr><td>예외</td><td>② 청문 주재자는 당사자등의 전부 또는 일부가 정당한 사유 없이 청문기일에 출석하지 아니하거나 제31조제3항에 따른 의견서를 제출하지 아니한 경우에는 이들에게 다시 의견진술 및 증거제출의 기회를 주지 아니하고 청문을 마칠 수 있다.(22국회8급,15국가9급)
③ 청문 주재자는 당사자등의 전부 또는 일부가 정당한 사유로 청문기일에 출석하지 못하거나 제31조제3항에 따른 의견서를 제출하지 못한 경우에는 10일 이상의 기간을 정하여 이들에게 의견진술 및 증거제출을 요구하여야 하며, 해당 기간이 지났을 때에 청문을 마칠 수 있다.</td></tr>
<tr><td>청문결과의 반영
(§35의2)</td><td colspan="2">행정청은 처분을 할 때에 제35조제4항에 따라 받은 청문조서, 청문 주재자의 의견서, 그 밖의 관계 서류 등을 충분히 검토하고 상당한 이유가 있다고 인정하는 경우에는 청문결과를 반영하여야 한다.(11사복9급)
→ 청문결과를 반영하지만, 처분청이 그 의견에 기속되는 것은 아님(95누30).(19지방·교행9급)</td></tr>
</table>

1. 구 광업법 규정에 의하여 광업용 토지수용을 위한 사업인정 여부를 결정함에 있어, 처분청이 토지소유자와 토지에 관한 권리를 가진 자의 의견에 기속되는 것은 아니다. **19지방9급**

청문의 재개 (§36)	행정청은 청문을 마친 후 처분을 할 때까지 **새로운 사정이 발견**되어 **청문을 재개(再開)할 필요**가 있다고 인정할 때에는 제35조제4항에 따라 받은 **청문조서 등을 되돌려 보내고 청문의 재개를 명할 수 있다.(21군무원9급)** 이 경우 제31조제5항을 준용한다..
문서열람 (§37)	① 당사자등은 의견제출의 경우에는 처분의 사전 통지가 있는 날부터 의견제출기한까지, 청문의 경우에는 청문의 통지가 있는 날부터 청문이 끝날 때까지 행정청에 해당 사안의 조사결과에 관한 문서와 그 밖에 해당 처분과 관련되는 문서의 열람 또는 복사를 요청할 수 있다. 이 경우 행정청은 다른 법령에 따라 공개가 제한되는 경우를 제외하고는 그 요청을 거부할 수 없다. <개정 2022. 1. 11.> ② 행정청은 제1항의 열람 또는 복사의 요청에 따르는 경우 그 일시 및 장소를 지정할 수 있다. ③ 행정청은 제1항 후단에 따라 열람 또는 복사의 요청을 거부하는 경우에는 그 이유를 소명하여야 한다. ④ 제1항에 따라 열람 또는 복사를 요청할 수 있는 문서의 범위는 대통령령으로 정한다. ⑤ 행정청은 제1항에 따른 복사에 드는 비용을 복사를 요청한 자에게 부담시킬 수 있다. ⑥ 누구든지 의견제출 또는 청문을 통하여 알게 된 사생활이나 경영상 또는 거래상의 비밀을 정당한 이유 없이 누설하거나 다른 목적으로 사용하여서는 아니 된다.**(14국가9급)** <개정 2022. 1. 11.>

(2) 공청회

의의 (§2-6호)	행정청이 공개적인 토론을 통하여 어떠한 행정작용에 대하여 당사자등, 전문지식과 경험을 가진 사람, 그 밖의 일반인으로부터 의견을 널리 수렴하는 절차를 말한다.
개최사유 (§22②)	② 행정청이 처분을 할 때 다음 각 호의 어느 하나에 해당하는 경우에는 공청회를 개최한다. 1. **다른 법령등에서 공청회를 개최하도록 규정**하고 있는 경우**(21소방)** 2. 해당 **처분의 영향이 광범위**하여 널리 의견을 수렴할 필요가 있다고 행정청이 인정하는 경우**(21소방,18국가9급)** → **행정청이 개최한 공청회가 아닌 경우에는 행정절차법의 공청회에 관한 규정 적용되지 않음.** **판례** 묘지공원과 화장장의 후보지를 선정하는 과정에서 추모공원건립추진협의회가 후보지 주민들의 의견을 청취하기 위하여 그 명의로 개최한 공청회는 행정절차법에서 정한 절차를 준수하여야 하는 것은 아니다(2005두1893).**(21경행,19지방·교행9급)** 3. 국민생활에 큰 영향을 미치는 처분으로서 대통령령으로 정하는 처분에 대하여 대통령령으로 정하는 수 이상의 당사자등이 공청회 개최를 요구하는 경우

개최사유 (§22②)	**행정절차법 시행령** 제13조의3(공청회의 개최 요건 등) ① 법 제22조제2항제3호에서 "대통령령으로 정하는 처분"이란 다음 각 호의 어느 하나에 해당하는 처분을 말한다. 다만, 행정청이 해당 처분과 관련하여 이미 공청회를 개최한 경우는 제외한다. 1. 국민 다수의 생명, 안전 및 건강에 큰 영향을 미치는 처분 2. 소음 및 악취 등 국민의 일상생활과 관계되는 환경에 큰 영향을 미치는 처분 ② 제1항에 따른 처분에 대하여 당사자등은 그 처분 전(해당 처분에 대하여 행정청이 의견제출 기한을 정한 경우에는 그 기한까지를 말한다)에 행정청에 공청회의 개최를 요구할 수 있다. ③ 법 제22조제2항제3호에서 "대통령령으로 정하는 수"란 30명을 말한다.
공청회 개최의 알림 (§38)	행정청은 공청회를 개최하려는 경우에는 **공청회 개최 14일 전까지 다음 각 호의 사항을 당사자등에게 통지하고 관보, 공보, 인터넷 홈페이지 또는 일간신문 등에 공고하는 등의 방법으로 널리 알려야 한다.(17지방9급)** 다만, 공청회 개최를 알린 후 예정대로 개최하지 못하여 새로 일시 및 장소 등을 정한 경우에는 **공청회 개최 7일 전까지** 알려야 한다.
온라인 공청회 (§38의2)	① 행정청은 제38조에 따른 공청회와 병행하여서만 정보통신망을 이용한 공청회(이하 "온라인공청회"라 한다)를 실시할 수 있다**(20국회9급,17국가9급,16지방9급).** <개정 2022. 1. 11.> ② 제1항에도 불구하고 다음 각 호의 어느 하나에 해당하는 경우에는 온라인공청회를 단독으로 개최할 수 있다. <신설 2022. 1. 11.> 1. 국민의 생명 · 신체 · 재산의 보호 등 국민의 안전 또는 권익보호 등의 이유로 제38조에 따른 공청회를 개최하기 어려운 경우 2. 제38조에 따른 공청회가 행정청이 책임질 수 없는 사유로 개최되지 못하거나 개최는 되었으나 정상적으로 진행되지 못하고 무산된 횟수가 3회 이상인 경우 3. 행정청이 널리 의견을 수렴하기 위하여 온라인공청회를 단독으로 개최할 필요가 있다고 인정하는 경우. 다만, 제22조제2항제1호 또는 제3호에 따라 공청회를 실시하는 경우는 제외한다. ③ 행정청은 온라인공청회를 실시하는 경우 의견제출 및 토론 참여가 가능하도록 적절한 전자적 처리능력을 갖춘 정보통신망을 구축 · 운영하여야 한다. <개정 2022. 1. 11.> ④ 온라인공청회를 실시하는 경우에는 누구든지 정보통신망을 이용하여 의견을 제출하거나 제출된 의견 등에 대한 토론에 참여할 수 있다. <개정 2022. 1. 11.>
주재자 (§38의 3 ①)	① 행정청은 해당 공청회의 사안과 관련된 분야에 전문적 지식이 있거나 그 분야에 종사한 경험이 있는 사람으로서 대통령령으로 정하는 자격을 가진 사람 중에서 공청회의 주재자를 선정한다.
발표자 (§38의3 ②)	② 공청회의 발표자는 **발표를 신청한 사람 중에서 행정청이 선정**한다.**(10지방9급)** 다만, **발표를 신청한 사람이 없거나** 공청회의 공정성을 확보하기 위하여 필요하다고 인정하는 경우에는 다음 각 호의 사람 중에서 지명하거나 위촉할 수 있다. 1. 해당 공청회의 사안과 관련된 당사자등 2. 해당 공청회의 사안과 관련된 분야에 전문적 지식이 있는 사람 3. 해당 공청회의 사안과 관련된 분야에 종사한 경험이 있는 사람

1. 행정청이 상대방에게 의무부과처분을 하는 경우에 청문 등을 실시하지 않는 경우에는 의견제출의 기회를 주어야 한다. **19지방9급**

공청회의 진행 (§39)	① 공청회의 **주재자는** 공청회를 공정하게 진행하여야 하며, 공청회의 원활한 진행을 위하여 **발표 내용을 제한할 수 있고,** 질서유지를 위하여 발언 중지 및 퇴장 명령 등 행정안전부장관이 정하는 필요한 조치를 할 수 있다.**(07국가7급)** ② 발표자는 공청회의 내용과 직접 관련된 사항에 대하여만 발표하여야 한다. ③ 공청회의 주재자는 발표자의 발표가 끝난 후에는 발표자 상호간에 질의 및 답변을 할 수 있도록 하여야 하며, 방청인에게도 의견을 제시할 기회를 주어야 한다.
결과의 반영 (§39의2)	④ 온라인공청회를 실시하는 경우에는 누구든지 정보통신망을 이용하여 의견을 제출하거나 제출된 의견 등에 대한 토론에 참여할 수 있다.**(17경행)** → **반드시** <개정 2022. 1. 11.>
공청회의 재개최 (§39의3)	행정청은 공청회를 마친 후 처분을 할 때까지 **새로운 사정이 발견**되어 공청회를 다시 개최할 필요가 있다고 인정할 때에는 **공청회를 다시 개최**할 수 있다.**(21국회8급)**

(3) 의견제출

의의 (§2-7호)	"의견제출"이란 행정청이 어떠한 행정작용을 하기 전에 당사자등이 의견을 제시하는 절차로서 청문이나 공청회에 해당하지 아니하는 절차를 말한다.
기회부여 (§22③)	③ **행정청이 당사자에게 의무를 부과하거나 권익을 제한하는 처분을 할 때 제1항(청문) 또는 제2항(공청회)의 경우 외에는 당사자등에게 의견제출의 기회를 주어야 한다.**(19지방9급,07국회8급) → **청문이나 공청회를 개최했다면 의견제출의 기회를 주지 않아도 됨.** 판례 ㉠ 행정절차법의 규정 내용과 체계에 의하면, 행정청이 당사자에게 의무를 부과하거나 권익을 제한하는 처분을 하는 경우에는 원칙적으로 행정절차법 제21조 제1항에 따른 사전통지를 하고, 제22조 제3항에 따른 의견제출 기회를 주는 것으로 족하며, 다른 법령 등에서 반드시 청문을 실시하도록 규정한 경우이거나 행정청이 필요하다고 인정하는 경우 등에 한하여 청문을 실시할 의무가 있다. → **지방자치단체의 장이 우선협상대상자 지위를 박탈하는 처분을 하는 경우, 반드시 청문을 실시할 의무가 있는 것은 아니다**(2017두31064). ㉡ 이 사건 결정을 위한 위원회의 심의·의결 과정에서 공고 및 의견제출 절차를 통해 이해관계인의 의견제출 기회가 부여되었고 그에 따라 원고 충청남도지사가 실제로 여러 차례 서면으로 의견을 제출하였으므로, 단지 최종 심의·의결 단계에서 위원회가 충청남도 소속 공무원에게 구두로 의견을 진술할 기회를 부여하지 않았다는 사정만으로 지방자치법 제4조 제7항을 위반하였다거나 그로 인하여 위원회의 심의·의결에 절차적 정당성이 상실되었다고 볼 수 없다(2015추528).**(21경행)**
방법 (§27)	① 당사자등은 처분 전에 그 처분의 관할 행정청에 서면이나 말로 또는 정보통신망을 이용하여 의견제출을 할 수 있다. → **이해관계있는 제3자도 의견제출 가능(18지방9급)** ② 당사자등은 제1항에 따라 의견제출을 하는 경우 그 주장을 입증하기 위한 증거자료 등을 첨부할 수 있다. ③ 행정청은 당사자등이 **말로 의견제출을 하였을 때에는 서면으로 그 진술의 요지와 진술자를 기록하여야 한다.(13지방7급)** ④ 당사자등이 **정당한 이유 없이 의견제출기한까지 의견제출을 하지 아니한 경우에는 의견이 없는 것으로 본다.(15지방7급)**

제출 의견의 반영 (§27의2)	① 행정청은 처분을 할 때에 **당사자등이 제출한 의견이 상당한 이유가 있다고 인정하는 경우에는 이를 반영하여야 한다.(15경행)** ② 행정청은 당사자등이 제출한 의견을 반영하지 아니하고 처분을 한 경우 당사자등이 처분이 있음을 안 날부터 90일 이내에 그 이유의 설명을 요청하면 서면으로 그 이유를 알려야 한다. 다만, 당사자등이 동의하면 말, 정보통신망 또는 그 밖의 방법으로 알릴 수 있다.

1. 공무원연금관리공단의 퇴직연금 환수결정은 관련 법령에 따라 당연히 환수금액이 정해지는 것이므로, 퇴직연금의 환수결정에 앞서 당사자에게 의견진술의 기회를 주지 아니하여도 행정절차법에 위반되지 않는다. **19서울7급**

(4) 의견청취절차의 생략

(가) 조문 및 판례

의견청취의 생략 (§22④)	① **공공의 안전 또는 복리를 위하여 긴급히 처분을 할 필요가 있는 경우 (18서울9급)** ② 법령등에서 요구된 자격이 없거나 없어지게 되면 반드시 일정한 처분을 하여야 하는 경우에 그 자격이 없거나 없어지게 된 사실이 법원의 재판 등에 의하여 객관적으로 증명된 경우 ③ 해당 처분의 성질상 의견청취가 현저히 곤란하거나 명백히 불필요하다고 인정될 만한 상당한 이유가 있는 경우
	④ **당사자가 의견진술의 기회를 포기한다는 뜻을 명백히 표시**한 경우**(22국가9급,18국가9급)**
문제되는 경우	판례 ㉠ ✪ **청문통지서의 반송 또는 처분상대방의 청문일시에 불출석** 등은 청문을 실시하지 않아도 되는 **예외적 사유에 해당하지 않는다.** → 위와 같은 이유로 청문을 실시하지 아니하고 한 침해적 행정처분은 위법(2000두3337).**(21소방간부,20국가7급,19서울7급,19지방·교행9급,17교행9급)** ㉡ **처분상대방이 이미 행정청**에 **위반사실을 시인하였다는 사정**은 '해당 처분의 성질상 의견청취가 현저히 곤란하거나 명백히 불필요하다고 인정될 만한 상당한 이유가 있는 경우'에 **해당하지 않는다**(2016두63234).**(17국가7급)** ㉢ 사전통지는 의견청취의 전치절차로서 사전통지의무가 면제되는 경우에는 의견청취의무도 면제된다고 볼 수 있음.**(10지방7급)** ㉣ ✪ **퇴직연금의 환수결정**은 법령상 확정된 의무에 따른 불이익처분이므로 의견제출의 기회를 주지 않아도 된다(99두5443).**(22국회8급,20국가9급,19서울7급,15서울9급,15지방9급)** ㉤ ✪ 행정청이 당사자와 사이에 도시계획사업시행 관련 협약을 체결하면서 청문 실시를 배제하는 조항을 두었더라도, 이와 같은 협약의 체결로 청문 실시 규정의 적용을 배제할 만한 법령상 규정이 없는 한, 이러한 **협약이 체결되었다고 하여 청문을 실시하지 않아도 되는 예외적인 경우에 해당한다고 할 수 없다**(2002두8350).**(22국회8급,20국가9급,20지방9급,19서울7급,16국가9급,14지방9급,12지방7급 등)**

(5) 각 제도의 비교

	청문	공청회	의견제출
통지시기	**10일 전** 통지	**14일 전** 통지	-
공개여부	비공개	공개	-
개시	법령 또는 행정청이 필요 또는 당사자의 신청	법령 또는 행정청이 필요	청문 및 공청회를 안 한 경우
증거조사	○	X	-
문서열람	○	X	X
의견제출 방식	서면이나 말	말	서면이나 말 또는 정보통신망
정보통신망	X	온라인공청회 ○	○
공통사항 (§22⑤⑥)	⑤ 행정청은 청문 · 공청회 또는 의견제출을 거쳤을 때에는 신속히 처분하여 해당 처분이 지연되지 아니하도록 하여야 한다. ⑥ 행정청은 **처분 후 1년 이내에** 당사자등이 요청하는 경우에는 청문 · 공청회 또는 의견제출을 위하여 제출받은 서류나 그 밖의 물건을 반환하여야 한다.**(22국회8급)**		

다. 신고절차(§40)

신고 사항 열람	① **법령등에서 행정청에 일정한 사항을 통지함으로써 의무가 끝나는 신고를 규정하고 있는 경우** 신고를 관장하는 행정청은 신고에 필요한 구비서류, 접수기관, 그 밖에 법령등에 따른 신고에 필요한 사항을 게시(인터넷 등을 통한 게시를 포함한다)하거나 이에 대한 편람을 갖추어 두고 누구나 열람할 수 있도록 하여야 한다. **→ 자기완결적 신고의 절차만 규정되어 있음.**
신고 의무 이행	② 제1항에 따른 신고가 다음 각 호의 요건을 갖춘 경우에는 **신고서가 접수기관에 도달된 때**에 신고 의무가 이행된 것으로 본다.**(17국가9급)** 1. 신고서의 기재사항에 흠이 없을 것 2. 필요한 구비서류가 첨부되어 있을 것 3. 그 밖에 법령등에 규정된 형식상의 요건에 적합할 것**(20지방9급)**
보완 요구	③ 행정청은 제2항 각 호의 요건을 갖추지 못한 신고서가 제출된 경우에는 지체 없이 상당한 기간을 정하여 신고인에게 보완을 요구하여야 한다.
보완 불응시 효과	④ 행정청은 신고인이 제3항에 따른 기간 내에 보완을 하지 아니하였을 때에는 그 이유를 구체적으로 밝혀 해당 신고서를 되돌려 보내야 한다.

라. 확약

확약 (§40의2)	① 법령등에서 당사자가 신청할 수 있는 처분을 규정하고 있는 경우 행정청은 당사자의 신청에 따라 장래에 어떤 처분을 하거나 하지 아니할 것을 내용으로 하는 의사표시(이하 "확약"이라 한다)를 할 수 있다. ② 확약은 문서로 하여야 한다. ③ 행정청은 다른 행정청과의 협의 등의 절차를 거쳐야 하는 처분에 대하여 확약을 하려는 경우에는 확약을 하기 전에 그 절차를 거쳐야 한다. ④ 행정청은 다음 각 호의 어느 하나에 해당하는 경우에는 확약에 기속되지 아니한다. 1. 확약을 한 후에 확약의 내용을 이행할 수 없을 정도로 법령등이나 사정이 변경된 경우 2. 확약이 위법한 경우 ⑤ 행정청은 확약이 제4항 각 호의 어느 하나에 해당하여 확약을 이행할 수 없는 경우에는 지체 없이 당사자에게 그 사실을 통지하여야 한다. [본조신설 2022. 1. 11.], [시행일: 2022. 7. 12.]

마. 위반사실 등의 공표

위반사실 등의 공표 (§40의3)	① 행정청은 법령에 따른 의무를 위반한 자의 성명ㆍ법인명, 위반사실, 의무 위반을 이유로 한 처분사실 등(이하 "위반사실등"이라 한다)을 법률로 정하는 바에 따라 일반에게 공표할 수 있다. ② 행정청은 위반사실등의 공표를 하기 전에 사실과 다른 공표로 인하여 당사자의 명예·신용 등이 훼손되지 아니하도록 객관적이고 타당한 증거와 근거가 있는지를 확인하여야 한다. ③ 행정청은 위반사실등의 공표를 할 때에는 미리 당사자에게 그 사실을 통지하고 의견제출의 기회를 주어야 한다. 다만, 다음 각 호의 어느 하나에 해당하는 경우에는 그러하지 아니하다. 1. 공공의 안전 또는 복리를 위하여 긴급히 공표를 할 필요가 있는 경우 2. 해당 공표의 성질상 의견청취가 현저히 곤란하거나 명백히 불필요하다고 인정될 만한 타당한 이유가 있는 경우 3. 당사자가 의견진술의 기회를 포기한다는 뜻을 명백히 밝힌 경우 ④ 제3항에 따라 의견제출의 기회를 받은 당사자는 공표 전에 관할 행정청에 서면이나 말 또는 정보통신망을 이용하여 의견을 제출할 수 있다. ⑤ 제4항에 따른 의견제출의 방법과 제출 의견의 반영 등에 관하여는 제27조 및 제27조의2를 준용한다. 이 경우 "처분"은 "위반사실등의 공표"로 본다. ⑥ 위반사실등의 공표는 관보, 공보 또는 인터넷 홈페이지 등을 통하여 한다. ⑦ 행정청은 위반사실등의 공표를 하기 전에 당사자가 공표와 관련된 의무의 이행, 원상회복, 손해배상 등의 조치를 마친 경우에는 위반사실등의 공표를 하지 아니할 수 있다. ⑧ 행정청은 공표된 내용이 사실과 다른 것으로 밝혀지거나 공표에 포함된 처분이 취소된 경우에는 그 내용을 정정하여, 정정한 내용을 지체 없이 해당 공표와 같은 방법으로 공표된 기간 이상 공표하여야 한다. 다만, 당사자가 원하지 아니하면 공표하지 아니할 수 있다. [본조신설 2022. 1. 11.], [시행일: 2022. 7. 12.]

바. 행정계획

행정계획 (§40의4)	행정청은 행정청이 수립하는 계획 중 국민의 권리 · 의무에 직접 영향을 미치는 계획을 수립하거나 변경 · 폐지할 때에는 관련된 여러 이익을 정당하게 형량하여야 한다. [본조신설 2022. 1. 11.], [시행일: 2022. 7. 12.]

사. 행정상 입법예고

예고 대상과 예외 (§41①)	① 법령등을 제정 · 개정 또는 폐지(이하 "입법"이라 한다)하려는 경우에는 **해당 입법안을 마련한 행정청**은 이를 예고하여야 한다. 다만, 다음 각 호의 어느 하나에 해당하는 경우에는 예고를 하지 아니할 수 있다.**(18소방9급)** 1. 신속한 국민의 권리 보호 또는 예측 곤란한 특별한 사정의 발생 등으로 입법이 긴급을 요하는 경우 2. 상위 법령등의 단순한 집행을 위한 경우**(19국가9급)** 3. 입법내용이 국민의 권리 · 의무 또는 일상생활과 관련이 없는 경우 4. 단순한 표현 · 자구를 변경하는 경우 등 입법내용의 성질상 예고의 필요가 없거나 곤란하다고 판단되는 경우 5. 예고함이 공공의 안전 또는 복리를 현저히 해칠 우려가 있는 경우
법제처장의 직접예고 (§41③)	③ 법제처장은 입법예고를 하지 아니한 법령안의 심사 요청을 받은 경우에 입법예고를 하는 것이 적당하다고 판단할 때에는 해당 행정청에 입법예고를 권고하거나 직접 예고할 수 있다.**(15국회8급)**
재예고 (§41④)	④ 입법안을 마련한 행정청은 입법예고 후 예고내용에 국민생활과 직접 관련된 내용이 추가되는 등 대통령령으로 정하는 중요한 변경이 발생하는 경우에는 해당 부분에 대한 입법예고를 다시 하여야 한다. 다만, 제1항 각 호의 어느 하나에 해당하는 경우에는 예고를 하지 아니할 수 있다.
예고 방법 (§42)	① 행정청은 입법안의 취지, 주요 내용 또는 전문(全文)을 다음 각 호의 구분에 따른 방법으로 공고하여야 하며, 추가로 인터넷, 신문 또는 방송 등을 통하여 공고할 수 있다. 1. 법령의 입법안을 입법예고하는 경우: 관보 및 법제처장이 구축 · 제공하는 정보시스템을 통한 공고 2. 자치법규의 입법안을 입법예고하는 경우 : 공보를 통한 공고 ② 행정청은 **대통령령을 입법예고하는 경우 국회 소관 상임위원회에** 이를 제출하여야 한다.**(18국가9급)** ③ 행정청은 입법예고를 할 때에 입법안과 관련이 있다고 인정되는 중앙행정기관, 지방자치단체, 그 밖의 단체 등이 예고사항을 알 수 있도록 예고사항을 통지하거나 그 밖의 방법으로 알려야 한다. ④ 행정청은 제1항에 따라 예고된 입법안에 대하여 온라인공청회 등을 통하여 널리 의견을 수렴할 수 있다. 이 경우 제38조의2제3항부터 제5항까지의 규정을 준용한다. <개정 2022. 1. 11.> ⑤ 행정청은 예고된 입법안의 전문에 대한 열람 또는 복사를 요청받았을 때에는 특별한 사유가 없으면 그 요청에 따라야 한다. ⑥ 행정청은 제5항에 따른 복사에 드는 비용을 복사를 요청한 자에게 부담시킬 수 있다.

예고기간 (§43)	입법예고기간은 예고할 때 정하되, 특별한 사정이 없으면 **40일**(자치법규는 **20일**) 이상으로 한다.**(17지방9급)**
의견제출 및 처리 (§44)	① **누구든지 예고된 입법안에 대하여 의견을 제출할 수 있다.(18지방7급)** ② 행정청은 의견접수기관, 의견제출기간, 그 밖에 필요한 사항을 해당 입법안을 예고할 때 함께 공고하여야 한다. ③ 행정청은 해당 입법안에 대한 의견이 제출된 경우 특별한 사유가 없으면 이를 존중하여 처리하여야 한다. ④ 행정청은 **의견을 제출한 자**에게 그 제출된 **의견의 처리결과를 통지하여야 한다.** ⑤ 제출된 의견의 처리방법 및 처리결과의 통지에 관하여는 대통령령으로 정한다.
공청회 (§45)	① 행정청은 입법안에 관하여 공청회를 개최할 수 있다.

아. 행정예고절차(§46)

예고사항 및 제외사항	① 행정청은 정책, 제도 및 **계획**(이하 "정책등"이라 한다)을 **수립 · 시행**하거나 **변경**하려는 경우에는 이를 **예고하여야 한다.(13지방9급)** → **원칙적 예고** 다만, 다음 각 호의 어느 하나에 해당하는 경우에는 예고를 하지 아니할 수 있다.**(13지방9급)** → **예외** 1. **신속하게 국민의 권리를 보호하여야 하거나 예측이 어려운 특별한 사정이 발생하는 등 긴급한 사유로 예고가 현저히 곤란한 경우** 2. **법령등의 단순한 집행을 위한 경우** 3. 정책등의 내용이 국민의 권리 · 의무 또는 일상생활과 관련이 없는 경우 4. 정책등의 예고가 공공의 안전 또는 복리를 현저히 해칠 우려가 상당한 경우
입법예고 갈음	② 제1항에도 불구하고 **법령등의 입법을 포함하는 행정예고는 입법예고로 갈음할 수 있다.**
행정예고 기간	③ 행정예고기간은 예고 내용의 성격 등을 고려하여 정하되, **20일 이상**으로 한다.**(21지방7급,17지방9급)** <개정 2022. 1. 11.> ④ 제3항에도 불구하고 행정목적을 달성하기 위하여 긴급한 필요가 있는 경우에는 행정예고기간을 **단축할 수 있다**. 이 경우 단축된 행정예고기간은 **10일 이상**으로 한다. <신설 2022. 1. 11.>
예고방법 (§47)	① 행정청은 정책등안(案)의 취지, 주요 내용 등을 관보 · 공보나 인터넷 · 신문 · 방송 등을 통하여 공고하여야 한다. ② 행정예고의 방법, 의견제출 및 처리, 공청회 및 온라인공청회에 관하여는 제38조, 제38조의2, 제38조의3, 제39조, 제39조의2, 제39조의3, 제42조(제1항 · 제2항 및 제4항은 제외한다), 제44조제1항부터 제3항까지 및 제45조제1항을 준용한다. 이 경우 "입법안"은 "정책등안"으로, "입법예고"는 "행정예고"로, "처분을 할 때"는 "정책등을 수립 · 시행하거나 변경할 때"로 본다. <개정 2022. 1. 11.>

자. 국민참여의 확대

국민참여 활성화 (§52)	① 행정청은 행정과정에서 국민의 의견을 적극적으로 청취하고 이를 반영하도록 노력하여야 한다. ② 행정청은 국민에게 다양한 참여방법과 협력의 기회를 제공하도록 노력하여야 하며, 구체적인 참여방법을 공표하여야 한다. ③ 행정청은 국민참여 수준을 향상시키기 위하여 노력하여야 하며 필요한 경우 국민참여 수준에 대한 자체진단을 실시하고, 그 결과를 행정안전부장관에게 제출하여야 한다. ④ 행정청은 제3항에 따라 자체진단을 실시한 경우 그 결과를 공개할 수 있다. ⑤ 행정청은 국민참여를 활성화하기 위하여 교육 · 홍보, 예산 · 인력 확보 등 필요한 조치를 할 수 있다. ⑥ 행정안전부장관은 국민참여 확대를 위하여 행정청에 교육 · 홍보, 포상, 예산 · 인력 확보 등을 지원할 수 있다. [전문개정 2022. 1. 11.]
국민 제안의 처리 (§52의2)	① 행정청(국회사무총장 · 법원행정처장 · 헌법재판소사무처장 및 중앙선거관리위원회사무총장은 제외한다)은 정부시책이나 행정제도 및 그 운영의 개선에 관한 국민의 창의적인 의견이나 고안(이하 "국민제안"이라 한다)을 접수 · 처리하여야 한다. ② 제1항에 따른 국민제안의 운영 및 절차 등에 필요한 사항은 대통령령으로 정한다. [본조신설 2022. 1. 11.]
국민참여 창구 (§52의3)	행정청은 주요 정책 등에 관한 국민과 전문가의 의견을 듣거나 국민이 참여할 수 있는 온라인 또는 오프라인 창구를 설치·운영할 수 있다. [본조신설 2022. 1. 11.]
온라인 정책토론 (§53)	① 행정청은 국민에게 영향을 미치는 주요 정책 등에 대하여 국민의 다양하고 창의적인 의견을 널리 수렴하기 위하여 정보통신망을 이용한 정책토론(이하 이 조에서 "온라인 정책토론"이라 한다)을 실시할 수 있다.**(21국회8급)** <개정 2022. 1. 11.> ② 행정청은 효율적인 온라인 정책토론을 위하여 과제별로 한시적인 토론 패널을 구성하여 해당 토론에 참여시킬 수 있다. 이 경우 패널의 구성에 있어서는 공정성 및 객관성이 확보될 수 있도록 노력하여야 한다.**(21국회8급)** <개정 2022. 1. 11.> ③ 행정청은 온라인 정책토론이 공정하고 중립적으로 운영되도록 하기 위하여 필요한 조치를 할 수 있다. <개정 2022. 1. 11.> ④ 토론 패널의 구성, 운영방법, 그 밖에 온라인 정책토론의 운영을 위하여 필요한 사항은 대통령령으로 정한다. <개정 2022. 1. 11.>

차. 보칙

제54조(비용의 부담) 행정절차에 드는 비용은 행정청이 부담한다. 다만, 당사자등이 자기를 위하여 스스로 지출한 비용은 그러하지 아니하다.
제55조(참고인 등에 대한 비용 지급)
① 행정청은 행정절차의 진행에 필요한 참고인이나 감정인 등에게 예산의 범위에서 여비와 일당을 지급할 수 있다.
② 제1항에 따른 비용의 지급기준 등에 관하여는 대통령령으로 정한다.
제56조(협조 요청 등) 행정안전부장관(제4장의 경우에는 법제처장을 말한다)은 이 법의 효율적인 운영을 위하여 노력하여야 하며, 필요한 경우에는 그 운영 상황과 실태를 확인할 수 있고, 관계 행정청에 관련 자료의 제출 등 협조를 요청할 수 있다.

1. 처분에 행정절차상 하자가 있을 경우, 기속행위인지 재량행위인지를 불문하고 독자적 위법사유성이 인정되어 법원에 의한 취소의 대상이 된다. **08지방7급**

제 3 절 행정절차의 하자

1 절차 하자의 독자적 위법사유 여부

행정절차법에는 절차상 하자 있는 행정처분의 법적 효력에 대한 규정이 없어, 절차상 하자를 독자적 위법사유로 인정할 수 있는 지 문제됨.

<table>
<tr><td>재량 행위</td><td colspan="2">행정청은 재량행위의 경우 절차하자를 시정한 뒤 기존 처분과는 다른 처분을 할 수도 있으므로 절차하자는 독자적 위법사유에 해당함.</td></tr>
<tr><td rowspan="2">기속 행위
(16지방9급)</td><td>소극설</td><td>• 절차규정은 적정한 행정행위를 확보하기 위한 수단에 불과함.
• 절차위반을 이유로 다시 처분해도, 전과 동일한 처분을 한 경우에는 행정경제 및 소송경제에 반함.</td></tr>
<tr><td>적극설
(다수설)</td><td>• 행정의 법률적합성 원칙에 따라, 절차적 · 실체적으로 행정행위는 적법해야 함.
• 행정청이 다시 처분할 때 반드시 전과 동일한 처분을 한다고 단정할 수 없음.</td></tr>
<tr><td>판례</td><td colspan="2">행정처분이 기속행위인지 재량행위인지 불문, 당해 처분이 실체적으로는 적법하더라도 절차법상의 하자만으로 독립된 취소사유가 된다고 봄.(18교행9급,17국회8급)

판례 군인사법령에 의하여 진급예정자명단에 포함된 자에 대하여 의견제출의 기회를 부여하지 아니한 채 진급선발을 취소하는 처분을 한 것은 절차상 하자가 있어 위법하다(2006두20631).(19국회8급,18국가7급)</td></tr>
</table>

2 절차상 하자있는 행정행위의 효력

위법성 정도	**중대 · 명백설에 따라 하자가 중대 명백하면 당연무효이고, 그렇지 않으면 취소사유에 해당함.** 단, 판례는 **하자가 경미한 경우에 바로 위법하다고 판단하여 취소사유라고 판시하지 않고, 재량권의 일탈 남용이 있는지 여부를 판단하는 한 요소라고 판시**하는 경향이 나타나고 있다(아래 ㄱ~ㄷ 판례 참조). 판례 ㉠ 환경영향평가 절차를 거쳤다면, 비록 그 환경영향평가의 내용이 다소 부실하다 하더라도, 그 부실의 정도가 환경영향평가제도를 둔 입법 취지를 달성할 수 없을 정도이어서 환경영향평가를 하지 아니한 것과 다를 바 없는 정도의 것이 아닌 이상, 그 부실로 인하여 당연히 당해 승인 등 처분이 위법하게 되는 것이 아니다(2006두330).**(17국회8급)** ㉡ 민원1회 방문처리제를 시행하는 절차의 일환으로 민원사항의 심의 · 조정 등을 위한 민원조정위원회를 개최하면서 민원인에게 회의 일정 등을 사전에 통지하지 않은 것은 민원거부처분의 취소사유에 해당하지 않는다(2013두1560).**(17국회8급)** ㉢ 예산편성에 절차적 하자가 있다는 사정만으로는 취소사유에 해당하는 하자라 할 수 없다(2011두32515).**(16국회8급)**
판결의 기속력	절차상 하자를 이유로 취소판결이 내려진 이후, 행정청이 그 하자를 보완하여 전과 동일한 내용의 행정처분을 하는 것에 대해서, **통설 · 판례**는 **취소판결 이후의 행정처분은 취소된 종전의 처분과는 전혀 다른 별개의 처분이므로, 기속력에 반하지 않는다**고 한다(84누408).**(20국가9급,18지방9급, 17국회8급, 17사복9급)**

3 절차상 하자의 치유

인정여부	**원칙 : 부정** **예외 :** 국민의 권익을 침해하지 않는 범위내에서 **제한적으로 인정**(제한적긍정설)
치유시기	**쟁송제기 전까지 가능(통설 · 판례)(11국가7급)**

제 4 절 민원처리에 관한 법률

1 입법목적

제1조(목적) 이 법은 민원 처리에 관한 기본적인 사항을 규정하여 **민원의 공정하고 적법한 처리와 민원행정제도의 합리적 개선을 도모함으로써 국민의 권익을 보호함을 목적**으로 한다.**(06서울9급)**

2 총칙

가. 용어의 정리

<table>
<tr><td rowspan="6">민원</td><td colspan="3">제2조(정의) 이 법에서 사용하는 용어의 뜻은 다음과 같다.
1. “민원”이란 민원인이 행정기관에 대하여 처분 등 특정한 행위를 요구하는 것을 말함.(06서울9급)</td></tr>
<tr><td rowspan="4">일반민원</td><td>법정민원</td><td>법령 · 훈령 · 예규 · 고시 · 자치법규 등(이하 “관계법령등”이라 한다)에서 정한 일정 요건에 따라 인가 · 허가 · 승인 · 특허 · 면허 등을 신청하거나 장부 · 대장 등에 등록·등재를 신청 또는 신고하거나 특정한 사실 또는 법률관계에 관한 확인 또는 증명을 신청하는 민원</td></tr>
<tr><td>질의민원</td><td>법령 · 제도 · 절차 등 행정업무에 관하여 행정기관의 설명이나 해석을 요구하는 민원</td></tr>
<tr><td>건의민원</td><td>행정제도 및 운영의 개선을 요구하는 민원</td></tr>
<tr><td>기타민원</td><td>법정민원, 질의민원, 건의민원 및 고충민원 외에 행정기관에 단순한 행정절차 또는 형식요건 등에 대한 상담 · 설명을 요구하거나 일상생활에서 발생하는 불편사항에 대하여 알리는 등 행정기관에 특정한 행위를 요구하는 민원</td></tr>
<tr><td colspan="2">고충민원</td><td>「부패방지 및 국민권익위원회의 설치와 운영에 관한 법률」 제2조제5호에 따른 고충민원</td></tr>
<tr><td>민원인</td><td colspan="3">행정기관에 민원을 제기하는 개인 · 법인 또는 단체를 말한다.(06서울9급) 다만, 행정기관(사경제의 주체로서 제기하는 경우는 제외한다), 행정기관과 사법(私法)상 계약관계(민원과 직접 관련된 계약관계만 해당한다)에 있는 자, 성명 · 주소 등이 불명확한 자 등 대통령령으로 정하는 자는 제외한다.</td></tr>
<tr><td>복합민원</td><td colspan="3">하나의 민원 목적을 실현하기 위하여 관계법령등에 따라 여러 관계 기관(민원과 관련된 단체 · 협회 등을 포함한다. 이하 같다) 또는 관계 부서의 인가 · 허가 · 승인 · 추천 · 협의 또는 확인 등을 거쳐 처리되는 법정민원(06서울9급)</td></tr>
<tr><td>무인민원발급창구</td><td colspan="3">행정기관의 장이 행정기관 또는 공공장소 등에 설치하여 민원인이 직접 민원 문서를 발급받을 수 있도록 하는 전자장비
→ 행정기관의 장이 무인민원발급창구를 이용하여 민원사항을 처리한 결과를 교부할 수 있도록 하는 법적 근거가 있다.(12지방7급)</td></tr>
</table>

나. 민원처리의 원칙 등

민원 처리 담당자의 의무와 보호	**제4조(민원 처리 담당자의 의무와 보호)** ① 민원을 처리하는 담당자는 담당 민원을 신속 · 공정 · 친절 · 적법하게 처리하여야 한다. <개정 2022. 1. 11.> ② 행정기관의 장은 민원인 등의 폭언 · 폭행, 목적이 정당하지 아니한 반복 민원 등으로부터 민원 처리 담당자를 보호하기 위하여 민원 처리 담당자의 신체적 · 정신적 피해의 예방 및 치료 등 대통령령으로 정하는 필요한 조치를 하여야 한다. <신설 2022. 1. 11.> ③ 민원 처리 담당자는 행정기관의 장에게 제2항에 따른 조치를 요구할 수 있다. <신설 2022. 1. 11.> ④ 행정기관의 장은 제3항에 따른 민원 처리 담당자의 요구를 이유로 해당 민원 처리 담당자에게 불이익을 주어서는 아니 된다. <신설 2022. 1. 11.>
민원인의 권리와 의무	**제5조(민원인의 권리와 의무)** ① 민원인은 행정기관에 민원을 신청하고 신속 · 공정 · 친절 · 적법한 **응답을 받을 권리가 있다.** ② 민원인은 민원을 처리하는 담당자의 적법한 민원처리를 위한 요청에 협조하여야 하고, 행정기관에 부당한 요구를 하거나 다른 민원인에 대한 민원처리를 지연시키는 등 공무를 방해하는 행위를 하여서는 아니 된다.
민원 처리의 원칙	**제6조(민원 처리의 원칙)** ① 행정기관의 장은 **관계법령등에서 정한 처리기간이 남아 있다거나 그 민원과 관련 없는 공과금 등을 미납하였다는 이유로 민원처리를 지연시켜서는 아니 된다.**(11국회8급) 다만, 다른 법령에 특별한 규정이 있는 경우에는 그에 따른다. ② 행정기관의 장은 법령의 규정 또는 위임이 있는 경우를 제외하고는 민원처리의 절차 등을 강화하여서는 아니 된다.
정보 보호	**제7조(정보 보호)** 행정기관의 장은 민원 처리와 관련하여 알게 된 민원의 내용과 민원인 및 민원의 내용에 포함되어 있는 특정인의 개인정보 등이 누설되지 아니하도록 필요한 조치를 강구하여야 하며, 수집된 정보가 민원 처리의 목적 외의 용도로 사용되지 아니하도록 하여야 한다.
민원의 날	**제7조의2(민원의 날)** ① 민원에 대한 이해와 인식 및 민원 처리 담당자의 자긍심을 높이기 위하여 매년 11월 24일을 민원의 날로 정한다. ② 국가와 지방자치단체는 민원의 날의 취지에 적합한 기념행사를 할 수 있다. [본조신설 2022. 1. 11.]

3 민원의 처리

민원의 신청	**제8조(민원의 신청)** 민원의 **신청은 문서**(「전자정부법」 제2조제7호에 따른 전자문서를 포함한다. 이하 같다)**로 하여야** 한다. 다만, 기타민원은 구술(口述) 또는 전화로 할 수 있다.
불필요한 서류 요구의 금지	**제10조(불필요한 서류 요구의 금지)** ① 행정기관의 장은 민원을 접수·처리할 때에 민원인에게 관계법령등에서 정한 구비서류 외의 서류를 추가로 요구하여서는 아니 된다. ② 행정기관의 장은 동일한 민원서류 또는 구비서류를 복수로 받는 경우에는 특별한 사유가 없으면 **원본과 함께 그 사본의 제출을 허용하여야 한다.**

민원인의 요구에 의한 본인정보 공동이용	**제10조의2(민원인의 요구에 의한 본인정보 공동이용)** ① 민원인은 행정기관이 컴퓨터 등 정보처리능력을 지닌 장치에 의하여 처리가 가능한 형태로 본인에 관한 행정정보를 보유하고 있는 경우 민원을 접수·처리하는 기관을 통하여 행정정보 보유기관의 장에게 본인에 관한 증명서류 또는 구비서류 등의 행정정보(법원의 재판사무·조정사무 및 그 밖에 이와 관련된 사무에 관한 정보는 제외한다)를 본인의 민원 처리에 이용되도록 제공할 것을 요구할 수 있다. 이 경우 민원을 접수·처리하는 기관의 장은 민원인에게 관련 증명서류 또는 구비서류의 제출을 요구할 수 없으며, 행정정보 보유기관의 장으로부터 해당 정보를 제공받아 민원을 처리하여야 한다.
민원실의 설치	**제12조(민원실의 설치)** 행정기관의 장은 민원을 신속히 처리하고 민원인에 대한 안내와 상담의 편의를 제공하기 위하여 민원실을 **설치할 수 있다.**
정보통신망을 이용한 다른 행정기관 소관 민원의 접수·교부	**제15조(정보통신망을 이용한 다른 행정기관 소관 민원의 접수·교부)** ① 행정기관의 장은 정보통신망을 이용하여 다른 행정기관 소관의 민원을 접수·교부할 수 있는 경우에는 이를 직접 접수·교부할 수 있다.

4 민원의 처리기간·처리방법 등

법정 민원의 처리기간 설정·공표	**제17조(법정민원의 처리기간 설정·공표)** ① 행정기관의 장은 법정민원을 신속히 처리하기 위하여 행정기관에 법정민원의 신청이 접수된 때부터 처리가 완료될 때까지 소요되는 처리기간을 법정민원의 종류별로 미리 정하여 공표하여야 한다. 판례 **처분이나 민원의 처리기간을 정하는 것은 신청에 따른 사무를 가능한 한 조속히 처리하도록 하기 위한 것**이다. 처리기간에 관한 규정은 훈시규정에 불과할 뿐 강행규정이라고 볼 수 없다. **행정청이 처리기간이 지나 처분을 하였더라도 이를 처분을 취소할 절차상 하자로 볼 수 없다.** 민원처리법 시행령 제23조에 따른 민원처리진행상황 통지도 민원인의 편의를 위한 부가적인 제도일 뿐, 그 통지를 하지 않았더라도 이를 처분을 취소할 절차상 하자로 볼 수 없다(2018두41907).
처리 기간의 계산	**제19조(처리기간의 계산)** ① 민원의 처리기간을 **5일 이하로 정한 경우에는 민원의 접수시각부터 "시간" 단위로 계산**하되, 공휴일과 토요일은 산입(算入)하지 아니한다.**(11국회8급)** 이 경우 1일은 8시간의 근무시간을 기준으로 한다. ② **민원의 처리기간을 6일 이상으로 정한 경우에는 "일" 단위로 계산하고 첫날을 산입하되, 공휴일과 토요일은 산입**하지 아니한다. ③ 민원의 처리기간을 주·월·연으로 정한 경우에는 첫날을 산입하되, 「민법」 제159조부터 제161조까지의 규정을 준용한다.
민원 처리의 예외	**제21조(민원 처리의 예외)** 행정기관의 장은 접수된 민원(법정민원을 제외한다. 이하 이 조에서 같다)이 다음 각 호의 어느 하나에 해당하는 경우에는 그 민원을 처리하지 아니할 수 있다. 이 경우 그 사유를 해당 민원인에게 통지하여야 한다.

민원문서의 보완·취하 등	**제22조(민원문서의 보완·취하 등)** ① 행정기관의 장은 접수한 민원문서에 보완이 필요한 경우에는 상당한 기간을 정하여 지체 없이 민원인에게 보완을 요구하여야 한다. ② 민원인은 해당 민원의 처리가 종결되기 전에는 그 신청의 내용을 보완하거나 변경 또는 취하할 수 있다. 다만, 다른 법률에 특별한 규정이 있거나 그 민원의 성질상 보완·변경 또는 취하할 수 없는 경우에는 그러하지 아니하다.
반복 및 중복 민원의 처리	**제23조(반복 및 중복 민원의 처리)** ① 행정기관의 장은 민원인이 **동일한 내용의 민원(법정민원을 제외**한다. 이하 이 조에서 같다)을 정당한 사유 없이 **3회 이상 반복하여 제출**한 경우에는 2회 이상 그 처리결과를 통지하고, 그 후에 접수되는 민원에 대하여는 **종결처리할 수 있다.**
처리결과의 통지	**제27조(처리결과의 통지)** ① 행정기관의 장은 접수된 민원에 대한 처리를 완료한 때에는 그 결과를 민원인에게 **문서로 통지하여야** 한다. 다만, 기타민원의 경우와 통지에 신속을 요하거나 민원인이 요청하는 등 대통령령으로 정하는 경우에는 구술, 전화, 문자메시지, 팩시밀리 또는 전자우편 등으로 통지할 수 있다.**(11국회8급)**
무인민원 발급창구를 이용한 민원문서의 발급	**제28조(무인민원발급창구를 이용한 민원문서의 발급)** ① 행정기관의 장은 무인민원발급창구를 통하여 민원문서(다른 행정기관 소관의 민원문서를 포함한다)를 발급할 수 있다.**(12지방7급)**

5 법정민원의 처리 등

사전심사의 청구 등	**제30조(사전심사의 청구 등)** ① 민원인은 법정민원 중 신청에 경제적으로 많은 비용이 수반되는 민원 등 대통령령으로 정하는 민원에 대하여는 행정기관의 장에게 정식으로 민원을 신청하기 전에 **미리 약식의 사전심사를 청구할 수 있다.** ③ 행정기관의 장은 **사전심사 결과를 민원인에게 문서로 통지하여야** 하며, 가능한 것으로 통지한 민원의 내용에 대하여는 민원인이 나중에 정식으로 민원을 신청한 경우에도 동일하게 결정을 내릴 수 있도록 노력하여야 한다. 다만, 민원인의 귀책사유 또는 불가항력이나 그 밖의 정당한 사유로 이를 이행할 수 없는 경우에는 그러하지 아니하다. 판례 행정청은 사전심사결과가 불가능하다고 통보하였더라도 사전심사결과에 구애되지 않고 민원사항을 처리할 수 있고, 통보로 인해 민원인에게 법적 불이익이 발생할 가능성도 없으므로, **민원처리법상 사전심사결과 통보가 항고소송의 대상이 되는 행정처분에 해당하지 않는다**(2013두7384).**(19지방9급)**
복합민원의 처리	**제31조(복합민원의 처리)** ① 행정기관의 장은 복합민원을 처리할 주무부서를 지정하고 그 부서로 하여금 관계 기관·부서 간의 협조를 통하여 **민원을 한꺼번에 처리하게 할 수 있다.**

민원 1회방문 처리제의 시행	**제32조(민원 1회방문 처리제의 시행)** ① 행정기관의 장은 복합민원을 처리할 때에 그 행정기관의 내부에서 할 수 있는 자료의 확인, 관계 기관·부서와의 협조 등에 따른 모든 절차를 담당 직원이 직접 진행하도록 하는 **민원 1회방문 처리제를 확립함으로써 불필요한 사유로 민원인이 행정기관을 다시 방문하지 아니하도록 하여야 한다.** ② 행정기관의 장은 제1항에 따른 민원 1회방문 처리에 관한 안내와 상담의 편의를 제공하기 위하여 **민원 1회방문 상담창구를 설치하여야 한다.** 판례 민원사무를 처리하는 행정기관이 민원 1회방문 처리제를 시행하는 절차의 일환으로 민원사항의 심의·조정 등을 위한 민원조정위원회를 개최하면서 **민원인에게 회의일정 등을 사전에 통지하지 아니하였다 하더라도, 이러한 사정만으로 곧바로 민원사항에 대한 행정기관의 장의 거부처분에 취소사유에 이를 정도의 흠이 존재한다고 보기는 어렵다.** 다만 행정기관의 장의 거부처분이 재량행위인 경우에, 위와 같은 사전통지의 흠결로 민원인에게 의견진술의 기회를 주지 아니한 결과 민원조정위원회의 심의과정에서 고려대상에 마땅히 포함시켜야 할 사항을 누락하는 등 재량권의 불행사 또는 해태로 볼 수 있는 구체적 사정이 있다면, 거부처분은 재량권을 일탈·남용한 것으로서 위법하다(2013두7834).
거부처분에 대한 이의신청	**제35조(거부처분에 대한 이의신청)** ① 법정민원에 대한 행정기관의 장의 거부처분에 불복하는 민원인은 그 거부처분을 받은 날부터 60일 이내에 그 행정기관의 장에게 문서로 이의신청을 할 수 있다. ③ 민원인은 제1항에 따른 **이의신청 여부와 관계없이 「행정심판법」에 따른 행정심판 또는 「행정소송법」에 따른 행정소송을 제기할 수 있다.** → 민원처리법상 이의신청은 행정심판이 아닌 이의신청임**(16국회8급)** 판례 민원사항에 대한 행정기관의 장의 거부처분에 불복하여 민원사무처리에 관한 법률 제18조 제1항에 따라 이의신청을 한 경우, 이의신청에 대한 결과를 통지받은 날부터 취소소송의 제소기간이 기산되는 것은 아니다.**(18변시)** 또한 동조에서 정한 '거부처분에 대한 이의신청'을 받아들이지 않는 취지의 기각 결정 또는 그 취지의 통지는 독자적인 항고소송의 대상이 된다고 볼 수 없다(2010두8676).

02 행정정보공개와 개인정보보호제도

1. 정보에의 접근 · 수집 · 처리의 자유는 자유권적 성질과 청구권적 성질을 공유하는 것으로서, 헌법 제21조에 의하여 직접 보장되는 권리이다. **17국가7급**

제 1 절 행정정보공개제도

1 의의

의의		개인이 행정주체가 보유하고 있는 정보에 접근하여 공개를 청구할 수 있는 권리를 보장하고, 행정주체에게 정보공개의 의무를 지게 하는 제도로, '공공기관의 정보공개에 관한 법률'상의 정보공개청구권은 **일반적 정보공개청구권을 포함**하고 있음.**(21국가9급)**
정보공개 청구의 근거	헌법적 근거	정보공개청구권은 헌법 제21조 **표현의 자유**에 포함되는 **알권리의 한 요소**로, 법률의 제정 없이도 당연히 인정되는 **헌법적 권리**로(90마133)**(17서울9급,10지방9급)**, **자유권적 성질 · 청구권적 성질을 모두** 갖는다(2009두12895).**(17국가7급)**
	법률 근거	'공공기관의 정보공개에 관한 법률'은 행정공개의 일반법임.
	조례	조례에 의한 정보공개청구도 가능함**(18소방9급)**

2 정보공개법의 주요내용

가. 총칙

목적 (§1)		이 법은 공공기관이 보유 · 관리하는 정보에 대한 국민의 공개 청구 및 공공기관의 공개 의무에 관하여 필요한 사항을 정함으로써 국민의 알권리를 보장하고 국정에 대한 국민의 참여와 국정 운영의 투명성을 확보함을 목적으로 한다.
용어의 정의 (§2)	정보	"**정보**"란 공공기관이 직무상 작성 또는 취득하여 관리하고 있는 **문서(전자문서를 포함한다. 이하 같다) 및 전자매체를 비롯한 모든 형태의 매체 등에 기록된 사항을 말한다.**(21변시,11지방9급) <개정 2020. 12. 22.>
	공개	"공개"란 공공기관이 이 법에 따라 정보를 열람하게 하거나 그 사본 · 복제물을 제공하는 것 또는 「전자정부법」 제2조제10호에 따른 정보통신망(이하 "정보통신망"이라 한다)을 통하여 정보를 제공하는 것 등을 말한다.

원칙 (§3)	공공기관이 보유 · 관리하는 정보는 국민의 알권리 보장 등을 위하여 이 법에서 정하는 바에 따라 **적극적으로 공개하여야 한다.(21군무원9급)** 판례 알권리에서 파생되는 정보의 공개의무는 특별한 사정이 없는 한 **특정의 정보에 대한 공개청구가 있는 경우에 비로소 존재**한다(2002헌마579).**(12지방7급)**
적용 범위 (§4)	① 정보의 공개에 관하여는 **다른 법률에 특별한 규정이 있는 경우를** 제외하고는 이 법에서 정하는 바에 따른다. 판례 형사재판확정기록의 공개에 관하여는 형사소송법의 규정이 적용되므로, '공공 기관의 정보공개에 관한 법률'에 의한 공개청구는 허용되지 아니한다(2013두20882).**(21국회8급,19지방9급)** ② **지방자치단체는** 그 소관 사무에 관하여 법령의 범위에서 정보공개에 관한 **조례를 정할 수 있다.(15지방9급)** 판례 청주시행정정보공개조례안은 자치사무에 관한 정보만을 공개대상으로 하고있으므로 법률의 개별적 위임 없이도 그 제정이 가능하다(92추17).**(13국가9급)** ③ 국가안전보장에 관련되는 정보 및 보안 업무를 관장하는 기관에서 국가안전보장과 관련된 정보의 분석을 목적으로 수집하거나 작성한 정보에 대해서는 이 법을 적용하지 아니한다. 다만, 제8조제1항에 따른 정보목록의 작성 · 비치 및 공개에 대해서는 그러하지 아니한다.

1. 정보공개청구권자에는 자연인은 물론 법인, 권리능력 없는 사단 · 재단도 포함되고, 법인, 권리능력 없는 사단 · 재단 등의 경우에는 설립목적을 불문한다. **20국가9급**

나. 청구권자와 상대방

청구 권자	**국민** (§5①)	**① 모든 국민은 정보의 공개를 청구할 권리를 가진다.** **(21군무원9급,17서울9급,14서울9급).** → 이해관계자인 당사자에게 문서열람권을 인정하는 '행정절차법'상의 정보공개와는 달리 '공공기관의 정보공개에 관한 법률'은 모든 국민에게 정보공개청구를 허용한다.**(17서울9급)** → 정보공개청구권자의 **권리구제 가능성 등**은 정보의 공개 여부 결정에 **아무런 영향을 미치지 못한다.(20국가9급,19지방9급)** 판례 ㉠ §5①의 '국민'에는 자연인은 물론 설립목적을 불문하고 **법인, 권리능력 없는 사단 · 재단도 포함**된다(2003두8050):**(22국가9급,21소방간부,21변시,20국가9급,19서울9급,19사복9급,17교행9급,17지방7급,16교행9급)** ㉡ 이해관계없는 시민단체도 정보공개청구가 가능하다(2003두1370).**(20국회9급,17지방7급,12국가7급,12지방9급)** ㉢ **지방자치단체**에는 알권리로서의 정보공개청구권이 **인정된다고 보기 어렵다**(2005구합10484).**(19서울9급,16국가7급,14국가7급)** → 지자체는 정보공개의무자에 해당할 뿐, 청구권자인 국민은 아님.

1. 국가나 지방자체단체로부터 보조금을 받는 사회복지법인과 사회복지사업을 하는 비영리법인 역시, 정보공개에 관한 법률상의 공공기관에 포함된다. **14사복9급**

2. 한국방송공사는 공공기관의 정보공개에 관한 법률 시행령 제**2**조 제**4**호에 규정된 **'특별법에 의하여 설립된 특수법인'**으로서, 정보공개의무가 있는 **'공공기관'**에 해당한다. **17지방직9급**

청구 권자	**외국인** (§5②)	② 외국인의 정보공개 청구에 관하여는 대통령령으로 정한다.**(17교행9급,15지방9급,12국가9급,11국가9급)** **시행령 제3조(외국인의 정보공개 청구)** 법 제5조제2항에 따라 정보공개를 청구할 수 있는 외국인은 다음 각 호의 어느 하나에 해당하는 자로 한다. 1. **국내에 일정한 주소를 두고 거주하거나 학술 · 연구를 위하여 일시적으로 체류하는 사람(21행정사,15지방9급,15교행9급,11국가9급)** 2. 국내에 사무소를 두고 있는 법인 또는 단체
상대방	**공공 기관** (§2-3호)	3. "공공기관"이란 다음 각 목의 기관을 말한다**(14서울9급)**. 가. **국가기관** 1) **국회, 법원, 헌법재판소, 중앙선거관리위원회** 2) 중앙행정기관(대통령 소속 기관과 국무총리 소속 기관을 포함한다) 및 그 소속 기관 3) 「행정기관 소속 위원회의 설치 · 운영에 관한 법률」에 따른 위원회 나. **지방자치단체** 다. 「공공기관의 운영에 관한 법률」 제2조에 따른 공공기관 라. 「지방공기업법」에 따른 지방공사 및 지방공단 마. **그 밖에 대통령령**으로 정하는 기관 <개정 2020. 12. 22.>
	'라'목의 대통령령으로 정한 기관 (§2-3호 라목)	**시행령 제2조(공공기관의 범위)** 「공공기관의 정보공개에 관한 법률」(이하 "법"이라 한다) 제2조제3호마목에서 "대통령령으로 정하는 기관"이란 다음 각 호의 기관 또는 단체를 말한다. 1. 「유아교육법」, 「초 · 중등교육법」, 「고등교육법」에 따른 각급 학교 또는 그 밖의 다른 법률에 따라 설치된 학교 판례 ㉠ **사립대학교** 해당 ○ (2004두2783)**(22국회8급,21국회8급,21변시,17지방9급,15국가9급)** ㉡ **사립초등학교** 해당 ○ (2011두5049)**(16국가9급)** 2. 삭제 3. 「지방자치단체 출자 · 출연 기관의 운영에 관한 법률」 제2조제1항에 따른 출자기관 및 출연기관 4. **특별법에 따라 설립된 특수법인** 판례 ㉠ 특별법에 의하여 설립된 특수법인에 해당하는지 여부는, 법인에게 부여된 업무가 공익적 성격을 갖는지 여부 등을 고려하여 개별적으로 판단한다.**(17서울9급)** ㉡ **한국방송공사**(KBS)는 해당 ○ (2008두13101)**(17지방9급)** ㉢ **한국증권업협회**는 해당 X (2008두5643)**(17국가9급)** 5. 「사회복지사업법」 제42조제1항에 따라 국가나 지방자치단체로부터 **보조금을 받는 사회복지법인과 사회복지사업을 하는 비영리법인(17사복9급,14사복9급)** 6. 제5호 외에 「보조금 관리에 관한 법률」 제9조 또는 「지방재정법」 제17조제1항 각 호 외의 부분 단서에 따라 국가나 지방자치단체로부터 연간 5천만원 이상의 보조금을 받는 기관 또는 단체. **다만, 정보공개 대상 정보는 해당 연도에 보조를 받은 사업으로 한정한다.**

다. 공공기관의 의무 등

공공기관의 의무 (§6)	① 공공기관은 정보의 공개를 청구하는 국민의 권리가 존중될 수 있도록 이 법을 운영하고 소관 관계 법령을 정비하며, 정보를 투명하고 적극적으로 공개하는 조직문화 형성에 노력하여야 한다. <개정 2020. 12. 22.> ② 공공기관은 정보의 적절한 보존 및 신속한 검색과 국민에게 유용한 정보의 분석 및 공개 등이 이루어지도록 정보관리체계를 정비하고, 정보공개 업무를 주관하는 부서 및 담당하는 인력을 적정하게 두어야 하며, 정보통신망을 활용한 정보공개시스템 등을 구축하도록 노력하여야 한다. ③ 행정안전부장관은 공공기관의 정보공개에 관한 업무를 종합적 · 체계적 · 효율적으로 지원하기 위하여 통합정보공개시스템을 구축 · 운영하여야 한다. ④ 공공기관(국회 · 법원 · 헌법재판소 · 중앙선거관리위원회는 제외한다)이 제2항에 따른 정보공개시스템을 구축하지 아니한 경우에는 제3항에 따라 행정안전부장관이 구축 · 운영하는 통합정보공개시스템을 통하여 정보공개 청구 등을 처리하여야 한다. ⑤ 공공기관은 소속 공무원 또는 임직원 전체를 대상으로 국회규칙 · 대법원규칙 · 헌법재판소규칙 · 중앙선거관리위원회규칙 및 대통령령으로 정하는 바에 따라 이 법 및 정보공개 제도 운영에 관한 교육을 실시하여야 한다. <개정 2020. 12. 22.>
정보공개 담당자의 의무 (§6의2)	공공기관의 정보공개 담당자(정보공개 청구 대상 정보와 관련된 업무 담당자를 포함한다)는 **정보공개 업무를 성실하게 수행하여야** 하며, 공개 여부의 자의적인 결정, 고의적인 처리 지연 또는 위법한 공개 거부 및 회피 등 부당한 행위를 하여서는 아니 된다.**(21군무원9급)** <개정 2020. 12. 22.>
정보의 사전적 공개 등 (§7)	① 공공기관은 다음 각 호의 어느 하나에 해당하는 정보에 대해서는 공개의 구체적 범위, 주기, 시기 및 방법 등을 미리 정하여 **정보통신망** 등을 통하여 알리고, 이에 따라 **정기적으로 공개하여야** 한다. 다만, 제9조제1항 각 호의 어느 하나에 해당하는 정보에 대해서는 그러하지 아니하다. <개정 2020. 12. 22.> 1. 국민생활에 매우 큰 영향을 미치는 정책에 관한 정보 2. **국가의 시책으로 시행하는 공사(工事) 등 대규모 예산이 투입되는 사업에 관한 정보(07국가9급)** 3. **예산집행의 내용과 사업평가 결과 등 행정감시**를 위하여 필요한 정보 **(21지방9급,21군무원9급)** 4. 그 밖에 공공기관의 장이 정하는 정보 ② 공공기관은 제1항에 규정된 사항 외에도 국민이 알아야 할 필요가 있는 정보를 국민에게 공개하도록 적극적으로 노력하여야 한다.**(10지방7급)**
정보목록의 작성 · 비치 등 (§8)	① 공공기관은 그 기관이 보유 · 관리하는 정보에 대하여 국민이 쉽게 알 수 있도록 **정보목록을 작성하여 갖추어 두고, 그 목록을** 정보통신망을 활용한 정보공개시스템 등을 통하여 공개하여야 한다. 다만, 정보목록 중 제9조제1항에 따라 공개하지 아니할 수 있는 정보가 포함되어 있는 경우에는 해당 부분을 갖추어 두지 아니하거나 공개하지 아니할 수 있다. ② 공공기관은 정보의 공개에 관한 사무를 신속하고 원활하게 수행하기 위하여 **정보공개 장소를 확보하고 공개에 필요한 시설을 갖추어야 한다.(10지방7급)**

1. 공공기관의 정보공개에 관한 법률 상 공개청구의 대상이 되는 정보는 반드시 원본일 필요는 없고, 사본도 가능하다. **17국가7급**

2. 공개청구의 대상이 되는 정보가 이미 다른 사람에게 공개되어 널리 알려져 있다거나 인터넷 등을 통하여 공개되어 인터넷 검색 등을 통하여 쉽게 알 수 있다 하더라도, 해당 사유로 행정청의 정보비공개 결정이 정당화될 수는 없다. **20국가,지방9급**

3. 공공기관의 정보공개에 관한 법률에 의하면 "다른 법률 또는 법률에서 위임한 명령에 의하여 비밀 또는 비공개 사항으로 규정된 정보"는 이를 공개하지 아니할 수 있다고 규정하고 있는바, 여기에서 '법률에 의한 명령'은 정보의 공개에 관하여 법률의 구체적인 위임 아래 제정된 법규명령(위임명령)을 의미한다. **20지방9급**

공개대상 정보의 원문공개 (§8의2)	공공기관 중 **중앙행정기관 및 대통령령으로 정하는 기관**은 **전자적 형태로 보유·관리하는 정보 중 공개대상으로 분류된 정보**를 국민의 **정보공개 청구가 없더라도** 정보통신망을 활용한 정보공개시스템 등을 통하여 **공개하여야 한다.(21경행)**
비공개대상 정보의 기준 수립·공개 및 점검·제출 의무 (§9)	③ 공공기관은 제1항 각 호의 범위에서 해당 공공기관의 업무 성격을 고려하여 비공개 대상 정보의 범위에 관한 세부 기준(이하 "비공개 세부 기준"이라 한다)을 수립하고 이를 정보통신망을 활용한 정보공개시스템 등을 통하여 공개하여야 한다. <개정 2020. 12. 22.> ④ 공공기관(국회 · 법원 · 헌법재판소 및 중앙선거관리위원회는 제외한다)은 제3항에 따라 수립된 비공개 세부 기준이 제1항 각 호의 비공개 요건에 부합하는지 3년마다 점검하고 필요한 경우 비공개 세부 기준을 개선하여 그 점검 및 개선 결과를 행정안전부장관에게 제출하여야 한다. <신설 2020. 12. 22.>

라. 공개대상정보 및 비공개대상정보(§9)

공개 대상 (§9①)	**공공기관이 보유 · 관리하는 정보**는 공개 대상이 된다. 판례 ㉠ **타인에게 공개되어 널리 알려져 있거나 인터넷 검색 등으로 쉽게 알 수 있더라도 비공개가 정당화되지 않는다**(2005두15694).**(22국회8급,21국가7급,20국가9급,20지방9급,19서울9급,19국가9급,18지방9급)** ㉡ 공공기관의 정보공개에 관한 법률 상 공개청구의 대상이 되는 정보는 **반드시 원본일 필요는 없고, 사본**도 가능하다(2006두3049).**(21소방간부,21국가9급,18서울9급,17국가7급,14국가7급)**
비공개 대상 정보 (§9① 각 호)	1. **다른 법률 또는 법률에서 위임한 명령**(국회규칙 · 대법원규칙 · 헌법재판소규칙 · 중앙선거관리위원회규칙 · 대통령령 및 조례로 한정한다)에 따라 **비밀이나 비공개 사항으로 규정된 정보(18국회8급)** → **총리령, 부령은 포함X(18국회8급)** 판례 공공기관의정보공개에관한법률 제7조 제1항 제1호 소정의 '법률에 의한 명령'은 법률의 위임규정에 의하여 제정된 대통령령, 총리령, 부령 전부를 의미한다기보다는 정보의 공개에 관하여 법률의 구체적인 위임 아래 제정된 법규명령(위임명령)을 의미한다(2003두8395).**(20국회9급,20지방9급)**

비공개정보 인정 판례	비공개정보 부정 판례
㉠ 국가정보원이 직원에게 지급하는 현금급여 및 월초수당에 관한 정보(2010두1480) **(18서울7급,14지방9급,11국가7급)** ㉡ 국가정보원의 조직 · 소재지 · 정원에 관한 정보(2010두18918) ㉢ 한국형 헬기 도입사업에 대한 감사원장의 결과보고서(2006두9351)**(10지방9급)** ㉣ 학교폭력대책자치위원회의 회의록(2010두2913)**(21행정사,19소방19지방·교행9급)**	㉠ 검찰보존사무규칙에 근거한 재판확정기록(2002두1342)**(21변시,18서울7급,14지방9급)** ㉡ 교육공무원승진규정에 의한 근무성적평정결과(2006두11910)**(21국가7급,17지방9급)**

비공개 대상 정보 (§9① 각 호)	2. 국가안전보장 · 국방 · 통일 · 외교관계 등에 관한 사항으로서 공개될 경우 국가의 중대한 이익을 현저히 해칠 우려가 있다고 인정되는 정보.**(18국가7급)**
	3. 공개될 경우 국민의 생명 · 신체 및 재산의 보호에 현저한 지장을 초래할 우려가 있다고 인정되는 정보 **판례** ✪보안관찰법 소정의 **보안관찰통계자료는 제2호 또는 제3호**에 따른 비공개 대상이다(2001두8254).**(19지방·교행9급,15지방9급,10국가9급)**
	4. **진행 중인 재판에 관련된 정보**와 **범죄**의 예방, 수사, 공소의 제기 및 유지, 형의 집행, **교정**(矯正), 보안처분에 관한 사항으로서 공개될 경우 그 직무수행을 현저히 곤란하게 하거나 형사피고인의 공정한 재판을 받을 권리를 침해한다고 인정할 만한 상당한 이유가 있는 정보.**(16교행9급,11지방9급)** **판례** ㉠ 진행 중인 재판에 관련된 정보에 대한 공개거부는 **구체적으로 영향을 미칠 위험이 있는 정보에 한정**된다(2009두19021).**(22국가9급,20군무원9급,12국회속기9급)** ㉡ 반드시 그 정보가 진행 중인 **재판의 소송기록 자체에 포함된 내용일 필요는 없다**(2009두19021).**(21국회8급,21행정사,17국가7급)** ㉢ 교도관의 근무보고서는 비공개정보에 해당한다고 할 수 없고, 징벌위원회 회의록 중 비공개 심사 · 의결부분은 비공개사유(5호)에 해당하나 '징벌절차 진행 부분'은 비공개사유에 해당하지 않는다고 보아, 분리공개가 허용된다(2009두12785).**(15경행)**
	5. 감사 · 감독 · 검사 · 시험 · 규제 · 입찰계약 · 기술개발 · 인사관리에 관한 사항이나 의사결정 과정 또는 내부검토 과정에 있는 사항 등으로서 공개될 경우 업무의 공정한 수행이나 연구 · 개발에 현저한 지장을 초래한다고 인정할 만한 상당한 이유가 있는 정보. 다만, 의사결정 과정 또는 내부검토 과정을 이유로 비공개할 경우에는 제13조제5항에 따라 통지를 할 때 의사결정 과정 또는 내부검토 과정의 단계 및 종료 예정일을 함께 안내하여야 하며, 의사결정 과정 및 내부검토 과정이 종료되면 제10조에 따른 청구인에게 이를 통지하여야 한다.**(14지방9급)** <개정 2020. 12. 22.> **판례** ㉠ '업무의 공정한 수행이나 연구 · 개발에 현저한 지장을 초래한다고 인정할 만한 상당한 이유가 있는 정보'란 **공개될 경우 업무의 수행이 객관적으로 현저하게 지장을 받을 것이라는 고도의 개연성이 존재하는 경우**를 의미함(2010두18758). ㉡ 의사결정과정에 제공된 회의관련자료나 의사결정과정이 기록된 회의록 등은 의사가 결정되거나 의사가 집행된 경우에는 더 이상 의사결정과정에 있는 사항 그 자체라고는 할 수 없으나, 의사결정과정에 있는 사항에 준하는 사항으로서 비공개대상정보에 포함될 수 있다(2002두12946).**(20군무원9급)**

1. 공공기관의 정보공개에 관한 법률 제**9**조 제**1**항 제**4**호의 **'**진행 중인 재판에 관련된 정보**'**에 해당한다는 사유로 정보공개를 거부하기 위하여는 반드시 그 정보가 진행 중인 재판의 소송기록 자체에 포함된 내용일 필요는 없다.

17국가7급

비공개 대상 정보 (§9① 각 호)	**비공개대상 인정 판례 = 비공개** ㉠ 학교환경위생정화위원회회의록에 기재된 발언자의 인적사항(2002두12946) **(21행정사,21국가7급,19지방·교행9급,16사복9급)**. ㉡ 사법시험 2차 시험의 채점위원별 채점 결과(2000두6114)**(15사복9급)** ㉢ 국가수준 학업성취도평가 자료 중 공정한 업무수행에 현저한 지장을 초래할 우려가 있는 부분 ㉣ 공표 전의 도심공원위원회의 심의사항 ㉤ 독립유공자서훈 공적심사위원회의 심의·의결 과정 및 그 내용을 기재한 회의록(2013두20301) **(19국회8급,17지방9급)** ㉥ 치과의사 국가시험의 문제지와 정답지(2006두15936)**(10국가9급,08지방9급)**	**비공개대상 부정 판례 = 공개** ㉠ 외국으로부터 비공개를 전제로 입수한 정보(2017두69892)**(19서울7급)**. ㉡ 사법시험 2차 시험 답안지의 열람 ㉢ 대학수학능력시험 원데이(2007두9877)**(16사복9급)** ㉣ 공표 후의 도심공원위원회의 심의사항(99추85)
	6. 해당 정보에 포함되어 있는 **성명·주민등록번호 등 「개인정보 보호법」 제2조 제1호에 따른 개인정보로서 공개될 경우 사생활의 비밀 또는 자유를 침해할 우려가 있다고 인정**되는 정보**(20지방9급)**. 다만, 다음 각 목에 열거한 사항은 제외한다. <개정 2020. 12. 22.> 가. 법령에서 정하는 바에 따라 열람할 수 있는 정보 나. 공공기관이 공표를 목적으로 작성하거나 취득한 정보로서 사생활의 비밀 또는 자유를 부당하게 침해하지 아니하는 정보 다. 공공기관이 작성하거나 취득한 정보로서 공개하는 것이 공익이나 개인의 권리 구제를 위하여 필요하다고 인정되는 정보**(19지방7급)** 라. 직무를 수행한 공무원의 성명·직위**(19사복9급,15지방9급,10서울9급)** 마. 공개하는 것이 공익을 위하여 필요한 경우로서 법령에 따라 국가 또는 지방자치단체가 업무의 일부를 위탁 또는 위촉한 개인의 성명·직업**(18국가7급)** 판례 제6호에 따른 비공개정보에는 '개인식별정보'뿐만 아니라 **공개 결과 인격적·정신적 내면생활에 지장을 초래하거나 자유로운 사생활을 영위할 수 없게 될 위험성이 있는 정보도 포함**된다(2011두2361).**(13국회8급)**	

비공개대상 인정 판례=비공개	비공개대상 부정 판례=공개
㉠ 불기소처분기록 중 피의자신문조서 등에 기재된 피의자 등의 인적사항 이외의 진술내용(2011두2361)**(18지방9급)** ㉡ 정부공직자윤리위원회에 제출한 문서에 포함되어 있는 재산등록사항 고지거부자의 인적사항, 직계존비속의 본인과의 관계 등(2005두13117)**(17국회8급)** ㉢ 범죄에 관한 수사기록 일체 관련자들의 주민등록번호(2002두1342) ㉣ **지방자치단체의 업무추진비 세부항목별 집행내역 및 그에 관한 증빙서류에 포함된 개인에 관한 정보**(2001두6425)**(19지방·교행9급)** ㉤ **공무원이 직무와 관련없이 개인적 자격으로 금품을 수령한 정보**(2003두8050)**(15사복9급)**	㉠ 수사기록에 들어 있는 개인정보 중 관련자들의 이름 등 ㉡ **사면대상자들**의 사면실시 건의서와 그와 관련된 국무회의 안건자료에 관한 정보(2005두241)**(15사복9급)** 정부공직자윤리위원회에 제출한 문서에 포함되어 있는 재산등록사항 고지거부자의 '고지거부사유'(2005두13117)**(17국회8급)** → 옆 ㉡ 판례와 비교

비공개 대상 정보 (§9① 각 호)

7. 법인 · 단체 또는 개인(이하 "법인등"이라 한다)의 경영상 · 영업상 비밀에 관한 사항으로서 공개될 경우 법인등의 정당한 이익을 현저히 해칠 우려가 있다고 인정되는 정보. 다만, 다음 각 목에 열거한 정보는 제외한다.
   가. 사업활동에 의하여 발생하는 위해(危害)로부터 사람의 생명 · 신체 또는 건강을 보호하기 위하여 공개할 필요가 있는 정보
   나. 위법 · 부당한 사업활동으로부터 국민의 재산 또는 생활을 보호하기 위하여 공개할 필요가 있는 정보

판례 '법인 등의 경영상 · 영업상 비밀'이란 **'타인에게 알려지지 아니함이 유리한 사업활동에 관한 일체의 정보'** 또는 **'사업활동에 관한 일체의 비밀사항'**을 말하고(2007두1798), 공개여부는 **공개를 거부할 만한 정당한 이익이 있는지 여부에 따라 결정**되어야 한다(2012두123030).**(18서울7급)**

비공개대상 인정 판례=비공개	비공개대상 부정 판례=공개
㉠ '추적 60분'의 "황우석 교수의 '섀튼은 특허를 노렸다' 편" 편집원본테이프(2008두13101) ㉡ 법인 등이 거래하는 금융기관의 계좌번호에 관한 정보 (2003두8302)**(17국가7급)**	㉠ 조합원들에게 제공될 무상보상평수 산출내역(2003두9459)**(17서울9급)** ㉡ 법인 등의 상호 · 단체명 · 영업소명 · 사업자등록정보 (2003두8302) ㉢ 대한주택공사의 아파트 분양원가 산출내역에 관한 정보 (2006두20587).**(17서울9급)**

8. 공개될 경우 부동산 투기, 매점매석 등으로 특정인에게 이익 또는 불이익을 줄 우려가 있다고 인정되는 정보**(19소방9급, 18지방9급)**

비공개 대상 정보 (§9① 각 호)	• 권리남용을 이유로 정보공개를 거부할 수 있는지 여부 판례 ㉠ 정보공개청구권은 국민의 알권리에 근거한 헌법상 기본권이므로, 권리남용을 이유로 정보공개를 거부하는 것은 허용되지 아니한다.**(17지방9급,17지방7급,18교행9급)** ㉡ 해당 정보를 취득 또는 활용할 의사가 전혀 없이 정보공개제도를 이용하여 사회통념상 용인될 수 없는 부당한 이득을 얻으려 하거나, **오로지 공공기관의 담당공무원을 괴롭힐 목적으로 정보공개청구를 하는 경우**는 권리의 남용에 해당하여 정보공개청구권의 행사를 **허용하지 아니하는 것이 옳다**(2014두9349).**(21국가9급,21국가9급,21지방9급,19서울9급,10지방7급)**

마. 정보공개절차

청구 방법 (§10)	① 정보의 공개를 청구하는 자(이하 "청구인"이라 한다)는 해당 정보를 보유하거나 관리하고 있는 공공기관에 다음 각 호의 사항을 적은 정보공개 청구서를 제출하거나 말로써 정보의 공개를 청구할 수 있다.**(20군무원9급,12사복9급,18경행)** 1. 청구인의 성명 · 생년월일 · 주소 및 연락처(전화번호 · 전자우편주소 등을 말한다. 이하 이 조에서 같다). 다만, 청구인이 법인 또는 단체인 경우에는 그 명칭, 대표자의 성명, 사업자등록번호 또는 이에 준하는 번호, 주된 사무소의 소재지 및 연락처를 말한다. 2. 청구인의 주민등록번호(본인임을 확인하고 공개 여부를 결정할 필요가 있는 정보를 청구하는 경우로 한정한다) 3. 공개를 청구하는 정보의 내용 및 공개방법 <개정 2020. 12. 22.> 판례 정보공개청구시 청구대상정보를 기재함에 있어서는 **사회일반인의 관점에서 청구대상정보의 내용과 범위를 확정할 수 있을 정도로 특정**함을 요한다(2007두2555).**(15국가9급)** ② 제1항에 따라 청구인이 **말로써 정보의 공개를 청구할 때에는 담당 공무원 또는 담당 임직원**(이하 "담당공무원등"이라 한다)**의 앞에서 진술하여야** 하고, 담당공무원등은 정보공개 청구조서를 작성하여 이에 **청구인과 함께 기명날인**하여야 한다.	
공개 여부의 결정 (§11)	**결정 시한**	① 공공기관은 제10조에 따라 정보공개의 청구를 받으면 **그 청구를 받은 날부터 10일 이내**에 공개 여부를 결정하여야 한다.**(17국가9급18소방9급)**
	결정 시한 연장	② 공공기관은 **부득이한 사유로 제1항에 따른 기간 이내에 공개 여부를 결정할 수 없을 때**에는 그 기간이 끝나는 날의 다음 날부터 기산(起算)하여 **10일의 범위에서 공개 여부 결정기간을 연장할 수 있다.** 이 경우 공공기관은 연장된 사실과 연장 사유를 청구인에게 지체 없이 문서로 통지하여야 한다.**(17국가9급)**
	제3자가 관련된 경우	③ 공공기관은 공개 청구된 공개 대상 정보의 전부 또는 일부가 **제3자와 관련이 있다고 인정할 때**에는 그 사실을 **제3자에게 지체 없이 통지**하여야 하며, 필요한 경우에는 **그의 의견을 들을 수 있다.(22국회8급,20군무원9급,19서울9급,18교행9급,18서울7급,13서울9급,12지방9급,09국가9급)**

공개 여부의 결정 (§11)	**소관기관 이송 및 통지**	④ 공공기관은 **다른 공공기관이 보유 · 관리하는 정보의 공개 청구를 받았을 때**에는 지체 없이 이를 소관 기관으로 이송하여야 하며, 이송한 후에는 지체 없이 소관 기관 및 이송 사유 등을 분명히 밝혀 청구인에게 문서로 통지하여야 한다.
	민원 처리	⑤ 공공기관은 정보공개 청구가 다음 각 호의 어느 하나에 해당하는 경우로서 **「민원 처리에 관한 법률」에 따른 민원으로 처리할 수 있는 경우에는 민원으로 처리**할 수 있다. [신설 2020. 12. 22.] 1. 공개 청구된 정보가 **공공기관이 보유 · 관리하지 아니하는 정보**인 경우**(21지방9급)** 2. 공개 청구의 내용이 진정 · 질의 등으로 이 법에 따른 정보공개 청구로 보기 어려운 경우
반복 청구 등의 처리 (§11의2)		① 공공기관은 제11조에도 불구하고 제10조제1항 및 제2항에 따른 정보공개 청구가 다음 각 호의 어느 하나에 해당하는 경우에는 정보공개 청구 대상 정보의 성격, 종전 청구와의 내용적 유사성·관련성, 종전 청구와 동일한 답변을 할 수밖에 없는 사정 등을 종합적으로 고려하여 **해당 청구를 종결 처리할 수 있다.** 이 경우 종결 처리 사실을 청구인에게 알려야 한다.**(21경행)** 1. 정보공개를 청구하여 정보공개 여부에 대한 **결정의 통지를 받은 자가 정당한 사유 없이 해당 정보의 공개를 다시 청구**하는 경우 2. 정보공개 청구가 제11조제5항에 따라 **민원으로 처리되었으나 다시 같은 청구를 하는 경우** ② 공공기관은 제11조에도 불구하고 제10조제1항 및 제2항에 따른 정보공개 청구가 다음 각 호의 어느 하나에 해당하는 경우에는 다음 각 호의 구분에 따라 안내하고, 해당 청구를 종결 처리할 수 있다. 1. 제7조제1항에 따른 **정보 등 공개를 목적으로 작성되어 이미 정보통신망 등을 통하여 공개된 정보를 청구하는 경우: 해당 정보의 소재(所在)를 안내(21국회8급)** 2. 다른 법령이나 사회통념상 청구인의 여건 등에 비추어 수령할 수 없는 방법으로 정보공개 청구를 하는 경우: 수령이 가능한 방법으로 청구하도록 안내 [본조신설 2020. 12. 22.]
정보 공개 심의회 (§12)		**제12조(정보공개심의회)** ① 국가기관, 지방자치단체, 「공공기관의 운영에 관한 법률」 제5조에 따른 공기업 및 준정부기관, 「지방공기업법」에 따른 지방공사 및 지방공단(이하 "국가기관등"이라 한다)은 **제11조에 따른 정보공개 여부 등을 심의하기 위하여 정보공개심의회**(이하 "심의회"라 한다)를 설치 · 운영한다. 이 경우 국가기관등의 규모와 업무성격, 지리적 여건, 청구인의 편의 등을 고려하여 소속 상급기관(지방공사 · 지방공단의 경우에는 해당 지방공사·지방공단을 설립한 지방자치단체를 말한다)에서 협의를 거쳐 심의회를 통합하여 설치·운영할 수 있다. <개정 2020. 12. 22.> **판례** 공공기관의정보공개에관한법률 등의 취지를 종합할 때, 공개 청구된 정보의 공개 여부를 결정하는 법적인 의무와 권한을 가진 주체는 공공기관의 장이고, 정보공개심의회는 공공기관의 장이 정보의 공개 여부를 결정하기 곤란하다고 보아 의견을 요청한 사항의 자문에 응하여 심의하는 것이다(2001추95). **(20군무원7급)**

<table>
<tr><td>정보
공개
심의회
(§12)</td><td colspan="2">② 심의회는 위원장 1명을 포함하여 5명 이상 7명 이하의 위원으로 구성한다.
③ 심의회의 위원은 소속 공무원, 임직원 또는 외부 전문가로 지명하거나 위촉하되, 그 중 3분의 2는 해당 국가기관등의 업무 또는 정보공개의 업무에 관한 지식을 가진 외부 전문가로 위촉하여야 한다. 다만, 제9조제1항제2호 및 제4호에 해당하는 업무를 주로 하는 국가기관은 그 국가기관의 장이 외부 전문가의 위촉 비율을 따로 정하되, 최소한 3분의 1 이상은 외부 전문가로 위촉하여야 한다.(18서울7급) <개정 2020. 12. 22.>
④ 심의회의 위원장은 위원 중에서 국가기관등의 장이 지명하거나 위촉한다. <개정 2020. 12. 22.>
⑤ 심의회의 위원에 대해서는 제23조제4항 및 제5항을 준용한다.
⑥ 심의회의 운영과 기능 등에 관하여 필요한 사항은 국회규칙 · 대법원규칙 · 헌법재판소규칙 · 중앙선거관리위원회규칙 및 대통령령으로 정한다.</td></tr>
<tr><td>위원의
제척
기피
회피
(§12의2)</td><td colspan="2">① 심의회의 위원이 다음 각 호의 어느 하나에 해당하는 경우에는 심의회의 심의에서 제척된다.
1. 위원 또는 그 배우자나 배우자이었던 사람이 해당 심의사항의 당사자(당사자가 법인 · 단체 등인 경우에는 그 임원 또는 직원을 포함한다. 이하 이 호 및 제2호에서 같다)이거나 그 심의사항의 당사자와 공동권리자 또는 공동의무자인 경우
2. 위원이 해당 심의사항의 당사자와 친족이거나 친족이었던 경우
3. 위원이 해당 심의사항에 대하여 증언, 진술, 자문, 연구, 용역 또는 감정을 한 경우
4. 위원이나 위원이 속한 법인 등이 해당 심의사항의 당사자의 대리인이거나 대리인이었던 경우
② 심의회의 심의사항의 당사자는 위원에게 공정한 심의를 기대하기 어려운 사정이 있는 경우에는 심의회에 기피 신청을 할 수 있고, 심의회는 의결로 기피 여부를 결정하여야 한다. 이 경우 기피 신청의 대상인 위원은 그 의결에 참여할 수 없다.
③ 위원은 제1항 각 호에 따른 제척 사유에 해당하는 경우에는 심의회에 그 사실을 알리고 스스로 해당 안건의 심의에서 회피하여야 한다.
④ 위원이 제1항 각 호의 어느 하나에 해당함에도 불구하고 회피신청을 하지 아니하여 심의회 심의의 공정성을 해친 경우 국가기관등의 장은 해당 위원을 해촉하거나 해임할 수 있다. [본조신설 2020. 12. 22.]</td></tr>
<tr><td>정보
공개
여부의
결정
(§13)</td><td>공개
결정
통지</td><td>① 공공기관은 제11조에 따라 정보의 공개를 결정한 경우에는 공개의 일시 및 장소 등을 분명히 밝혀 청구인에게 통지하여야 한다.(16경찰)

판례 ㉠ 원칙적으로 공공기관은 청구권자가 요구한 방법으로 정보를 공개해야 하며, 그 공개방법을 선택할 재량권이 없다(2003두8050).(22소방,22국가9급,21변시,21국가9급,21지방9급,18국가9급,17국가9급,16국가9급)
㉡ 신청한 방법 이외의 방법으로 공개하는 결정은 일부 거부처분에 해당한다(2016두44674).(21경행,20지방9급,19서울7급,18국가7급)</td></tr>
</table>

정보 공개 여부의 결정 (§13)	사본 공개	② 공공기관은 청구인이 **사본 또는 복제물의 교부를 원하는 경우에는 이를 교부하여야** 한다(**18서울7급,15서울7급**). <개정 2020. 12. 22.> ③ 공공기관은 **공개 대상 정보의 양이 너무 많아 정상적인 업무수행에 현저한 지장을 초래할 우려가 있는 경우**에는 해당 정보를 일정 기간별로 나누어 제공하거나 **사본 · 복제물의 교부 또는 열람과 병행하여 제공할 수 있다.** <개정 2020. 12. 22.> ④ 공공기관은 제1항에 따라 정보를 공개하는 경우에 **그 정보의 원본이 더럽혀지거나 파손될 우려가 있거나 그 밖에 상당한 이유가 있다고 인정할** 때에는 그 **정보의 사본·복제물을 공개할 수 있다.** <개정 2020. 12. 22.>
	비공개 결정의 통지	⑤ 공공기관은 제11조에 따라 **정보의 비공개 결정을 한 경우**에는 그 사실을 청구인에게 **지체 없이 문서로 통지하여야** 한다. 이 경우 **제9조제1항 각 호 중 어느 규정에 해당하는 비공개 대상 정보인지를 포함한 비공개 이유와 불복의 방법 및 절차를 구체적으로 밝혀야** 한다. <개정 2020. 12. 22.> 판례 ㉠ '문서'에는 **전자문서도 포함**된다(2012두17384).(**19국가9급**) ㉡ 공공기관이 정보를 비공개하는 결정을 한 때에는 **비공개이유를 구체적으로 명시**하여 청구인에게 그 사실을 통지하여야 한다(2014두5477).(**22국회8급**) ㉢ 정보공개를 요구받은 공공기관이 구 공공기관의 정보공개에 관한 법률 제9조 제1항 중 몇 호에서 정한 비공개사유에 해당하는지를 주장 · 증명하지 아니한 채 **개괄적인 사유만을 들어 공개를 거부할 수 없다**(2014두5477).
공개 방법	부분 공개 (§14)	공개 청구한 정보가 **제9조제1항 각 호의 어느 하나에 해당하는 부분과 공개 가능한 부분이 혼합되어 있는 경우**로서 공개 청구의 취지에 어긋나지 아니하는 범위에서 **두 부분을 분리할 수 있는 경우**에는 제9조제1항 각 호의 어느 하나에 해당하는 부분을 **제외하고 공개하여야** 한다.(**21행정사,16경찰**) 판례 ㉠ ✪ 법원은 비공개정보 · 공개가능정보가 혼합되어 있고 공개 청구 취지에 어긋나지 않는 범위 내에서 분리 가능하다고 인정할 때 거부처분의 일부취소가 가능하다(2009두6001).(**22국가9급,22국회8급,20경행,18지방9급,12국가9급,11지방9급,10국가9급**) ㉡ 한 · 일 군사정보보호협정 등에 관한 회의자료 등은 부분공개가 불가능한 비공개대상정보에 해당한다(2015두46512).(**19서울7급**)
	전자적 공개 (§15)	① 공공기관은 **전자적 형태로 보유 · 관리하는 정보에 대하여 청구인이 전자적 형태로 공개하여 줄 것을 요청**하는 경우에는 그 정보의 성질상 현저히 곤란한 경우를 제외하고는 청구인의 **요청에 따라야 한다.**(**16경행**) ② 공공기관은 **전자적 형태로 보유 · 관리하지 아니하는 정보**에 대하여 청구인이 **전자적 형태로 공개하여 줄 것을 요청한 경우**에는 정상적인 업무수행에 현저한 지장을 초래하거나 그 정보의 성질이 훼손될 우려가 없으면 그 정보를 **전자적 형태로 변환하여 공개할** 수 있다.(**11국가7급**)

<table>
<tr><td rowspan="2">공개 방법</td><td>전자적 공개 (§15)</td><td>판례 '정보공개법'에 의한 정보공개제도는 공공기관이 보유·관리하는 정보를 그 상태대로 공개하는 제도이지만, 전자적 형태로 보유·관리되는 정보의 경우에는, 그 정보가 청구인이 구하는 대로는 되어 있지 않다고 하더라도, 공개청구를 받은 공공기관이 공개청구대상정보의 기초자료를 전자적 형태로 보유 · 관리하고 있고, 당해 기관에서 통상 사용되는 컴퓨터 하드웨어 및 소프트웨어와 기술적 전문지식을 사용하여 그 기초자료를 검색하여 청구인이 구하는 대로 편집할 수 있으며, 그러한 작업이 당해 기관의 컴퓨터 시스템 운용에 별다른 지장을 초래하지 아니한다면, 그 공공기관이 공개청구대상정보를 보유 · 관리하고 있는 것으로 볼 수 있고, 이러한 경우에 기초자료를 검색 · 편집하는 것은 새로운 정보의 생산 또는 가공에 해당한다고 할 수 없다(2009두6001).(21경행,21국회8급)</td></tr>
<tr><td>즉시 공개 (§16)</td><td>다음 각 호의 어느 하나에 해당하는 정보로서 즉시 또는 말로 처리가 가능한 정보에 대해서는 제11조에 따른 절차를 거치지 아니하고 공개하여야 한다.
1. 법령 등에 따라 공개를 목적으로 작성된 정보
2. 일반국민에게 알리기 위하여 작성된 각종 홍보자료
3. 공개하기로 결정된 정보로서 공개에 오랜 시간이 걸리지 아니하는 정보(11국가9급)
4. 그 밖에 공공기관의 장이 정하는 정보</td></tr>
<tr><td>비용 부담 (§17)</td><td colspan="2">① 정보의 공개 및 우송 등에 드는 비용은 실비의 범위에서 청구인이 부담한다.(21지방9급,19국가9급)
② 공개를 청구하는 정보의 사용 목적이 공공복리의 유지 · 증진을 위하여 필요하다고 인정되는 경우에는 제1항에 따른 비용을 감면할 수 있다.(18서울7급)</td></tr>
</table>

바. 불복구제절차

1) 비공개 결정에 대한 불복

<table>
<tr><td rowspan="2">이의 신청 (§18)</td><td>이의 신청 기간</td><td>① 청구인이 정보공개와 관련한 공공기관의 비공개 결정 또는 부분 공개 결정에 대하여 불복이 있거나 정보공개 청구 후 20일이 경과하도록 정보공개 결정이 없는 때에는 공공기관으로부터 정보공개 여부의 결정 통지를 받은 날 또는 정보공개 청구 후 20일이 경과한 날부터 30일 이내에 해당 공공기관에 문서로 이의신청을 할 수 있다.(21소방간부,19국가9급,16국가9급,15서울7급,13서울7급,09국가7급) → 임의적</td></tr>
<tr><td>심의회</td><td>② 국가기관등은 제1항에 따른 이의신청이 있는 경우에는 심의회를 개최하여야 한다. 다만, 다음 각 호의 어느 하나에 해당하는 경우에는 심의회를 개최하지 아니할 수 있으며 개최하지 아니하는 사유를 청구인에게 문서로 통지하여야 한다.
<개정 2020. 12. 22.>
1. 심의회의 심의를 이미 거친 사항
2. 단순 · 반복적인 청구
3. 법령에 따라 비밀로 규정된 정보에 대한 청구</td></tr>
</table>

이의 신청 (§18)	이의 신청의 결정과 연장	③ 공공기관은 **이의신청을 받은 날부터 7일 이내에** 그 이의신청에 대하여 결정하고 그 결과를 **청구인에게 지체 없이 문서로 통지하여야** 한다.(11지방9급) 다만, 부득이한 사유로 정하여진 기간 이내에 결정할 수 없을 때에는 그 기간이 끝나는 날의 다음 날부터 기산하여 **7일의 범위에서 연장할 수 있으며, 연장 사유를 청구인에게 통지하여야 한다.**
	행정 쟁송 통지	④ 공공기관은 이의신청을 각하 또는 기각하는 결정을 한 경우에는 청구인에게 **행정심판 또는 행정소송을 제기할 수 있다는 사실**을 제3항에 따른 **결과 통지와 함께 알려야 한다.**
행정 심판 (§19)	행정 심판의 청구	① 청구인이 정보공개와 관련한 공공기관의 결정에 대하여 불복이 있거나 정보공개 청구 후 20일이 경과하도록 정보공개 결정이 없는 때에는 「행정심판법」에서 정하는 바에 따라 행정심판을 청구할 수 있다.(22국가9급,21소방간부,19국가9급) → **임의적** 이 경우 국가기관 및 지방자치단체 외의 공공기관의 결정에 대한 감독행정기관은 관계 중앙행정기관의 장 또는 지방자치단체의 장으로 한다. ② 청구인은 제18조에 따른 이의신청 절차를 거치지 아니하고 행정심판을 청구할 수 있다.(21행정사,17국가7급,16국가9급,14서울9급)
	비밀누설 금지	③ 행정심판위원회의 위원 중 정보공개 여부의 결정에 관한 행정심판에 관여하는 위원은 재직 중은 물론 퇴직 후에도 그 직무상 알게 된 비밀을 누설하여서는 아니 된다.
	공무원 의제	④ 제3항의 위원은 「형법」이나 그 밖의 법률에 따른 벌칙을 적용할 때에는 공무원으로 본다.
행정 소송 (§20)	제기	① 청구인이 정보공개와 관련한 공공기관의 **결정에 대하여 불복**이 있거나 **정보공개 청구 후 20일이 경과하도록 정보공개 결정이 없는 때**에는 「행정소송법」에서 정하는 바에 따라 행정소송을 제기할 수 있다.
	비공개 열람심사	② **재판장은 필요하다고 인정하면** 당사자를 참여시키지 아니하고 제출된 공개 청구 정보를 **비공개로 열람 · 심사할 수 있다.**(11국가9급)
	재판장의 정보제출 제한	③ 재판장은 행정소송의 대상이 제9조제1항제2호에 따른 정보 중 국가안전보장 · 국방 또는 외교관계에 관한 정보의 비공개 또는 부분 공개 결정처분인 경우에 공공기관이 그 정보에 대한 비밀 지정의 절차, 비밀의 등급·종류 및 성질과 이를 비밀로 취급하게 된 실질적인 이유 및 공개를 하지 아니하는 사유 등을 입증하면 해당 정보를 제출하지 아니하게 할 수 있다.
	원고적격	**정보공개를 청구했다가 거부처분을 받은 자**(21국가9급,17국가9급,17지방9급,18교행9급), 이해관계 여부는 불문(2003두1370)

1. 정보공개청구권은 법률상 보호되는 구체적인 권리이므로 청구인이 공공기관에 대하여 정보공개를 청구하였다가 거부처분을 받은 것 자체가 법률상 이익의 침해에 해당한다. **17지방7급**

2. 정보공개청구를 거부하는 처분이 있은 후, 대상 정보가 폐기 등으로 인해 공공기관이 이를 보유·관리하고 있지 아니한 경우, 정보공개거부처분의 취소를 구할 법률상 이익은 없다. **17국회8급**

행정소송 (§20)	피고적격	**공공기관의 장 O, 정보공개심의회 X** (13지방9급)
	대상적격	**처분성 O** (18교행9급) • 공공기관의 비공개결정(거부처분) → **취소소송**(22국가9급,12지방9급) • 정보공개청구 후 20일이 경과하도록 결정을 하지 않은 경우 → **부작위위법확인소송**
	소의이익	판례 ㉠ 청구인이 청구한 정보가 폐기되어 행정기관이 더 이상 보유·관리하지 않은 경우, 소의 이익이 부정됨.(2008두13101)(21국가9급,21국가7급,17국회8급) ㉡ 이 경우, 행정기관이 더 이상 정보를 보유·관리하지 않는 것에 대한 입증책임은 행정기관에 있다.(21변시,19국가7급,17국가7급,15경찰,12국회9급) ㉢ 정보비공개결정 취소소송에서 공공기관이 청구정보를 증거로 법원에 제출하여 법원을 통하여 그 사본을 청구인에게 교부되게 하여 정보를 공개하게 된 경우, 이러한 우회적인 방법에 의한 공개는 동법에 따른 공개라고 볼 수 없으므로, 소의 이익은 소멸되지 않는다(2015두409).(21소방간부,20국가9급,18국가7급)
	입증책임	**㉠ 정보공개청구권자 : 정보가 해당 공공기관에 의해 보유·관리되고 있다는 사실** **㉡ 행정청(피고) : 비공개사유**(17국가7급) 판례 ㉠ 국민으로부터 보유·관리하는 정보에 대한 공개를 요구받은 **공공기관**으로서는 정보공개법 제9조 제1항 각 호에서 정하고 있는 비공개사유에 해당하지 않는 한 이를 공개하여야 하고, 이를 거부하는 경우라 할지라도 대상이 된 정보의 내용을 구체적으로 확인·검토하여 어느 부분이 어떠한 법익 또는 기본권과 충돌되어 **법 제9조 제1항 몇 호에서 정하고 있는 비공개사유에 해당하는지를 주장·입증하여야만** 하며, 그에 이르지 아니한 채 **개괄적인 사유만을 들어 공개를 거부하는 것은 허용되지 아니한다**(2006두4899).(21소방간부,17국회8급,12국회9급) ㉡ 정보공개제도는 공공기관이 보유·관리하는 정보를 그 상태대로 공개하는 제도로서 공개를 구하는 정보를 공공기관이 보유·관리하고 있을 상당한 개연성이 있다는 점에 대하여 원칙적으로 공개청구자에게 증명책임이 있다고 할 것이지만, 공개를 구하는 정보를 공공기관이 한 때 보유·관리하였으나 **후에 그 정보가 담긴 문서등이 폐기되어 존재하지 않게 된 것이라면 그 정보를 더 이상 보유·관리하고 있지 아니하다는 점에 대한 증명책임은 공공기관에게 있다**(2003두12707).(21변시)

2) 공개 결정에 대한 불복

<table>
<tr><td rowspan="2">정보
공개법에
규정된
구제절차
(§21)</td><td>제3자의
비공개
요청</td><td>① 제11조제3항에 따라 공개 청구된 사실을 통지받은 제3자는 그 통지를 받은 날부터 3일 이내에 해당 공공기관에 대하여 자신과 관련된 정보를 공개하지 아니할 것을 요청할 수 있다.(22소방,22국회8급,19서울9급,10국회8급) → 이 때 제3자는 신청 당사자가 아닌 제3자여야.

판례 제3자의 비공개요청이 있다는 사유만으로 정보공개법상 정보의 비공개 사유에 해당하지 않는다(2008두8680).(17국가9급)</td></tr>
<tr><td>이의신청
·
행정쟁송</td><td>② 제1항에 따른 비공개 요청에도 불구하고 공공기관이 공개 결정을 할 때에는 공개 결정 이유와 공개 실시일을 분명히 밝혀 지체 없이 문서로 통지하여야 하며, 제3자는 해당 공공기관에 문서로 이의신청을 하거나 행정심판 또는 행정소송을 제기할 수 있다.(22소방,13서울9급,12지방9급,11사복9급)
이 경우 이의신청은 통지를 받은 날부터 7일 이내에 하여야 한다.
③ 공공기관은 제2항에 따른 공개 결정일과 공개 실시일 사이에 최소한 30일의 간격을 두어야 한다.(11사복9급)</td></tr>
<tr><td rowspan="2">정보
공개법에
규정되지
않은
구제절차</td><td>집행정지</td><td>이해관계 있는 제3자는 공개결정 취소소송과 함께 집행정지 신청 가능(행정소송법 §23②).</td></tr>
<tr><td>소송참가</td><td>청구인이 제기하는 소송에는 제3자가, 제3자가 제기하는 소송에는 청구인이, 소송참가를 할 수 있음(행정소송법§16①).</td></tr>
</table>

사. 정보공개심의회와 정보공개위원회

	정보공개심의회(§12)	정보공개위원회(§22)
업무	정보공개 여부를 심의	정보공개에 관한 정책 수립 및 제도 개선, 기준 마련, 정보공개운영실태 평가 등
소속 기관	국가기관, 지방자치단체 등	**국무총리 소속** <개정 2020. 12. 22.>
위원회 구성	**위원장 1명을 포함하여 5명 내지 7명**	**성별을 고려하여 위원장과 부위원장 각 1명을 포함한 11명의 위원** <개정 2020. 12. 22.>

정보공개 위원회의 설치 (§22)	다음 각 호의 사항을 심의 · 조정하기 위하여 **국무총리 소속**으로 정보공개위원회(이하 "위원회"라 한다)를 둔다. <개정 2020. 12. 22.> 1. 정보공개에 관한 정책 수립 및 제도 개선에 관한 사항 2. 정보공개에 관한 기준 수립에 관한 사항 3. 제12조에 따른 심의회 심의결과의 조사 · 분석 및 심의기준 개선 관련 의견제시에 관한 사항 4. 제24조제2항 및 제3항에 따른 공공기관의 정보공개 운영실태 평가 및 그 결과 처리에 관한 사항 5. **정보공개와 관련된 불합리한 제도 · 법령 및 그 운영에 대한 조사 및 개선권고에 관한 사항** 6. 그 밖에 정보공개에 관하여 대통령령으로 정하는 사항
위원회의 구성 등 (§23)	① **위원회는 성별을 고려**하여 **위원장과 부위원장 각 1명을 포함한 11명**의 위원으로 구성한다. <개정 2020. 12. 22.> ② 위원회의 위원은 다음 각 호의 사람이 된다. 이 경우 위원장을 포함한 7명은 공무원이 아닌 사람으로 위촉하여야 한다. <개정 2020. 12. 22.> 1. 대통령령으로 정하는 관계 중앙행정기관의 차관급 공무원이나 고위공무원단에 속하는 일반직공무원 2. 정보공개에 관하여 학식과 경험이 풍부한 사람으로서 **국무총리가 위촉**하는 사람 3. 시민단체(「비영리민간단체 지원법」 제2조에 따른 비영리민간단체를 말한다)에서 추천한 사람으로서 국무총리가 위촉하는 사람 ③ 위원장 · 부위원장 및 위원(제2항제1호의 위원은 제외한다)의 임기는 2년으로 하며, 연임할 수 있다. ④ 위원장 · 부위원장 및 위원은 **정보공개 업무와 관련하여 알게 된 정보를 누설하거나 그 정보를 이용하여 본인 또는 타인에게 이익 또는 불이익을 주는 행위를 하여서는 아니 된다.** ⑤ 위원장 · 부위원장 및 위원 중 공무원이 아닌 사람은 「형법」이나 그 밖의 법률에 따른 벌칙을 적용할 때에는 공무원으로 본다.

아. 그 밖의 정보공개법 조항

제도 총괄 등 (§24)	① 행정안전부장관은 이 법에 따른 정보공개제도의 정책 수립 및 제도 개선 사항 등에 관한 기획 · 총괄 업무를 관장한다. ② 행정안전부장관은 위원회가 정보공개제도의 효율적 운영을 위하여 필요하다고 요청하면 공공기관(국회 · 법원 · 헌법재판소 및 중앙선거관리위원회는 제외한다)의 정보공개제도 운영실태를 평가할 수 있다. ③ 행정안전부장관은 제2항에 따른 평가를 실시한 경우에는 그 결과를 위원회를 거쳐 국무회의에 보고한 후 공개하여야 하며, 위원회가 개선이 필요하다고 권고한 사항에 대해서는 해당 공공기관에 시정 요구 등의 조치를 하여야 한다. ④ 행정안전부장관은 정보공개에 관하여 필요할 경우에 공공기관(국회·법원 · 헌법재판소 및 중앙선거관리위원회는 제외한다)의 장에게 정보공개 처리 실태의 개선을 권고할 수 있다. 이 경우 권고를 받은 공공기관은 이를 이행하기 위하여 성실하게 노력하여야 하며, 그 조치 결과를 행정안전부장관에게 알려야 한다. ⑤ 국회 · 법원 · 헌법재판소 · 중앙선거관리위원회 · 중앙행정기관 및 지방자치단체는 그 소속 기관 및 소관 공공기관에 대하여 정보공개에 관한 의견을 제시하거나 지도 · 점검을 할 수 있다.
자료의 제출 요구 (§25)	국회사무총장 · 법원행정처장 · 헌법재판소사무처장 · 중앙선거관리위원회 사무총장 및 행정안전부장관은 필요하다고 인정하면 관계 공공기관에 정보공개에 관한 자료 제출 등의 협조를 요청할 수 있다.
국회에의 보고 (§26)	① 행정안전부장관은 전년도의 정보공개 운영에 관한 보고서를 매년 정기국회 개회 전까지 국회에 제출하여야 한다.
신분 보장 (§28)	**누구든지 이 법에 따른 정당한 정보공개를 이유로 징계조치 등 어떠한 신분상 불이익이나 근무조건상의 차별을 받지 아니한다.**
기간의 계산 (§29)	① 이 법에 따른 기간의 계산은 **「민법」에 따른다.** ② 제1항에도 불구하고 다음 각 호의 기간은 **"일" 단위로 계산하고 첫날을 산입하되, 공휴일과 토요일은 산입하지 아니한다.** 1. 제11조제1항 및 제2항에 따른 **정보공개 여부 결정기간** 2. 제18조제1항, 제19조제1항 및 제20조제1항에 따른 **정보공개 청구 후 경과한 기간** 3. 제18조제3항에 따른 **이의신청 결정기간** [본조신설 2020. 12. 22.]

1. 개인정보자기결정권의 보호대상이 되는 개인정보는 공적 생활에서 이미 형성되었거나, 이미 공개된 개인정보까지도 포함한다. 19소방9급

제 2 절 개인정보보호법

1 의의 및 법적근거

의의	개인정보보호는 개인이 국가가 보유하고 있는 정보를 관리·통제할 수 있는 개인정보자기결정권을 포함함.
법적 근거	• 헌재는 개인정보자기결정권을 **사생활의 비밀과 자유, 일반적 인격권 등을 이념적 기초로 하는 독자적 기본**이자, **헌법에 명시되지 않은 기본권**으로 인정함(99헌마513).**(21군무원7급,18국가9급)** • 우리나라는 개인정보에 관한 일반법으로 '개인정보보호법'을 두고 있음.
보호 대상	판례 개인정보보호결정권의 보호대상은 개인의 동일성을 식별할 수 있는 일체의 정보로, 개인의 내밀한 영역에 국한되지 않고 공적 생활에 형성되었거나 **이미 공개된 정보도 포함**한다(2014다235080).**(18국회8급)** 개인정보보호법은 공공기관에 의해 처리되는 정보 뿐만 아니라 민간에 의해 처리되는 정보까지 보호대상으로 하고 있다.**(21군무원7급,17서울9급,14국가9급)**

2 개인정보보호법의 주요 내용

가. 총칙

목적 (§1)		이 법은 개인정보의 처리 및 보호에 관한 사항을 정함으로써 개인의 자유와 권리를 보호하고, 나아가 개인의 존엄과 가치를 구현함을 목적으로 한다.
용어의 정의 (§2)	**개인 정보** (2020 개정)	**"개인정보"란 살아 있는 개인에 관한 정보**로서 다음 각 목의 어느 하나에 해당하는 정보를 말한다. → **법인이나, 사자의 정보는 대상 X** **(21군무원7급,18지방7급,14국가9급)** 가. **성명, 주민등록번호 및 영상 등을 통하여 개인을 알아볼 수 있는 정보(17사복9급)** 나. 해당 정보만으로는 특정 개인을 알아볼 수 없더라도 **다른 정보와 쉽게 결합하여 알아볼 수 있는 정보.** 이 경우 쉽게 결합할 수 있는지 여부는 다른 정보의 입수 가능성 등 개인을 알아보는 데 소요되는 시간, 비용, 기술 등을 합리적으로 고려하여야 한다.**(21국회8급,18서울7급)** 판례 ㉠ 개인정보자기결정권의 보호대상이 되는 개인정보는 공적 생활에서 형성되었거나 **이미 공개된 개인정보까지도 포함**한다(2003헌마282).**(21국가9급,21군무원9급,19소방9급,12국가9급,18지방7급)** ㉡ 지문도 개인정보보호법상 개인정보에 해당한다(99헌마513).**(21지방9급,16교행9급)** ㉢ 많은 양의 트위터 정보처럼 개인정보와 이에 해당하지 않은 정보가 혼재된 경우, 전체적으로 개인정보보호법상 개인정보에 관한 규정이 적용된다(2015도2625).**(21군무원7급)** 다. **가목 또는 나목을 제1호의2에 따라 가명처리함으로써 원래의 상태로 복원하기 위한 추가 정보의 사용 · 결합 없이는 특정 개인을 알아볼 수 없는 정보**(이하 "가명정보"라 한다)**(22소방,21소방간부)**

용어의 정의 (§2)	가명처리	개인정보의 일부를 삭제하거나 일부 또는 전부를 대체하는 등의 방법으로 **추가 정보가 없이는 특정 개인을 알아볼 수 없도록 처리하는 것을 말한다.**(21국회8급)
	개인정보처리자	5. "**개인정보처리자**"란 업무를 목적으로 개인정보파일을 운용하기 위하여 스스로 또는 다른 사람을 통하여 **개인정보를 처리하는 공공기관, 법인, 단체 및 개인 등**을 말한다.(16지방7급,17사복9급,14국가9급,13경행)
기본원칙 (§3)		① 개인정보처리자는 개인정보의 **처리 목적을 명확하게** 하여야 하고 그 **목적에 필요한 범위에서 최소한**의 개인정보만을 **적법하고 정당하게 수집**하여야 한다.(13국회9급) ② 개인정보처리자는 개인정보의 처리 목적에 필요한 범위에서 적합하게 개인정보를 처리하여야 하며, **그 목적 외의 용도로 활용하여서는 아니 된다.** ③ 개인정보처리자는 개인정보의 처리 목적에 필요한 범위에서 개인정보의 정확성, 완전성 및 최신성이 보장되도록 하여야 한다. ④ 개인정보처리자는 개인정보의 처리 방법 및 종류 등에 따라 정보주체의 권리가 침해받을 가능성과 그 위험 정도를 고려하여 개인정보를 안전하게 관리하여야 한다. ⑤ 개인정보처리자는 개인정보 처리방침 등 **개인정보의 처리에 관한 사항을 공개하여야 하며, 열람청구권 등 정보주체의 권리를 보장하여야 한다.** ⑥ 개인정보처리자는 정보주체의 **사생활 침해를 최소화하는 방법으로** 개인정보를 처리하여야 한다. ⑦ 개인정보처리자는 개인정보를 **익명 또는 가명으로 처리하여도 개인정보 수집목적을 달성할 수 있는 경우 익명처리가 가능한 경우에는 익명에 의하여, 익명처리로 목적을 달성할 수 없는 경우에는 가명에 의하여 처리될 수 있도록** 하여야 한다. <개정 2020. 2. 4.> ⑧ 개인정보처리자는 이 법 및 관계 법령에서 규정하고 있는 책임과 의무를 준수하고 실천함으로써 정보주체의 신뢰를 얻기 위하여 노력하여야 한다.
정보주체의 권리 (§4)		정보주체는 자신의 개인정보 처리와 관련하여 다음 각 호의 권리를 가진다. 1. 개인정보의 처리에 관한 정보를 제공받을 권리 2. 개인정보의 처리에 관한 동의 여부, 동의 범위 등을 선택하고 결정할 권리 3. 개인정보의 처리 여부를 확인하고 개인정보에 대하여 열람(사본의 발급을 포함한다. 이하 같다)을 요구할 권리 4. **개인정보의 처리 정지, 정정 · 삭제 및 파기를 요구할 권리**(12지방9급) 5. 개인정보의 처리로 인하여 발생한 피해를 신속하고 공정한 절차에 따라 구제받을 권리

나. 개인정보보호 기본계획의 수립 등

기본계획 수립 (§9)	① 보호위원회는 개인정보의 보호와 정보주체의 권익 보장을 위하여 3년마다 개인정보 보호 기본계획(이하 "기본계획"이라 한다)을 관계 중앙행정기관의 장과 협의하여 수립한다.
시행계획 (§10)	① 중앙행정기관의 장은 기본계획에 따라 매년 개인정보 보호를 위한 시행계획을 작성하여 보호위원회에 제출하고, 보호위원회의 심의 · 의결을 거쳐 시행하여야 한다.

개인정보 보호지침 제정 (§12) [본조신설 2020. 2. 4.]	① 보호위원회는 개인정보의 처리에 관한 기준, 개인정보 침해의 유형 및 예방조치 등에 관한 표준 개인정보 보호지침(이하 "표준지침"이라 한다)을 정하여 개인정보처리자에게 그 준수를 권장할 수 있다. **→ 기존 : 행정안전부장관 → 보호위원회로 개정** ② 중앙행정기관의 장은 표준지침에 따라 소관 분야의 개인정보 처리와 관련한 개인정보 보호지침을 정하여 개인정보처리자에게 그 준수를 권장할 수 있다. ③ 국회, 법원, 헌법재판소 및 중앙선거관리위원회는 해당 기관(그 소속 기관을 포함한다)의 개인정보 보호지침을 정하여 시행할 수 있다.

다. 개인정보처리자의 개인정보처리 등

개인정보의 수집 · 이용 (§15)	① 개인정보처리자는 다음 각 호의 어느 하나에 해당하는 경우에는 **개인정보를 수집할 수 있으며 그 수집 목적의 범위에서 이용할 수 있다.** 1. **정보주체의 동의를 받은 경우** 판례 법률정보 제공 사이트를 운영하는 甲주식회사가 乙대학교 법학과 교수로 재직 중인 丙의 개인정보를 별도 동의없이 위 법학과 홈페이지 등을 통해 수집하여 위 사이트 내 법조인 항목에서 유료로 제공한 사안에서, **이미 공개된 개인정보를 정보주체의 동의가 있었다고 객관적으로 인정되는 범위** 내에서 수집 · 이용 · 제공 등 처리를 할 때는 정보주체의 **별도의 동의는 불필요하다고 보아야** 하고, 별도의 동의를 받지 아니하였다고 하여 개인정보 보호법 제15조나 제17조를 위반한 것으로 볼 수 없다(2014다235080).**(21국가9급,21소방간부)** 2. **법률에 특별한 규정이 있거나 법령상 의무를 준수하기 위하여 불가피**한 경우**(18서울7급)** 3. 공공기관이 법령 등에서 정하는 소관 업무의 수행을 위하여 불가피한 경우 4. 정보주체와의 **계약의 체결 및 이행을 위하여 불가피하게 필요**한 경우**(21소방간부)** 5. 정보주체 또는 그 법정대리인이 **의사표시를 할 수 없는 상태에 있거나 주소불명 등으로 사전 동의를 받을 수 없는 경우**로서 **명백히 정보주체 또는 제3자의 급박한 생명, 신체, 재산의 이익을 위하여 필요**하다고 인정되는 경우**(14경행)** 6. **개인정보처리자의 정당한 이익을 달성하기 위하여 필요한 경우로서 명백하게 정보주체의 권리보다 우선하는 경우.** 이 경우 **개인정보처리자의 정당한 이익과 상당한 관련이 있고 합리적인 범위를 초과하지 아니하는 경우에 한한다.(21국회8급)** ③ 개인정보처리자는 **당초 수집 목적과 합리적으로 관련된 범위에서 정보주체에게 불이익이 발생하는지 여부, 암호화 등 안전성 확보에 필요한 조치를 하였는지 여부 등을 고려하여 대통령령으로 정하는 바에 따라 정보주체의 동의 없이** 개인정보를 이용할 수 있다.**(21국회8급)** <신설 2020. 2. 4.>

개인정보의 수집 제한 (§16)	① 개인정보처리자는 제15조제1항 각 호의 어느 하나에 해당하여 개인정보를 수집하는 경우에는 **그 목적에 필요한 최소한의 개인정보를 수집하여야** 한다. 이 경우 **최소한의 개인정보 수집이라는 입증책임은 개인정보처리자가 부담**한다.**(16서울7급)** ② 개인정보처리자는 정보주체의 동의를 받아 개인정보를 수집하는 경우 필요한 최소한의 정보 외의 개인정보 수집에는 동의하지 아니할 수 있다는 사실을 구체적으로 알리고 개인정보를 수집하여야 한다. ③ **개인정보처리자는 정보주체가 필요한 최소한의 정보 외의 개인정보 수집에 동의하지 아니한다는 이유로 정보주체에게 재화 또는 서비스의 제공을 거부하여서는 아니 된다.**
개인정보의 제공 (§17)	① 개인정보처리자는 다음 각 호의 어느 하나에 해당되는 경우에는 **정보주체의 개인정보를 제3자에게 제공(공유를 포함한다. 이하 같다)할 수 있다.** 1. 정보주체의 동의를 받은 경우 2. 제15조제1항제2호 · 제3호 · 제5호 및 **제39조의3제2항제2호 · 제3호**에 따라 개인정보를 수집한 목적 범위에서 개인정보를 제공하는 경우 ② 개인정보처리자는 제1항제1호에 따른 동의를 받을 때에는 다음 각 호의 사항을 정보주체에게 알려야 한다. 다음 각 호의 어느 하나의 사항을 변경하는 경우에도 이를 알리고 동의를 받아야 한다. 1. 개인정보를 제공받는 자 2. 개인정보를 제공받는 자의 개인정보 이용 목적 3. 제공하는 개인정보의 항목 4. 개인정보를 제공받는 자의 개인정보 보유 및 이용 기간 5. 동의를 거부할 권리가 있다는 사실 및 동의 거부에 따른 불이익이 있는 경우에는 그 불이익의 내용 ④ 개인정보처리자는 당초 수집 목적과 합리적으로 관련된 범위에서 정보주체에게 불이익이 발생하는지 여부, 암호화 등 안전성 확보에 필요한 조치를 하였는지 여부 등을 고려하여 **대통령령으로 정하는 바에 따라 정보주체의 동의 없이 개인정보를 제공할 수 있다.(22소방)** 판례 개인정보 보호법 제17조와 정보통신망법 제24조의2에서 말하는 개인정보의 '제3자 제공'은 본래의 개인정보 수집 · 이용 목적의 범위를 넘어 정보를 제공받는 자의 업무처리와 이익을 위하여 개인정보가 이전되는 경우인 반면, 개인정보 보호법 제26조와 정보통신망법 제25조에서 말하는 개인정보의 '처리위탁'은 본래의 개인정보 수집·이용 목적과 관련된 위탁자 본인의 업무 처리와 이익을 위하여 개인정보가 이전되는 경우를 의미한다. **개인정보 처리위탁에 있어 수탁자**는 위탁자로부터 위탁사무 처리에 따른 대가를 지급받는 것 외에는 개인정보 처리에 관하여 독자적인 이익을 가지지 않고, 정보제공자의 관리 · 감독 아래 위탁받은 범위 내에서만 개인정보를 처리하게 되므로, **개인정보 보호법 제17조와 정보통신망법 제24조의2에 정한 '제3자'에 해당하지 않는다**(2016도13263).**(21국가9급)**

개인정보의 목적 외 이용 · 제공 제한 (§18)	① 개인정보처리자는 개인정보를 제15조제1항 및 제39조의3제1항 및 제2항에 따른 범위를 초과하여 이용하거나 제17조제1항 및 제3항에 따른 범위를 초과하여 제3자에게 제공하여서는 아니 된다. ② 제1항에도 불구하고 개인정보처리자는 다음 각 호의 어느 하나에 해당하는 경우에는 정보주체 또는 제3자의 이익을 부당하게 침해할 우려가 있을 때를 제외하고는 개인정보를 목적 외의 용도로 이용하거나 이를 제3자에게 제공할 수 있다. 다만, 이용자(「정보통신망 이용촉진 및 정보보호 등에 관한 법률」 제2조제1항제4호에 해당하는 자를 말한다. 이하 같다)의 개인정보를 처리하는 정보통신서비스 제공자(「정보통신망 이용촉진 및 정보보호 등에 관한 법률」 제2조제1항제3호에 해당하는 자를 말한다. 이하 같다)의 경우 제1호 · 제2호의 경우로 한정하고, 제5호부터 제9호까지의 경우는 공공기관의 경우로 한정한다. 1. **정보주체로부터 별도의 동의를 받은 경우** 2. **다른 법률에 특별한 규정이 있는 경우** 3. 정보주체 또는 그 법정대리인이 의사표시를 할 수 없는 상태에 있거나 주소불명 등으로 사전 동의를 받을 수 없는 경우로서 명백히 정보주체 또는 제3자의 급박한 생명, 신체, 재산의 이익을 위하여 필요하다고 인정되는 경우 4. **삭제 (개정 2020.2.4.) → 개정 전 "통계작성 및 학술연구 등의 목적을 위하여 필요한 경우로서 특정 개인을 알아볼 수 없는 형태로 개인정보를 제공하는 경우"** 5. 개인정보를 목적 외의 용도로 이용하거나 이를 제3자에게 제공하지 아니하면 **다른 법률에서 정하는 소관 업무를 수행할 수 없는 경우로서 보호위원회의 심의 · 의결을 거친 경우** 6. **조약, 그 밖의 국제협정의 이행을 위하여 외국정부 또는 국제기구에 제공하기 위하여 필요한 경우** 7. **범죄의 수사와 공소의 제기 및 유지를 위하여 필요한 경우** 8. **법원의 재판업무 수행을 위하여 필요한 경우** 9. 형(刑) 및 감호, 보호처분의 집행을 위하여 필요한 경우 ④ 공공기관은 **제2항제2호부터 제6호까지, 제8호 및 제9호에 따라 개인정보를 목적 외의 용도로 이용하거나 이를 제3자에게 제공하는 경우**에는 그 이용 또는 제공의 법적 근거, 목적 및 범위 등에 관하여 필요한 사항을 **보호위원회가 고시로 정하는 바에 따라 관보 또는 인터넷 홈페이지 등에 게재하여야** 한다.
개인정보를 제공받은 자의 이용 · 제공 제한 (§19)	개인정보처리자로부터 개인정보를 제공받은 자는 다음 각 호의 어느 하나에 해당하는 경우를 제외하고는 **개인정보를 제공받은 목적 외의 용도로 이용하거나 이를 제3자에게 제공하여서는 아니 된다.(18서울7급)** 1. 정보주체로부터 **별도의 동의를 받은 경우** 2. **다른 법률에 특별한 규정이 있는 경우**
정보주체 이외로부터 수집한 개인정보의 수집 · 출처 등 고지 (§20)	① 개인정보처리자가 정보주체 이외로부터 수집한 개인정보를 처리하는 때에는 정보주체의 요구가 있으면 **즉시 다음 각 호의 모든 사항을 정보주체에게 알려야 한다.** 1. 개인정보의 수집 출처 2. 개인정보의 처리 목적 3. 제37조에 따른 개인정보 처리의 정지를 요구할 권리가 있다는 사실

<table>
<tr><td>개인정보의 파기
(§21)</td><td colspan="2">① 개인정보처리자는 보유기간의 경과, 개인정보의 처리 목적 달성 등 그 개인정보가 불필요하게 되었을 때에는 지체 없이 그 개인정보를 파기하여야 한다. 다만, 다른 법령에 따라 보존하여야 하는 경우에는 그러하지 아니하다.
② 개인정보처리자가 제1항에 따라 개인정보를 파기할 때에는 복구 또는 재생되지 아니하도록 조치하여야 한다.</td></tr>
<tr><td rowspan="4">동의를 받는 방법
(§22)</td><td>각각 동의</td><td>① 개인정보처리자는 이 법에 따른 개인정보의 처리에 대하여 정보주체(제6항에 따른 법정대리인을 포함한다. 이하 이 조에서 같다)의 동의를 받을 때에는 각각의 동의 사항을 구분하여 정보주체가 이를 명확하게 인지할 수 있도록 알리고 각각 동의를 받아야 한다.
② 개인정보처리자는 제1항의 동의를 서면(「전자문서 및 전자거래 기본법」 제2조제1호에 따른 전자문서를 포함한다)으로 받을 때에는 개인정보의 수집 · 이용 목적, 수집 · 이용하려는 개인정보의 항목 등 대통령령으로 정하는 중요한 내용을 보호위원회가 고시로 정하는 방법에 따라 명확히 표시하여 알아보기 쉽게 하여야 한다 (개정 2020.2.4.).</td></tr>
<tr><td>구분 동의</td><td>③ 개인정보처리자는 제15조제1항제1호, 제17조제1항제1호, 제23조제1항제1호 및 제24조제1항제1호에 따라 개인정보의 처리에 대하여 정보주체의 동의를 받을 때에는 정보주체와의 계약 체결 등을 위하여 정보주체의 동의 없이 처리할 수 있는 개인정보와 정보주체의 동의가 필요한 개인정보를 구분하여야 한다. 이 경우 동의 없이 처리할 수 있는 개인정보라는 입증책임은 개인정보처리자가 부담한다.(16지방7급)</td></tr>
<tr><td>재화 서비스 제공 금지</td><td>④ 개인정보처리자는 정보주체에게 재화나 서비스를 홍보하거나 판매를 권유하기 위하여 개인정보의 처리에 대한 동의를 받으려는 때에는 정보주체가 이를 명확하게 인지할 수 있도록 알리고 동의를 받아야 한다.
⑤ 개인정보처리자는 정보주체가 제3항에 따라 선택적으로 동의할 수 있는 사항을 동의하지 아니하거나 제4항 및 제18조제2항제1호에 따른 동의를 하지 아니한다는 이유로 정보주체에게 재화 또는 서비스의 제공을 거부하여서는 아니 된다.</td></tr>
<tr><td>14세 미만</td><td>⑥ 개인정보처리자는 만 14세 미만 아동의 개인정보를 처리하기 위하여 이 법에 따른 동의를 받아야 할 때에는 그 법정대리인의 동의를 받아야 한다. 이 경우 법정대리인의 동의를 받기 위하여 필요한 최소한의 정보는 법정대리인의 동의 없이 해당 아동으로부터 직접 수집할 수 있다.(18경행)</td></tr>
</table>

라. 개인정보의 처리 제한

<table>
<tr>
<td>민감정보의
처리 제한
(§23)</td>
<td colspan="2">① 개인정보처리자는 **사상 · 신념, 노동조합 · 정당의 가입 · 탈퇴, 정치적 견해, 건강, 성생활 등에 관한 정보, 그 밖에 정보주체의 사생활을 현저히 침해할 우려가 있는 개인정보로서 대통령령으로 정하는 정보(이하 "민감정보"라 한다)를 처리하여서는 아니 된다. 다만, 다음 각 호의 어느 하나에 해당하는 경우에는 그러하지 아니하다.(16교행9급)**
1. 정보주체에게 제15조제2항 각 호 또는 제17조제2항 각 호의 사항을 알리고 다른 개인정보의 처리에 대한 동의와 **별도로 동의를 받은 경우**
2. **법령에서 민감정보의 처리를 요구하거나 허용**하는 경우**(16서울7급)**
② 개인정보처리자가 제1항 각 호에 따라 **민감정보를 처리하는 경우**에는 그 민감정보가 **분실 · 도난 · 유출 · 위조 · 변조 또는 훼손되지 아니하도록 제29조에 따른 안전성 확보에 필요한 조치를 하여야** 한다.</td>
</tr>
<tr>
<td>고유식별
정보의
처리 제한
(§24)</td>
<td colspan="2">① 개인정보처리자는 다음 각 호의 경우를 제외하고는 법령에 따라 개인을 고유하게 구별하기 위하여 부여된 식별정보로서 대통령령으로 정하는 정보(이하 "고유식별정보"라 한다)를 처리할 수 없다.**(20군무원9급)**
1. 정보주체에게 제15조제2항 각 호 또는 제17조제2항 각 호의 사항을 알리고 다른 개인정보의 처리에 대한 동의와 별도로 동의를 받은 경우
2. 법령에서 구체적으로 고유식별정보의 처리를 요구하거나 허용하는 경우
④ **보호위원회**는 처리하는 개인정보의 종류 · 규모, 종업원 수 및 매출액 규모 등을 고려하여 대통령령으로 정하는 기준에 해당하는 개인정보처리자가 제3항에 따라 안전성 확보에 필요한 조치를 하였는지에 관하여 대통령령으로 정하는 바에 따라 정기적으로 조사하여야 한다. (개정 2020.2.4.)
⑤ **보호위원회**는 대통령령으로 정하는 전문기관으로 하여금 제4항에 따른 조사를 수행하게 할 수 있다.</td>
</tr>
<tr>
<td>주민등록
번호
처리의
제한
(§24의2)</td>
<td colspan="2">① 제24조제1항에도 불구하고 개인정보처리자는 다음 각 호의 어느 하나에 해당하는 경우를 제외하고는 **주민등록번호를 처리할 수 없다.(21국회8급,20군무원9급)**
1. **법률 · 대통령령 · 국회규칙 · 대법원규칙 · 헌법재판소규칙 · 중앙선거관리위원회규칙 및 감사원규칙**에서 구체적으로 주민등록번호의 처리를 요구하거나 허용한 경우**(21국회8급,20군무원9급)**
2. **정보주체 또는 제3자의 급박한 생명, 신체, 재산의 이익을 위하여 명백히 필요**하다고 인정되는 경우**(21국회9급)**
3. 제1호 및 제2호에 준하여 주민등록번호 처리가 불가피한 경우로서 보호위원회가 고시로 정하는 경우
④ **보호위원회**는 개인정보처리자가 제3항에 따른 방법을 제공할 수 있도록 관계 법령의 정비, 계획의 수립, 필요한 시설 및 시스템의 구축 등 제반 조치를 마련 · 지원할 수 있다. (개정 2020.2.4.)</td>
</tr>
<tr>
<td>영상정보
처리기기의
설치 · 운영
제한
(§25)</td>
<td>원칙적
금지와
한정적 허용</td>
<td>① 누구든지 **다음 각 호의 경우를 제외하고는 공개된 장소에 영상정보처리기기를 설치 · 운영하여서는 아니 된다.**
1. 법령에서 구체적으로 허용하고 있는 경우
2. **범죄의 예방 및 수사**를 위하여 필요한 경우
3. 시설안전 및 화재 예방을 위하여 필요한 경우**(21소방간부)**
4. **교통단속**을 위하여 필요한 경우
5. 교통정보의 수집 · 분석 및 제공을 위하여 필요한 경우</td>
</tr>
</table>

영상정보 처리기기의 설치·운영 제한 (§25)	**공공장소에서 원칙적금지 예외적허용**	② **누구든지 불특정 다수가 이용하는 목욕실, 화장실, 발한실(發汗室), 탈의실 등 개인의 사생활을 현저히 침해할 우려가 있는 장소의 내부를 볼 수 있도록 영상정보처리기기를 설치·운영하여서는 아니 된다.(16지방7급)** 다만, **교도소, 정신보건 시설 등** 법령에 근거하여 사람을 구금하거나 보호하는 시설로서 대통령령으로 정하는 시설에 대하여는 **그러하지 아니하다.(14경행)**
	안내판설치	④ 제1항 각 호에 따라 영상정보처리기기를 설치·운영하는 자(이하 "영상정보처리기기운영자"라 한다)는 정보주체가 쉽게 인식할 수 있도록 다음 각 호의 사항이 포함된 안내판을 설치하는 등 필요한 조치를 하여야 한다. 다만, 「군사기지 및 군사시설 보호법」 제2조제2호에 따른 군사시설, 「통합방위법」 제2조제13호에 따른 국가중요시설, 그 밖에 대통령령으로 정하는 시설에 대하여는 그러하지 아니하다. 1. 설치 목적 및 장소 2. 촬영 범위 및 시간 3. 관리책임자 성명 및 연락처 4. 그 밖에 대통령령으로 정하는 사항
	영상정보 처리기기의 사용상 제한	⑤ 영상정보처리기기운영자는 영상정보처리기기의 **설치 목적과 다른 목적으로 영상정보처리기기를 임의로 조작하거나 다른 곳을 비춰서는 아니 되며, 녹음기능은 사용할 수 없다.(13경행)**
업무위탁에 따른 개인정보의 처리 제한 (§26)	**위탁자**	① 개인정보처리자가 **제3자에게 개인정보의 처리 업무를 위탁하는 경우에는 다음 각 호의 내용이 포함된 문서에 의하여야** 한다. 1. **위탁업무 수행 목적 외 개인정보의 처리 금지에 관한 사항** 2. **개인정보의 기술적·관리적 보호조치에 관한 사항** 3. 그 밖에 개인정보의 안전한 관리를 위하여 대통령령으로 정한 사항 ② 제1항에 따라 개인정보의 처리 업무를 위탁하는 개인정보처리자(이하 "위탁자"라 한다)는 위탁하는 업무의 내용과 개인정보 처리 업무를 위탁받아 처리하는 자(이하 "수탁자"라 한다)를 정보주체가 언제든지 쉽게 확인할 수 있도록 대통령령으로 정하는 방법에 따라 공개하여야 한다. ③ 위탁자가 재화 또는 서비스를 홍보하거나 판매를 권유하는 업무를 위탁하는 경우에는 대통령령으로 정하는 방법에 따라 위탁하는 업무의 내용과 수탁자를 정보주체에게 알려야 한다. 위탁하는 업무의 내용이나 수탁자가 변경된 경우에도 또한 같다. ④ 위탁자는 업무 위탁으로 인하여 정보주체의 개인정보가 분실·도난·유출·위조·변조 또는 훼손되지 아니하도록 수탁자를 교육하고, 처리 현황 점검 등 대통령령으로 정하는 바에 따라 수탁자가 개인정보를 안전하게 처리하는지를 감독하여야 한다.

<table>
<tr><td rowspan="2">업무위탁에 따른 개인정보의 처리 제한 (§26)</td><td>수탁자</td><td>⑤ 수탁자는 개인정보처리자로부터 위탁받은 해당 업무 범위를 초과하여 개인정보를 이용하거나 제3자에게 제공하여서는 아니 된다.</td></tr>
<tr><td>손해</td><td>⑥ 수탁자가 위탁받은 업무와 관련하여 개인정보를 처리하는 과정에서 이 법을 위반하여 발생한 손해배상책임에 대하여는 수탁자를 개인정보처리자의 소속 직원으로 본다.</td></tr>
<tr><td rowspan="2">영업양도 등에 따른 개인정보의 이전 제한 (§27)</td><td>개인 정보 처리자</td><td>① 개인정보처리자는 영업의 전부 또는 일부의 양도 · 합병 등으로 개인정보를 다른 사람에게 이전하는 경우에는 미리 다음 각 호의 사항을 대통령령으로 정하는 방법에 따라 해당 정보주체에게 알려야 한다.
1. 개인정보를 이전하려는 사실
2. 개인정보를 이전받는 자(이하 "영업양수자등"이라 한다)의 성명(법인의 경우에는 법인의 명칭을 말한다), 주소, 전화번호 및 그 밖의 연락처
3. 정보주체가 개인정보의 이전을 원하지 아니하는 경우 조치할 수 있는 방법 및 절차</td></tr>
<tr><td>영업 양수자</td><td>② 영업양수자등은 개인정보를 이전받았을 때에는 지체 없이 그 사실을 대통령령으로 정하는 방법에 따라 정보주체에게 알려야 한다. 다만, 개인정보처리자가 제1항에 따라 그 이전 사실을 이미 알린 경우에는 그러하지 아니하다.
③ 영업양수자등은 영업의 양도 · 합병 등으로 개인정보를 이전받은 경우에는 이전 당시의 본래 목적으로만 개인정보를 이용하거나 제3자에게 제공할 수 있다. 이 경우 영업양수자등은 개인정보처리자로 본다.</td></tr>
<tr><td>가명정보의 처리에 관한 특례</td><td colspan="2">제28조의2(가명정보의 처리 등) ① 개인정보처리자는 통계작성, 과학적 연구, 공익적 기록보존 등을 위하여 정보주체의 동의 없이 가명정보를 처리할 수 있다.(21국회9급)
② 개인정보처리자는 제1항에 따라 가명정보를 제3자에게 제공하는 경우에는 특정 개인을 알아보기 위하여 사용될 수 있는 정보를 포함해서는 아니 된다. [본조신설 2020. 2. 4.]
제28조의3(가명정보의 결합 제한) ① 제28조의2에도 불구하고 통계작성, 과학적 연구, 공익적 기록보존 등을 위한 서로 다른 개인정보처리자 간의 가명정보의 결합은 보호위원회 또는 관계 중앙행정기관의 장이 지정하는 전문기관이 수행한다.
② 결합을 수행한 기관 외부로 결합된 정보를 반출하려는 개인정보처리자는 가명정보 또는 제58조의2에 해당하는 정보로 처리한 뒤 전문기관의 장의 승인을 받아야 한다.
③ 제1항에 따른 결합 절차와 방법, 전문기관의 지정과 지정 취소 기준 · 절차, 관리 · 감독, 제2항에 따른 반출 및 승인 기준 · 절차 등 필요한 사항은 대통령령으로 정한다. [본조신설 2020. 2. 4.]</td></tr>
</table>

가명정보의 처리에 관한 특례	**제28조의4(가명정보에 대한 안전조치의무 등)** ① 개인정보처리자는 가명정보를 처리하는 경우에는 원래의 상태로 복원하기 위한 추가 정보를 별도로 분리하여 보관·관리하는 등 해당 정보가 분실·도난·유출·위조·변조 또는 훼손되지 않도록 대통령령으로 정하는 바에 따라 안전성 확보에 필요한 기술적·관리적 및 물리적 조치를 하여야 한다. ② 개인정보처리자는 가명정보를 처리하고자 하는 경우에는 가명정보의 처리 목적, 제3자 제공 시 제공받는 자 등 가명정보의 처리 내용을 관리하기 위하여 대통령령으로 정하는 사항에 대한 관련 기록을 작성하여 보관하여야 한다. **제28조의5(가명정보 처리 시 금지의무 등)** ① 누구든지 특정 개인을 알아보기 위한 목적으로 가명정보를 처리해서는 아니 된다. ② 개인정보처리자는 가명정보를 처리하는 과정에서 특정 개인을 알아볼 수 있는 정보가 생성된 경우에는 즉시 해당 정보의 처리를 중지하고, 지체 없이 회수·파기하여야 한다. [본조신설 2020. 2. 4.] **제28조의6(가명정보 처리에 대한 과징금 부과 등)** ① 보호위원회는 개인정보처리자가 제28조의5제1항을 위반하여 **특정 개인을 알아보기 위한 목적으로 정보를 처리**한 경우 전체 매출액의 **100분의 3 이하에 해당하는 금액을 과징금**으로 부과할 수 있다.**(21국회9급)** 다만, 매출액이 없거나 매출액의 산정이 곤란한 경우로서 대통령령으로 정하는 경우에는 4억원 또는 자본금의 100분의 3 중 큰 금액 이하로 과징금을 부과할 수 있다. ② 과징금의 부과·징수 등에 필요한 사항은 제34조의2제3항부터 제5항까지의 규정을 준용한다. [본조신설 2020. 2. 4.] **제28조의7(적용범위)** 가명정보는 제20조, 제21조, 제27조, 제34조제1항, 제35조부터 제37조까지, 제39조의3, 제39조의4, 제39조의6부터 제39조의8까지의 규정을 적용하지 아니한다. [본조신설 2020. 2. 4.]

마. 개인정보의 안전한 관리

안전조치 의무 (§29)	개인정보처리자는 개인정보가 분실·도난·유출·위조·변조 또는 훼손되지 아니하도록 내부 관리계획 수립, 접속기록 보관 등 대통령령으로 정하는 바에 따라 안전성 확보에 필요한 기술적·관리적 및 물리적 조치를 하여야 한다.
개인정보 처리방침의 수립 및 공개 (§30)	① 개인정보처리자는 다음 각 호의 사항이 포함된 개인정보의 처리 방침(이하 "개인정보 처리방침"이라 한다)을 정하여야 한다. 이 경우 공공기관은 제32조에 따라 등록대상이 되는 개인정보파일에 대하여 개인정보 처리방침을 정한다. 3의2. **개인정보의 파기절차 및 파기방법(제21조제1항 단서에 따라 개인정보를 보존하여야 하는 경우에는 그 보존근거와 보존하는 개인정보 항목을 포함한다)** ③ 개인정보 처리방침의 내용과 개인정보처리자와 정보주체 간에 체결한 계약의 내용이 다른 경우에는 정보주체에게 유리한 것을 적용한다. ④ **보호위원회**는 개인정보 처리방침의 작성지침을 정하여 개인정보처리자에게 그 준수를 권장할 수 있다.
개인정보 보호책임자의 지정(§31)	① 개인정보처리자는 개인정보의 처리에 관한 업무를 총괄해서 책임질 개인정보 보호책임자를 지정하여야 한다.

<table>
<tr><td rowspan="2">개인정보 파일의 등록 및 공개
(§32)</td><td>원칙</td><td>① 공공기관의 장이 개인정보파일을 운용하는 경우에는 다음 각 호의 사항을 보호위원회에 등록하여야 한다. 등록한 사항이 변경된 경우에도 또한 같다.(16서울7급)
1. 개인정보파일의 명칭 (16서울7급)
2. 개인정보파일의 운영 근거 및 목적(16서울7급)
3. 개인정보파일에 기록되는 개인정보의 항목
4. 개인정보의 처리방법
5. 개인정보의 보유기간
6. 개인정보를 통상적 또는 반복적으로 제공하는 경우에는 그 제공받는 자
7. 그 밖에 대통령령으로 정하는 사항
③ 보호위원회는 필요하면 제1항에 따른 개인정보파일의 등록사항과 그 내용을 검토하여 해당 공공기관의 장에게 개선을 권고할 수 있다.
④ 보호위원회는 제1항에 따른 개인정보파일의 등록 현황을 누구든지 쉽게 열람할 수 있도록 공개하여야 한다.</td></tr>
<tr><td>예외</td><td>② 다음 각 호의 어느 하나에 해당하는 개인정보파일에 대하여는 제1항을 적용하지 아니한다.
1. 국가 안전, 외교상 비밀, 그 밖에 국가의 중대한 이익에 관한 사항을 기록한 개인정보파일
2. 범죄의 수사, 공소의 제기 및 유지, 형 및 감호의 집행, 교정처분, 보호처분, 보안관찰처분과 출입국관리에 관한 사항을 기록한 개인정보파일
3. 「조세범처벌법」에 따른 범칙행위 조사 및 「관세법」에 따른 범칙행위 조사에 관한 사항을 기록한 개인정보파일
4. 공공기관의 내부적 업무처리만을 위하여 사용되는 개인정보파일
5. 다른 법령에 따라 비밀로 분류된 개인정보파일</td></tr>
<tr><td>개인정보 보호 인증
(§32의2)</td><td colspan="2">① 보호위원회는 개인정보처리자의 개인정보 처리 및 보호와 관련한 일련의 조치가 이 법에 부합하는지 등에 관하여 인증할 수 있다.
② 제1항에 따른 인증의 유효기간은 3년으로 한다.
③ 보호위원회는 다음 각 호의 어느 하나에 해당하는 경우에는 대통령령으로 정하는 바에 따라 제1항에 따른 인증을 취소할 수 있다. 다만, 제1호에 해당하는 경우에는 취소하여야 한다.
1. 거짓이나 그 밖의 부정한 방법으로 개인정보 보호 인증을 받은 경우
2. 제4항에 따른 사후관리를 거부 또는 방해한 경우
3. 제8항에 따른 인증기준에 미달하게 된 경우
4. 개인정보 보호 관련 법령을 위반하고 그 위반사유가 중대한 경우
④ 보호위원회는 개인정보 보호 인증의 실효성 유지를 위하여 연 1회 이상 사후관리를 실시하여야 한다.
⑤ 보호위원회는 대통령령으로 정하는 전문기관으로 하여금 제1항에 따른 인증, 제3항에 따른 인증 취소, 제4항에 따른 사후관리 및 제7항에 따른 인증 심사원 관리 업무를 수행하게 할 수 있다.
⑥ 제1항에 따른 인증을 받은 자는 대통령령으로 정하는 바에 따라 인증의 내용을 표시하거나 홍보할 수 있다.</td></tr>
</table>

개인정보 영향평가 (§33)	① **공공기관의 장은** 대통령령으로 정하는 기준에 해당하는 개인정보파일의 운용으로 인하여 정보주체의 개인정보 침해가 우려되는 경우에는 그 위험요인의 분석과 개선 사항 도출을 위한 평가(이하 "영향평가"라 한다)를 하고 그 결과를 보호위원회에 제출하여야 한다.**(12국회9급)** 이 경우 공공기관의 장은 영향평가를 보호위원회가 지정하는 기관(이하 "평가기관"이라 한다) 중에서 의뢰하여야 한다. ③ **보호위원회는** 제1항에 따라 제출받은 영향평가 결과에 대하여 의견을 제시할 수 있다. ⑤ 보호위원회는 영향평가의 활성화를 위하여 관계 전문가의 육성, 영향평가 기준의 개발 · 보급 등 필요한 조치를 마련하여야 한다. ⑧ **공공기관 외의 개인정보처리자는** 개인정보파일 운용으로 인하여 정보주체의 개인정보 침해가 우려되는 경우에는 영향평가를 하기 위하여 **적극 노력하여야 한다.**
개인정보 유출 통지 등 (§34)	① 개인정보처리자는 개인정보가 유출되었음을 알게 되었을 때에는 지체없이 **해당 정보주체에게** 다음 각 호의 사실을 **알려야 한다.(17사복9급).** 1. 유출된 개인정보의 항목 2. 유출된 시점과 그 경위 3. **유출로 인하여 발생할 수 있는 피해를 최소화하기 위하여 정보주체가 할 수 있는 방법 등에 관한 정보(18경행)** 4. 개인정보처리자의 대응조치 및 피해 구제절차 5. 정보주체에게 피해가 발생한 경우 신고 등을 접수할 수 있는 담당부서 및 연락처 ② 개인정보처리자는 개인정보가 유출된 경우 그 피해를 최소화하기 위한 대책을 마련하고 필요한 조치를 하여야 한다. ③ 개인정보처리자는 대통령령으로 정한 규모 이상의 개인정보가 유출된 경우에는 제1항에 따른 통지 및 제2항에 따른 조치 결과를 **지체 없이 보호위원회 또는 대통령령으로 정하는 전문기관에 신고하여야 한다.(17사복9급)** 이 경우 보호위원회 또는 대통령령으로 정하는 전문기관은 피해 확산방지, 피해 복구 등을 위한 기술을 지원할 수 있다.
과징금 부과 등 (§34의2)	① 보호위원회는 개인정보처리자가 처리하는 주민등록번호가 분실 · 도난 · 유출 · 위조 · 변조 또는 훼손된 경우에는 5억원 이하의 과징금을 부과 · 징수할 수 있다. 다만, 주민등록번호가 분실 · 도난 · 유출 · 위조 · 변조 또는 훼손되지 아니하도록 개인정보처리자가 제24조제3항에 따른 안전성 확보에 필요한 조치를 다한 경우에는 그러하지 아니하다.

바. 개인의 권리보장

<table>
<tr><td rowspan="2">개인정보의 열람
(§35)</td><td>열람요구</td><td>① 정보주체는 개인정보처리자가 처리하는 자신의 개인정보에 대한 열람을 해당 개인정보처리자에게 요구할 수 있다.
② 제1항에도 불구하고 정보주체가 자신의 개인정보에 대한 열람을 공공기관에 요구하고자 할 때에는 공공기관에 직접 열람을 요구하거나 대통령령으로 정하는 바에 따라 보호위원회를 통하여 열람을 요구할 수 있다.(22소방)</td></tr>
<tr><td>열람의 제한 · 거절</td><td>④ 개인정보처리자는 다음 각 호의 어느 하나에 해당하는 경우에는 정보주체에게 그 사유를 알리고 열람을 제한하거나 거절할 수 있다.
1. 법률에 따라 열람이 금지되거나 제한되는 경우
2. 다른 사람의 생명 · 신체를 해할 우려가 있거나 다른 사람의 재산과 그 밖의 이익을 부당하게 침해할 우려가 있는 경우
3. 공공기관이 다음 각 목의 어느 하나에 해당하는 업무를 수행할 때 중대한 지장을 초래하는 경우
가. 조세의 부과 · 징수 또는 환급에 관한 업무
나. 「초 · 중등교육법」 및 「고등교육법」에 따른 각급 학교, 「평생교육법」에 따른 평생교육시설, 그 밖의 다른 법률에 따라 설치된 고등교육기관에서의 성적 평가 또는 입학자 선발에 관한 업무
다. 학력 · 기능 및 채용에 관한 시험, 자격 심사에 관한 업무
라. 보상금 · 급부금 산정 등에 대하여 진행 중인 평가 또는 판단에 관한 업무
마. 다른 법률에 따라 진행 중인 감사 및 조사에 관한 업무</td></tr>
<tr><td rowspan="2">개인정보의 정정 · 삭제
(§36)</td><td>정보주체</td><td>① 제35조에 따라 자신의 개인정보를 열람한 정보주체는 개인정보처리자에게 그 개인정보의 정정 또는 삭제를 요구할 수 있다. 다만, 다른 법령에서 그 개인정보가 수집 대상으로 명시되어 있는 경우에는 그 삭제를 요구할 수 없다.(18경행)</td></tr>
<tr><td>개인정보처리자</td><td>② 개인정보처리자는 제1항에 따른 정보주체의 요구를 받았을 때에는 개인정보의 정정 또는 삭제에 관하여 다른 법령에 특별한 절차가 규정되어 있는 경우를 제외하고는 지체 없이 그 개인정보를 조사하여 정보주체의 요구에 따라 정정 · 삭제 등 필요한 조치를 한 후 그 결과를 정보주체에게 알려야 한다.
③ 개인정보처리자가 제2항에 따라 개인정보를 삭제할 때에는 복구 또는 재생되지 아니하도록 조치하여야 한다.
④ 개인정보처리자는 정보주체의 요구가 제1항 단서에 해당될 때에는 지체 없이 그 내용을 정보주체에게 알려야 한다.</td></tr>
</table>

개인정보의 처리정지 등 (§37)	**처리정지 요구**	① 정보주체는 개인정보처리자에 대하여 자신의 개인정보 처리의 정지를 요구할 수 있다. 이 경우 공공기관에 대하여는 제32조에 따라 등록 대상이 되는 개인정보파일 중 자신의 개인정보에 대한 처리의 정지를 요구할 수 있다.
	처리정지 거절	② 개인정보처리자는 제1항에 따른 요구를 받았을 때에는 지체 없이 정보주체의 요구에 따라 개인정보 처리의 전부를 정지하거나 일부를 정지하여야 한다. 다만, 다음 각 호의 어느 하나에 해당하는 경우에는 정보주체의 처리정지 요구를 거절할 수 있다. 1. 법률에 특별한 규정이 있거나 법령상 의무를 준수하기 위하여 불가피한 경우 2. 다른 사람의 생명 · 신체를 해할 우려가 있거나 다른 사람의 재산과 그 밖의 이익을 부당하게 침해할 우려가 있는 경우 3. 공공기관이 개인정보를 처리하지 아니하면 다른 법률에서 정하는 소관 업무를 수행할 수 없는 경우 4. 개인정보를 처리하지 아니하면 정보주체와 약정한 서비스를 제공하지 못하는 등 계약의 이행이 곤란한 경우로서 정보주체가 그 계약의 해지 의사를 명확하게 밝히지 아니한 경우
권리행사의 방법 및 절차 (§38)	**대리인**	① 정보주체는 제35조에 따른 열람, 제36조에 따른 정정 · 삭제, 제37조에 따른 처리정지, 제39조의7에 따른 동의 철회 등의 요구(이하 "열람등요구"라 한다)를 문서 등 대통령령으로 정하는 방법 · 절차에 따라 **대리인에게 하게 할 수 있다.(17국가7급)**
	법정 대리인	② 만 14세 미만 아동의 법정대리인은 개인정보처리자에게 그 아동의 개인정보 열람등요구를 할 수 있다.
	수수료 등의 청구	③ 개인정보처리자는 열람등요구를 하는 자에게 대통령령으로 정하는 바에 따라 수수료와 우송료(사본의 우송을 청구하는 경우에 한한다)를 청구할 수 있다.
손해배상 책임 (§39)	**손배 청구**	① 정보주체는 개인정보처리자가 이 법을 위반한 행위로 손해를 입으면 개인정보처리자에게 **손해배상을 청구**할 수 있다. 이 경우 그 **개인정보처리자는 고의 또는 과실이 없음을 입증하지 아니하면 책임을 면할 수 없다.(20국회9급,18서울7급,17사복9급,14국가9급)**
	징벌적 손해 배상제	③ 개인정보처리자의 **고의 또는 중대한 과실로 인하여** 개인정보가 분실 · 도난 · 유출 · 위조 · 변조 또는 훼손된 경우로서 정보주체에게 손해가 발생한 때에는 법원은 그 **손해액의 3배를 넘지 아니하는 범위에서 손해배상액을 정할 수 있다.** 다만, 개인정보처리자가 고의 또는 중대한 과실이 없음을 증명한 경우에는 그러하지 아니하다.**(18서울7급)**

손해배상 책임 (§39)	법정 손해 배상 (§39의2)	① 제39조제1항에도 불구하고 정보주체는 **개인정보처리자의 고의 또는 과실로 인하여** 개인정보가 분실 · 도난 · 유출 · 위조 · 변조 또는 훼손된 경우에는 **300만원 이하의 범위에서** 상당한 금액을 손해액으로 하여 배상을 청구할 수 있다. 이 경우 해당 개인정보처리자는 고의 또는 과실이 없음을 입증하지 아니하면 책임을 면할 수 없다. ② 법원은 제1항에 따른 청구가 있는 경우에 변론 전체의 취지와 증거조사의 결과를 고려하여 제1항의 범위에서 상당한 손해액을 인정할 수 있다. ③ 제39조에 따라 손해배상을 청구한 정보주체는 사실심(事實審)의 변론이 종결되기 전까지 그 청구를 제1항에 따른 청구로 변경할 수 있다.

사. 정보통신서비스 제공자 등의 개인정보 처리 등 특례

<신설 2020. 2. 4.>

「정보통신망 이용촉진 및 정보보호 등에 관한 법률」상의 개인정보 보호 관련 규정을 이 법으로 일원화함에 따라, 정보통신서비스 제공자 등의 개인정보 처리에 관한 특례 등을 규정함.

제39조의3(개인정보의 수집 · 이용 동의 등에 대한 특례) ① 정보통신서비스 제공자는 제15조제1항에도 불구하고 이용자의 개인정보를 이용하려고 수집하는 경우에는 다음 각 호의 모든 사항을 이용자에게 알리고 동의를 받아야 한다. 다음 각 호의 어느 하나의 사항을 변경하려는 경우에도 또한 같다.

1. 개인정보의 수집 · 이용 목적
2. 수집하는 개인정보의 항목
3. 개인정보의 보유 · 이용 기간

② 정보통신서비스 제공자는 다음 각 호의 어느 하나에 해당하는 경우에는 제1항에 따른 동의 없이 이용자의 개인정보를 수집 · 이용할 수 있다.

1. 정보통신서비스(「정보통신망 이용촉진 및 정보보호 등에 관한 법률」 제2조제1항 제2호에 따른 정보통신서비스를 말한다. 이하 같다)의 제공에 관한 계약을 이행하기 위하여 필요한 개인정보로서 경제적 · 기술적인 사유로 통상적인 동의를 받는 것이 뚜렷하게 곤란한 경우
2. 정보통신서비스의 제공에 따른 요금정산을 위하여 필요한 경우
3. 다른 법률에 특별한 규정이 있는 경우

③ 정보통신서비스 제공자는 이용자가 필요한 **최소한의 개인정보 이외의 개인정보를 제공하지 아니한다는 이유로 그 서비스의 제공을 거부해서는 아니 된다.**(21군무원9급) 이 경우 필요한 최소한의 개인정보는 해당 서비스의 본질적 기능을 수행하기 위하여 반드시 필요한 정보를 말한다.

④ 정보통신서비스 제공자는 만 14세 미만의 아동으로부터 개인정보 수집 · 이용 · 제공 등의 동의를 받으려면 그 법정대리인의 동의를 받아야 하고, 대통령령으로 정하는 바에 따라 법정대리인이 동의하였는지를 확인하여야 한다.

⑤ 정보통신서비스 제공자는 만 14세 미만의 아동에게 개인정보 처리와 관련한 사항의 고지 등을 하는 때에는 이해하기 쉬운 양식과 명확하고 알기 쉬운 언어를 사용하여야 한다.

⑥ 보호위원회는 개인정보 처리에 따른 위험성 및 결과, 이용자의 권리 등을 명확하게 인지하지 못할 수 있는 만 14세 미만의 아동의 개인정보 보호 시책을 마련하여야 한다.

제39조의4(개인정보 유출등의 통지 · 신고에 대한 특례) ① 제34조제1항 및 제3항에도 불구하고 정보통신서비스 제공자와 그로부터 제17조제1항에 따라 이용자의 개인정보를 제공받은 자(이하 "정보통신서비스 제공자등"이라 한다)는 개인정보의 분실 · 도난 · 유출(이하 "유출등"이라 한다) 사실을 안 때에는 지체 없이 다음 각 호의 사항을 해당 이용자에게 알리고 보호위원회 또는 대통령령으로 정하는 전문기관에 신고하여야 하며, 정당한 사유 없이 그 사실을 안 때부터 24시간을 경과하여 통지 · 신고해서는 아니 된다. 다만, 이용자의 연락처를 알 수 없는 등 정당한 사유가 있는 경우에는 대통령령으로 정하는 바에 따라 통지를 갈음하는 조치를 취할 수 있다.

1. 유출등이 된 개인정보 항목
2. 유출등이 발생한 시점
3. 이용자가 취할 수 있는 조치
4. 정보통신서비스 제공자등의 대응 조치
5. 이용자가 상담 등을 접수할 수 있는 부서 및 연락처

② 제1항의 신고를 받은 대통령령으로 정하는 전문기관은 지체 없이 그 사실을 보호위원회에 알려야 한다.

③ 정보통신서비스 제공자등은 제1항에 따른 정당한 사유를 보호위원회에 소명하여야 한다.

④ 제1항에 따른 통지 및 신고의 방법 · 절차 등에 필요한 사항은 대통령령으로 정한다.

제39조의5(개인정보의 보호조치에 대한 특례) 정보통신서비스 제공자등은 이용자의 개인정보를 처리하는 자를 최소한으로 제한하여야 한다.

제39조의6(개인정보의 파기에 대한 특례) ① 정보통신서비스 제공자등은 정보통신서비스를 1년의 기간 동안 이용하지 아니하는 이용자의 개인정보를 보호하기 위하여 대통령령으로 정하는 바에 따라 개인정보의 파기 등 필요한 조치를 취하여야 한다. 다만, 그 기간에 대하여 다른 법령 또는 이용자의 요청에 따라 달리 정한 경우에는 그에 따른다.

② 정보통신서비스 제공자등은 제1항의 기간 만료 30일 전까지 개인정보가 파기되는 사실, 기간 만료일 및 파기되는 개인정보의 항목 등 대통령령으로 정하는 사항을 전자우편 등 대통령령으로 정하는 방법으로 이용자에게 알려야 한다.

제39조의7(이용자의 권리 등에 대한 특례) ① 이용자는 정보통신서비스 제공자등에 대하여 언제든지 개인정보 수집 · 이용 · 제공 등의 동의를 철회할 수 있다.

② 정보통신서비스 제공자등은 제1항에 따른 동의의 철회, 제35조에 따른 개인정보의 열람, 제36조에 따른 정정을 요구하는 방법을 개인정보의 수집방법보다 쉽게 하여야 한다.

③ 정보통신서비스 제공자등은 제1항에 따라 동의를 철회하면 지체 없이 수집된 개인정보를 복구 · 재생할 수 없도록 파기하는 등 필요한 조치를 하여야 한다.

제39조의8(개인정보 이용내역의 통지) ① 정보통신서비스 제공자 등으로서 대통령령으로 정하는 기준에 해당하는 자는 제23조, 제39조의3에 따라 수집한 이용자의 개인정보의 이용내역(제17조에 따른 제공을 포함한다)을 주기적으로 이용자에게 통지하여야 한다. 다만, 연락처 등 이용자에게 통지할 수 있는 개인정보를 수집하지 아니한 경우에는 그러하지 아니한다.

② 제1항에 따라 이용자에게 통지하여야 하는 정보의 종류, 통지주기 및 방법, 그 밖에 이용내역 통지에 필요한 사항은 대통령령으로 정한다.

제39조의9(손해배상의 보장) ① 정보통신서비스 제공자등은 제39조 및 제39조의2에 따른 손해배상책임의 이행을 위하여 보험 또는 공제에 가입하거나 준비금을 적립하는 등 필요한 조치를 하여야 한다.

② 제1항에 따른 가입 대상 개인정보처리자의 범위, 기준 등에 필요한 사항은 대통령령으로 정한다.

제39조의10(노출된 개인정보의 삭제 · 차단) ① 정보통신서비스 제공자등은 주민등록번호, 계좌정보, 신용카드정보 등 이용자의 개인정보가 정보통신망을 통하여 공중에 노출되지 아니하도록 하여야 한다.

② 제1항에도 불구하고 공중에 노출된 개인정보에 대하여 보호위원회 또는 대통령령으로 지정한 전문기관의 요청이 있는 경우 정보통신서비스 제공자등은 삭제 · 차단 등 필요한 조치를 취하여야 한다.

제39조의11(국내대리인의 지정) ① 국내에 주소 또는 영업소가 없는 정보통신서비스 제공자등으로서 이용자 수, 매출액 등을 고려하여 대통령령으로 정하는 기준에 해당하는 자는 다음 각 호의 사항을 대리하는 자(이하 "국내대리인"이라 한다)를 서면으로 지정하여야 한다.

1. 제31조에 따른 개인정보 보호책임자의 업무
2. 제39조의4에 따른 통지 · 신고
3. 제63조제1항에 따른 관계 물품 · 서류 등의 제출

② 국내대리인은 국내에 주소 또는 영업소가 있는 자로 한다.

③ 제1항에 따라 국내대리인을 지정한 때에는 다음 각 호의 사항 모두를 제30조에 따른 개인정보 처리방침에 포함하여야 한다.

1. 국내대리인의 성명(법인의 경우에는 그 명칭 및 대표자의 성명을 말한다)
2. 국내대리인의 주소(법인의 경우에는 영업소 소재지를 말한다), 전화번호 및 전자우편 주소

④ 국내대리인이 제1항 각 호와 관련하여 이 법을 위반한 경우에는 정보통신서비스 제공자등이 그 행위를 한 것으로 본다.

제39조의12(국외 이전 개인정보의 보호) ① 정보통신서비스 제공자등은 이용자의 개인정보에 관하여 이 법을 위반하는 사항을 내용으로 하는 국제계약을 체결해서는 아니 된다.

② 제17조제3항에도 불구하고 정보통신서비스 제공자등은 이용자의 개인정보를 국외에 제공(조회되는 경우를 포함한다) · 처리위탁 · 보관(이하 이 조에서 "이전"이라 한다)하려면 이용자의 동의를 받아야 한다. 다만, 제3항 각 호의 사항 모두를 제30조제2항에 따라 공개하거나 전자우편 등 대통령령으로 정하는 방법에 따라 이용자에게 알린 경우에는 개인정보 처리위탁 · 보관에 따른 동의절차를 거치지 아니할 수 있다.

③ 정보통신서비스 제공자등은 제2항 본문에 따른 동의를 받으려면 미리 다음 각 호의 사항 모두를 이용자에게 고지하여야 한다.

1. 이전되는 개인정보 항목
2. 개인정보가 이전되는 국가, 이전일시 및 이전방법
3. 개인정보를 이전받는 자의 성명(법인인 경우에는 그 명칭 및 정보관리책임자의 연락처를 말한다)
4. 개인정보를 이전받는 자의 개인정보 이용목적 및 보유 · 이용 기간

④ 정보통신서비스 제공자등은 제2항 본문에 따른 동의를 받아 개인정보를 국외로 이전하는 경우 대통령령으로 정하는 바에 따라 보호조치를 하여야 한다.

⑤ 이용자의 개인정보를 이전받는 자가 해당 개인정보를 제3국으로 이전하는 경우에 관하여는 제1항부터 제4항까지의 규정을 준용한다. 이 경우 "정보통신서비스 제공자등"은 "개인정보를 이전받는 자"로, "개인정보를 이전받는 자"는 "제3국에서 개인정보를 이전받는 자"로 본다.

제39조의13(상호주의) 제39조의12에도 불구하고 개인정보의 국외 이전을 제한하는 국가의 정보통신서비스 제공자등에 대하여는 **해당 국가의 수준에 상응하는 제한**을 할 수 있다. 다만, 조약 또는 그 밖의 국제협정의 이행에 필요한 경우에는 그러하지 아니하다.**(21군무원9급)**

제39조의14(방송사업자등에 대한 특례) 「방송법」 제2조제3호가목부터 마목까지와 같은 조 제6호 · 제9호 · 제12호 및 제14호에 해당하는 자(이하 이 조에서 "방송사업자등"이라 한다)가 시청자의 개인정보를 처리하는 경우에는 정보통신서비스 제공자에게 적용되는 규정을 준용한다. 이 경우 "방송사업자등"은 "정보통신서비스 제공자" 또는 "정보통신서비스 제공자등"으로, "시청자"는 "이용자"로 본다.

제39조의15(과징금의 부과 등에 대한 특례) ① 보호위원회는 정보통신서비스 제공자등에게 다음 각 호의 어느 하나에 해당하는 행위가 있는 경우에는 해당 정보통신서비스 제공자등에게 위반행위와 관련한 매출액의 100분의 3 이하에 해당하는 금액을 과징금으로 부과할 수 있다.

1. 제17조제1항 · 제2항, 제18조제1항 · 제2항 및 제19조(제39조의14에 따라 준용되는 경우를 포함한다)를 위반하여 개인정보를 이용 · 제공한 경우
2. 제22조제6항(제39조의14에 따라 준용되는 경우를 포함한다)을 위반하여 법정대리인의 동의를 받지 아니하고 만 14세 미만인 아동의 개인정보를 수집한 경우
3. 제23조제1항제1호(제39조의14에 따라 준용되는 경우를 포함한다)를 위반하여 이용자의 동의를 받지 아니하고 민감정보를 수집한 경우
4. 제26조제4항(제39조의14에 따라 준용되는 경우를 포함한다)에 따른 관리 · 감독 또는 교육을 소홀히 하여 특례 수탁자가 이 법의 규정을 위반한 경우
5. 이용자의 개인정보를 분실 · 도난 · 유출 · 위조 · 변조 또는 훼손한 경우로서 제29조의 조치(내부 관리계획 수립에 관한 사항은 제외한다)를 하지 아니한 경우(제39조의14에 따라 준용되는 경우를 포함한다)
6. 제39조의3제1항(제39조의14에 따라 준용되는 경우를 포함한다)을 위반하여 이용자의 동의를 받지 아니하고 개인정보를 수집한 경우
7. 제39조의12제2항 본문(같은 조 제5항에 따라 준용되는 경우를 포함한다)을 위반하여 이용자의 동의를 받지 아니하고 이용자의 개인정보를 국외에 제공한 경우

② 제1항에 따른 과징금을 부과하는 경우 정보통신서비스 제공자등이 매출액 산정자료의 제출을 거부하거나 거짓의 자료를 제출한 경우에는 해당 정보통신서비스 제공자등과 비슷한 규모의 정보통신서비스 제공자등의 재무제표 등 회계자료와 가입자 수 및 이용요금 등 영업현황 자료에 근거하여 매출액을 추정할 수 있다. 다만, 매출액이 없거나 매출액의 산정이 곤란한 경우로서 대통령령으로 정하는 경우에는 4억원 이하의 과징금을 부과할 수 있다.

③ 보호위원회는 제1항에 따른 과징금을 부과하려면 다음 각 호의 사항을 고려하여야 한다.

1. 위반행위의 내용 및 정도
2. 위반행위의 기간 및 횟수
3. 위반행위로 인하여 취득한 이익의 규모

④ 제1항에 따른 과징금은 제3항을 고려하여 산정하되, 구체적인 산정기준과 산정절차는 대통령령으로 정한다.

⑤ 보호위원회는 제1항에 따른 과징금을 내야 할 자가 납부기한까지 이를 내지 아니하면 납부기한의 다음 날부터 내지 아니한 과징금의 연 100분의 6에 해당하는 가산금을 징수한다.
⑥ 보호위원회는 제1항에 따른 과징금을 내야 할 자가 납부기한까지 이를 내지 아니한 경우에는 기간을 정하여 독촉을 하고, 그 지정된 기간에 과징금과 제5항에 따른 가산금을 내지 아니하면 국세 체납처분의 예에 따라 징수한다.
⑦ 법원의 판결 등의 사유로 제1항에 따라 부과된 과징금을 환급하는 경우에는 과징금을 낸 날부터 환급하는 날까지의 기간에 대하여 금융회사 등의 예금이자율 등을 고려하여 대통령령으로 정하는 이자율에 따라 계산한 환급가산금을 지급하여야 한다.
⑧ 제7항에도 불구하고 법원의 판결에 의하여 과징금 부과처분이 취소되어 그 판결이유에 따라 새로운 과징금을 부과하는 경우에는 당초 납부한 과징금에서 새로 부과하기로 결정한 과징금을 공제한 나머지 금액에 대해서만 환급가산금을 계산하여 지급한다.

아. 개인정보 보호기구

1) 개인정보보호위원회

<개정 2020. 2. 4.>

소속 **(§7)**	① 개인정보 보호에 관한 사무를 독립적으로 수행하기 위하여 **국무총리 소속으로 개인정보 보호위원회(이하 "보호위원회"**라 한다)를 둔다. → **대통령에서 국무총리로 법개정(22소방,21국회9급,17경찰,12국기9급,09국가9급)** ② 보호위원회는 「정부조직법」 제2조에 따른 중앙행정기관으로 본다. 다만, 다음 각 호의 사항에 대하여는 「정부조직법」 제18조를 적용하지 아니한다. 1. 제7조의8제3호 및 제4호의 사무 2. 제7조의9제1항의 심의 · 의결 사항 중 제1호에 해당하는 사항
구성 (§7의2)	① **상임위원 2명(위원장 1명, 부위원장 1명)을 포함한 9명의 위원으로 구성한다.(17경행)** ② 보호위원회의 위원은 개인정보 보호에 관한 경력과 전문지식이 풍부한 다음 각 호의 사람 중에서 위원장과 부위원장은 국무총리의 제청으로, 그 외 위원 중 2명은 위원장의 제청으로, 2명은 대통령이 소속되거나 소속되었던 정당의 교섭단체 추천으로, 3명은 그 외의 교섭단체 추천으로 대통령이 임명 또는 위촉한다. 1. 개인정보 보호 업무를 담당하는 3급 이상 공무원(고위공무원단에 속하는 공무원을 포함한다)의 직에 있거나 있었던 사람 2. 판사 · 검사 · 변호사의 직에 10년 이상 있거나 있었던 사람 3. 공공기관 또는 단체(개인정보처리자로 구성된 단체를 포함한다)에 3년 이상 임원으로 재직하였거나 이들 기관 또는 단체로부터 추천받은 사람으로서 개인정보 보호 업무를 3년 이상 담당하였던 사람 4. 개인정보 관련 분야에 전문지식이 있고 「고등교육법」 제2조제1호에 따른 학교에서 부교수 이상으로 5년 이상 재직하고 있거나 재직하였던 사람 ③ 위원장과 부위원장은 **정무직 공무원으로 임명**한다.**(17경행)** ④ 위원장, 부위원장, 제7조의13에 따른 사무처의 장은 「정부조직법」 제10조에도 불구하고 정부위원이 된다.

위원장 (§7의3) [본조신설 2020. 2. 4.]	① 위원장은 보호위원회를 대표하고, 보호위원회의 회의를 주재하며, 소관 사무를 총괄한다. ② 위원장이 부득이한 사유로 직무를 수행할 수 없을 때에는 부위원장이 그 직무를 대행하고, 위원장 · 부위원장이 모두 부득이한 사유로 직무를 수행할 수 없을 때에는 위원회가 미리 정하는 위원이 위원장의 직무를 대행한다. ③ 위원장은 국회에 출석하여 보호위원회의 소관 사무에 관하여 의견을 진술할 수 있으며, 국회에서 요구하면 출석하여 보고하거나 답변하여야 한다. ④ 위원장은 국무회의에 출석하여 발언할 수 있으며, 그 소관 사무에 관하여 국무총리에게 의안 제출을 건의할 수 있다.
임기 (§7의4) [본조신설 2020. 2. 4.]	① 위원의 임기는 3년으로 하되, 한 차례만 연임할 수 있다.**(17경행)** ② 위원이 궐위된 때에는 지체 없이 새로운 위원을 임명 또는 위촉하여야 한다. 이 경우 후임으로 임명 또는 위촉된 위원의 임기는 새로이 개시된다.
위원의 신분보장 (§7의5) [본조신설 2020. 2. 4.]	① 위원은 다음 각 호의 어느 하나에 해당하는 경우를 제외하고는 그 의사에 반하여 면직 또는 해촉되지 아니한다. 1. 장기간 심신장애로 인하여 직무를 수행할 수 없게 된 경우 2. 제7조의7의 결격사유에 해당하는 경우 3. 이 법 또는 그 밖의 다른 법률에 따른 직무상의 의무를 위반한 경우 ② 위원은 법률과 양심에 따라 독립적으로 직무를 수행한다.
위원의 겸직금지 (§7의6) [본조신설 2020. 2. 4.]	① 위원은 재직 중 다음 각 호의 직(職)을 겸하거나 직무와 관련된 영리업무에 종사하여서는 아니 된다. 1. 국회의원 또는 지방의회의원 2. 국가공무원 또는 지방공무원 3. 그 밖에 대통령령으로 정하는 직 ② 제1항에 따른 영리업무에 관한 사항은 대통령령으로 정한다. ③ 위원은 정치활동에 관여할 수 없다.
결격사유 (§7의7) [본조신설 2020. 2. 4.]	① 다음 각 호의 어느 하나에 해당하는 사람은 위원이 될 수 없다. 1. 대한민국 국민이 아닌 사람 2. 「국가공무원법」 제33조 각 호의 어느 하나에 해당하는 사람 3. 「정당법」 제22조에 따른 당원 ② 위원이 제1항 각 호의 어느 하나에 해당하게 된 때에는 그 직에서 당연 퇴직한다. 다만, 「국가공무원법」 제33조제2호는 파산선고를 받은 사람으로서 「채무자 회생 및 파산에 관한 법률」에 따라 신청기한 내에 면책신청을 하지 아니하였거나 면책불허가 결정 또는 면책 취소가 확정된 경우만 해당하고, 같은 법 제33조제5호는 「형법」 제129조부터 제132조까지, 「성폭력범죄의 처벌 등에 관한 특례법」 제2조, 「아동 · 청소년의 성보호에 관한 법률」 제2조제2호 및 직무와 관련하여 「형법」 제355조 또는 제356조에 규정된 죄를 범한 사람으로서 금고 이상의 형의 선고유예를 받은 경우만 해당한다.

소관사무 (§7의8) [본조신설 2020. 2. 4.]	1. 개인정보의 보호와 관련된 법령의 개선에 관한 사항 2. 개인정보 보호와 관련된 정책 · 제도 · 계획 수립 · 집행에 관한 사항 3. 정보주체의 권리침해에 대한 조사 및 이에 따른 처분에 관한 사항 4. 개인정보의 처리와 관련한 고충처리 · 권리구제 및 개인정보에 관한 분쟁의 조정 5. 개인정보 보호를 위한 국제기구 및 외국의 개인정보 보호기구와의 교류 · 협력 6. 개인정보 보호에 관한 법령 · 정책 · 제도 · 실태 등의 조사 · 연구, 교육 및 홍보에 관한 사항 7. 개인정보 보호에 관한 기술개발의 지원 · 보급 및 전문인력의 양성에 관한 사항 8. 이 법 및 다른 법령에 따라 보호위원회의 사무로 규정된 사항
심의 의결 사항 등 (§7의9) [본조신설 2020. 2. 4.]	① 보호위원회는 다음 각 호의 사항을 심의 · 의결한다. 1. 제8조의2에 따른 개인정보 침해요인 평가에 관한 사항 2. 제9조에 따른 기본계획 및 제10조에 따른 시행계획에 관한 사항 3. 개인정보 보호와 관련된 정책, 제도 및 법령의 개선에 관한 사항 4. 개인정보의 처리에 관한 공공기관 간의 의견조정에 관한 사항 5. 개인정보 보호에 관한 법령의 해석 · 운용에 관한 사항 6. 제18조제2항제5호에 따른 개인정보의 이용 · 제공에 관한 사항 7. 제33조제3항에 따른 영향평가 결과에 관한 사항 8. 제28조의6, 제34조의2, 제39조의15에 따른 과징금 부과에 관한 사항 9. 제61조에 따른 의견제시 및 개선권고에 관한 사항 10. 제64조에 따른 시정조치 등에 관한 사항 11. 제65조에 따른 고발 및 징계권고에 관한 사항 12. 제66조에 따른 처리 결과의 공표에 관한 사항 13. 제75조에 따른 과태료 부과에 관한 사항 14. 소관 법령 및 보호위원회 규칙의 제정 · 개정 및 폐지에 관한 사항 15. 개인정보 보호와 관련하여 보호위원회의 위원장 또는 위원 2명 이상이 회의에 부치는 사항 16. 그 밖에 이 법 또는 다른 법령에 따라 보호위원회가 심의·의결하는 사항 ② 보호위원회는 제1항 각 호의 사항을 심의 · 의결하기 위하여 필요한 경우 다음 각 호의 조치를 할 수 있다. 1. 관계 공무원, 개인정보 보호에 관한 전문 지식이 있는 사람이나 시민사회단체 및 관련 사업자로부터의 의견 청취 2. 관계 기관 등에 대한 자료제출이나 사실조회 요구 ③ 제2항제2호에 따른 요구를 받은 관계 기관 등은 특별한 사정이 없으면 이에 따라야 한다. ④ 보호위원회는 제1항제3호의 사항을 심의·의결한 경우에는 관계 기관에 그 개선을 권고할 수 있다. ⑤ 보호위원회는 제4항에 따른 권고 내용의 이행 여부를 점검할 수 있다.
회의 (§7의10) [본조신설 2020. 2. 4.]	① 보호위원회의 회의는 위원장이 필요하다고 인정하거나 재적위원 4분의 1 이상의 요구가 있는 경우에 위원장이 소집한다.**(17경행)** ② 위원장 또는 2명 이상의 위원은 보호위원회에 의안을 제의할 수 있다. ③ 보호위원회의 회의는 **재적위원 과반수의 출석으로 개의하고, 출석위원 과반수의 찬성으로 의결**한다.

제척 기피 회피 (§7의11) [본조신설 2020. 2. 4.]	① 위원은 다음 각 호의 어느 하나에 해당하는 경우에는 심의 · 의결에서 제척된다. 1. 위원 또는 그 배우자나 배우자였던 자가 해당 사안의 당사자가 되거나 그 사건에 관하여 공동의 권리자 또는 의무자의 관계에 있는 경우 2. 위원이 해당 사안의 당사자와 친족이거나 친족이었던 경우 3. 위원이 해당 사안에 관하여 증언, 감정, 법률자문을 한 경우 4. 위원이 해당 사안에 관하여 당사자의 대리인으로서 관여하거나 관여하였던 경우 5. 위원이나 위원이 속한 공공기관 · 법인 또는 단체 등이 조언 등 지원을 하고 있는 자와 이해관계가 있는 경우 ② 위원에게 심의 · 의결의 공정을 기대하기 어려운 사정이 있는 경우 당사자는 기피 신청을 할 수 있고, 보호위원회는 의결로 이를 결정한다. ③ 위원이 제1항 또는 제2항의 사유가 있는 경우에는 해당 사안에 대하여 회피할 수 있다.
개인정보 침해요인 평가 (§8의2)	① 중앙행정기관의 장은 소관 법령의 제정 또는 개정을 통하여 개인정보 처리를 수반하는 정책이나 제도를 도입 · 변경하는 경우에는 보호위원회에 개인정보 침해요인 평가를 요청하여야 한다.

2) 개인정보분쟁위원회(§40)

설치	① 개인정보에 관한 분쟁의 조정(調停)을 위하여 개인정보 분쟁조정위원회(이하 "분쟁조정위원회"라 한다)를 둔다.
구성	② 분쟁조정위원회는 **위원장 1명을 포함한 20명 이내의 위원으로 구성하며, 위원은 당연직위원과 위촉위원**으로 구성한다.**(12지방9급)**
위원	③ 위촉위원은 다음 각 호의 어느 하나에 해당하는 사람 중에서 **보호위원회 위원장이 위촉**하고, 대통령령으로 정하는 국가기관 소속 공무원은 당연직위원이 된다.**(19소방9급)** 1. 개인정보 보호업무를 관장하는 중앙행정기관의 고위공무원단에 속하는 공무원으로 재직하였던 사람 또는 이에 상당하는 공공부문 및 관련 단체의 직에 재직하고 있거나 재직하였던 사람으로서 개인정보 보호업무의 경험이 있는 사람 2. 대학이나 공인된 연구기관에서 부교수 이상 또는 이에 상당하는 직에 재직하고 있거나 재직하였던 사람 3. 판사 · 검사 또는 변호사로 재직하고 있거나 재직하였던 사람 4. 개인정보 보호와 관련된 시민사회단체 또는 소비자단체로부터 추천을 받은 사람 5. 개인정보처리자로 구성된 사업자단체의 임원으로 재직하고 있거나 재직하였던 사람
위원장	④ 위원장은 위원 중에서 공무원이 아닌 사람으로 **보호위원회 위원장이 위촉**한다.
임기	⑤ 위원장과 위촉위원의 **임기는 2년으로 하되, 1차에 한하여 연임**할 수 있다.
의결	⑦ 분쟁조정위원회 또는 조정부는 **재적위원 과반수의 출석**으로 개의하며 **출석위원 과반수의 찬성**으로 의결한다.

자. 분쟁조정

<table>
<tr><td>조정의 신청
(§43)</td><td colspan="2">① 개인정보와 관련한 분쟁의 조정을 원하는 자는 분쟁조정위원회에 분쟁조정을 신청할 수 있다.(16교행9급)
② 분쟁조정위원회는 당사자 일방으로부터 분쟁조정 신청을 받았을 때에는 그 신청내용을 상대방에게 알려야 한다.
③ 공공기관이 제2항에 따른 분쟁조정의 통지를 받은 경우에는 특별한 사유가 없으면 분쟁조정에 응하여야 한다.</td></tr>
<tr><td>처리기간
(§44)</td><td colspan="2">① 분쟁조정위원회는 제43조제1항에 따른 분쟁조정 신청을 받은 날부터 60일 이내에 이를 심사하여 조정안을 작성하여야 한다. 다만, 부득이한 사정이 있는 경우에는 분쟁조정위원회의 의결로 처리기간을 연장할 수 있다.
② 분쟁조정위원회는 제1항 단서에 따라 처리기간을 연장한 경우에는 기간연장의 사유와 그 밖의 기간연장에 관한 사항을 신청인에게 알려야 한다.</td></tr>
<tr><td>조정 전 합의 권고
(§46)</td><td colspan="2">분쟁조정위원회는 제43조제1항에 따라 분쟁조정 신청을 받았을 때에는 당사자에게 그 내용을 제시하고 조정 전 합의를 권고할 수 있다.</td></tr>
<tr><td rowspan="4">조정
(§47)</td><td>조정안 제시</td><td>① 분쟁조정위원회는 다음 각 호의 어느 하나의 사항을 포함하여 조정안을 작성할 수 있다.
1. 조사 대상 침해행위의 중지
2. 원상회복, 손해배상, 그 밖에 필요한 구제조치
3. 같거나 비슷한 침해의 재발을 방지하기 위하여 필요한 조치
② 분쟁조정위원회는 제1항에 따라 조정안을 작성하면 지체 없이 각 당사자에게 제시하여야 한다.</td></tr>
<tr><td>거부 간주</td><td>③ 제1항에 따라 조정안을 제시받은 당사자가 제시받은 날부터 15일 이내에 수락 여부를 알리지 아니하면 조정을 거부한 것으로 본다.</td></tr>
<tr><td>조정 수락</td><td>④ 당사자가 조정내용을 수락한 경우 분쟁조정위원회는 조정서를 작성하고, 분쟁조정위원회의 위원장과 각 당사자가 기명날인하여야 한다.</td></tr>
<tr><td>조정의 효력</td><td>⑤ 제4항에 따른 조정의 내용은 재판상 화해와 동일한 효력을 갖는다.(16서울7급)</td></tr>
<tr><td rowspan="2">조정의 거부 및 중지
(§48)</td><td>거부</td><td>① 분쟁조정위원회는 분쟁의 성질상 분쟁조정위원회에서 조정하는 것이 적합하지 아니하다고 인정하거나 부정한 목적으로 조정이 신청되었다고 인정하는 경우에는 그 조정을 거부할 수 있다. 이 경우 조정거부의 사유 등을 신청인에게 알려야 한다.</td></tr>
<tr><td>중지</td><td>② 분쟁조정위원회는 신청된 조정사건에 대한 처리절차를 진행하던 중에 한 쪽 당사자가 소를 제기하면 그 조정의 처리를 중지하고 이를 당사자에게 알려야 한다.</td></tr>
</table>

차. 집단분쟁조정(§49)

조정의 신청	① 국가 및 지방자치단체, 개인정보 보호단체 및 기관, 정보주체, 개인정보처리자는 정보주체의 피해 또는 권리침해가 다수의 정보주체에게 같거나 비슷한 유형으로 발생하는 경우로서 대통령령으로 정하는 사건에 대하여는 분쟁조정위원회에 일괄적인 분쟁조정(이하 **"집단분쟁조정"**이라 한다)을 의뢰 또는 신청할 수 있다.**(13국회9급,19소방9급)**
조정절차의 개시	② 제1항에 따라 집단분쟁조정을 의뢰받거나 신청받은 분쟁조정위원회는 그 의결로써 제3항부터 제7항까지의 규정에 따른 집단분쟁조정의 절차를 개시할 수 있다. 이 경우 분쟁조정위원회는 대통령령으로 정하는 기간 동안 그 절차의 개시를 공고하여야 한다.
대표당사자 선임	④ 분쟁조정위원회는 그 의결로써 제1항 및 제3항에 따른 집단분쟁조정의 당사자 중에서 공동의 이익을 대표하기에 가장 적합한 1인 또는 수인을 대표당사자로 선임할 수 있다.
조정내용을 수락한 경우	⑤ 분쟁조정위원회는 개인정보처리자가 분쟁조정위원회의 집단분쟁조정의 내용을 수락한 경우에는 집단분쟁조정의 당사자가 아닌 자로서 피해를 입은 정보주체에 대한 보상계획서를 작성하여 분쟁조정위원회에 제출하도록 권고할 수 있다.
절차의 제외	⑥ 제48조제2항에도 불구하고 분쟁조정위원회는 집단분쟁조정의 당사자인 다수의 정보주체 중 일부의 정보주체가 법원에 소를 제기한 경우에는 그 절차를 중지하지 아니하고, 소를 제기한 일부의 정보주체를 그 절차에서 제외한다.**(19소방)**
조정의 기간 및 연장	⑦ 집단분쟁조정의 기간은 제2항에 따른 공고가 종료된 날의 다음 날부터 60일 이내로 한다. 다만, 부득이한 사정이 있는 경우에는 분쟁조정위원회의 의결로 처리기간을 연장할 수 있다.

1. 개인정보보호법 소정의 일정한 요건을 갖춘 단체는, 개인정보처리자가 동법 제49조에 따른 집단분쟁조정을 거부하거나 집단분쟁조정의 결과를 수락하지 아니한 경우, 법원에 권리침해 행위의 금지·중지를 구하는 단체소송을 제기할 수 있다. **13국회속기9급**

카. 개인정보단체소송(§51~56)

단체소송의 대상 등 (§51)	다음 각 호의 어느 하나에 해당하는 단체는 개인정보처리자가 제49조에 따른 **집단분쟁조정을 거부하거나 집단분쟁조정의 결과를 수락하지 아니한 경우**에는 법원에 권리침해 행위의 **금지·중지를 구하는 소송**(이하 "단체소송"이라 한다)**을 제기할 수 있다.(21군무원9급,21국회9급,20국회9급,18국가9급,16지방9급)** 1.「소비자기본법」제29조에 따라 공정거래위원회에 등록한 소비자단체로서 다음 각 목의 요건을 모두 갖춘 단체**(13국회9급)** 가. 정관에 따라 상시적으로 정보주체의 권익증진을 주된 목적으로 하는 단체일 것 나. **단체의 정회원수가 1천명 이상**일 것**(16지방9급)** 다.「소비자기본법」제29조에 따른 등록 후 3년이 경과하였을 것 2.「비영리민간단체 지원법」제2조에 따른 비영리민간단체로서 다음 각 목의 요건을 모두 갖춘 단체**(13국회9급)** 가. 법률상 또는 사실상 동일한 침해를 입은 100명 이상의 정보주체로부터 단체소송의 제기를 요청받을 것 나. 정관에 개인정보 보호를 단체의 목적으로 명시한 후 최근 3년 이상 이를 위한 활동실적이 있을 것 다. 단체의 상시 구성원수가 5천명 이상일 것 라. 중앙행정기관에 등록되어 있을 것

1. 개인정보법의 단체소송에 관하여 동법에 특별한 규정이 없는 경우에는 민사소송법을 적용한다. **16지방9급**

전속관할 (§52)	① 단체소송의 소는 피고의 주된 사무소 또는 영업소가 있는 곳, 주된 사무소나 영업소가 없는 경우에는 **주된 업무담당자의 주소가 있는 곳**의 **지방법원 본원 합의부의 관할에 전속한다.**
소송 대리인의 선임(§53)	단체소송의 **원고는 변호사를 소송대리인으로 선임하여야** 한다.**(21소방)**
소송허가 신청 (§54)	① 단체소송을 제기하는 단체는 소장과 함께 다음 각 호의 사항을 기재한 소송허가신청서를 법원에 제출하여야 한다. 1. 원고 및 그 소송대리인 2. 피고 3. 정보주체의 침해된 권리의 내용 ② 제1항에 따른 소송허가신청서에는 다음 각 호의 자료를 첨부하여야 한다. 1. 소제기단체가 제51조 각 호의 어느 하나에 해당하는 요건을 갖추고 있음을 소명하는 자료 2. 개인정보처리자가 조정을 거부하였거나 조정결과를 수락하지 아니하였음을 증명하는 서류
소송허가 요건 (§55)	① 법원은 다음 각 호의 요건을 모두 갖춘 경우에 한하여 결정으로 단체소송을 **허가한다**. 1. 개인정보처리자가 분쟁조정위원회의 조정을 거부하거나 조정결과를 수락하지 아니하였을 것**(21소방)** 2. 제54조에 따른 소송허가신청서의 기재사항에 흠결이 없을 것 ② **단체소송을 허가하거나 불허가하는 결정에 대하여는 즉시항고할 수 있다.(16국가9급)**
확정판결의 효력 (§56)	원고의 청구를 기각하는 판결이 확정된 경우 이와 동일한 사안에 관하여는 제51조에 따른 다른 단체는 단체소송을 제기할 수 없다. 다만, 다음 각 호의 어느 하나에 해당하는 경우에는 그러하지 아니하다. 1. 판결이 확정된 후 그 사안과 관련하여 국가 · 지방자치단체 또는 국가 · 지방자치단체가 설립한 기관에 의하여 새로운 증거가 나타난 경우 2. 기각판결이 원고의 고의로 인한 것임이 밝혀진 경우
민사소송법 적용 등 (§57)	① **단체소송**에 관하여 이 법에 특별한 규정이 없는 경우에는 **「민사소송법」을 적용**한다.**(21소방,16지방9급)** ② 제55조에 따른 단체소송의 허가결정이 있는 경우에는 「민사집행법」 제4편에 따른 보전처분을 할 수 있다. ③ 단체소송의 절차에 관하여 필요한 사항은 대법원규칙으로 정한다.**(21소방)**

타. 보칙

적용의 일부 제외 (§58)	① 다음 각 호의 어느 하나에 해당하는 개인정보에 관하여는 제3장부터 제7장까지를 적용하지 아니한다. 1. 공공기관이 처리하는 개인정보 중 「통계법」에 따라 수집되는 개인정보 2. 국가안전보장과 관련된 정보 분석을 목적으로 수집 또는 제공 요청되는 개인정보 3. 공중위생 등 공공의 안전과 안녕을 위하여 긴급히 필요한 경우로서 일시적으로 처리되는 개인정보 4. 언론, 종교단체, 정당이 각각 취재 · 보도, 선교, 선거 입후보자 추천 등 고유 목적을 달성하기 위하여 수집 · 이용하는 개인정보 ② 제25조제1항 각 호에 따라 공개된 장소에 영상정보처리기기를 설치 · 운영하여 처리되는 개인정보에 대하여는 제15조, 제22조, 제27조제1항 · 제2항, 제34조 및 제37조를 적용하지 아니한다. ③ 개인정보처리자가 동창회, 동호회 등 친목 도모를 위한 단체를 운영하기 위하여 개인정보를 처리하는 경우에는 제15조, 제30조 및 제31조를 적용하지 아니한다. ④ 개인정보처리자는 제1항 각 호에 따라 개인정보를 처리하는 경우에도 그 목적을 위하여 필요한 범위에서 최소한의 기간에 최소한의 개인정보만을 처리하여야 하며, 개인정보의 안전한 관리를 위하여 필요한 기술적 · 관리적 및 물리적 보호조치, 개인정보의 처리에 관한 고충처리, 그 밖에 개인정보의 적절한 처리를 위하여 필요한 조치를 마련하여야 한다.
적용 제외 (§58의2)	이 법은 시간 · 비용 · 기술 등을 합리적으로 고려할 때 다른 정보를 사용하여도 더 이상 개인을 알아볼 수 없는 정보에는 적용하지 아니한다.[본조신설 2020. 2. 4.]
금지 행위 (§59)	개인정보를 처리하거나 처리하였던 자는 다음 각 호의 어느 하나에 해당하는 행위를 하여서는 아니 된다. 1. 거짓이나 그 밖의 부정한 수단이나 방법으로 개인정보를 취득하거나 처리에 관한 동의를 받는 행위 2. **업무상 알게 된 개인정보를 누설하거나 권한 없이 다른 사람이 이용하도록 제공하는 행위 → '누설'이란 아직 이를 알지 못하는 타인에게 알려주는 일체의 행위(18국회8급)** 3. 정당한 권한 없이 또는 허용된 권한을 초과하여 다른 사람의 개인정보를 훼손, 멸실, 변경, 위조 또는 유출하는 행위
비밀 유지 등 (§60)	**다음 각 호의 업무에 종사하거나 종사하였던 자는 직무상 알게 된 비밀을 다른 사람에게 누설하거나 직무상 목적 외의 용도로 이용하여서는 아니 된다.** 다만, 다른 법률에 특별한 규정이 있는 경우에는 그러하지 아니하다. **1. 제7조의8 및 제7조의9에 따른 보호위원회의 업무** **1의2. 제32조의2에 따른 개인정보 보호 인증 업무** 2. 제33조에 따른 영향평가 업무 3. 제40조에 따른 분쟁조정위원회의 분쟁조정 업무

1. 구 개인정보보호법은 개인정보의 누설이나 권한 없는 처리 또는 타인의 이용에 제공하는 등 부당한 목적으로 사용한 행위를 처벌하도록 규정하고 있는데, 여기서 **'누설'**이라 함은 아직 이를 알지 못하는 타인에게 알려주는 일체의 행위를 말한다.
18국회8급

침해 사실의 신고 (§62)	① 개인정보처리자가 개인정보를 처리할 때 개인정보에 관한 권리 또는 이익을 침해받은 사람은 보호위원회에 그 침해 사실을 신고할 수 있다. ② 보호위원회는 제1항에 따른 신고의 접수 · 처리 등에 관한 업무를 효율적으로 수행하기 위하여 대통령령으로 정하는 바에 따라 전문기관을 지정할 수 있다. 이 경우 전문기관은 개인정보침해 신고센터(이하 "신고센터"라 한다)를 설치 · 운영하여야 한다. ③ 신고센터는 다음 각 호의 업무를 수행한다. 1. 개인정보 처리와 관련한 신고의 접수 · 상담 2. 사실의 조사 · 확인 및 관계자의 의견 청취 3. 제1호 및 제2호에 따른 업무에 딸린 업무 ④ 보호위원회는 제3항제2호의 사실 조사 · 확인 등의 업무를 효율적으로 하기 위하여 필요하면 「국가공무원법」 제32조의4에 따라 소속 공무원을 제2항에 따른 전문기관에 파견할 수 있다.
시정 조치 명령 (§64)	① 보호위원회는 개인정보가 침해되었다고 판단할 상당한 근거가 있고 이를 방치할 경우 회복하기 어려운 피해가 발생할 우려가 있다고 인정되면 이 법을 위반한 자(중앙행정기관, 지방자치단체, 국회, 법원, 헌법재판소, 중앙선거관리위원회는 제외한다)에 대하여 다음 각 호에 해당하는 조치를 명할 수 있다. 1. 개인정보 침해행위의 중지 2. 개인정보 처리의 일시적인 정지 3. 그 밖에 개인정보의 보호 및 침해 방지를 위하여 필요한 조치 ② 관계 중앙행정기관의 장은 개인정보가 침해되었다고 판단할 상당한 근거가 있고 이를 방치할 경우 회복하기 어려운 피해가 발생할 우려가 있다고 인정되면 소관 법률에 따라 개인정보처리자에 대하여 제1항 각 호에 해당하는 조치를 명할 수 있다. ③ 지방자치단체, 국회, 법원, 헌법재판소, 중앙선거관리위원회는 그 소속 기관 및 소관 공공기관이 이 법을 위반하였을 때에는 제1항 각 호에 해당하는 조치를 명할 수 있다.
시정 조치 권고 (§64④)	④ 보호위원회는 중앙행정기관, 지방자치단체, 국회, 법원, 헌법재판소, 중앙선거관리위원회가 이 법을 위반하였을 때에는 해당 기관의 장에게 제1항 각 호에 해당하는 조치를 하도록 권고할 수 있다. 이 경우 권고를 받은 기관은 특별한 사유가 없으면 이를 존중하여야 한다.
고발 및 징계 권고 (§65)	① 보호위원회는 개인정보처리자에게 이 법 등 개인정보 보호와 관련된 법규의 위반에 따른 범죄혐의가 있다고 인정될 만한 상당한 이유가 있을 때에는 관할 수사기관에 그 내용을 고발할 수 있다. ② 보호위원회는 이 법 등 개인정보 보호와 관련된 법규의 위반행위가 있다고 인정될 만한 상당한 이유가 있을 때에는 책임이 있는 자(대표자 및 책임있는 임원을 포함한다)를 징계할 것을 해당 개인정보처리자에게 권고할 수 있다. 이 경우 권고를 받은 사람은 이를 존중하여야 하며 그 결과를 보호위원회에 통보하여야 한다. ③ 관계 중앙행정기관의 장은 소관 법률에 따라 개인정보처리자에 대하여 제1항에 따른 고발을 하거나 소속 기관 · 단체 등의 장에게 제2항에 따른 징계권고를 할 수 있다. 이 경우 제2항에 따른 권고를 받은 사람은 이를 존중하여야 하며 그 결과를 관계 중앙행정기관의 장에게 통보하여야 한다.

벌칙 적용 시의 공무원 의제	① 보호위원회의 위원 중 공무원이 아닌 위원 및 공무원이 아닌 직원은 「형법」이나 그 밖의 법률에 따른 벌칙을 적용할 때에는 공무원으로 본다. <신설 2020. 2. 4.> ② 보호위원회 또는 관계 중앙행정기관의 장의 권한을 위탁한 업무에 종사하는 관계 기관의 임직원은 「형법」 제129조부터 제132조까지의 규정을 적용할 때에는 공무원으로 본다. <신설 2020. 2. 4.>

04

PART **04**

행정상 의무이행 확보수단

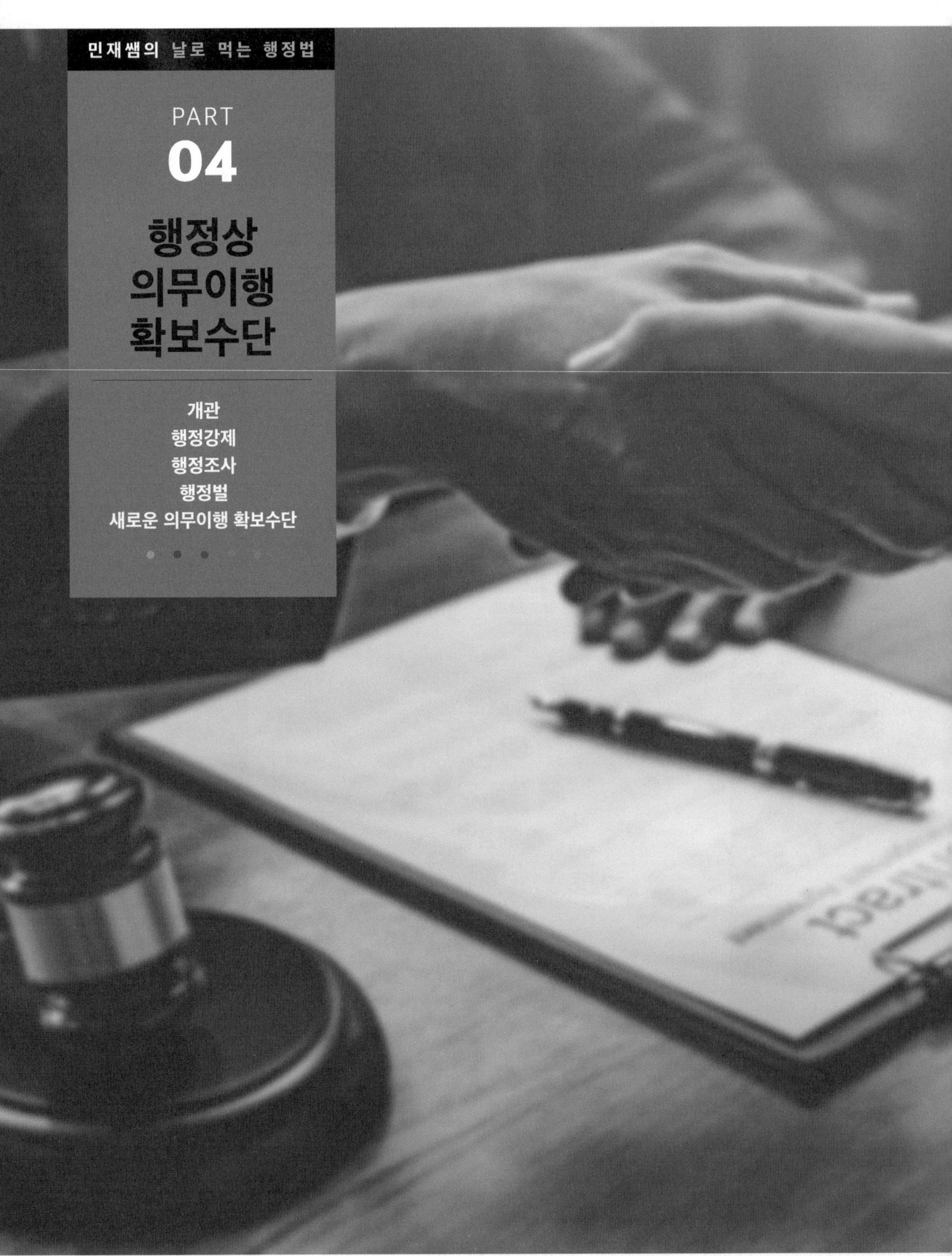

PART 04

행정상 의무이행 확보수단

개관
행정강제
행정조사
행정벌
새로운 의무이행 확보수단

단원별 소개 및 추천 공부법

의무이행 확보수단 20문제 중 2~3문제 출제

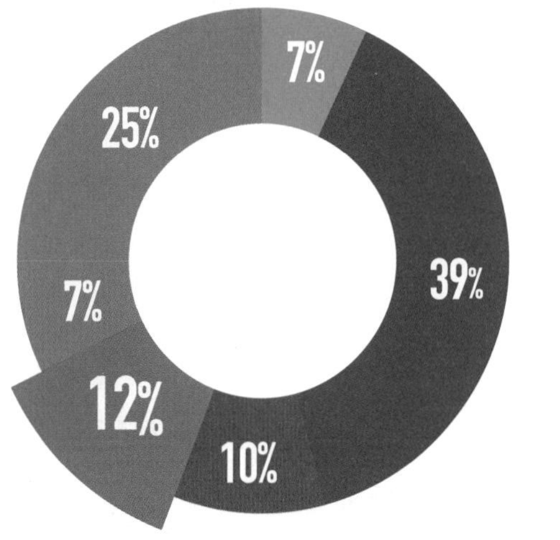

이 단원은 **행정청이 행정 목적을 실현하기 위해 개인에게 가하는 여러 수단들**에 대한 단원입니다.

출제 비중은 약 12% 정도로 낮은 편에 속하며, 특히 이 중에서도 **대집행 부분에 대한 출제가 집중**되고 있고, **판례** → **조문 순**으로 출제되고 있습니다.

따라서 **대집행 부분을 집중적으로 공략**한 뒤, **나머지 부분은 개념을 명확히 이해**하는 것이 가장 효율적인 공부방법입니다.

01 개관

제 1 절 행정상 의무이행 확보수단

전통적 의무이행 확보수단	현재 의무불이행 상태에 대해 직접적인 실력 행사를 통해 장래에 의무이행을 실현시키는 **행정강제**와, 과거의 의무불이행 상태에 대해 제재를 가함으로써 간접적으로 의무 이행을 확보시키는 **행정벌** 등이 있음.
새로운 의무이행 확보수단	현대의 복잡 · 다양한 사회 변화에 따라 전통적인 의무이행확보수단을 보완하기 위한 수단으로 **과징금, 가산세, 공급거부, 명단공표** 등의 간접적인 수단이 등장함.

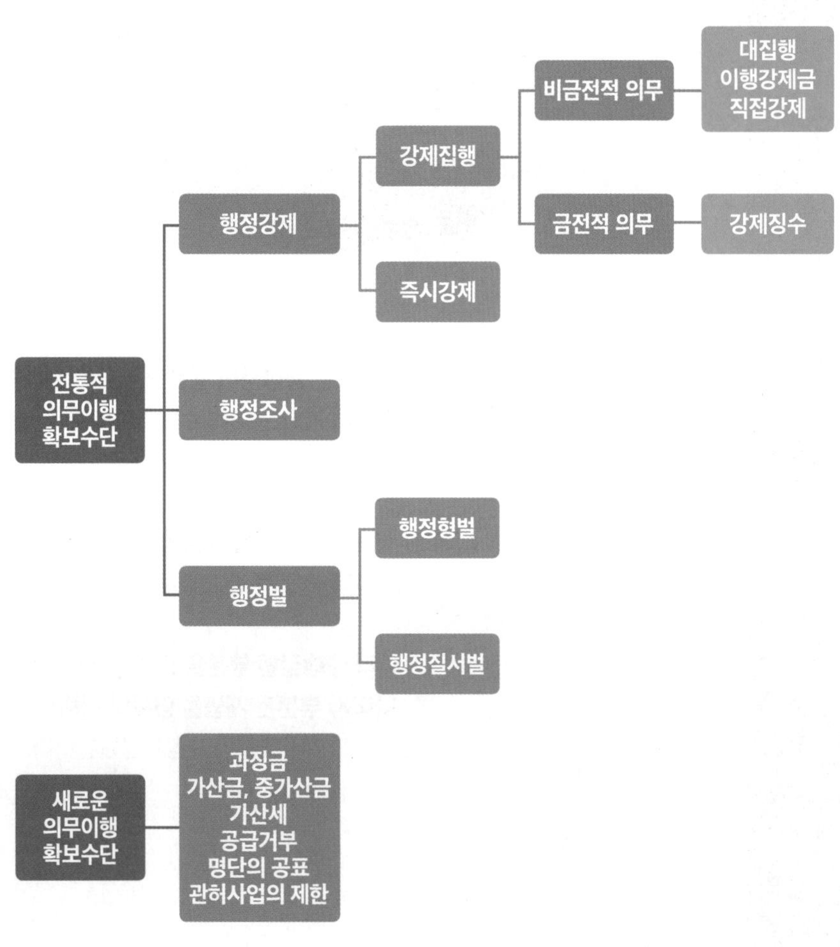

02 행정강제

제 1 절 행정상 강제집행

1. 행정상 강제집행을 위해서는 의무 부과의 근거법규 외에 별도의 법적 근거를 요한다. **14서울7급**

2. 대집행은 대체적 작위의무 이행을 확보하기 위하여 활용되는 대표적인 행정작용의 실효성 확보수단에 해당한다. **13국회속기9급**

1 일반론

의의	**행정상 의무불이행시 의무자의 신체 또는 재산에 직접적으로 실력을 가하여 장래를 향해 의무이행을 실현시키는 행정작용임.**	
종류	**비금전적의무의 강제집행수단**	대집행(대체적 작위의무), 이행강제금(대체적, 비대체적, 작위, 부작위 의무), 직접강제
	금전적 의무의 강제집행수단	강제징수
근거	행정상 강제집행을 위해서는 **별도의 법적 근거가 필요함(통설)**,**(17국가7급,14서울7급)** 과거에는 대집행에 대해선 '행정대집행법', 강제징수에 대해서는 '국세징수법' 등 일반법이 존재하고, 이행강제금과 직접강제는 개별법적 근거가 존재하였으나, **2021년 행정기본법이 신설**되면서, **행정상 강제에 대한 일반법이 만들어지게 됨**(2023.3.24.시행).	

2 대집행

가. 의의 및 요건 등

의의	**행정기본법 제30조(행정상 강제)** ① 행정청은 행정목적을 달성하기 위하여 필요한 경우에는 법률로 정하는 바에 따라 필요한 최소한의 범위에서 다음 각 호의 어느 하나에 해당하는 조치를 할 수 있다. 1. **행정대집행 : 의무자가 행정상 의무**(법령등에서 직접 부과하거나 행정청이 법령등에 따라 부과한 의무를 말한다)**로서 타인이 대신하여 행할 수 있는 의무를 이행하지 아니하는 경우 법률로 정하는 다른 수단으로는 그 이행을 확보하기 곤란하고 그 불이행을 방치하면 공익을 크게 해칠 것으로 인정될 때에 행정청이 의무자가 하여야 할 행위를 스스로 하거나 제3자에게 하게 하고 그 비용을 의무자로부터 징수하는 것**(2023.3.24.시행)**(18서울7급)** 행정청의 대집행 행사는 **재량행위**에 해당한다.**(17국가9급,15지방9급)**

구분		내용
주체		**행정대집행법 제2조(대집행과 그 비용징수) 법률(법률의 위임에 의한 명령, 지방자치단체의 조례를 포함한다.** 이하 같다)에 의하여 직접명령되었거나 또는 법률에 의거한 행정청의 명령에 의한 행위로서 타인이 대신하여 행할 수 있는 행위를 의무자가 이행하지 아니하는 경우 다른 수단으로써 그 이행을 확보하기 곤란하고 또한 그 불이행을 방치함이 심히 공익을 해할 것으로 인정될 때에는 당해 행정청은 스스로 의무자가 하여야 할 행위를 하거나 또는 제삼자로 하여금 이를 하게 하여 그 비용을 의무자로부터 징수할 수 있다.**(21행정사)** 대집행의 주체는 대집행의 대상이 되는 의무를 명한 **당해 행정청, 즉 처분청**임. (감독청 X)(행정대집행법§2). 단, 대집행의 '실행'행위는 **제3자**에 의해서도 **가능(21행정사,18서울7급,13서울9급)**
		✪ 법령에 의해 대집행권한을 위탁받은 경우 → 대집행의 주체 O 판례 법령에 의해 대집행권한을 위탁받은 **한국토지공사**(현 한국토지주택공사)는 국가배상법상 제2조의 공무원이 아니라, 행정주체에 해당한다.**(22국회8급)**
요건	공법상 의무의 불이행	① **법령에서 직접 명령**되었거나 또는 **법령에 근거한 행정행위**에 의한 의무**(22국회8급,18서울9급)** ② **✪ 사법상 의무는 해당 X(21소방)** → 도급계약에 의한 공공시설물 공사의 불완전한 이행에 대하여 행정대집행을 할 수 없다.**(15지방9급,13서울7급)** 단 행정대집행법을 준용하는 특별 규정이 있는 경우에는, 사법상 의무의 불이행도 대집행 집행이 될 수 있음.**(17지방7급,16서울7급)** 판례 ㉠ **✪ 토지협의취득에 대한 철거의무는 공법상 의무가 아니므로 행정대집행의 대상에 속하지 않으므로,** 구 '공공용지의 취득 및 손실보상에 관한 특례법'에 따른 토지 등의 협의취득시 건물소유자가 철거의무를 부담하겠다는 약정을 하였더라도, **그 철거의무는 행정대집행법상 대집행의 대상이 되지 않는다**(2006두7096).**(22국회8급,20국가9급,15지방7급,13국가7급)** ㉡ 현행 국유재산법은 위와 같은 제한 없이 모든 국유재산에 대하여 행정대집행법을 준용할 수 있도록 규정하였으므로, 행정청은 당해 재산이 행정재산 등 공용재산인 여부나 그 철거의무가 공법상의 의무인 여부에 관계없이 대집행을 할 수 있다(91누13090). → 국유재산법, 공유재산 및 물품관리법은 일반재산법을 포함한 국유재산 및 공유재산을 무단 점유하거나 시설물을 설치한 경우, 행정대집행법을 준용하도록 규정하고 있으므로, 일반재산인 공유재산 대부계약 해지에 따른 원상회복으로서 행정대집행의 방법으로 지상물 철거가 가능함.

1. 대집행의 경우 행정청은 의무자가 하여야 할 행위를 제3자로 하여금 행하게 할 수도 있다. **18서울7급**

2. 법령에 의해 대집행 권한을 위탁받은 한국토지공사는 국가공무원법 제2조에서 말하는 공무원이 아니라 행정주체에 해당한다. **15지방7급**

3. 행정주체와 사인 간의 건축도급계약에 있어서, 사인이 의무 불이행을 하였다고 하여도, 당 계약상 의무는 사법(私法) 상의 의무이기에 행정대집행은 허용되지 않는다. **15지방9급**

4. 공익사업을 위한 토지 등의 취득 및 보상에 관한 법률상의 협의취득시에 매매대상 건물에 대한 철거의무를 부담하겠다는 취지의 약정을 건물소유자가 하였다고 하더라도, 그 철거의무는 사법(私法) 상의 의무이기에 대집행의 대상이 되지 않는다. **20국가9급**

5. 퇴거의무 및 점유물인도 의무의 불이행은 대체적 작위의무가 아니므로 행정대집행의 대상이 되지 않는다. **18국가9급**

요건	대체적 작위 의무의 불이행	① 타인이 대신 행할 수 있는 **'대체적'**의무여야 함.**(21국가9급,18서울7급)** 예) 공유수면에 설치한 건물을 철거하여 공유수면을 원상회복해야 할 의무 **(20국가9급)**, '공유재산 및 물품관리법'에 따른 공유재산 원상복구명령의 강제적 이행**(21국가9급)** **일신전속적 의무, 고도의 개인적 기술 · 지능을 요하는 작위의무는 부대체적 의무로서 대집행의 대상 X**(직접강제대상) **판례** 비대체적 작위의무여서 **대집행의 대상이 아니라고 본 판례** ㉠ ✪ **장례식장 사용중지의무**(2005두7674).**(17국가7급,15지방7급,10지방7급)** ㉡ ✪ **도시공원시설의 매점점유자의 퇴거의무**(97누157).**(22국가9급,21지방9급,21국회9급,18국가9급,16서울7급,15지방7급,15서울9급)** ㉢ ✪ 구 토지수용법상 피수용자 등이 기업자에 대하여 부담하는 **수용대상 토지의 명도의무**(2004다2809).**(21군무원9급,21소방간부,19서울9급,16서울7급,15국가9급,14지방9급)**
		② **'작위의무'여야 함.** ✪ **부작위 의무**, 수인의무는 **대집행 대상X. (21국회9급,18서울9급,16서울7급,13서울7급)** ✪ 단, 부작위의무의 경우여도 **전환규범(부작위의무를 작위의무로 전환시킬 수 있는 법적 근거)**을 둔 경우, **대상O (21국가9급,18국가9급,17국가7급,16서울9급,16지방7급,15지방9급,15국가9급)** **판례** 단순한 부작위의무의 위반, 즉 관계 법령에 정하고 있는 절대적 금지나 허가를 유보한 상대적 금지를 위반한 경우에는 당해 법령에서 그 위반자에 대하여 위반에 의하여 생긴 유형적 결과의 시정을 명하는 행정처분의 권한을 인정하는 규정을 두고 있지 아니한 이상, **부작위의무로부터 그 의무를 위반함으로써 생긴 결과를 시정하기 위한 작위의무를 당연히 끌어낼 수는 없으며, 또 위 금지규정**(특히 허가를 유보한 상대적 금지규정)**으로부터 작위의무, 즉 위반결과의 시정을 명하는 권한이 당연히 추론되는 것도 아니다**(96누4374).**(22국회8급,21국가7급,20지방9급,19국가7급,19서울7급,18국가9급,17국가9급,17국가9급,16지방7급,16서울9급,15국가9급 등)** 예) 시설설치금지의무를 위반하여 시설을 설치한 경우, 행정청의 불법 공작물의 철거명령이 발해짐으로써 작위의무로 전환된 이후에는 그 작위의무의 불이행을 이유로 대집행이 가능함.
	다른 방법이 없을 것 (보충성)	다른 수단으로는 이행확보가 곤란한 경우에만 대집행이 가능함 **(보충성의 원칙).(18서울7급)**

1. 구 토지수용법상 피수용자 등이 기업자에 대하여 부담하는 수용대상 토지의 인도 의무는, 대체적 작위 의무라고 볼 수 없으므로, 행정대집행법에 의한 대집행의 대상이 될 수 없다. **19서울9급**

2. 부작위의무 위반행위에 대하여, 법률에 부작위의무를 대체적 작위의무로 전환하는 규정이 있으면 부작위의무를 대체적 작위의무로 전환시켜 대집행 할 수 있다. **15사복9급**

3. 부작위의무의 근거 규정인 금지규정으로부터, 그 의무를 위반함으로써 생긴 결과를 시정할 작위의무나, 위반 결과의 시정을 명할 행정청의 권한이 당연히 추론되는 것은 아니다. **17국가9급**

4. 의무를 명하는 행정행위에 아직 불가쟁력이 발생하지 않는 경우에도, 그 행정행위에 따른 의무의 불이행에 대하여 대집행을 할 수 있다. **17국가9급**

5. 계고시 상당한 기간을 부여하지 않는 경우, 대집행 영장으로 대집행의 시기를 늦추었다 하더라도 그 대집행계고처분은 위법하다. **17지방9급**

6. 위법건축물에 대한 철거명령 및 계고처분에 불응하여 제**2**차, 제**3**차로 계고처분을 한 경우, 제**2~3**차의 후행 계고 처분은 행정처분에 해당하지 않는다. **19국회8급**

요건	공익상 요청이 있을 것 (상당성)	**의무 불이행을 방치하는 것이 공익을 심히 해하는 것으로 인정될 때**에만 대집행 가능(**상당성의 원칙**)(13지방9급)	
		상당성 인정 = 공익을 해함	**상당성 부정 = 공익 해하지 않음**
		판례 ㉠ 건물의 철거비용이 많이 든다 하더라도 무허가증축부분을 방치함으로써 더 큰 공익을 심히 해할 우려가 있는 경우(91누4140). ㉡ 개발제한구역 내 합법화가 불가능한 신축교회 건물에 대한 철거대집행계고처분은 적법함(98두3112).	판례 ㉠ 건축허가면적보다 약간 초과하여 이웃의 대지를 침범한 경우(90누10070). ㉡ 붕괴위험이 있는 노후건물에 대해 수선허가 없이 대수선을 했으나, 도시미관이나 위생을 해친 바 없는 경우 건물철거대집행계고처분은 위법하다(87누213).
불가쟁력	불가쟁력의 발생은 **대집행 요건 아님** → ✪ 쟁송제기기간 내에도 대집행 가능**(17국가9급,14서울9급)**		

나. 대집행의 절차(계통실비) 및 권리구제

계고	개념	**제3조(대집행의 절차)** ① 전조의 규정에 의한 처분(이하 대집행이라 한다)을 하려함에 있어서는 **상당한 이행기한**을 정하여 그 기한까지 이행되지 아니할 때에는 대집행을 한다는 뜻을 **미리 문서로써 계고**하여야 한다. 이 경우 행정청은 상당한 이행기한을 정함에 있어 의무의 성질 · 내용 등을 고려하여 사회통념상 해당 의무를 이행하는 데 필요한 기간이 확보되도록 하여야 한다. 판례 ㉠ ✪ '상당한 기간'이란 사회통념상 해당 의무를 이행하는데 필요한 시간을 의미하므로, **상당한 의무이행기간을 부여하지 아니한 대집행 계고처분은 위법**하다(90누2048).**(21소방간부,21군무원7급,17지방9급)** ㉡ 행정청인 피고가 의무이행기한이 1988.5.24.까지로 된 이 사건 대집행계고서를 5.19. 원고에게 발송하여 원고가 그 이행종기인 5.24. 이를 수령하였다면, 설사 피고가 대집행영장으로써 대집행의 시기를 1988.5.27 15:00로 늦추었더라도 위 대집행계고처분은 상당한 이행기한을 정하여 한 것이 아니어서 대집행의 적법절차에 위배한 것으로 위법한 처분이라고 할 것이다(90누2048).**(21소방간부,21군무원7급,17지방9급)** ㉢ 철거명령에서 주어진 일정기간이 자진철거에 필요한 상당한 기간이라면 그 기간 속에는 계고시에 필요한 '상당한 이행기간'도 포함되어 있다고 보아야 할 것이다(91누13564).**(21군무원9급,20국가7급,19지방9급,19서울7급,17국가7급,16지방9급,16지방7급,13지방7급 등)**
	성질	✪ **준법률행위적 행정행위로서의 통지**로, 그 자체가 독립하여 **항고소송의 대상**이 됨**(15지방7급,15국가9급,08국가9급)** ✪ **1차 계고만이 처분에 해당**하고, **2차 계고는 대집행기한의 연기통지에 불과하여 처분 X**(94누5144).**(22국회8급,21소방,21경행,21행정사,21변시,18국가9급,16서울9급,15지방9급)**

계고	방식	• 대집행할 행위의 **내용 및 범위가 구체적으로 특정**되어야, 단, ✪ **반드시 계고서에 의하여만 특정될 필요는 없고** 계고처분 전 후 송달된 문서나, **기타 사정 등을 종합하여 특정할 수 있으면 족함**(96누8086).**(21소방,18국가9급,16서울9급,14국가9급 등)** • **계고는 문서로** 해야, **구술로 하는 경우 무효**
	계고의 생략	**행정대집행법 제3조(대집행의 절차) ③ 비상시 또는 위험이 절박한 경우에** 있어서 당해 행위의 급속한 실시를 요하여 전2항에 규정한 **수속을 취할 여유가 없을 때**에는 그 수속을 거치지 아니하고 대집행을 할 수 있다.**(19서울7급)**
	하명과 계고의 결합 가능성	✪ **판례는 철거명령과 계고처분을 1장의 문서로 할 수 있다**고 함(91누13564).**(21행정사,19지방·교행9급,18국회8급)**
통지	개념	**행정대집행법 제3조(대집행의 절차)** ②의무자가 전항의 계고를 받고 지정기한까지 그 의무를 이행하지 아니할 때에는 당해 행정청은 **대집행영장**으로써 **대집행을 할 시기**, 대집행을 시키기 위하여 파견하는 **집행책임자의 성명과 대집행에 요하는 비용의 개산에 의한 견적액을 의무자에게 통지하여야 한다.**
	성질	✪ **준법률행위적 행정행위로서의 통지**로, 그 자체가 독립하여 **항고소송의 대상**이 됨.**(15지방7급,10국가9급)**
	통지의 생략	✪ **비상시 또는 위험이 절박한 경우** 등 급속한 실시를 요하여 여유가 없을 때에는 **통지를 생략**하고 대집행을 할 수 있다(동법§3③).**(21소방,19서울9급,17지방7급,16국가9급)**
실행	개념	행정청이 스스로, 또는 타인으로 하여금 **대체적 작위의무를 이행시키는 물리력의 행사**
	성질	대집행권을 발동할 것인지 여부에 대해 다수설과 판례는 재량행위로 봄.**(21소방)** **수인하명**(참고 받아들여야 하는 의무)과 **사실행위**(철거행위)가 결합된 **권력적 사실행위**로서 **처분성 긍정**
	방법	**행정대집행법 제4조(대집행의 실행 등)** ② 행정청은 대집행을 할 때 대집행 과정에서의 안전 확보를 위하여 필요하다고 인정하는 경우 현장에 긴급 의료장비나 시설을 갖추는 등 필요한 조치를 하여야 한다. ③ 대집행을 하기 위하여 현장에 파견되는 **집행책임자는** 그가 집행**책임자라는 것을 표시한 증표를 휴대**하여 대집행시에 이해관계인에게 **제시하여야 한다.**
	실력행사 허용여부	학설이 대립하나, ✪ **판례**는 행정대집행시 **부수적으로 점유자들에게 퇴거 조치를 할 수 있고,** 점유자들이 대집행을 방해하는 경우 **경찰 도움을 받을 수 있다**고 판시한 바 있다(2016다213916).**(22국회8급,20국가9급,19국가9급,19지방·교행9급,19서울9급, 18국회8급)** 단, 대집행 책임자가 실력행사하는 것은 허용되지 않음.

1. 대집행계고를 함에 있어서는 의무자가 스스로 이행하지 않는 경우에, 대집행할 행위의 내용 및 범위가 구체적으로 특정되어야 하는데, 그 내용과 범위는 대집행계고서뿐만 아니라 계고처분 후에 송달된 문서나 기타 사정 등을 종합하여 특정될 수 있다. **18국가9급**

2. 대집행의 계고와 대집행 영장에 의한 통지는 그 자체가 독립하여 취소소송의 대상이 된다. **15지방7급**

3. 건물의 점유자가 철거의무자일 때에는 건물철거의무에 퇴거의무도 포함되어 있는 것이어서 별도로 퇴거를 명하는 집행권원이 필요하지 않다. **19지방9급**

4. 철거대상건물의 점유자들이 적법한 행정대집행을 위력을 행사하여 방해하는 경우, 행정청은 필요하다면 경찰관 직무집행법에 근거한 위험발생 방지조치 차원에서 경찰의 도움을 받을 수 있다. **20국가9급**

1. 구 대한주택공사가 대집행 권한을 위탁받아 공무인 대집행을 실시하기 위하여 지출한 비용을, 행정대집행법 절차에 따라 국세징수법의 예에 의하여 징수할 수 있음에도, 민사소송절차에 의하여 그 비용의 상환을 구하는 청구는 소의 이익이 없어 부적법하다. **19지방9급**

2. 대집행의 실행이 완료된 후에는 소의 이익이 없으므로 행정소송으로 다툴 수 없음이 원칙이다. **15국회8급**

3. 관계법령상 행정대집행의 절차가 인정되어 행정청이 행정대집행의 방법으로 건물의 철거 등 대체적 작위의무의 이행을 실현할 수 있는 경우에는, 따로 민사소송의 방법으로 그 의무의 이행을 구할 수 없다. **19사복9급**

실행	**제한**	**제4조(대집행의 실행 등)** ① 행정청(제2조에 따라 대집행을 실행하는 제3자를 포함한다. 이하 이 조에서 같다)은 **해가 뜨기 전이나 해가 진 후에는 대집행을 하여서는 아니 된다.(19서울9급)** 다만, 다음 각 호의 어느 하나에 해당하는 경우에는 그러하지 아니하다. 1. **의무자가 동의한 경우(21국회9급)** 2. **해가 지기 전에 대집행을 착수**한 경우 3. 해가 뜬 후부터 해가 지기 전까지 대집행을 하는 경우에는 대집행의 **목적 달성이 불가능**한 경우 4. 그 밖에 비상시 또는 위험이 절박한 경우
비용의 징수	**개념**	대집행에 요한 비용의 징수에 있어서는 실제에 요한 비용액과 그 납기일을 정하여 의무자에게 문서로써 그 납부를 명하여야 한다(동법§5).
	법적 성질	**하명**으로서 **처분성 긍정**
	비용 부담	**행정대집행법 제6조(비용징수)** ① 대집행에 요한 비용은 **국세징수법의 예에** 의하여 징수할 수 있다.**(21국회9급,21행정사)** ② 대집행에 요한 비용에 대하여서는 행정청은 사무비의 소속에 따라 **국세에 다음가는 순위의 선취득권**을 가진다. ③ 대집행에 요한 비용을 징수하였을 때에는 그 징수금은 사무비의 소속에 따라 **국고 또는 지방자치단체의 수입으로 한다.(21지방9급)** 판례 ✪ 행정대집행법 절차에 따라 징수할 수 있으므로 **민사소송절차에 의해 그 비용의 상환을 청구하는 것은 소의 이익이 없어 부적법하다**(2010다48240).**(21경행,21소방간부,19지방·교행9급,19서울9급)**
권리 구제	**행정 쟁송**	① ✪ **대집행의 계고, 대집행영장의 통지, 실행, 비용징수 모두 처분성이 인정** ② ✪ **각 단계들마다 하자승계 긍정**됨**(16서울7급)**. 판례 ㉠ 후행처분인 대집행비용납부명령 취소소송에서 선행처분인 계고처분이 위법하다는 이유로 대집행비용납부명령의 취소를 구할 수 있다(93누14271).**(21지방9급,21소방간부,15국회8급)** ㉡ 후행처분 대집행영장발부통보처분의 취소소송에서, 선행처분인 계고처분의 위법을 이유로 대집행영장발부통보처분이 위법하다는 주장을 할 수 있다(95누12507).**(21행정사)** 단, 철거명령(의무를 명하는 행위)과 계고 사이는 철거명령이 무효가 아닌 한 하자가 승계되지 않으며, 계고처분의 후속절차인 대집행에 위법이 있다고 하여 선행절차인 계고처분이 부적법하게 되는 것은 아니다(96누15428).**(21지방9급,21소방)** ③ ✪ 대부분 단기간에 집행이 종료되어 **소의 이익이 없어 각하되므로, 동시에 집행정지신청**을 하여 대집행 실행을 저지해야 함. ④ **제7조(행정심판)** 대집행에 대하여는 행정심판을 제기할 수 있다. → **임의적 행정심판전치주의(§7)(21지방9급)** ⑤ 대집행요건의 구비에 대한 **주장 · 입증책임은 행정청**에.

권리 구제	행정 쟁송	⑥ 행정청이 행정대집행의 방법으로 건물의 철거 등 대체적 작위의무의 이행을 실현할 수 있는 경우에는 따로 **민사소송의 방법으로 그 의무의 이행을 구할 수 없다**(2016다213916) → **공법상 의무의 이행을 민사소송으로 X(22국회8급,21경행,21소방간부,21국회9급,21행정사,21국가9급)**
	국가 배상 등	**대집행이 완료되어 취소소송을 제기할 수 없는 경우에도** 국배법에 의거해 **손해배상청구도 가능**하고, 결과제거청구도 가능함.

1. 대집행이 완료되어 취소소송을 제기할 수 없는 경우에도 국가배상청구는 가능하다. **15국가9급**

2. 대집행과 이행강제금 중 어떠한 강제수단을 선택할 것인지에 대하여 행정청의 재량이 인정된다. **20국가9급**

3. 형사처벌과 이행강제금의 병과는 이중처벌에 해당하지 않는다. **17교행9급**

4. 사망한 건축주에게 건축법상 이행강제금이 부과된 경우, 이행강제금 납부의무는 상속인에게 승계될 수 없는 일신전속적 성질의 것이므로 당 처분이나 결정은 당연무효이다. **16국가9급**

3 이행강제금(집행벌)

의의	**행정기본법 제30조(행정상 강제) 제1항** 2. **이행강제금의 부과** : 의무자가 **행정상 의무를 이행하지 아니하는 경우** 행정청이 **적절한 이행기간을 부여**하고, **그 기한까지 행정상 의무를 이행하지 아니하면 금전급부의무를 부과**하는 것 ✪ 부작위의무 또는 작위의무를 이행하지 않은 경우에 일정한 기한까지 의무를 이행하지 않을 때에는 일정한 **금전적 부담을 과할 것을 미리 계고**하여 **심리적 압박**을 통해, **장래에 그 의무의 이행을 확보하려는 간접적인 행정상 강제집행수단**으로, **집행벌**이라고도 함.**(21국회9급,20경행,19국가9급,21국가9급,15국가7급,15지방7급,14서울9급)** 판례 사용자가 이행하여야 할 행정법상 의무의 내용을 초과하는 것을 '불이행 내용'으로 기재한 이행강제금 부과 예고서에 의하여 이행강제금 부과 예고를 한 다음 이를 이행하지 않았다는 이유로 이행강제금을 부과하였다면, 초과한 정도가 근소하다는 등의 특별한 사정이 없는 한 이행강제금 부과 예고는 이행강제금 제도의 취지에 반하는 것으로서 위법하고, 이에 터 잡은 이행강제금 부과처분 역시 위법하다(2011두2170).**(21변시,19국가7급)**
법적 성질	① **급부하명**에 해당하며, 그 부과처분은 행정행위에 해당. ② 침익적 처분이므로, 행정절차법상 의견청취 절차를 거쳐야 함**(15국가7급)** ③ ✪ **일신전속적**이어서, **이미 사망한 사람에게 한 이행강제금 부과처분은 당연무효**이다(2006마470).**(21지방9급,21지방7급,16국가9급,15국가9급,13국가7급)** ④ 이행강제금과 행정벌은 보호법익과 목적에서 차이가 있으므로, 헌법에서 금지하는 **이중처벌에 해당하지 않으므로, 병과될 수 있다.(22국회8급,21소방)** 판례 건축법 제78조에 의한 무허가 건축행위에 대한 형사처벌과 건축법 제83조 제1항에 의한 시정명령 위반에 대한 이행강제금의 부과는 그 처벌 내지 제재 대상이 되는 기본적 사실관계로서의 행위를 달리하며, 또한 그 보호법익과 목적에서도 차이가 있으므로 헌법 제13조 제1항이 금지하는 이중처벌에 해당한다고 할 수 없다(2001헌바80등).**(21소방,20소방,18소방)**
법적 근거	침익적 강제수단이므로, 당연히 **법적 근거가 필요**함**(21국회9급)** 판례 「농지법」에 따른 이행강제금을 부과할 때에는 그때마다 이행강제금을 부과·징수한다는 뜻을 미리 문서로 알려야 하고, 이와 같은 절차를 거치지 아니한 채 이행강제금을 부과하는 것은 이행강제금 제도의 취지에 반하는 것으로써 위법하다(2018마5608).**(21지방7급)** 2021년 행정기본법에 이행강제금에 관한 조항 신설 (단, 시행일 2023.3.24.)

1. 부작위의무나 비대체적 작위의무뿐만 아니라 대체적 작위의무의 위반에 대하여도 이행강제금을 부과할 수 있다. **19지방9급**

<table>
<tr><td>대상</td><td colspan="4">비대체적 작위의무, 부작위의무 O
대체적 작위의무가 이행강제금의 대상이 되는지에 대해 학설이 대립하나,
✪ 현재는 대체적 작위의무의 위반이 있는 경우 행정청은 대집행과 이행강제금을 합리적인 재량에 의해 선택적으로 활용할 수 있으며, 이는 중첩적인 제재에 해당하지 않다고 함(2001헌바80등).(21지방9급,21변시,21국회8급,21국가9급,20국가9급,18국가7급)
즉, 대체적 작위의무에 대해서도 부과될 수 있음.(21지방9급,21국회9급,21군무원7급,15국가9급,14지방9급,13지방9급)</td></tr>
<tr><td>구별
개념</td><td colspan="4">대집행과 직접강제는 직접적 의무이행 확보수단임에 반해,
이행강제금은 간접적인 의무이행 확보수단임.</td></tr>
<tr><td>기준</td><td colspan="4">행정기본법 제31조(이행강제금의 부과) ① 이행강제금 부과의 근거가 되는 법률에는 이행강제금에 관한 다음 각 호의 사항을 명확하게 규정하여야 한다. 다만, 제4호 또는 제5호를 규정할 경우 입법목적이나 입법취지를 훼손할 우려가 크다고 인정되는 경우로서 대통령령으로 정하는 경우는 제외한다.
1. 부과 · 징수 주체
2. 부과 요건
3. 부과 금액
4. 부과 금액 산정기준
5. 연간 부과 횟수나 횟수의 상한 (시행일 2023.3.24.)</td></tr>
<tr><td>가중
감경</td><td colspan="4">행정기본법 제31조 ② 행정청은 다음 각 호의 사항을 고려하여 이행강제금의 부과 금액을 가중하거나 감경할 수 있다.
1. 의무 불이행의 동기, 목적 및 결과
2. 의무 불이행의 정도 및 상습성
3. 그 밖에 행정목적을 달성하는 데 필요하다고 인정되는 사유 (시행일 2023.3.24.)</td></tr>
<tr><td rowspan="3">절차</td><td rowspan="3">시정
명령
불이행</td><td rowspan="3">행
정
기
본
법</td><td colspan="2">이행강제금의 부과 : 의무자가 행정상 의무를 이행하지 아니하는 경우 행정청이 적절한 이행기간을 부여하고, 그 기한까지 행정상 의무를 이행하지 아니하면 금전급부의무를 부과하는 것(행정기본법 §30)
⇒ 행정청의 의무부여 → 불이행 → 계고(적절한 이행기간 부여) → 불이행 → 이행강제금 부과</td></tr>
<tr><td>계고</td><td>행정청은 이행강제금을 부과하기 전에 미리 의무자에게 적절한 이행기간을 정하여 그 기한까지 행정상 의무를 이행하지 아니하면 이행강제금을 부과한다는 뜻을 문서로 계고(戒告)하여야 한다(동법§31③).
(시행일 2023. 3. 24.)</td></tr>
<tr><td>이행
강제금
부과</td><td>• 행정청은 의무자가 제3항에 따른 계고에서 정한 기한까지 행정상 의무를 이행하지 아니한 경우 이행강제금의 부과 금액 · 사유 · 시기를 문서로 명확하게 적어 의무자에게 통지하여야 한다(동법§31④).
• 행정청은 의무자가 행정상 의무를 이행할 때까지 이행강제금을 반복하여 부과할 수 있다(동법§31⑤).(21국회9급) (시행일 2023. 3. 24.)</td></tr>
</table>

<table>
<tr><td rowspan="5">절차</td><td rowspan="5">시정 명령 불이행</td><td>행정기본법</td><td>이행 강제금 징수</td><td>행정청은 이행강제금을 부과받은 자가 납부기한까지 이행강제금을 내지 아니하면 국세강제징수의 예 또는 「지방행정제재·부과금의 징수 등에 관한 법률」에 따라 징수한다(동법 §31⑥). (시행일 2023. 3. 24.)</td></tr>
<tr><td rowspan="4">개별법 중심</td><td>1차 시정 명령</td><td>건축법 제79조 ① 허가권자는 이 법 또는 이 법에 따른 명령이나 처분에 위반되는 대지나 건축물에 대하여 이 법에 따른 허가 또는 승인을 취소하거나 그 건축물의 건축주·공사시공자 · 현장관리인 · 소유자 · 관리자 또는 점유자(이하 "건축주등"이라 한다)에게 공사의 중지를 명하거나 상당한 기간을 정하여 그 건축물의 해체 · 개축 · 증축 · 수선 · 용도변경 · 사용금지 · 사용제한, 그 밖에 필요한 조치를 명할 수 있다.</td></tr>
<tr><td>2차 시정 명령</td><td>건축법 제80조 ① 허가권자는 제79조제1항에 따라 시정명령을 받은 후 시정기간 내에 시정명령을 이행하지 아니한 건축주등에 대하여는 그 시정명령의 이행에 필요한 상당한 이행기한을 정하여 그 기한까지 시정명령을 이행하지 아니하면 다음 각 호의 이행강제금을 부과한다(건축법80①).
→ 1차 시정명령에 대해 불이행할 경우, 이행에 필요한 상당한 이행기간을 정하여 통지(2차시정명령)을 해야 하고, 그럼에도 불구하고, 건축주 등이 상당한 이행기한까지 시정명령을 이행하지 않았어야 이행강제금 부과 가능.
⇒ ✪ 행정청이 이를 위반하여 이행강제금 부과처분을 한 하자는 중대 · 명백한 하자임(2015두46598)(18국가9급,17국가7급)

판례 구 건축법상 건축주 등이 장기간 시정명령을 이행하지 아니하였으나 그 기간 중에 시정명령의 이행 기회가 제공되지 아니하였다가 뒤늦게 이행 기회가 제공된 경우, 이행 기회가 제공되지 아니한 과거의 기간에 대한 이행강제금까지 한꺼번에 부과할 수 없고, 이를 위반하여 이루어진 이행강제금 부과처분의 하자는 중대 · 명백함(2015두46598).(22국회8급,18국가9급,17국가7급)</td></tr>
<tr><td>계고</td><td>건축법 제80조③ 허가권자는 제1항 및 제2항에 따른 이행강제금을 부과하기 전에 제1항 및 제2항에 따른 이행강제금을 부과 · 징수한다는 뜻을 미리 문서로써 계고하여야 한다.
→ 이때 과다한 이행강제금 부과 예고는 위법함(2011두2170).(17지방9급)</td></tr>
</table>

1. 건축주 등이 장기간 시정명령을 이행하지 아니하였으나, 그 기간 중에 시정명령의 이행 기회가 제공되지 아니하였다거나 뒤늦게 이행 기회가 제공된 경우, 이행 기회가 제공되지 아니한 과거의 기간에 대한 이행강제금까지 한꺼번에 부과할 수는 없다. **18국가9급**

1. 건축법상 이행강제금 납부의 최초 독촉은 항고소송의 대상이 되는 행정처분에 해당한다. **21지방9급**

절차	**시정명령 불이행**	**개별법 중심**	**계고**	**판례** 농지법 제62조 제1항에 따른 이행강제금을 부과할 때에는 그때마다 이행강제금을 부과·징수한다는 뜻을 미리 문서로 알려야 하고, 이와 같은 절차를 거치지 아니한 채 이행강제금을 부과하는 것은 이행강제금 제도의 취지에 반하는 것으로서 위법하다(2018마5608).**(21지방7급)**
			이행강제금 부과	허가권자는 최초의 시정명령이 있었던 날을 기준으로 하여 **1년에 2회 이내의 범위에서** 해당 지방자치단체의 조례로 정하는 횟수만큼 **그 시정명령이 이행될 때까지 반복하여 제1항 및 제2항에 따른 이행강제금을 부과 · 징수할 수 있다**(건축법§80⑤). → 계고에도 불구하고 시정의무를 이행하지 않으면 이행강제금을 부과하고, 허가권자는 1년에 2회 이내의 범위내에서 시정명령을 이행할 때까지 반복 부과가 가능함.**(14사복9급)** **판례** 시정명령을 받은 의무자가 시정명령의 취지에 부합하는 의무를 이행하기 위한 정당한 방법으로 행정청에 신청 또는 신고를 하였으나 행정청이 위법하게 이를 거부 또는 반려함으로써 그 처분이 취소된 경우, 시정명령의 불이행을 이유로 이행강제금을 부과할 수 없다(2015두35116).
			이행강제금 징수	허가권자는 제4항에 따라 이행강제금 부과처분을 받은 자가 이행강제금을 납부기한까지 내지 아니하면 「지방행정제재 · 부과금의 징수 등에 관한 법률」에 따라 징수한다(건축법§80⑦).**(21경행)**
	시정명령 이행	**행정기본법**		**의무자가 의무를 이행하면 새로운 이행강제금의 부과를 즉시 중지하되, 이미 부과한 이행강제금은 징수하여야 한다**(행정기본법 §31⑤ 단서) (시행일 2023. 3. 24.)
		개별법		**새로운 이행강제금의 부과를 즉시 중지**하되, **이미 부과된 이행강제금은 징수**하여야 한다(건축법 §80⑥).**(21지방7급,20국가9급,19지방 · 교행9급,18국가7급,17지방9급)** **판례** ㉠ '새로운 이행강제금'에는 시정명령 불이행에 따른 **최초의 이행강제금, 이후 반복 부과된 이행강제금을 모두 포함**함(2013두15750).**(15서울7급)** ㉡ **국토계획법, 건축법, 부동산실명법 등의 이행강제금은**, 이행명령을 받은 자가 이행강제금 부과 전에 그 명령을 이행하는 경우 새로운 이행강제금의 부과를 즉시 중지해야 하고, **이행명령에서 정한 기간을 지나서 이행한 경우라도 최초의 이행강제금을 부과할 수 없다**(2013두15750,2015두36454). → **즉, 아직 최초의 이행강제금 조차 부과되지 않았던 사이에 시정명령을 이행해버렸다면, 그제서야 '기간을 지나 시정명령을 이행한 행위'에 대하여 이행강제금을 부과를 할 수는 없다는 뜻(21지방9급,21변시)**

절차	시정명령 이행	개별법	© **'공정거래법'상** 이행강제금이 부과되기 전에 시정조치를 이행하거나 부작위 의무를 명하는 시정조치 불이행을 중단한 경우 **과거의 시정조치 불이행기간에 대하여 이행강제금을 부과할 수 있다**(2018두63563).(Ⓛ 판례와 비교)
권리구제	개별법에 특별규정 있는 경우		**과태료형 이행강제금** : 개별법에 **이행강제금 부과에 관한 특별한 불복절차 규정이 있는 경우,** 그에 따라야 하므로 **처분성이 부정**됨. → **항고소송 불가** 판례 농지법의 경우, 비송사건절차법에 따른 재판절차가 적용된다고 규정하고 있으므로, 설령 관할청이 잘못 안내하였다고 하더라도 행정법원의 항고소송 재판관할이 생긴다고 할 수 없음(2018두42955). **(22국가9급,21국가7급,20국가7급)**
	개별법에 특별규정 없는 경우		**과징금형 이행강제금** : 개별법에 이행강제금 부과에 관한 특별한 불복절차규정이 없는 경우, 이행강제는 항고소송의 대상이 되는 **처분에 해당** → ✪ **항고소송 가능(21행정사)** 판례 **건축법에 의한 이행강제금**에 대해 불복하고자 할 때에는 비송사건절차법에 의한 재판이 아닌, **항고소송**을 통하여야 한다(2010두13340).**(16서울9급,14서울9급)**

1. 이행강제금의 부과처분에 대한 불복방법에 관하여 아무런 규정을 두고 있지 않는 경우에는, 이행강제금 부과처분은 행정행위이므로 행정심판 또는 행정소송을 제기할 수 있다. **15국가7급**

4 직접강제

의의	**행정기본법 제30조 제1항** 3. **직접강제** : 의무자가 행정상 의무를 이행하지 아니하는 경우 **행정청이 의무자의 신체나 재산에 실력을 행사**하여 **그 행정상 의무의 이행이 있었던 것과 같은 상태를 실현하는 것** (2023.3.24.시행) **가장 강력한 마지막 강제집행수단.**
구별개념	직접강제는 **사전에 부과된 의무불이행을 전제**하나, 즉시강제는 의무불이행을 전제하지 않음.
	직접강제는 **일체의 불이행**에 대한 강제수단이나, 대집행은 대체적 작위의무의강제수단임.
법적 근거	별도의 **법적 근거가 필요**함. 2021년 **행정기본법에서 직접강제에 대한 조항 신설**. 개별법에서도 규정함('식품위생법'상 영업소 폐쇄**(21국가9급)**, '출입국관리법'상 외국인의 강제퇴거 등)
대상	작위 · 부작위 · 수인의무 등 **일체의 의무 불이행**

방법	**행정기본법 제32조(직접강제)** ② 직접강제를 실시하기 위하여 현장에 파견되는 집행책임자는 그가 **집행책임자임을 표시하는 증표를 보여 주어야 한다.** ③ 직접강제의 계고 및 통지에 관하여는 제31조제3항 및 제4항을 준용한다. **행정기본법 제31조(이행강제금의 부과)** ③ 행정청은 이행강제금을 부과하기 전에 **미리 의무자에게 적절한 이행기간을 정하여 그 기한까지 행정상 의무를 이행하지 아니하면 이행강제금을 부과한다는 뜻을 문서로 계고하여야 한다.** ④ 행정청은 의무자가 제3항에 따른 계고에서 정한 기한까지 행정상 의무를 이행하지 아니한 경우 **이행강제금의 부과 금액 · 사유 · 시기를 문서로 명확하게 적어 의무자에게 통지**하여야 한다. (2023. 3. 24. 시행)
한계	**제32조(직접강제)** ① 직접강제는 **행정대집행이나 이행강제금 부과의 방법으로는 행정상 의무 이행을 확보할 수 없거나 그 실현이 불가능한 경우에 실시**하여야 한다. (2023.3.24.시행) • 행정법상 일반원칙을 준수해야 하고, 직접강제는 가장 강력한 강제집행수단이므로 **최후의 수단**으로 행사되어야 함(**보충성의 원칙**).
권리구제	**권력적 사실행위로 처분성이 인정**되어 행정쟁송 제기 가능 손해배상청구, 결과제거청구도 가능함.

5 강제징수

가. 일반론

의의	**행정기본법 제30조 제1항** 4. **강제징수** : 의무자가 행정상 의무 중 **금전급부의무를 이행하지 아니하는 경우 행정청이 의무자의 재산에 실력을 행사하여 그 행정상 의무가 실현된 것과 같은 상태를 실현하는 것** (시행일 2023.3.24.)
근거	법적 근거 필요하며, 일반법으로 2021년 행정기본법에 강제징수에 대한 일반조항이 신설되었으나(시행일 2023.3.24.), 현재는 **국세징수법**이 실질적 역할을 함.

나. 절차 ⇒ 독 · 압 · 매 · 청

1) 독촉

의의	납세의무자에게 납세의무의 이행을 최고하고 최고기한까지 납부하지 않을 때에는 강제징수하겠다는 뜻을 알리는 통지.
성질	**준법률행위적 통지로서, 최초의 독촉은 처분성이 인정**되나, **그 이후** 동일 내용의 독촉을 한 경우 그 독촉은 **처분성 인정X**(97누119)
절차	국세를 그 납부기한까지 완납하지 아니하였을 때에는 세무서장은 **납부기한이 지난 후 10일 내에 독촉장을 발급**하여야 한다(국세징수법 §23①). 이 때 독촉은 상당한 이행기간을 정하여 **문서로** 해야 함.**(10국가7급,08지방9급)**

효과	국세징수권의 소멸시효 진행이 중단됨. **독촉절차 없이 한 압류처분은 취소사유**에 해당함(91누6030).

2) 체납처분

가) 재산의 압류

<table>
<tr><td>개념</td><td colspan="2">체납자의 재산에 대해 사실상 · 법률상 처분을 금지하고 재산을 확보하는 강제 행위로서, 권력적 사실에 해당함(처분성 인정)</td></tr>
<tr><td>요건</td><td colspan="2">납세의무자가 독촉을 받고도 지정기한까지 국세와 가산금을 완납하지 않은 때에 행해짐(동법§24①)</td></tr>
<tr><td rowspan="3">대상</td><td>원칙</td><td>금전적 가치가 있고 양도할 수 있는 모든 재산</td></tr>
<tr><td rowspan="2">예외</td><td>압류금지 : 의복, 침구, 가구등 최저 생활필수품(동법§31)</td></tr>
<tr><td>압류제한 : 급여채권 등의 총액의 2분의 1에 해당하는 금액(동법§33)</td></tr>
<tr><td>효력</td><td colspan="2">① 압류된 재산은 사실상 · 법률상 처분이 금지됨.
② 압류의 효력은 체납자의 사망이나 법인의 합병으로 인한 영향을 받지 않고, 체납자가 사망한 후 체납자 명의의 재산을 압류한 경우 상속인에 대해 한 것으로 봄(동법 §37).
③ 압류요건이 흠결한 경우 압류처분은 위법하나 당연무효는 아님(81누360)
④ ✪ 체납자 아닌 제3자의 재산을 압류 : 당연무효(2010두4612)(18서울7급)
⑤ 압류재산이 징수할 국세액 초과한 경우 : 취소사유(86누479)(17국가9급)</td></tr>
<tr><td rowspan="2">해제</td><td>필요적 해제
동법 §53①</td><td>납부, 충당, 공매의 중지, 부과의 취소 또는 그 밖의 사유로 압류할 필요가 없게 된 경우에는 반드시 압류를 해제해야 함.
판례 '그 밖의 사유로 압류가 필요가 없게 된 때'에는 근거법령이 위헌결정을 받은 경우도 포함됨(2002두3317).</td></tr>
<tr><td>임의적 해제
동법 §53②</td><td>국세징수법§53②
1. 압류 후 재산가격이 변동하여 체납액 전액을 현저히 초과한 경우
2. 압류와 관계되는 체납액의 일부가 납부되거나 충당된 경우
3. 부과의 일부를 취소한 경우
4. 체납자가 압류할 수 있는 다른 재산을 제공하여 그 재산을 압류한 경우</td></tr>
<tr><td>개별 검토</td><td colspan="2">판례 ㉠ 압류처분 후 고지된 세액을 납부한 경우, 그 압류처분이 당연히 실효되는 것이 아니며(81누360), 그 압류가 유효하게 존속하는 한 압류 이후에 발생한 체납액에 대해도 효력이 미침(88다카17174).
㉡ 압류 후 부과처분의 근거 법률이 위헌으로 결정된 경우, 당연무효는 아니고, 압류의 필요적 해제사유에 해당함(2002두3317).</td></tr>
</table>

나) 압류재산의 매각

개념	체납자의 **압류재산을 금전으로 환가**하는 것
방법	**원칙 : 공매(입찰, 경매)** **예외 : 수의계약**(상대방을 임의로 선택하여 맺는계약)

1. 과세관청이 체납처분으로서 행하는 공매는 우월한 공권력의 행사로서 행정소송의 대상이 되는 행정처분이다. **15국가9급**

성질	✪ **매각결정**은 항고소송의 대상이 되는 **처분** **(17지방7급,15국가9급,13국가7급)**
	수의계약은 사법상의 매매계약에 불과, 처분성X
	✪ **공매결정**(공매하기로 한 결정)**(16국가9급,14지방9급,11국가7급)**, **공매 공고, 공매통지(22국회8급,20국가9급,19서울7급,17국가9급)**는 **내부행위 또는 사실행위로, 처분성 X** 판례 공매통지를 하지 않았거나 공매통지를 하였더라도 그것이 적법하지 아니한 경우에는 절차상의 흠이 있어 그 공매처분이 위법하게 되는 것이지만, 공매통지 자체가 행정처분에 해당한다고 할 것은 아니므로 체납자 등은 공매통지의 결여나 위법을 들어 공매처분의 취소 등을 구할 수 있는 것이지, **공매통지 자체를 항고소송의 대상으로 삼아 그 취소 등을 구할 수는 없다**(2010두25527).**(21국회8급,20국가9급,19국가7급,19지방7급,18지방9급,17국가9급,16국가9급 등)**
대행 가능	세무서장은 한국자산관리공사로 하여금 공매를 대행하게 할 수 있는데, 이 경우 공매는 세무서장이 한 것으로 봄(동법 §61⑤)
공매 통지	공매통지는 공매의 절차적 요건에 해당하여 공매통지가 위법하면 공매처분도 위법하나, **그 통지를 하지 아니한 채 공매처분을 하였다 하여도 그 공매처분이 당연무효로 되는 것은 아니다**(2010다50625).**(19지방9급,17국가7급,16지방9급)**
공매재산 평가가 잘못된 경우	**취소사유에 불과**하여, **공매처분의 취소 전까지 유효**하므로, 매수인의 부당이득이 되는 것은 아니다(96다52915).
공매의 실시	공고한 날부터 10일이 지난 후에 실시함(동법 §70) 위 기간이 경과하지 아니한 공매처분은 위법함(73누186).

다) 청산

의의	세무서장이 압류재산의 매각 등으로 수령한 금액을 강제징수비, 국세 등에 **배분하는 행정작용**으로, **처분에 해당**함.
배분방법	**강제징수비, 국세, 가산세 순**으로 배분하고, **잔액은 체납자에게 반환(16교행9급)**

다. 권리구제

권리 구제	**행정 쟁송**	✪ **독촉, 압류, 매각, 청산은 모두 처분성 인정**되므로, 불복이 있는 자는 행정쟁송 제기 가능 단, 국세나 지방세의 경우 행정소송을 제기하기 전에 심사청구 또는 심판청구 중 하나를 반드시 거쳐야 함(**예외적 행정심판전치주의**)**(16교행9급)**

권리 구제	하자의 승계	✪ 독촉과 체납처분은 모두 결합해서 하나의 법률효과를 가져오므로, 각 단계의 행위는 **하자가 승계**됨. 단, 조세부과처분의 하자는 당연무효가 아닌 한 강제징수절차에 승계되지 않는다(73다1884).**(19국가9급)** 판례 조세의 부과처분과 압류 등의 체납처분은 별개의 행정처분으로서 독립성을 가지므로 부과처분에 하자가 있더라도 그 부과처분이 취소되지 아니하는 한 그 부과처분에 의한 체납처분은 위법이라고 할 수는 없지만, 체납처분은 부과처분의 집행을 위한 절차에 불과하므로 그 부과처분에 중대하고도 명백한 하자가 있어 무효인 경우에는 그 부과처분의 집행을 위한 체납처분도 무효라 할 것이다(87누383).**(17지방9급)**

제 2 절 행정상 즉시강제

의의			**행정기본법 제30조 제1항** (2023. 3. 24. 시행) 5. **즉시강제 : 현재의 급박한 행정상의 장해를 제거하기 위한 경우**로서 다음 각 목의 어느 하나에 해당하는 경우에 **행정청이 곧바로 국민의 신체 또는 재산에 실력을 행사하여 행정목적을 달성하는 것** 가. 행정청이 **미리 행정상 의무 이행을 명할 시간적 여유가 없는 경우** 나. 그 성질상 행정상 의무의 이행을 명하는 것만으로는 **행정목적 달성이 곤란한 경우(21군무원7급)** 예) **감염병환자의 강제입원조치, 불법게임물 폐기(15지방7급)**
성질			**권력적 사실행위**로서, 항고소송의 대상이 되는 **처분(22국가9급)**
법적 근거			과거에는 기본권 침해가 큰 권력작용이므로, **엄격한 실정법적 근거**를 요함**(통설).(22국가9급,21지방9급)** 그동안 식품위생법, 소방기본법, 경찰관직무집행법 등 개별법상 근거를 통해 판단하였으나, 2021년 **행정기본법에 즉시강제에 대한 일반적인 조문이 신설**됨(2023.3.24. 시행).
종류	대인적 강제	경찰관 직무 집행법	① 보호조치 - 정신착란자, 미아, 만취자에 대한 보호조치 **(13경행)** ② 범죄의 예방 및 제지**(11지방9급)** ③ 장구 및 무기의 사용 ④ 위험발생의 방지
		개별법	① '재난 및 안전관리 기본법'상 긴급수송 ② '소방기본법'상 화재현장에 있는 자에 대한 원조강제 ③ '마약류 관리에 관한 법률'상 마약중독자의 격리 및 치료를 위한 치료보호 등**(12지방9급)** ④ '감염병의 예방 및 관리에 관한 법률'상 감염병환자의 강제입원, 강제건강진단 및 치료**(22국가9급,21군무원7급)**

1. 독촉 및 체납처분의 각 단계의 하자는 승계되지만, 조세부과처분의 하자는 당연무효가 아닌 한 강제징수절차에 승계되지 않는다고 봄이 판례의 입장이다. **19국가9급**

2. 국세기본법에 의하면 강제징수절차에 불복하는 당사자는 심사청구 또는 심판청구를 거친 후 행정소송을 제기하여야 한다. **16교행9급**

3. 술에 취한 상태로 인하여 자기 또는 타인의 생명 · 신체와 재산에 위해를 미칠 우려가 있는 피구호자에 대한 보호조치는 경찰 행정상 즉시강제에 해당한다는 것이 판례의 입장이다. **13경행**

4. 소방기본법상 소방활동에 방해가 되는 물건 등에 대한 강제처분은 행정상 즉시강제에 해당한다. **19소방9급**

5. 행정강제는 행정상 강제집행을 원칙으로 하고, 행정상 즉시강제는 예외적으로 인정되는 강제수단이다. **17국가9급**

6. 행정상 즉시강제는 실정법의 근거를 필요로 하고, 그 발동에 있어서는 법규의 범위 안에서도 행정상의 장해가 목전에 급박하고, 다른 수단으로는 행정목적을 달성할 수 없는 경우이어야 하며, 이러한 경우에도 그 행사는 필요 최소한도에 그쳐야 함을 내용으로 하는 한계에 기속된다. **17국가9급**

종류	대물적 강제	경찰관 직무 집행법	① 무기 · 흉기 등 물건에 대한 임시영치 ② 위해방지조치 등
		개별법	① '재난 및 안전관리 기본법'상 응급조치**(11지방9급)** ② '소방기본법'상 소방대상물의 파괴**(19소방)** ③ '마약류 관리에 관한 법률'상 마약류 폐기**(13지방9급,12지방7급,11지방9급)** ④ '감염병의 예방 및 관리에 관한 법률'상 감영병 유행에 대한 방역조치(일시적 폐쇄) 등**(18국회8급,15지방7급,11지방9급)** ⑤ 구 '음반 · 비디오물 및 게임물에 관한 법률'상 불법게임물의 수거 · 삭제 · 폐기**(21국가9급,19서울9급,15지방9급)** ⑥ '도로교통법'상 교통장애물 제거
	대가택 강제	경찰관 직무 집행법	위험방지를 위한 가택출입 · 수색
		개별법	'조세범처벌절차법'상 수색
한계	실체 법적 한계	행정 기본법	판례 **제33조(즉시강제)** ① 즉시강제는 **다른 수단으로는 행정목적을 달성할 수 없는 경우에만 허용**되며, 이 경우에도 **최소한으로만 실시**하여야 한다.**(22소방,21군무원7급)**
		급박성의 원칙	즉시강제는 공공의 안녕과 질서에 대한 **위해가 현존하고 있거나 명백**하여 확실히 예견할 수 있는 경우에 한해 가능하며, 단순 위해발생의 가능성만으로는 부족함,
		비례의 원칙	행정목적 달성을 위해 적합해야하며(**적합성**), 최소한의 침해를 가져와야 하며(**필요성**), 즉시강제를 통해 추구하는 공익보다 개인의 권익에 대한 침해가 커서는 안됨(**상당성**).
		소극성의 원칙	공공의 안녕과 질서를 유지하기 위하여 **필요한 범위 내에서 소극적으로 이루어져야 함**. 공공복리 달성이라는 적극적인 행정목적을 위해서 발동되서는 안됨.**(21국가9급)**
		보충성의 원칙	급박한 장해의 제거 등이 다른 수단으로 달성될 수 없는 경우에 **보충적으로 도입되어야** 하므로, 강제집행이 가능한 경우라면 즉시강제는 인정 X**(21국가9급)**
	절차 법적 한계	영장 주의의 적용	**행정기본법 제33조(즉시강제)** ② 즉시강제를 실시하기 위하여 현장에 파견되는 **집행책임자**는 그가 **집행책임자임을 표시하는 증표를 보여 주어야 하며, 즉시강제의 이유와 내용을 고지**하여야 한다.**(21군무원7급)** **대법원**은 원칙적으로 영장주의가 적용되어야 하나, **행정목적 달성을 위해 불가피한 경우에는 예외적으로 영장주의가 적용되지 않는다**고 하는 **절충설**의 입장**(21국가9급)**

한계	절차 법적 한계	영장 주의의 적용	**헌법재판소**는 즉시강제는 급박성을 본질로 하므로, **원칙적으로 영장주의가 적용되지 않는다는 영장불요설**의 입장임(**21국가9급**). **판례** 불법게임물을 발견한 경우 관계공무원으로 하여금 영장 없이 이를 수거하여 폐기할 수 있도록 규정한 '음반·비디오물 및 게임물에 관한 법률'의 조항은 급박한 상황에 대처하기 위해 행정상 즉시강제를 행할 불가피성과 정당성이 인정되므로, 헌법상 영장주의에 위배되지 않는다(2000헌가12).(**17국가9급**)
		행정 절차법	**행정절차법에 즉시강제에 대한 규정이 없으나, 즉시강제는 권력적 사실행위로서 처분성이 인정**되기에 **행정절차법상 처분절차에 따라야** 함. 단, 급박성이 중요하기에 **의견제출 및 이유제시의 예외**에 해당함.
권리 구제	적법한 즉시 강제 구제		행정상 **손실보상 청구 가능**함. 경찰관직무집행법은 경찰관의 적법한 직무집행으로 인하여 손실을 입은 자에 대해 정당한 보상을 하도록 규정(동법 제11조의 2) 그 외 소방기본법, 재난 및 안전관리기본법 등 개별규정 있음.
	위법한 즉시 강제 구제	행정 쟁송	**처분에 해당**하나(**22국가9급**), **소의 이익이 부정되어 각하**되는 경우 많음. 단, 조치가 **계속적 성질**을 가지는 경우에는 **인정**됨. (**예 감염병환자의 강제입원, 물건의 영치 등**)
		국가 배상	위법한 즉시강제가 공무원의 직무상 불법행위에 해당하고, 이로 인해 손해를 받게 된 자는 국가배상법상 손해배상 가능.(**22국가9급,15경찰,14지방9급**)
		정당 방위	공무원의 위법한 즉시강제에 저항하는 것은 **정당방위로 인정**되어, **공무집행방해죄가 성립하지 않는다**(91도2797).
구별 개념			• 강제집행은 의무의 존재 및 불이행을 전제로 하는 데 반해, **즉시강제는 의무의 존재와 불이행을 전제로 하지 않음.**(**21지방9급**) • 즉시강제는 행정상 필요한 상태를 실현하는 것을 목적으로 한다는 점에서, 조사 그 자체를 기본적인 목적으로 하는 행정조사나 과거의 의무위반에 대한 제재를 목적으로 하는 행정벌과 구별됨.

1. 불법게임물을 발견한 공무원이 영장없이 이를 수거하여 폐기하게 할 수 있도록 규정한 구 음반·비디오물 및 게임물에 관한 법률의 조항은, 급박한 상황에 대처하기 위한 것으로서 그 불가피성과 정당성이 충분히 인정되는 경우이므로 헌법상 영장주의에 위배되는 것으로는 볼 수 없다. **17국가9급**

03 행정조사

1. 행정조사기본법에 따르면, 행정기관은 법령 등에서 행정조사를 규정하고 있는 경우에 한하여 행정조사를 실시할 수 있지만, 조사대상자가 자발적으로 협조하는 경우에는 법령 등에서 행정조사를 규정하고 있지 않더라도 행정조사를 실시할 수 있다. **18국가9급**

2. 우편물 통관검사절차에서 이루어지는 성분분석 등의 검사가 압수·수색영장 없이 이루어졌다 하더라도 특별한 사정이 없는 한 위법하지 않다. **19소방9급**

1 개관(행정조사기본법)

의의 (§2)	행정기관이 정책을 결정하거나 직무를 수행하는 데 필요한 정보나 자료를 수집하기 위하여 현장조사 · 문서열람 · 시료채취 등을 하거나 조사대상자에게 보고요구 · 자료제출요구 및 출석 · 진술요구를 행하는 활동을 말한다.	
법적근거 (§5)	권력적 행정조사는 조직법적, 작용법적 근거가 모두 필요하나, 비권력적 행정조사는 조직법적 근거만 필요함.	
	행정조사에 관한 일반법은 행정조사기본법임. **제5조(행정조사의 근거)** 행정기관은 법령등에서 행정조사를 규정하고 있는 경우에 한하여 행정조사를 실시할 수 있다. 다만, **조사대상자의 자발적인 협조를 얻어 실시하는 행정조사의 경우에는 그러하지 아니**하다.(21국회8급,21군무원7급,15지방7급,15지방9급,14서울9급) 판례 행정조사기본법 제5조는 행정기관이 정책을 결정하거나 직무를 수행하는 데에 필요한 정보나 자료를 수집하기 위하여 행정조사를 실시할 수 있는 근거에 관하여 정한 것으로서, 이러한 규정의 취지와 아울러 문언에 비추어 보면, 단서에서 정한 '조사대상자의 자발적인 협조를 얻어 실시하는 행정조사'는 개별 법령 등에서 행정조사를 규정하고 있는 경우에도 실시할 수 있다(2016두41811).(21국회9급)	
성질	통상 그 자체로 법적 효과를 발생시키지 않는 **사실행위**에 해당하나, **권력적 행정조사는 처분**에 해당함.	
종류	**권력적**	개인에게 수인의무를 부과함 예) 운전자에 대한 음주측정, 체납처분시 질문 · 검사
	비권력적	상대방의 협력을 요하는 행정조사 예) 통계조사, 여론조사

<table>
<tr><td rowspan="4">한계</td><td>내용적</td><td>행정조사기본법 §4</td></tr>
<tr><td rowspan="3">절차적</td><td>행정조사기본법상의 절차를 따라야 함.</td></tr>
<tr><td>**영장주의 적용여부 : 권력적 행정조사에 대해선, 영장주의가 적용**된다는 것이 다수설이나, **판례**는 **행정조사의 성질을 유지하는 한 영장이 필요하지 않다는 입장**임.

판례 우편물 통관검사절차에서 이루어지는 우편물 개봉 등의 검사는 행정조사의 성격을 가지는 것으로서 수사기관의 강제처분이라 할 수 없으므로, 압수·수색영장 없이 검사가 진행되었다 하더라도 특별한 사정이 없는 한 위법하다고 할 수 없다(2013도7718).**(22국회8급,21소방,18국가7급,16국가9급,15지방7급)**</td></tr>
<tr><td>조사대상자가 행정조사의 실시를 거부하거나 방해하는 경우 **실력행사의 가부** : 학설의 대립 有, **다수설**은 **조사대상자의 신체·재산에 대해 실력을 행사할 수 없다**는 입장.**(18국가7급,14국가9급,13서울9급)**</td></tr>
<tr><td rowspan="5">권리구제</td><td>적법</td><td>법률이 정하는 바에 따라 **손실보상청구 가능**</td></tr>
<tr><td rowspan="4">위법</td><td>**권력적 행정조사는 처분성이 인정되어 행정쟁송 대상 ○**

판례 부과처분을 위한 과세관청의 질문조사권이 행해지는 세무조사결정이 있는 경우 납세의무자는 세무공무원의 과세자료 수집을 위한 질문에 대답하고 검사를 수인하여야 할 법적 의무를 부담하게 되므로, 세무조사결정은 납세의무자의 권리·의무에 직접 영향을 미치는 공권력의 행사에 따른 행정작용으로서 항고소송의 대상이 된다(2009두23617).**(21국회9급,21군무원9급,19지방7급,18국가9급,18서울7급,17지방9급,16국가7급,15지방7급,14국가9급,14국가7급 등)**

단, **단기간에 끝나는 행정조사의 경우 소의 이익이 없음.**</td></tr>
<tr><td>**위법한 행정조사에 기초하여 내려진 행정처분은 위법한 처분**

판례 ㉠ ✪ **부당한 목적을 가진 세무조사에 기초한 과세처분 : 위법**(2016두47659)**(22소방)**
㉡ ✪ **중복실시한 세무조사에 기초한 과세처분 : 위법.**(2004두12070)**(21국회9급,15지방7급)**, 그러한 재조사로 얻은 과세자료를 배제하고서도 동일한 과세처분이 가능한 경우라도 위법함(2016두55421).**(22국회8급)**</td></tr>
<tr><td>• 위법한 행정조사가 국가배상법 §2의 요건을 충족하면(공무원의 직무상 불법행위에 해당), 그로 인한 손해를 받은 개인은 **국가배상청구 가능.(16국가9급)**</td></tr>
<tr><td>• 위법한 행정조사에 대해 예방적 금지소송이 효과적인 방어수단이지만, 현재 인정되고 있지 않다. **(21국회9급,18교행9급,15지방9급)**</td></tr>
<tr><td>즉시강제와의 구별</td><td colspan="2">**즉시강제**는 그 자체가 행정상 필요한 상태의 실현을 목적으로 하는 **권력적** 작용임에 비해, **행정조사**는 행정작용을 위해 필요한 자료를 얻기 위한 준비적 작용으로서 **권력적·비권력적 조사 모두 가능**한 작용임.</td></tr>
</table>

1. 위법한 세무조사에 기초하여 이루어진 부가가치세부과처분은 위법한 처분이다. **16국가9급**

2 행정조사기본법의 주요 내용

가. 총칙

<table>
<tr><td rowspan="2">적용
범위
(§3)</td><td>원칙</td><td>① 행정조사에 관하여 다른 법률에 특별한 규정이 있는 경우를 제외하고는 이 법으로 정하는 바에 따른다.</td></tr>
<tr><td>예외</td><td>② 다음 각 호의 어느 하나에 해당하는 사항에 대하여는 이 법을 적용하지 아니한다.
1. 행정조사를 한다는 사실이나 조사내용이 공개될 경우 국가의 존립을 위태롭게 하거나 국가의 중대한 이익을 현저히 해칠 우려가 있는 국가안전보장 · 통일 및 외교에 관한 사항
2. 국방 및 안전에 관한 사항 중 다음 각 목의 어느 하나에 해당하는 사항
가. 군사시설 · 군사기밀보호 또는 방위사업에 관한 사항
나. 「병역법」 · 「예비군법」 · 「민방위기본법」 · 「비상대비에 관한 법률」에 따른 징집 · 소집 · 동원 및 훈련에 관한 사항
3. 「공공기관의 정보공개에 관한 법률」 제4조제3항의 정보에 관한 사항
4. 「근로기준법」 제101조에 따른 근로감독관의 직무에 관한 사항
5. 조세 · 형사 · 행형 및 보안처분에 관한 사항
6. 금융감독기관의 감독 · 검사 · 조사 및 감리에 관한 사항
7. 「독점규제 및 공정거래에 관한 법률」, 「표시 · 광고의 공정화에 관한 법률」, 「하도급거래 공정화에 관한 법률」, 「가맹사업거래의 공정화에 관한 법률」, 「방문판매 등에 관한 법률」, 「전자상거래 등에서의 소비자보호에 관한 법률」, 「약관의 규제에 관한 법률」 및 「할부거래에 관한 법률」에 따른 공정거래위원회의 법률위반행위 조사에 관한 사항
③ 제2항에도 불구하고 제4조(행정조사의 기본원칙), 제5조(행정조사의 근거) 및 제28조(정보통신수단을 통한 행정조사)는 제2항 각 호의 사항에 대하여 적용한다.</td></tr>
<tr><td>행정
조사
의
기본
원칙
(§4)</td><td colspan="2">① 행정조사는 조사목적을 달성하는데 필요한 최소한의 범위 안에서 실시하여야 하며, 다른 목적 등을 위하여 조사권을 남용하여서는 아니 된다.(21군무원9급,21군무원7급,16국가9급,16경찰,14서울9급) → 비례의 원칙
② 행정기관은 조사목적에 적합하도록 조사대상자를 선정하여 행정조사를 실시하여야 한다.(21국회8급,16경찰,14서울9급) → 비례의 원칙
③ 행정기관은 유사하거나 동일한 사안에 대하여는 공동조사 등을 실시함으로써 행정조사가 중복되지 아니하도록 하여야 한다.(21군무원9급,16경찰,15경찰,14서울9급,12지방9급 등) → 중복조사금지의 원칙
④ 행정조사는 법령등의 위반에 대한 처벌보다는 법령등을 준수하도록 유도하는 데 중점을 두어야 한다.(21군무원9급,16경찰,14서울9급,10지방9급 등) → 예방 목적의 원칙
⑤ 다른 법률에 따르지 아니하고는 행정조사의 대상자 또는 행정조사의 내용을 공표하거나 직무상 알게 된 비밀을 누설하여서는 아니된다.(16경찰) → 비밀 누설 금지
⑥ 행정기관은 행정조사를 통하여 알게 된 정보를 다른 법률에 따라 내부에서 이용하거나 다른 기관에 제공하는 경우를 제외하고는 원래의 조사목적 이외의 용도로 이용하거나 타인에게 제공하여서는 아니 된다.(21군무원9급,19지방7급,08지방9급) → 목적 외 사용금지

판례 ㉠ 탈루제보에 의한 현장조사에 이은 부가세 매출누락 세무조사는 중복조사금지원칙에 위반된다(2014두8360).
㉡ 후속 세무조사가 같은 과세요건사실에 관한 것이라면 금지되는 재조사에 해당한다(2016두1240).</td></tr>
</table>

나. 조사계획의 수립 및 조사의 방법

조사 대상자	행정조사의 대상이 되는 법인 · 단체 또는 그 기관이나 개인
대상자의 선정 (§8)	① 행정기관의 장은 행정조사의 목적, 법령준수의 실적, 자율적인 준수를 위한 노력, 규모와 업종 등을 고려하여 명백하고 객관적인 기준에 따라 행정조사의 대상을 선정하여야 한다.**(14국회8급)** ② 조사대상자는 **조사대상 선정기준에 대한 열람을 행정기관의 장에게 신청할 수 있다.(15지방9급)** ③ 행정기관의 장이 제2항에 따라 열람신청을 받은 때에는 다음 각 호의 어느 하나에 해당하는 경우를 제외하고 신청인이 조사대상 선정기준을 열람할 수 있도록 하여야 한다. 1. 행정기관이 당해 행정조사업무를 수행할 수 없을 정도로 조사활동에 지장을 초래하는 경우**(18지방9급)** 2. 내부고발자 등 제3자에 대한 보호가 필요한 경우
조사주기 (§7)	행정조사는 법령등 또는 행정조사운영계획으로 정하는 바에 따라 **정기적으로 실시함을 원칙**으로 한다. 다만, 다음 각 호 중 어느 하나에 해당하는 경우에는 수시조사를 할 수 있다.**(21소방,15경찰,14국회8급 등)** 1. **법률에서 수시조사를 규정**하고 있는 경우 2. 법령등의 위반에 대하여 **혐의가 있는 경우** 3. 다른 행정기관으로부터 법령등의 위반에 관한 혐의를 통보 또는 이첩받은 경우 4. 법령등의 위반에 대한 **신고**를 받거나 민원이 접수된 경우 5. 그 밖에 행정조사의 필요성이 인정되는 사항으로서 대통령령으로 정하는 경우
출석 · 진술 요구 (§9)	① 행정기관의 장이 조사대상자의 출석 · 진술을 요구하는 때에는 다음 각 호의 사항이 기재된 출석요구서를 발송하여야 한다.
보고요구와 자료제출의 요구 (§10)	① 행정기관의 장은 조사대상자에게 조사사항에 대하여 보고를 요구하는 때에는 다음 각 호의 사항이 포함된 보고요구서를 발송하여야 한다. ② 행정기관의 장은 조사대상자에게 **장부 · 서류나 그 밖의 자료를 제출**하도록 요구하는 때에는 다음 각 호의 사항이 기재된 **자료제출요구서를 발송**하여야 한다.**(21군무원7급)**
현장조사 (§11) **(13서울9급)**	① 조사원이 가택 · 사무실 또는 사업장 등에 출입하여 현장조사를 실시하는 경우에는 행정기관의 장은 다음 각 호의 사항이 기재된 현장출입조사서 또는 법령등에서 현장조사시 제시하도록 규정하고 있는 문서를 조사대상자에게 발송하여야 한다. ② 제1항에 따른 현장조사는 **해가 뜨기 전이나 해가 진 뒤에는 할 수 없다.** 다만, 다음 각 호의 어느 하나에 해당하는 경우에는 그러하지 아니하다.**(17서울9급,09국가9급)** 1. **조사대상자**(대리인 및 관리책임이 있는 자를 포함한다)**가 동의한 경우** 2. 사무실 또는 사업장 등의 **업무시간에 행정조사를 실시**하는 경우 3. 해가 뜬 후부터 해가 지기 전까지 행정조사를 실시하는 경우에는 조사목적의 달성이 불가능하거나 **증거인멸**로 인하여 조사대상자의 법령등의 위반 여부를 확인할 수 없는 경우 ③ 제1항 및 제2항에 따라 현장조사를 하는 조사원은 그 권한을 나타내는 증표를 지니고 이를 조사대상자에게 내보여야 한다.

시료채취 (§12)	① 조사원이 조사목적의 달성을 위하여 시료채취를 하는 경우에는 그 시료의 **소유자 및 관리자의 정상적인 경제활동을 방해하지 아니하는 범위 안에서 최소한도로** 하여야 한다. ② 행정기관의 장은 제1항에 따른 **시료채취로 조사대상자에게 손실을 입힌 때에는 대통령령으로 정하는 절차와 방법에 따라 그 손실을 보상하여야** 한다.**(21국회9급,13서울9급,08지방7급)**
자료등의 영치 (§13)	① 조사원이 **현장조사 중에 자료 · 서류 · 물건** 등(이하 이 조에서 "자료등"이라 한다)**을 영치**하는 때에는 **조사대상자 또는 그 대리인을 입회시켜야** 한다. ② 조사원이 제1항에 따라 자료등을 영치하는 경우에 **조사대상자의 생활이나 영업이 사실상 불가능하게 될 우려가 있는 때**에는 **조사원은 자료등을 사진으로 촬영하거나 사본을 작성하는 등의 방법으로 영치에 갈음**할 수 있다.**(18국가7급)** 다만, 증거인멸의 우려가 있는 자료등을 영치하는 경우에는 그러하지 아니하다. ③ 조사원이 **영치를 완료한 때에는 영치조서 2부를 작성하여 입회인과 함께 서명날인하고 그중 1부를 입회인에게 교부**하여야 한다.
공동조사 (§14)	① 행정기관의 장은 다음 각 호의 어느 하나에 해당하는 행정조사를 하는 경우에는 **공동조사를 하여야 한다. → 강행규정** 1. 당해 행정기관 내의 **2 이상의 부서가 동일하거나 유사한 업무분야에 대하여 동일한 조사대상자에게 행정조사를 실시**하는 경우**(21국회8급,17경찰,15경찰,13국회8급)** 2. 서로 다른 행정기관이 대통령령으로 정하는 분야에 대하여 동일한 조사대상자에게 행정조사를 실시하는 경우 ② 제1항 각 호에 따른 사항에 대하여 행정조사의 사전통지를 받은 조사대상자는 관계 행정기관의 장에게 공동조사를 실시하여 줄 것을 신청할 수 있다. 이 경우 **조사대상자**는 신청인의 성명 · 조사일시 · 신청이유 등이 기재된 공동조사신청서를 관계 행정기관의 장에게 **제출하여야 한다. → 의무사항**
중복조사의 제한 (§15)	① 제7조에 따라 정기조사 또는 수시조사를 실시**한 행정기관의 장은 동일한 사안에 대하여 동일한 조사대상자를 재조사 하여서는 아니** 된다.**(18지방9급,18서울7급)** 다만, 당해 행정기관이 이미 조사를 받은 조사대상자에 대하여 **위법행위가 의심되는 새로운 증거를 확보한 경우에는 그러하지 아니하다.**

다. 조사의 실시

개별조사 계획의 수립 (§16)	① 행정조사를 실시하고자 하는 **행정기관의 장은 제17조에 따른 사전통지를 하기 전에 개별조사계획을 수립하여야** 한다. 다만, 행정조사의 시급성으로 행정조사계획을 수립할 수 없는 경우에는 행정조사에 대한 결과보고서로 개별조사계획을 갈음할 수 있다. ② 제1항에 따른 개별조사계획에는 조사의 목적 · 종류 · 대상 · 방법 및 기간, 그 밖에 대통령령으로 정하는 사항이 포함되어야 한다.

<table>
<tr><td rowspan="2">조사의
사전통지
(§17)</td><td>서
면
통
지</td><td>① 행정조사를 실시하고자 하는 행정기관의 장은 제9조에 따른 출석요구서, 제10조에 따른 보고요구서 · 자료제출요구서 및 제11조에 따른 현장출입조사서(이하 "출석요구서등"이라 한다)를 조사개시 7일 전까지 조사대상자에게 서면으로 통지하여야 한다.(15서울7급,09국가9급)</td></tr>
<tr><td>구
두
통
지</td><td>다만, 다음 각 호의 어느 하나에 해당하는 경우에는 행정조사의 개시와 동시에 출석요구서등을 조사대상자에게 제시하거나 행정조사의 목적 등을 조사대상자에게 구두로 통지할 수 있다.(18국가9급)
1. 행정조사를 실시하기 전에 관련 사항을 미리 통지하는 때에는 증거인멸 등으로 행정조사의 목적을 달성할 수 없다고 판단되는 경우
2. 「통계법」 제3조제2호에 따른 지정통계의 작성을 위하여 조사하는 경우
3. 제5조 단서에 따라 조사대상자의 자발적인 협조를 얻어 실시하는 행정조사의 경우(21국회8급,18국가9급,16사복9급,15경찰)</td></tr>
<tr><td>조사의
연기신청
(§18)</td><td colspan="2">① 출석요구서등을 통지받은 자가 천재지변이나 그 밖에 대통령령으로 정하는 사유로 인하여 행정조사를 받을 수 없는 때에는 당해 행정조사를 연기하여 줄 것을 행정기관의 장에게 요청할 수 있다.</td></tr>
<tr><td>제3자에
대한 보충
조사
(§19)</td><td colspan="2">① 행정기관의 장은 조사대상자에 대한 조사만으로는 당해 행정조사의 목적을 달성할 수 없거나 조사대상이 되는 행위에 대한 사실 여부 등을 입증하는 데 과도한 비용 등이 소요되는 경우로서 다음 각 호의 어느 하나에 해당하는 경우에는 제3자에 대하여 보충조사를 할 수 있다.(20소방간부)
② 행정기관의 장은 제1항에 따라 제3자에 대한 보충조사를 실시하는 경우에는 조사개시 7일 전까지 보충조사의 일시·장소 및 보충조사의 취지 등을 제3자에게 서면으로 통지하여야 한다.
③ 행정기관의 장은 제3자에 대한 보충조사를 하기 전에 그 사실을 원래의 조사대상자에게 통지하여야 한다. 다만, 제3자에 대한 보충조사를 사전에 통지하여서는 조사목적을 달성할 수 없거나 조사목적의 달성이 현저히 곤란한 경우에는 제3자에 대한 조사결과를 확정하기 전에 그 사실을 통지하여야 한다.
④ 원래의 조사대상자는 제3항에 따른 통지에 대하여 의견을 제출할 수 있다.</td></tr>
<tr><td rowspan="3">자발적인
협조에
따라
실시하는
행정조사
(§20)</td><td>조사
거부</td><td>① 행정기관의 장이 제5조 단서에 따라 조사대상자의 자발적인 협조를 얻어 행정조사를 실시하고자 하는 경우 조사대상자는 문서 · 전화 · 구두 등의 방법으로 당해 행정조사를 거부할 수 있다.(18국가7급)</td></tr>
<tr><td>거부
간주</td><td>② 제1항에 따른 행정조사에 대하여 조사대상자가 조사에 응할 것인지에 대한 응답을 하지 아니하는 경우에는 법령등에 특별한 규정이 없는 한 그 조사를 거부한 것으로 본다.(19지방9급,17서울9급,15경찰 등)</td></tr>
<tr><td>조사
거부자의
자료사용</td><td>③ 행정기관의 장은 제1항 및 제2항에 따른 조사거부자의 인적사항 등에 관한 기초자료는 특정 개인을 식별할 수 없는 형태로 통계를 작성하는 경우에 한하여 이를 이용할 수 있다.</td></tr>
<tr><td>의견제출
(§21)</td><td colspan="2">① 조사대상자는 제17조에 따른 사전통지의 내용에 대하여 행정기관의 장에게 의견을 제출할 수 있다.
② 행정기관의 장은 제1항에 따라 조사대상자가 제출한 의견이 상당한 이유가 있다고 인정하는 경우에는 이를 행정조사에 반영하여야 한다.</td></tr>
</table>

조사원 교체신청 (§22)	① 조사대상자는 조사원에게 **공정한 행정조사를 기대하기 어려운 사정이 있다고 판단되는 경우**에는 행정기관의 장에게 당해 **조사원의 교체를 신청**할 수 있다. ② 제1항에 따른 교체신청은 그 **이유를 명시한 서면으로 행정기관의 장에게 하여야 한다.(15지방9급,15서울7급,10지방9급)** ③ 제1항에 따른 교체신청을 받은 행정기관의 장은 즉시 이를 심사하여야 한다. ④ 행정기관의 장은 제1항에 따른 교체신청이 타당하다고 인정되는 경우에는 다른 조사원으로 하여금 행정조사를 하게 하여야 한다. ⑤ 행정기관의 장은 제1항에 따른 교체신청이 조사를 지연할 목적으로 한 것이거나 그 밖에 교체신청에 타당한 이유가 없다고 인정되는 때에는 그 신청을 기각하고 그 취지를 신청인에게 통지하여야 한다.
조사권 행사의 제한 (§23)	① 조사원은 제9조부터 제11조까지에 따라 사전에 발송된 사항에 한하여 조사대상자를 조사하되, 사전통지한 사항과 관련된 추가적인 행정조사가 필요할 경우에는 조사대상자에게 추가조사의 필요성과 조사내용 등에 관한 사항을 **서면이나 구두로 통보한 후 추가조사를 실시**할 수 있다. ② **조사대상자는 법률 · 회계 등에 대하여 전문지식이 있는 관계 전문가로 하여금 행정조사를 받는 과정에 입회하게 하거나 의견을 진술하게 할 수 있다.(15서울7급)** ③ **조사대상자와 조사원은 조사과정을 방해하지 아니하는 범위 안에서 행정조사의 과정을 녹음하거나 녹화할 수 있다.** 이 경우 녹음 · 녹화의 범위 등은 상호 협의하여 정하여야 한다.**(15서울7급)** ④ 조사대상자와 조사원이 제3항에 따라 **녹음이나 녹화를 하는 경우에는 사전에 이를 당해 행정기관의 장에게 통지**하여야 한다.
조사결과의 통지 (§24)	행정기관의 장은 법령등에 특별한 규정이 있는 경우를 제외하고는 **행정조사의 결과를 확정한 날부터 7일 이내에** 그 결과를 조사대상자에게 통지하여야 한다.**(21국회8급,21군무원7급,18서울7급,17경행,15서울7급)**

다. 조사의 실시

자율신고제도 (§25)	① 행정기관의 장은 법령등에서 규정하고 있는 조사사항을 조사대상자로 하여금 스스로 신고하도록 하는 제도를 운영할 수 있다. ② 행정기관의 장은 조사대상자가 제1항에 따라 신고한 내용이 거짓의 신고라고 인정할 만한 근거가 있거나 신고내용을 신뢰할 수 없는 경우를 제외하고는 그 신고내용을 행정조사에 갈음할 수 있다.
자율관리체제의 구축 (§26)	① 행정기관의 장은 조사대상자가 자율적으로 행정조사사항을 신고 · 관리하고, 스스로 법령준수사항을 통제하도록 하는 체제(이하 "자율관리체제"라 한다)의 기준을 마련하여 고시할 수 있다. ② 다음 각 호의 어느 하나에 해당하는 자는 제1항에 따른 기준에 따라 자율관리체제를 구축하여 대통령령으로 정하는 절차와 방법에 따라 행정기관의 장에게 신고할 수 있다. 1. 조사대상자, 2. 조사대상자가 법령등에 따라 설립하거나 자율적으로 설립한 단체 또는 협회 ③ 국가와 지방자치단체는 행정사무의 효율적인 집행과 법령등의 준수를 위하여 조사대상자의 자율관리체제 구축을 지원하여야 한다.

자율관리에 대한 혜택의 부여 (§27)	행정기관의 장은 제25조에 따라 자율신고를 하는 자와 제26조에 따라 자율관리체제를 구축하고 자율관리체제의 기준을 준수한 자에 대하여는 법령등으로 규정한 바에 따라 행정조사의 감면 또는 행정 · 세제상의 지원을 하는 등 필요한 혜택을 부여할 수 있다.
정보통신수단을 통한 행정조사 (§28)	**① 행정기관의 장은 인터넷 등 정보통신망을 통하여 조사대상자로 하여금 자료의 제출 등을 하게 할 수 있다.**(15지방9급)

04 행정벌

1. 행정법규 위반행위에 대하여 과하여지는 과태료는 행정형벌이 아니라 행정질서벌에 해당한다. 16국가9급

2. 어떤 행정법규 위반행위에 대해 과태료를 과할 것인지 행정형벌을 과할 것인지는 기본적으로 입법재량에 속한다. 14지방9급

제 1 절 개관

의의	행정법상 의무위반에 대한 제재로써, 국가의 **일반통치권에 근거**하여 과해지는 처벌
법적 근거	• 침익적 사항이므로 **작용법적 근거가 필**요함. • **과태료는 행정질서벌에 해당**하므로, 과태료를 제외한 행정형벌에는 죄형법정주의가 적용됨**(16국가9급)**. 단, 어떤 행정법규 위반행위에 대해 과태료를 과할 것인지 행정형벌을 과할 것인지는 **기본적으로 입법재량**에 속한다(91헌바14).**(14지방9급,12지방7급)**
구별	(아래 표)

	행정벌	이행강제금(집행벌)
목적	과거의 의무위반에 대해 가해지는 제재	의무불이행이 있는 경우 장래에 이행을 강제하는 것
일사부재리	적용	적용 X
요건	고의 과실 필요	고의 과실 불요

제 2 절 행정형벌

1 의의 및 근거

의의	행정법상의 의무 위반에 대한 제재로 **형벌이 부과되는 벌**을 말함.**(22국가9급)**
근거	죄형법정주의가 적용되어 법률의 근거를 요하며, 원칙적으로 형법총칙이 적용됨**(19서울9급)** 행정형벌에 대한 **일반법은 없고 개별법률에 따름**

2 형법 총칙 규정의 적용

<table>
<tr><td>고의
과실</td><td colspan="3">행정범의 경우에도 원칙적으로 고의가 있어야 함.
과실의 경우, 명문의 규정이 있는 경우에 처벌할 수 있음(형법§14).
단, 판례는 명문 규정이 없더라도 과실행위도 벌한다는 취지가 명백한 경우에는 처벌할 수 있다고 판시함(92도1136).(19국가9급,17국가7급,17서울7급,12지방9급)</td></tr>
<tr><td>위법성의
인식</td><td colspan="3">위법성을 현실적으로 인식 못했더라도, 위법성의 인식이 가능하면(=그 오인에 정당한 이유가 있는 것이 아니라면) 범죄 성립되어 처벌 가능(형법§16).</td></tr>
<tr><td>책임능력</td><td colspan="3">법규정의 의미를 이해하고 행위할 수 있는 능력을 의미.
형사범은 심신장애, 14세 미만자의 행위를 벌하지 않거나 감경하나,
행정범은 이 규정들의 적용을 배제하거나 제한하는 규정 두기도 함.</td></tr>
<tr><td rowspan="5">양벌규정</td><td>의의</td><td colspan="2">법인은 형법상 범죄능력이 부인되어 형사처벌의 대상이 될 수 없으나, 행정법규 중에는 행위자 외에 대표자 등 또는 법인까지 처벌하도록 규정하고 있는 경우가 있음. 이를 양벌규정이라 함.(22국가9급)</td></tr>
<tr><td>법적근거</td><td colspan="2">양벌규정이 있는 경우 법인도 처벌이 됨.
이 경우 처벌의 수단은 금전벌임.</td></tr>
<tr><td>책임의
성질</td><td colspan="2">주의 감독의무를 태만히 한 것에 대한 자기책임, 과실책임(22국가9급).
: 행위자인 종업원 등이 처벌되지 않아도 법정대리인, 사업주는 처벌됨.(21국가7급,20지방7급19서울9급,17국가9급,16국가7급)

판례 양벌규정에 의한 영업주의 처벌은 금지위반행위자인 종업원의 처벌에 종속하는 것이 아니라 독립하여 그 자신의 종업원에 대한 선임감독상의 과실로 인하여 처벌되는 것이므로 종업원의 범죄성립이나 처벌이 영업주 처벌의 전제조건이 될 필요는 없다(2005도7673).(22국가9급)

단, 종업원 등의 범죄에 대해 법인에게 어떠한 잘못이 있는 지를 전혀 묻지 않고, 곧바로 그 종업원 등을 고용한 법인에게도 종업원 등에 대한 처벌조항에 규정된 벌금형을 과하도록 규정하는 것은 책임주의에 반함(2005헌가10등).(22국가9급,17국가9급)</td></tr>
<tr><td rowspan="2">지방자치
단체의
경우</td><td>자치
사무</td><td>지자체 처벌대상 O(19국가7급,19서울7급,17국가7급,16사복9급 등)

판례 지방자치단체 소속 공무원이 자치사무를 수행하던 중 위반행위를 한 경우 지방자치단체는 도로법 상의 양벌규정에 따라 처벌되는 법인에 해당한다(2004도2657).(22소방,21지방7급,18변시)</td></tr>
<tr><td>기관
위임
사무</td><td>지자체 처벌대상 X(20국가7급,17서울7급,11국가7급 등)

판례 지방자치단체 소속 공무원이 지정항만순찰 등의 업무(기관위임사무) 수행 중 구 자동차관리법을 위반한 경우, 해당 지자체는 양벌규정상 처벌대상인 법인에 속하지 않는다(2008도6530).(17국가7급)</td></tr>
</table>

1. 감염법의 예방 및 관리에 관한 법률 제**80**조의 벌금은, 과실범 처벌에 관한 명문규정이 있거나 해석상 과실범도 벌할 뜻이 명확한 경우를 제외하고는, 형법의 원칙에 따라 고의가 있어야 벌할 수 있다. **18국회8급**

2. 과실범을 처벌한다는 명문의 규정이 없더라도, 행정형벌 법규의 해석에 의하여 과실행위도 처벌한다는 뜻이 도출되는 경우에는 과실범도 처벌될 수 있다. **19국가9급**

3. 양벌규정에 의해 영업주를 처벌함에 있어서, 종업원의 범죄성립이나 처벌이 전제조건이 될 필요는 없다. **19서울9급**

1. 행정형벌은 형사소송법이 정하는 절차에 따라 법원이 과벌하는 것이 원칙이다. 09국가9급

3 행정형벌의 과벌절차

<table>
<tr><td>일반과벌 절차</td><td colspan="3">원칙적으로 형사소송법이 정하는 절차에 따라 법원이 과벌해야.</td></tr>
<tr><td rowspan="6">특별 과벌 절차</td><td rowspan="6">통고 처분</td><td>의의</td><td>정식형사소송절차에 대하여 상대방의 동의를 조건으로 벌금 또는 과료에 상당하는 금액의 납부 등을 통고하는 준사법적 행위로서, 행정형벌의 예외적인 과벌절차임.
• 현행법상 조세범, 관세범, 출입국관리사범, 교통사범 등에 대해 인정되고 있음.(21국회9급)
• 통고처분은 상대방의 임의의 승복을 그 발효요건으로 하기에, 법관에 의한 재판받을 권리를 침해한다든가 적법절차의 원칙에 저촉된다고 볼 수 없다(96헌바4).(21국회9급)</td></tr>
<tr><td>청구 권자</td><td>세무서장, 국세청장, 관세청장, 세관장, 경찰서장 등
행정기관의 장임. 검사나 법원 X</td></tr>
<tr><td>대상</td><td>벌금, 과료 등과 같이 비교적 가벼운 형벌의 경우에 대해
인정됨. 징역, 과태료 X</td></tr>
<tr><td>법적 성질</td><td>① 상대방의 임의의 승복을 발효요건으로 하기 때문에 처분성이 부정됨(95누4674).(20지방9급,19국가7급,17국가9급,17서울7급,15지방9급,14국가9급 등)
② 통고처분 여부는 행정청의 재량에 속함(2006도1993).(15지방9급,12국가9급,12지방7급)

판례 통고처분을 할 것인지의 여부는 관세청장 또는 세관장의 재량에 맡겨져 있고, 따라서 관세청장 또는 세관장이 관세범에 대하여 통고처분을 하지 아니한 채 고발하였다는 것만으로는 그 고발 및 이에 기한 공소의 제기가 부적법하게 되는 것은 아니다(2006도1993)(22소방,21서울7급).</td></tr>
<tr><td rowspan="2">효과</td><td>① 시효의 중단 : 통고처분 행하지면 공소시효진행 중단됨(11지방7급)</td></tr>
<tr><td>② 통고처분을 이행한 경우
㉠ 과벌절차가 종료되며, 일사부재리의 원칙에 따라 동일한 사건에 대해 다시 처벌받지 않게 됨(확정판결과 동일한 효과).(21지방9급,21국회9급19국가9급,15지방9급,12국가8급,12지방9급)

판례 ㉠ 경찰서장이 범칙행위에 대하여 통고처분을 한 이상, 범칙자의 위와 같은 절차적 지위를 보장하기 위하여 통고처분에서 정한 범칙금 납부기간까지는 원칙적으로 경찰서장은 즉결심판을 청구할 수 없고, 검사도 동일한 범칙행위에 대하여 공소를 제기할 수 없다고 보아야 한다.(22소방,21지방9급) 또한 범칙자가 범칙금 납부기간이 지나도록 범칙금을 납부하지 아니하였다면 경찰서장이 즉결심판을 청구하여야 하고, 검사는 동일한 범칙행위에 대하여 공소를 제기할 수 없다. 나아가 특별한 사정이 없는 이상 경찰서장은 범칙행위에 대한 형사소추를 위하여 이미 한 통고처분을 임의로 취소할 수 없다(2017도13409).</td></tr>
</table>

특별 과벌 절차	통고 처분	효과	㉡ 지방국세청장 또는 세무서장이 조세범칙행위에 대하여 고발을 한 후에 동일한 조세범칙행위에 대하여 통고처분을 하였더라도, 이는 법적 권한 소멸 후에 이루어진 것으로서 특별한 사정이 없는 한 효력이 없고, 조세범칙행위자가 이러한 통고처분을 이행하였더라도 조세범 처벌절차법 제15조 제3항에서 정한 일사부재리의 원칙이 적용될 수 없다(2014도10748).(22소방,21서울7급,20군무원9급) ㉡ 통고권자는 이미 통고된 내용을 변경하지 못하고, 상대방은 통고처분내용의 이행기간이 경과해도 고발하기 전이면 이행할 수 있음(조세범처벌절차법§17②).(19국가9급)
			③ 통고처분을 이행하지 않은 경우 ㉠ 통고처분은 **자동적으로 효력을 상실**하고, 통고처분권자의 **고발, 즉결심판청구에 의해 정식 형사절차가 진행**됨.(15지방9급) ㉡ **검찰은 통고권자의 고발 없이는 기소 불가.**(22소방)
		권리 구제	· **통고처분**은 **행정처분이 아니므로, 취소소송 제기 불가함**.(21국회9급)
			판례 ㉠ 통고처분은 상대방의 임의의 승복을 그 발효요건으로 하기 때문에 그 자체만으로는 통고이행을 강제하거나 상대방에게 아무런 권리의무를 형성하지 않으므로 **행정심판이나 행정소송의 대상으로서의 처분성을 부여할 수 없다**(96헌바4).(21국회9급,21지방7급,19국가7급,18경찰) ㉡ 도로교통법 제118조에서 규정하는 경찰서장의 통고처분은 행정소송의 대상이되는 행정처분이 아니므로 그 **처분의 취소를 구하는 소송은 부적법**하고, 도로교통법상의 통고처분을 받은 자가 그 처분에 대하여 이의가 있는 경우에는 통고처분에 따른 범칙금의 납부를 이행하지 아니함으로써 경찰서장의 즉결심판청구에 의하여 법원의 심판을 받을 수 있게 될 뿐이다(95누4674).(20지방·서울9급,19국회8급)
	즉결 심판	의의	**20만원 이하의 벌금 · 구류 · 과료에 해당하는 경미한 위반행위**에 대해 **경찰서장 등의 청구**에 의해 행정형벌이 과해지는 **간이재판절차**를 의미함. **검사의 청구 X**(12지방9급)
		불복	7일 내에 정식재판 청구

1. 판례에 의하면, 통고처분은 취소소송의 대상이 되는 행정처분이 아니다. **17서울7급**

2. 도로교통법상 범칙금 통고처분은 항고소송의 대상이 되는 행정처분에 해당하지 않는다. **20지방9급**

3. 통고처분을 받은 자가 통고 처분의 내용을 이행하지 아니하면, 행정청은 일정기간 내에 고발할 수 있고, 그에 따라 형사소송절차로 이행되게 된다. **08국가9급**

1. 지방자치단체의 조례도 과태료 부과의 근거가 될 수 있다. 16국가9급

2. 과태료부과처분 후 이를 납부한 후에 형사처벌을 한다고 하여도 일사부재리원칙에 반하지 않는다는 것이 대법원의 입장이다. 15사복9급

제 3 절 행정질서벌

1 개관

의의	• 행정법상 **의무위반에 대한 제재로서 과태료를 과하는 금전적 제재수단**을 말함.(16국가9급, 16서울9급) • 과태료는 행정질서벌에 해당할 뿐 형벌은 아니기에, **죄형법정주의의 규율대상에 해당하지 않는다**(96헌바83).(21국가7급,21소방)
구별	질서위반행위규제법에 따른 모든 질서위반행위가 행정질서벌에 해당하는 것이 아니고, **행정법의 영역에서 이루어지는 질서위반행위만**이 행정질서벌에 해당함.
법적 근거	**질서위반행위규제법과 조례**(지방자치단체는 조례위반행위에 대하여 1천만원 이하의 과태료를 정할 수 있음)(16국가9급)
구제 방법	과태료부과에 대해서는 질서위반행위규제법이 적용되고, 부과처분에 대한 불복시, **이의를 제기**하면 법원에 의한 **과태료재판**을 받게 됨. 이 경우 **과태료 부과처분은 행정소송의 대상이 되는 처분이 아님.** (∵법원은 비송사건절차법에 따라 재판하므로)
병과 가능성	판례 법원이 질서위반행위규제법에 따라서 하는 과태료 재판은 원칙적으로 행정소송에서와 같은 신뢰보호의 원칙 위반 여부가 문제되지 아니한다(2003마715).(22소방) 판례는 **과태료(행정질서벌)와 행정형벌**은 성질 · 목적을 달리하는 **별개**의 것이므로, 과태료 부과 후 형사처벌을 하더라도 **일사부재리 원칙에 위배되지 않는다고 하여, 병과할 수 있다**는 입장(88도1983).(18지방9급,15사복9급,14국가9급,13지방9급,12지방7급 등)

2 질서위반행위규제법의 내용

가. 총칙

정의 (§2)	질서위반 행위	1. **"질서위반행위"란 법률(지방자치단체의 조례를 포함**한다. 이하 같다)상의 의무를 위반하여 과태료를 부과하는 행위를 말한다.(19지방9급,19서울9급,18서울7급,16국가9급,14경찰,10지방9급) 다만, 다음 각 목의 어느 하나에 해당하는 행위를 제외한다. 가. 대통령령으로 정하는 **사법(私法)상 · 소송법상 의무**를 위반하여 과태료를 부과하는 행위(21국회9급,19서울9급) 나. 대통령령으로 정하는 법률에 따른 **징계사유**에 해당하여 과태료를 부과하는 행위
	행정청	"행정청"이란 행정에 관한 의사를 결정하여 표시하는 국가 또는 지방자치단체의 기관, 그 밖의 법령 또는 자치법규에 따라 행정권한을 가지고 있거나 위임 또는 위탁받은 공공단체나 그 기관 또는 사인(私人)을 말한다.
	당사자	"당사자"란 질서위반행위를 한 자연인 또는 법인(법인이 아닌 사단 또는 재단으로서 대표자 또는 관리인이 있는 것을 포함한다. 이하 같다)을 말한다.

적용 범위	시간적 범위 (§3)	① 질서위반행위의 성립과 과태료 처분은 **행위 시의 법률**에 따른다.**(21국회9급)** ② 질서위반행위 후 **법률이 변경**되어 그 행위가 질서위반행위에 해당하지 아니하게 되거나 과태료가 변경되기 전의 법률보다 **가볍게** 된 때에는 법률에 특별한 규정이 없는 한 **변경된 법률을 적용**한다.**(21경행,19국가9급,19국가7급,16경행,18국가9급)** ③ **행정청의 과태료 처분이나 법원의 과태료 재판이 확정된 후 법률이 변경**되어 그 행위가 **질서위반행위에 해당하지 아니하게 된 때에**는 변경된 법률에 특별한 규정이 없는 한 **과태료의 징수 또는 집행을 면제한다.(21경행,19지방9급,18서울7급,13국가9급 등)**
	장소적 범위 (§4)	① 이 법은 **대한민국 영역 안에서** 질서위반행위를 한 자에게 적용한다. ② 이 법은 **대한민국 영역 밖에서** 질서위반행위를 한 대한민국의 **국민에게 적용한다.(15경행,10지방9급)** ③ 이 법은 대한민국 영역 밖에 있는 **대한민국의 선박 또는 항공기 안**에서 질서위반행위를 한 외국인에게 적용한다.
	다른 법률과의 관계(§5)	과태료의 부과 · 징수, 재판 및 집행 등의 절차에 관한 다른 법률의 규정 중 **이 법의 규정에 저촉되는 것은 이 법으로 정하는 바에 따른다.(17서울9급,17국회8급,15서울7급)**

1. 과태료를 부과하는 근거법령이 개정되어 행위시의 법률에 의하면 과태료 부과대상이었지만, 재판시의 법률에 의하면 부과대상이 아니게 된 때에는 특별한 사정이 없는 한 과태료를 부과할 수 없다. **19국가9급**

나. 질서위반행위의 성립 등

질서위반행위 법정주의 (§6)	**법률**에 따르지 아니하고는 어떤 행위도 질서위반행위로 과태료를 부과하지 아니한다.**(21지방9급,19서울7급,17교행9급)**
고의 또는 과실 (§7)	**고의 또는 과실이 없는 질서위반행위는 과태료를 부과하지 아니한다.** **(22국회8급,21국가7급,21국회9급,19서울7급,17서울9급,16국가9급,15지방7급,15국가7급)** 판례 질서위반행위를 한 자가 자신의 책임 없는 사유로 위반행위에 이르렀다고 주장하는 경우 **법원은 그 내용을 살펴 행위자에게 고의나 과실이 있는지 여부를 살펴보아야** 한다(2011마364)**(18지방7급,13국가9급)**.
위법성의 착오 (§8)	자신의 행위가 위법하지 아니한 것으로 오인하고 행한 질서위반행위는 그 **오인에 정당한 이유가 있는 때에 한하여 과태료를 부과하지 아니한다.(19서울7급,18지방9급,16지방7급,16서울9급,11지방7급,10서울9급)**
책임연령 (§9)	**14세가 되지 아니한 자의 질서위반행위는 과태료를 부과하지 아니한다.(20국가9급)** 다만, 다른 법률에 특별한 규정이 있는 경우에는 그러하지 아니하다.
심신장애 (§10)	① **심신장애**로 인하여 행위의 옳고 그름을 판단할 능력이 없거나 그 판단에 따른 행위를 할 능력이 없는 자의 질서위반행위는 과태료를 부과하지 아니한다. ② **심신장애로 인하여 제1항에 따른 능력이 미약한 자**의 질서위반행위는 과태료를 감경한다. ③ **스스로 심신장애 상태를 일으켜** 질서위반행위를 한 자에 대하여는 제1항 및 제2항을 적용하지 아니한다.**(19국가7급)**

1. 신분에 의하여 과태료를 감경 또는 가중하거나, 부과하지 아니하는 때에는, 해당 효과는 신분이 없는 자에게는 미치지 않는다. **18소방9급**

2. 과태료는 행정청의 과태료 부과처분이 있은 후, 또는 법원의 과태료 재판이 확정된 후, 5년간 징수하지 아니하면 시효로 인해 소멸한다. **19지방9급**

법인의 처리 등 (§11)	① 법인의 대표자, 법인 또는 개인의 대리인 · 사용인 및 그 밖의 종업원이 업무에 관하여 법인 또는 그 개인에게 부과된 법률상의 의무를 위반한 때에는 **법인 또는 그 개인에게 과태료를 부과한다.(22국회8급,17국가9급)** ② 제7조부터 제10조까지의 규정은 「도로교통법」 제56조제1항에 따른 고용주등을 같은 법 제160조제3항에 따라 과태료를 부과하는 경우에는 적용하지 아니한다.
다수인의 질서위반 행위 가담 (§12)	① **2인 이상이 질서위반행위에 가담**한 때에는 **각자가** 질서위반행위를 한 것으로 본다.**(17교행9급,14사복9급)** ② 신분에 의하여 성립하는 질서위반행위에 **신분이 없는 자가 가담한 때에는 신분이 없는 자에 대하여도 질서위반행위가 성립한다.(22국회8급,21지방9급,16서울9급,15국가7급,15지방9급)** ③ **신분에 의하여 과태료를 감경 또는 가중**하거나 과태료를 부과하지 아니하는 때에는 **그 신분의 효과는 신분이 없는 자에게는 미치지 아니한다.(21국가7급,18소방9급,14국가7급,11국회8급)**
수 개의 질서위반 행위의 처리 (§13)	① **하나의 행위가 2 이상의 질서위반행위에 해당**하는 경우에는 각 질서위반행위에 대하여 정한 과태료 중 **가장 중한 과태료**를 부과한다.**(22소방,16서울9급)** ② **제1항의 경우를 제외**하고 **2 이상의 질서위반행위가 경합**하는 경우에는 각 질서위반행위에 대하여 정한 과태료를 각각 부과한다. 다만, 다른 법령(지방자치단체의 조례를 포함한다. 이하 같다)에 특별한 규정이 있는 경우에는 그 법령으로 정하는 바에 따른다.
과태료의 시효 (§15)	① 과태료는 행정청의 과태료 부과처분이나 법원의 **과태료 재판이 확정된 후 5년간** 징수하지 아니하거나 집행하지 아니하면 **시효로 인하여 소멸**한다.**(21국회9급,20국가9급,20지방9급,19지방9급,17서울9급,15지방9급 등)** → **질서위반행위가 종료된 날 X** ② 제1항에 따른 소멸시효의 중단 · 정지 등에 관하여는 「국세기본법」 제28조를 준용한다.

다. 행정청의 과태료 부과 및 징수

사전통지 및 의견제출 등 (§16)	① 행정청이 질서위반행위에 대하여 과태료를 부과하고자 하는 때에는 **미리 당사자**(제11조제2항에 따른 고용주등을 포함한다. 이하 같다)에게 **대통령령으로 정하는 사항을 통지하고, 10일 이상의 기간을 정하여 의견을 제출할 기회를 주어야 한다.** 이 경우 지정된 기일까지 의견 제출이 없는 경우에는 의견이 없는 것으로 본다.**(21소방,20국가9급,15지방9급,13국가9급)** **제3조(사전통지 및 의견제출 등)** ① 법 제16조제1항에 따라 행정청이 과태료 부과에 관하여 미리 통지하는 경우에는 다음 각 호의 사항을 모두 적은 서면(당사자가 동의하는 경우에는 전자문서를 포함한다)으로 하여야 한다. 1. 당사자의 성명(법인인 경우에는 명칭과 대표자의 성명)과 주소 2. 과태료 부과의 원인이 되는 사실, 과태료 금액 및 적용 법령**(21소방)**
과태료의 부과 (§17)	① 행정청은 제16조의 의견 제출 절차를 마친 후에 **서면(당사자가 동의하는 경우에는 전자문서를 포함**한다. 이하 이 조에서 같다)으로 과태료를 부과하여야 한다.**(17국회8급)**

신용카드 등에 의한 과태료의 납부 (§17의2)	① 당사자는 과태료, 제24조에 따른 가산금, 중가산금 및 체납처분비를 대통령령으로 정하는 과태료 납부대행기관을 통하여 **신용카드, 직불카드 등(이하 "신용카드등"이라 한다)으로 낼 수 있다.** ② 제1항에 따라 신용카드등으로 내는 경우에는 과태료 납부대행기관의 승인일을 납부일로 본다.
과태료 납부의 효과	**판례** 구 「도로교통법」상 범칙금 납부통고서를 받은 자가 그 범칙금을 납부한 경우 그 범칙행위에 대하여 다시 벌받지 아니한다고 규정하고 있는바, 이는 범칙금의 납부에 확정재판의 효력에 준하는 효력을 인정하는 취지로 해석하여야 한다(2001도849).(21서울7급)
자진납부자에 대한 과태료 감경 (§18)	① 행정청은 당사자가 제16조에 따른 **의견 제출 기한 이내에 과태료를 자진하여 납부**하고자 하는 경우에는 대통령령으로 정하는 바에 따라 **과태료를 감경할 수 있다.**(12국회9급) ② 당사자가 제1항에 따라 감경된 과태료를 **납부한 경우**에는 해당 질서위반행위에 대한 과태료 부과 및 징수절차는 **종료**한다.
과태료부과의 제척기간 (§19)	① 행정청은 질서위반행위가 **종료된 날(다수인이 질서위반행위에 가담한 경우에는 최종행위가 종료된 날**을 말한다)부터 **5년이 경과**한 경우에는 해당 질서위반행위에 대하여 **과태료를 부과할 수 없다.**(22국회8급,17국가7급,16사복9급,15국가7급,14국가9급) ② 제1항에도 불구하고 행정청은 제36조 또는 제44조에 따른 법원의 결정이 있는 경우에는 그 결정이 확정된 날부터 1년이 경과하기 전까지는 과태료를 정정부과 하는 등 해당 결정에 따라 필요한 처분을 할 수 있다.
이의제기 (§20)	① 행정청의 과태료 부과에 불복하는 당사자는 제17조제1항에 따른 **과태료 부과 통지를 받은 날부터 60일 이내에** 해당 행정청에 **서면으로 이의제기**를 할 수 있다.(21지방9급,21국가7급,20지방9급,19지방9급19서울7급,18서울7급,15서울7급 등) ② 제1항에 따른 **이의제기가 있는 경우에는 행정청의 과태료 부과처분은 그 효력을 상실**한다.(21지방9급,21국가7급,18지방7급, 15서울9급)
법원에의 통보 (§21)	① 제20조제1항에 따른 **이의제기를 받은 행정청은 이의제기를 받은 날부터 14일 이내에** 이에 대한 의견 및 증빙서류를 첨부하여 **관할 법원에 통보하여야** 한다.(15서울7급) 다만, 다음 각 호의 어느 하나에 해당하는 경우에는 그러하지 아니하다. 1. 당사자가 이의제기를 철회한 경우 2. 당사자의 이의제기에 이유가 있어 과태료를 부과할 필요가 없는 것으로 인정되는 경우
가산금징수 및 체납처분 등 (§24)	① 행정청은 당사자가 납부기한까지 **과태료를 납부하지 아니**한 때에는 **납부기한을 경과한 날부터 체납된 과태료에 대하여 100분의 3에 상당하는 가산금**을 징수한다.(22국회8급,17경행,15서울7급,11지방9급) ② 체납된 과태료를 납부하지 아니한 때에는 납부기한이 경과한 날부터 **매 1개월이 경과할 때마다 체납된 과태료의 1천분의 12에 상당하는 가산금**(이하 이 조에서 "중가산금"이라 한다)을 제1항에 따른 가산금에 가산하여 징수한다. 이 경우 중가산금을 가산하여 징수하는 기간은 60개월을 초과하지 못한다.

1. 행정청의 과태료 부과에 불복하는 자는 통지를 받은 날로부터 **60**일 이내에 해당 행정청에 서면으로 이의를 제기할 수 있고, 이의를 제기한 경우 과태료 부과처분은 그 효력을 상실한다. **20지방9급**

2. 행정청은 당사자가 납부기한까지 과태료를 납부하지아니한 때에는 납부기한을 경과한 날부터 체납된 과태료에 대하여 **100**분의 **3**에 상당하는 가산금을 징수한다. **17경행**

1. 과태료 사건은 다른 법령에 특별한 규정이 있는 경우를 제외하고는 당사자의 주소지의 지방법원 또는 그 지원의 관할로 한다. **20국가9급**

상속재산 등에 대한 집행 (§24의2)		① 과태료는 당사자가 과태료 부과처분에 대하여 **이의를 제기하지 아니한 채** 제20조제1항에 따른 **기한이 종료한 후 사망한 경우에는 그 상속재산에 대하여 집행할 수 있다.(16지방7급,15국가7급,14사복9급)** ② 법인에 대한 과태료는 법인이 과태료 부과처분에 대하여 이의를 제기하지 아니한 채 제20조제1항에 따른 기한이 종료한 후 합병에 의하여 소멸한 경우에는 합병 후 존속한 법인 또는 합병에 의하여 설립된 법인에 대하여 집행할 수 있다.
과태료의 징수유예 등 (§24의3)	**대상자**	① 행정청은 당사자가 다음 각 호의 어느 하나에 해당하여 과태료(체납된 과태료와 가산금, 중가산금 및 체납처분비를 포함한다. 이하 이 조에서 같다)를 납부하기가 곤란하다고 인정되면 **1년의 범위에서** 대통령령으로 정하는 바에 따라 과태료의 분할납부나 납부기일의 **연기**(이하 "징수유예등"이라 한다)**를 결정할 수 있다.** 1. 「국민기초생활 보장법」에 따른 수급권자
	효과	④ 행정청은 제1항에 따른 **징수유예등의 기간 중에는** 그 유예한 과태료 **징수금에 대하여 가산금, 중가산금의 징수 또는 체납처분(교부청구는 제외한다)을 할 수 없다.**
결손처분 (§24의4)		① 행정청은 당사자에게 다음 각 호의 어느 하나에 해당하는 사유가 있을 경우에는 결손처분을 할 수 있다. 1. 제15조제1항에 따라 과태료의 소멸시효가 완성된 경우 2. 체납자의 행방이 분명하지 아니하거나 재산이 없는 등 징수할 수 없다고 인정되는 경우로서 대통령령으로 정하는 경우 ② 행정청은 제1항제2호에 따라 결손처분을 한 후 압류할 수 있는 다른 재산을 발견하였을 때에는 지체 없이 그 처분을 취소하고 체납처분을 하여야 한다.

라. 질서위반행위의 재판 및 집행

재판관할	**관할 법원** (§25)	과태료 사건은 다른 법령에 특별한 규정이 있는 경우를 제외하고는 **당사자의 주소지의 지방법원 또는 그 지원의 관할**로 한다.**(21국회9급,20국가9급,15서울9급)**
	관할의 표준이 되는 시기(§26)	법원의 관할은 행정청이 제21조제1항 및 제2항에 따라 이의제기 사실을 통보한 때를 표준으로 정한다.
	관할위반에 따른 이송 (§27)	① 법원은 과태료 사건의 전부 또는 일부에 대하여 관할권이 없다고 인정하는 경우에는 결정으로 이를 관할 법원으로 이송한다. ② 당사자 또는 검사는 이송결정에 대하여 즉시항고를 할 수 있다.
심문 등(§31)	① 법원은 심문기일을 열어 당사자의 진술을 들어야 한다.	
직권에 의한 사실탐지와 증거조사 (§33)	① 법원은 직권으로 사실의 탐지와 필요하다고 인정하는 증거의 조사를 하여야 한다.	

<table>
<tr><td>재판(§36)</td><td colspan="2">① 과태료 재판은 이유를 붙인 결정으로써 한다.(21소방,12국회9급)</td></tr>
<tr><td>결정의 고지
(§37)</td><td colspan="2">① 결정은 당사자와 검사에게 고지함으로써 효력이 생긴다.(21소방)</td></tr>
<tr><td>항고
(§38)</td><td colspan="2">① 당사자와 검사는 과태료 재판에 대하여 즉시항고를 할 수 있다. 이 경우 항고는 집행정지의 효력이 있다(21소방,17교행9급,15사복9급,14국가9급 등).</td></tr>
<tr><td>과태료
재판의 집행
(§42)</td><td colspan="2">① 과태료 재판은 검사의 명령으로써 집행한다. 이 경우 그 명령은 집행력 있는 집행권원과 동일한 효력이 있다.(15경찰,12지방9급)
② 과태료 재판의 집행절차는 「민사집행법」에 따르거나 국세 또는 지방세 체납처분의 예에 따른다. 다만, 「민사집행법」에 따를 경우에는 집행을 하기 전에 과태료 재판의 송달은 하지 아니한다.</td></tr>
<tr><td>약식재판
(§44)</td><td colspan="2">법원은 상당하다고 인정하는 때에는 제31조제1항에 따른 심문 없이 과태료 재판을 할 수 있다.(16국가7급)</td></tr>
<tr><td rowspan="4">이의신청</td><td>기간
(§45)</td><td>① 당사자와 검사는 제44조에 따른 약식재판의 고지를 받은 날부터 7일 이내에 이의신청을 할 수 있다.
④ 당사자와 검사가 책임질 수 없는 사유로 제1항의 기간을 지킬 수 없었던 경우에는 그 사유가 없어진 날부터 14일 이내에 이의신청을 할 수 있다. 다만, 그 사유가 없어질 당시 외국에 있던 당사자에 대하여는 그 기간을 30일로 한다.</td></tr>
<tr><td>방식
(§46)</td><td>① 이의신청은 대통령령으로 정하는 이의신청서를 제44조에 따른 약식재판을 한 법원에 제출함으로써 한다.</td></tr>
<tr><td>취하
(§47)</td><td>① 이의신청을 한 당사자 또는 검사는 정식재판 절차에 따른 결정을 고지받기 전까지 이의신청을 취하할 수 있다.
② 이의신청의 취하는 대통령령으로 정하는 이의신청취하서를 제46조제1항에 따른 법원에 제출함으로써 한다. 다만, 심문기일에는 말로 할 수 있다.</td></tr>
<tr><td>정식재판
으로의 이행
(§50)</td><td>① 법원이 이의신청이 적법하다고 인정하는 때에는 약식재판은 그 효력을 잃는다.
② 제1항의 경우 법원은 제31조제1항에 따른 심문을 거쳐 다시 재판하여야 한다.</td></tr>
</table>

마. 보칙

관허사업의 제한 (§52)	① 행정청은 허가 · 인가 · 면허 · 등록 및 갱신(이하 "허가등"이라 한다)을 요하는 사업을 경영하는 자로서 다음 각 호의 사유에 모두 해당하는 체납자에 대하여는 사업의 정지 또는 허가등의 취소를 할 수 있다. 1. 해당 사업과 관련된 질서위반행위로 부과받은 과태료를 3회 이상 체납하고 있고, 체납발생일부터 각 1년이 경과하였으며, 체납금액의 합계가 500만원 이상인 체납자 중 대통령령으로 정하는 횟수와 금액 이상을 체납한 자 2. 천재지변이나 그 밖의 중대한 재난 등 대통령령으로 정하는 특별한 사유 없이 과태료를 체납한 자 ② 허가등을 요하는 사업의 주무관청이 따로 있는 경우에는 행정청은 당해 주무관청에 대하여 사업의 정지 또는 허가등의 취소를 요구할 수 있다. ③ 행정청은 제1항 또는 제2항에 따라 사업의 정지 또는 허가등을 취소하거나 주무관청에 대하여 그 요구를 한 후 당해 과태료를 징수한 때에는 지체 없이 사업의 정지 또는 허가등의 취소나 그 요구를 철회하여야 한다. ④ 제2항에 따른 행정청의 요구가 있는 때에는 당해 주무관청은 정당한 사유가 없는 한 이에 응하여야 한다.
신용정보의 제공 등 (§53)	① 행정청은 과태료 징수 또는 공익목적을 위하여 필요한 경우 「국세징수법」 제7조의2를 준용하여 「신용정보의 이용 및 보호에 관한 법률」 제25조제2항제1호에 따른 종합신용정보집중기관의 요청에 따라 체납 또는 결손처분자료를 제공할 수 있다. 이 경우 「국세징수법」 제7조의2를 준용할 때 "체납자"는 "체납자 또는 결손처분자"로, "체납자료"는 "체납 또는 결손처분 자료"로 본다. <개정 2020. 2. 4.> ② 행정청은 당사자에게 과태료를 납부하지 아니할 경우에는 체납 또는 결손처분자료를 제1항의 신용정보집중기관에게 제공할 수 있음을 미리 알려야 한다. <개정 2020. 2. 4.> ③ 행정청은 제1항에 따라 체납 또는 결손처분자료를 제공한 경우에는 대통령령으로 정하는 바에 따라 해당 체납자에게 그 제공사실을 통보하여야 한다.
고액 · 상습 체납자에 대한 제재 (§54)	① 법원은 검사의 청구에 따라 결정으로 30일의 범위 이내에서 과태료의 납부가 있을 때까지 다음 각 호의 사유에 모두 해당하는 경우 체납자(법인인 경우에는 대표자를 말한다. 이하 이 조에서 같다)를 감치에 처할 수 있다.**(12국가7급,11지방9급)** 1. 과태료를 3회 이상 체납하고 있고, 체납발생일부터 각 1년이 경과하였으며, 체납금액의 합계가 1천만원 이상인 체납자 중 대통령령으로 정하는 횟수와 금액 이상을 체납한 경우 2. 과태료 납부능력이 있음에도 불구하고 정당한 사유 없이 체납한 경우

자동차 관련 과태료 체납자에 대한 자동차 등록번호판의 영치 (§55)	① 행정청은 「자동차관리법」 제2조제1호에 따른 자동차의 운행 · 관리 등에 관한 질서위반행위 중 대통령령으로 정하는 질서위반행위로 부과받은 과태료(이하 "자동차 관련 과태료"라 한다)를 납부하지 아니한 자에 대하여 체납된 자동차 관련 과태료와 관계된 그 소유의 자동차의 등록번호판을 영치할 수 있다. ④ 행정청은 제1항에 따라 자동차의 등록번호판이 영치된 당사자가 해당 자동차를 직접적인 생계유지 목적으로 사용하고 있어 자동차 등록번호판을 영치할 경우 생계유지가 곤란하다고 인정되는 경우 자동차 등록번호판을 내주고 영치를 일시 해제할 수 있다. 다만, 그 밖의 다른 과태료를 체납하고 있는 당사자에 대하여는 그러하지 아니하다.

CHAPTER

민재쌤의 날로 먹는 행정법총론 > 행정상 의무이행 확보수단

05 새로운 의무이행 확보수단

1. 전형적 과징금은 원칙적으로 행정법상의 의무를 위반한 자에 대하여 당해 위반행위로 얻게 된 경제적 이익을 박탈하기 위한 목적으로 부과하는 금전적인 제재이다. **14국회8급**

2. 변형된 과징금은 인·허가 사업에 관한 법률상의 의무위반이 있음에도 불구하고 공익상 필요하여 그 인·허가 사업을 취소·정지시키지 않고 사업을 계속하되, 이에 갈음하여 사업을 계속함으로써 얻는 이익을 박탈하는 행정제재금이다. **14국회8급**

3. 영업정지처분에 갈음하는 과징금 부과처분이 규정되어 있는 경우, 두 처분 중 어떤 처분을 할 것인지는 통상 행정청의 재량에 속한다. **19서울9급**

4. 행정법규제위반에 대하여 과징금과 형사처벌을 병과하더라도, 이중처벌금지원칙에 위반된다고 볼 수 없다. **18교행9급**

제 1 절 과징금

의의	**행정법상의 의무를 위반한 자로부터 금전적 이익을 박탈함으로써 간접적으로 의무이행을 확보하기 위한 제재수단**임.**(15지방7급)**	
근거	법률유보 원칙에 따라 **법률의 근거를 요함. 과거에는** 식품위생법, 독점규제 및 공정거래에 관한 법률 등 **개별법에서 규율하였으나, 2021년 행정기본법에서 과징금에 관한 일반 규정 신설함.**	
종류 (14국회 8급)	**본래의 과징금**	행정법상의 의무를 위반한 자로부터 **금전적 이익을 박탈하는 금전적 제재**로, 과징금 부과기준을 정한 경우 각 사안별로 실현된 불법적 이익의 정도에 비례하여 과징금 액수를 결정하되 **그 상한을 정한 최고한도액으로 해석**해야 함 **예) 청소년보호법시행령의 과징금처분기준은 최고한도액임**(99두5207).
	변형된 과징금	의무위반행위가 **사업의 인·허가 등의 철회·정지 사유에 해당하나 그 사업이 공중의 일상생활에 필요불가결한 사업**인 경우, **그 사업을 계속**하게 하고 그에 따른 **이익을 박탈**하여 의무이행을 확보시키는 금전적 제재.
법적 성질	① 침익적 행정행위로서 **급부하명**의 성격을 가지는 **처분**임.	
	② 과징금에 **형사처벌, 행정벌의 병과가 가능**함(2006두4554).**(20지방9급,18서울7급,18교행9급,17지방7급 등)** **판례** 구 독점규제및공정거래에관한법률 제24조의2에 의한 부당내부거래에 대한 과징금은 부당내부거래 억지라는 행정목적을 실현하기 위하여 그 위반행위에 대하여 제재를 가하는 행정상의 제재금으로서의 기본적 성격에 부당이득환수적 요소도 부가되어 있는 것이라 할 것이고, 이를 두고 헌법 제13조 제1항에서 금지하는 국가형벌권 행사로서의 '처벌'에 해당한다고는 할 수 없으므로, 공정거래법에서 형사처벌과 아울러 과징금의 병과를 예정하고 있더라도 이중처벌금지원칙에 위반된다고 볼 수 없다(2001헌가25).**(22국가9급)**	
	③ 과징금부과행위는 **통상 재량행위**이나,**(22국가9급,19서울9급)** 예외적으로 **부동산 실권리자명의 등기에 관한 법률에 따른 과징금부과처분은 기속행위**이다(2005두17287).**(22국가9급)**	

법적 성질	④ 과징금납부의무는 **일신전속적 의무가 아니므로**, 과징금 부과받은 자가 사망한 경우 상속인에게 **승계**된다(이행강제금은 승계부정). ⑤ 원칙적으로 위반자의 고의 · 과실을 요하지 않음. 판례 과징금부과처분의 경우 **원칙적으로 위반자의 고의 · 과실을 요하지 않으나, 위반자의 의무 해태를 탓할 수 없는 정당한 사유가 있는 등의 특별한 사정이 있는 경우에는 이를 부과할 수 없다**(2013두5005).**(21국가7급,21국가7급,20국가7급,19서울9급,18국가7급,18지방9급,17서울7급 등)**
기준	**행정기본법 제 28조** ① 행정청은 **법령등에 따른 의무를 위반한 자**에 대하여 **법률로 정하는 바**에 따라 그 **위반행위에 대한 제재로서 과징금을 부과할 수 있다.** ② 과징금의 근거가 되는 법률에는 과징금에 관한 다음 각 호의 사항을 **명확하게 규정하여야 한다.** **1. 부과 · 징수 주체 2. 부과 사유 3. 상한액** **4. 가산금을 징수하려는 경우 그 사항** **5. 과징금 또는 가산금 체납 시 강제징수를 하려는 경우 그 사항**
변경처분 가능 여부	판례 과징금은 행정법상의 의무를 위반한 자에 대하여 당해 위반행위로 얻게 된 경제적 이익을 박탈하기 위한 목적으로 부과하는 금전적인 제재로서, 같은 법이 규정한 범위 내에서 **그 부과처분 당시까지 부과관청이 확인한 사실을 기초로 일의적으로 확정되어야** 할 것이고, 그렇지 아니하고 부과관청이 과징금을 부과하면서 추후에 부과금 산정 기준이 되는 새로운 자료가 나올 경우에는 과징금액이 변경될 수도 있다고 유보한다든지, 실제로 추후에 새로운 자료가 나왔다고 하여 새로운 부과처분을 할 수는 없다할 것인바, 왜냐하면 과징금의 부과와 같이 재산권의 직접적인 침해를 가져오는 처분을 변경하려면 법령에 그 요건 및 절차가 명백히 규정되어 있어야 할 것인데, 위와 같은 변경처분에 대한 법령상의 근거규정이 없고, 이를 인정하여야 할 합리적인 이유 또한 찾아볼 수 없기 때문이다(99두1571).**(21국가9급)**
부과 징수	행정청의 **납입고지로 부과,** 불이행시 국세 · 지방세 **체납처분에 따라 징수**됨
납부기한 연기 및 분할 납부	**행정기본법 제 29조** 과징금은 **한꺼번에 납부하는 것을 원칙**으로 한다. 다만, 행정청은 과징금을 부과받은 자가 다음 각 호의 어느 하나에 해당하는 사유로 과징금 전액을 한꺼번에 내기 어렵다고 인정될 때에는 **그 납부기한을 연기하거나 분할 납부**하게 할 수 있으며, 이 경우 **필요하다고 인정하면 담보를 제공하게 할 수 있다.** 1. 재해 등으로 재산에 현저한 손실을 입은 경우 2. 사업 여건의 악화로 사업이 중대한 위기에 처한 경우 3. 과징금을 한꺼번에 내면 자금 사정에 현저한 어려움이 예상되는 경우 4. 그 밖에 제1호부터 제3호까지에 준하는 경우로서 대통령령으로 정하는 사유가 있는 경우 [시행일 : 2021. 9. 24.]

1. 과징금부과처분의 경우 원칙적으로 위반자의 고의 · 과실을 요하지 않으나, 위반자의 의무 해태를 탓할 수 없는 정당한 사유가 있는 등의 특별한 사정이 있는 경우에는 이를 부과할 수 없다. **18국가7급**

2. 법원은 재량행위인 과징금의 경우, 초과한 과징금 부분만 취소할 수는 없고 그 전부를 취소할 수밖에 없다. **12국가7급**

권리 구제	• **처분에 해당하므로, 행정소송 제기 가능함.** 판례 ㉠ 과징금부과는 재량행위이므로 법원으로서는 과징금부과처분이 위법할 경우 그 전부를 취소할 수 밖에 없다(98두2270).**(20지방9급,12국가7급)** ㉡ 공정거래위원회가 위반행위에 대한 과징금을 부과하면서 여러 개의 위반행위에 대해 외형상 하나의 과징금 납부명령을 하였으나 여러 개의 위반행위 중 일부 위반행위에 대한 과징금 부과만 위법하고 소송상 그 일부 위반행위를 기초로 한 과징금액을 산정할 수 있는 자료가 있는 경우, **그 일부 위반행위에 대한 과징금액에 해당하는 부분만 취소**해야 한다(2013두14726). ㉢ 「독점규제 및 공정거래에 관한 법률」상의 과징금은 법이 규정한 범위 내에서 그 부과처분 당시까지 부과관청이 확인한 사실을 기초로 일의적으로 확정되어야 할 것이지, 추후에 부과금 산정기준이 되는 새로운 자료가 나왔다고 하여 새로운 부과처분을 할 수 있는 것은 아니다(99두1571).**(22국가9급)** ㉣ 공정거래위원회의 과징금 납부명령 등이 재량권 일탈·남용으로 위법한지는 과징금 납부명령 등이 행하여진 **'의결일' 당시의 사실상태를 기준으로 판단**하여야 한다(2016두32688). ㉤ 공정거래위원회가 과징금 산정 시 위반 횟수 가중의 근거로 삼은 위반행위에 대한 시정조치가 그 후 '위반행위 자체가 존재하지 않는다는 이유로 취소판결이 확정된 경우' 과징금 부과처분의 상대방은 결과적으로 처분 당시 객관적으로 존재하지 않는 위반행위로 과징금이 가중되므로, 그 처분은 비례·평등원칙 및 책임주의 원칙에 위배될 여지가 있다(2017두55077). • **과징금 부과처분은 공정력이 있는 행정행위**이므로, 당연무효이거나 취소되기 전까지는 반환을 구할 수 없고, 또한 그 **처분이 당연무효이거나 취소된 경우, 부당이득반환청구가 가능**해지는데, 이 경우 판례는 **민사소송**에 의하여야 한다고 함.**(22국가9급)**

제 2 절 가산금 · 중가산금

의의	**'가산금'**이란 **국세를 납부기한까지 납부하지 않은 경우,** '국세징수법'에 따라 고지세액에 가산하여 징수하는 금액이고, **'중가산금'**은 납부기한이 지난 후 일정 기한까지 **재차 납부하지 아니한 경우** 그 금액에 다시 가산해서 징수하는 금액으로, **미납금에 대한 지연이자**에 해당함(2004다31074). → **간접강제의 효과**가 있음.**(17지방7급,12국가9급)**	
법적 성질	과세청의 확정절차 없이도 법률 규정에 의해 당연히 발생하며, 액수도 확정됨. 판례 **'고지'는 처분성 부정**(2005다15482).**(19국가9급,17국가9급)** **'가산금의 독촉'은 처분성 긍정**함(86누147).**(19국가7급)**	
절차	가산금	국세를 납부기한까지 납부하지 않은 경우, 납부기한이 지난 날부터 체납된 **국세의 100분의 3에 상당**하는 가산금을 징수하며,
	중 가산금	체납된 국세를 다시 납부하지 않은 경우, 납부기한이 지난 날부터 매 1개월이 지날 때마다 **체납된 국세의 1천분의 12**에 상당하는 가산금을 가산금에 가산하여 징수함.

1. 세법상 가산세를 부과함에 있어 납세자의 고의 · 과실은 고려되지 아니하는 것이고, 납세자의 법령에 대한 부지 또는 오인은 정당한 사유에 해당한다고 볼 수 없다. **19국가9급**

2. 납세의무자가 세무공무원의 잘못된 설명을 믿고 신고납부의무를 불이행하였다 하더라도, 그것이 관계 법령에 어긋나는 것임이 명백한 경우, '정당한 사유'가 있다고 할 수 없다. **18지방7급**

제 3 절 가산세

의의	세법상 의무의 **성실한 이행을 확보**하기 위해 세법에 따라 산출한 세액에 가산하여 징수하는 금액으로, 본래의 조세채무와는 **별개로 부과**되는 세금.
근거	법률유보의 원칙에 따라 **법적 근거 필요**
법적 성질	처분에 해당함. 가산세와 벌금은 별개의 제도로, 병과가 가능함.
특징	행위자의 고의 · 과실, 책임능력, 책임조건 등을 고려하지 않음(2012헌바355).**(21지방7급,20지방7급,18서울7급,18교행9급)** 단, 납부의무자의 납부 의무 해태를 탓할 수 없는 정당한 사유가 있는 경우에는 부과할 수 없다(2001두7886).**(18국가9급)** 판례 ㉠ 납세의무자가 세무공무원의 잘못된 설명을 믿고 그 신고납부의무를 이행하지 아니한 경우에도, 그것이 관계 법령에 어긋나는 것임이 명백한 때에는 정당한 사유가 있다고 볼 수 없다(96누15404).**(18지방7급,17지방7급)** ㉡ 가산세에 있어 법령의 부지 · 착오는 의무불이행에 대한 정당한 사유에 해당하지 않는다(2002두107800)

1. 전기 · 전화의 공급자에게 위법건축물에 대한 단전 또는 전화통화 단절 조치의 요청행위는, 권고적 성격에 불과한 것으로 항고소송의 대상이 되는 행정처분이 아니다. **17서울9급**

제 4 절 공급거부

<table>
<tr><td>의의</td><td colspan="2">행정법상의 의무를 위반한 자에 대해 행정상의 급부나 재화의 공급을 거부하여 간접적으로 의무의 이행을 강제하는 행위(14경찰,11국가9급 등)</td></tr>
<tr><td>법적 근거</td><td colspan="2">침익적 행정작용이므로 반드시 법적 근거 필요함.</td></tr>
<tr><td rowspan="3">법적 성질</td><td>공급거부 요청</td><td>처분 X
판례 행정청이 위법 건축물에 대한 시정명령을 하고 나서 위반자가 이를 이행하지 아니하여 전기 · 전화의 공급자에게 그 위법 건축물에 대한 전기 · 전화공급을 하지 말아 줄 것을 요청한 행위는 권고적 성격의 행위에 불과한 것으로서 처분에 해당하지 않는다(96누433).(21국회8급,17서울9급,13지방9급,11지방7급,10국가9급 등)</td></tr>
<tr><td>공급불가 회신</td><td>처분 X
판례 한국전력공사가 전기공급의 적법 여부를 조회한 것에 대하여 관할 구청장이 전기공급이 불가하다는 내용의 회신을 하였다면, 그 회신은 권고적 성격에 불과한 것으로서 항고소송의 대상이 되는 행정처분이라고 할 수 없다(95누9099).(17서울9급)</td></tr>
<tr><td>공급거부</td><td>처분 O
판례 단수처분은 항고소송의 대상의 행정처분 대상O (79누218)</td></tr>
<tr><td>한계</td><td colspan="2">법치행정의 원칙, 비례의 원칙 등 행정법의 일반원칙 준수해야 함.
특히 행정법상 의무와 공급거부될 급부간 부당결부금지원칙의 준수 필요함.</td></tr>
<tr><td>권리 구제</td><td colspan="2">중단되는 급부, 재화의 성질에 따라 행정쟁송 또는 민사소송 제기 가능
손해배상청구 가능</td></tr>
</table>

제 5 절 명단의 공표

의의	행정법상의 의무를 위반한 자에 대해 행정청이 그 위반자의 **성명, 위반사실 등을 일반에게 공표**하여 상대방의 명예를 실추시키거나 신용을 하락시킴으로써 **간접적으로 의무이행을 확보**하는 행위(14경행,10지방9급)	
법적 근거	**법적근거가 필요**하다는 게 **다수설** 일반법은 없으나, 식품위생법, 국세기본법, 독점규제 및 공정거래에 관한 법률 등 **개별법에 규정**하고 있음.(18교행9급,15사복9급,10국회8급)	
법적 성질	**비권력적 사실행위**로서 **단순한 통지**로 보는 견해가 통설	
한계	법치행정의 원칙, 비례의 원칙 등 행정법의 일반원칙 준수해야 함. 프라이버시권과 알 권리와의 이익형량 필요.(10지방9급)	
권리 구제	행정쟁송	처분성X(비권력적 사실행위)
	국가배상	**국가배상청구 가능**(10지방9급,10국회9급) 단, 위법한 명단공표 당시 그것이 진실이라고 믿었고 그렇게 믿을 만한 상당한 이유가 있다면 위법성이 조각되나, 국가기관의 경우에는 상당한 이유의 판단에 있어서 사인의 경우보다 훨씬 더 엄격한 기준이 요구됨(93다18389).
	결과제거 청구권	위법한 공표 내용의 **철회 · 정정 등의 요구 가능**(10국회9급)

1. 행정청은 시정명령으로 과거의 위반행위에 대한 중지는 물론 가까운 장래에 반복될 우려가 있는 동일한 유형 행위의 반복금지까지 명할 수 있다. 18교행9급

제 6 절 관허사업의 제한

의의	행정법상의 의무를 위반한 자에 대해 **인가 · 허가 등을 거부 · 정지 · 철회함으로써 위반자에게 의무의 이행을 간접적으로 강제**하는 것(10국가7급)	
법적 근거	**권력적 행위**이므로 **법률상의 근거가 필요**함. 반드시 현실적인 행위자가 아니라도 법령상 책임자로 규정된 자에게 부과되고, 특별한 사정이 없는 한 **위반자에게 고의 · 과실이 없더라도 부과될 수 있음.**(18지방7급)	
종류	관련 있는 사업의 제한	의무이행과 직접 관련을 갖는 사업에 대해 인가 · 허가 등을 거부 · 정지 · 철회하는 것 예) 식품위생법상 의무 위반시 영업허가 취소하는 것
	관련 없는 사업의 제한	의무이행과 직접 관련성이 없는 사업에 대해 인가 · 허가 등을 거부 · 정지 · 철회하는 것 예) 조세체납자에 대한 관허사업의 제한(국세징수법§7 등)
한계	법치행정의 원칙, 비례의 원칙 등 행정법의 일반원칙 준수해야 함.	
권리 구제	행정쟁송, 손해배상청구 가능	

제 7 절 시정명령

- 행정법령의 **위반행위로 초래된 위법상태를 제거 · 시정할 것을 것을 명하는 행정행위**로, **하명**에 해당하며, 법적 근거 필요로 하나 일반법은 없다.
- 행정청은 시정명령으로 과거의 위반행위에 대한 중지는 물론 가까운 장래에 반복될 우려가 있는 동일한 유형의 **반복금지**까지 명할 수 있고(18교행9급), 그 위법행위의 결과가 더이상 존재하지 않으면 **시정명령**을 할 수 없다.(18지방7급)

09

05

PART 05

행정상의 손해전보

개관

국가배상

손실보상

PART
05

행정상의 손해전보

단원별 소개 및 추천 공부법

행정상의 손해전보 20문제 중 1~2문제 출제

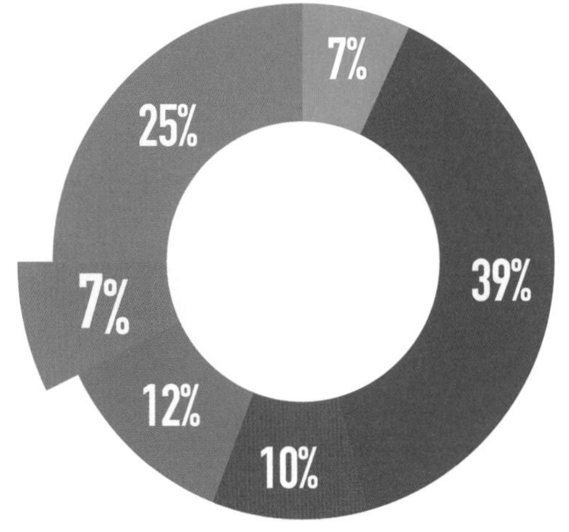

이 단원은 행정청의 행정작용으로 인해 입은
손해를 구제받기 위한 절차를 다루는 단원입니다.

출제 비중이 **약 7% 정도로 가장 낮은** 편이며,
이 중에서 특히 **국가배상 파트가 빈출**되고 있습니다.

또한 **판례의 출제 비중이 높기** 때문에,
개념 및 조문과 관련된 **판례들을 명확히 숙지**하는 것이
효율적인 공부방법입니다.

01 개관

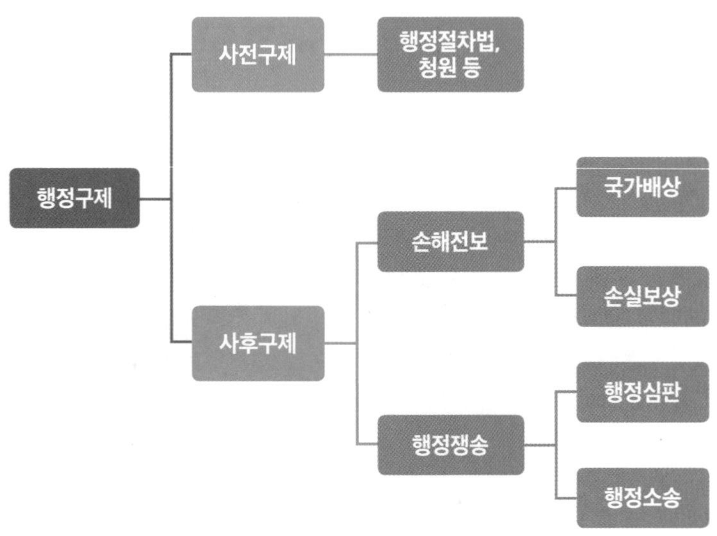

	국가배상	손실보상
개념	위법한 행정작용에 대한 손해전보	적법한 행정작용에 대한 손해전보
법적근거	헌법 §29, 국가배상법	헌법§23③, 개별법 규정
성질	과실책임주의(국가배상법§2)	무과실책임주의
대상	재산 · 비재산의 손해	재산적 손실
책임자	국가, 지방자치단체	사업시행자
양도 ·압류	생명, 신체의 침해로 인한 국가배상을 받을 권리는 양도 · 압류 금지	양도 · 압류 가능
양자의 관계	판례 **손실보상과 손해배상**은 근거 규정과 요건·효과를 달리하는 것으로서, 각 요건이 충족되면 성립하는 **별개의 청구권**이다. 다만 손실보상청구권에는 이미 '손해 전보'라는 요소가 포함되어 있어 실질적으로 같은 내용의 손해에 관하여 양자의 청구권을 동시에 행사할 수 있다고 본다면 이중배상의 문제가 발생하므로, 실질적으로 같은 내용의 손해에 관하여 양자의 청구권이 동시에 성립하더라도 영업자는 **어느 하나만을 선택적으로 행사할 수 있을 뿐이고, 양자의 청구권을 동시에 행사할 수는 없다**(2018두227).(22소방)	

제 1 절 개설

국가배상이란 **공무원의 위법한 직무집행** 또는 **영조물의 하자**로 인해 국민에게 손해가 발생한 경우, 국가 또는 지방자치단체가 그 손해를 배상하는 제도로, **헌법상 인정되는 기본권**이고(헌법§29), **국가배상법**이 이에 대한 **일반법**에 해당.**(15서울9급)**

국가배상은 공행정작용을 대상으로 하나,
판례는 국가배상청구소송을 **민사소송**에 의한다.**(20국가9급,17교행9급,16서울9급,15서울9급 등)**

제 2 절 공무원의 직무상 불법행위에 기한 손해배상(§2)

국가배상법 제2조(배상책임) ① 국가나 지방자치단체는 공무원 또는 공무를 위탁받은 사인(이하 "공무원"이라 한다)이 직무를 집행하면서 고의 또는 과실로 법령을 위반하여 타인에게 손해를 입히거나, 「자동차손해배상 보장법」에 따라 손해배상의 책임이 있을 때에는 이 법에 따라 그 손해를 배상하여야 한다. 다만, 군인 · 군무원 · 경찰공무원 또는 예비군대원이 전투 · 훈련 등 직무 집행과 관련하여 전사 · 순직하거나 공상을 입은 경우에 본인이나 그 유족이 다른 법령에 따라 재해보상금 · 유족연금 · 상이연금 등의 보상을 지급받을 수 있을 때에는 이 법 및 「민법」에 따른 손해배상을 청구할 수 없다.
② 제1항 본문의 경우에 공무원에게 고의 또는 중대한 과실이 있으면 국가나 지방자치단체는 그 공무원에게 구상할 수 있다.

1. 공무원뿐만 아니라 공무를 위탁받은 사인의 직무행위도 국가배상청구의 대상이 된다. **19국회8급**

2. 지방자치단체로부터 어린이 보호 등의 공무를 위탁받아 집행하는 교통할아버지는 국가배상법상의 공무원에 해당한다. **19소방9급**

3. 법령에 의해 대집행권한을 위탁받은 한국토지공사는 국가배상법상의 공무원에 해당하지 않는다. **19지방9급**

4. 행위 자체의 외관이 객관적으로 관찰하여 공무원의 직무행위로 보일 때에는 그것이 실질적으로 직무행위가 아니거나 또는 행위자에게 주관적으로 공무집행의 의사가 없었다고 하더라도 그 행위는 직무행위에 해당한다. **14국가7급**

1 손해배상책임의 요건

가. 공무원의 행위

사인	✪ 널리 **공무를 위탁받아 실질적으로 공무에 종사하는 모든 자**를 포함(**공무수탁사인 포함**), 조직법상 의미의 공무원 뿐만 아니라 **기능적 의미의 공무원도 포함**됨(**19서울9급**) **일시적 · 한정적** 공무위탁도 포함됨.(**19국가7급, 17서울7급, 19서울9급**)
	판례 ㉠ ✪지방자치단체로부터 공무를 위탁받은 교통할아버지(98다38060)(**19소방9급,16경찰,12국가9급,10지방9급**) ㉡ 소집 중인 향토예비군(70다471)(**16경찰**) ㉢ 구청 소속의 청소차량 운전수(80다1051) ㉣ 국가나 지방자치단체에 근무하는 청원경찰(92다47564) ㉤ 통장이 전입신고서에 확인인을 찍는 행위(91다5570)(**11국회8급,10국가9급**) ㉥ 집달리(집행관)(68다326) ㉦ 구 수산청장으로부터 뱀장어에 대한 수출추천업무를 위탁받은 수산업협동조합(2002다55304)(**20소방간부**)
국가기관	• **입법부, 사법부 소속의 공무원도 포함되고, 국회의원, 지방의회의원, 검사, 법관, 헌법재판소 재판관**도 공무원에 포함(2001다27290).(**09국가9급**) 판례 국가배상법 제2조 제1항의 적용에 있어서 법관과 다른 공무원이 본질적으로 다른 집단이라고 볼 수는 없다(2020헌바1). • **기관 그 자체**도 공무원에 해당함(ex 국회, 지방의회 등) • **판례**는 **행정기관이 실질적으로 공무를 수행**하는 경우 **공무원**으로 봄
공무원의 행위 부정한 판례	판례 ㉠ 의용소방대원(78다584)(**16경찰**) ㉡ ✪**한국토지공사**(2007다82950) → 법령에 의해 대집행권한을 위탁받은 한국토지공사(현 한국토지주택공사)는 국가배상법상 제2조의 공무원이 아니라, 행정주체에 해당한다(2007다82950).(**21국회8급,19지방9급,19서울7급,12지방7급**) ㉢ 순전히 대등한 사경제의 주체(70다1148) ㉣ 부동산등기특별조치법상 보증인(2013다14217) ㉤ 시영버스운전수(68다2225)

나. 직무행위

1) 직무 집행성

통설	**외형설-객관적으로 보아 직무행위로서의 외형**을 갖추고 있으면 된다는 견해. 현실적으로 정당한 권한 내의 행위인지, 피해자가 실질적으로 공무집행행위가 아니라는 사정을 알았다는 사실 등은 아무런 영향을 미치지 못함.(**20지방7급,18국가9급,16사복9급,14국가7급,14지방7급,14서울9급,12국가9급 등**)

판례	인정	㉠ 상급자가 전입신병인 하급자에게 암기사항에 관해 교육 중 훈계하다가 도가 지나쳐 폭행한 경우(93다14240).**(11국회8급)** ㉡ ✪**인사업무 담당공무원이 다른 공무원의 공무원증 등을 위조**한 경우(2004다26805)**(21국가7급,21소방간부,21소방,18지방7급,15지방7급,14지방9급)** ㉢ 성폭력 수사 경찰관이 피해자의 인적사항 등을 공개 · 누설한 행위(2007다64365)**(14국가7급)** ㉣ ✪인감증명사무를 처리하는 공무원은 인감증명으로 인한 부정행위의 발생을 방지할 직무상 의무가 있다고 인정(95다34477)**(15경행,12국가7급)** ㉤ 운전병이 아닌 군인의 군용차량 운전(67다1304) ㉥ 미군부대소속 하사관이 출장을 위해 개인소유의 차량을 빌려 운행하고 퇴근하던 중의 교통사고(87다1163) ㉥ 수사 도중의 가혹행위(81다625) ㉦ 양곡대금 납입과 관련한 군수의 지시 또는 군청직원의 수금행위(63다519)
	부정	㉠ 공무원이 자기 소유 자동차를 운전하여 출근하던 중 자기 과실로 교통사고를 일으킨 경우(94다15271) ㉡ 구청 세무공무원의 시영아파트 입주권 매매행위(92다8514) ㉢ 육군 하사가 순찰을 빙자하여 부대 이탈 후 민간인을 사살한 행위(80다200)

1. 국가 또는 공공단체라 할지라도 사경제의 주체로 활동하였을 경우에는 그 손해배상의 책임에 국가배상법의 규정이 적용될 수 없고 민법이 적용된다. **12지방9급**

2. 공무원에게 부과된 직무상 의무는 전적으로 또는 부수적으로 사회구성원 개인의 안전과 이익을 보호하기 위해 설정된 것이어야 국가배상책임이 인정된다. **20지방9급**

2) 직무행위의 범위

범위	통설 · 판례 (광의설)		✪ '공무원의 직무'에는 **권력적 작용**만이 아니라 행정지도와 같은 **비권력적 작용(관리작용)**도 포함되나 **단지 행정주체가 사경제 주체로서 하는 활동은 제외**된다**(21국가9급,21소방간부,18서울7급,17국가9급,14서울9급, 13국가9급)**. • **공무원에 부과된 직무가 전적 또는 부수적으로라도 사회구성원 개인의 안전과 이익을 보호하기 위하여 설정된 것이어야 한다(20지방9급,12지방7급)**. → **사익보호성**
	관련 판례	인정	무허가건물의 강제철거와 관련하여 이루어지는 시영아파트 분양권 부여 업무는 공행정작용과 관련된 활동이다(91다14819).
		부정	㉠ 국가의 철도운행사업(99다7008)**(21국가7급,21국회8급,17지방7급,14경찰)** → 국가의 철도운행사업은 국가가 공권력의 행사로서 하는 것이 아니고 사경제적 작용이라 할 것이므로, 이로 인한 사고에 공무원이 간여하였다고 하더라도 국가배상법을 적용할 것이 아니고 일반 민법의 규정에 따라야 하며, 공공의 영조물인 철도시설물의 설치 또는 관리의 하자로 인한 불법행위를 원인으로 하여 국가에 대하여 손해배상청구를 하는 경우에는 국가배상법이 적용된다. ㉡ 시영버스사고(68다2225) ㉢ 공용사업용지의 협의취득(98다47245)
내용	입법작용		**직무행위 O** 위법하게 고시를 제정한 경우, 그 고시의 제정은 국가배상책임의 대상이 되는 '공무원의 직무'에 포함된다.**(21국회8급)** 단, 위법성이나 과실인정이 어려움
	사법작용		**직무행위 O** 단, 위법성이나 과실인정이 어려움
	준법률 행위적 행정행위		**직무행위 O** 공증인 인감증명서 발급행위(91다5570)

1. 민법상의 사용자 면책사유는 국가배상법상의 고의·과실의 판단에서는 적용되지 않는다. **18국가9급**

<table>
<tr><td rowspan="4">내용</td><td>사실행위</td><td>직무행위 O
판례 서울시 공무원의 행정지도의 일종인 공탁을 위법하게 함으로써 발생한 손해(96다38971)(19서울9급,17국가9급,17국회9급,12국가9급 등)</td></tr>
<tr><td>수사행위</td><td>직무행위 O 단, 위법성이나 과실인정이 어려움</td></tr>
<tr><td>감독행위</td><td>직무행위 O
판례 교도소 의무관의 수용자를 치료·조치할 의무(2004다65121), 경찰관의 수감자 사이의 폭력행위 제지의무(93다17546)</td></tr>
<tr><td>통치행위</td><td>직무행위 X → 고도의 정치성을 띈 국가행위는 정치적 책임만 질 뿐 국가배상책임 인정되지 않음
판례 대통령의 긴급조치 제9호(고도의 정치성을 띈 국가행위)(2012다48824)</td></tr>
</table>

다. 고의·과실로 인한 행위

1) 개설

<table>
<tr><td>의의</td><td colspan="2">• 고의는 자기의 행위에 의하여 일정한 결과가 생길 것을 인식하면서 그 행위를 하는 경우의 심리상태를 의미하며, 과실은 어떠한 사실을 인식할 수 있었음에도 불구하고 부주의(不注意)로 인식하지 못한 것이다.
• 국가배상법 제2조의 손해배상책임은 과실책임주의에 의하므로, 고의 또는 과실이 있어야 하며, 과실에는 중과실(현저히 심한 부주의)은 물론 경과실(다소 주의를 결(缺)하는 것)도 포함된다.(15서울9급, 09지방9급)</td></tr>
<tr><td>판단 기준</td><td colspan="2">• 직무를 행하는 공무원을 기준으로 판단함.
• 국가나 지방자치단체는 공무원의 선임 및 감독에 상당한 주의를 한 경우에도 그 배상책임을 면할 수 없음(=민법상 사용자 면책제도 적용 X)(18국가9급,17국가9급,15서울9급,14지방7급 등)
판례 불법어로행위자가 단속반의 추적을 피해 해상도주를 하다 배가 좌초되어 바다로 추락·사망하였는데 단속공무원들이 구조의무 등을 위반하였다는 이유로 그 유족이 국가배상을 청구한 사안에서, 당시 구조와 관련된 단속공무원들의 판단이 결과론적·사후적 관점에서 최선이 아니었다는 이유로 과실을 단정할 수 없고, 나아가 이들의 행위와 갑의 사망 사이에 상당인과관계가 있다고 볼 수도 없다(2017다286874).</td></tr>
<tr><td>과실의 객관화 경향</td><td>개념</td><td>국민의 권익구제 차원에서 고의 또는 과실의 개념을 완화하여 과실입증을 보다 쉽게 하여 국가배상책임의 성립을 용이하게 하려는 경향(19서울9급)</td></tr>
</table>

과실의 객관화 경향	**추상적 과실**	✪ 직무를 담당하는 **평균적 공무원**이 통상 갖추어야 할 **객관적 주의의무를 게을리한 경우**의 과실을 의미함(87다카1164).**(15서울9급,14서울9급,14경찰,12국가9급,10지방9급 등)** **판례** 음주운전으로 적발된 주취운전자가 도로 밖으로 차량을 이동하겠다며 단속 경찰관으로부터 보관 중이던 차량열쇠를 반환 받아 몰래 차량을 운전하여 가던 중 사고를 일으킨 경우, 국가배상책임이 인정된다(97다54482).**(20소방)**
	가해 공무원의 특정화 불요	가해공무원이 특정되기 어려운 경우, **가해공무원을 특정하지 않았더라도** 공무원의 행위로 인정된다면 국가배상책임이 인정됨.**(21국가9급)** **판례** 전투경찰들의 과도한 시위진압으로 인해 사망한 경우, 가해공무원인 전투경찰공무원을 특정하지 않더라도 손해배상책임 인정됨(95다23897).
입증 책임		• 고의 · 과실의 입증책임은 원칙적으로 **원고에게** 있음.**(15서울9급,14지방7급)** **판례** 변호인이 피의자 등에 대한 접견신청을 하였을 때 위와 같은 요건이 갖추어지지 않았는데도 수사기관이 접견을 허용하지 않는 것은 변호인의 접견교통권을 침해하는 것이고, 이 경우 국가는 변호인이 입은 정신적 고통을 배상할 책임이 있으므로, 피의자 등이 헌법 제12조 제4항에서 보장한 기본권의 의미와 범위를 정확히 이해하면서도 이성적 판단에 따라 자발적으로 그 권리를 포기하였다는 것에 대해서는 이를 주장하는 사람이 증명할 책임이 있다(2016다26736). → 이러한 특별한 사정에 대해서는 피고가 입증해야. 단, 권한을 행사하지 않은 것이 위법한 것으로 인정되는 경우에는 과실이 추정됨.**(15서울9급)** **판례** 국세가 확정되기 전에 보전압류를 한 후 보전압류에 의해 징수하려는 국세가 확정되지 못해 보전압류로 인해 납세자가 입은 손해가 있다면, 담당공무원의 고의 · 과실은 사실상 추정된다(2013다209534).

1. 판례는 국가배상법상 공무원의 과실 여부를 판단함에 있어, 당해 직무를 담당하는 평균적 공무원의 주의 능력을 기준으로 판단한다. **15서울9급**

2. 특별한 사정이 없는 한, 일반적으로 공무원이 관계법규를 알지 못하거나 필요한 지식을 갖추지 못하고 법규의 해석을 그르쳐 행정처분을 하였다면, 그가 법률전문가가 아닌 행정직 공무원이라도 과실이 있다. **18지방7급**

3. 법령해석에 여러 견해가 있어 관계 공무원이 신중한 태도로 어느 일설을 취하여 처분을 한 경우, 위법한 것으로 판명되었다고 하더라도 그것만으로는 배상책임을 인정할 수 없다. **12국가9급**

2) 공무원의 법령해석에 대한 과실 인정 여부

원칙 인정	✪ 일반적으로 공무원이 **관계법규를 알지 못하거나 필요한 지식을 갖추지 못하고** 법령 해석을 그르쳐 위법한 행정처분을 하였다면, 과실이 **인정**됨(80다1598) **(21국가9급,16지방9급,16서울9급,14서울9급)** 또한 대법원에 의해 **확립된 법령의 해석에 어긋나는 견해를 고집**하여 위법한 행정처분을 하여 불이익을 주는 경우에도 과실 인정(2005다31328).
예외 부정	① ✪ 법령에 대한 **해석이 객관적으로 명백하지 않고, 이에 대한 학설이나 판례도 통일되어 있지 않다는 등**의 특별한 사정이 있다면 **과실 인정되지 않음**(2009다97925 등).**(22국가9급)** **판례** ㉠ 형사소송법 및 관계법령의 해석이 확립되지 않아 합리적인 판단하에 구속피의자 심문시 변호인의 참여를 불허한 수사검사에게는 과실이 있다고 할 수 없다(2006다58738). ㉡ 행정입법에 관여한 공무원이 나름의 합리적 근거를 찾아 판단을 내렸다면 과실이 있다고 할 수 없다(2011다14428).

1. 재량권의 행사에 관하여 행정청 내부에 일응의 기준을 정해 둔 경우, 그 기준에 따른 행정처분을 하였다면, 이에 관여한 공무원에게 그 직무상의 과실이 있다고 할 수 없다. 16국회8급

2. 어떠한 행정처분이, 추후 항고소송에서 취소되었다고 할지라도, 당해 행정처분이 곧바로 공무원의 고의 또는 과실로 인한 것으로서 불법행위를 구성한다고 단정할 수는 없다. 18서울7급

예외 부정	② ✪ 영업허가취소처분이 당시 시행되던 공중위생법시행규칙에 정하여진 **제재적 처분기준(재량준칙)에 따른 것**인 이상 그 영업허가취소처분을 한 행정청 공무원에게 그와 같은 위법한 처분을 한 데 있어 어떤 직무집행상의 **과실이 있다고 할 수 없다**(94다26141).**(21국가7급,16지방9급,16국회8급)** ③ 처분의 **근거법률이 사후적으로 위헌선언**되었더라도, 공무원들에게 **고의 또는 과실이 있다고 할 수 없다**(2008헌바23).**(19지방9급,19서울9급,12국가7급)**

3) 기타 과실인정 여부에 대한 판례

과실 인정	㉠ 등기공무원이 통상의 주의의무만 기울여도 발견할 수 있을 정도의 위조 사실을 간과한 과실(93다11937) ㉡ 매각물건명세서를 잘못 기재해 가격 결정을 잘못한 경매담당공무원(2009다40970)**(12변시)** ㉢ 경찰관이 범인 검거를 위해 가스총을 발사할 때 거리를 미확보하여 상대방이 실명한 경우(2002다57218) ㉣ 경찰관이 피의자 제압을 하면서 총기 사용 후 119구급대 도착전까지 응급처치를 하지 않은 경우(2009다84424) ㉤ 교도관이 급성정신착란증 있는 수용자에게 계구해제를 한 후 부주의로 인해 그 수용자가 자살한 경우(2008다75768) ㉥ 국가가 구 농지개혁법에 따라 농지를 매수하였으나 분배하지 않아 그 농지가 원소유자의 소유로 환원되었는데도 담당 공무원이 이를 제대로 확인하지 않은 채 제3자에게 처분하여 원소유자에게 손해를 입힌 경우(2016다243306) ㉦ 수사기관이 변호인의 접견신청을 허용하지 않고 변호인의 접견교통권을 침해한 경우(2016다26736)
과실 부정	㉠ 등기관이 등기신청에 필요한 서면의 제출여부, 서면의 형식적 사항의 구비여부 등의 심사를 다 한 경우(2003다13048) ㉡ 신청에 대해 처분 여부 결정이 상당기간 지체된 경우(2013다6759) ㉢ ✪ 처분이 **항고소송에서 취소**되었다 할지라도 곧바로 공무원에게 **과실을 인정할 수 없다**(97다7608 등).**(22국가9급,19국가7급,19지방9급,19서울7급,17국가9급, 16서울9급,15지방9급 등)**

라. 법령 위반

1) 법령위반(위법)의 의미

학설	**결과위법설**	위법이란 가해행위의 결과가 손해의 불법이라는 견해
	행위위법설	위법이란 행위가 **법령에 위반**되는 것이라는 견해
	상대적 위법성설	행위 자체의 위법 · 적법 뿐만 아니라 **피침해행위의 성격과 침해의 정도, 가해행위의 태양 등을 종합적으로 고려**하여 판단해야 한다는 견해

<table>
<tr><td rowspan="3">판례</td><td colspan="2">주류적 판례는 행위위법설을 따르나, 상대적 위법성설에 따른 판례도 있음</td></tr>
<tr><td>행위
위법설
판례</td><td>㉠ ✪ 법령 위반이라 함은 엄격한 의미의 법령 위반 뿐만 아니라 인권존중, 권력남용금지, 신의성실, 공서양속 등의 위반도 포함하여 널리 그 행위가 객관적인 정당성을 결여하고 있음을 의미함(2007다64365).(21소방간부,20지방9급,18서울9급)
㉡ 공무원의 직무집행이 법령이 정한 요건과 절차에 따라 이루어진 것이라면 그 과정에서 개인의 권리가 침해되는 일이 생긴다고 하여 법령적합성이 곧바로 부정되는 것은 아니다(94다2480).(18서울7급,18국가7급,18서울9급,14지방7급)</td></tr>
<tr><td>상대적
위법성설
판례</td><td>㉠ 피침해이익의 종류 및 성질, 처분의 태양 등을 고려하여 객관적 정당성 사실 여부를 판단해야 한다(99다70600).
㉡ 시청 소속 공무원이 시장을 부패방지위원회에 부패혐의자로 신고한 후 동사무소로 전보된 경우, 그 인사조치가 사회통념상 용인될 수 없을 정도로 객관적 상당성을 결여했다고 단정할 수 없다(2006다16215).(20소방간부)
㉢ 해군본부가 해군 홈페이지 자유게시판에 게시된 '제주해군기지 건설사업에 반대하는 취지의 항의글' 100여 건을 삭제하는 조치를 한 것이 객관적 정당성을 상실한 위법한 직무집행에 해당한다고 보기 어렵다(2015다233807).</td></tr>
</table>

1. 국가배상책임의 요건 중 하나인 **'법령위반'**이라 함은, 엄격한 의미의 법령위반뿐만 아니라 인권존중, 권력남용금지, 신의성실 등의 위반도 포함하여 그 행위가 객관적인 정당성을 결여하고 있음을 의미한다. **17사복9급**

2. 공무원의 직무집행이 법령이 정한 요건과 절차에 따라 이루어진 것이라면, 특별한 사정이 없는 한 이는 법령에 적합한 것이고, 그 과정에서 개인의 권리가 침해되는 일이 생긴다고 하여 그 법령적합성이 곧바로 부정되는 것은 아니다. **18서울7급**

3. 부작위로 인한 손해에 대한 국가배상청구는 공무원의 작위의무를 명시한 형식적 의미의 법령에 근거가 없더라도 일정한 경우 작위의무를 인정할 수 있다. **17사복9급**

2) 법령의 범위

<table>
<tr><td rowspan="2">부작위</td><td>'법령'이란 성문법, 불문법을 포함한 모든 법규 외에 행정법상 일반원칙 등도 포함함.(21지방9급)</td></tr>
<tr><td>가) 작위의무의 인정여부 - 조리에 의한 작위의무 인정.
법령에서 공무원의 작위의무를 명문으로 규정하지 않은 경우, 조리에 의해 작위의무를 인정할 수 있는지 문제되는데, 판례는 '국가가 초법규적, 일차적으로 그 위험 배제에 나서지 아니하면 국민의 생명, 신체, 재산 등을 보호할 수 없는 경우에는 형식적 의미의 법령에 근거가 없더라도 국가나 관련 공무원에 대하여 그러한 위험을 배제할 작위의무를 인정할 수 있을 것'이라고 하여, 조리에 의한 작위의무 인정함(98다18520).
✪ 즉, 공무원의 부작위로 인한 국가배상책임이 인정되기 위해서 형식적 의미의 법률에 의한 공무원의 작위의무가 존재해야만 하는 것은 아님.(21국회9급,17국기7급,13서울7급,12국가9급,10국가9급)
또한 공무원의 부작위로 인한 국가배상책임을 인정할 것인지 여부가 문제되는 경우에 관련 공무원에 대하여 작위의무를 명하는 법령의 규정이 없는 때라면 공무원의 부작위로 인하여 침해되는 국민의 법익 또는 국민에게 발생하는 손해가 어느 정도 심각하고 절박한 것인지, 관련 공무원이 그와 같은 결과를 예견하여 그 결과를 회피하기 위한 조치를 취할 수 있는 가능성이 있는지 등을 종합적으로 고려하여 판단하여야 한다(2010다95666).(21지방7급)</td></tr>
</table>

판례 **작위의무를 인정한 판례**

㉠ 토석채취공사 도중 경사지를 굴러 내린 암석이 가스저장시설을 충격하여 화재가 발생한 경우, 토지형질변경허가권자에게 허가 당시 사업자로 하여금 위해방지시설을 설치하게 할 의무가 있다(99다64278).**(12국가7급)**

㉡ 검사가 공판과정에서 피고인의 무죄를 입증할 수 있는 결정적인 증거를 입수하였으나 이를 법원에 제출하지 아니하여 유죄판결을 받았다면 국가배상이 인정된다(2001다23447).**(08국회8급)**

㉢ 형사재판의 공판검사가 증인으로부터 신변보호요청을 받았음에도 아무런 조치를 취하지 않아 그 증인이 피고인의 칼에 찔려 상해를 입은 경우, 공판검사로서는 신변안전조치를 취하여야 할 작위의무가 있었다고 할 것이고, 따라서 이를 위반한 검사의 부작위는 국가배상법 제2조 제1항이 정하는 '직무를 집행하면서 과실로 법령을 위반하여 타인에게 손해를 입힌 때'에 해당한다(2006다82649).

부작위

나) 과실의 인정 여부

a) 공무원의 불행사가 직무상 의무위반으로 위법하면, 판례는 과실도 인정된다고 봄.

판례 식품의약품안전청장 등이 구 식품위생법에 의하여 부여된 규제권한을 행사하지 않은 것이 직무상 의무를 위반하여 위법한 것으로 평가되는 경우 과실로 인정된다(2008다77795).**(11국가7급)**

b) 공무원이 관련법령대로만 직무를 수행한 경우, 판례는 그와 같은 공무원의 부작위를 가지고 '고의 또는 과실로 법령에 위반'했다고 할 수 없다고 한다.

판례 절박하고 중대한 위험상태가 발생하였거나 발생할 상당한 우려가 있는 경우가 아닌 한, 원칙적으로 공무원이 관련 법령에서 정하여진 대로 직무를 수행하였다면 그와 같은 공무원의 부작위를 가지고 '고의 또는 과실로 법령에 위반'하였다고 할 수는 없다(2010다95666).**(18서울9급,13지방7급)**

재량행위

재량권의 일탈 · 남용이 있는 경우 위법, 단순 부당한 재량행위는 위법 X

판례 ㉠ 경찰관이 구체적 상황하에서 그 인적 · 물적 능력의 범위 내에서의 적절한 조치라는 판단에 따라 범죄의 진압 및 수사에 관한 직무를 수행한 경우, 그것이 객관적 정당성을 상실하여 현저하게 불합리하다고 인정되지 않는다면 그와 다른 조치를 취하지 아니한 부작위를 내세워 국가배상책임의 요건인 법령 위반에 해당한다고 할 수 없다(2006다32132).**(18국가7급)**

㉡ 경찰관이 교통법규 등을 위반하고 도주하는 차량을 순찰차로 추적하는 직무를 집행하는 중에 그 도주차량의 주행에 의해 제3자가 손해를 입었다고 하더라도, 그 추적행위는 위법하다고 볼 수 없다(2000다26807).**(18국가7급)**

재량이 0으로 수축

국민의 신체, 건강, 재산 등의 중대한 법익에 위험에 처해있을 때에는 그 **재량권이 '0'으로 수축되어 행정청에게 작위의무가 인정**되므로, 당해 행정권을 발동하지 않을 경우 그 **부작위는 위법**하다.

<table>
<tr><td rowspan="2">재량이 0으로 수축</td><td>인정한 판례</td><td>㉠ 경찰관에게 경찰관직무집행법 제5조의 위험발생 방지의무 인정(2013다20427)(17국가7급)
㉡ 감금 및 윤락강요행위를 제지하거나 윤락업주들을 체포 · 수사하는 등의 경찰관에게 필요한 조치를 다하지 않은 부작위는 위법(2003다49009)
㉢ 소방공무원이 옥외 피난 계단 연결통로나 비상구를 폐쇄 · 차단한 것을 방치하는 행위는 위법(2014다225083)(19국회8급)
㉣ ✪ 등기공무원이 통상의 주의의무를 해태하여 등기위조여부를 간과한 형식적 심사의무를 다하지 않은 것으로 위법(2003다13048)</td></tr>
<tr><td>부정한 판례</td><td>㉠ ✪ 식품의약품안전청장 등이 미니컵 젤리의 유통을 금지하거나 동물성실험 등을 통하여 미니컵 젤리의 위험성을 확인하고 기존의 규제조치보다 강화된 미니컵 젤리의 기준 및 규격 등을 마련하지 아니하였다고 하더라도, 그러한 규제권한을 행사하지 아니한 것이 현저하게 합리성을 잃어 사회적 타당성이 없다고 볼 수 있는 정도에 이른 것이라고 보기 어렵다(2008다64278).
㉡ 경찰관이 음주운전 단속시 운전자의 요구에 따라 곧바로 채혈을 실시하지 않은 행위가 위법하다고 볼 수 없다(2006다32132).</td></tr>
<tr><td>행정규칙 위반</td><td colspan="2">행정규칙은 법규가 아니므로, 위반시 바로 위법한 것은 아님(72다2062).</td></tr>
<tr><td>절차상 위법</td><td colspan="2">절차상 위법도 법령위반에 포함됨 → 위법(15교행9급)

판례 ㉠ 경매 담당공무원이 이해관계인에 대한 기일통지를 잘못한 것이 원인이 되어 경락허가결정이 취소되었다면, 국가배상책임이 인정된다(2006다23664). (09국회8급)
㉡ 국가나 지방자치단체가 행정절차를 진행하는 과정에서 주민들의 의견제출 등 절차적 권리를 보장하지 않은 위법이 있더라도 그 사정만으로 곧바로 주민들에게 정신적 손해에 대한 배상의무를 부담하지는 않으나, 그러한 절차적 권리 침해로 인한 주민들의 정신적 고통이 여전히 남아 있다고 볼 특별한 사정이 있는 경우, 국가나 지방자치단체는 그로 인한 손해를 배상할 책임이 있고, 이때 특별한 사정에 대한 주장·증명책임은 이를 청구하는 주민들에게 있다(2015다221668).</td></tr>
<tr><td>수익적 행정처분</td><td colspan="2">일반적으로 수익적 행정처분이 신청인에 이익에 부합하여 국가배상책임을 발생시키기는 어려우나, 그 행위로 인하여 신청인이 손해를 입게 될 것이 분명할 때에는 위법성 인정될 수 있음(99다37047).

판례 건축할 수 없는 도로예정지상에 건축허가를 함으로 인하여 건축주가 건물을 철거해야만 하는 것과 같은 결과가 발생한 경우, 건축물의 건축공사비와 철거비용의 손해가 건축주에게 발생할 수 있음(79다1687).</td></tr>
</table>

1. 경매담당 공무원이 이해관계인에게 기일통지를 잘못한 것이 원인이 되어 경락허가결정이 취소되었다면, 그 사이 경락대금을 완납하고 소유권이전등기를 마친 경락인에 대하여 국가는 배상책임을 진다. **09국회8급**

1. 국가가 일정한 사항에 관하여 헌법에 의하여 부과되는 구체적인 입법의무를 부담하고 있음에도 불구하고, 그 입법에 필요한 상당한 기간이 경과하도록 고의·과실로 입법의무를 이행하지 아니하는 경우, 국가배상책임이 인정될 수 있다. **19국가9급**

2. 헌법재판소 재판관이 청구기간 내에 제기된 헌법소원심판청구사건에서 청구기간을 오인하여 각하결정을 한 경우, 이에 대한 불복절차 내지 시정절차가 없는 때에는 국가배상책임을 인정할 수 있다. **19지방9급**

3. 재판에 대하여 불복절차 내지 시정절차 자체가 없는 경우, 부당한 재판으로 인하여 불이익 내지 손해를 입은 사람에게는 배상책임의 요건이 충족되는 한 국가배상책임이 인정될 수 있다. **19국가9급**

3) 입법작용과 사법작용의 위법에 대한 국가배상

입법작용	**판례**는 입법작용에서의 위법이란, **국회가 입법과정에서 가지는 국민에 대한 직무상 의무의 위반**을 위법이라 보고 있음.
	판례 ㉠ 국회의원은 입법에 관하여 원칙적으로 국민 전체에 대한 관계에서 **정치적 책임을 질 뿐** 국민 개개인의 권리에 대응하여 법적 의무를 지는 것은 아니므로, ㉡ ✪ **국회의원의 입법행위는** 그 입법 내용이 **헌법의 문언에 명백히 위배됨에도 불구하고 국회가 굳이 당해 입법을 한 것과 같은 특수한 경우가 아닌 한** 국가배상법 제2조 제1항 소정의 **위법행위에 해당한다고 볼 수 없고**(21국회9급,17경행,16지방9급,16서울9급) ㉢ ✪ 국가가 일정한 사항에 관하여 **헌법에 의하여 부과되는 구체적인 입법의무를 부담**하고 있음에도 불구하고 **그 입법에 필요한 상당한 기간이 경과하도록 고의 또는 과실로 이러한 입법의무를 이행하지 아니하는 등 극히 예외적**인 사정이 인정되는 사안에 **한정**하여 **국가배상법 소정의 배상책임이 인정**될 수 있으며(22소방,19국가9급), 위와 같은 구체적인 입법의무 자체가 인정되지 않는 경우에는 애당초 부작위로 인한 불법행위가 성립할 여지가 없다(2004다33469).(19사복9급, 17국가9급) ㉣ **법 예고를 통해 법령안의 내용을 국민에게 예고한 적이 있다고 하더라도 그것이 법령으로 확정되지 아니한 이상 국가가 이해관계자들에게 어떠한 신뢰를 부여하였다고 볼 수도 없다.** 치과의사전문의 자격시험 제도가 시행될 경우 그 시행 전의 사실상의 수련과정 이수자에 대하여 수련경력을 인정하여 줄 것이라는 법적 신뢰가 부여되었다고 보기 어렵고, 그들의 치과의사전문의제도와 관련하여 가졌던 신뢰나 기대는 당사자가 일방적으로 가지게 된 희망이나 기대에 불과하다(2017다249769).(22소방,22변시)
사법작용	**판례**는 사법작용에서의 위법이란 판결자체의 위법이 아니라 **법관의 공정한 재판을 위한 직무상 의무를 위반**한 것이 위법이라고 함.
	판례 ㉠ 사법작용에 대한 국가배상책임이 인정되려면 **법관이 위법 또는 부당한 목적을 가지고 재판**을 하는 등 법관에게 부여된 권한의 취지에 명백히 어긋나게 이를 행사하였다고 인정할 특별한 사정이 있어야 한다(2000다16114).(17국가7급,16지방9급,12국가9급) ㉡ ✪ 재판에 대해 **불복 시정절차가 마련되어 있는 경우**, 시정을 구하지 않으면 **국가배상청구를 할 수 없다**(2014다215499).(19국가9급,15지방7급,15서울7급 등) ㉢ ✪ 헌법재판소 재판관이 청구기간을 오인하여 **각하결정을 한 경우, 이에 대한 불복절차 내지 시정절차가 없는 때에는** 국가배상책임은 인정된다(99다24218).(21국가7급,19국가9급,19지방9급,18지방7급,17국가7급) ㉣ 추후에 위헌선언된 법령에 기초한 수사 및 공소로 유죄판결이 선고되었더라도 손해배상책임이 발생한다고 볼 수는 없다(2013다217962).

4) 형사책임과 국가배상과의 관계

형사상 범죄를 구성하지 않는 침해행위도 민사상 불법행위를 구성할 수 있다(2006다6713).**(17국가7급)** 형사책임과 국가배상은 **별개**의 관점에서 검토해야 함.

마. 타인에게 손해를 입힐 것

타인	**가해 공무원 외의 모든 자**로, **공무원**도 포함됨. 단, 군인 · 군무원 등 피해자가 특수공무원인 경우 국가배상청구가 제한됨.(**이중배상금지**)
손해	• 손해는 가해행위로부터 발생한 일체의 손해를 의미하며, 적극적 손해, 소극적 손해, 정신적 손해(위자료) 모두 인정됨.**(15교행9급)** • 영조물 책임의 경우에도 인정됨(90다25604).**(21소방)** 판례 ㉠ 재산권 침해로 인한 위자료 청구권은 긍정된다(90다6033). ㉡ 재산권 침해로 인한 정신적 고통은 특별한 사정이 없는 한 재산상 손해배상으로 위자된다(96다38971). ㉢ 한국전력공사가 고압송전선로와 송전탑 설치사업을 시행하는 과정에서, 주민들의 반대로 기존 사업부지가 변경된 후, 변경된 사업부지 인근 주민들의 의견을 '전혀' 수렴하지 않았다면, 변경된 사업부지 인근 주민들에게 정신적 손해배상책임이 인정된다(2015다208320). ㉣ 피의자가 변호인으로부터 충분한 조력을 받을 권리 및 변호인이 피의자신문에 참여할 권리를 담당 수사관이 침해는 것은 불법행위를 구성하므로 국가는 원고들에게 정신적 손해에 대한 배상책임이 있다(2019다235450).

바. 직무행위와 손해발생 간의 인과관계

의의 및 판단	가해행위와 손해발생 사이에는 상당한 인과관계가 있어야 하는데**(21지방9급,21지방7급)**, **상당인과관계**란 어떤 원인이 있으면 그러한 결과가 발생하리라고 보통 인정되는 관계로, 이를 **판단함에 있어서 결과발생의 개연성, 법령 등의 목적, 가해행위의 태양, 피해의 정도 등을 종합적으로 고려**해야 한다(2000다34891). 판례 공무원이 법령에서 부과된 직무상 의무를 위반한 것을 계기로 제3자가 손해를 입은 경우에 제3자에게 손해배상청구권이 발생하기 위하여는 공무원의 직무상 의무 위반행위와 제3자의 손해 사이에 상당인과관계가 있지 아니하면 아니되는 것이다(2000다34891).**(21지방7급)**

<table>
<tr><td rowspan="2">판례</td><td>인정</td><td>㉠ 우편집배원의 소송관계서류(특별송달우편물)를 송달하면서 부적법한 송달을 하고도 적법한 송달을 한 것처럼 보고서를 작성하여 법적 효과가 발생하여 생긴 관계자의 손해(2005다4734)(19국회8급)
㉡ 소방공무원들이 다중이용업소인 주점의 비상구와 피난시설 등에 대한 점검을 소홀히 함으로써 주점의 피난통로 등에 중대한 피난 장애요인이 있음을 발견하지 못하여 업주들에 대한 적절한 지도 · 감독을 하지 않은 경우, 이러한 직무위반과 화재사고로 인한 주점 손님들의 사망(2014다225083)(19국가7급,19서울9급)
㉢ 현저히 불합리한 개별공시지가 결정과 국민의 재산권 침해(2010다13527)(19국가7급)
㉣ 경계감호의무 위반과 수용자 탈주로 인한 일반 국민의 손해(2002다62678)(21소방)
㉤ 경매담당공무원의 이해관계인 통지의무 위반과 경락인의 손해발생(2006다23664)
㉥ 해군 기초군사교육단에 입소하여 교육을 받은 후 하사로 임관한 갑이 해군교육사령부에서 받은 인성검사에서 '부적응, 관심, 자살예측'이라는 결과가 나왔으나, 갑의 소속 부대 당직소대장 을은 위 검사 결과를 교관 등에게 보고하지 않았고, 갑은 그 후 실시된 면담 및 검사에서 특이사항이 없다는 판정을 받고 신상등급 C급(신상에 문제점이 없는 자)으로 분류되었는데 함선 근무 중 자살한 경우(2017다211559)</td></tr>
<tr><td>부정</td><td>㉠ 우편역무종사자가 내용증명 우편물의 배달과정상 직무규정을 위반한 것과 발송인등과 제3자와의 거래관계상 손해(2006다81325)
㉡ 유흥주점 용도변경, 무허가영업 및 시설기준 위배에 대한 담당 공무원의 시정명령 태만과 화재로 인한 유흥주점 여종업원들의 사망(2005다48994)(20소방간부,14지방9급)
㉢ 개별공시지가 결정과 근저당권자의 손해(2010다13527)
㉣ 서초구청 소속 공무원들의 직무위반행위와 삼풍백화점 붕괴사고(98다29797)
㉤ 금융감독원의 검사 · 감독의무 해태와 부산제2저축은행 투자자의 손해(2015다210194)(22소방)</td></tr>
</table>

사. 사익보호성

사익 보호성	**판례**는 상당인과관계 판단시, **직무상 의무의 사익보호성을 요구**함 ✪공무원에게 직무상 의무를 부과한 **법령의 보호목적**이 **사회 구성원 개인의 이익과 안전을 보호하기 위한 것**이 아니고 **단순히 공공일반의 이익이나 행정기관 내부의 질서를 규율하기 위한 것**이라면, **상당인과관계가 있다고 할 수 없다**(2000다34891).**(22소방,22국가9급,21지방9급,20지방9급,19국가7급,19서울7급,15국가9급,14국가7급,12지방7급 등)**

사익 보호성	긍정	㉠ 공직선거법이 후보자가 되고자 하는 자와 그 소속정당에게 **전과기록 회보의무를 부여**한 것은 공공의 이익만을 위한 것이 아니라, 후보자가 되고자 하는 자와 그 소속정당의 개별적 이익까지 보호하기 위한 것이다(2011다34521).**(19국가7급)** ㉡ **주민등록사무**를 담당하는 공무원이 개명과 같은 사유로 주민등록상 성명을 정정한 경우 본적지 관할관청에 그 변경사항을 통보할 직무상 의무가 있으며, 그 의무에는 사익보호성이 인정된다(2001다59842).**(12지방7급)**
	부정	㉠ **상수원수의 수질기준 유지의무** 및 3급 이하 하천수에 대한 고도의 정수처리의무는 공공 일반의 전체적인 이익을 도모하기 위한 것임(99다36280). **(20지방7급,12국가7급)** ㉡ 구 '풍속영업의 규제에 관한 법률'에서 규정하고 있는 **풍속영업의 신고** 및 이에 대한 수리행위(2000다34891)

1. 공무원에게 직무상 의무를 부과한 법령의 보호목적이 사회구성원 개인의 이익과 안전을 보호하기 위한 것이 아니고, 단순히 공공 일반의 이익이나 행정기관 내부의 질서를 규율하기 위한 것이라면, 공무원의 위반행위와 제3자가 입은 손해 사이에는 법리상 상당인과관계가 없어, 국가배상의 책임이 인정되지 않는다. **19서울7급**

2 국가배상책임자 및 그 성질

가. 국가배상책임의 성질

학설	**대위책임설**	국가의 직접적인 책임이 아닌, 원래 공무원이 지는 책임을 국가가 대신하여 지는 책임이라는 견해
	자기책임설	공무원을 대신한 책임이 아니고, 실질적으로는 국가 자신의 행위이기 때문에 직접 국가가 책임을 진다는 견해**(18서울7급)**
	중간설	공무원의 고의 · 중과실에 대한 국가의 배상책임은 대위책임이나, 경과실에 대한 책임은 자기책임이라는 견해
	절충설	중간설과 동일하나, 공무원의 고의 · 중과실의 경우에도 공무원의 행위가 직무행위로서 외형을 갖춘 경우 국가의 책임은 자기책임이라는 견해
판례	중간설 내지 절충설로, 공무원의 **고의 · 중과실**의 경우, **공무원 개인에게 손해배상책임**을 부담시키되 그 **외관이 직무행위**인 경우에는 **국가가 중첩적으로 배상책임**을 부담하고, 공무원이 **경과실**인 경우 **국가가 전적으로 배상책임**을 진다고 판시함(95다38677).**(21지방9급,21국회9급,17국가9급,15서울7급)**	

1. 국가나 지방자치단체가 배상책임을 지는 외에, 공무원 개인도 고의 또는 중과실이 있는 경우에는 피해자에 대하여 불법행위로 인한 손해배상책임을 진다. **17국가9급**

2. 국가·지방자치단체의 구상권은 가해 공무원에게 고의 또는 중과실이 있는 경우에 한하여 인정된다. **19소방9급**

3. 피해자에게 손해를 직접 배상한 경과실이 있는 공무원은, 특별한 사정이 없는 한 국가의 피해자에 대한 손해배상책임의 범위 내에서 자신이 변제한 금액에 관하여 국가에 대한 구상권을 취득한다. **19국가9급**

나. 공무원의 배상책임(피해자의 선택적 청구권)

문제점	**헌법 제29조** ① 공무원의 직무상 불법행위로 손해를 받은 국민은 법률이 정하는 바에 의하여 국가 또는 공공단체에 정당한 배상을 청구할 수 있다. **이 경우 공무원 자신의 책임은 면제되지 아니한다.** 헌법 제29조 제1항 단서는 공무원의 책임은 면제되지 않는다고 규정하고 있어, 피해자인 국민이 국가 외에 선택적으로 가해 공무원에 대해서도 배상책임을 구할 수 있는지 문제됨.**(18서울7급,16국회8급)**
판례	**판례**는, 헌법 제29조 제1항 단서는 **공무원의 배상책임의 범위까지 규정한 것은 아니**라고 보면서, **공무원의 경과실**의 경우, 피해자의 **선택적 청구권을 부정**하고(**공무원 개인의 배상책임 X**)**(21지방9급)**, **고의·중과실**의 경우 피해자의 **선택적 청구권을 긍정**함(**공무원의 개인의 배상책임 O**) 판례 공법인(대한변호사협회)이 국가로부터 위탁받은 공행정사무를 집행하는 과정에서 공법인의 임직원이나 피용인이 고의 또는 과실로 법령을 위반하여 타인에게 손해를 입힌 경우, 공법인은 위탁받은 공행정사무에 관한 행정주체의 지위에서 배상책임을 부담하여야 하지만, 공법인의 임직원이나 피용인은 실질적인 의미에서 공무를 수행한 사람으로서 국가배상법 제2조에서 정한 공무원에 해당하므로 고의 또는 중과실이 있는 경우에만 배상책임을 부담하고 경과실이 있는 경우에는 배상책임을 면한다(2019다260197).

다. 공무원의 내부적 책임(구상권)

의의	판례 **국가배상법 제2조** ② 제1항 본문의 경우에 공무원에게 **고의 또는 중대한 과실**이 있으면 국가나 지방자치단체는 그 공무원에게 **구상할 수 있다**.**(21군무원9급,18서울7급,17국가9급,16서울9급,15지방9급,13서울9급 등)**
범위	**판례**는, 국가 등은 당해 공무원의 직무내용, 당해 불법행위의 상황, 손해발생에 대한 당해 공무원의 기여정도 등 제반사정을 참작하여 **손해의 공평한 분담이라는 견지에서 신의칙상 상당하다고 인정되는 한도 내**에서만 당해 공무원에 대하여 구상권을 행사할 수 있다고 보았다(91다6764).**(21국가9급)** 판례 공무원의 불법행위로 인한 피해자의 국가배상청구권의 소멸시효 기간이 지났으나 국가가 소멸시효 완성을 주장하는 것이 신의성실에 반하는 권리남용으로 불허되어 배상책임을 이행한 경우, 소멸시효 주장이 권리남용이 되게 된 원인행위를 해당 공무원이 적극 주도했다는 등의 사정이 없는 한, 국가가 공무원에게 구상권을 행사하는 것은 신의칙상 허용되지 않는다(2015다200258). **(22국가9급)**

라. 공무원의 국가에 대한 구상권

판례 **경과실이 있는 공무원**이 피해자에 대해 손해를 직접 배상하였다면, 원칙적으로 변제한 금액에 대해 그 **공무원은 국가에 대해 구상권을 취득**한다(2012다54478).**(21소방간부,21국회8급,19국가9급,17서울9급,15서울7급)**

3 국가와 지방자치단체의 자동차손해배상책임

가. 의의 및 요건

의의	**자동차손해배상 보장법 제3조(자동차손해배상책임) 자기를 위하여 자동차를 운행하는 자**는 그 운행으로 다른 사람을 사망하게 하거나 부상하게 한 경우에는 그 손해를 배상할 책임을 진다. 다만, 다음 각 호의 어느 하나에 해당하면 그러하지 아니하다. 1. 승객이 아닌 자가 사망하거나 부상한 경우에 자기와 운전자가 자동차의 운행에 주의를 게을리 하지 아니하였고, 피해자 또는 자기 및 운전자 외의 제3자에게 고의 또는 과실이 있으며, 자동차의 구조상의 결함이나 기능상의 장해가 없었다는 것을 증명한 경우 2. 승객이 고의나 자살행위로 사망하거나 부상한 경우 **자배법이 국배법에 우선 적용**됨.(15지방9급)
요건	① 자기를 위하여 자동차를 운행하는 자가(**운행자성**), ② 그 운행으로 인해 ③ 다른 사람을 사망하게 하거나 부상하게 하는 등의 **인적손해**가 발생하게 하고, ④ 제3자의 고의 · 과실 · 자살 등의 면책사유가 없어야 함.
특징	• 운행자의 고의 · 과실을 불문 → **무과실책임** • **운행자성** : 자동차에 대한 운행을 지배하여 그 이익을 누리는 것을 말하며, 객관적이고 외형적인 여러사정을 사회통념에 따라 종합적으로 평가하여 판단함(92다41733).

1. 민법은 점유자의 면책규정을 두고 있으나, 국가배상법은 점유자의 면책규정을 두고 있지 않다. **14서울7급**

나. 구체적 검토

		국가의 책임	공무원 개인의 책임
관용차	공무	• **국가가 자배법상 책임 O** (∵국가가 운행자) • **국배법상 책임 O** (∵직무관련성 ○ 단, 공무원의 고의 · 과실 입증해야)	**자배법상 책임 X** 민법상 불법행위 책임만 가능 **(14경찰)**
	사적	• 국가의 운행자성이 인정되면 국가가 자배법상 책임을 지고, 인정되지 않으면 책임 X • **국배법상 책임 X** (∵직무관련성 X)	
개인차	공무	• **국가는 자배법상 책임 X** (∵공무원 개인이 운행자) • **국배법상 책임 O** (∵직무관련성 ○ 단, 공무원의 고의 · 과실 입증해야)	**자배법상 책임 O** (공무원 개인이 운행자이므로, 사고의 과실 여부를 가리지 않고 자배법상 책임이 인정됨)**(15국회8급)**
	사적	• **국가는 자배법상 책임 X** (∵공무원 개인이 운행자) • **국배법상 책임 X**(∵직무관련성 X)	

1. 영조물의 설치 · 관리상의 하자가 있는지 여부는, 그 용도에 따라 통상 갖추어야 할 안전성을 갖추었는지 여부에 따라 결정된다.
20국가9급

제 3 절 영조물의 설치 · 하자로 인한 손해배상(§5)

1 개설

국가배상법 제5조 (공공시설 등의 하자로 인한 책임) ① 도로 · 하천, 그 밖의 공공의 영조물의 설치나 관리에 하자가 있기 때문에 타인에게 손해를 발생하게 하였을 때에는 국가나 지방자치단체는 그 손해를 배상하여야 한다. 이 경우 제2조제1항 단서, 제3조 및 제3조의2를 준용한다.

성격	**무과실책임(통설, 판례)**
민법 §758의 공작물책임과의 비교	**민법**은 점유자의 면책규정 및 공작물의 하자책임에 대해 **규정하고 있으나,** **국가배상법은 면책규정 X**, 국가배상법은 민법상 공작물 책임보다 넓은 공물에 대한 하자책임을 규정하고 있음.
국배법 §2와 차이	§2에 대해서는 헌법상 명문규정이 있는데, §5에 대해서는 헌법상 명문규정이 없음.

2 요건

가. 공공의 영조물

<table>
<tr><td>개념</td><td colspan="3">국유, 공유, 사유 불문하고 행정주체가 행정목적을 달성하기 위해 제공한 물건 일체 즉, 강학상 공물을 뜻하므로, 국가 또는 지방자치단체가 사실상 관리를 하는 것도 포함(94다45302).(21지방7급,21지방9급,20국가9급,20지방7급,17국가9급,17지방7급)</td></tr>
<tr><td>종류</td><td colspan="3">자연공물(호수, 하천등), 인공공물(도로, 관공서 등), 동산(관용차 등),
부동산, 동물(경찰견 등)</td></tr>
<tr><td rowspan="2">적용</td><td colspan="2">일반재산
(개정 전 잡종재산)</td><td>민법상 공작물책임이 적용</td></tr>
<tr><td colspan="2">국가, 지방자치단체 외의 공공단체가 관리</td><td>민법 적용
(관리주체가 국가, 지방자치단체여야 국배법이 적용됨)</td></tr>
<tr><td rowspan="5">판례</td><td rowspan="5">인정</td><td>자연공물</td><td>하천, 호수</td></tr>
<tr><td>인공공물</td><td>도로, 수도, 저수지, 제방과 하천부지, 맨홀, 김포공항, 여의도광장, 공중화장실, 공군사격장, 교통신호기, 철도시설물, 철도건널목자동경보기 등</td></tr>
<tr><td>동산</td><td>경찰관의 권총</td></tr>
<tr><td>부동산</td><td>국유재산법상 행정재산</td></tr>
<tr><td>동물</td><td>경찰견, 경찰마, 군견</td></tr>
</table>

판례	부정	㉠ **국유재산법상 일반재산**(국유림, 국유임야, 공용폐지된 도로 등) ㉡ 공용개시없이 사실상 군민의 통행에 제공되고 있던 도로(∵공용지정행위가 없었음)(80다2478) ㉢ 사고 당시 아직 완성되지 않아 일반 공중의 이용에 제공되지 않은 옹벽(∵공물로서의 형체를 갖추지 않았음)(98다17381)**(21지방7급,21소방,11국회8급)**

나. 설치 · 관리상 하자

1) 하자의 의미

전통적 의미	하자란 공물이 **통상적으로 갖추어야 할 안정성을 결여한 상태**를 의미함**(20국가9급,17국가9급)** **완전무결의 상태를 유지할 정도를 요구하는 것 아님. (통설, 판례)**
최근 경향	**공해나 소음**으로 인한 손해를 인정하기 위해 **기능적 하자**라는 개념이 등장했는데, 영조물의 이용상태 및 정도가 **일정한 한도를 초과하여 제3자에게 사회통념상 참을 수 없는 피해**를 입히고 있는 경우, **하자가 인정**됨.**(17국가9급,11지방9급)** 판례 ① 김포공항의 목적상 이용과정에서 발생하는 소음이 사회통념상 참을 수 있는 정도를 넘는 경우에는 설치 · 관리상 하자가 인정됨(2003다49566).**(21소방간부,21소방)** ② 매향리 **사격장에서 발생하는 소음**이 수인한도를 넘는 경우 인근 주민들의 국가배상책임이 인정됨(2002다14242). ③ 차량이 통행하는 도로에서 유입되는 소음 때문에 인근 주택의 거주자에게 사회통념상 일반적으로 수인할 정도를 넘어서는 침해가 있는지 여부는, 주택법 등에서 제시하는 주택건설기준보다는 환경정책기본법 등에서 설정하고 있는 환경기준을 우선적으로 고려하여 판단하여야 한다(2008다9358,9365).**(21국회8급,21소방간부)** ④ 한국도로공사가 설치 · 관리하는 고속도로에서 발생한 매연과 한국도로공사가 살표한 제설제의 염화물 성분 등이 인근 과수원에 도달함으로서 과수가 고사하거나 성장과 결실이 부족하고 상품판매율이 떨어지는 피해가 발생한 경우, 이는 통상의 참을 한도를 넘는 것이어서 위법성이 인정된다고 보아 한국도로공사의 손해배상책임이 인정된다(2016다233538, 2335451).

2) 하자의 성격

학설	객관설	설치·관리의 하자란 **영조물이 통상 갖춰야 할 안정성의 결여**를 말하며, 물적 상태를 기준으로 객관적으로 판단해야 한다는 입장으로, 하자의 입증이 용이하여 피해자 구제에 유리함.**(14서울7급)** → 영조물의 설치 · 관리자의 관리 행위가 미칠 수 없는 상황 아래 있더도 하자 인정할 수 있게 됨**(21국회8급)** §5의 책임을 **무과실책임 · 위험책임**이라 함.
	주관설	하자의 발생에 **주관적 귀책사유가 있어야** 한다는 입장으로, 물적 결함의 발생에 대해 아무런 귀책사유가 없다면 책임을 지울 수 없다는 견해로, §5의 책임은 **무과실책임이 아니**라고 함.

1. 객관적으로 보아 시간적·장소적으로 영조물의 기능상 결함으로 인한 손해발생의 예견가능성과 회피가능성이 없는 경우에는 영조물의 설치·관리상의 하자를 인정할 수 없다. **18국회8급**

<table>
<tr><td rowspan="1">학설</td><td>절충설</td><td>영조물 자체의 객관적인 하자 뿐만 아니라 관리자의 주의의무 위반이라는 주관적 요소도 함께 고려해야 한다는 견해로,
§5의 책임을 무과실책임·위법책임이라 함.
절충설이 하자의 범위를 가장 넓게 봄.</td></tr>
<tr><td rowspan="2">판례</td><td>객관설</td><td>객관설이 전통적인 판례의 입장
판례 영조물의 설치, 관리상의 하자라 함은 영조물의 설치 및 관리에 불완전한 점이 있어 이 때문에 영조물 자체가 통상 갖추어야 할 안전성을 갖추지 못한 상태에 있는 것을 말하는 것이고, 이는 무과실책임이고, 나아가 민법 제758조 소정의 공작물의 점유자의 책임과는 달리 면책사유도 규정되어 있지 않으므로 그 손해의 방지에 필요한 주의를 해태하지 아니하였다 하여 면책을 주장할 수도 없다(94다32924).(20국가9급,17국가9급,11지방9급 등)</td></tr>
<tr><td>주관설 반영한 판례</td><td>① ✪ 설치·관리자가 그 영조물의 위험성에 비례하여 사회통념상 일반적으로 요구되는 정도의 방호조치의무를 다하였는지 여부를 그 기준으로 삼아야 할 것이며, 만일 객관적으로 보아 시간적·장소적으로 영조물의 기능상 결함으로 인한 손해발생의 예견가능성과 회피가능성이 없는 경우 즉 그 영조물의 결함이 영조물의 설치·관리자의 관리행위가 미칠 수 없는 상황 아래에 있는 경우임이 입증되는 경우라면 영조물의 설치·관리상의 하자를 인정할 수 없다(2000다56822).(17국가7급,11지방9급)
② 최저 속도의 제한이 있는 고속도로의 경우에 있어서는 도로관리자가 도로의 구조, 기상예보 등을 고려하여 사전에 충분한 인적·물적 설비를 갖추어 강설시 신속한 제설작업을 하고 나아가 필요한 경우 제때에 교통통제 조치를 취함으로써 고속도로로서의 기본적인 기능을 유지하거나 신속히 회복할 수 있도록 하는 관리의무가 있다고 할 것이다(2007다29287,29294).
③ 적설지대에 속하는 지역의 도로라든가 최저속도의 제한이 있는 고속도로 등 특수 목적을 갖고 있는 도로가 아닌 일반 보통의 도로까지도 도로관리자에게 완전한 인적, 물적 설비를 갖추고 제설작업을 하여 도로통행상의 위험을 즉시 배제하여 그 안전성을 확보하도록 하는 관리의무를 부과하는 것은 도로의 안전성의 성질에 비추어 적당하지 않고, 강설의 특성, 기상적 요인과 지리적 요인, 이에 따른 도로의 상대적 안전성을 고려하면 겨울철 산간지역에 위치한 도로에 강설로 생긴 빙판을 그대로 방치하고 도로상황에 대한 경고나 위험표지판을 설치하지 않았다는 사정만으로 도로관리상의 하자가 있다고 볼 수 없다(99다54998).(21국회9급)</td></tr>
</table>

3) 구체적 판례

<table>
<tr><td rowspan="2">도로</td><td>인정</td><td>㉠ 관광버스가 국도상에 생긴 웅덩이를 피하기 위하여 중앙선을 침범운행한 과실로 마주오던 트럭과 충돌하여 발생한 교통사고에 대하여 국가의 공동불법행위자로서의 손해배상책임을 인정(93다14424).
㉡ 도로의 설치 후 집중호우 등 자연력이 작용하여 본래 목적인 통행상의 안전에 결함이 발생한 경우에는 그 결함이 제3자의 행위에 의하여 발생한 경우와 마찬가지로, 도로에 그와 같은 결함이 있다는 것만으로 성급하게 도로의 보존상 하자를 인정하여서는 안 되므로, 종단면상 유(U)자형 도로의 가운데 부분에 빗물이 고여 있어 그 곳을 진행하는 차량이 그 고인 빗물을 피하려고 중앙선을 침범하여 교통사고를 일으킨 사안에서, 도로관리청이 사고지점 도로에 빗물이 고여 차량의 통행에 장애가 되는 것을 막을 수 있었는데도 이를 방치한 것인지 여부를 심리하여야 함에도 불구하고 이에 이르지 않은 채 사고가 운전자의 일방적 과실로 인하여 발생한 것이라고 판단한 원심판결을 파기한 사례(97다49800).</td></tr>
<tr><td>부정</td><td>㉠ 트럭 앞바퀴가 고속도로상에 떨어져 있는 타이어에 걸려 중앙분리대를 넘어가 사고가 발생한 경우 타이어가 사고지점 고속도로 상에 떨어진 것은 위 소외 2가 사고지점을 통과한 후로서 사고시로부터 10분 내지 15분 밖에 경과되지 아니한 것으로 인정될 때에는, 국가에게 손해배상책임을 물을 수 없다(92다3243).
㉡ 도로의 설치 및 관리에 있어 완전무결한 상태를 유지할 정도의 고도의 안전성을 갖추지 아니하였다고 해서 하자가 있다고 단정할 수 없다(2013다208074).(21경행)</td></tr>
<tr><td>하천</td><td colspan="2">㉠ 하천관리의 하자 유무는, 과거에 발생한 수해의 규모 · 발생의 빈도 · 발생원인 · 피해의 성질 · 강우상황 · 유역의 지형 기타 자연적 조건, 토지의 이용상황 기타 사회적 조건, 개수를 요하는 긴급성의 유무 및 그 정도 등 제반 사정을 종합적으로 고려하고, 하천관리에 있어서의 위와 같은 재정적 · 시간적 · 기술적 제약하에서 같은 종류, 같은 규모 하천에 대한 하천관리의 일반수준 및 사회통념에 비추어 시인될 수 있는 안전성을 구비하고 있다고 인정할 수 있는지 여부를 기준으로 하여 판단해야 한다(2005다65678).
㉡ 관리청이 하천법 등 관련 규정에 의해 책정한 하천정비기본계획 등에 따라 개수를 완료한 하천 또는 아직 개수 중이라 하더라도 개수를 완료한 부분에 있어서는, 위 하천정비기본계획 등에서 정한 계획홍수량 및 계획홍수위를 충족하여 하천이 관리되고 있다면 특별한 사정이 없는 한, 그 하천은 용도에 따라 통상 갖추어야 할 안전성을 갖추고 있다(2005다65678).(21경행)
㉢ 하천 관리주체로서는 익사사고의 위험성이 있는 모든 하천구역에 대해 위험관리를 하는 것은 불가능하므로, 당해 하천의 현황과 이용 상황, 과거에 발생한 사고 이력 등을 종합적으로 고려하여 하천구역의 위험성에 비례하여 사회통념상 일반적으로 요구되는 정도의 방호조치의무를 다하였다면 하천의 설치 · 관리상의 하자를 인정할 수 없다(2013다21186).</td></tr>
</table>

1. 국가배상청구소송에서 공공의 영조물에 하자가 있다는 입증책임은 피해자가 지지만, 관리주체에 손해발생의 예견가능성과 회피가능성이 없다는 입증책임은 관리주체가 진다.

17국가9급

다. 타인에게 손해 발생

영조물의 설치 또는 관리상의 하자로 타인에게 손해가 발생해야 하며,
이 때 손해는 재산, 비재산, 정신적 손해를 불문한다.

1. 영조물의 하자 유무는 객관적 견지에서 본 안전성의 문제이며, 국가의 예산부족으로 인해 영조물의 설치·관리에 하자가 생긴 경우에도 국가는 면책될 수 없다. **17지방9급**

라. 상당인과관계 있을 것

의의	국배법 §2와 마찬가지로, 영조물의 하자와 손해 사이에 인과관계가 있어야 함.
하자의 경합	영조물의 하자 등 외에 **다른 자연적 사실**이나 **제3자의 행위** 또는 **피해자의 행위와 경합**하여 손해가 발생하였더라도 **영조물의 설치 또는 관리상의 하자가 손해발생의 공동원인의 하나**가 된 이상, 영조물의 설치 · 관리상의 하자에 의해 발생한 것이라고 보아야 한다(94다32924).**(18지방9급,08국가9급)**

마. 영조물책임의 면책 · 감면사유

불가항력	**국가배상 책임 인정**	① **50년만의 최대강우량**에 해당한다는 사실만으로 불가항력 주장할 수 없다(99다53247).**(21국가7급,15사복9급,12국회8급)** ② **장마철 집중호우**가 절대 예측할 수 없는 천재지변이라고 할 수 없다(93다11687).
	국가배상 책임 부정	✪**1,000년 발생빈도의 강우량에 의한 하천의 범람은 예측가능성 및 회피가능성이 없는 불가항력적인 재해**로서 그 영조물의 관리청에게 책임을 물을 수 없다(2001다48057).
손해 발생의 예견 가능성과 회피 가능성	**국가배상 책임 인정**	① **가변차로에 설치된 신호등의 용도와 오작동시에 발생하는 사고**의 위험성과 심각성을 감안할 때, 만일 가변차로에 설치된 두 개의 신호기에서 서로 모순되는 신호가 들어오는 고장을 예방할 방법이 없음에도 그와 같은 신호기를 설치하여 그와 같은 고장을 발생하게 한 것이라면, 그 고장은 **현재의 기술수준상 부득이한 것이라고 가정하더라도 그와 같은 사정만으로 손해발생의 예견가능성이나 회피가능성이 없어 영조물의 하자를 인정할 수 없는 경우라고 단정할 수 없다**(2000다56822).**(21소방)** ② 보행자 신호기가 고장난 횡단보도 상에서 교통사고가 발생한 사안에서, 적색등의 전구가 단선되어 있었던 위 보행자 신호기는 그 용도에 따라 통상 갖추어야 할 안전성을 갖추지 못한 관리상의 하자가 있어 국가배상책임이 인정된다(2005다51235).**(21소방간부)**
	국가배상 책임 부정	① 승용차 운전자가 편도 2차선의 국도를 진행하다가 **반대차선 진행차량의 바퀴에 튕기어 승용차 앞유리창을 뚫고 들어온 쇠파이프에 맞아 사망**한 경우, 도로의 설치 후 **제3자의 행위에 의하여 그 본래 목적인 통행상의 안전에 결함이 발생**한 경우에는 도로에 그와 같은 결함이 있다는 것만으로 **성급하게 도로의 보존상 하자를 인정하여서는 안되므로, 국가의 손해배상책임을 부정**(97다3194). ② 고등학교 3학년 학생이 교사의 단속을 피해 담배를 피우기 위해 3층 건물 화장실 밖의 학생들이 출입할 수 없는 난간을 지나다가 실족하여 사망한 경우, 학교시설의 설치 · 관리상의 하자 부정(96다54102).**(14국가7급)**

피해자의 과실	소음 등을 포함한 공해 등의 위험지역 이주하여 거주하는 것이 **피해자가 위험의 존재를 인식하고 그로 인한 피해를 용인하면서 접근**한 것이라고 볼 수 있는 경우에는 손해배상액의 산정에 있어 형평의 원칙상 **과실상계에 준하여 감경 또는 면책이 인정**될 수 있다(2002다14242).**(21국회8급,21소방간부,21경행,17지방9급,16국가9급)**
재정적 사유	✪ 설치자의 **재정사정**은 영조물의 안정성을 결정지을 **절대적 요건에 해당하지 않는다**(66다1723)**(21소방,17지방9급,16국가9급,11지방9급,08국가9급)**.

1. 국가배상법은 헌법과 달리, 국가배상의 주체를 국가 또는 지방자치단체로 규정하고 있다. **15사복9급**

2. 영조물의 설치・관리자와 비용부담자가 다른 경우, 피해자는 선택하여 손해배상을 청구할 수 있다. **14서울7급**

바. 하자의 입증책임

하자의 존재	**원고인 피해자(17국가9급,17지방9급,14국가7급 등)**
면책사유(예견가능성, 회피가능성 없었음)	**피고(17지방9급)**

제 4 절 배상책임자

1 대외적 배상책임자

<table>
<tr><td rowspan="2">배상
책임자</td><td>• 국가배상법 제2조, 제5조의 책임자
- 국가사무는 국가가, 지자체 사무는 지자체가 배상책임(국배법 §2) (13서울9급)
- 영조물의 설치 · 관리사무의 귀속주체가 국가사무이면, 국가가, 지자체의 사무인 경우 지자체가 배상책임.(국배법 §5)
- 지자체 외의 공공단체는 국배법에 규정이 없으므로, 민법에 의해 손해배상 청구해야.(15사복9급)</td></tr>
<tr><td>• 국가배상법 제6조 제1항의 배상책임자
판례 제6조(비용부담자 등의 책임) ① 제2조 · 제3조 및 제5조에 따라 국가나 지방자치단체가 손해를 배상할 책임이 있는 경우에 공무원의 선임 · 감독 또는 영조물의 설치 · 관리를 맡은 자와 공무원의 봉급 · 급여, 그 밖의 비용 또는 영조물의 설치 · 관리 비용을 부담하는 자가 동일하지 아니하면 그 비용을 부담하는 자도 손해를 배상하여야 한다.(21지방9급,21국회8급)
- 선임 · 감독자 또는 설치 · 관리자와 비용을 부담하는 자가 다른 경우, 피해자인 국민은 선택적으로 배상청구가 가능함(21국회8급,20국가7급,16서울9급,14국가7급)
- 비용부담자의 의미 - 판례는 지자체가 비용을 대외적으로 지출한 이상, 비용부담자로서 책임을 진다고 판시함.
판례 국가배상법 제6조 제1항 소정의 '공무원의 봉급·급여 기타의 비용'이란 공무원의 인건비만을 가리키는 것이 아니라 당해사무에 필요한 일체의 경비를 의미한다고 할 것이고, 적어도 대외적으로 그러한 경비를 지출하는 자는 경비의 실질적 · 궁극적 부담자가 아니더라도 그러한 경비를 부담하는 자에 포함된다(94다38137).(20국회9급)</td></tr>
</table>

1. 판례는, 지방자치단체장 간의 기관위임이 있을 때 위임받은 하위지방자치단체 소속 공무원이 위임사무를 처리하면서 고의로 타인에게 손해를 가한 경우에는 상위지방자치단체가 위임사무처리상의 사무귀속주체로서 책임을 진다고 본다. **11국가7급**

판례	**· 기관위임의 경우- 국가나 상급지자체로부터 지자체의 집행기관에 처리가 위임된 사무를 의미하는 데, 그러한 사무는 결국 국가 또는 상급지자체의 사무임.** **∴ 위임자가 사무귀속자로서, 비용을 지출한 경우에는 비용부담자로서 책임을 짐.** ㉠ ✪ **국가위임사무에 소요되는 경비의 실질적 부담자는 국가라고 하더라도, 지방자치단체는 비용을 대외적으로 지출하는 형식적 비용부담자로서 국배법 제6조 제1항의 비용부담자에 해당한다**(94다38137).**(20국가9급,11국가7급)** ㉡ 지방자치단체장 간의 기관위임의 경우에 위임받은 하위 지방자치단체장은 상위 지방자치단체 산하 행정기관의 지위에서 그 사무를 처리하는 것이므로 사무귀속의 주체가 달라진다고 할 수 없고, 따라서 **하위 지방자치단체장을 보조하는 하위 지방자치단체 소속 공무원이 위임사무처리에 있어 고의 또는 과실로 타인에게 손해를 가하였더라도 상위 지방자치단체는 여전히 그 사무귀속 주체로서 손해배상책임을 진다**(96다21331).**(11국가7급)** ㉢ ✪ **지방자치단체는 사무귀속주체로서(실질적 비용부담자), 교통신호기를 관리하는 경찰관**들에 대한 봉급을 부담하는 **국가는 형식적 비용부담자**로서 국배법의 배상책임을 부담한다(99다11120).**(20국가7급,20지방7급,16지방7급,13국가9급,10지방9급)** → 도로교통법에 의해 지방경찰청장이 지방자치단체장으로부터 위임을 받음. ㉣ 도로의 관리에 관한 사무의 위임은 국가와 지방자치단체 사이의 기관위임이므로, **국도에 관한 관리사무가 서귀포시로 위임**된 경우 **서귀포시는 비용부담자**로서, **국가는 사무귀속주체로서** 손해배상책임을 짐(92다2684).**(15경행)** ㉤ 운전차가 차량을 몰고 여의도광장으로 돌진하여 광장에 있던 사람들을 다치게 한 경우, **관리권한을 위임받은 영등포구**는 **비용부담자로서 책임**을 진다(94다57671). ㉥ 국토해양부장관이 하천공사를 대행하던 중 지방하천의 관리상 하자로 인하여 손해가 발생하였다면 **하천관리청이 속한 지방자치단체**는 국가와 함께 국가배상 제5조 1항에 따라 **지방하천의 관리자로서 손해배상책임을 부담**한다(2011다85413).**(21소방간부)** ㉦ 국가가 국가하천의 유지 · 보수비용의 일부를 해당 시 · 도에 보조금으로 지급하였다면, **국가와 해당 시 · 도**는 각각 국가배상법 제6조 제1항에 규정된 **영조물의 설치 · 관리 비용을 부담하는 자로서 손해를 배상할 책임**이 있다. 이와 같이 국가가 사무의 귀속주체 및 보조금 지급을 통한 실질적 비용부담자로서, 해당 시 · 도가 구 하천법 제59조 단서에 따른 법령상 비용부담자로서 각각 책임을 중첩적으로 지는 경우에는 **국가와 해당 시 · 도 모두가 국가배상법 제6조 제2항 소정의 궁극적으로 손해를 배상할 책임이 있는 자에 해당**한다(2013다211834).**(21경행)**

2 내부적 구상관계 - 최종적 배상책임자

> 1. 외국인이 피해자인 경우, 해당 국가와 상호보증이 있을 때에만 국가배상법을 적용한다. **19소방9급**
>
> 2. 국가배상법상 상호보증을 위해 반드시 당사국과의 조약이 체결되어 있을 필요는 없다. **18경채**

<table>
<tr><td rowspan="4">내부적 구상권</td><td colspan="3">국가배상법 제6조 ② 제1항의 경우에 손해를 배상한 자는 내부관계에서 그 손해를 배상할 책임이 있는 자에게 구상할 수 있다.</td></tr>
<tr><td>학설</td><td colspan="2">§6①에 따라, 내부관계에서 최종적으로 손해를 배상해야 할 자가 누구인지에 대해, 사무귀속자설(사무의 귀속주체), 비용부담자설(실질적인 비용부담자), 기여도설(손해의 발생에 기여한 정도로 판단해야) 등이 대립하나, 사무귀속자설이 통설임.</td></tr>
<tr><td rowspan="2">판례</td><td>사무 귀속자설</td><td>교통신호기 관리소홀(자치사무)로 인한 사고시, 궁극적 배상책임자는 형식적 비용부담자인 국가가 아니라 사무의 귀속주체인 안산시이다(2001다41865).</td></tr>
<tr><td>기여도설</td><td>광역시와 국가 모두가 점유자 및 관리자, 비용부담자로써 책임을 중첩적으로 지는 경우 국가와 광역시 모두가 국가배상법에 따라 궁극적으로 손해를 배상할 책임이 있는 자가 된다(96다42819).(18국회8급)</td></tr>
<tr><td>책임을 질 자가 따로 있는 경우</td><td colspan="3">국가배상법 제5조 ② 제1항을 적용할 때 손해의 원인에 대하여 책임을 질 자가 따로 있으면 국가나 지방자치단체는 그 자에게 구상할 수 있다.(17지방7급, 09국가7급)
→ 영조물 하자에 의한 국가배상책임의 경우, 국가나 지자체는 영조물 시공자, 파손자 등 손해의 원인에 책임이 있는 자에게 구상 가능</td></tr>
</table>

제 5 절 손해배상청구권의 내용 및 청구절차

1 손해배상책임의 내용

<table>
<tr><td rowspan="2">청구권자</td><td>국민</td><td>직접 피해자 및 생명 또는 신체의 해를 입은 피해자의 직계존속, 직계비속 및 배우자(국배법§3⑤)</td></tr>
<tr><td>외국인</td><td>외국인이 피해자인 경우 해당국가와 상호보증이 있을 때만 적용됨(동법§7), 반드시 조약 체결되어 있을 필요는 없음.(19서울9급,17국가9급,16서울9급,15서울9급)

판례 상호보증은 외국의 법령, 판례 및 관례 등에 의하여 발생요건을 비교하여 인정되면 충분하고 반드시 당사국과의 조약이 체결되어 있을 필요는 없으며, 당해 외국에서 구체적으로 우리나라 국민에게 국가배상청구를 인정한 사례가 없더라도 실제로 인정될 것이라고 기대할 수 있는 상태이면 충분하다(2013다208388).(19서울9급,18경행)</td></tr>
</table>

<table>
<tr><td>기준</td><td colspan="2">헌법 §29①이 정당한 보상을 지급하도록 규정하는데, 국가배상법 §3는 별도로 배상기준을 정하고 있어, 그 의미에 대해 학설이 대립하나,
통설 및 판례는 기준액설을 취하여, 국가배상법 제3조의 기준은 단순한 기준을 정한 것에 불과하므로, 증감이 가능하다고 본다(69다1203).(20지방7급)</td></tr>
<tr><td rowspan="3">공제</td><td>손익
상계</td><td>피해자가 손해를 입은 동시에 이익을 얻은 경우,
손해배상액에서 그 이익금을 빼야 함(동법 제3조의2①)

비교) 위법한 행정지도로 어업권을 행사하지 못한 자가, 그 어업권을 매도하여 이익을 얻은 경우, 이 이득은 손익상계할 수 없다(2006다18228).(17지방9급)</td></tr>
<tr><td>과실
상계</td><td>피해자 측에도 과실이 있을 때, 손해배상액을 산정함에 있어서
그 과실의 정도를 참작하는 것</td></tr>
<tr><td>중간
이자
공제</td><td>유족배상과 장해배상 및 장래에 필요한 요양비 등을 한꺼번에
신청하는 경우에는 중간이자를 빼야 함.</td></tr>
<tr><td>양도·
압류
금지</td><td colspan="2">국가배상법 제4조(양도 등 금지) 생명·신체의 침해로 인한 국가배상을 받을 권리는 양도하거나 압류하지 못한다.(13국가9급,11국가7급)</td></tr>
<tr><td rowspan="3">소멸
시효</td><td colspan="2">국배법에 규정 X</td></tr>
<tr><td colspan="2">손해 및 가해자를 안 경우 : 안 날로부터 3년(민법)(18서울7급,08국가7급),
'안 날'은, 직무행위 등 불법행위 요건을 구비하였음을 인식한 날임(17국가7급)</td></tr>
<tr><td colspan="2">손해 및 가해자를 알지 못한 경우 : 불법행위 종료일로부터 5년
(국가재정법§96①)</td></tr>
</table>

2 배상금 청구절차

<table>
<tr><td rowspan="3">배상
심의회</td><td>성격</td><td>제9조(소송과 배상신청의 관계) 이 법에 따른 손해배상의 소송은 배상심의회(이하 "심의회"라 한다)에 배상신청을 하지 아니하고도 제기할 수 있다.

→ 임의적 전치주의(국배법§9)(15사복9급,13경찰)</td></tr>
<tr><td>결정</td><td>배상심의회의 결정은 행정처분이 아니므로, 행정소송의 대상이 아님(80누317).</td></tr>
<tr><td>효력</td><td>배상심의회의 결정은 법적 구속력을 가지지 않으며, 신청인은 그 결정에 대한 동의 여부를 결정할 수 있음.(20지방9급)

판례 구 국가배상법 제3조 제1항과 제3항의 손해배상의 기준은 배상심의회의 배상금지급기준을 정함에 있어서의 하나의 기준을 정한 것에 지나지 아니하는 것이고 이로써 배상액의 상한을 제한한 것으로 볼 수 없다 할 것이며 따라서 법원이 국가배상법에 의한 손해배상액을 산정함에 있어서 그 기준에 구애되는 것이 아니라 할 것이니 이 규정은 국가 또는 공공단체에 대한 손해배상청구권을 규정한 구 헌법 제26조에 위반된다고 볼 수 없다(69다1203).(20지방9급)</td></tr>
</table>

<table>
<tr><td rowspan="3">배상
심의회</td><td rowspan="2">배상금
지급</td><td>제15조(신청인의 동의와 배상금 지급) ① 배상결정을 받은 신청인이 배상금 지급을 청구하지 아니하거나 지방자치단체가 배상금을 지급하지 아니하면 그 결정에 동의하지 아니한 것으로 본다.</td></tr>
<tr><td>신청인은 배상결정에 동의하여 배상금을 수령한 후에도 그 금액에 불만이 있을 경우, 손해배상소송을 제기하여 배상금증액청구 가능.(06국가7급. → 즉, 배상심의회의 결정에 배상신청인과 상대방은 구속되지 않는다.(20서울·지방·교행9급)</td></tr>
<tr><td>재심</td><td>제15조의2(재심신청) ① 지구심의회에서 배상신청이 기각(일부기각된 경우를 포함한다) 또는 각하된 신청인은 결정정본이 송달된 날부터 2주일 이내에 그 심의회를 거쳐 본부심의회나 특별심의회에 재심을 신청할 수 있다.</td></tr>
<tr><td>사법
절차</td><td colspan="2">다수설은 공법상 당사자소송에 의한다고 하나,
판례는 민사소송에 의한다고 판시함(15서울9급, 07국가7급).
이 경우, 피고가 국가면 법무부장관이 국가를 대표하고,
지방자치단체면 지방자치단체의 장이 지자체를 대표함.</td></tr>
</table>

1. 경찰공무원이 전투·훈련 등 직무집행과 관련하여 전사·순직하거나 공상을 입은 경우에, 본인이나 그 유족이 다른 법령에 따라 재해보상금이나 유족연금 등의 보상을 지급받은 때에는, 국가배상법 및 민법에 따른 손해배상을 청구할 수 없다.
19국회8급

3 이중배상금지

헌법 제29조 ② **군인·군무원·경찰공무원 기타 법률이 정하는 자**가 전투·훈련등 직무집행과 관련하여 받은 손해에 대하여는 법률이 정하는 보상외에 국가 또는 공공단체에 공무원의 직무상 불법행위로 인한 배상은 **청구할 수 없다.**
국가배상법 제2조(배상책임) ① 국가나 지방자치단체는 공무원 또는 공무를 위탁받은 사인(이하 "공무원"이라 한다)이 직무를 집행하면서 고의 또는 과실로 법령을 위반하여 타인에게 손해를 입히거나, 「자동차손해배상 보장법」에 따라 손해배상의 책임이 있을 때에는 이 법에 따라 그 손해를 배상하여야 한다. 다만, **군인·군무원·경찰공무원 또는 예비군대원이 전투·훈련 등 직무 집행과 관련하여 전사·순직하거나 공상을 입은 경우에 본인이나 그 유족이 다른 법령에 따라 재해보상금·유족연금·상이연금 등의 보상을 지급받을 수 있을 때에는 이 법 및 「민법」에 따른 손해배상을 청구할 수 없다.(21군무원9급)**
제5조(공공시설 등의 하자로 인한 책임) ① 도로·하천, 그 밖의 공공의 영조물의 설치나 관리에 하자가 있기 때문에 타인에게 손해를 발생하게 하였을 때에는 국가나 지방자치단체는 그 손해를 배상하여야 한다. 이 경우 **제2조제1항 단서**, 제3조 및 제3조의2를 준용한다.**(21군무원9급)**

<table>
<tr><td>의
의</td><td colspan="2">군인, 경찰 등이 전투 훈련 등 직무집행과 관련하여 손해를 입은 경우에 본인이나 유족이 보상을 지급받을 수 있을 때에는 국가에게 손해배상 청구할 수 없게 하는 제도로, 이는 재해보상금 등과 국가배상금이 이중으로 배상됨으로 인해 발생될 과다한 재정지출을 방지하기 위한 제도이다.</td></tr>
<tr><td>요
건</td><td>군인·군무원·
경찰공무원
또는 예비군대원</td><td>향토예비군대원, 의무경찰대원, 전투경찰순경은 적용 O
경비교도, ✪공익근무요원(19서울7급,18지방7급)은 적용 X</td></tr>
</table>

1. 공익근무원은 국가배상법 제2조 제1항 단서의 군인, 군무원, 경찰공무원 또는 향토예비군대원에 해당하지 않으므로, 이중배상청구가 제한되지 않는다. **19서울7급**

2. 경찰공무원이 낙석사고 현장 부근으로 이동하던 중, 대형 낙석이 순찰차를 덮쳐 사망한 사안에서, 국가배상법의 이중배상금지 규정에 따른 면책조항은 전투 · 훈련 또는 이에 준하는 직무집행뿐만 아니라 일반 직무집행에 관하여도 국가나 지방자치단체의 배상책임을 제한하는 것으로 해석하여야 한다. **19국회8급**

3. 직무집행과 관련하여 공상을 입은 군인이 먼저 국가배상법상 손해배상을 받은 다음, 구 국가유공자 등 예우 및 지원에 관한 법률상 보훈급여를 지급청구하는 경우, 국가배상을 받았다는 이유로 그 지급을 거부할 수 없다. **19국가9급**

4. 대법원 판례에 따르면, 민간인과 직무집행 중인 군인 등의 공동불법행위로 인하여, 직무집행중인 다른 군인 등이 피해를 입은 경우, 민간인은 자신의 부담부분에 한하여 손해배상의무를 부담하고, 만약 민간인이 피해군인 등에게 자신의 귀책부분을 넘어서 배상한 경우, 국가 등에게 구상권을 행사할 수 없다. **18국가9급**

5. 헌법재판소는 일반국민이 직무집행중인 군인과의 공동불법행위로 다른 군인에게 공상을 입혀 그 피해자에게 손해 전부를 배상했을 경우, 공동불법행위자는 군인의 부담부분에 관하여 국가에 대한 구상권을 허용하여야 한다는 입장이다. **11지방7급**

요건	**전투 · 훈련 등 직무집행과 관련해 전사 순직하거나 공상을 입은 경우**	군인 등이 받은 모든 손해에 대해 국가의 손해배상책임을 배제하는 것이 아니라, 전투 · 훈련 등 직무집행과 관련하여 손해를 입은 경우에 적용됨. **판례** 경찰서 숙직실에서 순직한 경찰공무원의 유족은 국가배상을 청구할 권리가 있다(=이중배상금지 적용 X)(77다2389). **(11지방7급)** 그런데 **최근 판례**는 **일반 직무집행에 관해서도 국가배상책임이 제한**된다고 함. **판례** 경찰공무원이 교통정리를 위해 낙석사고 현장으로 이동하던 중 사망한 것은 국가배상책임이 배제되는 일반 직무집행에 속한다(=이중배상금지 적용○, 국배청구 X).(2010다85942)**(21국회9급)**
	본인이나 그 유족이 다른 법령에 따라 보상받을 수 있어야	**다른 법령에 따라 보상금을 지급받을 수 없을 때** 국가배상 청구가 가능함. **판례** ㉠ ✪먼저 국가배상법상 손해배상을 받은 다음 구 국가유공자 등 예우 및 지원에 관한 법률상 **보훈급여를 청구하는 것은 가능**하다(2015두60075).**(20지방7급,19국가9급,19서울9급)** ㉡ 이미 다른 법률에 의한 보상에 대한 권리가 발생한 이상, 실제로 이를 행사하지 않아서 시효로 소멸한 경우, 국가배상을 청구할 수 없다(2000다38735).**(08지방7급)** ㉢ 경찰공무원이 공무원연금법 규정에 따라 공무상 요양비를 지급받는 것은 '다른 법령의 규정'에 따라 보상을 지급받는 것에 해당하지 않는다(2017다16174).

심화	**문제점**	군인 등이나 그 유족에 대해 손해배상책임이 있는 **공동불법행위자인 일반 국민이** 그 군인 등이나 유족에게 **손해배상을 하고 나서 국가에 대해 구상권을 행사**할 수 있는지 여부
	대법원	✪민간인은 **자신의 부담부분에 한해서 손해를 배상**하면 되고, 그 부분을 **넘어 배상한 금액에 대해 국가에게 구상권을 행사할 수 없다**(96다42420).**(21소방,18국가9급,10국가7급)**
	헌법재판소	✪국가배상법 제2조제1항 단서 중 군인에 관련되는 부분은 국가에 대하여 **구상권을 행사하는 것을 허용하지 아니한다고 해석하는 한, 헌법에 위반**된다(93헌바21).

03 손실보상

제 1 절 개설

1 의의

손실보상이란 **공공필요에 의한 적법한 공권력 행사**로 인해, **개인의 재산권이 침해**되는 등 특별한 희생이 발생한 경우, 이에 대한 **재산적 보상**을 의미한다.

2 헌법적 근거

헌법 제23조 ①모든 국민의 재산권은 보장된다. 그 내용과 한계는 법률로 정한다.
② 재산권의 행사는 공공복리에 적합하도록 하여야 한다.
③ **공공필요에 의한 재산권의 수용·사용 또는 제한 및 그에 대한 보상은 법률로써 하되, 정당한 보상을 지급하여야 한다.**

가. 경계이론과 분리이론

	경계이론	분리이론
보장	가치보장	존속보장
내용	헌법§23①②과 ③은 별개의 제도가 아니며, **재산권 제한의 정도에 따른 구별**에 불과함.	침해의 형태나 입법목적을 기준으로 구별되는 별개의 규정임. → **헌법§23①②은 재산권의 내용·한계, §23③은 공용제한과 손실보상**에 대한 규정
헌법 §23①,②	재산권 규제 정도가 **약하면**, 재산권의 **내용규정**(사회적제약)	재산권 제한에 대한 일반·**추상적 규제는 재산권의 내용규정**(사회적제약)이고, 이 규정이 헌법적 한계를 넘는 경우, 비례의 원칙 등 위반으로 **위헌·위법**이 됨.
헌법 §23③	재산권 규제 정도가 **강하여** 사회적 제약을 벗어나 특별희생이 되면, 보상의무가 있는 **공용침해로 전환**됨	재산권 제한에 대해 **개별·구체적 규제**는 보상의무가 있는 **공용침해**임.

보상규정 없는경우	법원이 손실보상을 결정 (유추적용설) → 위헌성 치유	헌재의 위헌결정에 의해 국회입법으로 해결(보상입법부작위 위헌설)
법원	**대법원**	**헌법재판소**

나. 헌법재판소의 태도 - 분리이론

판례 ㉠ 개발제한구역을 지정하여 그 안에서는 건축물의 건축 등을 할 수 없도록 하고 있는 도시계획법 제21조는 **헌법 제23조 제1항, 제2항에 따라 토지재산권에 관한 권리와 의무를 일반 · 추상적으로 확정하는 규정**으로서 재산권을 형성하는 규정인 동시에 공익적 요청에 따른 **재산권의 사회적 제약을 구체화**하는 규정이다(89헌바214).**(13서울7급)**
㉡ 개발제한구역 지정으로 인하여 토지를 종래의 목적으로도 사용할 수 없거나 또는 더 이상 법적으로 허용된 토지이용의 방법이 없기 때문에 **실질적으로 토지의 사용 · 수익의 길이 없는 경우에는 토지소유자가 수인해야 하는 사회적 제약의 한계를 넘는 것**으로서 비례원칙에 위반되며, 비례원칙에 부합되 위해서는 일정한 보상규정을 두어야 한다(89헌마214).
㉢ **입법자가** 도시계획법 제21조를 통하여 국민의 재산권을 비례의 원칙에 부합하게 합헌적으로 제한하기 위해서는, **수인의 한계를 넘어 가혹한 부담이 발생하는 예외적인 경우에는 이를 완화하는 보상규정을 두어야** 한다(2011헌바355).

3 실정법적 근거

의의	손실보상청구를 위해서는 개별 법률에 보상규정이 있어야 하는데, **헌법 §23③은 보상청구권의 근거, 기준, 방법에 대해 법률에 유보**하고 있음.**(18교행9급,12국가7급)**		
불가분 조항 여부	불가분조항이란, 같은 법률 속에 **재산권의 제한과 보상규정이 함께 규정**되어 있어야 한다는 것을 의미하는데, 헌법 §23③이 불가분 조항을 의미하는지에 대해 학설의 대립이 있으나, **불가분조항이라고 보면 보상규정을 두지 않은 법률은 모두 위헌법률이 되기에, 헌재 · 대법원은 불가분조항이 아니**라는 입장		
보상 규정 흠결시	**학설**	**위헌 무효설**	법률이 재산권 침해를 규정하면서 **보상규정을 두지 않으면 위헌, 무효의 법률**이고, 이에 따라 사인은 위법한 행정처분에 대해 취소소송을 제기한 후 국가배상을 청구할 수 있다는 견해로, 헌법 §23③을 **불가분조항**으로 봄**(17지방9급)**
		직접 무효설	**헌법 §23③이 국민에게 직접 효력**이 있으므로, 보상 규정이 없는 경우에는 직접 헌법상 보상규정에 근거하여 보상을 청구할 수 있다는 견해로, 헌법 §23③을 **불가분조항으로 보지 않음.(17국가9급)**
		유추 적용설	**헌법 제23조 제3항 및 관계 규정을 유추적용**해서 손실보상을 청구할 수 있다는 견해
		보상 입법 부작위 위헌설	**보상 규정을 두지 않은 부작위가 위헌**이므로, 입법부작위에 대한 헌법소원을 통해 해결해야 한다는 견해

<table>
<tr><td rowspan="4">보상
규정
흠결시</td><td rowspan="4">판례</td><td rowspan="3">대법원</td><td>판례는 아래와 같이 불법행위로 처리한 경우도 있으나,

판례 정당한 어업허가를 받고 공유수면매립사업지구 내에서 허가어업에 종사하고 있던 어민들에 대하여 손실보상을 할 의무가 있는 사업시행자가 손실보상의무를 이행하지 아니한 채 공유수면매립공사를 시행함으로써 실질적이고 현실적인 침해를 가한 때는 불법행위를 구성하는 것이고, 이 경우 허가어업자들이 입게 되는 손해는 그 손실보상금 상당액이다(98다11529).</td></tr>
<tr><td>최근에는 개별법상의 관련 보상규정을 유추적용하여 보상하는 입장(유추적용설)이다(18국회8급,14국회8급,13서울7급).

판례 공공사업의 시행으로 발생한 간접손실의 경우에 구 '공공용지의 취득 및 손실보상에 관한 특례법 시행규칙'을 유추적용한다(2004다25581).(22소방)</td></tr>
<tr><td></td></tr>
<tr><td>헌재</td></tr>
</table>

헌재	**보상규정 없이 사회적 제약의 한계를 넘는 법률조항 자체는 합헌이나, 보상규정을 두지 않는 입법부작위는 위헌이라는 입장**으로, **입법자에게 입법의무를 부과**하고, 토지소유자 등은 **보상입법을 기다려 권리행사**를 할 수 있을 뿐이라는 입장(**보상입법부작위위헌설**)(**17국가7급**)

1. 하천구역 편입토지 보상에 관한 특별조치법에서 정한 하천편입 토지소유자의 보상청구권에 기하여 손실보상금의 지급을 구하거나 손실보상청구권의 확인을 구하는 소송은 당사자소송이다. **17지방9급**

2. 헌법재판소는 구 도시계획법상 개발제한구역의 지정으로 일부 토지 소유자에게 사회적 제약의 범위를 넘는 가혹한 부담이 발생하는 경우에 보상규정을 두지 않은 것은 위헌성이 있는 것이고, 보상의 구체적 기준과 방법은 입법자가 입법 정책적으로 정할 사항이라고 결정하였다. **14지방9급**

4 손실보상청구권의 법적 성격

<table>
<tr><td rowspan="2">학설</td><td>공권설
(통설)</td><td>손실보상의 원인행위가 공법적인 것이므로,
손실보상청구권은 공권이고, 이에 대한 소송은 행정소송인 공법상 당사자소송임.</td></tr>
<tr><td>사권설
(판례)</td><td>손실보상은 사법상 채권 · 채무관계이므로 손실보상청구권은 사권이고, 이에 대한 소송은 민사소송임.</td></tr>
<tr><td rowspan="2">판례</td><td colspan="2">전통적으로 사권설을 따라 민사소송으로 다뤄왔음

판례 어업면허에 대한 처분 등이 행정처분에 해당된다 하여도 이로 인한 손실은 사법상의 권리인 어업권에 대한 손실을 본질적 내용으로 하고 있는 것으로서
그 보상청구권은 공법상의 권리가 아니라 사법상의 권리이므로, 이에 대한 손실보상청구는 민사소송을 제기해야 함(97다46450).</td></tr>
<tr><td colspan="2">최근에는 당사자소송으로 보는 판례도 나타남.(11국가9급)

판례 ㉠ 구 공익사업법상 농업손실보상청구는 공법상 권리이므로 행정소송절차에 의해야 함(2009다43461).(20경행,17사복9급,19국가7급)
㉡ 하천법상 하천구역편입토지 손실보상청구는 공법상의 권리이므로 당사자소송절차에 의해야 함(2004다6207).(18서울9급,17지방9급,14국회8급,11사복9급)
㉢ 공유수면매립사업으로 인해 관행어업권을 상실한 자가 공유수면매립법에 기초해서 손실보상을 청구하는 경우는 행정소송임(99다56468).
㉣ 구 공익사업법상 사업폐지 등에 대한 보상청구권은 공법상 권리이므로, 행정소송절차에 의하여야 한다(2010다23210).(19지방교행9급)</td></tr>
</table>

1. 구 공익사업을 위한 토지 등의 취득 및 보상에 관한 법률 제79조 제2항 등에 따른 사업폐지 등에 대한 보상청구권에 관한 쟁송형태는 행정소송이다. **19지방9급**

2. 우리 헌법상 수용의 주체를 국가로 한정하고 있지 않으므로 민간 기업도 수용의 주체가 될 수 있다. **19사복9급**

3. 간척사업의 시행으로 종래의 관행어업권자에게 구 공유수면매립법에서 정하는 손실보상청구권이 인정되기 위해서는 실질적이고 현실적인 피해가 발생하여야 한다. **14국회8급**

4. 손실보상이 이루어지는 재산권에는 지가상승에 대한 기대이익이나 영업이익의 가능성이 포함되지 아니한다. **11사복9급**

제 2 절 손실보상청구권의 요건

<table>
<tr><td>공공의 필요</td><td colspan="2">• 공익사업 시행 또는 공공복리를 달성하기 위해 국민의 재산권 제한이 불가피한 경우를 뜻함.
• 국고목적이나 영리목적을 위한 수용 등은 공공필요에 해당 X, 입증책임은 사업시행자에게 있음(2003두7507).
• 헌법재판소는 헌법 제23조 제3항의 공공필요를 기본권 일반의 제한사유인 공공복리보다 좁게 본다(2011헌바172).(17국가9급)
• 공용수용 등의 주체는 국가 등의 공적 기관에 한정되지 않기에, 민간기업도 공용수용의 주체가 될 수 있음.(21국가7급,21군무원7급,20국가7급,19사복9급)

판례 ㉠ '산업입지 및 개발에 관한 법률'에서 민간기업에게 산업단지개발사업에 필요한 토지 등을 수용할 수 있도록 규정한 것이 헌법 제23조 제3항에 반한다고 할 수 없다(2007헌바114).(21국가7급,20국가7급,16서울9급)
㉡ 워커힐관광, 서비스 제공사업을 위한 토지수용은 공공필요에 해당(71다1716)
㉢ 도시계획시설사업은 도시계획시설을 설치·정비 또는 개량하여 공공복리의 증진과 국민의 삶의 질을 향상하게 함을 목적으로 하고 있으므로, 도시계획시설사업 자체에 있어서 공공필요성의 요건은 충족된다 할 것이다(2006헌바79).(21소방간부)
㉢ 고급골프장을 위한 토지수용은 공공필요에 해당하지 않는다(2011헌바129).</td></tr>
<tr><td>침해의 적법성</td><td colspan="2">손실보상은 적법한 공용침해를 전제함.(15서울7급)</td></tr>
<tr><td rowspan="2">재산권에 대한 침해</td><td>재산권</td><td>• 일체의 재산적 가치가 있는 권리로, 공법상 권리, 사법상 권리 모두 포함(17국가9급)
• 단순한 기대이익이나 자연적·문화적 학술가치는 재산권 보장의 대상 X(88누11216)
• 재산권이 적법할 필요는 없음.(위법한 건축물도 손실보상의 대상 O),

판례 토지수용법상의 사업인정 고시 이전에 건축된 지장물인 건물은 통상 적법한 건축허가를 받았는지 여부에 관계없이 손실보상의 대상이 된다(2000두6411).(16경행)

단, 위법성의 정도가 사회통념상 용인할 수 없을 정도로 큰 경우에는 예외적으로 수용보상의 대상 X(2000두6411)</td></tr>
<tr><td>침해</td><td>• 재산권의 가치를 하락시키는 일체의 작용으로서, 헌법 제23조 3항에서 수용, 사용, 제한을 규정함.
• 침해의 방식은 법률(국회제정의 형식적 의미의 법률이어야 하며, 법률의 근거 없이 명령 또는 조례로 수용할 수 없다(11사복9급))에 의하는 경우(법률수용), 행정작용에 의하는 경우(행정수용)를 포함.
• 침해는 공권력주체에 의해 직접적으로 의도된 것이어야 함.
• 재산권에 대한 침해가 현실적으로 발생해야 함.</td></tr>
</table>

<table>
<tr><td>재산권에 대한 침해</td><td>침해</td><td colspan="3">판례 ㉠ ✪공유수면 매립면허의 고시가 있다고 하여 반드시 그 사업이 시행되고 그로 인하여 손실이 발생한다고 할 수 없으므로, 매립면허 고시 이후 매립공사가 실행되어 관행어업권자에게 실질적이고 현실적인 피해가 발생한 경우에만 공유수면매립법에서 정하는 손실보상청구권이 발생하였다고 할 것이다(2007두6571).(21국가7급,21소방간부,20경행,19지방·교행9급,14국회8급)
㉡ 공익사업이 시행되어 토석채취허가를 연장받지 못하게 되었다고 하더라도 토석채취허가가 연장되지 않게 됨으로 인한 손실과 공익사업 사이에 상당인과관계가 있다고 할 수 없을 뿐 아니라, 그러한 손실이 적법한 공권력의 행사로 가하여진 재산상의 특별한 희생으로서 손실보상의 대상이 된다고 볼 수도 없다(2009두2672).(18서울9급)</td></tr>
<tr><td rowspan="8">특별한 희생</td><td>의의</td><td colspan="3">특별희생이란 재산권의 침해가 사회적 제약을 넘어서는 특별한 희생이 되는 손실을 의미함(경계이론)(17국가9급)</td></tr>
<tr><td rowspan="7">판단기준</td><td colspan="3">사회적 제약의 경우 보상이 필요없으나, 특별희생은 보상이 필요하므로 양자의 구별이 중요(18국회8급) → 그 구별 기준에 대해 학설대립</td></tr>
<tr><td>형식적 기준설</td><td colspan="2">재산권 침해를 받는 자가 특정되어 있는지에 따라 구별하자는 견해</td></tr>
<tr><td rowspan="2">실질적 기준설</td><td>보호 가치성설</td><td>보호가치 있는 재산권에 대한 침해만을 특별희생이라 보는 견해</td></tr>
<tr><td>상황 구속성설</td><td>토지 등 부동산 재산권과 관련하여 당해 재산권이 처한 지리적 위치나 상황 등 구체적 상황을 고려하여 판단해야 한다는 견해</td></tr>
<tr><td>절충설</td><td colspan="2">형식적, 실질적 기준설 모두 고려함(통설)</td></tr>
<tr><td rowspan="2">판례</td><td colspan="2">· 특별한 희생에 해당하지 않는다는 판례
㉠ ✪공공용물에 관하여 적법한 개발행위 등이 이루어짐으로 말미암아 이에 대한 일정 범위의 사람들의 일반 사용이 종전에 비하여 제한받게 되었다 하더라도 특별한 사정이 없는 한 그로 인한 불이익은 손실보상의 대상이 되는 특별한 손실에 해당한다고 할 수 없다(99다35300).(18서울9급,12지방7급,11국가9급)
㉡ ✪개발제한구역의 지정으로 인한 지가의 20% 하락이나 지가상승률의 상대적 감소는 토지소유자가 감수해야 하는 사회적 제약의 범주에 속한다.(18서울9급,19서울9급,18서울9급,12국가7급)</td></tr>
<tr><td colspan="2">· 특별한 희생에 해당한다는 판례
㉢ ✪개발제한구역지정으로 토지를 종래 용법에 따라 사용할 수 없거나 실질적으로 사용 · 수익을 전혀 할 수 없는 예외적인 경우에도 보상없이 이를 감수하도록 하고 있는 것은 헌법에 위반되나(19사복9급), 보상의 구체적 기준과 방법은 입법자가 입법정책적으로 정할 사항이므로, 입법자가 보상입법을 마련함으로서 위헌적인 상태를 제거할 때까지 위 조항을 형식적으로 존속케 하기 위하여 헌법불합치결정을 한다(89헌바214,90헌바16,97헌바78병합).(14지방9급,14국회8급,13서울7급)</td></tr>
</table>

1. 공공용물에 관하여 적법한 개발행위 등이 이루어져 일정 범위의 사람들의 일반사용이 종전에 비하여 제한받게 되었다 하더라도 특별한 사정이 없는 한 이는 특별한 손실에 해당한다고 할 수 없다. **18서울9급**

2. 토지를 종래의 목적으로도 사용할 수 없는 경우에는 토지소유자가 수인해야 할 사회적 제약의 한계를 넘는 것으로 보아야 한다. **19사복9급**

1. 헌법 제23조 제3항의 정당한 보상이란 원칙적으로 피수용재산의 객관적인 재산가치를 완전하게 보상하는 것이어야 한다는 완전보상을 뜻한다. **19사복9급**

2. 헌법 제23조 제3항의 정당한 보상의 범위에, 공익사업의 시행으로 인한 개발이익은 포함되지 않는다. **17경행**

제 3 절 손실보상의 내용

1 헌법 제23조 제3항(완전보상의 원칙)

보상의 기준에 대해 헌법은 **'정당한 보상'**이라 규정하고 있는데, ✪**정당한 보상**이란 **피수용재산의 객관적 재산가치**를 **완전보상**하는 것을 의미함(2005두2426).**(19서울9급,19사복9급,14서울9급)** 개발이익은 완전보상의 범위에 포함되지 않음(2008헌바57등).**(21군무원7급,17국가9급,17경행)**

2 토지보상법에 의한 보상

가. 토지보상법상의 토지의 보상 기준

<table>
<tr><td rowspan="5">공용수용</td><td>보상액 산정시점</td><td>제67조(보상액의 가격시점 등) 보상액의 산정은 협의에 의한 경우에는 협의 성립 당시의 가격을, 재결에 의한 경우에는 수용 또는 사용의 재결 당시의 가격을 기준으로 한다.(22국회8급,20국회8급,17서울9급.16경찰 등)</td></tr>
<tr><td>공시지가 기준</td><td>제70조(취득하는 토지의 보상) ① 협의나 재결에 의하여 취득하는 토지에 대하여는 「부동산 가격공시에 관한 법률」에 따른 공시지가를 기준으로 하여 보상상하되, 그 공시기준일부터 가격시점까지의 관계 법령에 따른 그 토지의 이용계획, 해당 공익사업으로 인한 지가의 영향을 받지 아니하는 지역의 대통령령으로 정하는 지가변동률, 생산자물가상승률과 그 밖에 그 토지의 위치 · 형상 · 환경 · 이용상황 등을 고려하여 평가한 적정가격으로 보상하여야 한다.

판례 ✪수용대상 토지의 보상가격이 당해 토지의 개별공시지가를 기준으로 하여 산정한 것보다 저렴하게 되었다는 사정만으로 그 보상액 산정이 위법한 것은 아니다(2000헌바31).(19경행,16서울9급,08지방9급)</td></tr>
<tr><td>객관적 가치보상</td><td>제70조(취득하는 토지의 보상)② 토지에 대한 보상액은 가격시점에서의 현실적인 이용상황과 일반적인 이용방법에 의한 객관적 상황을 고려하여 산정하되, 일시적인 이용상황과 토지소유자나 관계인이 갖는 주관적 가치 및 특별한 용도에 사용할 것을 전제로 한 경우 등은 고려하지 아니한다.</td></tr>
<tr><td>개발 이익의 배제</td><td>① ✪개발이익배제를 규정한 것은 합헌(93헌바20,95헌바6)(21국가7급,17국가9급,16서울9급,14서울7급,12국가9급,12지방7급 등)
② 개발이익배제에 대한 규정 존재
• 사업인정고시일 전 공시지가를 기준(§70④)
• 공익사업으로 인한 지가변동의 배제(§67②)(17서울9급,14국가7급)
단, 해당 공공사업과 무관한 다른 사업의 시행으로 인한 개발이익을 배제해서는 안됨(91누7774)(19소방9급)

판례 문화재보호구역의 확대지정이 당해 공공사업인 택지개발사업의 시행을 직접 목적으로 하여 이루어진 것이 아님이 명백하므로 토지의 수용보상액은 그러한 공법상 제한을 받는 상태대로 평가되어야 한다(2003두14222).(20경행)</td></tr>
</table>

공용 사용	**제71조(사용하는 토지의 보상 등)** ① 협의 또는 재결에 의하여 사용하는 토지에 대하여는 그 토지와 인근 유사토지의 지료(地料), 임대료, 사용방법, 사용기간 및 그 토지의 가격 등을 고려하여 평가한 **적정가격으로 보상**하여야 한다.
공용 제한	이에 대한 일반법에도 규정이 없고, 토지보상법에도 규정이 없음

나. 토지 이외의 재산권 보장

피침해보상의 손실에 대한 **객관적 가치의 보상**과 공용침해로 **필연적으로 발생된 부대손실에 대한 보상**을 의미함.

건축물 등 물건 (§75)	건축물 · 입목 · 공작물과 그 밖에 토지에 정착한 물건	이전에 필요한 비용으로 보상
	농작물	그 종류와 성장의 정도 등을 종합적으로 고려
	토지에 속한 흙 · 돌 · 모래 또는 자갈	거래가격
	분묘	이장(移葬)에 드는 비용
토지의 사용 (§71①)	그 토지와 인근 유사토지의 지료(地料), 임대료, 사용방법, 사용기간 및 그 토지의 가격 등을 고려하여 평가한 적정가격으로 보상	
권리 (§76①)	**광업권 · 어업권 · 양식업권 및 물(용수시설을 포함한다) 등의 사용에 관한 권리**에 대하여는 **투자비용, 예상 수익 및 거래가격 등을 고려하여 평가한 적정가격**으로 보상하여야 한다.**(11지방7급)**	
영업 손실 (§77①)	영업을 폐업하거나 휴업함에 따른 영업손실에 대하여는 영업이익과 시설의 이전비용 등을 고려하여 보상하여야 한다.**(22국회8급)** 판례 ㉠ **영업상의 손실이란 수용의 대상이 된 토지·건물 등을 이용하여 영업을 하다가** 그 토지 · 건물 등이 수용됨으로 인하여 영업을 할 수 없거나 제한을 받게 됨으로 인하여 생기는 직접적인 손실을 의미함(2003두2311).**(15경행)** ㉡ 영업손실에 관한 보상에서 영업의 폐지와 휴업의 구별기준은 **실제로 이전하였는지가 아니라 영업을 다른 장소로 이전하는 것이 가능한지**에 달려 있다(2000두1003).**(08지방7급)** ㉢ **영업을 하기 위해 투자한 비용이나 그 영업을 통하여 얻을 것으로 기대되는 이익은 손실보상의 대상이 아니다**(2003두13106).**(11경행)** ㉣ 사업인정고시는 수용재결절차로 나아가 강제적인 방식으로 토지소유자나 관계인의 권리를 취득 · 보상하기 위한 절차적 요건에 지나지 않고 영업손실보상의 요건이 아니므로, 피고가 시행하는 사업이 토지보상법상 공익사업에 해당하고, 원고들의 영업이 해당 공익사업으로 폐업하거나 휴업하게 된 것이어서 토지보상법령에서 정한 영업손실 보상대상에 해당하면, 사업인정고시가 없더라도 피고는 원고들에게 영업손실을 보상할 의무가 있다(2018다204022).	

농업 손실 (§77②)	농지의 단위면적당 소득 등을 고려하여 실제 경작자에게 보상 단, 농지소유자가 해당 지역에 거주하는 농민인 경우 → 농지소유자와 실제 경작자가 **협의**하는 바에 따라 보상**(11지방7급)**
임금 손실 (§77③)	**「근로기준법」에 따른 평균임금 등을 고려**하여 보상**(20국회8급)**
잔여지 보상 (§73①)	① 사업시행자는 동일한 소유자에게 속하는 일단의 토지의 일부가 취득되거나 사용됨으로 인하여 **잔여지의 가격이 감소하거나 그 밖의 손실이 있을 때** 또는 **잔여지에 통로 · 도랑 · 담장 등의 신설이나 그 밖의 공사가 필요할 때**에는 국토교통부령으로 정하는 바에 따라 그 **손실이나 공사의 비용을 보상하여야** 한다. 다만, 잔여지의 가격 감소분과 잔여지에 대한 공사의 비용을 합한 금액이 잔여지의 가격보다 큰 경우에는 사업시행자는 그 잔여지를 매수할 수 있다. 판례 ㉠ 동일한 토지소유자에 속하는 일단의 토지의 일부가 취득됨으로써 **잔여지의 가격이 감소한 경우** 잔여지를 **종래의 목적으로 사용하는 것이 가능한 경우라도 손실보상의 대상**이 된다(2015두4044).**(19지방7급)** ㉡ **손실이** 토지 일부가 공익사업에 취득 · 사용됨으로 인해 **발생해야** 잔여지 손실보상의 대상이다(2017두40860).**(19서울7급)**

다. 사업손실(간접손실) 보상

의의	공공사업의 시행 또는 완성 후의 시설이 간접적으로 **사업지 밖의 재산권에 손실**이 가해지는 경우, 그에 대한 보상
근거	**판례**는 간접손실을 **헌법 제23조 제3항에서 규정한 손실보상의 대상**이 된다고 봄.
	제79조(그 밖의 토지에 관한 비용보상 등) ② 공익사업이 시행되는 지역 밖에 있는 토지등이 공익사업의 시행으로 인하여 본래의 기능을 다할 수 없게 되는 경우에는 **국토교통부령으로 정하는 바에 따라 그 손실을 보상**하여야 한다.
공용 제한	간접손실이 발생하고, 그 손실이 특별한 희생이 되어야 함.**(19사복9급)** 판례 **수산업협동조합이 상실하게 된 위탁판매수수료 수입**은 사업시행자의 매립사업으로 인한 직접적인 영업손실이 아니고 **간접적인 영업손실**이라고 하더라도 피침해자인 수산업협동조합이 공공의 이익을 위하여 당연히 수인하여야 할 재산권에 대한 제한의 범위를 넘어 수산업협동조합의 위탁판매사업으로 얻고 있는 **영업상의 재산이익을 본질적으로 침해하는 특별한 희생**에 해당하고, 사업시행자는 공유수면매립면허 고시 당시 그 매립사업으로 인하여 위와 같은 영업손실이 발생한다는 것을 상당히 확실하게 예측할 수 있었고 그 손실의 범위도 구체적으로 확정할 수 있으므로, 위 **위탁판매수수료 수입손실은 헌법 제23조 제3항에 규정한 손실보상의 대상**이 된다(99다27231).**(21군무원7급)**

<table>
<tr><td rowspan="2">규정</td><td>토지보상법 시행규칙 제59~65조 등</td></tr>
<tr><td>법률에 규정이 없는 경우에도 요건이 충족되면 보상을 해야 한다는 것이 판례의 견해임.

판례 공공사업의 시행으로 인하여 그러한 손실이 발생하리라는 것을 쉽게 예견할 수 있고 그 손실의 범위도 구체적으로 이를 특정할 수 있는 경우라면 그 손실의 보상에 관하여 공공용지의취득및손실보상에관한특례법시행규칙의 관련 규정 등을 유추적용할 수 있다고 해석함이 상당하다(99다27231).(19국가7급,15국회8급)</td></tr>
</table>

라. 확장수용

<table>
<tr><td>의의</td><td colspan="3">공용수용이 피수용자의 권리보호를 위하여 또는 사업의 목적달성상 필요한 때 피수용자 또는 사업시행자의 청구에 의해 공용수용의 목적물이 확장되는 경우</td></tr>
<tr><td rowspan="3">종류</td><td>공용 사용에 대한 수용청구</td><td colspan="2">토지를 사용하는 기간이 3년 이상인 경우, 토지의 사용으로 인하여 토지의 형질이 변경되는 경우, 사용하려는 토지에 그 토지소유자의 건축물이 있는 경우에는 토지소유자는 사업시행자에게 해당 토지의 매수를 청구하거나 관할 토지수용위원회에 그 토지의 수용을 청구할 수 있다(동법 §72).(22국회8급)</td></tr>
<tr><td rowspan="2">잔여지 등의 매수 및 수용청구
(§74)</td><td rowspan="2">내용</td><td>① 동일한 소유자에게 속하는 일단의 토지의 일부가 협의에 의하여 매수되거나 수용됨으로 인하여 잔여지를 종래의 목적에 사용하는 것이 현저히 곤란할 때에는 해당 토지소유자는 사업시행자에게 잔여지를 매수하여 줄 것을 청구할 수 있으며, 사업인정 이후에는 관할 토지수용위원회에 수용을 청구할 수 있다. 이 경우 수용의 청구는 매수에 관한 협의가 성립되지 아니한 경우에만 할 수 있으며, 사업완료일까지 하여야 한다. → 제척기간
• 사업인정 이전 → 사업시행자에게 잔여지 매수청구(19서울7급)
• 사업인정 이후 → 매수에 대한 협의가 성립되지 않은 경우, 사업의 공사완료일까지 관할 토지수용위원회에 수용 청구(19서울7급)

판례 토지보상법에서 정한 사업인정의 법적 성격은 행정처분이고, 그 효력으로 수용할 목적물의 범위가 확정되고, 수용권자가 목적물에 대한 현재 및 장래의 권리자에게 대항할 수 있는 공법상 권한이 생긴다(2019두47629).</td></tr>
<tr><td>② 제1항에 따라 매수 또는 수용의 청구가 있는 잔여지 및 잔여지에 있는 물건에 관하여 권리를 가진 자는 사업시행자나 관할 토지수용위원회에 그 권리의 존속을 청구할 수 있다.(19서울7급,11국가7급) → 권리의 존속청구</td></tr>
</table>

1. 사업시행자의 이주대책 수립 · 실시 의무를 정하고 있는 공익사업을 위한 토지 등의 취득 및 보상에 관한 법률상 규정은, 당사자의 합의에 의하여 적용을 배제할 수 없는 강행법규이다. **19소방9급**

2. 이주대책은 이주자들에게 종전의 생활상태를 회복시키기 위한 생화보상의 일환으로서 국가의 정책적인 배려에 의하여 마련된 제도이므로, 이주대책의 실시 여부는 입법자의 입법 정책적 재량의 영역에 속한다. **17국가9급**

종류	**잔여지 등의 매수 및 수용청구** (§74)	**성질**	잔여지수용청구권은 청구에 의해 수용의 효과가 발생하는 **형성권적 성질**을 가지고**(20국가7급,16국회8급,11국가7급)**, 그 청구는 협의가 성립되지 않은 경우에 한해 해당 사업의 공사완료일까지 하여야 하는 바**(19소방)**, 그 행사기간은 **제척기간**으로서, 토지소유자가 그 행사기간 내에 잔여지수용청구권을 행사하지 아니하면 그 권리가 소멸한다(2008두822).**(19지방7급,19지방9급,16지방7급)**
		불복방법	• 잔여지수용재결에 대해 사업시행자가 잔여지수용 자체를 다투는 경우에는 토지수용위원회를 피고로 하여 취소소송을 제기해야 하고, 사업시행자나 토지소유자가 보상금만을 다투는 경우에는 보상금증감소송을 제기해야 한다. • 토지소유자가 잔여지수용거부재결에 대해 소송을 제기하는 경우 → 잔여지수용청구권은 형성권이므로 잔여지수용은 청구에 의해 수용의 효과가 발생하고, 잔여지수용 문제는 궁극적으로 보상금증감의 문제이므로, 보상금증감청구를 제기해야 함.**(19지방7급,17지방9급,17국가7급)** **판례** 토지수용위원회의 잔여지수용거절이 있는 경우, **사업시행자를 상대로 보상금증감청구소송**을 해야, **항고소송 X, 형식적 당사자소송**(2008두822)**(19지방7급,17지방9급,17국가7급)**

마. 생활보상

가) 의의 및 근거

- 생활보상은 새로운 생활 기반을 재건할 수 있게 해주는 보상으로, 원상회복적 성격을 띄고 있다.**(14서울9급)**
- 이주대책은 생활보상의 일환으로 국가의 적극적이고 정책적인 배려에 의해 마련된 제도이다.**(20국회8급)**

판례 이주대책은 헌법 제23조 제3항에 규정된 정당한 보상에 포함되는 것이라기보다는 이에 부가하여 이주자들에게 종전의 생활상태를 회복시키기 위한 생활보상의 일환으로서 국가의 정책적인 배려에 의하여 마련된 제도라고 볼 것이다(2004헌마19).**(14사복9급)**

- 공익사업 시행 이전과 같은 경제수준을 유지할 수 있도록 하는 내용의 생활대책이 생활보상에 포함되는지에 대하여 대법원은 헌법 제23조 제3항의 정당한 보상에 포함되는 것으로 보아야 한다고 판시하였으나(2008두17905)**(15국회8급)**, 헌재는 생활대책은 헌법 제23조 제3항의 정당한 보상에 포함되는 것이라기보다는 생활보상의 일환으로서 국가의 정책적인 배려에 의해 마련된 제도로 보고 있다(2012헌바71).**(14지방9급)**

판례 사업시행자 스스로 공익사업의 원활한 시행을 위하여 생활대책을 수립 · 실시할 수 있도록 하는 내부규정을 두고 이에 따라 생활대책대상자 선정기준을 마련하여 생활대책을 수립 · 실시하는 경우, 생활대책대상자 선정기준에 해당하는 자가 자신을 생활대책대상자에서 제외하거나 선정을 거부한 사업시행자를 상대로 항고소송을 제기할 수 있다(2008두17905).**(15국회8급)**

나) 이주대책

의의	공익사업의 시행으로 인해 생활의 근거를 상실하게 되는 자들을 다른 지역으로 이주시키는 것으로, 사업시행자의 이주대책 수립 · 실시의무를 정하고 있는 동법상 규정은 **강행법규**이다(2011다40465).**(20국가7급,19소방9급)**
성격	**사업시행자에게 이주대책 수립, 실시의무는 법적 의무**이나**(20국가7급,20국회8급)**, 이주대책의 **실시여부는 입법자의 입법정책적 재량의 영역**에 속한다(2004헌마19). **(20국회8급,17국가9급,14사복9급,11지방9급 등)** **판례** 토지보상법 시행령에서 세입자를 이주대책의 대상자에서 제외하는 것은 세입자의 재산권을 침해하는 것이 아니다(2004헌마19).
대상자	• 주거용 건축물을 제공함에 따라 생활의 근거를 상실하게 되는 자 • 사업시행자는 이주대책을 수립할 의무를 지지만 이주대책의 '내용결정'에 있어서는 재량권을 가지므로**(20국회8급,10지방7급)**, 법이 정한 이주대책대상자를 포함하여 그 밖의 이해관계인에까지 넓혀 이주대책 수립 등을 시행할 수 있음**(18지방7급)** • **이주대책 대상자로 확인 · 결정**되어야 비로소 구체적인 **수분양권이 발생**한다(92다35783)**(21국회8급,19국가7급,16국가7급,15국회8급,)**, **확인 · 결정은 항고소송의 대상이 되는 처분임**(2013두10885).**(21국회8급,17국가9급)** • **무허가 건물자나 세입자는 제외**됨(동법 시행령§40⑤), 단, 사업시행자가 임의로 세입자를 포함시킬 수 있음 **판례** 소유자와 세입자는 생활의 근거의 상실 정도에 있어서 차이가 있는 점, 세입자에 대해서 주거이전비와 이사비가 보상되고 있는 점을 고려할 때, 입법자가 이주대책 대상자에서 세입자를 제외하고 있는 이 사건 조항을 불합리한 차별로서 세입자의 평등권을 침해하는 것이라 볼 수는 없다(2004헌바19).**(18교행9급,11사복9급)**
내용과 비용 부담 (§78 ④,⑤,⑥)	• 이주대책의 내용에는 이주정착지에 대한 도로, 급수시설, 배수시설, 그 밖의 공공시설 등 **통상적인 수준의 생활기본시설이 포함**되어야 함. • 비용은 **사업시행자가 부담**한다.**(15지방9급)** 다만, 행정청이 아닌 사업시행자가 이주대책을 수립 · 실시하는 경우에 지방자치단체는 비용의 일부를 보조할 수 있다. • 사업시행자는 이주대책을 수립 · 실시하지 아니하는 경우나 이주대책대상자가 이주정착지가 아닌 다른 지역으로 이주하려는 경우, 이주대책대상자에게 국토교통부령으로 정하는 바에 따라 이주정착금을 지급해야 한다(동법 시행령 §41).**(10지방7급)** • 이주대책의 실시에 따른 주택지 또는 주택을 공급받기로 결정된 권리는 소유권이전등기를 마칠 때까지 전매(매매, 증여, 그 밖에 권리의 변동을 수반하는 모든 행위를 포함하되, 상속은 제외한다)할 수 없으며, 이를 위반시, 사업시행자는 이주대책의 실시가 아닌 이주정착금으로 지급하여야 한다(동법§78⑤). <신설 2022. 2. 3.> • 주거용 건물의 거주자에 대하여는 주거 이전에 필요한 비용과 가재도구 등 동산의 운반에 필요한 비용을 산정하여 보상하여야 한다.**(16국가7급)** → 판례는 **세입자의 주거이전비 보상청구권**은 **공법상의 권리**로 보아, 보상과 관련한 소송은 **행정소송**이라고 판시함(2007다8129).**(19국가7급)**
불복	'공토법'상 **주거이전비 보상청구**는 **당사자소송**의 대상이다.**(19국가7급,19서울7급)**

5) 정신적 보상 - 규정 없음.

1. 공익사업을 위한 토지 등의 취득 및 보상에 관한 법률상 공익사업의 시행자가 하는 이주대책대상자 확인 · 결정의 법적 성질은 행정처분으로서 이에 대한 쟁송방법은 항고소송이다. **17국가9급**

1. 공익사업에 필요한 토지등의 취득 또는 사용으로 인하여 토지소유자나 관계인이 입은 손실은 사업시행자가 보상하여야 한다. 17서울9급

제 4 절 손실보상의 유형과 방법

1 손실보상의 유형

원칙은 **현금보상이 원칙**이나, 그 밖에도 **채권보상**(11지방7급), **현물보상**, **매수보상**(09국회8급) **등이 인정**되고 있다(§63,72)(17국가9급,14국가7급,12국가7급).

2 손실보상의 방법

사업시행자 보상(§61)	토지소유자나 관계인이 입은 손실은 **사업시행자가 보상**하여야 한다. (20국회8급,17서울9급,13국가9급)
사전보상 (§62)	사업시행자는 해당 공익사업을 위한 공사에 착수하기 이전에 토지소유자와 관계인에게 **보상액 전액을 지급**하여야 한다. 다만, 제38조에 따른 천재지변 시의 토지 사용과 제39조에 따른 시급한 토지 사용의 경우 또는 토지소유자 및 관계인의 승낙이 있는 경우에는 그러하지 아니하다.(08지방9급)
개인별보상 (§64)	손실보상은 토지소유자나 관계인에게 **개인별로 하여야** 한다. 다만, 개인별로 보상액을 산정할 수 없을 때에는 그러하지 아니하다.(21국가7급,20국회8급)
일괄보상 (§65)	사업시행자는 동일한 사업지역에 보상시기를 달리하는 동일인 소유의 토지등이 여러 개 있는 경우 토지소유자나 관계인이 요구할 때에는 **한꺼번에 보상금을 지급**하도록 하여야 한다.(22국회8급,17서울9급,13국가9급,11지방7급)
상계금지 (§66)	**사업시행자는** 동일한 소유자의 일단의 토지의 일부를 취득하거나 사용하는 경우, 잔여지의 가격이 증가하거나 그 밖의 이익이 발생한 경우에도 그 이익을 취득 또는 사용으로 인한 손실과 **상계할 수 없다**.(22국회8급,20국회8급,13국가9급)
보상액 가격시점 (§67)	① 보상액의 산정은 협의에 의한 경우에는 협의 성립 당시의 가격을, 재결에 의한 경우에는 수용 또는 사용의 재결 당시의 가격을 기준으로 한다. ② 보상액을 산정할 경우에 해당 공익사업으로 인하여 토지등의 가격이 변동되었을 때에는 이를 고려하지 아니한다.

제 5 절 손실보상의 절차와 불복

1 당사자 간 협의

의의	사업인정 전의 협의와 사업인정 후의 협의가 있는데, 수용절차로서의 협의는 **사업인정 후의 협의**를 의미함.
성질	판례는 **사법상 매매계약**으로 봄(2012다3517).**(21군무원7급,21국회8급,19지방교행9급,18국가7급)** **판례** 토지의 협의취득시 미지급 보상금의 지급청구소송은 민사소송절차에 의함(21군무원7급) '공익사업법'에 의한 보상합의는 공공기관이 사경제주체로서 행하는 사법상 계약의 실질을 가지는 것으로서, 법이 정하는 기준에 따르지 아니하고 손실보상액에 관한 합의를 하였다고 하더라도 그 합의가 착오 등을 이유로 적법하게 취소되지 않는 한 유효하고**(21소방간부)**, 특별한사정이 없는 한 그 기준에 따른 손실보상금 청구를 추가로 할 수 없다(2012다3517).**(21국회8급)**
효과	협의가 성립되면, 공용수용의 절차는 종결되고, 협의 내용에 따라 **수용의 효과가 발생함**
성립 확인 (§29)	① 사업시행자는 사업인정고시가 있은 날부터 1년 내에 해당 토지소유자 및 관계인의 동의를 받아 관할 토지수용위원회에 **협의 성립의 확인을 신청**할 수 있다. **판례** 토지보상법 제29조 제3항에 따른 협의 성립의 확인 신청에 필요한 동의의 주체인 토지소유자는 협의 대상이 되는 '토지의 진정한 소유자'를 의미한다. 따라서 사업시행자가 진정한 토지소유자의 동의를 받지 못한 채 협의 성립의 확인을 신청하였음에도 토지수용위원회가 그 신청을 수리하였다면, 그 수리 행위는 토지보상법이 정한 소유자의 동의 요건을 갖추지 못한 것으로서 위법하다. 이에 따라 진정한 토지소유자는 그 수리 행위가 위법함을 주장하여 항고소송으로 취소를 구할 수 있다(2016두51719). ③ 사업시행자가 협의가 성립된 토지의 소재지 · 지번 · 지목 및 면적 등 대통령령으로 정하는 사항에 대하여 「공증인법」에 따른 공증을 받아 제1항에 따른 협의 성립의 확인을 신청하였을 때에는 관할 토지수용위원회가 이를 수리함으로써 협의 성립이 확인된 것으로 본다. **판례** 토지보상법 제29조 제3항에 따른 협의 성립의 확인 신청에 필요한 동의의 주체인 토지소유자는 협의 대상이 되는 '토지의 진정한 소유자'를 의미한다. 사업시행자가 진정한 토지소유자의 동의를 받지 못한 채 단순히 등기부상 소유명의자의 동의만을 얻은 후 관련 사항에 대한 공증을 받아 토지보상법 제29조 제3항에 따라 협의 성립의 확인을 신청하였음에도 토지수용위원회가 신청을 수리하였다면, 수리행위는 다른 특별한 사정이 없는 한 토지보상법이 정한 소유자의 동의 요건을 갖추지 못한 것으로서 위법하며, 이에 따라 진정한 토지소유자는 수리 행위가 위법함을 주장하여 항고소송으로 취소를 구할 수 있다(2016두51719). ④ 확인은 이 법에 따른 **재결**로 보며, 사업시행자, 토지소유자 및 관계인은 그 확인된 협의의 성립이나 내용을 다툴 수 없다 → **원시취득의 효과(20국가7급)**

1. 손실보상금에 관한 당사자 간의 합의가 성립하면, 그 합의 내용이 토지보상법에서 정하는 손실보상 기준에 맞지 않는다고 하더라도 합의가 적법하게 취소되는 등의 특별한 사정이 없는 한 추가로 토지보상법상 기준에 따른 손실보상금 청구를 할 수 없다. **18국가7급**

2. 공익사업을 위한 토지 등의 취득 및 보상에 관한 법률에 의한 보상 합의는 공공기관이 사경제주체로서 행하는 사법상 계약의 실질을 가진다. **19지방9급**

1. 토지수용위원회의 수용재결에 대한 이의절차는 실질적으로 행정심판의 성질을 갖는 것이므로, 토지수용법에 특별한 규정이 있는 것을 제외하고는 행정심판법의 규정이 적용된다고 할 것이며, 이러한 이의신청은 임의적 절차에 불과하다. **16서울7급**

2 토지수용위원회의 재결

의의	재결은 협의불성립, 불능의 경우에 행하는 공용수용의 종국적인 절차로, **형성적 행정행위**의 성격을 갖는다.
재결의 신청	• **협의 불성립 · 협의 불능**의 경우, 사업시행자는 사업인정고시가 된 날부터 **1년 이내에 관할 토지수용위원회에 재결을 신청**할 수 있다(§28).**(19국회8급)** • 기간 내 신청하지 않은 경우, 사업인정고시가 된 날부터 1년이 되는 날의 다음 날에 사업인정은 그 효력을 상실한다(§23①). 판례 ㉠ 공익사업으로 인하여 공익사업시행지구 밖에서 영업을 휴업하는 자가 토지보상법 등에 규정된 재결절차를 거치지 않은 채 곧바로 사업시행자를 상대로 토지보상법 시행규칙 제 47조 제1항에 따라 영업손실에 대한 보상을 청구할 수 없다(2018두2271). ㉡ 공익사업으로 농업의 손실을 입게 된 자가 공익사업을 위한 토지 등의 취득 및 보상에 관한 법률에 규정된 재결절차를 거치지 않은 채 곧바로 사업시행자를 상대로 손실보상을 청구할 수 없다(2018두57865).
재결 신청의 청구 (§30)	① 협의불성립시, 토지소유자와 관계인은 **서면으로 사업시행자에게 재결을 신청할 것을 청구**할 수 있다.**(19국회8급)** ② 청구를 받은 **사업시행자**는 청구를 받은 날부터 60일 이내에 관할 토지수용위원회에 **재결을 신청하여야 한다**. ③ 사업시행자가 제2항에 따른 기간을 넘겨서 재결을 신청하였을 때에는 그 지연된 기간에 대하여 「소송촉진 등에 관한 특례법」 제3조에 따른 법정이율을 적용하여 산정한 금액을 관할 토지수용위원회에서 재결한 보상금에 가산하여 지급하여야 한다. 판례 토지보상법 제30조 제3항에 따른 재결신청 지연가산금은 사업시행자가 정해진 기간 내에 재결신청을 하지 않고 지연한 데 대한 제재와 토지소유자 등의 손해에 대한 보전이라는 성격을 아울러 가진다. 토지소유자 등이 적법하게 재결신청청구를 하였다고 볼 수 없거나 사업시행자가 재결신청을 지연하였다고 볼 수 없는 특별한 사정이 있는 경우, 그 해당 기간 지연가산금은 발생하지 않는다(2019두34630).
형식 (§34①)	토지수용위원회의 재결은 서면으로 한다.
재결의 기간 (§35)	토지수용위원회는 심리를 시작한 날부터 14일 이내에 재결을 하여야 한다. 다만, 특별한 사유가 있을 때에는 14일의 범위에서 한 차례만 연장할 수 있다.
재결의 내용 (§50)	① 토지수용위원회는 1. 수용하거나 사용할 토지의 구역 및 사용방법, 2. 손실보상, 3. 수용 또는 사용의 개시일과 기간 등을 결정한다. ① 토지수용위원회는 사업시행자, 토지소유자 또는 관계인이 신청한 범위에서 재결하여야 하나, **손실보상의 경우에는 증액재결**을 할 수 있다.**(11국가9급)**
효과	• 재결이 있으면 공용수용의 절차는 종결되고, 수용의 효과가 발생. • 사업시행자가 재결서에 기재된 수용 개시일까지 보상금을 지급 · 공탁하면 수용의 개시일에 토지에 대한 권리를 취득하고, 피수용자는 그 권리를 상실한다(§45) • 토지수용위원회의 **수용재결이 있은 후**라고 하더라도 **토지소유자와 사업시행자가 다시 협의**하여 토지 등의 취득 · 사용 및 그에 대한 보상에 관하여 임의로 계약을 체결할 수 있다(2016두64241).**(18국가7급)**

3 재결에 대한 불복

가. 이의신청

이의의 신청	• 이의신청은 **특별행정심판**이며, 임의적 절차임(**임의적 전치주의**)(22국가9급,16서울7급,13국회8급) • 지방토지수용위원회의 수용재결에 이의가 있는 자 → 해당 지방토지수용위원회를 거쳐 **중앙토지수용위원회**에 이의신청 가능(§83②)(21국가7급,16지방9급,15국회8급) • 중앙토지수용위원회의 수용재결에 이의가 있는 자 → **중앙토지수용위원회**에 이의신청 가능 • 이의신청기간 → 재결서 정본을 받은 날부터 30일 이내
이의 신청에 대한 재결	• 수용재결이 위법 · 부당하다고 인정 → 중앙토지수용위원회는 재결의 **전부 또는 일부를 취소하거나 보상액 변경 가능**(§84①) • 보상금이 늘어난 경우 → 사업시행자는 재결의 취소 또는 변경의 재결서정본을 받은 날부터 30일 이내에 보상금 지급 • 이의신청에 대한 재결이 **확정**된 때에는 「민사소송법」상의 **확정판결이 있은 것**으로 보며, 재결서 정본은 **집행력 있는 판결의 정본과 동일한 효력을** 가진다(§86①).(16국가7급)

나. 행정소송

항고소송	**소송의 대상**	**원처분주의** → **수용재결** O(22소방,22국가9급,19국회8급), 이의재결 X **이의 재결에 고유한 하자가 있는 경우엔, 이의재결 O**
	제기권자	사업시행자, 토지소유자 또는 관계인
	피고적격	수용 재결을 한 **토지수용위원회**(22소방,22국가9급,17사복9급,16국회8급)
	제소 기간	• 수용재결에 불복 : 재결서를 받은 날부터 **90일**이내(11지방7급) • 이의신청을 거친 경우 : 이의신청에 대한 재결서를 받은 날부터 **60일** 이내(18교행9급) • 행정소송법의 제소기간에 대한 규정은 적용 X(91누9312)(13국회8급)
	집행 부정지의 원칙	이의신청, 행정소송의 제기는 토지의 수용 또는 사용을 정지시키지 않는다.(22국가9급,17지방9급,16국회8급,14국회8급) **판례** ㉠ 공익사업으로 인하여 영업을 폐지하거나 휴업하는 자가 토지보상법상 재결절차를 거치지 않은 채 곧바로 사업시행자를 상대로 손실보상을 청구하는 것은 허용되지 않는다(2009두10963).(19국회8급) ㉡ 공익사업에 영업시설 일부가 편입됨으로 인하여 잔여 영업시설에 손실을 입은 자가 사업시행자로부터 구 공익사업을 위한 토지 등의 취득 및 보상에 관한 법률 시행규칙 제47조 제3항에 따라 잔여 영업시설의 손실에 대한 보상을 받기 위해서는, 토지보상법 제34조, 제50조 등에 규정된 재결절차를 거친 다음 그 재결에 대하여 불복이 있는 때에 비로소 토지보상법 제83조 내지 제85조에 따라 권리구제를 받을 수 있을 뿐이다. 이러한 재결절차를 거치지 않은 채 곧바로 사업시행자를 상대로 손실보상을 청구하는 것은 허용되지 않는다(2015두4044).(20국가7급)

1. 토지수용자 등이 수용재결에 불복하여 이의신청을 거친 후 취소소송을 제기하는 경우, 피고적격을 가지는 자는 수용재결을 한 토지수용위원회이며 소송대상은 수용재결이 된다. **17사복9급**

1. 토지소유자가 손실보상금의 증액을 구하는 행정소송을 제기하는 경우에는 토지수용위원회가 아니라 대등한 당사자인 사업시행자를 피고로 하여야 한다. **14국가7급**

보상금 증감 소송	의의	법 제85조의 규정에 따라 수용재결이나 이의재결 중 보상금에 대한 재결에 불복이 있는 경우, 보상금의 증액 또는 감액을 청구하는 소송
	인정범위	판례 어떤 보상항목이 공익사업을 위한 토지 등의 취득 및 보상에 관한 법령상 손실보상대상에 해당함에도 관할 토지수용위원회가 사실을 오인하거나 법리를 오해함으로써 손실보상대상에 해당하지 않는다고 잘못된 내용의 재결을 한 경우에는, **피보상자는 관할 토지수용위원회를 상대로 그 재결에 대한 취소소송을 제기할 것이 아니라, 사업시행자를 상대로 구 공익사업을 위한 토지 등의 취득 및 보상에 관한 법률 제85조 제2항에 따른 보상금증감소송을 제기하여야 한다**(2015두4044).(20지방7급)
	성질	**형식적 당사자소송**(22국가9급,16서울7급)
	피고적격 (§85②)	소송제기자가 **토지소유자, 관계인** : **사업시행자**(20지방7급,18국가7급,16지방7급,16서울9급,14국가7급) 소송제기자가 **사업시행자** : **토지소유자 또는 관계인**(17경행,16서울7급,14국가7급 등)
	제소 기간	수용재결 : 재결서 받은 날부터 **90일** 이내
		이의재결 : 이의신청에 대한 재결서를 받은 날부터 **60일**이내
	입증 책임	이의재결에서 정한 손실보상금액보다 **정당한 손실보상금액이 더 많다는 점에 대한 입증책임**은 **원고**에게 있다(96누2255). 반대로 손실보상금액이 더 적어야 한다는 점의 입증은 사업시행자에게 있음.
	심리	여러 보상항목을 하나의 재결로 심리한 경우에는 **일부에 관하여 불복**할 수 있다(2017두41221).(21변시,21국회8급,18국가7급)
	하자의 승계	**표준지공시지가 결정**이 위법한 경우, **수용보상금의 증액을 구하는 소송**에서도 그 수용대상 토지가격 산정의 기초가 된 비교표준지공시지가 결정의 위법을 독립한 사유로 주장할 수 있다(2007두13845).

제 6 절 손해전보를 위한 그 밖의 제도

1 손해전보제도의 흠결과 보완

수용유사 침해	의의	위법한 공용침해로 인해 특별 희생이 발생했음에도 **보상규정이 결여**된 경우, 이를 수용에 준해서 손실보상을 인정하자는 이론 예) 개발제한구역 지정되었는데도 보상규정이 없는 경우
	요건	① 공공필요, ② **위법한 공권력행사(보상규정 X)** ③ 재산권 침해 ④ 특별희생
	인정	대법원은 수용유사침해이론을 언급한 적 있으나, 도입한 적 X

<table>
<tr><td rowspan="3">수용적 침해</td><td>의의</td><td>의도되지 않은 침해에 의해 특별한 희생이 발생한 경우에도 손실 보상을 해주자는 이론
예) 도로구역으로 고시되었음에도 불구하고 공사없이 장기간 방치되어, 그 구역 내 토지 소유자가 손해를 입은 경우</td></tr>
<tr><td>요건</td><td>① 공공필요, ② 적법한 공권력행사
③ 의도되지 않은 재산권 침해 ④ 특별희생</td></tr>
<tr><td>인정</td><td>도입 여부 논의 중</td></tr>
<tr><td rowspan="3">희생보상 청구권</td><td>의의</td><td>적법한 공권력작용으로 인해 발생한 생명 · 신체 등 비재산적 법익에 특별한 희생이 발생한 경우, 그 손실에 대한 보상
예) 소방관의 인명사고, 예방접종 부작용으로 인한 인명사고</td></tr>
<tr><td>요건</td><td>① 공공필요, ② 적법한 공권력행사
③ 생명 · 신체 등 비재산권 침해 ④ 특별희생</td></tr>
<tr><td>인정</td><td>개별법상 인정되는 경우는 있음</td></tr>
</table>

2 공법상 결과제거청구권

의의	공행정작용의 위법한 상태로 인해 법률상 이익을 침해받고 있는 자가, 행정주체에 대하여 **그 위법한 상태를 제거하여 침해 이전의 상태로 회복**시켜줄 것을 청구하는 권리(10지방7급)
법적성질	판례는 **사권**으로 봄(다수설은 공권), **포괄적 권리설**(명예훼손처럼 비재산적 침해에도 발생 가능하므로, 물권적 청구권에 한정되는 것 아님)
요건	① **공행정작용으로 인한 위법상태 발생** - 행위자의 고의 · 과실 불문(10지방7급) ② **법률상 이익의 침해** - 재산, 비재산적 이익 포함 / 권력작용, 관리작용에 의한 침해의 경우에도 인정됨(21군무원9급) ③ **위법상태의 존재(계속)** ④ **결과제거의 사실상 · 법적 가능성** - 원상회복이 행정주체에 기대가능한 것이어야 함(21군무원9급)
대상 (21군무원 9급)	• 위법한 공행정작용에 의해 **직접적으로 발생한** 결과만이 대상이 됨(10지방7급). • 결과를 제거함으로써 종전 **원래 상태로 회복**
실현수단	결과제거청구소송 - **민사소송(판례)** →민법상 과실관계 규정 유추적용됨.

06

PART **06**

행정쟁송

개관

행정소송

행정심판

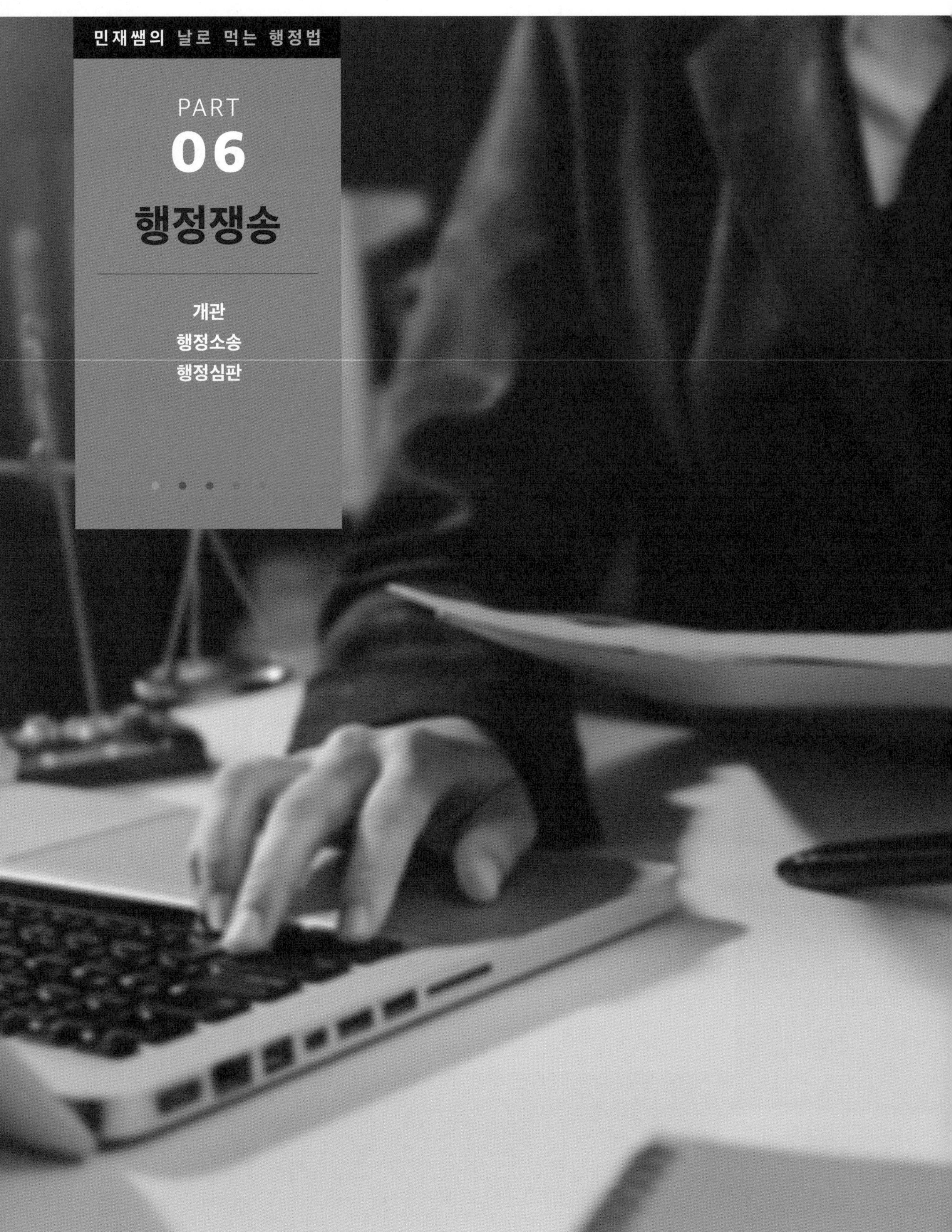

민재쌤의 날로 먹는 행정법

PART

06

행정쟁송

개관

행정소송

행정심판

단원별 소개 및 추천 공부법

행정쟁송 20문제 중 5~6문제 출제

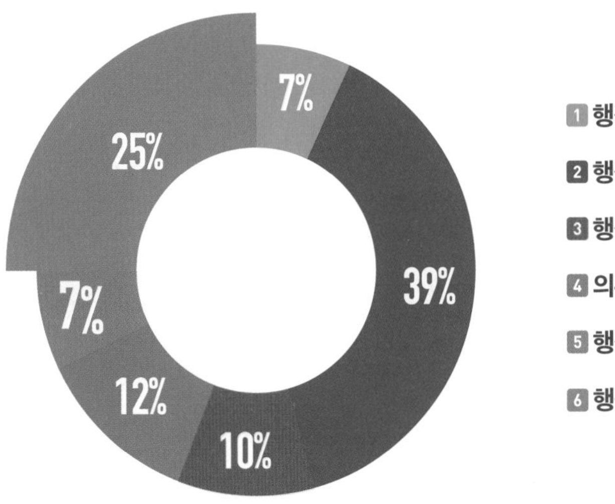

이 단원은 행정심판과 행정소송에 관한 단원으로,
두 절차 중 행정 소송, 특히 취소소송의 기출이 집중되며,
전체 단원 기준으로 출제 비중이 두번째로 높은 단원입니다.

먼저, 행정소송의 목적은 민원인이 행정청으로부터 받은 처분에 불복하기 위한 수단이라는 것을 이해한 다음, 소송의 기본적 절차를 이해하는 것이 필요합니다. 소송의 기본적 절차를 먼저 이해함이 필요합니다.

특히 해당 처분을 취소하는 소송을 제기할 수 있는지 여부,
즉 **소송요건을 모두 갖추었는지** 판단하는 부분이 중요하며,
이 부분의 **출제 비중이 매우 높은 편**입니다.

따라서 **각 소송요건과 관련한 판례들의**
정확한 결론을 암기하는 것이 중요하므로,
빈출 판례들을 반복하여 숙지하는 공부방법이 가장 효율적입니다.

01 개관

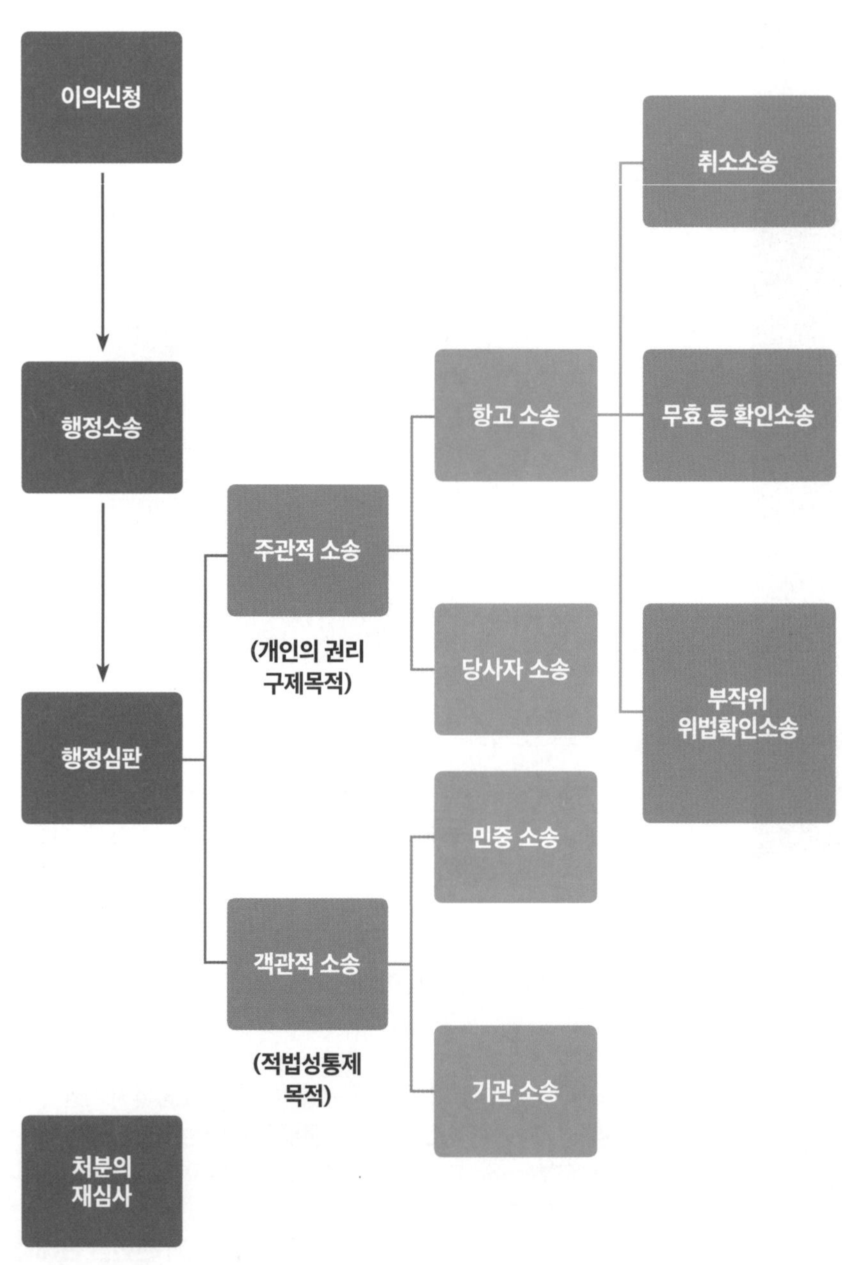
이의신청
행정소송
행정심판
처분의
재심사
주관적 소송
(개인의 권리
구제목적)
객관적 소송
(적법성통제
목적)
항고 소송
당사자 소송
민중 소송
기관 소송
취소소송
무효 등 확인소송
부작위
위법확인소송

제 1 절 행정소송의 개관

1 행정소송의 의의

행정소송은 행정청의 위법한 처분 등을 취소·변경하거나 그 효력 유무 또는 존재 여부를 확인함으로써 국민의 권리 또는 이익의 침해를 구제하고 공법상의 권리관계 또는 법적용에 관한 다툼을 적정하게 해결함을 목적으로 하는 권리구제절차이다(행정소송법 제1조).**(17서울7급)**

2 민사 규정 등 준용

행정소송법 제 8조 ②행정소송에 관하여 이 법에 특별한 규정이 없는 사항에 대하여는 법원조직법과 민사소송법 및 민사집행법의 규정을 준용한다.**(21국가9급)**

3 행정소송의 종류 - 항 · 당 · 민 · 기

가. 행정소송의 종류(행정소송법§3)(14국가9급,13지방9급,13서울9급,13지방9급,12지방9급)

주관적 소송	**항고 소송**	행정청의 처분등이나 부작위에 대하여 제기하는 소송**(17경행)**
	당사자 소송	행정청의 처분등을 원인으로 하는 법률관계에 관한 소송, 그 밖에 공법상의 법률관계에 관한 소송으로서 그 법률관계의 한쪽 당사자를 피고로 하는 소송**(20지방9급,17경찰,16경찰,13지방9급,12지방9급)**
객관적 소송	**민중 소송**	국가 또는 공공단체의 기관이 법률에 위반되는 행위를 한 때에 직접 자기의 법률상 이익과 관계없이 그 시정을 구하기 위하여 제기하는 소송**(17경찰)**
	기관 소송	국가 또는 공공단체의 기관상호간에 있어서의 권한의 존부 또는 그 행사에 관한 다툼이 있을 때에 이에 대하여 제기하는 소송. 다만, 헌법재판소법 제2조의 규정에 의하여 헌법재판소의 관장사항으로 되는 소송은 제외한다.**(20지방9급,19경찰,12지방9급)**

1. 재량행위에 대해 소송이 제기된 경우 법원은 각하할 것이 아니라 본안판단을 통해 기각 또는 인용판결을 하여야 한다.
16국가9급

2. 행정소송법상 행정청이 일정한 처분을 하지 못하도록 그 부작위를 구하는 청구는 허용되지 않는 부적법한 소송이다.
15지방9급

나. 항고소송의 종류(행정소송법 제4조) 취 · 무 · 부

취소소송	행정청의 위법한 처분등을 취소 또는 변경하는 소송
무효등 확인소송	행정청의 처분등의 효력 유무 또는 존재여부를 확인하는 소송
부작위위법 확인소송	행정청의 부작위가 위법하다는 것을 확인하는 소송

4 행정소송의 한계

행정소송법은 **개괄주의**를 채택하고 있으나, 모든 경우에 행정쟁송이 가능한 것은 아니다.

가. 사법(司法)의 본질에 따른 한계

구체적인 법적 분쟁 아닌 사건	**추상적 법령의 효력과 해석**	원칙 : 법의 일반적 · 추상적 효력 내지 해석에 관한 분쟁은 **행정소송의 대상 X(15지방9급)**
		예외 : 법령 그 자체가 **직접 국민의 권리 · 의무에 영향을 주는 경우(처분적 법규명령) (09지방9급)**
	사실행위	권력적 사실행위는 행정소송 대상이나, 비권력적 사실행위는 행정소송 대상 X
	반사적이익	대상 X **(09국가9급)**
	객관적소송	원칙 : X 예외 : **법령의 규정**이 있는 경우 - **민중소송, 기관소송**
법령의 적용으로 해결하는 것이 적절하지 않은 분쟁	**통치행위**	**통치행위는 행정소송의 대상에서 제외(09국가9급)** 단, **헌재**는 **국민의 기본권침해와 관련된 경우에는 헌법소원의 대상**이 된다고 봄.
	재량행위	재량행위가 **일탈 · 남용의 정도가 되어야 취소가 가능**하므로, 법원은 본안판단을 통해 기각 또는 인용판결을 해야 하고, 이 경우 법원은 독자의 결론을 도출함이 없이 당해 행위에 재량권의 일탈·남용이 있는지 여부만을 심사한다.**(16국가9급)**
	특별권력관계 내에서의 행위	종래 사법심사 부정, 오늘날 **처분성을 가지는 한 사법심사의 대상이 된다**고 봄
	내부행위	X

나. 권력분립상 한계-법정외항고소송(무명항고소송) 인정여부

의무이행 소송	행정청의 거부처분 또는 부작위에 대하여 **일정한 행정행위를 해 줄 것을 청구하는 소송**을 말하며, **판례는 의무이행소송을 인정 X**
예방적 부작위소송 (예방적 금지소송)	행정청의 공권력 행사에 의해 국민의 권익이 침해될 것이 예상되는 경우, **미리 행정청이 일정한 처분을 하지 못하도록 그 부작위를 청구하는 소송**을 말하며, **판례는 인정 X.(15지방9급)** **판례** 신축건물의 준공처분을 하여서는 아니된다는 내용의 부작위를 구하는 청구는 허용되지 않는다(86누182).**(18교행9급)**

1. 취소소송 또는 무효확인소송에서 제**1**심 판결시까지는 원고적격을 구비하였는데, 제**2**심 또는 제**3**심 단계에서 원고적격을 흠결하게 된 경우, 당심 법원은 각하판결을 하여야 한다. **19국가9급**

제 2 절 항고소송

1 취소소송의 개관

가. 의의

취소소송이란 행정청의 위법한 처분 등을 취소 또는 변경하는 소송을 말하며(행정소송법 제4조 제1호)**(12지방9급)**, **통설 · 판례**는 그 성질에 대해 취소소송은 **법률관계를 변경 · 소멸시키는 형성적 효력을 가지는 형성소송**이라고 함.

나. 취소소송의 소송물

소송물이란, **심판의 대상이 되는 객체로, 기판력이 미치는 범위**인데, 취소소송의 소송물에 대하여 **통설과 판례**는 취소소송의 소송물을 **처분의 위법성 일반**으로 보고 있다.**(16국회8급,11지방9급,10국가9급)**

2 취소소송의 적법요건(일단 싸울 자격이 있는지 확인하는 요건)

소송을 제기하여 판결을 받기 위해서는 본안판단의 전제요건을 갖추어야 하는데, 이를 소송요건이라 함.

취소소송의 경우 ①소를 제기할 **원고적격**이 있는 자가 ② 소송을 제기할 현실적인 필요성이 있는 경우에**(협의의 소의 이익)** ③ 행정청의 **처분 등**을 대상으로 ④ **피고적격** 있는 행정청을 상대로 ⑤ 일정한 **제소기간** 내에 ⑥ 행정심판이 필요한 경우 **행정심판**을 거쳐 ⑦ **관할 법원**에 ⑧ 일정한 형식을 갖추어 소송을 제기해야 하는데, ①~⑧이 취소소송의 소송요건이고, 이는 **법원의 직권조사사항**임.

소송요건은 제소 당시에는 소송 요건이 결여되었더라도 사실심 변론종결시까지 구비하면 되며, 이는 상고심에까지 존속되어야 하고고, 흠결시 부적법한 소로서 **각하**된다.**(20국가9급,17국가7급)**

1. 어떤 행위가 상대방의 권리를 제한하는 행위라 하더라도 행정청 또는 그 소속기관이나 권한을 위임받은 공공단체 등의 행위가 아닌 한 이를 행정처분이라고 할 수 없다.
17서울7급

가. 대상적격(처분 등의 존재)

1) 의의

취소소송은 '처분 등'을 대상으로 한다. 다만, 재결에 대한 취소소송의 경우에는 재결 자체에 고유한 위법이 있음을 이유로 하는 경우에 한한다.

"처분 등"이라 함은 ① **행정청이 행하는** ② **구체적 사실에 관한** ③ **법집행으로서의** ④ **공권력의 행사** 또는 **그 거부와** ⑤ **그 밖에 이에 준하는 행정작용(이하 처분)** 및 ⑥ **행정심판에 대한 재결**을 말한다(행정소송법§2①1호).

2) 처분의 성립 및 개념 요소

> **판례** ㉠ **행정의사가 외부에 표시되어 행정청이 자유롭게 취소 · 철회할 수 없는 구속을 받게 되는 시점에 처분이 성립**되고, 그 성립 여부는 **행정청이 행정의사를 공식적인 방법으로 외부에 표시하였는지를 기준으로 판단**해야 한다(21소방,21국가9급).
> ㉡ ✪**행정청이 행정의사를 외부에 표시하여 행정청이 자유롭게 취소 · 철회할 수 없는 구속을 받기 전에는 '처분'이 성립하지 않는다.** 법무부장관이 입국금지결정을 하고 이를 내부전상망인 '출입국관리정보시스템'에 입력하였으나, 통보하지 않은 경우 입국금지결정은 항고소송의 대상이 될 수 있는 '처분'에 해당하지 않는다(2017두38874).**(21군무원9급)**.

항고소송의 대상이 되는 행정처분이라 함은 원칙적으로 **행정청의 공법상 행위**로서 **특정 사항에 대하여 법규에 의한 권리의 설정 또는 의무의 부담을 명**하거나 **기타 법률상 효과를 발생**하게 하는 등으로 **일반국민의 권리 · 의무에 직접 영향을 미치는 행위**를 가리킨다.**(13국가9급)**

가) 행정청의 행위

행정청의 의미	**행정기본법 제2조 제2호** "행정청"이란 다음 각 목의 자를 말한다. 가. 행정에 관한 의사를 결정하여 표시하는 국가 또는 지방자치단체의 기관 나. 그 밖에 법령등에 따라 행정에 관한 의사를 결정하여 표시하는 권한을 가지고 있거나 그 권한을 위임 또는 위탁받은 공공단체 또는 그 기관이나 사인(私人) 여기서 **'행정청'은 기능상 개념**으로, 국가 및 지방자치단체의 기관 이외에 **행정권한의 위임 또는 위탁을 받은 공공단체 또는 사인도 포함**된다. **법령에 의하여 행정권한을 위탁받은 사인**인 공무수탁사인도 처분을 행할 수 있다.**(18소방)** 결국, 어떤 행위가 상대방의 권리를 제한하는 행위라 하더라도 행정청 또는 그 소속기관이나 권한을 위임받은 공공단체 등의 행위가 아닌 한 이를 행정처분이라 할 수 없다.**(17서울7급)**
처분성 긍정 판례	① **지방의회 의장에 대한 불신임 의결과 지방의회 의원의 징계**는 취소소송 등의 대상이 되며, 이때 소송의 피고는 지방의회가 된다(94누23).**(15국가9급)** 비교 : 국회의원에 대한 징계처분은 헌법 §64④에 따라 행정소송 제기 X. ② **성업공사(현 한국자산관리공사)**가 체납압류된 재산을 공매하는 것은 세무서장의 공매권한 위임에 의한 것으로 보아야 하므로, 성업공사를 피고로 해야 한다(96누1757).

<table>
<tr><td>처분성 부정 판례</td><td>한국마사회의 기수면허 부여 및 그 취소결정은 처분성이 인정되지 않고, 공법상의 법률관계에 해당하지 않는다(2005두8269).(21소방간부,15지방9급)</td></tr>
<tr><td rowspan="3">입찰 참가 자격 제한 조치</td><td>의의 : 경쟁의 공정한 집행이나 계약의 적정한 이행을 해칠 염려가 있거나 그 밖에 입찰에 참가시키는 것이 적합하지 않다고 인정되는 자에게 입찰참가자격을 제한하는 것</td></tr>
<tr><td>판례 - '국가를 당사자로 하는 계약에 관한 법률'에 따라 각 중앙관서의 장이 행하는 입찰참가자격 제한조치는 처분성 인정됨(83누127).(21국회8급,16국회8급)
과거, 한국토지주택공사, 한국전력공사 등의 정부투자기관(현 공공기관)이 정부투자기관회계규정에 의해 행한 입찰참가자격제한조치에 대해서는, 정부투자기관이 행정권한의 위임을 받았다고 할 만한 법적 근거가 없다고 보아, 처분성 부정함(99부3).

판례 한국전력공사는 한국전력공사법의 규정에 의하여 설립된 정부투자법인일 뿐이므로 위 공사는 위 법령 소정의 '각 중앙관서의 장'에 해당되지 아니함이 명백하고, 위 공사가 행정소송법 소정의 행정청 또는 그 소속기관이거나 이로부터 위 제재처분의 권한을 위임받았다고 볼 만한 아무런 법적 근거가 없다고 할 것이므로 위 공사가 정부투자기관회계규정에 의하여 행한 입찰참가자격을 제한하는 내용의 부정당업자제재처분은 행정소송의 대상이 되는 행정처분이 아니라 단지 상대방을 위 공사가 시행하는 입찰에 참가시키지 않겠다는 뜻의 사법상의 효력을 가지는 통지행위에 불과하다(99부3).(15지방9급)</td></tr>
<tr><td>그런데 최근 판례는 '공공기관의 운영에 관한 법률' §39②,③에 근거한 공기업·준정부기관이 행하는 입찰참가자격제한처분을 처분으로 보아, 한국전력공사의 입찰참가자격제한처분의 처분성을 전제하고 본안판단을 한 바 있다(2013두18964).</td></tr>
</table>

1. 한국마사회가 기수 면허를 취소하는 것은 처분성이 인정되지 않는다. **17사복9급**

나) 구체적 사실에 대한 행위

취소소송의 대상인 처분은 행정청이 행하는 **구체적 사실에 관한 법집행행위**이므로, **불특정 다수인**을 대상으로 하여 반복적으로 적용되는 **일반적 · 추상적 규율은 원칙적으로 처분이 아니다.**(17국가7급)

1. 취소소송의 대상은 처분청이 행하는 구체적 사실에 관한 법집행행위이므로, 불특정 다수인을 대상으로 하여 반복적으로 적용되는 일반적·추상적 규율은 원칙적으로 처분이 아니다. **17국가7급**

2. 행정규칙인 고시가 집행행위의 개입 없이도 그 자체로서 국민의 구체적인 권리·의무에 직접적인 변동을 초래하는 경우에는 항고소송의 대상이 된다. **17국회8급**

3. 항공노선에 대한 운수권배분은 항고소송의 대상이 되는 행정처분에 해당한다. **12지방9급**

4. 어떠한 처분의 근거나 법적인 효과가 행정규칙에 규정되어 있다고 하더라도, 그 처분이 행정규칙의 내부적 구속력에 의하여 상대방에게 권리의 설정 또는 의무의 부담을 명하거나 기타 법적인 효과를 발생하게 하는 등 그 상대방의 권리·의무에 직접 영향을 미치는 행위라면, 이는 항고소송의 대상이 되는 행정처분에 해당한다. **18서울7급**

5. 공정거래위원회의 고발조치는 항고소송의 대상이 되는 처분이 아니다. **19서울7급**

6. 국세환급결정이나 환급신청에 대한 거부 결정은 항고소송의 대상이 되는 처분이 아니다. **16서울9급**

7. 교육부장관이 내신성적산정기준의 통일을 기하기 위해, 시·도 교육감에게 통보한 대학입시기본계획 내의 내신성적산정지침은 항고소송의 대상이 아니다. **17서울9급**

처분 O	① ✪**행정규칙인 고시가 집행행위의 개입 없이도 그 자체로서 국민의 구체적인 권리·의무에 직접적인 변동을 초래하는 경우**에는 항고소송의 대상이 된다(**21국가7급,17국회8급**) ② **조례가 집행행위의 개입 없이 그 자체로서 직접 국민의 권리·의무나 법적 이익에 영향을 미치는 법률상 효과를 발생하는 경우** 그 조례는 항고소송의 대상이 되는 행정처분에 해당한다(95누8003).(**22소방,16국가9급10지방9급,09국가9급**) ③ **정보통신윤리위원회가 특정 인터넷 웹사이트를 청소년유해매체물로 결정하고 청소년보호위원회가 효력발생시기를 명시하여 고시하는 행위**는 행정소송법상의 처분에 해당한다(2004두619).(**21국가7급,20국가9급,12지방9급,11지방7급,10지방9급**) ④ ✪**보건복지부 고시인 구 '약제급여·비급여목록 및 급여상한금액표'는 그 자체**로서 국민건강보험가입자, 국민보험공단, 요양기관 등의 법률관계를 직접 규율하는 성격을 가지므로 항고소송의 대상이 되는 행정처분에 해당한다(2005두2506).(**19지방9급,17서울7급,15경찰,13국회8급,12지방9급 등**) ⑤ **국토교통부 내부지침에 의한 항공노선에 대한 운수권배분처분**은 행정처분에 해당한다(2003두10251).(**12지방9급,08국가9급**) ⑥ **성남산업단지관리공단의 입주변경계약의 취소**는 행정청인 관리권자로부터 관리업무를 위탁받은 피고 공단이 우월적 지위에서 원고들에게 일정한 법률상 효과를 발생하게 하는 것으로서 항고소송의 대상이 되는 행정처분에 해당한다(2014두46843).
처분 X	**의료기관의 명칭표시판에 진료과목을 함께 표시하는 경우 글자크기를 제한**하고 있는 구 의료법 시행규칙 제31조는 법규명령으로서 그 자체가 국민의 구체적인 권리 의무나 법률관계에 직접적인 변동을 초래하지 아니하므로 항고소송의 대상이 되는 행정처분이라고 할 수 없다(2002두15168).(**20지방7급,15국가9급**)

다) 법집행행위

법집행행위란 국민의 권리·의무에 직접적 효과를 가져 오므로 처분성이 인정되나, **단순한 사실행위나 행정기관의 내부적 행위 등은 처분성이 인정되지 않는다.**

판례 ① **상급행정기관의 하급행정기관에 대한 승인·동의·지시** 등은 행정기관 상호간의 내부행위로서 국민의 권리·의무에 직접 영향을 미치는 것이 아니므로 항고소송의 대상이 되는 행정처분에 해당하지 않는다(2012두22904).(**17사복9급**)

② **공무원시험승진후보자명부에 등재된 자에 대하여 이전의 징계처분을 이유로 시험승진후보자명부에서 삭제하는 행위는** 항고소송의 대상인 처분이 아니다(97누7325).(**17국가9급,14지방7급**)

비교) 교장승진후보자의 승진후보자명부에서의 삭제는 항고소송의 대상이 된다.

③ **공정거래위원회의 고발조치**는 행정법상의 처분에 해당하지 않는다(94누13794).(**10서울7급**)

④ 국세기본법에 따른 **과세관청의 국세환급금결정**은 내부적 사무절차로서 항고소송의 대상이 되는 처분이 아니다(92누14250).(**19서울9급,15서울9급**)

⑤ **병역법상 신체등위판정**은 아직 국민에게 구체적 의무를 부과하는 것이 아니므로 행정처분이 아니다(93누3356).(**19소방9급**)

⑥ 교육부장관이 내신성적산정기준의 통일을 기하기 위해 시·도 교육감에게 통보한 **대학입시기본계획 내의 내신성적산정지침**은 행정처분이 아니다(94두33).(**20소방간부,19국가9급,17서울9급,14국가9급,12국가9급 등**)

⑦ 각 군 참모총장이 군인 명예전역수당 지급대상자에게 결정절차에서 **국방부장관에게 수당지급대상자를 추천하는 행위**는 항고소송의 대상이 되는 처분이 아니다(2009두13231).(**19국회8급**)

⑧ 구 '금융산업의 구조개선에 관한 법률' 및 구 '상호저축은행법'상 **금융감독위원회의 파산 신청**은 취소소송의 대상이 되는 행정처분이라 할 수 없다(2004두13219).**(13지방9급)**

⑨ **정부투자기관에 대한 기획재정부장관의 예산편성지침통보**는 행정처분이 아니다(93누9163).**(08지방9급)**

⑩ **상훈대상자를 결정할 권한이 없는 국가보훈처장이 기포상자에게 훈격재심사계획이 없다고 한 회신**은 단순 사실행위에 불과하여, 항고소송의 대상이 될 수 없다(88누3116).**(18국회8급)**

⑪ 광주민주화운동관련자 보상 등에 관한 법률에 따른 보상심의위원회의 결정은 보상금 지급에 관한 소송을 제기하기 위한 요건에 불과하여, 처분이라고 할 수 없다(92누3335).**(21국회9급)**

⑫ 법무부장관이 출입국관리법령에 따라 입국금지결정을 했다고 해서 '처분'이 성립한다고 볼 수는 없고, 위 입국금지결정은 법무부장관의 의사가 공식적인 방법으로 외부에 표시된 것이 아니라 단지 그 정보를 내부전산망인 '출입국관리정보시스템'에 입력하여 관리한 것에 지나지 않으므로, 위 입국금지결정은 항고소송의 대상이 될 수 있는 '처분'에 해당하지 않는다(2017두38874).**(22소방,21군무원9급)**

라) 공권력의 행사

공권력은 권력성을 의미하는 것으로, **행정청이 우월적인 지위에서 행하는 일방적인 권력적 단독행위**임.

따라서 공법상 계약이나 행정청이 행하는 사법상 행위는 처분성이 없다.

판례 **병무청장이 하는 병역의무 기피자의 인적사항 등 공개**는 병역의무 이행을 간접적으로 강제하려는 조치로서 병역법에 근거하여 이루어지는 **공권력의 행사에 해당**한다. 병무청장이 병역의무 기피자의 인적사항 등 공개결정을 대상자에게 미리 통보하지 않은 것이 적절한지는 본안에서 해당 처분이 적법한가를 판단하는 단계에서 고려할 요소이며, 병무청장이 그러한 행정결정을 공개 대상자에게 미리 통보하지 않았다거나 처분서를 작성·교부하지 않았다는 점만으로 항고소송의 대상적격을 부정하여서는 아니 된다. 따라서 병무청장이 병역법 제81조의 2 제1항에 따라 **병역의무 기피자의 인적사항 등을 인터넷 홈페이지에 게시하는 등의 방법으로 공개한 경우, 병무청장의 공개결정은 항고소송의 대상이 되는 행정처분에 해당한다**(2018두49130).**(22소방,22국회8급,20군무원7급)**

마) 거부처분

행정행위의 신청을 한 경우, 그 신청에 따르는 행정행위를 할 것을 거부하는 내용의 행정행위를 의미한다. 처음부터 아무런 의사를 표시하지 않는 부작위와 구별됨. 그러나 부작위의 경우에도 거부처분으로 의제되는 경우도 있음(예-일정한 기간이 지났는데도 아무 처분이 없는 경우, 또는 경원자 관계에서 일방당사자에게 내려진 처분은 타방 당사자에 대한 거부처분이 됨).

(1) 거부가 처분이 되기 위한 요건

(가) 신청한 행위가 공권력 행사 또는 이에 준하는 행정작용일 것

신청의 대상이 된 행위가 행정처분이어야 하므로, 일반재산의 대부신청 거부 등은은 행정소송법상 처분이 아니다.

1. 행정청의 거부행위가 거부처분이 되려면 국민에게 법규상 또는 조리상의 신청권이 있어야 한다. **15교행9급**

2. 취소소송을 제기하기 위해서는 처분 등이 존재하여야 하며, 거부처분이 성립하기 위해서는 개인의 신청권이 존재하여야 하고, 여기서 신청권이란 신청인이 신청의 인용이라는 만족적 결과를 얻을 권리를 의미하는 것은 아니다. **21지방9급**

3. 기간제로 임용되어 임용기간이 만료된 공립대학의 교원은 재임용여부에 관하여 심사를 요구할 법규상 또는 조리상의 신청권을 가진다. **14서울7급**

4. 건축계획심의신청에 대한 반려처분은 항고소송의 대상이 되는 처분에 해당한다. **15지방9급**

5. 피해자의 의사와 무관하게 주민등록번호가 유출된 경우에는 조리상 주민등록번호의 변경을 요구할 신청권을 인정함이 타당하고, 구청장의 주민등록번호 변경신청 거부행위는 항고소송의 대항이 되는 처분에 해당한다. **19국가9급**

(나) 거부행위가 신청인의 법률관계에 변동을 일으킬 것

'신청인의 법률관계에 변동을 일으키는 것'의 의미는, 신청인의 **실체상의 권리관계에 직접적인 변동**을 일으키는 것은 물론, 그렇지 않다 하더라도 신청인이 실체상의 권리자로서 **권리를 행사함에 중대한 지장을 초래**하는 것도 포함된다(2007두1316).

(다) 신청인에게 법규상 또는 조리상의 신청권이 있을 것

거부행위가 거부처분이 되려면 **국민에게 법규상 또는 조리상 신청권이 있어야** 하며(2004두4031)(**20변시,19서울9급,17국가9급,15교행9급,14국가9급,14지방9급 등**), 그 신청권의 존부는 구체적 사건에서 신청인이 누구인가를 고려하지 말고 **관계 법규에서 일반 국민에게 그러한 신청권을 인정하고 있는가**를 살펴 **추상적으로 결정**하여야 한다(95누12460).(**21국회9급,19사복9급,17사복9급**)

판례 ㉠ 신청에 대한 거부행위가 항고소송의 대상인 처분이 되기 위해서 단순히 신청권의 존재 여부를 넘어서 구체적으로 그 신청이 인용될 수 있는 정도에 이르러야 하는 것은 아니다(2007두20638)(**20변시,19서울9급**). 따라서 국민이 어떤 신청을 한 경우에 그 신청의 근거가 된 조항의 해석상 행정발동에 대한 개인의 신청권을 인정하고 있다고 보여지면 그 거부행위는 항고소송의 대상이 되는 처분으로 보아야 할 것이고, 구체적으로 그 신청이 인용될 수 있는가 하는 점은 본안에서 판단하여야 할 사항인 것이다(95누12460).(**21군무원9급**)
㉡ 지방자치단체장의 건축회사에 대한 공사중지명령에 있어서 그 명령의 내용 자체 또는 그 성질상 그 원인사유가 해소되는 경우, 당해 공사중지명령의 해제를 요구할 수 있는 권리가 위 명령의 상대방에게 인정된다고 할 것이므로, 위 회사에게는 조리상으로 그 해제를 요구할 수 있는 권리가 인정된다(96누17745).(**21국가9급,17지방9**)

(라) 구체적 판례

거부의 처분성 긍정한 판례	거부의 처분성 부정한 판례
① ✪기간제로 임용되어 임용기간이 만료된 공립대학의 교원은 **재임용 여부에 여부에 관하여 심사를 요구할 법규상 또는 조리상의 신청권을 가진다**(2009다30946)(**14서울7급,13지방9급,12국가7급 등**). ② ✪기간제로 임용된 국·공립 대학의 조교수에 대해 **임용기관 만료로 한 재임용거부조치**(2000두7735)(**21지방7급,19국가9급,18지방7급**) ③ 국립대학교 총장의 임용권한은 대통령에게 있으므로, 교육부장관이 대통령에게 임용제청을 하면서 **대학에서 추천한 복수의 총장 후보자들 중 일부를 임용제청에 제외한 행위**는 처분에 해당한다(2016두57564)(**19국가9급**) ④ ✪**유일한 면접대상자로 선정된 임용지원자에 대하여 국립대학교 총장이 교원신규채용업무를 중단**하는 조치(2001두7053)(**12국가7급**) ⑤ 인터넷 포털사이트의 개인정보 유출사고로 주민등록번호가 불법 유출되었음을 이유로 **주민등록번호 변경신청을 하였으나 관할 구청장이 거부**한 경우, 그 거부행위는 처분에 해당한다(2013두2945)(**22국가9급,21국가9급,19국가9급,19사복9급**)	① ✪**법률에 의하여 당연 퇴직된 공무원의 복직 또는 재임용신청에 대한 행정청의 거부행위**(2004두12421)(**15국회8급**) ② **국 · 공립대학 교원 임용지원자가 임용권자로부터 임용거부**를 당한 것(2002두12489)(**16국회8급**) ③ 교사임용지원에 대한 특별채용 신청 거부행위(2004두11626)(**22국가9급**) ④ **토지대장상의 소유자명의 변경신청을 거부**한 행위(2010두12354)(**21국가9급,20지방9급,19서울9급,19서울7급,16국가9급,14서울7급**)

⑥ **지적공부 소관청의 지목변경신청 반려행위**
(2003두9015)**(21국가9급,17국가9급,16서울9급,14서울7급,12국가9급 등)**

⑦ **지적 소관청의 토지분할신청의 거부행위**(91누8968)**(15지방9급,08지방7급)**

⑧ ✪**건축물대장 작성신청의 반려행위**
(2007두17359)**(15지방9급)**

⑨ **건축주명의변경신고수리거부행위**
(91누4911)(오른쪽 4번판례와 비교)

⑩ **건축계획심의신청에 대한 반려처분**
(2007두1316)**(15지방9급)**

⑪ **건축물대장 소관 행정청이 건축물대장의 용도변경신청을 거부**하는 행위(2007두7277)**(14서울7급)**

⑫ 건축물 소재지를 관할하는 허가권자인 지방자치단체의 장이 국가의 건축협의를 거부한 행위(2013두15394)**(21군무원7급)**

⑬ 건축허가는 대물적 성질을 갖는 것이어서 행정청으로서는 허가를 할 때에 건축주 또는 토지 소유자가 누구인지 등 인적 요소에 관하여는 형식적 심사만 하여야 하는데, 행정청이 토지소유자의 건축허가를 거부한 행위(2014두41190).**(22국가9급)**

⑭ **문화재보호구역 내의 토지소유자에게는 보호구역의 지정해제를 요구할 수 있는 법규상 · 조리상 신청권이 있으며, 이러한 신청에 대한 거부행위**
(2003두8821)**(08지방7급,07지방7급)**

⑮ **도시계획(도시관리계획)구역 내의 토지소유자가 도지계획 입안권자에게 도시계획 입안을 신청한 데 대해, 이러한 신청을 거부**한 행위
(2014두42742)**(19서울9급,08지방7급,08국가9급)**

⑯ **일정한 기간 내에 요건을 갖추어 일정한 행정처분을 신청할 수 있는 법률상 지위에 있는 자에 대해 국토이용계획변경신청을 거부하는 것이 실질적으로 당해 행정처분 자체를 거부하는 결과가 되는 경우**에는 그 신청인은 계획변경을 신청할 권리가 있다(2001두10936).**(19서울7급)**

⑰ 구 군인연금법상 선순위 유족이 유족연금수급권을 상실함에 따라 동순위 또는 차순위 유족이 유족연금수급권 이전 청구를 한 경우, 이에 관한 **국방부장관의 결정**은 강학상 확인으로 항고소송의 대상인 처분에 해당하므로, 만약 국방부장관이 거부 결정을 하는 경우 당사자소송이 아닌, 항고소송을 제기하는 방식으로 불복하여야 한다(2018두46780).

⑱ 국방전력발전업무훈령에 따른 **연구개발확인서 발급(=확인적 행정행위)의 거부**(2019다264700)**(22소방,21국회8급)**

⑲ 기반시설부담금의 납부를 지체하여 발생한 지체가산금이 환급대상에서 제외된다는 취지의 환급거부결정(2016두50990)**(21국회9급)**

⑤ 문화재구역 내 수용되지 않은 토지소유자의 재결신청 거부 회신(2012두22966)

⑥ 주택개량재개발사업계획의 변경신청 거부행위
(97누7004)

⑦ 도시계획시설인 공원조성계획 취소신청 거부행위(89누725)

⑧ 서울특별시의 철거민에 대한 시영아파트 특별분양개선지침의 해당자에 대한 분양불허(93누2247)

⑨ **제소기간이 이미 도과하여 불가쟁력이 생긴 행정처분**에 대하여는 개별 법규에서 그 변경을 요구할 신청권을 규정하고 있거나 관계법령의 해석상 그러한 신청권이 인정될 수 있는 등 특별한 사정이 없는 한 국민에게 그 행정처분의 변경을 구할 신청권이 있다 할 수 없다.**(19서울9급)**

교사에 대한 임용권자가 교육공무원법에 따라 임용지원자를 특별채용할 것인지 여부는 임용권자의 판단에 따른 재량에 속하는 것이고, 임용권자가 임용지원자의 임용 신청에 기속을 받아 그를 특별채용하여야 할 의무는 없으며 임용지원자로서도 자신의 임용을 요구할 법규상 또는 조리상 권리가 있다고 할 수 없으므로, 피고(경기도교육감)가 원고 등의 특별채용 신청을 거부하였다고 하여도 그 거부로 인하여 원고 등의 권리나 법적 이익에 어떤 영향을 주는 것이 아니어서 그 거부행위가 항고소송의 대상이 되는 행정처분에 해당한다고 할 수 없다(2004두11626).**(22국가9급)**

1. 지적공부 소관청의 지목변경신청반려행위는 국민의 권리관계에 영향을 미치는 것으로서 항고소송의 대상이 되는 행정처분에 해당한다. **17국가9급**

1. 재건축조합이 행하는 관리처분계획은 일종의 행정처분으로서 이를 다투고자 하면 재건축조합을 피고로 하여 항고소송으로 이를 다투어야 한다. **16국회8급**

2. 지방경찰청장의 횡단보도 설치행위는 항고소송의 대상이 된다. **20지방9급**

3. 구 청소년보호법에 따른 청소년유해매체물 결정 및 고시처분은, 당해 유해매체물의 소유자 등 특정인만을 대상으로 한 행정처분이 아니라 일반 불특정 다수인을 상대방으로 하여 일률적으로 각종 의무를 발생시키는 행정처분이다. **18소방9급**

(2) 반복된 거부

판례는 **거부처분 이후 동일한 내용의 새로운 신청에 대하여 다시 거부한 경우, 새로운 거부처분이 있는 것으로 볼 수 있다**고 판시하여,
반복된 거부처분의 처분성을 긍정함(2000두6084).**(21서울7급,21소방간부,20지방7급,17지방9급,16서울9급)**

바) 그 밖에 이에 준하는 행정작용

(1) 처분적 행정입법-처분적 명령, 처분규칙, 처분적 조례

일반적인 법령, 고시, 조례는 추상적인 규율로서 처분이 아님.
단, **처분적인 성격** 즉, 다른 집행행위의 매개 없이 그 자체로서 직접 국민의 구체적인 권리의무나 법률관계를 규율하는 성격을 가지는 **처분적 명령, 처분규칙이나 처분적 조례는 항고소송의 대상이 된다.(09지방9급)**

처분성 긍정	처분성 부정
① 보건복지부고시인 약제급여 · 비급여목록, 급여상한금액표(2005두2506)**(09지방9급)** ② **두밀분교를 폐지**하는 경기도의 **조례**(95누8003) ③ 항정신병 치료제 요양급여 인정기준에 관한 복지부고시(2003무23)**(22국가9급)**	① 진료과목의 글자크기를 제한하고 있는 구 '의료법 시행규칙' 제31조(2005두15168)**(20지방7급,15국가9급)**

(2) 행정계획

처분성 긍정 (구속적 행정계획)	처분성 부정
① **토지거래허가구역**의지정(2006두12883) ② **도시관리계획결정**(80누105) ③ 구 도시재개발법상 **관리처분계획** ④ 인가 · 고시를 통해 확정된 **사업시행계획**	① **혁신도시입지선정행위**(2007두10198)**(12국가9급,11지방7급,10국가9급)** ② 4대강 살리기 마스터 플랜(2010무111) ③ 농어촌도로**기본계획**(99두974) ④ 하수도정비**기본계획** ⑤ 구 도시계획법상 도시**기본계획** ⑥ 하수도정비**기본계획**

(3) 일반처분 O

일반처분은 그 대상자는 불특정 다수인을 상대방으로 하나, 일률적이고 구체적으로 규율하므로 행정소송법상 처분에 해당한다.

판례 ㉠ **지방경찰청장의 횡단보도를 설치를** 통한 보행자의 통행방법 규제(98두8964)**(21경행,20서울·지방9급,15서울9급)**
㉡ 청소년유해매체물 결정 및 고시처분(2004두619)**(21국가7급,20국가9급)**

(4) 사실행위

권력적 사실행위-행정처분에 해당
비권력적 사실행위(알선, 권고, 지도 등)- 행정처분에 해당하지 않는다.

처분성 인정	처분성 부정
① **교도소장이 수형자를 접견시 교도관참여대상자로 지정**한 경우(2013두20899)(**20서울·지방9급,16국가9급**) ② 교도소장의 이송조치명령, 미결수용자의 이송조치 ③ **공정거래위원회의 표준약관사용권장행위(19서울9급,17국회8급,15경찰,14지방7급 등)** ④ **단수 · 단전 처분**	① 권한 있는 장관이 행한 국립공원지정처분에 따라 공원관리청이 행한 경계측량 및 표지의 설치는 사실상의 행위에 불과(92누2325)(**21소방,14국가9급**) ② 관할 구청장이 한국전력공사에 대하여 전기공급이 불가하다는 내용의 회신을 보낸 것은 권고적 성격의 행위에 불과(95누9099)

(5) 통지

처분성 인정	처분성 부정
① 원천징수의무자인 법인에 대하여 과세관청이 행한 소득금액변동통지(2002두1878)(**21지방7급,21국회9급,20국회8급**) ② **교통안전공단법에 의거하여 교통안전분담금 납부의무자에게 한 분담금납부통지**(2000다12716)(**14국가9급**) ③ 통행료 체납 이후 그 납부기한을 정하여 통행료를 납부하라는 내용이 담긴 통행료 납부통지는 강제징수의 일환으로 체납처분을 하기 위하여 납부를 독촉하는 징수처분의 성격을 가짐(수원지법99구5610)(**12지방7급**) ④ 부당한 공동행위의 자진 신고자가 한 감면신청에 대해 **공정거래위원회가 감면불인정 통지**를 한 것(2010두3541)(**14국가9급**) ⑤ **공정거래위원회의 '표준약관 사용권장행위'**(2008두23184)(**19서울9급,17국회8급,15경행,14지방7급 등**) ⑥ 조달청이 '중소기업제품 구매촉진 및 판로지원에 관한 법률 제8조의2 제1항에 해당하는 자는 입찰 참여를 제한하고, 계약체결 후 해당 기업으로 확인될 경우 계약해지 및 기 배정한 물량을 회수한다'는 내용의 레미콘 연간 단가계약을 위한 입찰공고를 하여, 이 입찰에 참가하여 낙찰받은 갑 주식회사 등과 **레미콘 연간 단가계약을 체결**하였는데, 甲 회사 등으로부터 중소기업청장이 발행한 참여제한 문구가 기재된 중소기업 확인서를 제출받고 갑 회사 등에 **'중소기업자 간 경쟁입찰 참여제한 대상기업에 해당하는 경우 물량배정을 중지하겠다'는 내용의 통보**를 한 사안에서, 위 통보(2015두46987).	① 소득의 귀속자에 대한 소득금액변동통지(2013두4118)(**17서울7급,18국회8급**)(옆①판례와 비교) ② '국가공무원법'상 **당연퇴직사유에 해당함을 알리는 당연퇴직의 인사발령**은 공무원의 신분을 생성시키는 새로운 형성적 행위가 아님(95누2036)(**21국회9급,21지방7급,16국가9급,12국가9급,12지방9급등**) ③ '농지법'에 의하여 군수가 특정지역의 주민들을 대리경작자로 지정한 행위에 따라 그 지역의 읍장과 면장이 영농할 세대를 선정하는 행위(80누308)(**19국회8급**) ④ **납골당설치 신고사항 이행통지**(2009두6766)(**17지방9급,12지방7급**) ⑤ **한국자산공사**가 당해 부동산을 인터넷을 통하여 **재공매(입찰)하기로 한 결정 자체 및 그 공매통지** (2006두8464)(**21군무원7급**) ⑥ 주택건설사업이 양도되었으나 그 변경승인을 받기 이전에 행정청이 **양수인에 대하여 양도인에 대한 사업계획승인을 취소하였다는 사실을 통지**한 경우 이러한 통지(99두646)(**17서울9급**)

1. 교도소장이 특정 수형자를 접견내용 녹음·녹화 및 접견 시 교도관 참여대상자로 지정한 행위는 항고소송의 대상이 된다. **20지방9급**

2. 원천징수의무자인 법인에 대한 소득금액 변동통지는 법인의 납세의무에 직접 영향을 미치므로 항고소송의 대상이 되는 처분이다. **20국회8급**

⑦ 시장 등은 농지의 처분의무가 생긴 농지의 소유자에게 농림부령이 정하는 바에 의하여 처분대상농지·처분의무기간 등을 명시하여 해당 농지를 처분하여야 함을 통지하여야 하며, 위 통지에서 정한 처분의무기간 내에 처분대상농지를 처분하지 아니한 농지의 소유자에 대하여는 6개월 이내에 당해 농지를 처분할 것을 명할 수 있는바, **농지처분의무통지**는 상대방인 농지소유자의 의무에 직접 관계되는 독립한 행정처분으로서 항고소송의 대상이 된다(2001두8742)**(21소방)**.	⑦ '구 **민원사무처리**에 관한 법률'제19조 제1항에서 정한 **사전심사결과 통보**(2013두7834)**(19지방9급,17지방9급)** ⑧ **국민건강보험공단**이 한 **'직장가입자 자격상실 및 자격변동 안내' 통보** 및 **'사업장 직권탈퇴에 따른 가입자 자격상실 안내'**통보(2016두41729)

(6) 경고 - 상대방의 권리 · 의무에 직접 영향을 미치는 경우 처분 O

처분성 인정	처분성 부정
① ✪**행정규칙에 의한 불문경고조치** - 처분의 근거가 행정규칙에 규정되어 있다 하더라도, 그 **처분이 행정 규칙의 내부적인 구속력에 의해 상대방의 권리 의무에 직접 영향을 미치는 경우**(예 : **차후 징계감경사유로 작용할 수 있는 표창대상자에서 제외되는 등의 인사상 불이익**) **처분성 긍정**(2001두3532)**(22소방,20국가9급,18서울7급,13지방9급,12국가9급)** ② 금융기관 임원에 대한 **금융감독원장의 문책경고**(2003두14765)**(18지방9급,16국가9급,15경찰 등)** ③ ✪구 '표시 · 광고의 공정화에 관한 법률' 위반을 이유로 한 **공정거래위원회의 경고조치**(2010헌마508)**(16국회8급)** ④ 검찰총장이 검사에 대하여 하는 '경고조치'(2020두47564)**(22변시)**	① 교육공무원으로서의 신분에 불이익을 초래하는 **법률상 효과를 발생시키지 않는 교육공무원에 대한 불문경고**(2003두13687) ② 종합금융회사의 **전 대표이사**에게 금융감독원장이 문책 경고장을 보낸 행위(2003두10312) ③ 공무원이 소속 장관으로부터 받은 **서면에 의한 경고**는 권고행위 내지 지도행위로서, 처분에 해당하지 않음(91누2700)

(7) 공증

공부에의 등재행위가 실체적 권리관계에 영향을 미치는 사항은 처분성 인정,
실체적 권리관계에 변동을 가져올 수 없는 경우는 처분성 부인함.

처분성 인정	처분성 부정
① **지목변경신청 반려행위** ② 건축물대장의 용도변경신청 거부행위 ③ 건축물 대장, 토지장의 직권말소행위 ④ 말소된 상표권에 대한 회복등록신청의 거부 ⑤ **토지면적등록신청 반려처분**(2011두3371)**(19지방,19교행9급)**	① ✪**무허가건물을 무허가건물관리대장에서 삭제**하는 행위(2008두11525) ② 토지대장, 건축물대장, 자동차운전면허대장 등에 일정사항을 등재·변경하는 행위(91누1400,2010두12354).**(21국회9급,21국가9급,19서울9급,18서울7급,14국회8급,14지방7급)** ③ 과세관청이 위장사업장의 사업자 명의를 직권으로 실사업자 명의로 정정하는 행위**(15국회8급)** ④ **상표권 말소등록행위**(2014두2362)**(20지방9급,16국회8급)**

⑥ 신문의 등록은 단순히 명칭 등을 공적 장부에 등재하여 일반에 공시하는 것에 그치는 것이 아니라 신문사업자에게 등록한 특정 명칭으로 신문을 발행할 수 있도록 하는 것이고, 이처럼 신문법상 등록에 따라 인정되는 신문사업자의 지위는 사법상 권리인 '특정 명칭의 사용권' 자체와의 구별되는 것이며, **등록관청이 하는 신문의 등록**은 항고소송의 대상인 처분에 해당(2018두47189).

⑤ **행정청(공증업무를 하는 법무법인)이 한 행위가 단지 사인 간 법률관계의 존부를 공적으로 증명하는 공증행위에 불과**하여 그 효력을 둘러싼 분쟁의 해결이 사법원리에 맡겨져 있거나 행위의 근거 법률에서 행정소송 이외의 다른 절차에 의하여 불복할 것을 예정하고 있는 경우에는 항고소송의 대상이 될 수 없다(2010두19720). **(21국회9급,17서울7급)**

1. 개별공시지가결정 및 표준공시지가의 결정은 행정소송법상 처분에 해당한다. **19서울7급**

2. 검사의 공소에 대하여는 형사소송절차에 의하여서만 다툴 수 있고 행정소송의 방법으로 공소의 취소를 구할 수는 없다. **18경행**

(8) 공시지가결정

표준공시지가결정과 개별공시지가결정은 항고소송의 대상 O(19서울7급)

(9) 부관

부담은 처분에 해당하나, 그 외 주된 행정행위의 일부를 이루는 **기한, 조건, 철회권의 유보 등은 처분성 인정되지 않는다**(91누1264).

(10) 확약

어업권면허에 선행하는 우선순위결정과 같은 확약은 처분성 부정(94누6529),**(21지방7급,09지방9급)**

(11) 행정소송 이외의 특별불복절차가 마련된 처분

행정청의 과태료부과처분, 통고처분, 검사의 불기소처분(20국가9급,19국가9급,19서울7급) 또는 공소제기(18경행), 형집행정지취소처분은 다른 불복절차에 의해 다투도록 규정되어 있어, **처분 X**

(12) 변경처분

처분청이 처분을 한 이후 직권으로 처분을 변경한 경우, 변경된 처분을 **광의의 변경처분**이라 하며, 이 중 **과세처분 등을 한 뒤, 증액 · 감액하는 변경처분을 경정처분**이라 함.

광의의 변경 처분	**실질 변경**	당초 처분을 대체할 정도의 동일성이 인정되지 않는 **실질적 변경**은 **새로운 처분**으로 보아야 하므로, **소송의 대상은 변경처분**이 되고, **제소기간의 준수여부도 변경처분시**를 기준으로 함**(19경행)**. 예) 허가취소처분을 영업처분정지처분으로 변경, 구 도시 및 주거환경정비법에 따른 설립인가 후 그 인가처분의 내용을 변경하는 변경인가(2009두4555)

1. 행정청이 금전부과처분을 한 후 감액처분을 한 경우에 감액되고 남은 부분이 위법하다고 다투고자 할 때에는 처음의 부과처분 중 감액처분에 의하여 취소되지 않고 남은 부분이 항고소송의 대상이 된다. **17국가7급**

2. 행정청이 식품위생법령에 따라 영업자에게 행정제재처분을 한 후, 당초처분을 영업자에게 유리하게 변경하는 처분을 한 경우, 취소소송의 대상 및 제소기간 판단 기준은 변경처분이 아니라 변경된 내용의 당초처분이다. **17서울7급**

3. 세무조사결정은 납세의무자의 권리·의무에 직접 영향을 미치는 공권력의 행사에 따른 행정작용으로서 항고소송의 대상이 된다. **18소방9급**

광의의 변경 처분	**소폭 변경**	① 후속처분의 내용이 **종전 처분의 유효를 전제로 내용 중 일부만을 추가·철회·변경하는 것이고 그 부분이 내용과 성질상 나머지 부분과 불가분적인 것이 아닌 경우, 종전처분**이 여전히 항고소송이 대상이 된다(2015두295).**(19경행)** 예) 영업시간제한부분의 일부 변경 단, **종전처분의 유효를 전제로 일부내용만 변경하는 후속처분**이 있는 경우, **종전처분과 후속처분은 병존하므로 각각 소송의 대상이 될 수 있음**(2015두295).**(19경행)** ② 당초처분의 **내용 중 일부만을 소폭 변경하는 정도에 불과**한 경우에는 당초처분이 소멸한다고 볼 수 없어, **당초처분이 소송의 대상**(2010두12224)
경정 처분	**감액 경정 처분**	**판례는 감액경정처분은 당초처분의 일부취소에 불과**하므로, **소송의 대상은 경정처분으로 인해 감액되고 남은 당초처분이 되며(21국회9급,17국가7급,17지방9급,11국회속기9급)**, 제소기간의 준수여부, 적법한 전심절차를 거쳤는지 여부도 **당초 처분을 기준**으로 판단해야 한다고 판시함.**(19지방7급,17국가7급,17지방9급)**
	증액 경정 처분	판례는 증액경정처분의 경우 당초의 처분은 증액처분에 흡수되어 소멸되므로, **소송의 대상은 증액처분**이 되며**(19지방7급,18지방9급14지방7급)**, **제소기간의 준수여부도 증액경정처분을 기준**으로 하며 소멸한 **당초처분의 위법사유도 함께 주장 가능**함**(19지방7급, 18지방9급, 17국가7급)**.

(13) 기타

처분성 인정	처분성 부정
① 지방계약직 공무원에 대한 보수 삭감(2006두16328),**(17국회8급,16서울9급)** ② 진실·화해를 위한 과거사정리위원회의 진실규명결정(2010두22856)**(18경행,15지방9급)** ③ 산업재해보상보험법상 장해보상금 결정의 기준이 되는 장해등급 결정(2001두8155),**(17지방9급)** ④ 토지보상법상 사업인정(93누19357)**(12국회8급)** ⑤ **국가인권위원회의 성희롱 결정과 이에 따른 시정조치의 권고**(2005두487)**(19서울7급,17국가9급,16서울9급,12국회9급,11지방7급 등)** ⑥ 진정인의 진정에 대한 국가인권위원회의 각하 및 기각 결정(2013헌마21)**(19국가9급)** ⑦ **과세관청의 세무조사결정**(2009두23617)**(20국가7급,19지방7급,18국가9급,18서울7급,17지방9급,16국가7급,15지방7급,14국가9급,14국가7급 등)** ⑧ 행정청이 내인가를 한 다음 다시 취소하는 행위(90누4402)**(22국가9급,19서울7급,17서울9급)** ⑨ 부당한 공동행위의 자진신고자가 한 감면신청에 대해 공정거래위원회가 감면불인정 통지를 한 것(2010두3541)**(14국가9급)** ⑩ '사회기반시설에 대한 민간투자법'상 민간투자사업의 사업시행자지정(2007두13159)**(20지방7급,16국가9급)**	① 법령 개정으로 인한 퇴직연금의 일부금액 지급정지 결정 및 통(96누6417)**(15서울9급)** ② 시·도지사의 **혁신도시최종입지선정행위**(2007두10198)**(19서울9급)** ③ **한국마사회의 조교사 및 기수 면허부여 또는 취소**(2005두8269)**(21지방7급,21소방간부17사복9급)** ④ 법무법인의 공정증서 작성행위(2010두19720)**(21국회9급,17서울7급)** ⑤ 법률상 신고사항이 아닌 사항의 신고의 수리(2004두4031)**(14경행)** ⑥ 국세징수법상 가산금 또는 중가산금의 고지(2005다15428)**(19국가9급)**

⑪ 택지개발예정지구의 지정 · 고시(91누11582)**(14국회8급)**

⑫ 한국환경산업기술원장의 협약을 체결한 회사에 대해 한 연구개발 중단조치 및 연구비 집행중지 조치(2015두264)**(20국회8급)**

⑬ 행정청의 택시회사들에 대한 **직권감차명령**(2016두45028),**(17국가7급)**

⑭ 구 '산업집적활성화 및 공장설립에 관한 법률'에 따른 **산업단지관리공단의 입주변경계약의 취소**(2014두46843),**(17지방7급)**

⑮ 구청장이 사회복지법인에 특별 감사 결과 지적사항에 대한 시정지시와 그 결과를 관계서류와 함께 보고하도록 지시한 경우 그 시정지시(2008두2500)**(17지방9급)**

⑯ 교육공무원법상 승진후보자 명부에 의한 승진심사 방식으로 행해지는 승진 임용에서 승진후보자 명부에 포함되어 있던 후보자를 승진임용인사발령에서 제외하는 행위(2015두47492)**(21국회8급,19지방,교행9급)**

⑰ 교육부장관이 대통령에게 임용제청을 하면서 대학에서 추천한 복수의 **총장 후보자들 중 일부를 임용제청에서 제외**한 행위(2016두57564)**(19국가9급)**

⑱ 모집단위별 입학정원을 개정한 국립공주대학교 학칙의 학칙개정행위(2008두19550)**(18경행)**

⑲ 조달청이 국가종합 전자조달시스템인 나라장터 종합쇼핑몰에 한 거래정지조치(2015두52395)**(21국회8급,20국회8급)**

⑳ 근로복지공단이 사업주에 대하여 하는 '개별 사업장의 사업종류 변경결정'은 구체적 사실에 관한 법집행으로서 공권력을 행사인 처분에 해당함(2019두61137).**(21국회8급)**

㉑ 지방법무사회가 **'채용승인을 거부'하는 조치** 또는 일반 채용승인을 하였으나 **'채용승인을 취소'하는 조치**(2015다34444).**(22국가9급)**

㉒ 지방자치단체의 장이 공유재산법에 근거하여 기부채납 및 사용·수익허가 방식으로 민간투자사업을 추진하는 과정에서 사업시행자를 지정하기 위한 전 단계에서 공모제안을 받아 일정한 심사를 거쳐 우선협상대상자를 선정하는 행위와 이미 선정된 우선협상대상자를 그 지위에서 배제하는 행위 모두(2017두31064).**(22국가9급,21국회8급)**

㉓ 한국수력원자력 주식회사가 자신의 '공급자관리지침'에 근거하여 등록된 공급업체에 대하여 하는 **'등록취소 및 그에 따른 일정 기간의 거래제한조치'**(2017두66541).**(21소방간부,16지방7급)**

㉔ 제안비용보상금 지급 신청에 대한 주무관청의 결정은 '민간투자법령을 집행하는 행위로서의 공권력의 행사 또는 그 거부'에 해당하므로 항고소송의 대상인 '처분'에 해당(2020다222382).

⑦ 재단법인 한국연구재단이 甲대학교 총장에게 연구개발비의 부당집행을 이유로 BK21사업 **협약을 해지**하고 연구팀장 乙에 대한 **대학 자체 징계를 요구**한 것(2012두28704)**(22국회8급,17지방9급)(주의!협약해지통보는 처분에 해당)(20지방7급,19국가7급)**

⑧ 甲시장이 감사원으로부터 소속 공무원 乙에 대하여 징계의 종류를 정직으로 정한 징계요구를 받게 되자 감사원의 징계요구에 대한 재심의를 청구하였고 감사원이 재심의청구를 기각한 경우, **감사원의 징계요구와 재심의결정**(2014두5637)**(22소방,21국회8급,21국회9급,17지방9급)**

⑨ 지방자치단체의 장이 그 지방자치단체 소유의 밭에 측백나무 300그루를 식재하는 행위(79누173)**(18국회8급)**

⑩ **운전면허 행정처분처리대장상의 벌점의 배점(14경행)**

⑪ 해양수산부장관의 **항만명칭결정**(2008두23873)

1. 국립대학교 총장의 임용권한은 대통령에게 있으나, 교육부장관이 대학에서 추천한 복수의 총장 후보자들 전부 또는 일부를 임용제청에서 제외하는 행위는 항고소송의 대상이 되는 처분에 해당한다. **19국가9급**

2. 판례는 운전면허 행정처분처리대장상의 벌점 배점에 대하여 처분성을 부정한다. **14경행**

3. 대법원은 국가나 지방자치단체가 행하는 입찰참가자격제한조치의 처분성을 긍정한다. **16지방7급**

1. 취소소송은 처분 등을 그 대상으로 하나, 재결취소소송의 경우에는 재결 자체에 고유의 위법이 있음을 이유로 하는 경우에 한한다. **12사복9급**

3) 행정심판의 재결

가) 의의

의의	**재결**이란 **행정심판에 대하여 행정심판위원회가 행하는 법적판단을** 의미한다(행정심판법 제2조제3호).	
입법론	**원처분 주의**	원처분과 재결 중 선택적으로 소를 제기할 수 있으나, 재결의 경우 **재결의 고유한 위법에 대하여만 주장**할 수 있다는 입장(**20소방9급,12사복9급**), 따라서 원처분의 위법을 이유로 재결에 대한 취소소송을 제기할 수 없다.(**13국가9급**)
	재결 주의	원처분에 대하여는 제소 자체가 허용되지 아니하고, **재결만이 행정소송의 대상**이 되고, 재결을 다투면서 재결자체의 위법 뿐만 아니라 원처분의 위법도 다툴 수 있다는 입장.
우리 나라	**원칙 : 원처분주의, 예외 : 재결주의(개별법 규정에 의하여)** **행정소송법은 원처분주의를 채택**하고 있어, 항고소송의 대상을 **원칙적으로 원처분**으로 하고, **재결에 대해서는 그 '재결 자체에 고유한 위법이 있는 경우'에 한하여 소제기를 허용하고 있다**(행정소송법 제19조단서).(**12서울9급,13국가9급**)	

나) 원처분주의와 재결주의의 비교

	원처분주의(행정소송법§19)	**재결주의**(개별법)
소의 대상	원칙 : **원처분** 예외 : **재결 자체의 고유한 위법**이 있는 경우 재결도 가능	재결만
피고적격	원처분 - **원처분청** 재결 - **재결청**	재결청
위법사유	원처분 - 원처분의 하자만 주장가능 재결 - 재결 자체의 하자만 주장가능	재결 자체의 하자와 원처분의 하자도 주장가능
위반시 효과	✪**재결 자체에 고유한 위법 사유가 없는데도 재결에 대한 취소소송을 제기한 경우, 기각** 판결 내림(**22국가9급,19국가9급,15서울7급,12서울9급**)	원처분에 대해서 취소소송 제기한 경우, 부적법 각하

다) 항고소송의 대상

(1) 재결 자체에 고유한 위법

- **재결 자체에 고유한 주체, 절차, 형식, 내용상의 위법**이 있는 경우를 의미(**22국가9급, 16지방9급**).
- **서면에 의하지 않은 경우 형식상 하자**에 해당하며(**15서울7급**), **재결에 이유모순 위법이 있다는 사유**도 재결 자체에 위법이 있는 경우에 해당(95누8027).(**14지방7급**)

판례 징계혐의자에 대한 감봉 1월의 징계처분을 견책으로 변경한 소청결정 중 그를 견책에 처한 조치가 **재량권의 남용 또는 일탈로서 위법하다는 사유**는 소청결정 자체에 **고유한 위법을 주장하는 것으로 볼 수 없어 소청결정의 취소사유가 될 수 없다.**(**12국회8급**)

(2) 개별 검토

각하재결		행정심판청구요건을 모두 갖추어서 적법함에도 실체적 판단을 하지 않고 부적법 각하 재결을 한 경우 : 재결 자체의 고유한 하자가 있는 경우에 해당 → **재결이 소송의 대상(21국가7급,15지방9급)**
기각재결		원처분이 정당하다는 기각재결은 원칙적으로 재결 자체의 고유한 하자 없으므로 → **원처분이 대상(15서울7급)**
인용재결	**원칙적으로, 인용재결에 대해서는 취소를 구할 소의 이익이 없다.**	
	제3자효 행정행위에 대한 인용재결	**제3자효 행정행위에 대한 심판의 인용재결로 인하여 비로소 권리 이익을 침해받게 되는 자**는 그 **인용재결을 대상**으로 **항고소송을 제기**할 수 있다(99두10292).**(21국가7급,15서울7급,12서울9급)**
	수정재결 일부인용 (취소)재결	**통설과 판례**는 **원처분주의**를 따라, **피고를 처분청**으로 하여, 수정재결의 경우 **수정된 원처분**, 일부인용재결의 경우 일부인용되고 **남은 원처분**을 대상으로 소송을 제기해야 한다고 함. **(17국회8급,19경행)**
	적극적 변경명령 재결에 따른 변경처분	판례는 그 취소소송의 대상은 **변경된 내용의 원처분**이며**(17국가9급)**, 제소기간 준수여부도 **변경된 내용의 당초처분을 기준(행정심판을 거친 경우이므로, 재결서의 정본을 송달받은 날부터 90일, 재결이 있은 날부터 1년)**으로 판단해야 한다고 봄(2004두9302).**(19경행)**

(3) 개별법상 적용례

원처분주의	**중앙토지수용위원회의 재결에 대한 불복 (공익사업을 위한 토지 등의 취득 및 보상에 관한 법률)**	토지수용위원회의 수용재결(원처분)에 불복하여 취소소송을 제기하는 때에는 이의신청(재결)을 거친 경우에도 원칙적으로 **원처분인 수용재결이 대상**이 되고(원처분주의)**(22국가9급,21국회9급)**, **수용재결을 한 지방토지수용위원회 또는 중앙토지수용위원회를 피고**로 하여 수용재결의 취소를 구하여야 한다.**(21국가7급,19국회8급, 16지방9급)**	
	(교원) 소청심사위원회의 결정	**공무원, (국 · 공립 학교 교원)**	**징계처분이 원처분으로서 항고소송의 대상**이 되고, **교원소청심사를 반드시 거쳐야** 하며, **교원소청심사결정 자체에 고유한 하자가 있는 경우에만 소청심사위원회의 결정이 소송의 대상**이 됨**(21국회9급)** ∴ 소청심사결정은 행정심판의 재결이 아닌 원처분임.**(20경행)**
		사립학교 교원	사립학교 교원에 대한 징계처분은 **사법(私法)행위의 성질**을 띠고, 이에 대한 불복으로 ① **민사소송**을 제기하거나, ② 소청심사청구를 할 수 있는데, ②를 거친 경우 **피고를 교원소청심사위원회로 하여 소청심사결정에 대해 항고소송을 할 수 있다는 것이** 판례의 입장이고, 두 절차는 **선택적**임.**(13국회8급,12국회8급)**

1. 공립학교 교원에 대한 징계에 있어 교원소청심사위원회의 결정에 불복이 있는 경우에 취소소송을 할 수 있고, 이때 원처분을 소송의 대상으로, 원처분청을 상대로 하는 것이 원칙이다. **12국회8급**

재결주의	감사원의 재심의판정 (감사원법)	감사원의 변상판정처분(원처분)에 대하여서는 행정소송을 제기할 수 없고, **재결에 해당하는 재심의 판정에 대해여서만 감사원을 피고**로 하여 행정소송을 제기할 수 있다(84누91). (20지방7급,20경행,13서울7급)
	중앙노동위원회의 재심판정 (노동위원회법)	**지방노동위원회의 처분**에 대하여 불복이 있는 경우에 **중앙노동위원회에** 재심을 신청할 수 있고(20국가7급), **중앙노동위원회의 재심**에 불복하는 경우의 취소소송은 **중앙노동위원회의 재심**에 대해서만 **중앙노동위원회 위원장을 피고**로 행정소송을 제기할 수 있다.(21국회9급,16서울7급,15국가9급)
	특허심판원의 심결 (특허법)	특허출원에 대한 심사관의 거절결정(원처분)에 대하여는 행정소송을 제기할 수 없고, 특허심판원에 심판청구를 한 후 **그 심결(재결)에 대해서만** 특허법원에 취소소송 제기 가능(13서울7급)

나. 원고적격

1) 당사자능력

- 당사자능력은 **소송의 주체가 될 수 있는 능력**을 말한다.
- 자연물인 도롱뇽 또는 그를 포함한 자연 그 자체로서는 소송을 수행할 당사자능력을 인정할 수 없다.(15국가9급)
- 자연물의 일부인 동 · 식물에게는 행정소송을 청구할 법률상 이익이 인정되지 않는다.(08국회8급)
- 국가는 국토이용계획과 관련된 기관위임사무의 처리에 관하여 지방자치단체의 장을 상대로 취소송을 제기할 수 없다.(10국회8급)

2) 원고적격의 의의

원고적격이란 구체적 소송에서 원고가 될 수 있는 정당한 자격을 의미하며, 우리 행정소송법 §12는 '처분 등의 취소를 구할 법률상 이익이 있는 자'로 정의하고 있다.(10지방9급) 이러한 원고적격은 **사실심변론종결시는 물론 상고심에까지 존속**해야 하고, **흠결시 부적법 각하**된다.(19국가9급,18지방7급,17국가7급)

3) 법률상 이익이 있는 자

가) '법률상 이익'의 의미

(1) 견해대립

학설	권리구제설	위법한 처분으로 권리가 침해당한 자가 원고적격을 가진다는 견해. 그러나 원고적격의 범위를 너무 좁힌다는 단점이 있음.
	법률상 이익구제설	위법한 처분으로 인해 권리뿐만 아니라 법률상 보호이익을 침해받은 자도 원고적격을 가진다는 견해
	보호가치 있는 이익설	위법한 처분으로 침해된 이익이 법률상 이익인지, 사실상의 이익인지를 불문하고 실질적으로 이익이 침해된 자는 원고적격이 있다는 견해. 그러나 보호가치 있는 이익의 존부여부에 대한 기준을 마련하기 어려움.
	적법성보장설	처분을 다툴 가장 밀접한 이해관계에 있는 자가 원고적격을 가진다는 견해
판례·통설		**법률상 이익구제설(보호이익설)** 통설 및 판례는 법률상 이익구제설을 취하는데, 판례는 **'법률상 이익'**은 당해 처분의 **근거법률에 의하여 보호되는 개별적 · 직접적 · 구체적인 이익**이 있는 경우를 말한다고 하고**(17국회8급)**, 다만 공익 보호의 결과로 국민일반이 공통적으로 가지는 추상적 · 평균적 · 일반적인 이익과 같이 **간접적이거나 사실적, 경제적 이해관계를 가지는 데 불과한 경우는 법률상 이익에 포함되지 않는다고 함**(2003두2175),**(11국가9급, 18국회8급,13국회속기9급)**

1. 판례는 법률상 보호되는 이익이라 함은 당해 처분의 근거 법규에 의하여 보호되는 개별적 · 구체적 이익 및 관련 법규에 의하여 보호되는 개별적 · 직접적 · 구체적 이익까지 포함하며, 간접적이거나 사실적 · 경제적 이해관계를 가지는 데 불과한 경우 및 공익은 포함되지 않는다고 보고 있다. **13국회속기9급**

나) '법률'의 범위

- **판례**는 '법률'에는 **근거법규와 관련법규를 모두 포함**한다고 판시함.

> 판례 **대법원**은 속리산국립공원 용화집단시설지구의 개발을 위한 공원사업시행허가에 대한 취소소송사건에서 자연공원법령 뿐만 아니라 허가와 불가분적으로 관계가 있는 환경영향평가법령도 공원사업시행허가처분의 **근거법령이 된다고 판시하여 근거법률의 범위를 확대**하였다(99두2970,97누3286).**(11국가9급)**

- **헌법재판소는 헌법상 기본권에 의한 법률상 이익을 인정**한다(예 : 경쟁의 자유). 다만, 환경권과 같은 추상적인 기본권의 침해만으로 원고적격 인정 X(2006두330).

다) 법률상 이익에 대한 입증책임

법률상 이익이 있는지는 **원고**가 증명하여야 함.

1. 행정처분에 있어 불이익 처분의 상대방은 취소소송의 원고적격이 인정되지만, 수익처분의 상대방은 그의 권리나 법률상 보호되는 이익이 침해되었다고 볼 수 없으므로 달리 특별한 사정이 없는 한 취소를 구할 이익이 없다. **17국가9급**

라) 판례

원고적격 인정	원고적격 부정
① 환경영향평가에 관한 자연공원법령 및 환경영향평가법령들의 취지는 환경공익을 보호하려는 데에 그치는 것이 아니라 **환경영향평가 대상지역 안의 주민들**의 수인한계를 넘는 환경침해를 받지 아니하고 쾌적한 환경에서 생활할 수 있는 개별적 이익까지도 이를 보호하는 데에 있으므로(**17국가9급**), 위 주민들이 갖는 환경상의 이익은 주민 개개인에 대하여 개별적으로 보호되는 직접적·구체적인 이익이다(97누3286).(**12서울9급**) ② **중계유선방송사업허가를 받은 중계유선방송사업자**의 사업상 이익은 방송법에 의해 보호되는 법률상 이익이다(2004다11162).(**12서울9급**) ③ **국적법상 귀화불허가처분이나 출입국관리법상 체류자격변경 불허가처분, 강제퇴거명령 등을 다투는 외국인**은 대한민국에 적법하게 입국하여 상당한 기간을 체류한 사람이므로, 이미 대한민국과의 실질적 관련성 내지 대한민국에서 법적으로 보호가치 있는 이해관계를 형성한 경우이어서, 해당 처분의 취소를 구할 법률상 이익 인정(2014두42506). ④ 원고는 **대한민국에서 출생해 오랜 기간 대한민국 국적을 보유하면서 거주한 사람**이므로 이미 **대한민국과 실질적 관련성이 있거나 대한민국에서 법적으로 보호가치 있는 이해관계를 형성**했다. 또한 재외동포의 대한민국 출입국과 대한민국 안에서의 법적 지위를 보함을 목적으로 「재외동포의 출입국과 법적 지위에 관한 법률」이 특별히 제정되어 시행 중이다. 따라서 원고는 이 사건 사증발급 거부처분의 취소를 구할 법률상 이익이 인정된다(2017두38874).(**22국가9급,21국회8급**) → 오른쪽 ④판례와 비교	① **제주 강정마을 일대**가 절대보전지역으로 유지됨으로써 **주민들**인 원고들이 가지는 주거 및 생활환경상 이익은 그 지역의 경관 등이 보호됨으로써 반사적으로 누리는 것일 뿐이다(2011두13187·13914).(**19서울7급**) ② 생태·자연도 1등급으로 지정되었던 지역을 2등급 또는 3등급으로 변경하는 내용의 환경부장관의 결정에 대해 **해당 1등급 권역의 인근주민**은 취소소송을 제기할 원고적격이 인정되지 않는다(2011두29052).(**16국가9급**) ③ 건축물에 대한 사용검사처분이 취소된다 하더라도 사용검사 이전의 상태로 돌아가 건축물을 사용할 수 없게 되는 데에 그칠 뿐 곧바로 건축물의 하자 상태 등이 제거되거나 보완되는 것도 아니므로, **구 주택법상 입주자나 입주예정자**가 사용검사처분의 무효확인 또는 취소를 구할 법률상 이익이 없다(2011두30465).(**19국회8급,18지방9급**) ④ 사증발급은 외국인에게 대한민국에 입국할 권리를 부여하거나 입국을 보장하는 완전한 의미에서의 입국허가결정이 아니라, 외국인이 대한민국에 입국하기 위한 예비조건 내지 입국허가의 추천으로서의 성질을 가진다. **사증발급 거부처분을 다투는 외국인**은, 아직 대한민국에 입국하지 않은 상태에서 대한민국에 입국하게 해달라고 주장하는 것으로, 대한민국과의 실질적 관련성 내지 대한민국에서 법적으로 보호가치 있는 이해관계를 형성한 경우는 아니어서, 해당 처분의 취소를 구할 법률상 이익을 인정하여야 할 입법정책적 필요성이 크지 않다. 따라서 우리 출입국관리법의 해석상 외국인에게는 사증발급 거부처분의 취소를 구할 법률상 이익이 인정되지 않는다(2014두42506).(**21국가9급**)

4) 구체적 검토

가) 처분의 상대방

수익적처분의 상대방	수익적 처분의 상대방은 **그의 권리나 법률상 보호되는 이익이 침해되었다고 볼 수 없으므로** 달리 특별한 사정이 없는 한 **취소를 구할 이익이 없다.**(**17국가9급**)

불이익처분의 상대방	처분의 근거법률의 사익보호 여부와 관계없이 **원고적격이 긍정**됨.

나) 처분의 제3자

원칙	처분의 직접 상대방이 아닌 제3자의 경우 **간접적 · 반사적 이익의 침해에 불과**하여 **원고적격이 부정**됨. 판례 ① 교육부장관이 사학분쟁조정위원회의 심의를 거쳐 학교법인의 이사와 임시이사를 선임한 데 대하여 그 대학교의 교수협의회와 총학생회는 이사선임처분을 다툴 법률상 이익을 가지지만, 직원으로 구성된 노동조합은 법률상 이익을 가지지 않는다(2012두19496).**(22국회8급,17국가7급)** ② 면허받은 장의자동차운송사업구역을 위반하였음을 이유로 한 행정청의 과징금부과처분에 의하여 동종업자의 영업이 보호되는 결과는 사업구역제도의 반사적 이익에 불과하기 때문에 그 과징금부과처분을 취소한 재결에 대하여 처분의 상대방이 아닌 제3자는 그 취소를 구할 법률상 이익이 없다(91누13700).**(12서울9급)**
예외	① **공동이해관계를 가지는 경우** 침익적 처분의 상대방과 동일 이해관계를 갖는 자 또는 불특정 다수를 상대로 행해지는 일반처분의 상대방은 원고적격 인정됨. 판례 ✪**약제를 제조 · 공급하는 제약회사**는 보건복지부 고시인 「약제급여 · 비급여목록 및 급여상한 금액표」 중 약제의 상한금액 인하 부분에 대하여 그 취소를 구할 원고적격이 있다(2005두2506).**(19지방·교행9급,15경행)** ② **밀접한 이해관계를 갖는 제3자** 판례 ㉠ ✪채석허가를 받은 자로부터 **영업양수** 후 명의변경신고 이전에 양도인의 법위반 사유를 이유로 채석허가가 취소된 경우, 그 **양수인은 그 처분의 취소를 구할 법률상 이익을 가진다**(2001두6289).**(19서울9급,17국가7급,13국가7급)** ㉡ 공매 등의 절차로 영업시설의 전부를 인수함으로써 영업자의 지위를 승계한 자가 관계행정청이 그 신고를 수리하는 처분에 대해 종전 영업자는 적법한 신고를 마친 체육시설업자로서 지위를 부인당할 불안정한 상태에 놓이게 되므로 수리처분의 취소를 구할 법률상 이익이 있다(2011두29144).**(13국가7급)** ㉢ 「도시 및 주거환경정비법」상 **조합설립추진위원회의 구성에 동의하지 아니한 정비구역 내의 토지 등 소유자**는 조합설립추진위원회 설립승인처분의 취소를 구할 원고적격이 있다(2006두12289).**(11국가7급)** ㉣ 예탁금회원 골프장에 가입되어 있는 **기존회원**은 그 골프장 운영자가 당초 승인을 받을 때 정한 예정인원을 초과하여 회원을 모집하는 내용의 회원모집계획서에 대한 시 · 도지사의 검토결과 통보의 취소를 구할 법률상 이익이 있다(2006두16243).**(16지방9급)** ㉤ 지방법무사회가 법무사의 사무원 채용승인 신청을 거부하거나 채용승인을 얻어 채용 중인 사람에 대한 채용승인을 취소하면, 상대방인 법무사로서도 그 사람을 사무원으로 채용할 수 없게 되는 불이익을 입게 될 뿐만 아니라, 그 사람도 법무사 사무원으로 채용되어 근무할 수 없게 되는 불이익을 입게 되므로, **사무원이 될 수 없게 된 사람**도 이를 다툴 원고적격이 인정되어야 한다(2015다34444).**(22국가9급,21국가7급,21국가9급)**

1. 제약회사는 보건복지부 고시인 약제급여 · 비급여목록 및 급여상한금액표의 취소를 구할 원고적격이 있다. **19지방9급**

2. 영업허가를 받은 자로부터 사업양수 후 지위승계 승계 이전에 양도인의 사정으로 인하여 영업허가가 취소된 경우, 양수인은 이를 다툴 법률상 이익이 있다. **19서울9급**

1. 국가기관인 시 · 도 선거관리위원회 위원장은 국민권익위원회가 그에게 소속 직원에 대한 중징계요구를 취소하라는 등의 조치요구를 한 것에 대해서 취소소송을 제기할 원고적격을 가진다. **16국가9급**

다) 법인 및 단체의 구성원

원칙	법인 및 단체에 대한 처분에서, **구성원은 원고적격 인정 X.**
예외	**법인의 존속 자체를 좌우하는 처분**이 내려지거나, 주주의 지위에 중대한 영향을 초래함에도 구성원이 **스스로 그의 지위를 보호할 수 있는 방법이 없는 경우**에는 구성원에게 예외적으로 원고적격이 인정됨. 판례 법인의 주주는 당해 법인에 대한 행정처분에 관하여 사실상이나 간접적인 이해관계를 가질 뿐이어서 스스로 그 처분의 취소를 구할 원고적격이 없는 것이 원칙이라고 할 것이지만, 그 처분으로 인하여 궁극적으로 주식이 소각되거나 주주의 법인에 대한 권리가 소멸하는 등 주주의 지위에 중대한 영향을 초래하게 되는데도 그 처분의 성질상 당해 법인이 이를 다툴 것을 기대할 수 없고 달리 주주의 지위를 보전할 구제방법이 없는 경우에는 주주도 그 처분에 관하여 직접적이고 구체적인 법률상 이해관계를 가진다고 보이므로 그 취소를 구할 원고적격이 있다(2000두2648).**(21군무원9급)**

라) 국가 및 지자체, 국가기관

국가	국가는 감독권을 행사하여 자신의 의사를 관철시킬 수 있으므로, **허용 X.** 단 예외적으로 인정된 사례도 있음(아래 판례). 판례 원칙상으로는 국가인 원고에게 원고적격이 없지만, 피고인 안양시의 건축협의 거부행위가 행정소송법상의 처분에 해당하고, 국가는 이에 대한 분쟁을 해결할 실효적인 다른 법적 수단이 없는 사안이기에 국가는 예외적으로 거부처분의 취소를 구할 원고적격이 인정된다(2013두15934).**(21군무원9급)**
지방자치단체	**공법인으로서 법주체에 해당하므로**(지방자치법§3①), **원고적격이 인정됨.** 판례 ✪**지방자치단체**가 건축물 소재지 관할 허가권자인 지방자치단체의 장을 상대로 건축 협의 취소처분의 취소를 구하는 사안에서 지방자치단체는 원고적격이 있다(2012두22980).**(19국회8급)**
국가기관	**원칙 : 독립된 법인격이 없는 국가기관은 원고적격 인정 X** **예외 :** 판례는 **다툴 별다른 방법이 없는 경우** (① 판례), **법령이 특정한 행정기관으로 하여금 다른 행정기관에 제재적 조치를 취할 수 있도록 하면서 그에 따르지 않으면 그 행정기관에 과태료 등을 과할 수 있도록 정하는 경우**(② 판례), 권리구제나 권리보호의 필요성이 인정된다면 **예외적으로 그 제재적 조치의 상대방인 행정기관에 항고소송의 원고적격을 인정**할 수 있다.**(19국가7급)** 판례 ① 국민권익위원회의 조치요구를 다툴 별다른 방법이 없는 점 등에 비추어보면, **국가기관인 시 · 도 선거관리위원회 위원장은 국민권익위원회가 그에게 소속 직원에 대한 중징계요구를 취소하라는 등의 조치 요구를 한 것에 대해서 취소소송을 제기한 원고적격을 가진다**(2011두1214).**(22국회8급,16국가9급)** ② 국민권익위원회가 소방청장에게 인사와 관련하여 부당한 지시를 한 사실이 인정된다며 이를 취소할 것을 요구하기로 의결하고 내용을 통지하자 그 국민권익위원회 조치요구의 취소를 구하는 사안에서의 **소방청장**은 원고적격이 있다(2014두35379).**(22국가9급,21국가9급,20소방9급,19국회8급)**

마) 복효적 처분

(1) 경업자소송

(가) 의의 및 판단기준

의의		동종 업계에서 경쟁 관계에 있는 영업자에 대한 처분에 대하여 다른 경쟁업자가 그 처분을 다투는 소송을 의미함.
판단기준	특허	기존업자가 특허기업인 경우 그 특허로 받는 영업상 이익은 **법률상 이익으로 보아, 원고적격 인정.(21군무원9급,17국회8급)**
판단기준	허가	**원칙** : 기존업자가 허가를 받아 영업하는 경우에 그 기존 업자가 그 허가로 인하여 받는 이익은 **반사적 이익에 불과**한 것으로서, **원고적격 부정.(17국회8급)** **예외 : 면허나 인 · 허가 등의 수익적 행정처분의 근거가 되는 법률이 해당업자들 사이의 과당경쟁으로 인한 경영의 불합리를 방지하는 것도 그 목적으로 하고 있는 경우, 기존의 업자**는 경업자에 대하여 이루어진 면허나 인 · 허가 등 행정처분의 상대방이 아니라 하더라도 **당해 행정처분의 취소를 구할 원고적격이 있다.(13국회8급)**

1. 면허가 인 · 허가 등의 수익적 행정처분의 근거가 되는 법률이 해당 업자들 사이의 과당경쟁으로 인한 경영의 불합리를 방지하는 것도 그 목적으로 하고 있는 경우, 기존의 업자는 경업자에 대하여 이루어진 면허나 인 · 허가 등 행정처분의 상대방이 아니라 하더라도 당해 행정처분의 취소를 구할 원고적격이 있다. **13국회8급**

2. 기존의 고속형 시외버스 운송사업자는 경업관계에 있는 직행형 시외버스 운송사업자에대한 사업계획변경인가처분의 취소를 구할 법률상 이익이 있다. **16지방9급**

(나) 판례

특허	① 일반면허를 받은 시외버스운송사업자에 대한 사업계획 변경인가처분으로 인하여 노선 및 운행계통의 일부 중복으로 기존에 한정면허를 받은 시외버스운송사업자의 수익감소가 예상된다면, **기존의 한정면허를 받은 시외버스운송사업자**는 일반면허 시외버스운송사업자에 대한 사업계획변경 인가처분의 취소를 구할 법률상의 이익이 있다(2015두53824).**(21국회8급,19국가7급)** ② 기존의 고속형 **시외버스운송사업자**는 경업관계에 있는 직행형 시외버스 운송사업자에 대한 사업계획변경인가처분의 취소를 구할 법률상 이익이 있다(2010두4179). **(16지방9급)** ③ 시외버스운송사업계획변경인가처분으로 시외버스 운행노선 중 일부가 기존의 시내버스 운행노선과 중복하게 되어 기존 시내버스사업자의 수익감소가 예상되는 경우, **기존의 시내버스운송사업자**에게 위 처분의 취소를 구할 법률상의 이익이 있다(2001두4450).**(22국회8급,21소방간부)** ③ 분뇨 등 관련 영업허가를 받아 영업을 하고 있는 기존업자(2004두6716).**(14서울9급)** ④ 노선연장인가처분에 대하여 당해 노선에 관한 **기존의 자동차운송사업자**(73누173)

1. 한약조제시험을 통하여 약사에게 한약조제권을 인정함으로써 한의사들의 영업상 이익이 감소되었다고 하더라도 이러한 이익은 사실상의 이익에 불과하다. **17사복9급**

2. 갑에 대한 허가가 을에 대한 불허가로 귀결될 수 밖에 없는 관계에 있는 경우, 을은 갑이 받은 허가처분의 취소를 구할 원고적격이 있다. **14경행**

3. 원자로시설부지 인근주민들이 방사성 물질 등에 의한 생명·신체의 안전침해를 이유로 부지사전승인처분의 취소를 구할 원고적격이 있다. **15경행**

허가	부정(원칙)	① ✪ **한의사 면허는 경찰금지를 해제하는 강학상 허가로서, 한의사의 영업상 이익은 사실상 이익에 불과**하므로 한의사에게 한약조제시험을 통해 한약조제권을 인정받은 약사에 대한 합격처분의 효력을 다툴 **원고적격이 없다**(97누4289).**(21군무원9급,19사복9급,19소방9급,14지방9급,12서울9급)** ② 구 「석탄수급조정에 관한 임시조치법」 소정의 **석탄가공업에 관한 허가**는 사업경영의 권리를 설정하는 형성적 행정행위가 아니라 **금지를 해제하는 명령적 행정행위**이므로, 기존에 허가를 받은 원고들이 신규허가로 인하여 영업상 이익이 감소된다 하더라도 이는 **원고들의 반사적 이익을 침해하는 것에 지나지 아니하므로**, 원고들은 신규허가 처분에 대하여 행정소송을 제기할 **법률상 이익이 없다**(80누33·34).**(19지방9급,19지방9급,13국회8급)** ③ 당초 병원설치가 불가능한 용도에서 **병원설치가 가능한 용도로 건축물 용도를 변경하여 준 처분**에 대하여 인근의 **기존 병원경영자**는 법률상 이익이 없다(90누813).**(19소방9급)** ④ **숙박업구조변경허가처분을 받은 건물의 인근에서 여관을 경영하는 자들**에게 그 처분의 무효 확인 또는 취소를 구할 소의 이익이 없다(90누7900).**(09국가7급)** ⑤ 목욕탕 영업허가에 대한 기존 목욕탕업자(63누101). ⑥ **신규 구내소매인의 지정처분**에 대한 **기존 일반담배소매인**(2008두402).**(14서울9급,12서울9급)**
	인정(예외)	① **담배소매업 영업소 간에 일정거리 제한이 있는 경우, 기존 일반담배소매인은 신규 일반담배소매인의 지정처분의 취소를 구할 원고적격이 있다**(2007두23811). (위 ⑥판례와 비교) ② **기존 약종상업자가** 적법한 약종상허가를 받아 허가지역내에서 약종상영업을 경영하고 있음에도 불구하고 행정관청이 구 약사법시행규칙을 위배하여 **같은 약종상인 다른 약종상업자에게 갑의 영업허가지역내로 영업소를 이전하도록 허가**하였다면 **기존 약종상업자**는 **다른 약종상업자의 영업소이전허가처분**에 대해 소송을 제기할 원고적격이 있다(87누873).

(2) 경원자소송

의의	수인의 신청을 받아, 그 중 일부에 대해서만 인·허가 등의 수익적 행정처분을 한 경우, **그 인·허가를 받지 못한 자가 타인이 받은 인·허가처분에 대해 제기하는 소송**
판단기준	① 경원관계에서 경원자에 대하여 이루어진 허가에 대해 그 **처분의 상대방이 아닌 자**는 처분의 취소를 구할 원고적격 있다.**(17지방9급)** 단, **명백한 법적 장애**로 인하여 **원고 자신의 신청이 인용될 가능성이 처음부터 배제되어 있는 경우**에는 처분의 취소를 구할 이익이 **없다**(2009두8359). ② 경원자에 대한 수익적 처분의 취소를 구하지 않고 **자신에 대한 거부처분만의 취소를 구하는 것도 허용**됨(2013두27517).**(21소방간부,21경행,18국회8급,16지방7급)**
판례	① **액화석유가스 사업허가**에 대하여 허가를 받지 못한 자는 취소를 구할 원고적격이 인정된다(91누13274). ② **항만공사 시행허가**를 신청을 한 자는 허가를 받은 경원자에 대한 허가처분의 취소를 구할 법률상 이익이 있다(98두6277).

(3) 인인소송

1. 상수원보호구역의 인근주민은 상수원보호구역지정해제를 다툴 원고적격이 없다.

(가) 의의 및 일반론

의의	**어떤 시설의 설치를 허가하는 처분 등에 대해 그 시설의 인근 주민이 다투는 소송**	
판단 기준	당해 근거법규 및 관계 법규가 공익뿐만 아니라 **인근 주민의 개인적 이익도 보호하고 있다고 해석**되는 경우에 인근 주민에게 원고적격이 **인정**됨.	
판례	**인정**	① **원자로시설부지 인근주민들**은 방사성 물질 등에 의한 생명 · 신체의 안전침해를 이유로 부지사전승인처분의 취소를 구할 원고적격이 있다(97누19588).**(22국가9급,15경행)** ② 주거 지역 내에서 법령상의 제한면적을 초과하는 **연탄공장의 건축허가처분으로 불이익을 받고 있는 인접주민**(73누96).**(18지방교행9급)** ③ **도로의 용도폐지처분에 대하여 개별성이 강한 직접적 · 구체적 이해관계를 가지는 자**(91누13212)**(19서울7급)** ④ 김해시장의 낙동강 합류하천수 주변의 공장설립승인처분에 대하여 **물금취수장에서 취수된 물을 공급받는 부산광역시 또는 양산시에 거주하는 주민들**(2007두16127)**(21소방간부)** ⑤ **납골당 설치장소로부터 500m 내에 20호 인가가 밀집한 지역에 거주하는 주민들**의 경우, 납골당이 누구에 의하여 설치되는 지와 관계없이 납골당 설치에 대하여 환경이익 침해 또는 침해우려가 있는 것으로 사실상 추정되어 원고적격이 인정된다(2009두6766).**(12지방7급)** ⑥ 광업권설정허가처분과 그에 따른 광산 개발로 인하여 재산상 · 환경상 이익의 침해를 받거나 받을 우려가 있는 토지나 건축물의 소유자와 점유자 또는 이해관계인 및 주민들(2006두7577)**(21군무원9급)**
	부정	① 상수원보호구역 설정의 근거가 되는 규정이 보호하고자 하는 것은 상수원의 확보와 수질보전일 뿐이고, 그 상수원에서 급수를 받고 있는 지역주민들이 가지는 상수원의 오염을 막아 양질의 급수를 받을 이익은 상수원의 확보와 수질보호라는 공공의 이익이 달성됨에 따라 반사적으로 얻게 되는 이익에 불과하므로, **상수원보호구역의 인근주민**은 상수원보호구역지정해제를 다툴 원고적격이 없다(94누14544).**(21소방간부,17국가9급,18경행)** → (위④판례와 비교) ② 매립목적물택지조성에서 조선시설용지로 변경하는 내용의 공유수면매립목적변경처분에 대하여 수녀원은 원고적격이 없다(2010두2005).**(22국회8급,21변시,16지방9급)** ③ 새로운 도로가 개설되어 더 이상 유일한 통로가 아니게 된 경우, **그 도로를 이용하던 주민은 도로폐지허가처분의 취소를 구할 원고적격이 없다**(97누12556).

1. 환경영향평가대상지역 안의 주민들은 전원개발사업 실시 계획승인처분의 취소를 구할 원고적격이 있다. **14서울9급**

2. 환경영향평가대상지역 밖의 주민들은 공유수면매립면허처분으로 인하여 그 처분 전과 비교하여 수인한도를 넘는 환경피해를 받거나 받을 우려가 있다는 점을 입증할 경우 법률상 보호되는 이익이 인정된다. **17국회8급**

(나) 환경영향평가지역 관련

환경영향평가구역	**판단 기준**	대법원은 시설을 설치함에 있어 환경영향평가를 실시하여야 하는 경우, **환경영향평가법령도 시설허가처분의 근거법규 내지 관계법규로 보아 근거법률의 범위 확대**함. **판례** 속리산국립공원 용화집단시설지구의 개발을 위한 공원사업 시행허가에 대한 취소소송사건에서 자연공원법령 뿐만 아니라 **허가와 불가분적으로 관계가 있는 환경영향평가법령도 공원사업시행허가처분의 근거법령이 된다고 판시하여 근거법률의 범위를 확대**하였다(99두2970).(11국가9급) 이 경우, **제3자**는 자신의 환경상 이익이 처분의 근거법규 또는 관련법규에 의하여 **법률상 보호되는 이익임을 입증하여야 원고적격이 인정된다.**
	영향평가 내의 주민	처분의 근거 법규 또는 관련 법규에 그 처분으로써 이루어지는 행위 등 사업으로 인하여 환경상 침해를 받으리라고 예상되는 영향권의 범위가 구체적으로 규정되어 있는 경우, 그 **영향권 내의 주민들에 대하여는 환경상 이익에 대한 침해 또는 침해 우려가 있는 것으로 사실상 추정**된다(2006두14001).**(19국가7급,12지방7급)** **판례** 환경영향평가대상지역 안의 주민들이 전원개발사업실시 계획승인처분의 취소를 구하는 경우 원고적격이 있다(99두2970).**(14서울9급)**
	환경상 이익을 현실적으로 향유하는 자	**원칙 :** 환경영향평가구역 안의 주민이 아니더라도 그 영향권 내에서 농작물을 경작하는 등 **현실적으로 환경상 이익을 향유하는 사람도 원고적격 인정**됨. **예외 : 단지 그 영향권 내의 건물·토지를 소유하거나 환경상 이익을 일시적으로 향유하는 데 그치는 사람은 원고적격 인정되지 않는다**(2009두2825).**(12지방9급)**
	영향평가 밖의 주민	**원칙 : 원고적격 추정 X** **판례** 공유수면매립면허처분과 농지개량사업시행인가처분에 대한 환경영향평가 대상지역 밖에 거주하는 주민(2006두330) **예외 :** 환경영향평가대상지역 밖의 주민이라 할지라도 공유수면매립면허처분으로 인하여 그 **처분 전과 비교하여 수인한도를 넘는 환경피해를 받거나 받을 우려가 있다는 점을 입증할 경우 원고적격이 인정**된다(2006두330).**(22소방,17국회8급,15국가7급,13국가7급,12지방7급)**

바) 기타

원고 적격 인정	① **토지소유자**는 도시계획사업실시계획인가처분에 대한 취소소송을 제기할 법률상 이익이 있다(2008두18342).**(12국가7급)** ② 개발제한구역 안에서의 공장설립을 승인한 처분이 위법하다는 이유로 쟁송취소되었으나 그 승인처분에 기초한 공장건축허가처분이 잔존한 경우, **인근 주민들**에게 공장건축허가처분의 취소를 구할 법률상의 이익이 있다(2015두3485). **(19지방,교행9급)** ③ **학교법인에 의하여 임원으로 선임된 자**는 자신에 대한 관할청의 임원취임승인신청 반려처분 취소소송의 원고적격이 있다(2005두9651).**(16지방9급)** ④ 조합설립추진위원회 설립승인처분의 취소를 구하는 **주택재개발사업조합설립추진위원회 구성에 동의하지 않은 소유자**(2006두12289). ⑤ 제3자의 접견허가신청에 대한 교도소장의 거부처분에 있어서 **접견권이 침해되었다고 주장하는 구속된 피고인**은 원고적격이 있다(91누7552).**(19국회8급)** ⑥ **미얀마 국적의 甲**이 위명인 乙명의의 여권으로 대한민국에 입국한 뒤 乙명의로 난민 신청을 하였으나 법무부장관이 乙명의를 사용한 甲을 직접 면담하여 조사한 후 甲에 대하여 난민불인정처분을 한 사안에서, 그 처분의 취소를 구하는 甲은 원고적격을 가진다(2013두16852).**(19국회8급)** ⑦ 공매 등의 절차로 영업시설의 전부를 인수함으로써 영업자의 지위를 승계한 자가 관계행정청에 이를 신고하여 관계행정청이 그 신고를 수리하는 처분에 대하여, **종전 영업자**는 적법한 신고를 마친 체육시설업자로서의 지위를 부인당할 불안정한 상태에 놓이게 되므로, 그 처분의 취소를 구할 법률상 이익이 인정된다(2011두29144). ⑨ 압류과세관청이 체납자가 점유하고 있는 제3자 소유의 동산을 압류한 경우, 그 체납자(2005두15151)**(20국회8급)** ⑩ **건축허가는 대물적 성질**을 갖는 것이어서 행정청으로서는 허가를 할 때에 건축주 또는 토지 소유자가 누구인지 등 **인적 요소에 관하여는 형식적 심사**만 하며, 건축주가 토지 소유자로부터 토지사용승낙서를 받아 그 토지 위에 건축물을 건축하는 대물적(대물적) 성질의 건축허가를 받았다가 착공에 앞서 건축주의 귀책사유로 해당 토지를 사용할 권리를 상실한 경우, 건축허가의 존재로 말미암아 토지에 대한 소유권 행사에 지장을 받을 수 있는 **토지 소유자로서는 건축허가의 철회를 신청할 수 있다**고 보아야 할 것이고, 토지 소유자의 위와 같은 신청을 거부한 행위는 항고소송의 대상이 된다(2014두41190).**(22국가9급)**
원고 적격 부정	① 개발제한구역 중 일부취락을 개발제한구역에서 해제하는 내용의 **도시관리계획변경결정에 대하여 개발제한구역 해제대상에서 누락된 토지의 소유자**는 위 결정의 취소를 구할 법률상 이익이 없다(2007두10242).**(21국가9급,18지방9급,13국가9급,10국가9급)** ② **도시계획사업의 시행으로 토지를 수용당하여 소유권을 상실한 자**는 도시계획결정과 토지수용이 당연무효가 아닌 한 도시계획결정 자체의 취소를 청구할 법률상 이익이 없다(2000헌바58).**(12지방9급)** ③ 교육부장관이 사학분쟁조정위원회의 심의를 거쳐 학교법인의 이사와 임시이사를 선임한 데 대하여 그 대학교의 교수협의회와 총학생회는 이사선임처분을 다툴 법률상 이익을 가지지만, **직원으로 구성된 노동조합**은 법률상 이익을 가지지 않는다(2012두19496).**(17국가7급)** ④ 원천징수의무자에 대한 납세고지를 다투는 **원천납세의무자**(93누22234). **(15국가9급,14서울7급)** ⑤ 압류처분에 대한 압류부동산을 매수한 자(82누524)(앞⑨판례와 비교)

1. 헌법재판소에 의하면 도시계획사업의 시행으로 토지를 수용당한 사람은, 도시계획결정과 토지수용이 당연무효가 아닌 한 도시계획결정 자체의 취소를 청구할 법률상 이익이 없다. **12지방9급**

원고 적격 부정	⑥ 면허받은 장의자동차운송사업구역을 위반하였음을 이유로 한 행정청의 과징금부과처분에 의하여 동종업자의 영업이 보호되는 결과는 사업구역제도의 반사적 이익에 불과하기 때문에, **그 과징금 부과처분을 취소한 재결에 대하여 처분의 상대방이 아닌 제3자**는 그 취소를 구할 법률상 이익이 없다(91누13700).**(13국회8급)** ⑦ 운전기사의 합승행위를 이유로 소속 운수회사에 대한 과징금부과처분이 있는 경우 **당해 운전기사**는 위 처분의 취소를 구할 원고적격이 없다(93누24247).**(12국회8급)** ⑧ **학과에 재학중인 대학생들**은 전공이 다른 교수의 임용으로 인해 학습권을 침해당하였다는 이유로 교수임용처분의 취소를 구할 원고적격이 없다(93누8139).**(15경행)** ⑨ 부교수임용처분에 대하여 **같은 학과의 기존교수**는 위 처분의 취소를 구할 법률상 이익이 없다(95누11856).**(18소방9급)**

다. 협의의 소의 이익

1) 의의

협의의 소의 이익이란, **분쟁을 소송에 의해 해결할 현실적 이익 내지 필요성으로 '권리보호의 필요'**를 의미한다. **행정소송법 제12조 후단을 그 근거**로 보며, 이러한 이익은 **법률상 이익**이어야 하며, 단순한 사실상 · 경제적 이익이어서는 안된다는 것이 통설이다.

판례 수익처분의 상대방은 그의 권리나 법률상 보호되는 이익이 침해되었다 할 수 없으므로 달리 특별한 사정이 없는 한 취소를 구할 이익이 없다(94누8129).**(17국가9급,11국가9급 등)**

이러한 소의 이익은 소송요건으로서 소의 이익이 없으면 법원은 **각하**판결을 해야 하고, 이러한 소의 이익은 **상고심에서도 존속**해야 한다.**(14서울7급)**

2) 소의 이익의 판단

소의 이익은 **원고적격과 대상적격이 인정되는 한 충족되는 것으로 추정**되나, 아래 아래 각 목차들과 같이 특별한 사정이 있는 경우에 소의 이익이 부정되고, 이 경우에도 처분의 취소로 인하여 회복되는 법률상 이익이 있는 경우 다시 예외적으로 소의 이익을 인정한다(행정소송법 제12조 후문).

가) 처분의 효력이 소멸한 경우

소의 이익 없음 (원칙)	**소송 중 처분이 취소·철회된 경우**	① 행정처분이 취소되면 그 처분은 효력을 상실하여 더 이상 존재하지 않는 것이고, **존재하지 않는 행정처분을 대상으로 한 취소소송은 소의 이익이 없어 부적법**하므로**(13서울7급)**, 행정청이 당초의 분뇨 등 관련 영업허가신청 반려처분의 취소를 구하는 소의 계속 중, **사정변경을 이유로 위 반려처분을 직권취소**함과 동시에 위 신청을 재반려하는 내용의 재처분을 한 경우, **당초의 반려처분의 취소를 구하는 소는 더 이상 소의 이익이 없다**(2004두5317).**(17서울9급)** ② 취소소송 중 처분을 취소하는 형성재결이 이루어진 경우, 소의 이익이 없다(96누18632).
	다른 처분으로 대체되어 처분이 소멸	① **새로운 사유에 기한 직위해제처분시 이전에 한 직위해제처분의 취소를 구하는 소는 소의 이익이 없다**(2003두5945).**(16지방7급)** ② 최초 과징금 부과처분을 한 뒤, 자진신고 등을 이유로 감면 처분을 한 경우, **감액처분에 의하여 감액된 부분에 대한 부과처분 취소청구**는 이미 소멸하고 없는 부분에 대한 것으로서 소의 이익이 없어 부적법하다(2015두2352).**(18경행)** ③ **가행정행위인 선행처분이 후행처분으로 흡수되어 소멸**하는 경우, 선행처분의 취소를 구하는 소는 가능하지 않다.**(19서울9급)** ④ 부지사전승인처분에 대한 취소소송 중 건설허가처분(최종)이 내려진 경우, 부지사전승인처분의 취소를 구하는 소는 소의 이익이 없다(97누19588).**(22국가9급,21소방간부,19서울7급,17국가9급,13지방7급 등)** ⑤ 구 「도시 및 주거환경정비법」상 조합설립추진위원회 **구성승인처분을 다투는 소송계속 중에 조합설립인가처분이 이루어졌다면 조합설립추진위원회 구성승인처분의 취소를 구할 법률상 이익은 없다**(2011두11112).**(21국가9급,18지방9급)** ⑥ 관할 지방병무청장이 병역의무 기피를 이유로 인적사항 등을 공개할 대상자를 1차로 결정하고, 그에 따라 병무청장이 같은 내용으로 최종적 공개결정을 하였다면, 공개 대상자는 병무청장의 최종적 공개결정만을 다투는 것으로 충분하고, **관할 지방병무청장의 공개 대상자 1차 결정**을 별도로 다툴 소의 이익은 없다(2018두49130).**(22국회8급,20군무원7급)** ⑦ 교원소청심사위원회의 파면처분 취소결정에 대한 취소소송 계속 중 학교법인이 교원에 대한 징계처분을 파면에서 해임으로 변경한 경우, **종전의 파면처분**은 소급하여 실효되고 해임만 효력을 발생하므로, 소급하여 효력을 잃은 파면처분을 취소한다는 내용의 교원소청심사결정의 취소를 구하는 것은 법률상 이익이 없다(2008두20765).**(21군무원7급)** ⑧ 공정거래위원회가 부당한 공동행위를 행한 사업자로서 **자진신고자나 조사협조자에 대하여 과징금 부과처분(선행처분)**을 한 뒤, 다시 자진신고자 등에 대한 사건을 분리하여 자진신고 등을 이유로 한 과징금 감면처분(후행처분)을 하였다면, 후행처분은 자진신고 감면까지 포함하여 처분 상대방이 실제로 납부하여야 할 최종적인 과징금액을 결정하는 종국적 처분이고, 선행처분은 이러한 종국적 처분을 예정하고 있는 일종의 잠정적 처분으로서 후행처분이 있을 경우 선행처분은 후행처분에 흡수되어 소멸한다. 따라서 위와 같은 경우에 선행처분의 취소를 구하는 소는 이미 효력을 잃은 처분의 취소를 구하는 것으로 부적법하다(2013두987).**(22국가9급)**

1. 행정청이 직위해제 상태에 있는 공무원에 대하여 새로운 직위해제사유에 기한 직위해제 처분을 한 경우 그 이전에 한 직위해제처분의 취소를 구할 소의 이익이 없다. **16지방7급**

1. 행정청이 직위해제 상태에 있는 공무원에 대하여 새로운 직위해제사유에 기한 직위해제 처분을 한 경우 그 이전에 한 직위해제처분의 취소를 구할 소의 이익이 없다. **16지방7급**

2. 가중요건이 법령에 규정되어 있는 경우, 업무정지처분을 받은 후 해로운 제재처분을 받음 없이 법률이 정한 기간이 경과하여 실제로 가중된 제재처분을 받을 우려가 없어졌다면 특별한 사정이 없는 한 업무정지처분의 취소를 구할 법률상 이익이 인정되지 않는다. **19국가9급**

3. 제재적 행정처분이 그 처분에서 정한 제재기간의 경과로 인하여 그 효과가 소멸되었다 하여도 그 처분이 후행처분의 가중적 요건사실이 될 수 있다면, 관련 규정이 법령이 아닌 행정규칙 형식으로 되어 있다고 하더라고, 그러한 규칙이 법령에 근거를 두고 있는 있다면 처분의 취소를 구할 법률상 이익이 있다. **16국가9급**

소의 이익 없음 (원칙)	**처분의 기간이 경과되어 실효된 경우**	① **행정처분의 효력기간이 경과한 후**에는 그 처분이 외형상 잔존함으로 인하여 어떠한 법률상 이익이 침해되고 있다고 볼 사정이 없는 한 그 처분의 취소를 구할 **법률상 이익이 없다**(2000두7254).**(14사복9급)** ② 집회 및 시위의 금지통고가 기간의 경과로 효력이 소멸된 경우(2017두67834) ③ 유효기간이 경과한 중앙노동위원회의 중재재정(96누10669). ④ 가중요건이 법령에 규정되어 있는 경우, 업무정지처분을 받은 후 새로운 제재처분을 받음이 없이 법률이 정한 기간이 경과하여 실제로 가중된 제재처분을 받을 우려가 없어졌다면 특별한 사정이 없는 한 업무정지처분의 취소를 구할 법률상 이익이 인정되지 않는다(98두10080).**(19국가9급,17지방9급)**
소의 이익 있음 (예외)	**가중적 제재 처분이 있는 경우**	① ✪ 행정처분의 효력이 소멸한 경우에도 **그 처분을 받은 전력에 대해 가중적 제재 규정이 법에 규정되어 있는 경우에는 소의 이익이 인정**되고(2004두14106), 그 규정이 시행규칙에 규정되어 있는 경우에도 소의 이익이 인정된다(2003두1684).**(21소방간부,21군무원7급,16국가9급,16국가7급,17사복9급, 10지방9급)** ② 인사규정 등에서 직위해제처분에 따른 효과로 승진·승급에 제한을 가하는 등의 법률상 불이익을 규정하고 있는 경우에는 직위해제처분을 받은 근로자는 이러한 법률상 불이익을 제거하기 위하여 그 실효된 직위해제처분에 대한 구제를 신청할 이익이 있다(2000두18406).**(15지방7급)**
	집행정지 결정이 있는 경우	처분시 표시한 제재기간이 경과하였더라도 중간에 집행정지결정이 있었으면 **집행정지된 기간만큼 영업정지의 제재가 연기되므로, 소의 이익이 있다**(73누202).
	소의 이익이 여전히 남아있는 경우	① 제소 당시에는 권리보호의 이익을 모두 갖추었는데 제소 후 취소 대상 행정처분이 기간의 경과 등으로 그 효과가 소멸한 때라 하더라도, **동일한 소송 당사자 사이에서 그 행정처분과 동일한 사유로 위법한 처분이 반복될 위험성이 있어 행정처분의 위법성 확인 내지 불분명한 법률문제에 대한 해명이 필요하다고 판단**되는 경우, 그리고 동일한 행정목적을 달성하거나 동일한 법률효과를 발생시키기 위하여 선행처분과 후행처분이 단계적인 일련의 절차로 연속하여 행하여져 후행처분이 선행처분의 적법함을 전제로 이루어짐에 따라 **선행처분의 하자가 후행처분에 승계된다고** 볼 수 있어 이미 소를 제기하여 다투고 있는 선행처분의 위법성을 확인하여 줄 필요가 있는 경우 등에는 여전히 그 처분의 취소를 구할 법률상 이익이 있다고 보아야 한다(2006두19297).**(21소방간부)** ② **취임승인이 취소된 학교법인의 정식이사**들에 대하여, 원래 정해져 있던 임기가 만료되고, 구 사립학교법 제22조 제2호 소정의 임원결격사유기간마저 경과하였다 하더라도, (중략) 그 정식이사들은 후임이사 선임시까지 민법 제691조의 유추적용에 의하여 직무수행에 관한 긴급처리권을 가지게 되고 이에 터잡아 후임 정식이사들을 선임할 수 있게 되는바, 임원취임승인취소처분의 취소를 구할 소의 이익이 있다(2006두19297).**(18지방9급,17지방9급,12국회8급)** ③ 학교법인의 임시이사선임처분에 대한 취소소송 제기 후 소송계속 중 임시이사가 교체되어 새로운 임시이사가 선임된 경우 **당초의 임시이사**선임처분의 취소를 구할 소의 이익이 있다.

나) 원상회복이 불가능한 경우

소의 이익 없음 (원칙)	① 위법한 처분을 취소하더라도 **원상회복이 불가능**한 경우에는 원칙적으로 **취소를 구할 소의 이익이 없다.**(22국가9급) ② **건축허가**가 건축법에 따른 이격거리를 두지 아니하고 건축물을 건축하도록 되어 있어 **위법**하다 하더라도 **이미 사실심변론종결일 전에 건축이 완료**되어 원상회복이 불가능한 경우, 인접한 대지의 소유자는 그 취소를 구할 법률상 이익이 없다(91누11131).(22국가9급,21군무원7급,18서울7급,16국가9급) ③ **인접건물이 건축공사 완료 후 준공검사를 받은 경우** 인접건물 소유자가 건물준공처분의 취소를 구할 협의의 소의 이익이 없다(93누13988).(14서울7급)
소의 이익 있음 (예외)	① **지방의회의원에 대한 제명의결 취소소송 계속 중 의원의 임기가 만료**된 경우에도 여전히 제명의결의 취소를 구할 법률상 이익이 인정된다(2007두13487).(21지방9급,21소방간부,19국가9급) (∵제명의결시부터 임기만료일까지 월정수당의 지급을 구할 수 있기 때문) ② 서울대학교 불합격처분의 취소를 구하는 소송계속 중 당해 연도의 입학시기가 지난 경우에도 불합격처분의 취소를 구할 법률상의 이익이 있다(89누8255).(14지방7급) ③ 한국방송공사 사장은 해임처분 무효확인 또는 취소소송계속 중 임기가 만료되어 해임처분의 무효확인 또는 취소로 지위를 회복할 수 없다고 할지라도, 그 무효확인 또는 취소로 **해임처분일부터 임기만료일까지의 기간에 대한 보수지급을 구할 수 있는 경우**에는 해임처분의 무효확인 또는 취소를 구할 법률상 이익이 있다(2011두5001).(22국가9급,16지방9급,14국가9급) ④ 근로자를 직위해제 한 후 동일한 사유를 이유로 징계처분을 한 경우, 직위해제처분은 효력을 상실하나, **인사규정 등에서 직위해제처분에 따른 효과로 승진 · 승급에 제한을 가하는 등의 법률상 불이익을 규정하고 있는 경우**에는 직위해제처분을 받은 근로자는 이러한 법률상 불이익을 제거하기 위하여 그 실효된 직위해제처분에 대한 구제를 신청할 이익이 있다(2007두18406).(15지방7급) ⑤ 근로자가 부당해고 구제신청을 하여 해고의 효력을 다투던 중 정년에 이르거나 근로계약기간이 만료하는 등의 사유로 원직에 복직하는 것이 불가능하게 된 경우에도, **해고기간 중의 임금 상당액을 지급받을 필요가 있는 경우**, 구제신청을 기각한 중앙노동위원회의 재심판정을 다툴 소의 이익이 있다(2019두52386). ⑥ 도시개발사업의 공사 등이 완료되고 원상회복이 사회통념상 불가능하게 된 경우라도, 도시개발사업의 시행에 따른 **도시계획변경결정처분과 도시개발지역 지정처분 및 도시개발사업 실시계획인가처분 위 각 처분이 유효하게 존재하는 것을 전제로 하여 당해 도시개발사업에 따른 일련의 절차 및 처분이 행해지기 때문에** 위 각 처분이 취소된다면 그것이 유효하게 존재하는 것을 전제로 하여 이루어진 토지수용이나 환지 등에 따른 각종의 처분이나 공공시설의 귀속 등에 관한 법적 효력은 영향을 받게 되므로, 위 각 처분의 취소를 구할 법률상 이익이 인정된다(2003두5402·5419).(17서울9급) ⑦ **현역입영대상자로서 현실적으로 입영을 한 자**가 입영 이후의 법률관계에 영향을 미치고 있는 현역병입영통지처분 등을 한 관할 지방병무청장을 상대로 위법을 주장하여 그 취소를 구하는 경우 소의 이익이 있다(∵다툴 수 없게 하면 사실상 처분에 대해 불복을 원천봉쇄하는 것이 되므로)(2003두1875).(21소방,19국가9급,17서울9급,16국가9급,10서울9급) ⑧ 공장등록이 취소된 후 그 공장시설물이 철거되었고 다시 복구를 통하여 공장을 운영할 수 없는 상태라 하더라도 **대도시 안의 공장을 지방으로 이전할 경우 조세감면 및 우선입주 등의 혜택이 관계 법률에 보장되어** 있다면, 공장등록 취소처분의 취소를 구할 법률상 이익이 있다(2000두3306).(19국가9급)

1. 지방의회의원에 대한 제명의결 취소소송 계속 중 의원의 임기가 만료된 경우에도 제명의결 시부터 임기만료일까지의 기간에 대한 원정수당의 지급을 수할 수 있는 등 여전히 제명의결의 취소를 구할 법률상 이익이 인정된다.
19국가9급

1. 사법시험 제2차 시험 불합격처분 이후, 새로 실시된 제2차 및 제3차 시험에 합격한 자는 불합격처분의 취소를 구할 협의의 소익이 없다. 15국가9급

2. 현역입영대상자로 병역처분을 받은 자가 그 취소소송 도중에 모병에 응하여 현역병으로 자진입대한 경우에는 권리보호의 필요가 없는 경우로서 소의 이익을 인정할 수 없다. 18경행

3. 현역입영대상자가 현역병입영통지처분에 따라 현실적으로 입영을 한 후에도 입영통지처분의 취소를 구할 소송상의 이익이 있다. 19국가9급

4. 고등학교 퇴학 처분을 당한 후 고등학교 졸업학력 검정고시에 합격했다 하더라도 퇴학 처분의 취소를 구할 소의 이익이 없다고 볼 수는 없다. 16지방7급

소의 이익 있음 (예외)	⑨ 파면처분취소소송의 사실심변론종결전에 동원고가 금고이상의 형을 선고받아 당연퇴직 되었다 하더라도, 최소한도 이 사건 **파면처분이 있은 때부터 위 법규정에 의한 당연퇴직일자까지의 기간**에 있어서는 파면처분의 취소를 구하여 그로 인해 박탈당한 이익의 회복을 구할 소의 이익이 있다 할 것이다(85누39).**(21지방9급)**

다) 권리침해의 상태가 해소된 경우

소의 이익 없음 (원칙)	① 행정심판과 행정소송이 동시에 제기되어 진행 중 행정심판의 인용재결이 행해지면 동일한 처분 등을 다투는 행정소송은 소의 이익이 없어 각하된다.**(15서울9급)** ② **사법시험 제2차 시험 불합격처분 이후 새로 실시된 제2차 및 제3차 시험에 합격한 자**는 불합격처분의 취소를 구할 협의의 소익이 없다(2007두12057).**(15국가9급)** ③ 의사국가시험에 불합격한 자가 새로 실시된 의사국가시험에 합격한 후 그 불합격처분의 취소를 구하는 경우, 법률상 이익이 없다(93누6867). ④ **현역입영대상자로 병역처분을 받은 자가 그 취소소송 중에 모병에 응하여 현역병으로 자진입대한 경우**에는 권리보호의 필요가 없는 경우로서 소의 이익을 인정할 수 없다(98두9165).**(18경행)**(위 나)⑥판례와 비교) ⑤ 행정청의 공익근무요원 소집해제신청이 거부된 후 원고가 계속 공익근무요원으로 복무함에 따라 **복무기간만료를 이유로 소집해제처분을 한 경우**, 거부처분의 취소를 구할 소의 이익이 없다(2004두4369).**(21지방9급,13지방7급)** ⑥ 법인세 과세표준과관련하여 과세관청이 법인의 소득처분 상대방에 대한 소득처분을 경정하면서 증액과 감액을 동시에 한 결과 전체로서 소득처분금액이 감소된 경우, 법인이 소득금액변동통지 취소를 구할 소 이익은 없다(2009두5510).**(17지방9급)** ⑦ 행정처분의 무효확인 또는 취소를 구하는 소가 제소 당시에는 소의 이익이 있어 적법하였더라도, **소송 계속 중 처분청이 다툼의 대상이 되는 행정처분을 직권으로 취소**하면 그 처분은 효력을 상실하여 더 이상 존재하지 않는 것이므로, 존재하지 않는 처분을 대상으로 한 항고소송은 원칙적으로 소의 이익이 소멸하여 부적법하다고 보아야 한다(2019두49963).**(21소방간부)**
소의 이익 있음 (예외)	① 수형자의 영치품에 대한 사용신청 불허처분 후 **수형자가 다른 교도소로 이송된 경우라도 수형자의 권리와 이익의 침해 등이 해소되지 않은 점**에 비추어, 위 불허처분의 취소를 구할 법률상 이익이 있다(2007두13203).**(17지방9급)** ② 고등학교 졸업이 대학입학자격이나 학력인정으로서의 의미밖에 없다고 할 수는 없으므로, **퇴학처분을 받은 자가 고등학교 졸업학력 검정고시에 합격**하였다고 하더라도 퇴학처분의 취소를 구할 **소송상의 이익이 있다**(91누4737).**(16지방7급)** ③ 처분청의 직권취소에도 불구하고 완전한 원상회복이 이루어지지 않아 무효확인 또는 취소로써 **회복할 수 있는 다른 권리나 이익이 남아 있거나** 또는 동일한 소송 당사자 사이에서 그 행정처분과 **동일한 사유로 위법한 처분이 반복될 위험성**이 있어 **행정처분의 위법성 확인 내지 불분명한 법률문제에 대한 해명이 필요**한 경우 행정의 적법성 확보와 그에 대한 사법통제, 국민의 권리구제의 확대 등의 측면에서 예외적으로 그 처분의 취소를 구할 소의 이익을 인정할 수 있다(2018두49130).

라) 기타

소의 이익 없음	① 건축물에 대한 사용검사처분이 취소되면 사용검사 전의 상태로 돌아가 건축물을 사용할 수 없게 되는 것에 그칠 뿐 곧바로 건축물의 하자 상태 등이 제거되거나 보완되는 것도 아니므로, **구 주택법상 입주자나 입주예정자가 위 처분의 취소를 구할 법률상 이익이 없다**(2013두24976).**(18지방9급)** ② 「도시 및 주거환경정비법」상 이전고시가 효력을 발생하게 된 이후에는 (이미 대다수 조합원 등에 대하여 획일적 · 일률적으로 처리된 권리 귀속관계를 모두 무효화하고 다시 처음부터 관리처분계획을 수립하여 이전고시절차를 거치도록 하는 것은 정비사업의 공익적 · 단체법적 성격에 배치되므로) **조합원 등이 관리처분계획의 취소 또는 무효확인을 구할 법률상 이익이 없다**(2009두22140).**(16국가7급)** ③ 소음, 진동 배출시설에 대한 설치허가가 취소된 후 그 배출시설이 철거되어 다시 가동할 수 없는 상태라도 그 취소처분이 위법하다는 판결을 받아 손해배상청구소송에서 이를 원용할 수 있는 이익은 사실적 · 경제적 이익에 불과하여 소의 이익에 해당하지 않는다(2000두2457).**(18지방9급)** ④ **조합설립인가처분의 요건 중 하나인 조합설립결의를 따로 떼어 내어 효력 유무를 다투는 확인의 소**를 제기하는 경우 법률상 이익이 없다(2008다60568).**(21국가9급)** ⑤ **상등병에서 병장으로의 진급요건을 갖춘 자**에 대하여 진급처분을 행하지 아니한 상태에서 **예비역으로 편입하는 처분**을 한 경우, 이 처분은 진급처분과는 별개의 처분으로서 원고에게 유리한 것임이 분명하므로, 진급처분부작위를 이유로 예비역편입처분의 취소를 구할 소의 이익은 인정되지 않는다(99두7111). ⑥ **환지처분이 공고된 후 토지소유자**는 민법상의 불법행위로 인한 손해배상을 구할 수 있으므로, 환지확정처분의 일부에 대하여 취소를 구할 법률상 이익이 인정되지 않는다(84누446,99누2557).**(21군무원7급)** ⑦ 면허나 인 · 허가 등의 수익적 행정처분의 근거가 되는 법률이 해당 업자들 사이의 과당경쟁에 따른 경영의 불합리 방지를 목적으로 하고 있는 경우, 경업자에 대한 행정처분이 경업자에게 불리한 내용이라면, 기존의 업자가 행정처분의 무효확인 또는 취소를 구할 이익이 없다(2019두49953).

라. 피고적격

1) 의의

피고로서 소송을 수행하여 본안판결을 받을 수 있는 자격을 의미함.

2) 행정소송법 제 13조

원칙	피고적격을 가진 자는 **처분 등을 행한 행정청, 즉 처분청이 원칙임(22국회8급,12지방9급)**.	
	처분청은 **국가 또는 공공단체 등의 의사를 결정하여 외부적으로 표시할 수 있는 기관을 의미**하므로, **대외적으로 의사를 표시할 수 없는 내부기관**은 실질적인 의사가 그 기관에 의해 결정되더라도 **피고적격을 갖지 못한다.(17국가9급)**	
예외	**승계청**	**승계한 행정청이 피고**(제13조1항단서).**(15국가9급)** **판례** 근로복지공단의 권한이 국민건강보험공단으로 이관된 경우 이 관받은 국민건강보험공단이 피고가 됨(2012두22904).

1. 국가공무원법에 따른 처분, 그 밖에 보인의 의사에 반하는 불리한 처분이나 부작위에 관한 행정소송을 제기할 때, 대통령의 처분 또는 부작위의 경우에는 소속 장관을 피고로 한다. **19지방9급**

2. 중앙노동위원회의 처분에 대한 행정소송은 중앙노동위원회 위원장을 피고로 해야 한다. **17경행**

3. 헌법재판소장이 소속직원에게 내린 징계처분에 대한 취소소송의 피고는 헌법재판소사무처장이다. **18지방9급**

4. 국회의장이 행한 처분의 경우 국회사무총장이 피고가 된다. **14지방7급**

5. 행정권한의 위임 또는 위탁이 있는 경우, 취소소송의 피고는 수임청이 된다. **19서울7급**

예외	특별규정	**대통령의 공무원에 대한 불이익처분**	**해당 공무원이 소속되어있는 부처의 장관**(국가공무원법§16②) **(19지방·교행9급,14지방7급)**
		중앙선거관리위원장의 공무원에 대한 불이익처분	중앙선관위사무총장(국가공무원법§16②)
		국회의장의 처분	**국회사무총장(17경행,14지방7급)** (국회사무처법§4③)
		대법원장의 처분	**법원행정처장(17경행)**(법원조직법§20)
		헌법재판소장의 처분	**헌법재판소사무처장(17경행)** (헌법재판소법(§17⑤)
	폐지	처분이나 재결을 한 행정청이 없게 된 때에는 그 **처분 등에 관한 사무가 귀속되는 국가 또는 공공단체**를 피고로 한다(행정소송법§13②).**(08지방7급)**	

3) 구체적 판단

합의제 행정청	각종 위원회로서 의사를 결정하여 그 **결정된 의사를 자기 이름으로 대외적으로 표시할 수 있는 권한**을 가진 위원회**(20국가9급)** 예) 중앙선거관리위원회, 행정심판위원회, 토지수용위원회, 저작권심의위원회, 국민권익위원회, 교원소청심사위원회, 공무원소청심사위원회, 공정거래위원회, 감사원
	원칙 : 당해 합의제행정기관(21군무원9급) **예외 : 노동위원회, 중앙해양안전심판원, 시 · 도 인사위원회의 경우, 기관장**이 피고가 됨.
	판례 ① 공정거래위원회의 처분에 대한 소는 공정거래위원회를 피고로 함. ② 중앙노동위원회의 재심에 불복하는 경우에는 **중앙노동위원회 위원장**을 피고로 취소소송을 제기(94누9955).**(22국회8급,16서울7급,15국가9급,13국가7급)** ③ 7급 지방공무원 신규임용시험 불합격결정에 대한 소송의 피고는 **시 · 도 인사위원회위원장**이다(95누7055).
권한의 위임 · 위탁	• 행정 권한의 위임은 법률의 근거를 요하나, 행정권한의 내부위임은 법률의 근거가 없이도 가능함(94누6475).**(22국회8급)** • 위임 · 위탁을 받은 **권한을 받은 수임청 · 수탁청**이 피고**(20국가9급,19서울7급,14서울7급)**. **판례** 성업공사(현 자산관리공사)가 세무서장으로부터 공매권한을 위임받았다면 처분에 대한 취소소송의 피고적격은 위임청인 세무서장이 아니라 **수임청인 성업공사**가 된다(96누1757).

내부위임	• 내부위임이란, 조직 내부에서 수임자가 위임자의 권한을 위임자의 명의와 책임으로 행사하는 것을 의미. • 권한의 이전이 없기에 처분도 위임청 명의로 해야하며, **피고적격 역시 위임청이 되어야 함이 원칙.** 단, **수임청이 자신의 명의로 처분**하였다면, **명의자인 수임청이 피고적격**(22국회8급,14지방7급,13서울9급). 판례 ① 행정처분을 행할 적법한 권한이 있는 상급행정청으로부터 **내부위임을 받은 데 불과한 하급행정청이 권한 없이 자신의 이름으로 행정처분을 한 경우**에는 **하급행정청이 항고소송의 피고**가 된다(90누5641).(20국가9급,17국가9급,14변시,13서울9급 등) ② 서울지방경찰청장은 운전면허와 관련된 처분권한을 각 경찰서장에 **내부위임**하였고, 이에 따라 종로경찰서장은 자신의 명의로 갑에게 운전면허정지처분을 한 경우, 갑이 제기한 운전면허정지처분 취소소송의 **피고는 종로경찰서장**이다.(20국가7급,15국가9급,15서울9급,14지방9급)

대리	대리관계를 표시했는지(현명)에 따라 나누어 판단함.	
	현명 O	피대리행정청(19지방·교행9급) 판례 관할청인 농림축산식품부장관으로부터 농지보전부담금 수납업무의 대행을 위탁받은 한국농어촌공사가 농지보전부담금 납부통지서에 관할청의 대행자임을 기재하고 납부통지서를 보낸 경우, 농지보전부담금 부과처분에 대한 취소소송의 피고는 관할청이 된다(2018두43095).(22국회8급)
	현명 X	**원칙 : 대리기관** (18서울9급,16국가7급) **예외 :** 대리관계를 밝히지 않았더라도 처분의 상대방이 피대리행정청을 대리하여 내려진 처분임을 알고 있었다면 **피대리행정청이 피고.**(22국회8급,18서울9급,08지방9급)

지방의회	**원칙 :** 지방의회는 행정청이 아니므로 **피고가 될 수 없음.** **예외 : 지방의회 의장에 대한 불신임 의결, 지방의회 의원의 징계, 의장선거**의 경우, **지방의회**가 피고.(15국가9급)
처분적 조례	조례가 항고소송의 대상이 되는 경우, 피고는 지방의회가 아니라 **공포권자인 지방자치단체의 장**이 됨(18서울9급). 조례가 **교육 · 학예**에 관한 경우, **공포권자인 교육감**이 피고.(15국가9급) 판례 초등학교의 공용폐지를 내용으로 하는 조례를 대상으로 관할 법원에 취소소송을 제기하였다면, 피고는 시 · 도 교육감이다(95누8003).(22국회8급,20지방7급,16서울7급,08국가9급)
공법인 등	국가나 지방자치단체의 사무가 공법인 등에게 위임된 경우, 위임받은 **공법인이나 공무수탁사인 자체가 행정주체이면서 행정청이 되어 피고**가 된다(행정소송법 §2②).

1. 행정처분을 행할 적법한 권한이 있는 상급행정청으로부터 내부위임을 받은 데 불과한 하급행정청이 권한 없이 자신의 이름으로 행정처분을 한 경우에는 하급행정청이 항고소송의 피고가 된다. **19국가9급**

2. 대리기관이 대리관계를 표시하고 피대리 행정청을 대리하여 행정처분을 한 때에는, 피대리 행정청이 피고로 되어야 한다. **19지방9급**

3. 행정권한을 위탁받은 공공단체 또는 사인이 자신의 이름으로 처분을 한 경우에는 그 공공단체 또는 사인이 항고소송의 피고가 된다. **17국가9급**

4. 조례가 항고소송의 대상이 되는 경우 피고는 조례의 공포권자인 지방자치단체의 장이되고, 그 조례가 교육에 관한 조례인 경우 피고는 교육감이 된다. **18서울9급**

5. 지방의회의 제명징계의결에 대하여 항고소송을 제기하는 경우 지방의회가 피고가 된다. **06국회8급**

1. 행정소송법 제14조에 의한 피고의 경정은 사실심 변론종결시인 제2심까지 가능하다. **21군무원9급**

2. 항고소송에서 원고가 피고를 잘못 지정하였다면 법원은 석명권을 행사하여 피고를 경정하게 하여 소송을 진행하여야 한다. **16서울7급**

처분청과 통지한 행정청이 다른 경우	**처분청이 피고**(08국가9급) 판례 건국훈장 독립장이 수여된 망인에 대하여 사후적으로 친일행적이 확인되었다는 이유로 **대통령에 의하여 망인에 대한 독립유공자서훈취소가 결정**되고, 그 서훈취소에 따라 훈장 등을 환수조치하여 달라는 당시 행정안전부장관의 요청에 의하여 국가보훈처장이 망인의 유족에게 독립유공자서훈취소결정을 통보한 사안에서, 독립유공자서훈취소결정에 대한 취소소송에서의 피고적격이 있는 자는 **대통령**이다(2013두2518).(16지방9급)

4) 피고의 경정(행정소송법 §14)

원칙	**소송 계속 중**에 피고로 지정된 자를 **다른 자로 변경**하는 것	
유형	**피고를 잘못 지정**	① **원고의 신청**에 의해 법원이 결정으로 피고 경정 허가함(**법원의 직권X**)(§14①). ② 피고를 잘못 지정한 원고의 **고의 · 과실유무는 불문** ③ 피고를 잘못 지정한 때의 판단은 **제소시를 기준**으로 함. ④ 항고소송에서 원고가 피고를 잘못 지정하였다면, **법원은 석명권을 행사**하여 **피고를 경정하게 하여 소송을 진행하여야 하며**(20국가9급, 16서울7급), 그렇지 않고 바로 **소를 각하한 것은 위법**하다(2000두7852).(20국가9급,16서울7급)
	권한승계 등의 경우	① 소를 제기한 후 다른 행정청에게 승계된 경우 → **승계청** 행정청이 **폐지**된 경우 → **사무가 귀속되는 국가 또는 공공단체** ② 원고의 신청 또는 **법원의 직권**에 의해서 가능(21소방간부)
	소변경	원고의 신청 또는 **법원의 직권**에 의해서 가능 판례 소위 주관적, 예비적 병합은 행정소송법 제28조 제3항과 같은 예외적 규정이 있는 경우를 제외하고는 원칙적으로 허용되지 않는 것이고, 또 행정소송법상 소의 종류의 변경에 따른 당사자(피고)의 변경은 교환적 변경에 한 한다고 봄이 상당하므로 예비적 청구만이 있는 피고의 추가경정신청은 허용되지 않는다(89두1).(20국가9급)
시기	**사실심변론종결시까지** 허용(2005부4)(21군무원9급)	
효과	① 새로운 피고에 대한 소송의 제소기간의 준수여부는 **처음 소를 제기한 때를 기준**으로 본다.(17지방9급,08지방9급) ② 종전의 피고에 대한 소송을 **취하**된 것으로 본다(§14⑤) ③ 피고경정신청을 각하하는 결정에 대해서는 **즉시항고** 할 수 있다(§14③).	

마. 제소기간

제20조(제소기간) ① 취소소송은 **처분등이 있음을 안 날부터 90일** 이내에 제기하여야 한다. 다만, 제18조제1항 단서에 규정한 경우와 그 밖에 행정심판청구를 할 수 있는 경우 또는 행정청이 행정심판청구를 할 수 있다고 잘못 알린 경우에 행정심판청구가 있은 때의 기간은 **재결서의 정본을 송달받은 날부터 기산**한다.
② 취소소송은 **처분등이 있은 날부터 1년**(제1항 단서의 경우는 재결이 있은 날부터 1년)을 경과하면 이를 제기하지 못한다. 다만, **정당한 사유**가 있는 때에는 그러하지 아니하다.
③ 제1항의 규정에 의한 기간은 **불변기간**으로 한다.

1) 의의

- **소송을 제기할 수 있는 기간**을 의미하며, 그 준수 여부는 원칙상 **소제기시를 기준**으로 함. 제소기간 도과 여부는 **법원의 직권조사사항**에 해당하며(21국회9급,17교행9급), 도과시 제기된 소송은 **부적법 각하**된다.
- **불변기간이란, 법원이 늘리거나 줄일 수 없는 기간**을 의미한다.
  다만, 주소 또는 거소가 멀리 떨어진 곳에 있는 사람을 위하여 부가기간을 정할 수 있고(13지방9급), 당사자가 그 책임을 질 수 없는 사유로 말미암아 불변기간을 지킬 수 없었던 경우에는 그 사유가 없어진 날부터 2주 내에 게을리한 소송행위를 추완(추후에 보완)할 수 있다(17교행9급)(행정소송법§8,민사소송법§172,173).

	행정심판을 거치지 않은 경우	행정심판을 거친 경우 (22국가9급)	관계
주관적 제소기간 90일(불변기간 O)	처분이 있음을 안 날	재결서 송달일	두 기간 중 **어느 하나의 기간이라도 먼저 경과**하면 취소소송을 **제기할 수 없다**.(18지방7급)
객관적 제소기간 1년(불변기간 X)	처분이 있은 날	재결이 있은 날	

2) 행정심판을 거치지 않은 경우

처분이 있음을 안 경우 (안 날로부터 90일)	
통지, 기타의 방법에 의해 당해 **처분이 있었음을 현실적으로 안 날**을 의미, 처분의 **위법이 있음을 안 날까지 의미하는 것은 아님**(21국회9급,17국가7급,15사복9급).	
특정인에 대한 처분	**처분이 있음을 안 날** 판례 ㉠ 처분에 관한 서류가 당사자의 주소에 **송달**되는 등 사회통념상 처분이 있음을 **당사자가 알 수 있는 상태에 놓여진 때**에는 반증이 없는 한 그 처분이 있음을 **알았다고 추정됨**(99두9742).(13국회속기9급) ㉡ 처분서를 송달받기 전, 정보공개청구를 통하여 처분 통보서를 비롯한 일체의 서류를 교부받았다고 하더라도, 그 서류를 교부받은 날부터 제소기간이 기산되는 것은 아니다(2014두8254).(21국가9급)
	행정심판법상 오고지에 관한 규정(행정심판법§27⑤)은 **행정소송에 적용되지 않음** → 행정심판에서는 행정청이 상대방에게 심판청구기간을 법정 심판청구기간보다 긴 기간으로 잘못 알린 경우에 그 잘못 알린 기간 내에 심판청구가 있으면 그 심판청구는 법정 심판청구기간 내에 제기된 것으로 보나, 행정소송에서는 그렇지 않다.(18국가9급)
불특정인에 대한 고시·공고	이해관계를 가진 자가 현실적으로 고시 또는 공고 사실을 알았는 지와 관계없이 **고시 또는 공고가 효력을 발생하는 날에 처분이 있음을 알았다고 보아 그 날로부터 90일 이내 제소**해야 함(99두11257).(21국회9급,20국가9급,18서울7급,16지방9급,15국회8급,11지방8급 등)

1. 처분이 있음을 안 날이라 함은 처분에 관한 서류가 당사자의 주소에 송달되는 등 사회통념상 처분이 있음을 당사자가 알 수 있는 상태에 놓여진 때에는 반증이 없는 한 그 처분이 있음을 알았다고 추정할 수 있다. **13국회속기9급**

2. 고시 또는 공고에 의하여 행정처분을 하는 경우 그 행정처분에 이해관계를 갖는 사람이 고시 또는 공고가 있었다는 사실을 현실적으로 알았는지 여부에 관계없이 고시 또는 공고가 효력을 발생한 날에 행정처분이 있음을 알았다고 보아야 한다. **20지방9급**

3. 행정심판에서는 행정청이 상대방에게 심판청구기간을 법정 심판청구기간보다 긴 기간으로 잘못 알린 경우에 그 잘못 알린 기간 내에 심판청구가 있으면 그 심판청구는 법정 심판청구기간 내에 제기된 것으로 보나 행정소송에서는 그렇지 않다. **18국가9급**

1. 행정처분이 있음을 안 날부터 90일을 넘겨 행정심판을 청구하였다가 각하재결을 받은 후 그 재결서를 송달받은 날부터 90일 내에 원래의 처분에 대하여 취소소송을 제기한 경우, 법원은 각하판결을 하여야 한다. **19국가9급**

불특정인에 대한 고시·공고	**판례** 구 청소년 보호법에 따라 정보통신윤리위원회가 특정 웹사이트를 청소년 유해매체물로 결정하고 청소년 보호위원회가 효력발생시기를 명시하여 고시하였으나 정보통신윤리위원회와 청소년보호위원회가 웹사이트 운영자에게는 위 처분이 있었음을 통지하지 않았다 하더라도, 그 **고시가 효력을 발생하는 날에 처분이 있음을 알았다**고 보아야 한다 (2004두619).**(21국가7급,20지방9급,18국가9급)**
특정인에 대한 송달불능	공고 또는 고시의 효력발생일이 아닌 **처분이 있음을 현실적으로 안 날** (2005두14851).**(10국회속기9급)**

처분이 있음을 알지 못한 경우(있은 날로부터 1년)	
원칙	처분이 **있은 날로부터 1년 내**에 취소소송 제기해야 함.**(20지방9급,13경찰,10국회9급)** 이때 '처분이 있은 날'이란, 행정처분이 **상대방에게 도달되는 등의 방법으로** (ex. 공시송달) **효력이 발생한 날**을 의미함**(통설, 판례)**.**(12국회9급)**
예외	**정당한 사유가 있는 경우에는 1년이 경과해도 소송 제기 가능.(19소방9급)** 정당한 사유란, **제소기간 내에 소를 제기하지 못함을 정당화 할만한 객관적인 사유를 의미**하는 바, 민사소송법 상 '당사자가 그 책임을 질 수 없는 사유'나 행정심판법상 '천재, 지변, 전쟁, 사변 그 밖에 불가항력적인 사유'보다 넓은 개념임(90누6521).

3) 행정심판을 거친 경우

재결서 정본을 송달받은 경우	① **송달받는 날로부터 90일 이내에 제기해야**(§20①).**(22국가9급,17교행9급)** **판례** 개별공시지가의 결정에 이의가 있는 자가 행정심판을 거쳐 취소소송을 제기하는 경우 취소소송의 제소기간은 **그 행정심판재결서 정본을 송달받은 날부터 또는 재결이 있은 날부터 기산**한다(2008두19987).**(21국가9급,18지방7급)**
	② '행정심판'은, 행정심판법에 따른 **일반행정심판**과, 이에 대한 특례로서 다른 법률에서 사안의 전문성과 특수성을 살리기 위하여 특히 필요하여 일반행정심판을 갈음하는 **특별한 행정불복절차를 정한 경우의 특별행정심판 (행정심판법§4)**를 의미함(2017두52764).**(17지방9급)**
	③ • **원칙** : 행정심판은 필요적이든 임의적이든 가리지 않으나, **적법한 행정심판**을 거쳐야 함 **판례** 행정처분이 있음을 안 날부터 90일을 넘겨 행정심판을 청구하였다가 각하재결을 받은 후 그 재결서를 송달받은 날부터 90일 내에 원래의 처분에 대하여 취소소송을 제기한 경우, 법원은 각하 판결을 하여야 한다(2011두18786).**(21국회9급,21국가9급,19국가9급)** • **예외 : 행정심판청구를 할 수 없음에도 행정청이 할 수 있다고 잘못 알려 청구**한 경우, 재결서 정본 송달일로부터 기산해야 함.**(20지방9급)** • **예외의 예외** : 하지만 **이미 처분의 불가쟁력이 발생한 후**에는 행정청이 당해 처분에 대해 행정심판 청구를 할 수 있다고 잘못 알렸다 하더라도, **재결서 정본을 송달받은 날로부터 다시 취소소송의 제소기간이 기산되는 것은 아니다**(2011두27247).**(21경행,20지방9급,17지방9급)**

재결서 정본을 송달받지 못한 경우	**재결이 있은 날로부터 1년 이내**에 제기해야

4) 구체적 검토

제3자효 행정행위		제3자효 행정행위에도 **취소소송 제소기간 요건 적용.(19국회8급)** 단, 제3자는 일반적으로 처분이 있음을 바로 알 수 없으므로, **정당한 사유가 있는 경우에 해당하여, 1년이 경과하더라도 소송 제기 가능.** 그러나 제3자가 **어떠한 경위로든 행정처분이 있음을 안 이상 그 처분이 있음을 안 날로부터 90일 이내에 취소소송을 제기해**야 함(95누16233).**(19서울9급)**
헌법재판소의 위헌 결정		위헌결정으로 인해 비로소 소송제기가 가능해진 경우엔, 위헌 결정이 있은 날, 위헌결정이 있음을 안 날이 기산점(2009두20997).**(20경행,15국회8급)**
소변경	**소송 종류의 변경**	**처음 소가 제기**된 때 기준 (행정소송법§21④)
소변경	**청구 취지의 변경**	**원칙 :** ✪청구취지의 변경으로 **종전 소가 취하**되고 **새로운 소가 제기**된 것으로 보므로, 새로운 소에 대한 제소기간을 준수하였는지는 원칙적으로 **소의 변경이 있은 때**를 기준으로 판단함.**(20국회8급,17지방9급)** **예외 :** **판례** ① 선행 처분의 취소를 구하는 소를 제기하였다가 이후 후행 처분의 취소를 구하는 청구취지를 추가한 경우에도, 선행 처분이 종국적 처분을 예정하고 있는 일종의 잠정적 처분으로서, 후행 처분이 있을 경우 선행 처분은 후행 처분에 흡수되어 소멸되는 관계에 있고, 당초 선행 처분에 존재한다고 주장되는 위법사유가 후행 처분에도 마찬가지로 존재할 수 있는 관계여서 **선행 처분의 취소를 구하는 소에 후행 처분의 취소를 구하는 취지도 포함되어 있다고 볼 수 있다면, 후행 처분의 취소를 구하는 소의 제소기간은 선행 처분의 취소를 구하는 최초의 소가 제기된 때를 기준으로 정하여야** 한다(2016두48737). ② 선행 처분에 대하여 제소기간 내에 취소소송이 적법하게 제기되어 계속 중에 행정청이 선행 처분서 문언에 일부 오기가 있어 이를 정정할 수 있음에도 선행 처분을 직권으로 취소하고 실질적으로 동일한 내용의 후행 처분을 함으로써, 선행 처분과 후행 처분 사이에 밀접한 관련성이 있고, 선행 처분에 존재한다고 주장되는 위법사유가 후행 처분에도 마찬가지로 존재할 수 있는 관계인 경우에는 후행 처분의 취소를 구하는 소변경의 제소기간 준수 여부는 따로 따질 필요가 없다(2018두58431).

1. 청구취지를 변경하여 종전의 소가 취하되고 새로운 소가 제기된 것으로 변경되었다면, 새로운 소에 대한 제소기간 준수 여부는 원칙적으로 소의 변경이 있은 때를 기준으로 한다. **17지방9급**

1. 납세자의 이의신청에 의한 재조사결정에 따른 행정소송의 제소기간은, 이의신청인 등이 재결청으로부터 재조사결정의 통지를 받은 날이 아닌, 후속처분의 통지를 받은 날부터 기산한다. **17지방9급**

2. 행정처분의 당연무효를 선언하는 의미에서 그 취소를 구하는 행정소송을 제기하는 경우에는 취소소송의 제소기간을 준수하여야 한다. **19국회8급**

<table>
<tr><td rowspan="2">추가적 병합</td><td>추가적으로 병합된 소의 제소기간은 추가병합신청이 있은 때가 기준
단, 동일한 처분을 대상으로 다른 종류의 항고소송 제기 시에는 처음소가 제기된 때 기준</td></tr>
<tr><td>판례 ㉠ 보충역편입취소의 효력을 다투는 소에 공익근무요원복무중단처분, 현역병입영대상편입처분 및 현역병입영통지처분의 취소를 구하는 청구를 추가적으로 병합한 경우, 소의 제소기간 준수 여부는 각각의 청구취지의 추가·변경신청이 있은 때를 기준으로 개별적으로 판단해야 한다(2003두12257).
㉡ 동일한 행정처분에 대하여 무효확인의 소를 제기하였다가 그 후 그 처분의 취소를 구하는 소를 추가적으로 병합한 경우, 주된 청구인 무효확인의 소가 적법한 제소기간 내에 제기되었다면 추가로 병합된 취소청구의 소도 적법하게 제기된 것으로 봄이 상당하다(2005두3554).(21국가9급,21경행,21국회8급,21변시)</td></tr>
<tr><td>처분변경명령 재결에 따른 변경처분</td><td>취소소송의 대상은 변경된 당초처분이므로, 재결서 정본을 송달받은 날로부터 90일 이내에 제소해야 함(2004두9302).(16서울7급)</td></tr>
<tr><td rowspan="2">이의신청을 거친 경우</td><td>행정심판이 아닌 단순한 이의신청
→ 개별법에 규정이 없는 한, 처분이 있음을 안 날로부터 90일
예) 민원처리에 관한 법률상의 이의신청</td></tr>
<tr><td>특별행정심판에 속하는 이의신청
→ 그 결정을 송달받은 날로부터 90일 이내
판례 조세심판에서 재결청(행정심판위원회)의 '재조사결정'에 따른 심사청구기간이나 심판청구기간 또는 행정소송의 제소기간의 기산점은 후속처분의 통지를 받은 날이다(2007두12514).(17지방9급)</td></tr>
<tr><td>거부처분</td><td>각 거부처분마다 별도로 제소기간 진행</td></tr>
</table>

5) 적용 범위

부작위위법 확인소송	무효확인소송	당사자소송
행정심판을 거쳐 소송을 제기하는 경우 **→ 제소기간 제한 O**	**적용 X**	**적용 X**
행정심판을 거치지 않고 소송 제기하는 경우 **→ 제소기간 제한 X**	단, **당연무효를 선언하는 의미에서 그 취소를 구하는 행정소송을 제기**하는 경우에는 취소소송의 제소요건을 갖추어야 함(87누219).	단, 당사자소송에 관하여 법령에 제소기간이 정하여져 있는 경우 그 기간은 불변기간.**(19소방9급)**

바. 전심절차

제18조(행정심판과의 관계) ① 취소소송은 법령의 규정에 의하여 당해 처분에 대한 행정심판을 제기할 수 있는 경우에도 이를 거치지 아니하고 제기할 수 있다. 다만, 다른 법률에 당해 처분에 대한 행정심판의 재결을 거치지 아니하면 취소소송을 제기할 수 없다는 규정이 있는 때에는 그러하지 아니하다.

1) 원칙과 예외

<table>
<tr><td>원칙</td><td colspan="2">임의적 행정심판 전치주의
취소소송은 법령의 규정에 의하여 당해 처분에 대한 행정심판을 제기할 수 있는 경우에도 이를 거치지 아니하고 제기할 수 있다(§18①전단).
예) 국민건강보험법상 건강보험분쟁조정위원회의 결정(21경행)</td></tr>
<tr><td rowspan="2">예외</td><td>의의</td><td>필요적 행정심판 전치주의
“다른 법률에 당해 처분에 대한 행정심판의 재결을 거치지 아니하면 취소소송을 제기할 수 없다는 규정이 있는 때(§18①단서)”에는 행정심판을 필수적으로 거쳐야 한다.(16경행)</td></tr>
<tr><td>적용례</td><td>① 국세(관세) 심사 · 심판청구(17교행9급)
② 공무원에 대한 소청심사
③ 도로교통법상 처분(21경행,13국가7급,11국가7급)
④ 감사원의 변상판정에 대한 재심의판정
⑤ 노동위원회의 처분에 대한 중앙노동위원회의 재심
⑥ 특허심판원의 심결(21경행)
⑦ 과세관청의 압류처분에 대한 심사청구 또는 심판청구(15국가9급) 등의 경우, 행정심판을 거친 후 행정소송을 제기야 함.
⑧ 지방세기본법상 조세심판원의 결정(21경행)</td></tr>
<tr><td rowspan="2">예외의 완화</td><td>행정심판 제기는 하되 재결을 거칠 필요가 없는 경우(§18②)
(14국회8급)</td><td>1. 행정심판청구가 있은 날로부터 60일이 지나도 재결이 없는 때
2. 처분의 집행 또는 절차의 속행으로 생길 중대한 손해를 예방하여야 할 긴급한 필요가 있는 때(15국가7급,09국가7급)
3. 법령의 규정에 의한 행정심판기관이 의결 또는 재결을 하지 못할 사유가 있는 때(16서울9급,09국가7급)
4. 그 밖의 정당한 사유가 있는 때</td></tr>
<tr><td>행정심판을 제기함이 없이 취소소송을 제기할 수 있는 경우
(§18③)
(16서울9급)</td><td>1. 동종사건에 관하여 이미 행정심판의 기각재결이 있은 때
2. 서로 내용상 관련되는 처분 또는 같은 목적을 위하여 단계적으로 진행되는 처분중 어느 하나가 이미 행정심판의 재결을 거친 때
3. 행정청이 사실심의 변론종결후 소송의 대상인 처분을 변경하여 당해 변경된 처분에 관하여 소를 제기하는 때
4. 처분을 행한 행정청이 행정심판을 거칠 필요가 없다고 잘못 알린 때(15국가7급)

판례 하천구역의 무단 점용을 이유로 부당이득금 부과처분과 그 부당이득금 미납으로 인한 가산금 징수처분을 받은 사람이 가산금 징수처분에 대하여 행정청이 안내한 전심절차를 거친 이상 가산금 징수처분에 대하여 부당이득금 부과처분과 함께 행정소송으로 다툴 수 있다(2004두947).(19국회8급)(2호 관련 판례)</td></tr>
</table>

1. 필요적 행정심판전치주의가 적용되는 경우 그 요건을 구비하였는지 여부는 법원의 직권조사사항이다. **14사복9급**

2. 도로교통법에 따른 처분에 대해서는 행정심판의 재결을 거치지 아니하면 취소소송을 제기할 수 없다. **13국가7급**

3. 제척기간을 도과한 행정심판청구의 부적법을 간과한 채 행정청이 실질적 재결을 한 경우, 행정 소송의 전치요건을 충족한 것으로 볼 수 없다. **15국회8급**

4. 행정심판전치주의가 적용되는 경우에 행정심판을 거치지 않고 소제기를 하였더라도 사실심변론종결 전까지 행정심판을 거친 경우 하자는 치유된 것으로 볼 수 있다. **15국회8급**

1. 예외적 행정심판전치주의는 취소소송과 부작위위법확인소송에는 적용되지만, 무효확인소송에는 적용되지 아니한다. **17국회8급**

2. 국가의 사무를 위임 또는 위탁받은 공공단체 또는 그 장(경찰청장 등)에 대하여 취소소송을 제기하는 경우에는 대법원소재지를 관할하는 행정법원에 제기할 수 있다. **15서울7급**

3. 토지의 수용 기타 부동산 또는 특정의 장소에 관계되는 처분 등에 대한 취소소송은 그 부동산 또는 장소의 소재지를 관할하는 행정법원에 제기할 수 있고, 민사소송법상의 합의관할 또는 변론관할에 의한 소송제기 역시 가능하다. **10국가7급**

4. 중앙행정기관의 부속기관과 합의제행정기관 또는 그 장에 대하여 취소소송을 제기하는 경우에는 대법원소재지를 관할하는 행정법원에 제기할 수 있다. **15서울7급**

2) 행정심판전치주의의 충족 판단

판단 기준시	**취소소송 제기 당시에 충족**되야 함. 그렇지 않으면 **부적법 각하.** 법원의 **직권조사사항임(15국회8급).** 단 **사실심변론종결시까지** 행정심판 절차를 거친 경우 **하자가 치유** (86누29)(18경행,15국회8급).		
적법한 행정심판 청구 거칠 것	적법한 심판청구를 부적법한 것으로 각하한 경우	→	행정심판전치 요건 충족
	부적법한 심판청구를 각하하지 않고 본안에 대한 재결을 한 경우(90누8091)(18경행,15국회8급).	→	행정심판전치 요건 충족 X

3) 적용범위

취소소송	부작위위법 확인소송	무효확인소송	당사자소송
적용	적용 (§38②)	**적용 X**(§38①)(19국가7급) 단, **당연무효를 선언하는 의미에서 그 취소를 구하는 행정소송을 제기**하는 경우에는 취소소송의 제소요건을 갖추어야 함(87누219).	**적용 X**

사. 관할

제9조(재판관할)

① 취소소송의 제1심관할법원은 **피고의 소재지를 관할하는 행정법원**으로 **한다.**

② 제1항에도 불구하고 다음 각 호의 어느 하나에 해당하는 피고에 대하여 취소소송을 제기하는 경우에는 **대법원소재지를 관할하는 행정법원**에 **제기할 수 있다. → 서울행정법원**

1. **중앙행정기관, 중앙행정기관의 부속기관과 합의제행정기관 또는 그 장**
2. 국가의 사무를 위임 또는 위탁받은 공공단체 또는 그 장

③ 토지의 수용 기타 부동산 또는 특정의 장소에 관계되는 처분등에 대한 취소소송은 그 **부동산 또는 장소의 소재지를 관할하는 행정법원**에 이를 **제기할 수 있다.**

1) 재판의 관할

가) 관할의 의의

관할이란, **특정법원이 특정 사건을 재판할 수 있는 권한**을 말하며,

법원의 직권조사사항이다.

우리나라는 현재 서울행정법원만 설치되어 있고, 서울행정법원의 관할구역이 아닌 지역은 행정법원이 추가로 설치될 때까지 해당지방법원 본원(예외-춘천지방법원 강릉지원)이 관할함.

나) 취소소송의 재판관할

<table>
<tr><td rowspan="4">토지관할</td><td>임의관할
(원칙)</td><td>의의 : 소재지를 기준으로 재판권을 분배하는 것</td></tr>
<tr><td>보통관할</td><td>• 원칙 : 피고의 소재지를 관할하는 행정법원(§9①)(15서울7급)
• 예외 : ① 중앙행정기관, 중앙행정기관의 부속기관과 합의제행정기관 또는 그 장, ② 국가의 사무를 위임 또는 위탁받은 공공단체 또는 그 장 → 대법원 소재지의 행정법원(서울행정법원)(§9②)(18경행,15서울7급) ⇒ 임의적</td></tr>
<tr><td>특별관할</td><td>부동산 또는 장소의 소재지 행정법원(§9③)(15서울7급) ⇒ 임의적
→ 토지의 수용 기타 부동산 또는 특정의 장소에 관계되는 처분등에 대한 취소소송</td></tr>
<tr><td>합의관할
및
변론관할</td><td>합의관할(양 당사자간 관할에 관한 합의가 있을 때),
변론관할(다투지 않고 본안에서 변론한 경우)에 관한 민사소송법 규정 적용됨.(10국가7급)</td></tr>
<tr><td>사물관할</td><td colspan="2">행정사건은 판사 3인으로 구성된 합의부 관할사건</td></tr>
<tr><td>심급관할</td><td colspan="2">3심제 : 1심은 행정법원, 항소심은 고등법원, 상고심은 대법원</td></tr>
</table>

2) 관할 위반을 이유로 한 이송

<table>
<tr><td>관할 또는
심급상 문제</td><td>① 법원은 소송의 전부 또는 일부가 그 관할에 속하지 아니함을 인정할 때에는 결정으로 관할법원에 이송한다.
② 원고의 고의 또는 중대한 과실없이 행정소송이 심급을 달리하는 법원에 잘못 제기된 경우에도 법원은 관할법원에 이송한다(§7).(10국가7급)</td></tr>
<tr><td>행정소송을
민사소송으로
제기</td><td>판례는 이 경우에도 관할 법원인 행정법원으로 이송해야 한다고 판시함(행소법§8②,민사소송법§34)

판례 행정소송법상 항고소송으로 제기하여야 할 사건을 민사소송으로 잘못 제기하였으나, 수소법원이 항고소송에 대한 관할도 동시에 가지고 있는 경우(예 - 지방법원 본원), 법원은 원고에게 항고소송으로 소를 변경하도록 석명권을 행사하여 행정소송법이 정하는 절차에 따라 심리·판단하여야 한다(2019다264700).

예) 관리처분계획안 총회결의의 무효확인 소송이 민사소송으로 제기된 경우(2009다2428), 조합설립인가처분 후 민사소송으로 조합설립결의 무효확인 소송이 제기된 경우(2008다60568)</td></tr>
</table>

3) 관련 청구의 이송과 병합

제10조(관련청구소송의 이송 및 병합) ① 취소소송과 다음 각호의 1에 해당하는 소송이 각각 다른 법원에 계속되고 있는 경우에 **관련청구소송이 계속된 법원이 상당하다고 인정하는 때**에는 **당사자의 신청 또는 직권에 의하여 이를 취소소송이 계속된 법원으로 이송**할 수 있다.

1. 당해 처분등과 관련되는 손해배상 · 부당이득반환 · 원상회복등 청구소송
2. 당해 처분등과 관련되는 취소소송

② 취소소송에는 **사실심의 변론종결시까지 관련청구소송을 병합**하거나 피고외의 자를 상대로 한 관련청구소송을 **취소소송이 계속된 법원에 병합**하여 제기할 수 있다.

1. 취소소송에 당해 처분과 관련되는 부당이득반환청구소송이 병합된 경우, 부당이득반환청구가 인용되기 위해서는 그 소송절차에서 판결에 의해 당해 처분이 취소되면 충분하고, 그 처분의 취소가 확정되어야 하는 것은 아니다. **18국가7급**

가) 의의

취소소송과 관련된 다른 소송들이 다른 법원에 계속 중인 경우,
심리의 중복이나 재판의 모순 · 저촉을 피하기 위해,
법원이 당사자의 신청이나 직권에 의해 관련청구소송의 이송과 병합을 인정하는 것.

나) 관련청구의 범위

당해 처분등과 관련되는 손해배상 · 부당이득반환 · 원상회복 등 청구소송 (§10①1호)	취소소송으로 인한 손해에 대한 국가배상청구소송을 병합하는 경우(**17국회8급**), 조세부과처분취소소송에 조세과오납금환급청구소송을 하는 경우(**14국회8급**) 등
당해 처분등과 관련되는 취소소송 (§10①2호)	대집행절차에서 계고처분과 대집행영장에 의한 통지 등과 같이, 처분과 함께 하나의 절차를 구성하는 행위의 취소소송

다) 관련청구의 이송 (§10①)

의의	취소소송과 관련청구소송이 각각 다른 법원에 계속되고 있는 경우에 **관련청구소송이 계속된 법원이 상당하다고 인정하는 때에 이를 취소소송이 계속된 법원으로 이송하는 것(09국가7급)**
요건	① 주된 소송과 관련청구소송이 **각각 다른 법원에 계속 중** ② 법원이 **이송이 상당하다고 인정**할 것 ③ **당사자의 신청** 또는 **법원의 직권에 의한 결정**이 있어야.**(21소방간부)**
효과	① 관련청구소송을 **주된 청구인 행정소송이 계속된 법원으로 이송함.** ② 이송결정이 확정되면, **이송받은 법원은 이송결정에 따라야** 하고, 사건을 다시 다른 법원에 이송하지 못함. ③ 소송은 **처음부터 이송받은 법원에 계속된 것으로 봄.** 판례 원고가 고의 또는 중대한 과실 없이 행정소송으로 제기하여야 할 사건을 민사소송으로 잘못 제기한 경우, 수소법원으로서는 만약 그 행정소송에 대한 관할도 동시에 가지고 있다면 이를 행정소송으로 심리·판단하여야 하고, 그 행정소송에 대한 관할을 가지고 있지 아니하다면 당해 소송이 이미 행정소송으로서의 전심절차 및 제소기간을 도과하였거나 행정소송의 대상이 되는 처분 등이 존재하지도 아니한 상태에 있는 등 행정소송으로서의 소송요건을 결하고 있음이 명백하여 행정소송으로 제기되었더라도 어차피 부적법하게 되는 경우가 아닌 이상 이를 부적법한 소라고 하여 각하할 것이 아니라 관할 법원에 이송하여야 한다(95다28960).**(21군무원9급)**

라) 관련청구의 병합(§10②)

<table>
<tr><td>**의의**</td><td colspan="2">취소소송에 **관련청구소송을 취소소송이 계속된 법원에 병합**하여 제기하는 것</td></tr>
<tr><td rowspan="2">**유형**</td><td>**객관적 병합**</td><td>**1명의 원고가 1명의 피고에 대하여 하나의 절차에서 수개의 청구**를 하는 경우
→ **하나의 행정처분에 대한 무효확인청구와 취소청구**는 서로 양립할 수 없는 관계에 있으므로 이러한 청구는 **주위적 · 예비적 청구로서만 병합이 가능**하고, 선택적 청구의 병합 또는 단순 병합은 허용되지 않음(97누6889).**(21국회8급,21변시,19서울9급,18소방9급)**</td></tr>
<tr><td>**주관적 병합**</td><td>**원고 · 피고 어느 일방 또는 쌍방 당사자가 다수인 경우**</td></tr>
<tr><td>**요건**</td><td colspan="2">① **각 청구가 적법**해야
② **주된 청구인 행정소송에** 관련청구를 병합해야
③ **사실심변론종결 전**에 해야**(15국회8급)**
판례 동일한 행정처분에 대하여 무효확인소송을 제기하였다가 그 후 처분에 대한 취소소송을 추가적으로 병합한 경우, **무효확인소송이 취소소송의 제소기간 내에 제기되었다면 제소기간 도과 후 병합된 취소소송도 적법하게 제기된 것**으로 볼 수 있다(2005두3354).**(17지방7급)**</td></tr>
<tr><td>**조사**</td><td colspan="2">**법원의 직권조사사항**</td></tr>
<tr><td>**효과**</td><td colspan="2">• 취소소송이 계속된 법원에 병합됨.
• **주된 청구가 부적법 각하된 경우, 병합청구도 각하**됨(2000두697).
• 병합된 부당이득반환청구가 인용되기 위해선 그 소송절차에서 판결에 의해 **당해 처분이 취소되면 충분**되고, 처분의 취소가 **확정될 필요 X**(2008두23153).**(18국가7급,15국가9급)**</td></tr>
</table>

3 취소소송의 소송참가와 소의 변경

가. 소송참가

1) 의의

소송참가란, **소송의 계속 중 자신의 법률상 지위를 보호하기 위하여 제3자 또는 행정청이 그 소송절차에 참가하는 것**을 의미함.

항고소송, 당사자소송, 민중소송 및 기관소송에 준용됨**(12국가9급)**.

2) 제3자의 소송참가와 다른 행정청의 소송참가

구분	제 3자의 소송참가 (§16)	다른 행정청의 소송참가 (§17)
의의	취소판결의 제3자효로 인하여 권익을 침해받을 우려가 있는 제3자가 있는 경우, 법원이 당사자, 제3자의 신청 또는 직권에 의해 결정으로써 제3자를 소송에 참가시키는 것.**(15국회8급)**	법원이 다른 행정청을 소송에 참가시킬 필요가 있다고 인정할 때 당사자 또는 행정청의 신청 또는 직권에 의해 결정하여 그 행정청을 소송에 참가시키는 것.**(18국가7급)**

<table>
<tr><td>요건</td><td>① 타인의 취소소송이 계속 중
(심급 불문, 상고심에서도 가능)
② 소송의 결과에 따라 권리 또는 이익의 침해를 받을 제3자(소송당사자 이외의 자)일 것
→ 판결의 기속력에 의해 권리,이익의 침해를 받는 것 포함(12국가9급)
→ 법률상의 이익에 한정되며, 사실상 · 경제상 · 감정상 이해관계 X (15국가9급)</td><td>① 타인의 취소소송 계속 중
② 다른 행정청
→ 처분이나 재결과 관계있는 행정청에 한정됨.
③ 참가의 필요성
→법원이 판단함.</td></tr>
<tr><td>시기</td><td>판결선고 전까지 가능</td><td>판결선고 전까지 가능</td></tr>
<tr><td>절차</td><td>① 당사자, 제3자의 신청 또는 직권 (12국가9급)
② 법원은 당사자 및 제3자의 의견을 들어야</td><td>① 당사자, 당해 행정청의 신청 또는 직권(21소방간부,18국가7급,11서울9급)
② 법원은 당사자 및 제3자의 의견을 들어야
③ 다른 행정청은 피고측에 참가가능, 원고측에는 참가 불가.</td></tr>
<tr><td>불복</td><td>참가신청 각하시,
제3자가 즉시항고 가능</td><td>참가여부 결정에 대해 불복 불가</td></tr>
<tr><td>참가인 지위</td><td>공동소송적 보조참가인의 지위(통설) (10국회8급)

판례 공동소송적 보조참가를 한 참가인과 피참가인이 서로 원심에 대해 불복하는 부분을 달리하여 각각 상고하는 경우, ‘피참가인만이 불복한 부분’에 대하여 참가인은 ‘상고하지 않은 참가인’의 지위에 있게 된다. 따라서 ‘피참가인만이 불복한 부분’에 대하여, 피참가인이 상고이유서에서 주장하지 않은 새로운 내용을 참가인이 피참가인의 상고이유서 제출기간이 지난 후에 주장한다면 이는 적법한 기간 내에 제출된 상고이유의 주장이라고 할 수 없다(2019두40611).</td><td>보조참가인의 지위</td></tr>
<tr><td>소송 행위</td><td>피참가인의 행위와 저촉되는 행위 가능,
유리한 행위는 효력 O
불리한 행위는 효력 X
∴ 참가인이 상소한 경우, 소송당사자인 피참가인은 상소취하나 포기를 할 수 없음(20서울·지방9급)
참가인은 판결의 효력 받음.(18지방9급)</td><td>피참가인의 행위와 저촉되는 행위 불가능</td></tr>
</table>

2) 민사소송법에 의한 소송참가

보조참가	소송의 계속 중에 소송의 결과에 대해 이해관계 있는 제3자가 당사자 일방의 승소를 보조하기 위하여 그 소송에 참가하는 것.
	행정소송에서도 **민사소송법상 보조참가 허용 O (19지방9급,17사복9급)** **단, 행정청은 민사소송법상 보조참가 허용 X**
공동소송참가	소송의 목적이 당사자 일방이 제3자에 대하여 합일적으로 확정될 경우에 제3자가 계속 중인 소송에 공동소송인으로 참가하는 것.
	행정소송에서도 **민사소송법상 공동소송참가 허용 (다수설)**
독립당사자참가	독립당사자참가란, 타인의 소송 계속 중에 원 · 피고 쌍방을 상대방으로 하여 원 · 피고 간의 청구와 관련된 자기의 청구에 대하여 동시에 심판을 구하기 위하여 소송 절차에 참가하는 것을 의미함.
	행정소송상 **독립당사자참가는 허용 X** (∵ 행정소송에서 피고는 행정청)

1. 소변경의 허가결정이 있으면, 신소는 구소가 제기된 때에 제기된 것으로 보며, 구소는 취하된 것으로 본다. **09국회8급**

2. 소의 종류의 변경에 따른 피고의 변경은 교환적 변경에 한한다고 봄이 상당하므로 예비적 청구만이 있는 피고의 추가경정신청은 예외적 규정이 있는 경우를 제외하고는 원칙적으로 허용되지 않는다. **20국가9급**

나. 소의 변경

1) 의의

소송 계속 중에 원고가 신청으로 청구를 변경하여 소송 경제를 도모하는 제도로, 소의 변경은 **청구 그 자체의 변경**이어야 하며 공격 · 방어방법의 변경은 소의 변경이 아님.

2) 소 종류의 변경과 처분변경으로 인한 소의 변경

구분	소 종류의 변경 (§21)	처분변경으로 인한 소의 변경 (§22)
의의	소송계속 중 청구의 기초에 변경이 없는 한 **당사자소송 또는 취소소송 외의 항고소송으로 변경**하는 것.**(21군무원9급)** 피고의 변경을 수반하는 경우도 가능	소송계속 중 행정청이 **소송의 대상인 처분을 새로운 처분으로 변경**한 경우, 법원이 원고의 신청에 의하여 결정함으로써 **청구의 취지 또는 원인의 변경을 허가**하는 것.**(14국회8급)**
적용 범위	**무효확인소송, 부작위위법확인소송**을 다른 항고소송이나 당사자소송으로 변경하거나, **당사자소송**을 항고소송으로 변경하는 것도 가능**(17교행9급,14서울9급)**	**취소소송, 무효확인소소송, 당사자소송 인정.** **부작위위법확인소송에는 적용 X(변경된 처분 자체가 없으므로)**
요건	① 변경의 대상이 되는 **소가 사실심 계속 중이고, 변론종결 전일 것** → 항소심에선 가능**(18서울9급)**, **상고심에서 소변경 불가** ② 소의 변경이 상당하다고 인정 ③ **원고의 신청**이 있을 것 → 직권으로 불가**(18서울9급)** ④ 청구기초에 변경이 없을 것	① 취소소송이 계속 중이고, 사실심변론종결 전일 것 ② 행정청의 처분 변경행위가 존재 ③ **원고의 신청**이 있을 것**(21소방간부,18경행)** ④ **처분의 변경이 있은 날로부터 60일 이내**일 것

1. 행정심판청구와 취소소송의 제기는 모두 처분의 효력이나 그 집행 또는 절차의 속행에 영향을 주지 아니한다. **17국회8급**

절차	① 법원은 **새로이 피고로 될 자의 의견을 들어야** 한다(§21①). ② 법원의 허가 결정이 있어야 ③ 결정이 있으면 결정 정본을 새로운 피고에게 송달해야 함.	원고의 신청에 대한 법원의 변경허가 결정이 있어야 함(§22①)
효과	**새로운 소는 종전 소를 제기한 때 제기된 것**으로 보며, **구소는 취하**된 것으로 본다(§21④)	① 새로운 소는 종전 소를 제기한 때 제기된 것으로 보며, 구소는 취하된 것으로 본다. ② 새로운 소는 **행정심판 전치주의 요건을 갖춘 것으로 간주**됨(§22③)
불복	① 허가 결정에 대한 불복 → 새 피고나 종래의 피고는 즉시항고 가능(§21③) ② 불허가 결정에 대한 불복 → 행정소송법에 규정 X, 원고는 새 피고를 상대로 별소 제기하면 됨.	행정소송법에 규정 X, 원고는 새 피고를 상대로 별소 제기하면 됨.

3) 민사소송법에 의한 소의 변경

행정소송에서도 민사소송법에 의한 소변경인 청구의 변경이 **가능**함.
단, 행정소송과 달리 제소기간 준수 여부는 소의 변경이 있은 때(소변경서 제출시)를 기준으로 함.

4) 행정소송과 민사소송 간 소의 변경

판례는 민사소송을 행정소송으로 바꾸는 소변경을 인정하는 취지의 판결을 한 바 있음(97다42250).

4 소제기의 효과(취소소송의 가구제)

가. 중복제소 금지

중복제소금지원칙이란, **소송이 제기되면, 제소된 사건에 대해 다시 소를 제기하지 못하는 것**을 의미한다.

나. 취소소송과 가구제 - 집행정지제도

1) 의의

취소소송이 제기되더라도 **원칙적으로 대상 처분의 효력은 판결의 확정시까지 정지되지 않으며, 그 집행 또는 절차의 속행 역시 정지되지 않는 것이 원칙**이고, 이를 **'집행부정지원칙'**이라 한다(**19사회복지9급,17국회8급,16교행9급,15교행9급**).
단, 개인의 권리 보호를 위해, 취소소송이 제기된 경우에 처분 등이나 그 집행 또는 절차의 속행으로 인하여 생길 **회복하기 어려운 손해를 예방하기 위하여 긴급한 필요가 있다고 인정할 때 법원이 당사자의 신청이나 직권에 의하여 집행정지결정을 하는 것을 '집행정지제도'**라 한다(행정소송법§23②)(11국가9급).

제23조(집행정지) ① **취소소송의 제기는 처분등의 효력이나 그 집행 또는 절차의 속행에 영향을 주지 아니한다.**
② 취소소송이 제기된 경우에 처분등이나 그 집행 또는 절차의 속행으로 인하여 생길 **회복하기 어려운 손해를 예방하기 위하여 긴급한 필요가 있다고 인정**할 때에는 본안이 계속되고 있는 법원은 **당사자의 신청 또는 직권**에 의하여 처분등의 효력이나 그 집행 또는 절차의 속행의 전부 또는 일부의 **정지를 결정할 수 있다.** 다만, 처분의 효력정지는 처분등의 집행 또는 절차의 속행을 정지함으로써 목적을 달성할 수 있는 경우에는 허용되지 아니한다.
③ 집행정지는 **공공복리에 중대한 영향을 미칠 우려가 있을 때에는 허용되지 아니한다.**
④ 제2항의 규정에 의한 집행정지의 결정을 신청함에 있어서는 그 **이유에 대한 소명**이 있어야 한다.
⑤ 제2항의 규정에 의한 집행정지의 결정 또는 기각의 결정에 대하여는 **즉시항고**할 수 있다. 이 경우 집행정지의 결정에 대한 **즉시항고에는 결정의 집행을 정지하는 효력이 없다.**
⑥ 제30조제1항의 규정은 제2항의 규정에 의한 집행정지의 결정에 이를 준용한다.

1. 본안문제인 행정처분 자체의 적법 여부는 집행정지 신청의 요건이 되지 아니하는 것이 원칙이지만, 본안소송의 제기 자체는 적법한 것이어야 한다. **14국가9급**

2. 집행정지의 경우 적법한 본안소송이 법원에 계속되어 있을 것을 요하지만, 본안소송의 제기와 집행정지신청이 동시에 행하여지는 경우도 허용된다. **15사복9급**

3. 본안소송이 무효확인소송인 경우에도 집행정지가 가능하다. **18서울7급**

4. 판례에 의하면, 거부처분에 대한 취소소송에서는 집행정지가 허용되지 않는다. **18서울7급**

2) 요건

가) 적극적 요건 - 신청인이 주장 · 소명해야 함.

적법한 본안소송의 계속	① **적법한 본안소송이 법원에 계속중**이어야(21지방9급,16국가9급,18경행) 처분이 적법할 것은 요하지 않음(14국가9급). 본안소송이 취하되면 집행정지결정은 당연히 소멸(21군무원7급,18변시,18경행) ② 본안소송의 제기와 **동시에 집행정지를 신청하는 것 허용**(15사복9급) ③ **본안소송과 별도로 집행정지만 신청 불가**
처분 등의 존재	① **적극적인 처분에 대해서만 인정** ∴ 처분이 아니거나, 처분 전, 부작위인 경우는 허용 X = **취소소송, 무효확인소송에 인정**(18서울7급,10서울9급), **부작위위법확인소송과 당사자소송은 X**
	② 처분이 가분적인 경우, **일부에 대해서도 집행정지 가능**(12국가9급,12지방9급) 예) 과징금처분의 일부에 대한 집행정지, 압류재산 일부에 대한 압류의 집행정지, 영업정지처분 중 일정기간에 대한 효력 정지 등
	③ **부관**이 **본질적인 것이 아닌 경우, 부관만** 집행정지 **가능**
	④ **거부처분의 효력을 정지하더라도 거부처분이 없었던 것과 같은 상태, 즉 거부처분이 있기 전의 신청시의 상태로 되돌아가는데 불과하므로, 거부처분에 대한 집행정지 허용 X** (21국가9급,21지방9급,20소방9급,18국가7급,18서울7급,16국가9급,16지방9급,15국가9급,12지방7급) **판례** ㉠ 교도소장의 접견허가거부처분(91두15)(12국가9급), ㉡ 투전기업소 갱신허가불허가처분(92두72,91두47), ㉢ 국립대학교 불합격처분(62두9) → 불가

1. 집행정지는 공공복리에 중대한 영향을 미칠 우려가 있을 때에는 허용되지 아니한다. **19사복9급**

<table>
<tr><td rowspan="2">처분 등의 존재</td><td>단, 공권력 행사이면서 사인의 법률상 이익에 직접 영향을 미치는 경우 예외적으로 집행정지 가능

판례 1단계 전형의 불합격처분의 경우 2단계 전형 응시를 위한 효력정지, 한약관련과목 이수가 부족한 경우 한약사국가시험응시를 위한 응시자격반려처분 등 → 가능</td></tr>
<tr><td>⑤ 후행처분에 대한 집행정지
후행처분이 선행처분 절차의 속행이라 여겨지는 경우에는 선행처분의 취소소송을 본안으로 하여 후행처분의 집행정지 청구 가능
예) 대집행의 계고와 대집행영장에 의한 통지, 철거명령과 대집행 계고처분, 과세처분과 체납처분 등</td></tr>
<tr><td rowspan="2">회복하기 어려운 손해예방의 필요</td><td>'회복하기 어려운 손해'(중대한 손해 X)란 금전으로 보상할 수 없는 손해로서, 금전보상이 불가능한 경우 뿐만 아니라 금전보상으로는 사회관념상 행정처분을 받은 당사자가 참고 견딜 수 없거나 참고 견디기가 현저히 곤란한 경우의 유형 · 무형의 손해를 의미함(86두18).(20소방9급,18서울7급,17국회8급)
단, 손해의 규모가 현저하게 큰지 여부는 판단의 기준이 아님.</td></tr>
<tr><td>판례 ① 유흥접객영업허가의 취소처분으로 5,000여 만원의 시설비를 회수하지 못하게 된다면 생계까지 위협받을 수 있다는 등의 사정은 집행정지를 인정하기 위한 회복하기 어려운 손해가 생길 우려가 있는 경우에 해당하지 않는다(91두1).(14국가9급)
② 외부자금의 신규차입이 사실상 중단된 상태에서 고액의 과징금 납부로 인하여 사업자가 중대한 경영상의 위기를 맞게 될 것으로 보이는 경우, 회복하기 어려운 손해에 해당한다(2001무29).(12국회9급)
③ 사건이 상고심에 계속 중인 형사피고인을 안양교도소에서 진주교도소로 이송하는 경우 회복하기 어려운 손해가 발생할 염려가 있다(92두30).</td></tr>
<tr><td>긴급한 필요</td><td>'긴급한 필요'란 회복하기 어려운 손해의 발생이 절박하여, 본안판결을 기다릴 여유가 없는 것을 의미함(2010무48).
회복하기 어려운 손해 발생의 가능성과 연계하여 합일적으로 판단.

<table><tr><th>긴급한 필요 인정</th><th>긴급한 필요 부정</th></tr><tr><td>시장이 도시환경정비구역을 지정하였다가 해당구역 및 주변지역의 역사·문화적 가치 보전이 필요하다는 이유로 정비구역을 해제하고 개발행위를 제한하는 내용을 고시함에 따라 사업시행예정구역에서 설립 및 사업시행인가를 받았던 갑 도시환경정비사업조합에 대하여 구청장이 조합설립인가를 취소한 경우, 갑 조합에 특별한 귀책사유가 없는데도 정비사업의 진행이 법적으로 불가능해져 갑 조합에 회복하기 어려운 손해가 발생할 우려가 있으므로 이러한 손해를 예방하기 위하여 각 처분의 효력을 정지할 긴급한 필요가 있다(2018무600).</td><td>국토해양부 등에서 발표한 '4대강 살리기 마스터플랜'에 따른 '한강 살리기 사업' 구간 인근에 거주하는 주민들이 각 공구별 사업실시계획승인처분에 대한 효력정지를 신청한 사안에서, 판례는 토지소유권 수용 등으로 인한 손해를 회복하기 어려운 손해에 해당하지 않는다고 판시함(2010무111).
(12변시)</td></tr></table></td></tr>
</table>

나) 소극적 요건 - 행정청이 주장 · 소명해야 함(21군무원7급).

공공복리에 중대한 영향을 미칠 우려가 없을 것	① **'공공복리'란 처분의 집행과 관련된 구체적이고, 개별적인 공익**을 말하며, **주장 · 소명책임은 행정청에게** 있다(99무42).(19사복9급,18변시,17국회8급,16서울9급,12국가9급) ② 공공복리에 미칠 영향이 중대한지의 여부는 신청인의 '회복하기 어려운 손해'와 '공공복리' 양자를 비교 · 교량하여 상대적, 개별적으로 판단해야 함(2010무48).(18경행)
본안청구가 이유 없음이 명백하지 않을 것	행정처분 자체의 적법 여부는 집행정지의 판단대상이 되지 않는 것이 원칙이나, 처분의 취소가능성이 없음에도 집행정지를 인정하는 것은 집행정지제도의 취지에 반하므로 **본안청구가 이유 없음이 명백하지 아니할 것을 집행정지의 소극적 요건에 포함해야** 한다(92두30).(21지방9급,18서울7급)

1. 집행정지는 당사자의 신청 또는 법원의 직권에 의해 가능하다. **18서울7급**

2. 처분의 효력정지는, 처분 등의 집행 또는 절차의 속행을 정지함으로써 목적을 달성할 수 있을 경우에는 허용되지 않는다. **19사복9급**

3) 절차

실시	**당사자의 신청 또는 직권**(21소방간부,18서울7급)
관할	**본안이 계속되어 있는 법원**(18서울7급)
심리	**적극적 요건은 신청인, 소극적 요건은 행정청**이 주장 · 소명책임(12국가9급). **제23조(집행정지)** ④ 제2항의 규정에 의한 집행정지의 결정을 신청함에 있어서는 그 이유에 대한 소명이 있어야 한다(21군무원7급,20소방9급).
신청인 적격	① 본안소송의 당사자로서 **법률상 이익이 있는 자**(18경행) 신청의 이익은 집행정지결정의 **현실적 필요성이 있어야** 하므로, 이미 집행이 완료되어 효력이 상실하였거나 처분의 목적이 달성되어 효력이 상실된 경우에는 집행정지가 인정되지 않음(92두30).
	② 제3자효 행정행위에 의해 '법률상 이익을 침해받은 제3자'는 취소소송의 제기와 동시에 행정행위의 집행정지를 신청할 수 있다(14국가7급). 그러나 행정소송법에는 이런 규정 X(15국회8급) 예) 항공회사는 경쟁 항공회사에 대한 국제항공노선면허처분으로 인한 노선점유율 하락에 따른 막대한 영업상 손해를 이유로 위 면허처분의 효력정지를 구할 법률상 이익이 없다(12국회9급).

4) 내용

처분의 효력정지	처분이 잠정적으로 **존재하지 않는 상태**로 두는 것
처분의 집행정지	처분내용의 강제적 실현을 위한 **공권력행사의 정지**
절차의 속행정지	단계적 과정에 있는 처분 중 당 처분의 효력은 유지하면서, **후속절차를 잠정적으로 정지**하는 것
처분의 효력정지와 집행정지, 속행정지의 관계	**처분의 집행정지, 절차의 속행정지만으로 목적을 달성할 수 있는 경우에는 처분의 효력정지 허용 X** (행정소송법§23②단서).(21지방9급,19사복9급,16지방9급,14국가9급)
일부의 정지	일부의 정지도 가능(§23②)(12국가9급)

1. 집행정지결정 중 효력정지 결정은 소급효가 아닌 장래에 향하여 효력을 발생하는 것이 원칙이다. 11국가9급

2. 집행정지의 결정에 대하여는 즉시항고할 수 있으며, 이 경우 집행정지의 결정에 대한 즉시항고에는 결정의 집행을 정지하는 효력이 없다. 18국가7급

5) 효력

형성력 장래효	• 별도의 통지 없이도 **당해 처분이 없었던 것과 같은 상태를 실현**함. 단, **장래에 향해서만** 효력이 인정됨(18서울7급,11국가9급). • 추후 본안에서 패소하여 집행정지 효력 없어지더라도 그 효과 역시 장래효 판례 집행정지결정의 효력은 **결정 주문에서 정한 기간까지 존속하다가 그 기간이 만료되면 장래에 향하여 소멸**한다. 따라서 항고소송을 제기한 원고가 **본안소송에서 패소확정판결을 받았더라도 집행정지결정의 효력이 소급하여 소멸하지 않는다**(2020두34070).(22변시)
기속력	취소판결의 기속력에 관한 규정은 집행정지결정에 준용되므로, 집행정지결정은 **당사자인 행정청과 그밖의 관계 행정청을 기속함**(행정소송법 §23⑥,§30①).(16국가9급,15교행9급) 따라서 집행정지결정을 위배한 행정처분은 **무효**이다. 그러나 재처분의무 규정은 본안판단 이후와 관련된 것으로 집행정지의 성질상 준용하지 않는다(행정소송법 §23⑥).(14국회8급) 판례 제재처분에 대한 행정쟁송절차에서 해당 처분이 최종적으로 적법한 것으로 확정되어 집행정지결정이 실효되고 제재처분을 다시 집행할 수 있게 된 경우, 처분청으로서는 당초 집행정지결정이 없었던 경우와 동등한 수준으로 해당 제재처분이 집행되도록 필요한 조치를 취하여야 한다.(22변시) 반대로 처분상대방이 집행정지결정을 받지 못했으나 본안소송에서 해당 제재처분이 위법하다는 것이 확인되어 취소하는 판결이 확정되면, 처분청은 그 제재처분으로 처분상대방에게 초래된 불이익한 결과를 제거하기 위하여 필요한 조치를 취하여야 한다(2020두34070).(22변시)
시간적 효력	집행정지결정의 **주문에 정해진 시기까지 존속**하며, **그 시기의 도래와 동시에 효력이 당연 소멸**하며(16사복9급), 특별히 정하지 않은 경우에는 **본안판결시까지 존속**한다. 판례 보조금 교부결정 취소처분에 대하여 법원이 효력정지결정을 하면서 주문에서 그 법원에 계속 중인 본안소송의 판결선고시까지 처분의 효력을 정지한다고 선언하였을 경우, 본안소송의 판결선고에 의하여 정지결정의 효력은 소멸하고 이와 동시에 당초의 보조금 교부결정 취소처분의 효력이 당연히 되살아난다(2013두25498).(18국가7급)

6) 취소

취소의 사유	집행정지결정이 확정된 후 집행정지가 **공공복리에 중대한 영향**을 미치거나 **그 정지사유가 없어진 때**에는 법원은 **당사자의 신청 또는 직권**에 의하여 결정으로써 집행정지의 결정을 취소할 수 있다(§24①)(18국가7급).
취소의 효과	정지결정이 취소되면 **처분이 다시 효력을 발생**한다.

7) 불복

• 법원의 **집행정지의 결정 또는 기각의 결정**에 대하여는 **즉시항고 할 수 있다.** 이 경우, 집행정지의 결정에 대한 즉시항고에는 **결정의 집행을 정지하는 효력이 없다**(§23⑤).(18국가7급)

• 행정소송법 §23②에서 정한 요건을 결여하였다는 이유로 효력정지 신청을 기각한 결정에 대해, **행정처분 자체의 적법 여부를 가지고 불복사유로 삼을 수 없다.**

> **판례** 행정처분의 효력정지나 집행정지를 구하는 신청사건에서는 행정처분 자체의 적법 여부를 판단할 것이 아니고 행정처분의 효력이나 집행 등을 정지시킬 필요가 있는지 여부, 즉 행정소송법 제23조 제2항에서 정한 요건의 존부만이 판단대상이 된다. 나아가 '처분 등이나 그 집행 또는 절차의 속행으로 인한 손해발생의 우려' 등 적극적 요건에 관한 주장 · 소명 책임은 원칙적으로 신청인 측에 있으며, 이러한 요건을 결여하였다는 이유로 효력정지 신청을 기각한 결정에 대하여 행정처분 자체의 적법 여부를 가지고 불복사유로 삼을 수 없다(2010무111).

1. 판례에 의하면 항고소송에서 민사집행법상의 가처분 규정은 준용되지 않는다. **16국가9급**

다. 항고소송에서 민사집행법상 가처분

행정소송법에서는 민사집행법상 가처분에 관한 규정이 없어**(18교행9급)**, 이 규정을 행정소송에도 준용하여 잠정적인 허가를 명하는 적극적인 조치를 할 수 있는지 문제되는데, **항고소송에는 민사집행법상 가처분이 부정되나(16국가9급,11국가9급)**, **당사자소송에서는 가처분이 인정된다는 것이 통설 · 판례**이다.

5 취소소송의 심리

가. 심리의 내용

요건심리	① **당 소송이 소송의 요건을 갖추었는지 심리하는 절차** 소송요건은 **법원의 직권조사사항**이므로**(15지방9급,15교행9급)**, 갖추지 못하면 부적법 각하 **판례** ㉠ 행정절차법에서 정한 처분 절차를 준수하였는지는 본안에서 당해 처분이 적법한가를 판단하는 단계에서 고려할 요소이지, 소송요건 심사단계에서 고려할 요소가 아니다(2015두60617).**(20국가7급)** ㉡ 병무청장이 병역의무 기피자의 인적사항 등 공개결정을 대상자에게 미리 통보하지 않은 것이 적절한지는 본안에서 해당 처분이 적법한가를 판단하는 단계에서 고려할 요소이며, 병무청장이 그러한 행정결정을 공개 대상자에게 미리 통보하지 않았다거나 처분서를 작성·교부하지 않았다는 점만으로 항고소송의 대상적격을 부정하여서는 아니 된다(2018두49130). ② 제소시에 소송요건을 구비해야 하나, **사실심변론종결시**까지 구비하면 하자가 치유됨.**(14국가9급)**
본안심리	① **본안심리**란 청구를 **인용할 것인지 기각할 것인지 판단하기 위하여 사건의 본안을 심리하는 과정**을 의미함. ∴ 본안심리의 대상은 처분의 위법성이므로, 처분의 위법성 여부는 소송요건(적법요건)이 아니고**(16사복9급)**, **법원의 직권조사사항 역시 아님.(17서울7급)** ② 본안심리를 통해 법원은 청구가 이유가 있으면 청구인용판결, 청구가 이유 없으면 청구기각판결을 내림.

1. 소송요건의 구비 여부는 법원에 의한 직권조사사항으로, 당사자의 주장에 구속되지 않는다. **15교행9급**

2. 법원은 소송제기가 없는 사건에 대하여 심리·재판할 수 없다. **14국가9급**

3. 행정소송법 제26조는 행정소송에서 직권심리주의가 적용되도록 하고 있지만, 행정소송에서도 당사자주의나 변론주의의 기본구도는 여전히 유지된다. **17국가9급**

본안심리	판례 ㉠ 사실심에서 변론종결시까지 당사자가 주장하지 않던 직권조사사항에 해당하는 사항을 상고심에서 비로소 주장하는 경우, 그 직권조사사항에 해당하는 사항은 상고심의 심판범위에 해당한다(2003두15195)**(20국가9급,15지방7급)**. ㉡ 교원소청심사위원회가 한 결정의 취소를 구하는 소송에서 소청심사 결정 후에 생긴 사유가 아닌 이상 소청심사 단계에서 주장하지 아니한 사유도 행정소송에서 주장할 수 있고, 법원도 이에 대하여 심리·판단할 수 있다(2017두65821)**(21국회8급)**. ㉢ 항고소송에 있어서 원고는 전심절차에서 주장하지 아니한 공격방어방법을 소송절차에서 주장할 수 있고 법원은 이를 심리하여 행정처분의 적법 여부를 판단할 수 있는 것이므로, 원고가 전심절차에서 주장하지 아니한 처분의 위법사유를 소송절차에서 새롭게 주장하였다고 하여 다시 그 처분에 대하여 별도의 전심절차를 거쳐야 하는 것은 아니다(96누754).

나. 심리의 범위 - 불고불리의 원칙

소제기가 없으면, 심리할 수 없고, 소제기가 있더라도 **당사자의 청구범위를 넘어 심리 · 재판할 수 없음**(행정소송법 §8②, 민사소송법 §203)**(15국가7급)**.

다. 심리에 관한 원칙 등

처분권주의	① **소송 개시, 심판대상, 소송종결 등을 당사자의 의사에 맡기는 것** ② 행정소송법에서도 **처분권주의 적용(18지방9급)**.
변론주의	• 재판의 기초가 되는 사실, 증거의 수집 · 제출을 당사자가 부담하며, 법원은 당사자가 제출한 소송자료만을 재판의 기초로 삼음. • 당사자가 제출한 소송자료에 의하여 법원이 처분의 적법 여부에 관한 합리적인 의심을 품을 수 있음에도 단지 구체적 사실에 관한 주장을 하지 아니하였다는 이유만으로 당사자에게 석명 또는 직권에 의한 심리 · 판단을 하지 않는 것은 허용될 수 없다**(18변시)**.
공개심리주의	재판의 시기와 판결은 공개해야 한다는 것. 단, 심리는 국가의 안전보장, 안녕질서 또는 선량한 풍속을 해칠 우려가 있는 경우에는 결정으로 공개하지 않을 수 있다.
구술심리주의	심리과정에서 변론 및 증거조사는 구술에 의해야 한다는 것
직권심리(§26)	법원은 필요하다고 인정할 때엔 직권으로 증거조사를 할 수 있고, 당사자가 주장하지 않은 사실에 대하여도 판단할 수 있다.**(19경행)** 판례 행정소송법 §26는 행정소송의 특수성에 연유하는 당사자주의, 변론주의에 대한 예외 규정일 뿐, 법원이 아무런 제한 없이 당사자가 주장하지 아니한 사실을 판단할 수 있는 것은 아니고, 일건 기록에 현출되어 있는 사항에 관하여서도 직권으로 증거조사를 하고 이를 기초로 하여 판단할 수 있을 따름이고, 그것도 법원이 필요하다고 인정할 때에 한하여 청구의 범위내에서 증거조사를 하고 판단할 수 있을 뿐이다.(94누4820).**(17국가9급,15지방7급,14국가9급)**

행정심판기록 제출명령 (§25)	① 법원은 당사자의 신청이 있는 때에는 결정으로써 재결을 행한 행정청에 대하여 행정심판에 관한 기록의 제출을 명할 수 있다.**(14국가9급)** ② 제1항의 규정에 의한 제출명령을 받은 행정청은 지체없이 당해 행정심판에 관한 기록을 법원에 제출해야 한다.

1. 법원은 당사자의 신청이 있는 때에는 결정으로써 재결을 행한 행정청에 대하여 행정심판에 관한 기록의 제출을 요구할 수 있다. **14국가9급**

2. 항고소송의 경우 그 특성에 따라 처분의 적법성에 관한 증명책임은 이를 주장하는 피고에게 있다. **18지방7급**

라. 주장책임과 입증책임

1) 주장책임

의의	변론주의 하에서 **당사자가 분쟁의 중요한 사실을 주장하지 않아, 일방 당사자가 받는 일체의 불이익**을 의미함.
직권심리와의 관계	행정소송에서도 변론주의가 적용되므로 당사자는 주장책임이 있으나, 제26조와의 관계에서 어느 정도 완화될 수 있음**(18지방9급)**.

2) 입증책임

의의		소송상 증명이 필요한 사실의 존부가 확정되지 않은 경우, 그러한 **사실이 존재하지 않은 것으로 되어 불리한 법적 판단을 받게 되는 것**.
기준		입증책임분배의 기준인 **'법률요건분류설'(통설 · 판례)**에 따라 **소송당사자인 행정청과 개인은 각각 자기에게 유리한 사실의 존재에 대한 입증책임**을 짐. 즉, 행정소송에 있어서 입증책임은 원칙적으로 민사소송 일반원칙에 따라 당사자 사이에 분배되고, 항고소송의 경우에는 그 특성에 따라 **처분의 적법성을 주장하는 피고에게 그 적법 사유에 대한 증명책임**이 있다.**(18지방7급)**
개별적 검토	소송요건	**법원의 직권조사사항**이므로, 원고가 주장할 필요는 없으나, 피고가 원고의 소제기가 부적법하다는 취지의 본안 전 항변을 하는 경우, **원고는 소제기가 적법하다는 것을 증명**해야 한다.**(06국가9급)**
	처분 근거의 존재	**행정청**이 입증책임 있음. **판례** ㉠ 일정한 행정처분으로 국민이 일정한 이익과 권리를 취득하였을 경우에 종전 행정처분에 하자가 있음을 전제로 직권으로 이를 **취소하는 행정처분**은 이미 취득한 국민의 기존 이익과 권리를 박탈하는 별개의 행정처분으로, **취소될 행정처분의 하자나 취소해야 할 필요성에 관한 증명책임은 기존 이익과 권리를 침해하는 처분을 한 행정청**에게 있음(2011두23375).**(22변시,16경행)** ㉡ 과세처분의 **적법성 및 과세요건사실의 존재**에 관하여는 원칙적으로 **과세관청인 피고**가, **과세가 비과세 · 면제대상**이라는 점은 **납세의무자에게 입증책임**이 있음.

1. 행정처분의 위법 여부는 행정처분이 행하여졌을 때의 법령과 사실상태를 기준으로 판단하여야 한다. **19사복9급**

개별적 검토	처분 근거의 존재	ⓒ 성희롱을 사유로 한 징계처분의 당부를 다투는 행정소송에서 **징계사유에 대한 증명책임**은 그 처분의 적법성을 주장하는 피고 **(행정청)**에게 있다. 다만 민사소송이나 행정소송에서 사실의 증명은 추호의 의혹도 없어야 한다는 자연과학적 증명이 아니고, 특별한 사정이 없는 한 경험칙에 비추어 모든 증거를 종합적으로 검토하여 볼 때 어떤 사실이 있었다는 점을 시인할 수 있는 **고도의 개연성을 증명하는 것이면 충분**하다. 민사책임과 형사책임은 지도이념과 증명책임, 증명의 정도 등에서 서로 다른 원리가 적용되므로, 징계사유인 성희롱 관련 형사재판에서 성희롱 행위가 있었다는 점을 합리적 의심을 배제할 정도로 확신하기 어렵다는 이유로 **공소사실에 관하여 무죄가 선고되었다고 하여 그러한 사정만으로 행정소송에서 징계사유의 존재를 부정할 것은 아니다**(2017두74702).**(22국회8급)**
	재량 행위의 일탈 · 남용	판례 재량권의 일탈 · 남용 여부에 대한 입증책임은 **원고**에게 있다(87누861).**(22소방,20지방9급,20소방9급,15서울7급)**
	거부처분	처분의 **권한 발생 사실은 원고**에게 있고, **권한 장애 및 소멸 사실(거부사유나 비공개사유 등)에 대한 입증책임은 피고 행정청**에게 있다.
	절차 요건	절차적 요건의 준수는 **행정청**이 입증책임

3) 증거제출시한 - 사실심변론종결시까지 주장과 증거를 제출할 수 있음.

판례 항고소송에 있어서 원고는 전심절차에서 주장하지 아니한 공격방어방법을 소송절차에서 주장할 수 있고 법원은 이를 심리하여 행정처분의 적법 여부를 판단할 수 있는 것이므로, 원고가 전심절차에서 주장하지 아니한 처분의 위법사유를 소송절차에서 새롭게 주장하였다고 하여 다시 그 처분에 대하여 별도의 전심절차를 거쳐야 하는 것은 아니다(96누754).
→ 원고는 전심절차에서 주장하지 않은 사항에 대해서도 주장 가능**(13국가9급,13국가7급)**

마. 위법 판단의 기준시

처분시와 판결시 사이에 사실관계나 관계 법령이 변경되는 경우, **처분시를 기준으로 위법성을 판단한다는 것이 통설 · 판례(처분시설)이다.**

판례 ① 행정소송에서 행정처분의 위법 여부는 **행정처분이 행하여졌을 때의 법령과 사실상태를 기준으로 하여 판단**하여야 하고, **처분 후 법령의 개폐나 사실상태의 변동에 의하여 영향을 받지 않는다**(2007두1811).**(20소방9급,19사복9급,17교행9급,13경행)**

② 처분의 위법여부는 **행정처분 당시의 법령과 사실상태를 기준**으로, **사실심변론종결 당시까지 제출된 모든 자료를 종합하여 판단**한다(92누19033).**(21국회8급)**
→ 즉, **법원은 사실심변론종결당시까지 제출된 모든 자료를 종합하여 처분의 위법 여부를 판단**할 수 있다.

③ 난민 인정 거부처분의 취소를 구하는 취소소송에서 그 거부처분을 한 후 국적국의 정치적 상황이 변화하였다고 하여 처분의 적법 여부가 달라지는 것은 아니다(2007두3930).

바. 처분사유 중 일부가 위법한 경우

행정처분에 있어 수개의 처분사유 중 일부가 적법하지 않다고 하더라도 **다른 처분사유로써 그 처분의 정당성이 인정되는 경우**에는 그 처분을 위법하다고 할 수 없다 (2013두963)(**20국가9급,18국가7급**).

사. 처분사유의 추가 · 변경

1) 의의

의의	처분당시에는 존재했으나, **행정청이 행정쟁송의 단계에서 처분의 근거로 삼지 않았던 사유를 추가하거나 그 내용을 변경**하는 것으로, **행정소송 제기 이후 사실심변론종결시 이전 사이에 처분사유를 추가 · 변경**하는 경우 문제됨.(**13국가7급**)
구별개념	**처분이유의 사후제시** : 이유제시가 아예 결여되어 있거나, 일부가 결여된 경우 이를 사후적으로 보완함으로써 당해 **처분의 '절차상' 하자를 제거**를 하는 것으로, **'내용상'의 하자를 보완하여 실체법상의 적법성을 확보하기 위한 처분 사유의 추가 · 변경과는 구별**된다.(**17국가9급**)
허용여부	**판례**는 **'처분시'에 존재하였던 처분사유**로서 당초 처분의 근거로 삼은 사유와 **기본적 사실관계에 있어서 동일성이 인정되는 한도 내에서 새로운 처분사유를 추가하거나 변경할 수 있다**는 입장이다.(**22국가9급,22소방,17국가9급,17국가7급,16국가9급**)

2) 요건 및 효과

요건	**기본적 사실관계의 동일성**	① 기본적 사실관계의 동일성 유무는 처분사유를 법률적으로 평가하기 이전의 구체적인 사실에 착안하여 **그 기초가 되는 사회적 사실관계가 기본적인 점에서 동일한지의 여부에 따라 결정한다.**(**17국가9급,13국가7급**) ② 추가 또는 변경된 사유가 당초의 처분시 그 사유를 명기하지 않았을 뿐 **처분시에 이미 존재하고 있었고 당사자도 그 사실을 알고 있었다** 하여 당초의 처분사유와 **동일성이 있는 것으로 볼 수 없다** (2911두8827).(**17국가9급,13국가7급**) ③ 처분사유의 추가 · 변경은 **처분의 동일성을 해치지 않는 범위, 즉 취소소송의 소송물의 범위 내에서만 허용**되므로, 처분사유의 추가 · 변경은 **처분의 변경을 초래하지 않는다.**(= 처분사유의 변경으로 소송물이 변경되는 경우, 처분사유의 추가 · 변경은 허용될 수 없다).(**17국가7급**) ④ 처분청이 처분 당시에 적시한 구체적 사실을 변경하지 않는 범위 내에서 **단지 그 처분의 근거법령만을 추가 · 변경하거나 당초의 처분 사유를 구체적으로 표시하는 것에 불과한 경우**에는 새로운 처분사유를 추가하거나 변경하는 것이라고 **볼 수 없다**(2006두4899).(**17국가7급**)

1. 원고는 행정심판절차에서 주장하지 아니한 사항에 대해서도 취소소송에서 주장할 수 있다. **13국가7급**

2. 행정처분의 취소를 구하는 항고소송에서 처분청은 당초 처분의 근거로 삼은 사유와 기본적 사실관계가 동일성이 있다고 인정되는 한도 내에서만 다른 사유를 추가하거나 변경할 수 있다. **17국가7급**

3. 처분청이 처분 당시에 적시한 구체적 사실을 변경하지 아니하는 범위 내에서, 단지 처분의 근거법령만을 추가 · 변경 하는 것은 새로운 처분사유라고 볼 수 없다. **17국가7급**

4. 판례에 의하면, 추가 · 변경된 사유가 당초 처분 시 이미 존재하고 있었고 당사자도 이를 알고 있었다는 것만으로는 당초의 처분사유와 동일성이 있는 것으로 볼 수 없다고 본다. **17국가9급**

<table>
<tr><td rowspan="2">요건</td><td>처분시에 객관적으로 존재하였던 사유일 것</td><td>처분 후에 발생한 사실관계나 법률관계는 대상 X
→ 기존처분을 직권취소하고 새로운 사유를 들어 새로운 처분을 할 수 있을 뿐임.</td></tr>
<tr><td>사실심 변론종결 전까지</td><td>처분사유의 추가 · 변경은 사실심변론종결시까지 가능(17국가9급)</td></tr>
<tr><td rowspan="2">효과</td><td colspan="2">처분사유의 추가 · 변경 인정시, 법원은 추가 · 변경된 사유를 근거로 처분의 위법여부를 심리할 수 있고, 인정되지 않으면 당초 처분사유만을 근거로 심리해야 함.</td></tr>
<tr><td colspan="2">위법판단의 기준시점에 대해서 판례는 처분시설의 입장에 따라, 처분 이후에 발생한 새로운 사실적 · 법적 사유를 추가 변경할 수 없음.
단, 법원은 행정처분 당시 행정청이 알고 있었던 자료 뿐만 아니라 사실심변론종결 당시까지 제출된 모든 자료를 모두 종합하여 처분 당시 존재하였던 객관적 사실을 확정하고 그 사실에 기초하여 처분의 위법 여부를 판단할 수 있음(92누19033).</td></tr>
</table>

3) 기본적 사실관계의 동일성 인정 여부에 대한 판례

기본적 사실관계의 동일성 인정	기본적 사실관계의 동일성 부정
㉠ 법무부장관이 외국인에게 **품행 미단정**을 불허사유로 귀화신청을 받아들이지 않는 처분을 하였는데, 법무부장관이 품행 미단정이라고 판단한 이유에 대하여 1심 변론절차에서 자동차관리법 위반죄로 기소유예를 받은 전력을 고려하였다고 주장한 후, **제2심 변론절차에서 불법체류전력 등의 제반사정을 추가적으로 주장**한 것(2016두31616)**(19서울7급)** ㉡ 토지형질변경 불허가처분의 당초의 처분사유인 "국립공원에 인접한 미개발지의 **합리적인 이용대책 수립시까지 그허가를 유보**한다"라는 사유를 그 처분의 취소소송에서 추가하여 '국립공원 주변의 환경 · 풍치 · 미관 등을 크게 손상시킬 우려가 있으므로 **공공목적상 원형유지의 필요가 있는 곳**으로서 형질변경허가 금지 대상'이라고 주장한 경우(2000두8684). ㉢ 주택신축을 위한 산림형질변경허가신청에 대하여 행정청이 거부처분을 하면서 당초 거부처분의 근거로 삼은 **준농림지역에서의 행위제한이라는 사유**와 나중에 거부처분의 근거로 추가한 자연경관 및 생태계의 교란, 국토 및 자연의 유지와 환경보전 등 **중대한 공익상의 필요**라는 사유(2004두4482)**(13국가7급)** ㉣ 과세관청이 **과세대상 소득**에 대하여 **이자소득이 아니라 대금업에 의한 사업소득에 해당한다고 처분사유를 변경**한 것(2000두2181)**(15변시)**	㉠ 이동통신요금 원가 관련 정보공개청구에 있어 행정청이 **별다른 이유를 제시하지 아니한 채** 총괄원가액수만을 공개한 후, 정보공개거부처분 취소소송에서 원가 관련 정보가 법인의 **영업상 비밀에 해당하다고 비공개사유를 주장**하는 것(2014두5477)**(19서울7급)** ㉡ 주류면허 지정조건 중 **제6호 무자료 주류판매 및 위장거래** 항목을 근거로 한 면허취소 처분에 대한 항고소송에서, 지정조건 **제2호 무면허판매업자에 대한 주류판매**를 새로이 그 취소사유로 주장하는 것(96누7427)**(17서울9급)** ㉢ 당초의 정보공개거부처분사유인 '공공기관의 정보공개에 관한 법률' 제7조 제1항 **제4호(범죄예방수사 등) 및 제6호(사생활보호)의 사유**와 새로이 추가된 같은 항 **제5호**(…의사결정 과정 또는 내부검토 과정에 있는 사항 등으로서 공개될 경우 업무의 공정한 수행이나 연구·개발에 현저한 지장을 초래한다고 인정할 만한 상당한 이유가 있는 정보)의 사유(2001두8827).**(17국가9급)**

ⓜ 폐기물 중간처분업체인 갑 주식회사는 소각시설을 허가받은 내용과 달리 물리적으로 무단 증설하거나 물리적 증설 없이 1일 가동시간을 늘리는 등의 방법으로 허가받은 처분능력의 100분의 30을 초과하여 폐기물을 과다소각하였다. 한강유역환경청장은 갑 주식회사에 대하여 **과다소각을 처분사유로 삼아 과징금부과처분**을 하였는데, 과징금부과처분 취소소송 과정에서 한강유역환경청장이 **'소각시설 무단 증설로 인한 과다소각' 사유를 처분 사유로 주장하는 것**은 새로운 처분사유를 추가로 주장한 것이 아니라, 처분서에 다소 불명확하게 기재하였던 '당초 처분사유'를 좀 더 구체적으로 설명한 것에 불과하므로, 허용되는 처분사유의 추가·변경에 해당한다(2019두49359).

ⓑ 갑이 '사실상의 도로'로서 인근 주민들의 통행로로 이용되고 있는 토지를 매수한 다음 2층 규모의 주택을 신축하겠다는 내용의 건축신고서를 제출하였으나, 구청장이 '위 토지가 **건축법상 도로에 해당하여 건축을 허용할 수 없다'**는 사유로 건축신고수리 거부처분을 하였는데, 1심 소송에서 법원이 '위 토지가 건축법상 도로에 해당하지 않는다'는 이유로 갑의 청구를 인용하는 판결을 선고하자, 구청장이 항소하여 **'위 토지가 인근 주민들의 통행에 제공된 사실상의 도로**인데, 주택을 건축하여 주민들의 통행을 막는 것은 **사회공동체와 인근 주민들의 이익에 반하므로 갑의 주택 건축을 허용할 수 없다'**는 주장을 추가한 처분사유는, 당초 처분사유와 기본적 사실관계가 동일하고, 정당하여 결과적으로 위 처분이 적법한 것으로 볼 여지가 있다(2017두74320).

ⓡ 당초의 처분사유인 **중기취득세의 체납**과 그 후 추가된 처분사유인 **자동차세의 체납**(88누6160)(**17서울9급**).

ⓜ 석유판매업허가신청에 대하여 당초 사업장소인 토지가 군사보호시설구역 내에 위치하고 있는 **관할 군부대장의 동의를 얻지 못하였다는 이유**로 이를 불허가하였다가, 소송에서 위 토지는 탄약창에 근접한 지점에 위치하고 있어 **공공의 안전과 군사시설의 보호라는 공익적인 측면**에서 보아 허가신청을 불허한 것은 적법하다는 것을 불허가사유로 추가한 경우(91누70)(**13국가7급**)

ⓑ 당초 처분사유인 '기존 공동사업자의 **거리제한 규정에 저촉**된다'는 사유와 **'최소 주차용지에 미달한다'**는 사유(95누10952)(**11사복9급**)

ⓢ 의료보험요양기관 지정취소처분의 당초의 처분사유인 구 의료보험법 제33조 제1항이 정하는 **본인부담금 수납대장을 비치하지 아니한 사실**과 항고소송에서 새로 주장한 처분사유인 같은 법 제33조 제2항이 정하는 **보건복지부장관의 관계서류 제출명령에 위반하였다**는 사실(99두6392)(**11사복9급**)

1. 무효인 행정행위에 대하여는 사정판결이 인정되지 않는다. **15국가7급**

6 취소소송의 판결, 종료

가. 취소소송의 판결

1) 의의 - 법원이 변론을 거쳐 사건에 대하여 법적 판단을 하고 결정을 내리는 행위

2) 판결의 종류

각하	소송요건을 갖추지 못한 부적법한 소에 대해 본안심리를 거절하는 판결로, 처분이 적법한 것으로 확정된 것은 아님.

1. 법원이 사정판결을 함에 있어서는 미리 원고가 그로 인하여 입게 될 손해의 정도와 배상방법 그 밖의 사정으로 조사하여야 한다. **13지방7급**

2. 사정판결의 경우 처분의 적법성이 아닌, 처분의 위법성에 대하여 기판력이 발생한다. **19서울9급**

<table>
<tr><td rowspan="10">기각</td><td>보통의 기각 판결</td><td colspan="2">법원이 원고의 청구가 이유없다고 인정하여, 행정청의 처분이 적법하다고 판단하는 판결.</td></tr>
<tr><td rowspan="9">사정판결</td><td>의의</td><td>원고의 청구가 이유있다고 인정하는 경우에도 처분등을 취소하는 것이 현저히 공공복리에 적합하지 아니하다고 인정하는 때에 법원이 원고의 청구를 기각하는 판결(21지방9급)</td></tr>
<tr><td>적용</td><td>취소소송에만 인정(무효확인소송, 부작위위법확인소송, 당사자소송은 인정 X)(21지방9급),
단, 당연무효의 처분은 존치시킬 효력이 있는 행정행위가 없기 때문에 사정판결 불가(95누5509)(15국가9급,15국가7급,14서울7급)</td></tr>
<tr><td>피고의 신청</td><td>피고의 신청 뿐만 아니라, 법원은 직권으로 사정판결 가능(90누9032).</td></tr>
<tr><td>요건</td><td>① 원고의 청구가 이유 있을 것(처분의 위법성)
② 처분 등의 취소가 현저히 공공복리에 적합하지 않을 것 (필요성) : 엄격한 이익형량 요함(2005두2506). (15국가9급,12서울9급)</td></tr>
<tr><td>필요성 판단 시기</td><td>변론종결시(16국가7급,14서울7급,12지방9급)
⇔ 처분의 위법성 판단은 처분시</td></tr>
<tr><td>원고를 위한 사전 조사</td><td>법원이 사정판결을 함에 있어서는 미리 원고가 그로 인하여 입게 될 손해의 정도와 배상방법 그 밖의 사정을 조사하여야 한다(동법§28②).(21지방9급,20소방9급)</td></tr>
<tr><td>주장 입증 책임</td><td>행정청이 부담</td></tr>
<tr><td>효과</td><td>① 법원은 청구기각판결을 함
② 판결주문에는 위법성 명시해야하고(20소방9급), 이에 따라 처분의 위법성에 기판력이 발생함. (처분의 적법성에 발생 X)(16국가7급,13서울7급)
③ 소송비용은 피고가 부담(§32)</td></tr>
<tr><td>원고의 권리 구제</td><td>사정판결로 인해 처분이 적법해진 것은 아니므로, 동법 §28③에 따라 원고는 피고인 행정청이 속하는 국가 또는 공공단체를 상대로 손해배상, 제해시설의 설치 그 밖에 적당한 구제방법의 청구를 당해 취소소송등이 계속된 법원에 병합하여 제기할 수 있다.(21지방9급,16서울9급)</td></tr>
</table>

기각	사정판결	판례	인정	㉠ 재개발조합설립 및 사업시행인가처분이 처분 당시 법정요건인 토지 및 건축물 소유자 총수의 각 3분의 2 이상의 동의를 얻지 못하여 위법하나, 그 후 90% 이상의 소유자가 재개발사업의 속행을 바라고 있어 재개발사업의 공익목적에 비추어 그 처분을 취소하는 것은 현저히 공공복리에 적합하지 아니하다고 인정하여 사정판결을 한 사례(95누4629)**(12국회8급)** ㉡ 전남대 법학전문대학원도 120명의 입학생을 받아들여 교육을 하고 있는데 인가처분이 취소되면 그 입학생들이 피해를 입을 수 있는 점,전남대에 대한 이 사건 인가처분을 취소하고 다시 심의하는 것은 무익한 절차의 반복에 그칠 것으로 보이는 점 등을 종합하여, 전남대에 대한 이 사건 인가처분이 법 제13조에 위배되었음을 이유로 취소하는 것은 현저히 공공복리에 적합하지 아니하다고 인정하였다(2009두8359).**(12국회8급)**
			부정	㉠ 재개발사업시행인가에 있어 동의자가 다수라거나 동의자들이 생활상의 고통을 받는다는 사정(99두5566) ㉡ 관리처분계획상 재결의를 위해 시간, 비용이 많이 소요된다는 사정(2000두4279)**(12국회8급)** ㉢ 검사의 징계면직취소소송상 검찰조직의 안정 및 인화 저해우려(2000두7704)**(12국회8급)**
일부인용판결	의의	원고의 청구가 일부 이유있음을 인정하여 그 **일부만을 취소하는** 형성판결		
	요건	① 외형상 하나의 처분이여도 **가분성이 있거나, 일부를 특정**할 수 있어야. ② 일부인용되고 남은 부분만으로도 의미가 있어야.		
	판례	일부취소긍정	㉠ 제1종 보통, 대형 및 특수면허를 가지고 있는 자가 레이카크레인을 음주운전한 것은 제1종 특수면허의 취소사유에 해당될 뿐 제1종 보통 및 대형면허의 취소사유는 아님(95누8850).**(18지방9급,15경찰)** ㉡ 여러 개의 상이에 대한 국가유공자요건 비해당처분 취소소송에서 그 중 일부 상이만에 대해 요건 인정시, 비해당부분의 일부 취소(2011두9263).**(18지방9급)** ㉢ **정보공개거부처분**에 있어 공개취지에 어긋나지 않는 범위 내에서 나머지 정보만을 공개하는 것이 가능하고, 그 정보만으로 공개의 가치가 있는 경우 **부분공개 가능**(2003두7767).**(22국가9급,19서울9급)** ㉣ 법원이 과세처분(기속행위)의 정당한 세액을 산출할 수 있다면 그 정당한 세액을 초과하는 부분만을 일부취소해야(98두5811).**(15변시)** ㉤ 공정거래위원회가 위반행위에 대한 과징금을 부과하면서 여러 개의 위반행위에 대하여 외형상 하나의 과징금 납부명령을 하였으나 **여러 개의 위반행위 중 일부 위반행위에 대한 과징금 부과만 위법**하고 소송상 그 일부 위반행위를 기초로 한 과징금액을 산정할 수 있는 자료가 있는 경우, 그 일부 위반행위에 대한 과징금액에 해당하는 부분만 취소하여야 한다(2013두14726).(뒤 ㉡판례와 비교)	

1. 행정청의 재량권이 부여되어 있는 과징금부과처분이 법이 정한 한도액을 초과하여 위법할 경우, 법원으로서는 그 전부를 취소할 수밖에 없다.
18지방7급

2. 외형상 하나의 행정처분이라 하더라도 가분성이 있거나 그 처분대상의 일부가 특정될 수 있다면 그 일부만의 취소도 가능하고 그 일부의 취소는 당해 취소부분에 관하여 효력이 생긴다. **18국회8급**

<table>
<tr><td rowspan="2">일부인용판결</td><td rowspan="2">판례</td><td>일부취소긍정</td><td>ⓑ 행정청이 여러 개의 위반행위에 대하여 하나의 제재처분을 하였으나, 위반행위별로 제재처분의 내용을 구분하는 것이 가능하고 여러 개의 위반행위 중 일부의 위반행위에 대한 제재처분 부분만이 위법하다면, 법원은 제재처분 중 위법성이 인정되는 부분만 취소하여야 하고 제재처분 전부를 취소해서는 안 된다(2019두63515).</td></tr>
<tr><td>일부취소부정</td><td>㉠ 제1종 보통면허로 운전할 수 있는 차량을 음주운전한 경우, 제1종 보통면허의 취소 외에 동일인이 소지하고 있는 제1종 대형면허와 원동기장치자전거면허를 취소할 수 있다(94두9672).(15국가9급)
㉡ 공정위의 과징금납부명령에 대하여 법원으로서는 재량권의 일탈 여부만 판단할 수 있을 뿐이지 재량권의 범위 내에서 어느 정도가 적정한 것인지에 관하여는 판단할 수 없어 그 전부를 취소할 수밖에 없고, 법원이 적정하다고 인정되는 부분을 초과한 부분만 취소할 수는 없다(2007두18062).(17국가9급)
㉢ 자동차운수사업면허조건 등을 위반한 사업자에 대한 과징금 부과처분(98두2270).(18지방9급,20서울9급,20지방9급)
㉣ 영업정지처분의 정지기간(82누2)
㉤ 개발부담금부과처분에 있어 정당한 금액산출을 할 수 없는 경우 부과처분 전부를 취소해야 함(2002두868)(19서울9급)
ⓑ 부동산법상 과징금처분(2010두7031)
ⓢ 시·도지사는 관할 지역의 운송업체에 대하여 직행형 시외버스운송사업 면허를 부여하였음에도 여러 차례 사업계획변경 인가 등을 통하여 사실상 고속형 시외버스운송사업에 해당하는 노선의 운행을 허용하였고, 이후 위 노선의 운행횟수를 일부 감축하고 그 감축한 운행횟수만큼 별도의 직행형 시외버스운송사업을 할 수 있도록 하는 내용의 사업계획변경을 재차 인가한 처분을 한 사안에서, 위 처분들은 불가분적 일체를 이루는 것이므로 그 전부가 위법하다(2015두53824).</td></tr>
</table>

3) 판결의 효력

가) 불가변력과 불가쟁력

불가변력	**선고법원**에 대한 효력으로, **법원 자신도 스스로 판결을 취소·변경할 수 없는 효력(= 자박력)**
불가쟁력	**소송당사자**에 대한 효력으로, 판결이 확정된 후에 소송당사자가 더 이상 판결을 다툴 수 없게 되는 효력.

나) 기판력

<table>
<tr><td>의의</td><td>판단내용(소송물)이 확정되면 이후 동일사항에 대하여는 당사자는 그에 반하는 주장을 하여 다투는 것이 허용되지 않으며(반복 금지), 법원도 그와 모순·저촉되는 판결을 해서는 안된다(모순금지)는 구속력(86다카2756).(10국가9급)

판례 행정청이 행한 공사중지명령의 상대방이 명령의 취소를 구한 소송에서 패소함으로써 그 명령이 적법한 것으로 이미 확정되었다면, 이후 이러한 공사중지명령의 상대방은 그 명령의 해제신청을 거부한 처분의 취소를 구하는 소송에서 그 명령의 적법성을 다툴 수 없다(2014두37665).(21국가9급)</td></tr>
</table>

<table>
<tr><td>법적 근거</td><td colspan="2">행정소송법상 명시적 규정은 없으나, 법적 안정성의 요청에 의해 인정됨.(11지방 9급)
• 확정된 취소판결의 존재 여부 또한 소송요건으로서 직권조사사항이므로 상고심의 심판범위 해당함

판례 확정판결의 존부는 당사자의 주장이 없더라도 법원이 이를 직권으로 조사하여 판단하지 않으면 안되고, 더 나아가 당사자가 확정판결의 존재를 사실심변론종결시까지 주장하지 아니하였더라도 상고심에서 새로이 이를 주장, 입증할 수 있는 것이다(89누1308).(21군무원7급)</td></tr>
<tr><td>적용</td><td colspan="2">청구 기각, 청구 인용 판결 모두 기판력 발생</td></tr>
<tr><td rowspan="3">범위</td><td>주관적 범위</td><td>① 당해 소송의 당사자(원 · 피고) 및 그 승계인에게만 미치고,
제3자에게는 미치지 않음.
② 당해 처분이 귀속하는 국가나 공공단체도 미침.(19서울9급,10국가9급)</td></tr>
<tr><td>객관적 범위</td><td>① 확정판결의 기판력은 판결의 주문에 포함된 판단에만 미침
→ 어떤 처분에 대해 청구기각의 확정판결이 있는 경우, 당사자는 후소에서 그 처분의 위법성을 주장할 수 없음.(18지방9급)
② 판결이유 중에 적시된 구체적인 위법사유에 관한 판단에는 X(11지방9급)
③ 전소와 후소의 소송물이 다른 경우, 기판력 미치지 않음.
단, 전소의 주문에 포함된 법률관계가 후소의 선결적 법률관계가 되는 때에는 기판력 미침(2000다41349).</td></tr>
<tr><td>시간적 범위</td><td>사실심변론종결시를 기준으로, 사실심변론종결시까지 제출하지 않은 공격 · 방어 방법은 후에 다시 소송을 제기하여 주장할 수 없고, 법원도 이를 판단할 수 없음(실권효 또는 차단효)</td></tr>
<tr><td>무효확인소송과의 관계</td><td colspan="2">취소소송 기각판결의 기판력은 무효확인소송에도 미칠 뿐만 아니라, 그 처분이 무효임을 전제로 한 부당이득반환청구에까지 미친다(92누6891).(21변시,14국가9급)

판례 과세처분 취소청구를 기각하는 판결이 확정되면 그 처분이 적법하다는 점에 관하여 기판력이 생기고 그 후 원고가 이를 무효라 하여 무효확인을 소구할 수 없는 것이어서 과세처분의 취소소송에서 청구가 기각된 확정판결의 기판력은 그 과세처분의 무효확인을 구하는 소송에도 미친다(95누1880,98다10854).(21국회8급,21변시)

비교) 무효확인소송에서 기각판결이 난 경우에는 취소소송의 제기요건이 갖추어졌다면, 취소소송을 제기할 수 있고, 국가배상청구소송의 제기도 가능하다 (∵무효확인소송의 기각판결은 처분이 당연무효가 아니라는 점에만 기판력이 발생하기 때문)</td></tr>
</table>

1. 과세처분의 취소소송에서 청구가 기각된 확정판결의 기판력은, 그 과세처분의 무효확인을 구하는 소송에도 미친다. **14지방9급**

2. 판례에 의하면 기판력은 판결의 주문에 나타난 판단에만 미치며, 판결이유에 설시된 그 전제가 되는 법률관계에 관한 판단에는 미치지 않는다. **11지방9급**

1. 행정처분을 취소한다는 확정판결이 있으면, 그 취소판결의 형성력에 의하여 당해 행정처분의 취소나 취소통지 등의 별도 절차를 요하지 않고 당연히 취소의 효과가 발생한다. **15경행**

2. 처분을 취소하는 판결에 의하여 권리의 침해를 받은 제3자는 자기에게 책임 없는 사유로 인하여 소송에 참가하지 못함으로써 판결의 결과에 영향을 미칠 공격 또는 방어방법을 제출하지 못한 때에는 이를 이유로 확정된 종국판결에 대하여 재심의 청구를 할 수 있다. **18지방9급**

		기판력긍정설	기판력부정설	제한적긍정설(통설,판례)
국가배상	**위법의 개념**	취소소송의 위법과 국가배상청구소송의 위법은 동일함.	취소소송의 위법과 국가배상청구소송의 위법은 다른 개념.	국가배상청구소송의 위법개념을 취소소송의 위법보다 넓게 봄.
	취소소송 인용 판결의 기판력	미침	미치지 않음	**제한적으로 미침** → 항고소송에서 취소되었어도 그 기판력에 의해 당해 처분이 곧바로 공무원의 불법행위를 구성한다고 할 수 없음.
	취소소송 기각 판결의 기판력	미침	미치지 않음	**미치지 않음.**

다) 형성력

제29조(취소판결등의 효력) ① 처분등을 취소하는 확정판결은 제3자에 대하여도 효력이 있다.
② 제1항의 규정은 제23조의 규정에 의한 집행정지의 결정 또는 제24조의 규정에 의한 그 집행정지결정의 취소결정에 준용한다.

의의	취소판결이 확정되면, 처분의 효력은 바로 처분시에 **소급하여 소멸**되고, 이에 기해 법률관계가 발생 · 변경 · 소멸되는 효력으로, **인용판결에만 인정**됨.		
내용	**형성효**	처분을 **취소한다는 확정판결**이 있으면, **처분청의 별도 행위를 기다릴 것 없이 당연히 처분이 없었던 것과 같은 효과가 발생.**	
	소급효	취소판결의 취소의 효과는 **처분시로 소급**함.**(15경행)** 판례 '도시 및 주거환경정비법'상 주택재개발사업조합의 조합설립인가처분이 법원의 재판에 의하여 취소된 경우, 주택재개발사업조합이 조합설립인가처분 취소 전에 '도시 및 주거환경정비법'상 적법한 행정주체 또는 사업시행자로서 한 결의 등 처분은 소급하여 효력을 상실함(2008다95885).	
	제3자효 (대세효)	**개념**	취소의 형성효, 소급효가 **소송에 관여하지 않은 제3자에게**도 미치는 것(동법 §29①)**(20국가9급,19서울9급,14국가7급,12지방7급 등)**
		적용 범위	취소판결 외에 **집행정지결정, 그 취소결정**도 인정(§29②) **무효등확인소송, 부작위위법확인소송**도 인정(§38①,②) 당사자소송은 인정 X(§44)
		제3자 보호	자신의 이익을 방어하거나 주장할 기회를 가지지 못한 제3자가 판결의 효력을 받는 것을 방지하기 위해, 제3자 소송참가(§16), 제3자의 재심청구(§31)제도 존재**(18지방9급)**.

라) 기속력

제30조(취소판결등의 기속력) ① 처분등을 취소하는 확정판결은 그 사건에 관하여 당사자인 행정청과 그 밖의 관계행정청을 기속한다.

② 판결에 의하여 취소되는 처분이 당사자의 신청을 거부하는 것을 내용으로 하는 경우에는 그 처분을 행한 행정청은 판결의 취지에 따라 다시 이전의 신청에 대한 처분을 하여야 한다.

③ 제2항의 규정은 신청에 따른 처분이 절차의 위법을 이유로 취소되는 경우에 준용한다.

<table>
<tr><td>의의</td><td colspan="2">당사자인 행정청과 그 밖의 관계행정청이 판결 내용에 기속되게 하는 효력(20국회8급)</td></tr>
<tr><td>적용</td><td colspan="2">청구 인용판결의 경우에만 인정됨.(19서울9급,16국가9급)
→ 청구기각판결이 확정되어 처분의 적법성이 확정된 후에도 처분청은 직권취소가 가능함(15국가7급,12국회8급)
무효등확인소송, 부작위위법확인소송, 당사자소송에 준용됨.(10국가9급)</td></tr>
<tr><td rowspan="3">성질</td><td>기판력설</td><td>기속력과 기판력은 동일하다는 견해</td></tr>
<tr><td>기속력설
(특수효력설)</td><td>기속력은 취소판결의 실효성 보장을 위해 행정소송법이 특별히 인정하고 있는 효력이라는 견해</td></tr>
<tr><td>판례</td><td>종래에는 기속력과 기판력을 혼용하여 사용하였으나, 최근에는 기속력과 분리하여 특수한 효력이라 인정함(2015두49235).</td></tr>
<tr><td rowspan="3">범위</td><td>주관적</td><td>당사자인 행정청과 그 밖의 관계행정청 기속함.(20국회8급,15국가7급)</td></tr>
<tr><td>객관적</td><td>① 판결의 주문 및 그 전제가 되는 처분 등의 구체적 위법사유에 관한 이유 중의 판단에 대해서도 인정된다(99두5238)(21국가7급,20국가9급,20국회8급,18지방9급,15서울7급)
② 기본적 사실관계가 동일한 사건에 기속력이 미치므로, 취소된 처분의 사유와 기본적 사실관계가 동일하지 않으면 종전 처분 당시에 존재하였던 사유일지라도 그를 이유로 하여 동일한 재처분을 할 수 있다(2015두48235).(21경행,21변시,20국가9급)</td></tr>
<tr><td>시간적</td><td>① 처분시까지 존재했던 처분사유에 대해서만 미침.
② 처분 이후에 생긴 새로운 처분사유를 이유로 동일한 내용의 처분을 하는 것은 기속력에 반하지 않음(14국회8급).</td></tr>
<tr><td>위반시</td><td colspan="2">하자가 중대 · 명백하여 당연무효 → 재처분의무의 불이행과 같음(16서울9급,14지방9급)
판례 ㉠ 확정판결의 당사자인 처분행정청이 그 행정소송의 사실심 변론종결 이전의 사유를 내세워 다시 확정판결과 저촉되는 행정처분을 하는 것은 허용되지 않는 것으로서 이러한 행정처분은 그 하자가 중대하고도 명백한 것이어서 당연무효라 할 것이다(90누3560).(21변시)
㉡ 과세처분을 취소하는 판결이 확정되면 그 과세처분은 처분시에 소급하여 소멸하므로 그 뒤에 과세관청에서 그 과세처분을 갱정하는 갱정처분을 하였다면 이는 존재하지 않는 과세처분을 갱정한 것으로서 그 하자가 중대하고 명백한 당연무효의 처분이다(88다카16096).(21군무원7급)</td></tr>
</table>

1. 취소소송이 기각되어 처분의 적법성이 확정된 이후에도, 처분청은 당해 처분이 위법함을 이유로 직권취소할 수 있다. **15국가7급**

2. 취소소송의 인용판결 이후, 처분시 이후에 새로 생긴 새로운 사실관계나 개정된 법령과 같이 새로운 처분사유를 들어 동일한 내용의 처분을 하는 것은 가능하다. **14국회8급**

3. 취소판결의 기속력은 주로 판결의 실효성 확보를 위하여 인정되는 효력으로서 판결의 주문뿐만 아니라 그 전제가 되는 처분 등의 구체적 위법사유에 관한 이유 중의 판단에 대하여도 인정된다. **20국가9급**

4. 판례는 취소판결의 사유가 절차나 형식상의 하자인 경우, 행정청이 그 위법사유를 보완하여 다시 재처분하는 것은 무방하다고 한다. **11지방9급**

5. 취소판결의 기속력에 위반하여 한 행정청의 행위는 당연 무효이다. **14지방7급**

1. 판례에 의하면 간접강제결정에 기한 배상금의 성질은 손해배상이 아닌, 심리적 강제수단에 불과한 것으로 본다. **13국가7급**

내용	**반복 금지** (소극적)	**의의**	취소판결이 확정되면 처분청 및 관계행정청은 판결에 **모순 · 저촉되는 처분을 하면 안됨.**
		내용	**동일처분** 및 **판결이유에 제시된 위법사유**의 **반복 금지(20국가9급)** 판례 ㉠ 기본적 사실관계의 동일성이 없는 다른 처분사유를 근거로 다시 거부처분을 하는 것은 허용된다.**(19국가9급)** ㉡ 절차 또는 형식 위법을 이유로 처분이 취소된 경우, 행정청이 적법한 절차 또는 형식을 갖추어 행한 동일한 내용의 처분(즉 취소 사유를 보완한 경우)은 취소된 처분과 동일한 처분이 아니므로 기속력에 반하지 않는다(86누91)**(20국가9급,17변시)**
		위반시 효력	위반시 하자가 **중대 · 명백**하여 **무효**가 됨.**(20국가9급,16서울9급,14지방9급)**
	재처분 의무	**의의**	행정청이 **판결의 취지에 따른 처분**을 해야 함. 이 경우 행정청은 반드시 **신청인이 신청한 내용대로 처분을 해야 하는 것은 아니며,** 판결의 취지를 존중하면 된다.**(21군무원7급,21경행)**
		거부처분 취소	① 거부처분이 **형식상 · 절차상 위법**을 이유로 취소된 경우, 행정청은 절차상 위법없이(위법사유를 **보완**하여) **다시 재처분을 할 수 있음**(동법§30③)(= 판결의 취지에 따라 다시 이전의 신청에 대한 처분을 해야 함=재처분의무 위반한 것 아님)**(17국가7급,15서울9급)** → 이 때 재처분은 새로운 별개의 처분임. 그러나 재처분을 부당하게 지연하면서 확정판결의 기속력을 잠탈하기 위하여 인위적으로 새 거부처분 사유를 만들어 낸 것이라면 유효한 재처분이 아니다(2002무30).**(21경행)**
			② 거부처분이 **실체상 위법**을 이유로 취소된 경우, 새로운 사유가 없다면 당해 거부처분을 한 행정청은 **원칙**적으로 **신청을 인용**하는 처분을 해야 함. 단, ㉠ 거부처분 이후의 **새로운 사유(기본적 사실관계의 동일성이 없는)**의 발생을 이유로 하거나**(16서울9급,15국가7급,15서울9급)**, ㉡ 거부처분취소의 확정판결을 받은 행정청은 **사실심변론종결이후 발생한 새로운 사유**를 내세워 다시 거부처분할 수 있다(98두1895).**(18국회8급)** ③ 거부처분 이전에 존재하였으나 처분시에 제시하지 않았던 다른 사유가 처분시에 제시했던 사유와 기본적 사실관계의 동일성이 없다면, 행정청이 이를 근거로 새로운 거부처분을 한 것은 기속력에 저촉되지 않는다(90누7326).
		절차위법 이유 취소	**행정청**은 판결의 취지에 따른 **적법한 절차**에 의해 **신청에 대한 처분을 해야 함.(15서울7급)**
		법령 등 개정	거부처분 후 법령이 개정되어 **개정법을 근거로 거부**한 경우 **기속력에 반하지 않음**(97두22).**(20국회8급,19사복9급,18국회8급)** 단, 개정법령에서 종전의 규정에 따른다는 **경과규정**을 두고 있는 경우라면 종전의 규정에 따른 재처분이 이루어져야 하므로, 개정 법령에 따른 재처분은 **기속력에 반한다**(2002무22).

<table>
<tr><td rowspan="1">내용</td><td>원상회복의무</td><td>취소판결 확정시 행정청은 위법상태를 제거해 원상회복시킬 의무(결과제거의무)를 짐(2019두49953).(22국회8급,21경행) 명문 규정은 없으나(12국회8급), 행정소송법 §30①에 근거 인정됨.</td></tr>
</table>

4) 간접강제

<table>
<tr><td rowspan="6">간접강제</td><td rowspan="2">의의</td><td>제34조(거부처분취소판결의 간접강제) ① 행정청이 거부처분 취소판결의 취지에 따른 처분을 하지 아니하는 때에는 제1심수소법원은 당사자의 신청에 의하여 결정으로써 상당한 기간을 정하고 행정청이 그 기간내에 이행하지 아니하는 때에는 그 지연기간에 따라 일정한 배상을 할 것을 명하거나 즉시 손해배상을 할 것을 명할 수 있다.</td></tr>
<tr><td>거부처분취소에 따른 재처분의무의 실효성 확보수단임.</td></tr>
<tr><td>적용</td><td>부작위위법확인 소송에 준용(§38②)(20국회8급),
무효등확인소송, 당사자소송에는 준용 X</td></tr>
<tr><td>요건</td><td>① 거부처분에 대한 취소판결이 확정
② 처분청이 상당한 기간 내에 재처분의무를 불이행할 것
또는 재처분의무를 이행했더라도 그 처분이 기속력에 위반되어 당연무효인 경우도 마찬가지임.(21국가7급,16서울9급,11지방7급)
③ 당사자의 신청이 있을 것</td></tr>
<tr><td>불복</td><td>간접강제신청에 대한 기각, 인용결정에 대하여는 즉시항고 할 수 있음(민사집행법§261②)</td></tr>
<tr><td>배상금 추심</td><td>배상금은 확정판결의 취지에 따른 재처분의 지연에 대한 제재나 손해배상이 아니고(13국가7급), 재처분의 이행확보를 위한 심리적 강제수단임.
→ 법원에서 정한 기한이 경과하더라도 행정청이 재처분의무를 이행했다면 더 이상 배상금을 추심할 수 없음(2002두2444).(21국가7급,19국가9급,11지방7급)</td></tr>
</table>

나. 취소소송의 종료

<table>
<tr><td>종국판결의 확정</td><td colspan="2">- 심리가 종료하여 종국판결을 내림으로써 소송이 종료되고, 종국판결은 상고권의 포기, 상고기간 경과, 상고기각, 상고법원의 판결에 의해 확정됨.
- 취소청구가 사정판결에 의하여 기각되거나 행정청이 처분등을 취소 또는 변경함으로 인하여 청구가 각하 또는 기각된 경우에는 소송비용은 피고의 부담으로 한다(행정소송법§32).(13국가7급,08지방9급)</td></tr>
<tr><td rowspan="2">판결에 의하지 않은 소송행위의 종료</td><td>소취하</td><td>원고가 원고 스스로 법원에 대해 청구의 전부 또는 일부를 철회하여 소송계속의 효과를 소급하여 소멸시키는 의사표시로, 취소소송에서 인정됨.</td></tr>
<tr><td>청구의 포기·인낙</td><td>원고가 청구가 이유없음을 인정하거나(포기),
피고가 원고의 청구가 이유있음을 인정(인낙)하는 일방적 의사표시로, 다수설은 처분의 위법여부를 주관적 판단에 두는 것은 문제가 있다고 보아 취소소송에서 인정하지 않음.</td></tr>
</table>

1. 행정소송법상 제**3**자에 의한 재심청구는 확정판결이 있음을 안 날로부터 **30**일 이내, 판결이 확정된 날로부터 **1**년 이내에 제기하여야 한다. **11지방7급**

판결에 의하지 않은 소송행위의 종료	**소송상 화해**	소송계속 중 당사자가 서로 양보하여 소송을 종료하기로 합의하는 것으로, **다수설은 인정하지 않음**.
	당사자의 소멸	· **원고**가 사망하고, 소송의 승계가 허용되지 않는 경우, 소송이 **종료**되나, · **피고인** 행정청이 없게 된 때에는 사무가 귀속되는 국가 또는 공공단체가 피고가 되므로 **소송이 종료되지 않음.(08지방9급)**

다. 상소 및 재심청구

상소 (항소와 상고)	**1심법원의 판결**에 대해서 상급법원에 **항소**할 수 있고, **항소심(2심법원)의 판결**에 대해서 **대법원**에 **상고**할 수 있음.		
항고와 재항고	**소송절차에 관한 신청**을 기각한 결정 · 명령에 대해 불복시, **항고**할 수 있고, 항고법원 또는 항소법원의 결정 · 명령에 대하여는 재판에 영향을 미친 헌법 · 법률 · 명령 · 규칙의 위반이 있음을 이유로 **재항고** 가능		
재심청구	**의의**	확정된 종국판결에 대하여 그 판결의 취소와 사건의 재심사를 청구하는 것으로, 취소소송에서 인정됨.	
	취지	당사자의 권리구제	
	제3자의 재심청구	**의의**	처분등을 취소하는 판결에 의하여 권리 또는 이익의 침해를 받은 ① **제3자는** ② **자기에게 책임없는 사유로** ③ **소송에 참가하지 못함으로써 판결의 결과에 영향을 미칠 공격 또는 방어방법을 제출하지 못한 때에는 이를 이유로 확정된 종국판결에 대하여 재심의 청구**를 할 수 있다(행정소송법§31①)**(18국가7급)**.
		당사자	원고 - 취소소송의 인용판결에 의해 권리 또는 이익을 침해받은 제3자(행정청은 X) 피고 - 확정판결에 나타난 원고와 피고
		재심 사유	자기에게 책임없는 사유로 소송에 참가하지 못함으로써 판결의 결과에 영향을 미칠 공격 또는 방어방법을 제출하지 못한 때
		청구 기간	확정판결이 있음을 **안 날로부터 30일 이내**, 판결이 **확정된 날로부터 1년** 이내**(11지방7급)**

제 3 절 기타 항고소송

1 무효등확인소송 (취소소송 규정이 준용되는지 여부를 중심으로 정리)

가. 일반론

의의	행정청의 처분 등의 효력 유무 또는 존재여부를 확인하는 소송(§4-2호)	
소송요건	대상적격	**준용 O** / '처분 등'이 소송의 대상이 됨.
	원고적격	**준용 X** / '처분 등의 효력 유무 또는 존재 여부의 확인을 구할 **법률상 이익이 있는 자**'가 제기(§35) 법률상 이익이 있는 자의 의미는 취소소송과 같음.
	협의의 소의이익	**준용 여부 개념이 아닌 소의이익(보충성) 요구문제** → 무효등확인소송도 확인의 이익(**보충성**)이 요구되는지에 대해 종래 판례는 필요설의 입장이었으나, 전원합의체 판결을 통해 **불요설로 입장을 변경**함.**(21국회8급,21변시,18교행9급,17국회8급)** 판례 ㉠ ✪무효인 조세부과처분에 대하여 세금을 납부한 자가 부당이득반환청구소송 등 실질적으로 권익을 구제받고자 다른 소송을 제기하여 무효를 주장하여 구제받을 수 있다 하더라도 **조세부과처분의 무효확인소송을 독립된 소로서 제기할 수 있음.** → 행정소송법 제35조에 규정된 '무효 등 확인을 구할 법률상 이익'이 있는지 여부를 판단할 때, 행정처분의 유·무효를 전제로 한 이행소송 등과 같은 직접적인 구제수단이 있는지 여부는 따질 필요가 없다(2017두62587).**(20국가7급,20지방9급)** ㉡ **사업양도·양수에 따른 허가관청의 지위승계신고의 수리**는 적법한 사업의 양도·양수가 있었음을 전제로 하는 것이므로 그 **수리대상인 사업양도·양수가 존재하지 아니하거나 무효인 때**에는 수리를 하였다 하더라도 그 수리는 유효한 대상이 없는 것으로서 당연무효라 할 것이고, 사업의 양도행위가 무효라고 주장하는 양도자는 민사쟁송으로 양도·양수행위의 무효를 구함이 없이 막바로 허가관청을 상대로 하여 행정소송으로 위 신고수리처분의 무효확인을 구할 법률상 이익이 있다(2005두3554).**(18지방9급)**
	피고적격	**준용 O** / 처분을 한 행정청이 피고가 됨.
	제소기간	**준용 X / 제소기간의 제한이 없음.(13국가7급)** 단, **무효선언을 구하는 취소소송은 제소기간적용**(92누11039).**(21국회9급,21국회8급).**
	행정심판 전치주의	**필요적 전치주의 적용 X**, 개별법에서 예외적 행정심판전치주의를 규정하고 있더라도 무효확인소송에 적용 X 단, **무효선언을 구하는 취소소송**에는 **예외적** 행정심판전치주의가 **적용**됨.

1. 무효등확인소송에는 취소소송의 제소기간에 관한 규정이 준용되지 않는다. **13국가7급**

2. 대법원은 종래 무효확인소송에서 요구해 왔던 보충성을 더 이상 요구하지 않는 것으로 판례태도를 변경하였다. **18교행9급**

3. 무효인 과세처분에 의하여 세금을 납부한 자는 납부한 금액을 반환받기 위하여 부당이득반환청구소송을 제기하지 않고 곧바로 과세처분무효확인소송을 제기할 수 있다. **19서울9급**

4. 행정심판전치주의가 적용되는 사안에서도 무효등확인소송을 제기함에 있어서는 행정심판을 거치지 않아도 되지만, 무효선언적 의미의 취소소송에서는 개별법 규정이 있는 경우 행정심판을 거쳐야 한다. **14국회8급**

1. 행정처분의 당연무효를 주장하여 그 무효확인을 구하는 행정소송에 있어서는 원고에게 그 행정처분의 무효인 사유를 주장·입증할 책임이 있다. **17지방7급**

2. 거부처분에 대하여 무효인 판결이 확정된 경우, 행정청에 대해 판결의 취지에 따른 재처분의무가 인정될 뿐, 그에 대하여 간접강제까지 허용되는 것은 아니다. **19지방9급**

3. 당연무효의 행정처분을 대상으로 하는 행정소송에서는 사정판결을 할 수 없다. **15국가9급**

절차	**관련청구소송의 이송과 병합**	**준용 O** → 무효확인소송과 관련청구소송이 각각 다른 법원에 계속되고 있는 경우, 관련청구소송을 무효등확인소송이 계속된 법원에 이송 · 병합할 수 있음.**(16지방9급,10국가7급)**
	소의 변경	**준용 O** → 압류처분에 대해 무효확인소송을 제기하였다가 취소소송으로 소의 종류를 변경하는 경우, 제소기간의 준수여부는 **무효소송제기를 기준**으로 한다(2005두3554).**(19국가7급)**
	집행부정지 원칙과 가구제 (집행정지)	**준용 O** → 무효등확인소송의 제기는 **처분 등의 효력이나 그 집행 또는 절차의 속행에 영향을 주지 않음.(21군무원7급,18서울7급,17지방7급)** ∴ **민사집행법상 가처분 적용 X (18서울7급)**
	소의 참가	**준용 O**
심리	**직권심리주의**	**준용 O** → 변론주의를 원칙으로 하면서도, 법원이 직권으로 증거조사 할 수 있다(§38①, §26)
	입증책임	**취소소송과 다름 → 원고에게** 그 행정처분에 존재하는 하자가 중대 · 명백하다는 것을 주장 · 입증할 책임이 있음.**(17지방7급,16지방9급)**
	위법판단 기준시	취소소송과 **동일**
	행정심판에 대한 기록제출명령	**준용 O** → 법원은 당사자의 신청이 있는 때에는 결정으로써 재결을 행한 행정청에 대하여 행정심판에 관한 기록의 제출을 명할 수 있다(§38①,§25).
	기타	심리에 관한 여러 원칙(구술심리주의, 공개심리주의 등)은 무효등확인소송에도 **준용**됨.
판결	**효력**	**취소판결의 효력 준용 O → 제3자에 대해 효력이 미치고(21군무원7급,19서울9급)**, 제3자의 소송참가, 재심청구 인정됨.
		간접강제 준용 X(20국가7급,19지방9급) **판례** 행정소송법 제38조 제1항이 무효확인 판결에 관하여 취소판결에 관한 규정을 준용함에 있어서 같은 법 제30조 제2항을 준용한다고 규정하면서도 같은 법 제34조는 이를 준용한다는 규정을 두지 않고 있으므로, 행정처분에 대하여 무효확인 판결이 내려진 경우에는 그 행정처분이 거부처분인 경우에도 행정청에 판결의 취지에 따른 재처분의무가 인정될 뿐 그에 대하여 간접강제까지 허용되는 것은 아니라고 할 것이다(98무37).**(21국가7급,21국회8급)**
	사정판결	**준용 X** → 존치시킬 효력이 있는 행정행위가 없어 사정판결 불가(95누5509).**(21지방9급,20국가7급,19서울9급,17지방7급,15국가9급,12지방7급)**

나. 취소소송 규정의 준용

준용 O	준용 X
관할, 관련청구 소송의 이송 및 병합, 피고적격, 피고경정, 공동소송, 제3자의 소송참가, 행정청의 소송참가, 취소소송의 대상, 원고가 소의 종류를 잘못 선택한 경우 소 종류의 변경, 처분변경으로 인한 소의 변경, 집행정지, 집행정지의 취소, 행정심판기록의 제출명령, 직권심리, 취소판결등의 효력, 취소판결등의 기속력, 제3자에 의한 재심청구	선결문제, 원고적격, 행정심판과의 관계, 제소기간, 재량처분의 취소, 사정판결, 간접강제

다. 취소소송과의 관계

취소소송과 무효확인소송의 병합	① 취소소송과 **선택 청구가 가능**함 ② 병합제기는 **주위적·예비적병합만 가능**(97누6889)**(21변시,15국가9급)** **단순·선택적병합은 불가**(15국가9급)
무효사유인 처분에 대해 취소소송 제기	**무효선언적 의미의 취소판결 가능(18지방9급,12국가9급,14지방9급,10지방7급)** 단, **취소소송의 소송요건을 준수해야(통·판)(20국가7급,15서울9급,14사복9급)** 예) 과세처분에 대해 무효선언을 구하는 취소소송을 제기하는 경우 전심절차 거쳐야 함.
취소사유가 있는 처분에 대해 무효확인소송을 제기한 경우	취소소송의 제기요건을 갖춘 경우. **판례**는 무효확인을 구하는 소에 취소를 구하는 취지도 포함되어 있다고 보아, **소변경없이 취소판결을 할 수 있다**고 함(66누108등)**(21변시,18지방7급,17국가7급)**. 요건을 갖추지 못한 경우, **기각**판결**(통·판)**

2 부작위위법확인소송

가. 의의 및 소송요건

의의	행정청이 당사자의 신청에 대하여 상당한 기간내에 일정한 처분을 하여야 할 법률상 의무가 있음에도 불구하고 이를 하지 아니하는 경우에, 이러한 **행정청의 부작위가 위법하다는 것을 확인**하는 소송(§2①1호 ,§4-3호)		
소송요건	**대상적격**	**① 당사자의 신청이 존재**	'신청'이란 **법규상 또는 조리상 신청권의 행사**로서 신청을 말함.**(18지방9급,18국회8급,15교행9급)** **판례** ㉠ **대내외로 3급 승진대상자로 공표된 자는 승진임용의 신청권이 인정**되므로, 행정청은 이에 응답할 의무가 있다(2007두18611).**(14서울7급)** ㉡ 행정청이 행한 공사중지명령의 상대방은 그 명령 이후에 그 원인사유가 소멸하였음을 들어 행정청에게 공사중지명령의 철회를 요구할 수 있는 조리상의 신청권이 있다 할 것이고, 상대방으로부터 그 신청을 받은 행정청으로서는 상당한 기간 내에 그 신청을 인용하는 적극적 처분을 하거나 각하 또는 기각하는 등의 소극적 처분을 하여야 할 법률상의 응답의무가 있다고 할 것이며, 행정청이 상대방의 신청에 대하여 아무런 적극적 또는 소극적 처분을 하지 않고 있는 이상 행정청의 부작위는 그 자체로 위법하다(2003두7590).**(20국가9급)**

1. 무효인 처분에 대하여 취소소송이 제기된 경우, 소송제기요건이 구비되었다면 법원은 당해 소를 각하하여서는 아니 되며, 무효를 선언하는 의미의 취소판결을 하여야 한다. **18지방9급**

2. 행정처분의 무효확인을 구하는 청구에는 특별한 사정이 없는 한 그 처분의 취소를 구하는 취지까지도 포함되어 있다고 볼 수 있다. **18지방7급**

3. 무효확인소송을 제기하였는데 해당 사건에서의 위법이 취소사유에 불과한 때, 법원은 취소소송의 요건을 충족한 경우 취소판결을 내린다. **17국가7급**

1. 행정입법부작위는 행정소송법상 부작위위법확인소송의 대상이 되지 아니한다. **18지방7급**

2. 허가처분 신청에 대한 부작위를 다투는 부작위위법확인소송을 제기하여 제1심에서 승소판결을 받았는데, 제2심단계에서 피고 행정청이 허가처분을 한 경우, 제2심 수소법원은 각하판결을 하여야 한다. **19국가9급**

소송요건	**대상적격**	**② 상당한 기간 경과**	• 당사자의 신청 후 상당한 기간이 경과했는데도, 행정청이 아무런 의무를 행하지 않아야 함. • '상당한 기간'은 사회통념상 그 신청에 따르는 처분을 하는데 필요한 것으로 인정되는 기간임.
		③ 일정한 처분을 해야 할 법률상 의무	• 행정청에게 일정한 처분의무가 있어야함. • 법률상 의무 뿐만 아니라 조리상 인정되는 의무도 포함.
		④ 처분의 부작위	• '처분'이 아닌 **행정입법에 대한 부작위**는 **부작위위법확인소송의 대상 X(18지방7급)** 판례 검사임용에서 제외된 자는 거부처분 취소소송을 제기해야 한다(90누5825).
			• 처분이 '존재'하는 경우, 취소소송을 제기해야. 판례 ㉠ 법률의 집행을 위해 시행규칙을 제정할 의무가 있음에도 불구하고 행정청이 시행규칙을 제정하지 않고 있는 경우**(추상적 법령을 제정하지 않는 부작위)**, 부작위위법확인소송으로 **다툴 수 없다**(91누11261).**(22소방,16국가7급,15국가9급)** ㉡ 무죄선고시 압수물환부의무는 당연히 발생하므로, 환부신청에 대한 무응답은 부작위위법확인의 대상이 되지 않음(94누14018).**(10국회9급)** → 당연히 발생하는 의무 역시 부작위위법확인 소송의 대상이 되지 않는다. • 법령상 행정청의 아무런 처분이 없는 것을 **거부처분으로 간주하는 규정을 둔 때에는 거부처분취소소송을 제기해야** 함**(16서울7급)**.
	원고적격	**준용 X** - 부작위위법확인소송은 처분의 신청을 한 자로서 부작위의 위법의 확인을 구할 법률상 이익이 있는 자만이 제기할 수 있다. (행정소송법§36)	
		처분의 신청을 한 자	다수설 · 판례는 **신청권을 부작위의 개념요소이자, 원고적격의 요소로** 보고 있음(97누17568).**(18지방9급,18국회8급)** 이 견해에 따르면, **부작위가 있으면 원고적격 인정**됨.
		제3자	부작위의 직접 상대방이 아닌 제3자라도 법률상 이익이 있는 한, 원고적격이 있음.
	협의의 소의 이익	**준용 여부 개념이 아닌 단순 소의 이익 요구문제** → 소의 이익이 필요하므로, **소송 중 부작위상태가 해소**되거나(89누4758), 부작위위법확인판결을 받는다 하더라도 원고의 권리 · 이익이 보호되기 불가능해진 경우, **확인의 이익이 없어 각하**됨(2000두4758).**(20국가9급,19국가9급,18국회8급,12국가7급)**	

소송요건	피고적격	**준용 O**, 피고의 신청에 대해 부작위를 행한 행정청
	제소기간	**준용 △ - 규정상 준용하나, 원칙상 부작위 상태가 계속되는 한 제소기간 제한 X(20국가9급,19지방·교행9급)** 단, **행정심판 등 전심절차를 거친 경우,** 재결서의 정본을 송달받은 날부터 **90일 이내에 부작위위법확인의 소를 제기**해야 함(2008두10560).**(21경행,19국회8급,17지방7급,13서울9급)**
	행정심판전치주의	**준용 O - 원칙적 임의적** 전치절차, **예외적**으로 개별법에 규정되어 있는 경우에만 행정심판 전치주의 적용, 이 경우 행정심판은 **의무이행심판**임 **(16서울7급,13국가9급)**

1. 부작위위법확인의 소는 부작위상태가 계속되는 한 그 위법의 확인을 구할 이익이 있다고 보아야 하므로, 제소기간의 제한이 없음이 원칙이나 행정심판 등 전심절차를 거친 경우에는 제소기간의 제한이 있다. **19국회9급**

나. 절차

관련청구소송의 이송과 병합	**준용 O**	
소의 변경	**소 종류의 변경**	**준용 O** ① 원고가 거부처분을 부작위로 오인 : 각하가 원칙, 단 원고가 소종류 변경신청한 경우, 법원은 허가가능(§37,27) ② 부작위위법확인의 소 제기 후 이를 거부처분으로 오인하여 거부처분취소소송으로 소 변경신청한 경우, 판례 허용(2008두10560).
	처분변경으로 인한 소변경	**준용 X** (부작위에는 처분이 존재 X)
집행정지	**준용 X** (부작위의 정지는 발생하지 않음)**(13국가9급)**	
소의 참가	**준용 O**	

다. 심리

직권심리	**준용 O** → 변론주의를 원칙으로 하면서도, 법원이 직권으로 증거조사 할 수 있다(§38①, §26)
입증책임	처분을 신청한 사실, 신청권의 존재, 상당한 기간의 경과 → **원고** 부작위에 대한 정당한 사유, 상당기간 경과에 대한 정당화 사유 → **피고 행정청**
위법 판단기준시	**취소소송과 다름** 처분이 존재하지 않으므로, **판결시(사실심변론종결시)**를 기준으로 판단함**(통설)**
행정심판에 대한 기록제출 명령	**준용 O** → 법원은 당사자의 신청이 있는 때에는 결정으로써 재결을 행한 행정청에 대하여 행정심판에 관한 기록의 제출을 명할 수 있다(§38①,§25).

1. 부작위위법확인소송에 있어서는 사정판결이 적용되지 아니한다. **15국가9급**

심리범위	**적극설** (실체적 심리설)	부작위의 위법 여부 뿐만 아니라, 신청에 따른 특정 처분 의무가 있는지도 심리할 수 있다는 견해. → 부작위위법확인소송의 인용판결에 실질적 기속력이 인정되게 됨.**(15국가7급)**
	소극설 **판례** (절차적 심리설)	**부작위의 위법 여부만** 판단. 판례는 부작위법확인소송은 부작위의 위법함을 확인함으로써 행정청의 응답을 신속하게 하여 부작위 내지 무응답이라고 하는 **소극적인 위법상태를 제거하는 것을 목적**으로 한다고 판시하여 소극설의 입장(91누7361).**(16지방9급,16서울7급)** → 신청의 대상이 **기속행위인 경우 행정청이 거부처분을 하여도 기속력에 반하지 않는 처분임.**(15국가7급)

라. 판결

제3자효	**준용 O**(20군무원7급)	
기속력	**적극적 처분의무**	행정청은 **판결의 취지에 따라 이전의 신청에 대한 처분**을 해야 함(§38②,§30②).이 때 신청에 대한 처분은 부작위 상태의 해소이므로, **거부처분도 가능**함(소극설)
간접강제	**준용 O**(20국회8급,13국가9급)	
사정판결	**준용 X** → 존치시킬 효력이 있는 행정행위가 없어 사정판결 불가(95누5509). **(15국가9급,12지방7급)**	

마. 취소소송 규정의 준용

준용 O	준용 X
관할, 관련청구 소송의 이송 및 병합, 피고적격, 피고경정, 공동소송, 제3자의 소송참가, 행정심판과의 관계, 행정청의 소송참가, 취소소송 대상, 제소기간, 원고가 소의 종류를 잘못 선택한 경우 소 종류의 변경, 행정심판기록의 제출명령, 직권심리, 재량처분의 취소, 취소판결등의 효력, 취소판결등의 기속력, 제3자에 의한 재심청구, 소송비용에 관한 재판의 효력, 거부처분취소판결의 간접강제	선결문제, 원고적격, 집행정지, 집행정지취소, 사정판결 처분변경으로 인한 소의 변경

제 4 절 당사자소송

1. 당사자소송에서는 대등 당사자 간에 다투어지는 공법상의 법률관계를 소송의 대상으로 한다. **13지방9급**

1 의의

행정청의 **처분등을 원인으로 하는 법률관계에 관한 소송 그 밖에 공법상의 법률관계에 관한 소송으로서 그 법률관계의 한쪽 당사자를 피고로 하는 소송**(행정소송법 제3조 제2호)

2 당사자소송의 종류

실질적 당사자소송	공법상 법률관계에 관한 다툼을 대상으로 하여, 법률관계의 한쪽 당사자를 직접 피고로 하는 소송(행정소송법상 당사자소송).
형식적 당사자소송	실질적으로는 행정청청의 처분 또는 재결의 효력을 다투는 것이 되어 항고소송의 성격을 가지나, 처분청이나 재결청을 피고로 하는 것이 아니라 **그 법률관계의 한쪽 당사자를 피고로 한다는 점**에서 당사자소송임.
	명문규정이 없으면 인정하지 않음.(통설 · 판례) 공익사업을 위한 토지 등의 취득 및 보상에 관한 법률상 보상금증감청구소송(§85②), 특허법상 보상금 또는 대가에 대한 불복소송(§191), 실용신안법에서 인정하고 있음.

3 다른 소송과의 구별

항고소송	당사자소송	민사소송
권력관계	관리관계	사법관계
행정청의 우월한 공권력 행사인 처분이나 부작위를 대상으로 함	처분 등을 원인으로 하는 법률관계 및 공법상 법률관계를 대상으로 함	대등한 당사자 간의 법률상 분쟁을 해결하기 위한 소송
처분 등	공법상 권리(판)	사법상 권리(판)

4 당사자 소송의 구체적 검토

가. 처분 등을 원인으로 하는 법률관계에 관한 소송

처분 등의 취소나 무효를 전제로 하는 부당이득반환청구소송(조세과오납반환청구소송), 공무원의 직무상 불법행위로 인한 국가배상청구소송 등은 공법관계를 원인으로 하나,

판례는 소송물이 사법상 권리(손해배상청구권 등)에 해당하므로, **민사소송**으로 다루고 있음.**(22국가9급)**

1. 지방자치단체와 그 소속 경력직 공무원인 지방소방공무원 사이의 관계는 공법관계에 해당하므로, 초과근무수당과 같은 보수와 관련한 소송을 제기하는 경우, 당사자소송의 절차에 따라야 한다. **18경행**

2. 민주화운동 관련자 명예회복 및 보상 등에 관한 법률에 따른 보상금 지급신청을 기각하는 결정에 대한 불복은 취소소송에 의하여야 한다. **15지방7급**

3. 시립합창단의 재위촉 거부를 다투려는 자는 공법관계를 다툴 수 있는 당사자 소송을 제기하여야 한다. **19소방9급**

4. 광주민주화운동 관련자 보상 등에 관한법률에 의거한 손실보상청구소송은 당사자소송에 의하여야 한다. **15서울9급**

6. 공무원연금관리공단이 퇴직연금의 지급자에 대하여 공무원연금법령의 개정으로 퇴직연금 중 일부금액의 지급정지 대상자가 되었음을 이유로 한 지급거부의사표시는 공법상 당사자소송을 통해 다투어야 한다. **17국가9급**

7. 공무원연금관리공단의 급여에 관한 결정에 대한 소송은 항고소송에 해당한다. **15서울9급**

8. 국가에 대한 납세의무자의 부가가치세 환급세액 지급청구는 당사자소송에 의하여야 한다. **18국가7급**

9. 조세과오납부액의 반환을 구하는 소송은 민사소송에 의하여야 한다. **16국가7급**

나. 공법상의 법률관계에 관한 소송

1) 공법상 금전지급청구소송(금전지급청구권이 어떻게 발생하는지에 따라)

	당사자소송
법률의 규정에 의해 직접 발생	① ✪ **법관의 미지급 명예퇴직수당지급청구**(2013두14863)**(21변시,18서울7급)** ② ✪ 공무원연금관리공단이 **퇴직연금**의 지급자에 대하여 공무원연금법령의 개정으로 퇴직연금 중 일부금액의 지급정지 대상자가 되었음을 이유로 한 **지급거부의사표시는 공법상 당사자소송을 통해 다투어야 한다**(2004두244).**(22국가9급,20국가7급,20지방7급,18서울7급)** ③ ✪ **납세의무자의 부가가치세 환급세액 지급청구소송**(∵ 납세의무자에 대한 국가의 부가가치세 환급세액 지급의무는 그 납세의무자로부터 어느 과세기간에 과다하게 거래징수된 세액 상당을 국가가 실제로 납부받았는지와 관계없이 부가가치세법령의 규정에 의하여 직접 발생하고, 이는 공법상 의무이므로)(2011다95564).**(21국가7급,18국가7급,16국가9급,13지방7급)** ↔ **과오납액, 환급세액 반환청구소송, 공법상 부당이득반환(조세과오납금 환급)청구소송은 민사소송(16국가9급)** ④ ✪ **광주민주화운동관련자보상**에 관한 법률에 따른 **보상금지급청구소송**(92누3335).**(15서울9급,11서울9급)** ⑤ 구 '공익사업을 위한 토지 등의 취득 및 보상에 관한 법률'에 의한 **주거이전비 보상청구소송**(2007다8129).**(15지방7급)** 세입자의 주거이전비 보상청구소송의 형태 및 법리는 주거용 건축물의 소유자가 사업시행자를 상대로 **이주정착금, 주거이전비 및 이사비의 보상을 구하는 경우**에도 그대로 적용됨(2018두55326). ⑥ 하천구역 편입토지에 대한 손실보상청구권(2004다6207)**(17지방9급,16지방9급,14서울7급,13서울9급,12국가7급)** ⑦ 구 공익사업법상 농업손실보상청구권(2009다43461)**(19국가7급)** ⑧ 지방소방공무원의 초과근무수당의 지급을 청구하는 소송(2012다102629)**(21소방,18경행)** ⑨ 석탄사업법 등에 의한 재해위로금의 지급을 구하는 소송(95다28960)**(20지방7급,19서울7급)** ⑩ 구 군인연금법령상 퇴역연금을 받아오던 퇴역연금수급권자 법령의 개정에 따른 국방부장관의 퇴역연금액 감액조치에 대한 이의를 제기하는 소송(2002두3522)**(22국가9급)** ⑪ 국토의 계획 및 이용에 관한 법률 제130조 제3항에서 정한 토지의 소유자·점유자 또는 관리인(이하 '소유자 등'이라 한다)이 사업시행자의 일시 사용에 대하여 정당한 사유 없이 동의를 거부하는 경우, 사업시행자는 해당 토지의 소유자 등을 상대로 동의의 의사표시를 구하는 소를 제기할 수 있다. 이와 같은 토지의 일시 사용에 대한 동의의 의사표시를 할 의무는 '국토의 계획 및 이용에 관한 법률'에서 특별히 인정한 공법상의 의무이므로, 그 의무의 존부를 다투는 소송은 '공법상의 법률관계에 관한 소송으로서 그 법률관계의 한쪽 당사자를 피고로 하는 소송', 즉 행정소송법 제3조 제2호에서 규정한 당사자소송이라고 보아야 한다(2016다262550).

행정청의 지급결정에 의해 구체적으로 확정	항고소송(지급결정, 지급거부결정)
	① ✪ **민주화운동관련자 명예회복** 및 보상등에 관한 법률상의 보상심의위원회의 보상금지급결정(2005두16185).**(15서울9급,14지방7급)** (위④판례와 비교) ② ✪ 공무원연금 지급신청에 대하여 이를 거부하거나 일부 금액만 인정하는 급여지급결정(2014두43264),**(15서울9급**(위②판례와 비교) ③ 지방계약직 공무원의 보수삭감은 징계절차에 의하지 아니하고는 불가하므로, 보수삭감행위조치는 항고소송의 대상이 되는 처분임(2006두16328).**(17국회8급,16서울9급,15지방7급,15지방9급,12지방7급 등)** ④ 군인연금법령상 퇴역연금 등의 급여청구에 대하여 국방부장관의 거부 또는 일부인정에 대한 구체적 권리를 인정받기 위한 소송(93누18532)(곧바로 당사자소송 제기 불가→ (위 ⑨판례와 비교)**(22국가9급,21변시)**

1. 재개발조합을 상대로 조합원자격 인정 여부에 관한 확인을 구하는 소송은 공법상 당사자소송에 해당한다. **19서울7급**

2. 주택재건축정비사업조합을 상대로 관리처분계획에 대한 조합총회결의의 효력 등을 다투는 소송은 당사자소송에 해당한다. **19국가9급**

2) 공법상 계약 등

구분		내용
공법상 계약		**당사자소송**(행정주체 상호간, 행정주체와 사인간의 공법상 계약)**(21군무원9급)** 판례 **①서울특별시무용단 단원의 해촉에 대해서는 공법상의 당사자소송으로 무효확인을 청구해야**(95누4636)**(21소방간부,20지방7급,11국회8급)** **② 공중보건의사 채용계약 해지의 무효확인청구를 구하는 소송**(95누10717)
공법상의 신분·지위, 권한 등의 확인소송	**원칙 당사자 소송**	① '도시 및 주거환경정비법'상의 재건축조합을 상대로 관리처분계획안에 대한 **조합총회결의의 효력** 등을 다투는 소송(2007다2428) **(21소방간부,21변시,20지방7급,19국가9급,19지방7급,18서울9급,16국가7급,13지방9급,12서울9급)** (단, 관리처분계획안에 대한 인가, 고시 후에는 항고소송 제기해야 **(20서울,지방9급)**) ② ✪ 구 도시재개발법에 의한 재개발조합을 상대로 한 쟁송에 있어서 강제가입제를 특색으로 한 **조합원의 자격 인정 여부**에 관하여 다툼이 있는 경우(94다31235)**(94다31235)** ③ KBS에 위탁받은 한국전력공사의 방송수신료통합징수권한 확인소송(2007다25261) ④ **공무원의 지위확인소송**(98두12932)**(19서울9급)** ⑤ 지방자치단체가 보조금 지급결정을 하면서 일정 기한 내에 보조금을 반환하도록 하는 교부조건을 부가한 경우, 보조금을 교부받은 사업자에 대한 지방자치단체의 보조금반환청구(2011다2951)**(21국가7급,15국가9급)**
	예외 민사 소송	① 재개발조합과 조합장 또는 조합임원 사이의 선임·해임 등 **조합장 또는 조합임원의 지위를 다투는 소송**(2009마168·169)**(19서울7급,13지방9급,10국가9급)** ② 지방자치단체가 자원회수시설과 부대시설의 운영 관리 등을 위탁하고 그 위탁운영비용을 지급하는 것을 내용으로 하는 용역 계약을 사인과 체결한 경우, 이러한 위탁운영에 관한 협약의 법적 성질은 사법상 계약에 해당하고, 그에 관한 다툼은 민사소송의 대상의 대상이 된다(2018두60588).**(21경행,21소방간부,21군무원7급,20지방7급)**
공법상 제거청구권		판례는 민사소송으로 물건의 반환, 방해의 제거, 정정보도 등을 청구하도록 하고 있음.

1. 취소소송은 다른 법률에 특별한 규정이 없는 한 그 처분 등을 행한 행정청을 피고로 하며, 당사자소송은 국가·공공단체, 그 밖의 권리주체를 피고로 한다. 18서울9급

2. 공법상 당사자소송으로서 납세의무부존재확인의 소는 과세처분을 한 과세관청이 아니라 행정소송법 제3조제2호, 제39조에 의하여, 그 법률관계의 한쪽 당사자인 국가·공공단체, 그 밖의 권리주체가 피고적격을 가진다. 20지방9급

3. 공법상 당사자소송에서 재산권의 청구를 인용하는 판결을 하는 경우, 민사소송법상의 가집행선고를 할 수 있다. 17서울7급

4. 당사자소송에 대하여는 행정소송법의 집행정지에 관한 규정이 준용되지 아니하므로, 민사집행법상 가처분에 관한 규정이 준용되어야 한다. 18지방9급

5 당사자소송의 요건

대상적격	행정청의 처분 등을 원인으로 하는 법률관계와 그 밖에 공법상 법률관계(동법 제3조 제2호)	
원고적격 및 협의의 소의이익	**준용 X**, 민사소송법이 준용됨.	
	이행소송	이행청구권이 있음을 주장하는 자에게 원고적격
	확인소송	확인의 이익을 가지는 자에게 원고적격 또한 확인의 이익(확인소송의 보충성)이 요구됨.
피고적격	**준용 X - 국가·공공단체 그 밖의 권리주체**가 피고 **(21국회9급,20서울,지방9급,19지방·교행9급,18서울9급,17서울9급)**	
	피고경정 규정은 준용 ○**(21군무원9급)**	
관할	**준용 O → 피고 소재지 관할 행정법원,** 단, **국가 또는 공공단체가 피고인 경우 : 관계행정청의 소재지**(§40)	
제소기간	**법령에 제소기간이 정하여져 있는 때에는** 그 기간은 **불변기간**으로 한다(§41). **(21국회9급)** 단, 행정소송법에는 당사자소송의 제소기한에 대한 제한이 없고, 취소소송의 제소기간도 준용되지 않으므로, 공법상 권리가 소멸되지 않는 한 제한없이 제기 할 수 있다.	
행정심판 전치주의	**준용 X** (단 주위적 청구가 당사자소송이라도 병합 제기된 예비적 청구가 항고소송이라면, 이에 대한 전심절차 등이 요건을 갖춰야 함(89누39)).	

6 당사자소송의 절차

집행정지	**준용 X / 민사소송법상 가처분이 준용**(2015무26)**(21국가7급,21지방7급,21국회9급,19경행,18지방9급,17서울7급)** 판례 당사자소송에 대하여는 행정소송법 제23조 제2항의 집행정지에 관한 규정이 준용되지 아니하므로(행정소송법 제44조 제1항 참조), 이를 본안으로 하는 가처분에 대하여는 행정소송법 제8조 제2항에 따라 민사집행법상 가처분에 관한 규정이 준용되어야 한다(2015무26).
소 변경	**준용 O** 판례 **원고가 고의 또는 중대한 과실 없이 당사자소송으로 제기하여야 할 것을 항고소송으로 잘못 제기한 경우**에, 당사자소송으로서의 소송요건을 결하고 있음이 명백하여 당사자소송으로 제기되었더라도 어차피 부적법하게 되는 경우가 아닌 이상, **법원으로서는 원고로 하여금 당사자소송으로 소 변경을 하도록 하여 심리·판단**하여야 한다(2013두14863).**(21변시)**
소의 이송·병합	**준용 O** → 당사자소송과 관련 청구소송이 각각 다른 법원에 계속되고 있는 경우에 관련청구소송이 계속된 법원이 상당하다고 인정하는 때에는 당사자의 신청 또는 직권에 의하여 이를 취소소송이 계속된 법원으로 이송할 수 있다(§44②, §10). 단, 본래의 당사자 소송이 적법해야 하며, 당사자소송이 각하되면 관련청구소송도 각하됨(2009두10963).
소 참가	**준용 O**

7 당사자소송의 심리 및 판결

<table>
<tr><td>심리</td><td colspan="2">준용 O (15지방7급) → 법원은 직권으로 증거조사, 심리 가능(21군무원9급,21국회9급)</td></tr>
<tr><td rowspan="3">판결</td><td>종류</td><td>취소소송과 동일, 단 사정판결제도만 없음,</td></tr>
<tr><td>효력</td><td>확정판결의 불가변력, 확정력, 기속력 인정됨(21국회9급).
취소판결의 제3자효, 재처분의무, 간접강제 등은 적용 X</td></tr>
<tr><td>가집행선고 허용 여부</td><td>• 행정소송법 §43는 국가를 상대로 한 가집행 선고를 할 수 없다고 규정하나, 헌법재판소는 국가를 가집행 예외로 둔 행정소송법 제43조는 국가가 아닌 공공단체 그 밖의 권리주체가 피고인 경우에 비하여 합리적인 이유 없이 차별하고 있으므로 평등원칙에 반한다고 하여, 위헌 결정을 함(2020헌가12). → 국가를 상대로 가집행가능
• 피고가 국가가 아닌 공공단체 그 밖의 권리주체인 경우, 대법원은 당사자소송에 민사소송법 규정이 준용되므로 가집행선고를 할 수 있다고 판시함(99두3416).(20지방7급,20소방간부,18지방7급,17서울7급)

판례 ㉠ 행정소송법 제8조 제2항에 의하면 행정소송에도 민사소송법의 규정이 일반적으로 준용되므로 법원으로서는 공법상 당사자소송에서 재산권의 청구를 인용하는 판결을 하는 경우 가집행선고를 할 수 있다(99두3416).
㉡ 토지의 일시 사용에 대한 동의의 의사표시를 할 의무의 존부에 관한 소송은 행정소송법상 당사자소송에 해당하고, 사인을 피고로 하는 당사자소송이 허용된다. 당사자소송에 대하여는 행정소송법 제8조 제2항에 따라 민사집행법상 가처분에 관한 규정이 준용되므로, 사업시행자는 민사집행법 제300조 제2항에 따라 현저한 손해를 피하기 위해 필요한 경우 '임시의 지위를 정하기 위한 가처분'을 신청할 수 있다(2016다262550).</td></tr>
</table>

8 취소소송 규정의 준용

준용 O	준용 X
관할, 관련청구 소송의 이송 및 병합, 피고경정, 공동소송, 제3자의 소송참가, 행정청의 소송참가, 소의 변경, 처분변경으로 인한 소의 변경 행정심판기록의 제출명령, 직권심리, 취소판결등의 기속력, 소송비용의 부담 소송비용에 관한 재판의 효력,	선결문제, 원고적격, 피고적격, 행정심판과의 관계, 취소소송의 대상, 제소기간, 집행정지, 재량처분의 취소, 사정판결, 취소판결등의 효력, 제30조 2,3항 처분의무, 제3자에 의한 재심청구, 간접강제

1. 민중소송은 특별히 법률의 규정이 있을 때에 한하여 예외적으로 인정된다. **16국회8급**

9 당사자소송과 항고소송의 비교

	취소소송	무효등확인소송	부작위위법 확인소송	당사자소송
제소기간	○	X	△	X
행정심판 전치주의	○	X	○	X
소의 변경	○	○	○	○
처분변경 소 변경	○	○	X	○
집행정지	○	○	X	X
제3자 소송참가	○	○	○	○
간접강제	○	X	○	X
기판력	○	○	○	○
기속력	○	○	○	○
대세효	○	○	○	X
사정판결	○	X	X	X

제 5 절 객관적 소송

1 의의

행정작용의 **객관적 적법성의 확보를 위한 공익적 소송**으로서 **법률상 명문의 규정이 없이는 제기할 수 없는 소송**으로, 행정소송법은 **민중소송**과 **기관소송**을 규정하고 있음(§45).

2 종류

가. 민중소송

의의	국가 또는 공공단체의 기관이 법률에 위반되는 행위를 한 때에 **직접 자기의 법률상 이익과 관계없이** 그 시정을 구하기 위하여 제기하는 소송으로(제3조 제3호), 법률이 정한 경우에 법률이 정한 자에 한해 제기할 수 있다(§45).

예	① 공직선거법상 선거무효 · 당선무효 소송**(20군무원7급)** ② 국민투표법상 국민투표무효소송 ③ 주민투표법상 주민투표소송**(12사복9급)** ④ 주민소환에 관한 법률에 의한 주민소환투표소송 ⑤ 지방자치법상 주민소송**(13국가7급,11국가9급)**

1. 기관소송은 개별법률에 특별한 규정이 있는 경우에 인정되고 그 법률에 정한 자만이 제기할 수 있다. **09국가7급**

나. 기관소송

의의	국가 또는 공공단체의 **기관 상호간**에 있어서의 **권한의 존부 또는 그 행사에 관한 다툼**이 있을 때에 이에 대하여 제기하는 소송으로, 헌법재판소법 제2조의 규정에 의하여 헌법재판소의 관장사항으로 되는 소송은 제외한다(제3조 4호). 기관소송은 법률이 정한 경우에 **법률이 정한 자에 한해** 제기할 수 있다(§45).**(19경행)**
구별	기관소송은 행정기관 사이의 소송이라는 점에서 항고소송과 구별 국기기관 상호간, 국가기관과 지자제 상호간 및 지자체 상호간의 권한쟁의 심판은 헌법재판소의 관장사항이므로 기관소송에서 제외됨.**(17경행,09국가7급)**
예	**지방자치법상 기관소송** ① 지방자치단체장이 지방의회의 재의결에 대해 대법원에 제소(지방자치법§107③) **(20군무원7급,18교행9급)** ② 주무부장관 · 시도지사의 취소정지·이행명령에 대해 지방자치단체장이 제소(동법 §169②,§170③) ③ 지방자치단체장이 재의요구지시에 불응하는 경우 감독기관이 직접 제소하는 경우(동법 §172⑦) ④ 재의요구된 조례안이 확정된 경우 감독기관이 직접 제소하는 경우(동법 §172④)
	지방교육자치에 관한 법률§28③ - 교육위원회와 시 · 도의회의 월권을 이유로 교육감이 대법원에 제소

03 행정심판

제 1 절 행정심판의 개관

1 행정소송과의 구별

	행정심판	행정소송
성질	약식쟁송	정식쟁송
종류	취소심판, 무효등확인심판 의무이행심판	취소소송, 무효등확인소송, 부작위위법확인소송
대상	위법 · 부당한 처분 또는 부작위	위법한 처분 또는 부작위
거부처분	취소심판, 무효등확인심판 의무이행심판	취소소송, 무효등확인소송,
판정기관	행정심판위원회	법원
적극적 변경	○	X
의무이행확보	○	X
기간	처분이 있음을 안날 : 90일 처분이 있었던 날 : 180일	처분이 있음을 안날 : 90일 처분이 있었던 날 : 1년
심리방식	구술 또는 서면 심리 비공개원칙	구술심리 공개원칙
오 · 불고지규정	○	X
가구제	집행정지O, 임시처분O(보충성)	집행정지O, 임시처분 X
집행정지 요건	중대한 손해가 생기는 것을 예방할 필요성이 긴급하다고 인정할 때	회복하기 어려운 손해를 예방하기 위하여 긴급한 필요가 있다고 인정할 때
기판력	X	○
재처분 불이행시	간접강제, 직접처분(거부처분 또는 부작위에 대한 처분이행명 령재결에 따른 재처분 불이행시)	간접강제

사정재결(판결)	• 취소심판, 의무이행심판 • 행정심판위원회의 직접구제 또는 구제명령	• 취소소송 • 법원은 미리 원고가 사정판결로 인해 입게 될 손해의 정도와 배상방법 등을 조사해야 함. • 원고는 손해배상 기타 구제방법의 청구를 법원에 병합하여 제기 가능
피청구인 (피고) 경정	위원회의 직권 또는 당사자의 신청	원고의 신청
당사자심판 (소송)	X	○

1. 공익사업을 위한 토지 등의 취득 및 보상에 관한 법률상 토지수용위원회의 수용재결에 대한 이의절차는 실질적으로 행정심판의 성질을 갖는 것이므로 동법에 특별한 규정이 있는 것을 제외하고는 행정심판법의 규정이 적용된다. · **17지방9급**

2 이의신청 등과의 구별

	이의신청	행정심판
구별실익	이의신청이 행정심판의 성질을 갖는 경우, 특별한 규정이 있을 때를 제외하고는 행정심판법의 규정이 적용됨.	
의의	위법 · 부당한 행정작용으로 인해 권리나 이익이 침해된 자가 처분청에 대해 시정을 구하는 절차로, 단순 진정의 성격을 가짐 **(16국회8급)**. 예) 민원사무처리에 관한 법률상 이의신청 등**(22국가9급)**	행정청의 위법 또는 부당한 처분, 부작위로 인해 법률상 이익일 침해당한 자가 행정기관에 대해 그 시정을 구하는 절차 예) 공익사업을 위한 토지 등 취득 및 보상에 관한 법률상 토지수용위원회의 수용재결에 대한 이의절차**(17지방9급)**
대상	개별법에 규정이 있는 경우만	모든 위법 · 부당한 처분 또는 부작위
사법절차준용	X	○
취소소송대상	X	재결에 고유한 위법이 있는 경우
심판기관	처분청	상급 행정기관의 행정심판위원회
재심판청구	이의신청을 거친 후 다시 행정심판 제기 가능	재심판청구 불가

1. 취소심판의 재결로서 처분취소재결, 처분변경재결, 처분변경명령재결을 할 수 있으며, 처분취소명령재결은 할 수 없다. **19서울7급**

2. 무효등확인심판에서는 사정재결이 허용되지 아니한다. **19서울9급**

제 2 절 행정심판법

1 행정심판의 분류

가. 행정심판의 종류(§5)(20지방9급,20지방7급)

	취소심판	무효등확인심판	의무이행심판
의의	행정청의 위법 또는 부당한 처분을 취소하거나 변경하는 행정심판	행정청의 처분의 효력 유무 또는 존재 여부를 확인하는 행정심판	당사자의 신청에 대한 행정청의 위법 또는 부당한 거부처분이나 부작위에 대하여 일정한 처분을 하도록 하는 행정심판 **(19국가9급,16국가9급 14서울9급)**
성질	형성적 쟁송(통설)	준형성적 쟁송(통설) (확인적 + 형성적)	이행쟁송-행정청으로 하여금 일정한 처분을 할 것을 구함
인용 재결	**취소재결, 변경재결, 변경명령재결** **(21국가9급)**	처분무효확인재결, 처분유효확인재결, 처분존재확인재결, 처분부존재확인재결, 처분실효확인재결	처분재결 처분명령재결
거부	거부처분취소재결 인정 **(20지방9급,19국가9급, 19서울7급,16국가9급, 15서울7급,14서울9급)**	거부처분무효 · 부존재 확인재결 인정	의무이행재결 **(20지방9급)**
사정 재결	인정	인정 X	인정
집행정지	○	○	집행정지 인정 X 임시처분제도 규정
심판청구 기간의 제한	○	X	거부처분 - ○ 부작위 - X
			간접강제, 집행정지 임시처분 모두 인정

나. 특별행정심판(§4)

특별행정심판을 거친 경우, 행정심판법에 따른 행정심판을 제기할 수 없다.**(22국가9급)**

예) 중앙(지방)토지수용위원회의 재결에 대한 이의재결, 난민불인정결정에 대한 이의신청**(22국가9급)**, 특허심판, 조세심판, 해양안전심판, 공무원징계에 대한 소청심사, 교원소청심사 등

행정심판법 제4조 ① 사안(事案)의 전문성과 특수성을 살리기 위하여 특히 필요한 경우 외에는 이 법에 따른 행정심판을 갈음하는 특별한 행정불복절차(이하 "특별행정심판"이라 한다)나 이 법에 따른 행정심판 절차에 대한 특례를 다른 법률로 정할 수 없다.**(17경찰,13국회8급)**
② 다른 법률에서 특별행정심판이나 이 법에 따른 행정심판 절차에 대한 특례를 정한 경우에도 그 법률에서 규정하지 아니한 사항에 관하여는 이 법에서 정하는 바에 따른다.**(17경찰,13국회8급)**
③ 관계 행정기관의 장이 특별행정심판 또는 이 법에 따른 행정심판 절차에 대한 특례를 신설하거나 변경하는 법령을 제정·개정할 때에는 미리 중앙행정심판위원회와 협의하여야 한다.**(18국회8급,17경찰,13국회8급)**

1. 행정심판을 통하여 처분의 적법성 여부뿐만 아니라 법원이 판단할 수 없는 처분의 당·부당의 문제에 관해서도 심사를 받을 수 있다. **18경행**
2. 행정심판법 제3조 제2항의 규정상 대통령의 처분 또는 부작위에 대하여는 다른 법률에서 행정심판을 청구할 수 있도록 정한 경우 외에는 행정심판을 청구할 수 없다. **19국가9급**
3. 행정심판청구에 대한 재결이 있으면 그 재결에 대하여 다시 행정심판을 청구할 수 없다. **17국가 9급**

2 행정심판청구의 요건

가. 행정심판의 대상(§3)

처분 또는 부작위 (개괄주의)	**취소심판, 무효등확인심판 → 위법 또는 부당한 처분(거부처분 포함)**(18경행,12지방7급) **의무이행심판 → 위법 또는 부당한 거부처분이나 부작위**(21국회9급,20지방9급,12지방7급)
심판 제외대상	• **대통령의 처분 또는 부작위**(§3②)(19국가9급,19서울7급,17경찰,14사복9급,13국회8급 등) • ✪ **행정심판재결**(§51)(19서울7급,18경행,17국가9급,17지방7급,16지방9급) • 다른 구제절차가 따로 마련되어 있는 경우 → 통고처분, 검사의 불기소처분 등 • 특별행정심판의 대상(조세심판, 특허심판 등)

나. 행정심판위원회(§6~12)

1) 의의

현행 행정심판법에 따라 행정심판위원회는 **심리, 재결을 모두 담당하는 일원화된 합의제 행정청의 성격**을 가짐.(09국가9급,08지방9급)

1. 서울특별시장의 처분에 대한 행정심판은 중앙행정심판위원회에서 심리 · 재결한다. **15서울7급**

2. 서울특별시 소속 행정청의 처분에 대한 행정심판은 서울특별시행정심판위원회에서 심리·재결한다. **14서울9급**

2) 종류

행정 심판법상 위원회	**처분청에 설치된 행정심판위원회** (§6①)	**제6조** ① 다음 각 호의 행정청 또는 그 소속 행정청(행정기관의 계층구조와 관계없이 그 감독을 받거나 위탁을 받은 모든 행정청을 말하되, 위탁을 받은 행정청은 그 위탁받은 사무에 관하여는 위탁한 행정청의 소속 행정청으로 본다. 이하 같다)의 처분 또는 부작위에 대한 행정심판의 청구(이하 "심판청구"라 한다)에 대하여는 다음 각 호의 행정청에 두는 행정심판위원회에서 심리·재결한다. 1. 감사원, 국가정보원장, 그 밖에 대통령령으로 정하는 대통령 소속기관의 장 2. 국회사무총장 · 법원행정처장 · 헌법재판소사무처장 및 중앙선거관리위원회사무총장**(21국회8급,15서울7급)** 3. 국가인권위원회, 그 밖에 지위 · 성격의 독립성과 특수성 등이 인정되어 대통령령으로 정하는 행정청**(18국회8급)**
	국민권익위에 설치된 중앙행정심판 위원회 (§6②) **(14국가9급)**	**제6조** ② 다음 각 호의 행정청의 처분 또는 부작위에 대한 심판청구에 대하여는 「부패방지 및 국민권익위원회의 설치와 운영에 관한 법률」에 따른 국민권익위원회(이하 "국민권익위원회"라 한다)에 두는 중앙행정심판위원회에서 심리 · 재결한다. 1. 제1항에 따른 행정청 외의 국가행정기관의 장 또는 그 소속 행정청 2. 특별시장 · 광역시장 · 특별자치시장 · 도지사 · 특별자치도지사(특별시 · 광역시 · 특별자치시 · 도 또는 특별자치도의 교육감을 포함한다.) 또는 특별시 · 광역시 · 특별자치시 · 도 · 특별자치도의 의회(의장, 위원회의 위원장, 사무처장 등 의회 소속 모든 행정청을 포함한다)**(15서울7급)** 3. 「지방자치법」에 따른 지방자치단체조합 등 관계 법률에 따라 국가 · 지방자치단체 · 공공법인 등이 공동으로 설립한 행정청. 다만, 제3항제3호에 해당하는 행정청은 제외한다.
	시 · 도지사 소속으로 두는 행정심판위원회 (§6③)	**제6조** ③ 다음 각 호의 행정청의 처분 또는 부작위에 대한 심판청구에 대하여는 시 · 도지사 소속으로 두는 행정심판위원회에서 심리 · 재결한다. 1. **시 · 도 소속 행정청(14서울9급)** 2. **시 · 도의 관할구역에 있는 시 · 군 · 자치구의 장**, 소속 행정청 또는 시 · 군 · 자치구의 의회(의장, 위원회의 위원장, 사무국장, 사무과장 등 의회 소속 모든 행정청을 포함한다)**(21국가9급,19서울9급,15지방9급)** 3. 시 · 도의 관할구역에 있는 둘 이상의 지방자치단체 · 공공법인 등이 공동으로 설립한 행정청
	직근상급 행정기관에 설치된 행정심판위원회 (§6④)	**제6조** ④ 제2항제1호에도 불구하고 대통령령으로 정하는 국가행정기관 소속 특별지방행정기관의 장의 처분 또는 부작위에 대한 심판청구에 대하여는 해당 행정청의 직근 상급행정기관에 두는 행정심판위원회에서 심리 · 재결한다.

특별법	**소청심사위원회**	공무원(국가 · 지방공무원,교원)에 대한 징계처분에 대한 불복은 소청심사위원회를 거쳐야 행정소송제기 가능 **(필요적 전치)**
	특허심판원	특허심판원의 심결을 거친 후 그 심결에 대해 다투어야 함(재결주의)
	조세심판원	• 국세, 관세, 지방세는 국세청에 대한 심사청구 또는 조세심판원에 대한 심판청구 중 하나를 거쳐야(필요적)
	중앙토지수용 위원회	토지수용위원회의 수용재결에 대한 이의절차로, 임의적 전치절차

1. 중앙행정심판위원회의 위원장은 국민권익위원회의 부위원장 중 **1**명이 되며, 필요한 경우에 상임위원이 그 직무를 대행한다. **11지방9급**

3) 구성 및 회의

	행정심판위원회(§7)	**중앙행정심판위원회**(§8)
구성	위원장 1명을 포함하여 50명 이내의 위원으로 구성	위원장 1명을 포함하여 **70명 이내의 위원**으로 구성**(21소방,19소방9급,19국회8급)**
위원장	• 행정심판위원회가 소속된 행정청 • 시 · 도지사 소속으로 두는 행정심판위원회의 경우에는 공무원이 아닌 위원을 위원장으로 정할 수 있다.**(18교행9급)**	**국민권익위원회의 부위원장 중 1명** **(21국회8급,19국회8급,11지방9급)**
위원장 직무 대행	1. 위원장이 사전에 **지명**한 위원 2. 지명된 공무원인 위원(공무원의 직무**등급**이 높은 위원 순서로, 재직**기간**이 긴 위원 순서로, 연장자 순서로 한다)	**상임위원**(상임으로 재직한 **기간**이 긴 위원 순서로, 재직기간이 같은 경우에는 **연장자** 순서로 한다)**(21국회8급,18교행9급,11지방9급)**
임기	• 소속 공무원인 위원 : 재직하는 동안 재임 • 위촉된 위원 : 2년임기(2차에 한해 연임가능)	• **상임위원(일반직 공무원) : 3년 임기(1차에 한해 연임가능**, 위원장 제청으로 국무총리를 거쳐 **대통령이 임명)(19국회8급)** • 비상임위원 : 2년임기(2차에 한해 연임가능, 위원장의 제청으로 국무총리가 성별 고려하여 위촉함)**(21소방,19국회8급)**
회의	위원장과 위원장이 회의마다 지정하는 8명의 위원(위촉위원은 6명 이상으로 하되, 위원장이 공무원이 아닌 경우에는 5명 이상으로 한다)	위원장, 상임위원 및 위원장이 회의마다 지정하는 비상임위원을 포함하여 **총 9명**으로 구성**(21소방,19국회8급)**
의결	구성원 과반수의 출석과 출석위원 과반수의 찬성으로 의결한다.	구성원 과반수의 출석과 출석위원 과반수의 찬성으로 의결한다.

소 위원회	-	「도로교통법」에 따른 자동차운전면허 행정처분에 관한 사건(소위원회가 중앙행정심판위원회에서 심리 · 의결하도록 결정한 사건은 제외한다)을 심리 · 의결하게 하기 위하여 4명의 위원으로 구성하는 소위원회를 둘 수 있다.
상임 위원	-	위원 중 상임위원은 **4명** 이내로 하며**(19국회8급)**,임기제공무원으로 임명하되, 3급 이상 공무원 또는 고위공무원단에 속하는 일반직공무원으로 3년 이상 근무한 사람이나 그 밖에 행정심판에 관한 지식과 경험이 풍부한 사람 중에서 중앙행정심판위원회 위원장의 제청으로 국무총리를 거쳐 대통령이 임명한다.
비상임 위원	-	중앙행정심판위원회 위원장의 제청으로 국무총리가 성별을 고려하여 위촉한다.
고유한 권한	-	**· 불합리한 법령 등의 개선을 위한 시정조치요청권** §58 ① **중앙행정심판위원회**는 심판청구를 심리 · 재결할 때에 처분 또는 부작위의 근거가 되는 명령 등(대통령령 · 총리령 · 부령 · 훈령 · 예규 · 고시 · 조례 · 규칙 등을 말한다. 이하 같다)이 **법령에 근거가 없거나 상위 법령에 위배**되거나 **국민에게 과도한 부담**을 주는 등 크게 불합리하면 **관계 행정기관에 그 명령 등의 개정 · 폐지 등 적절한 시정조치를 요청할 수 있다.** 이 경우 중앙행정심판위원회는 **시정조치를 요청한 사실을 법제처장에게 통보하여야 한다.(22소방,21국회8급,20국회8급)** ② 제1항에 따른 요청을 받은 관계 행정기관은 정당한 사유가 없으면 이에 따라야 한다.**(21국회8급)**

4) 위원의 제척 · 기피 · 회피(§10)

제척	① 위원회의 위원은 다음 각 호의 어느 하나에 해당하는 경우에는 그 사건의 심리 · 의결에서 제척된다. 이 경우 제척결정은 위원회의 **위원장이 직권으로 또는 당사자의 신청**에 의하여 한다. 1. 위원 또는 그 배우자나 배우자이었던 사람이 사건의 당사자이거나 사건에 관하여 공동 권리자 또는 의무자인 경우 2. 위원이 사건의 당사자와 친족이거나 친족이었던 경우 3. 위원이 사건에 관하여 증언이나 감정(鑑定)을 한 경우 4. 위원이 당사자의 대리인으로서 사건에 관여하거나 관여하였던 경우 5. 위원이 사건의 대상이 된 처분 또는 부작위에 관여한 경우 ③ 위원에 대한 제척신청이나 기피신청은 **그 사유를 소명한** 문서로 하여야 한다

기피	② 당사자는 위원에게 **공정한 심리 · 의결을 기대하기 어려운 사정**이 있으면 **위원장**에게 기피신청을 할 수 있다. ③ 위원에 대한 제척신청이나 기피신청은 그 사유를 소명(疏明)한 문서로 하여야 한다. 다만, 불가피한 경우에는 신청한 날부터 3일 이내에 신청 사유를 소명할 수 있는 자료를 제출하여야 한다.**(15서울7급)** ④ 제척신청이나 기피신청이 제3항을 위반하였을 때에는 위원장은 결정으로 이를 각하한다. ⑤ 위원장은 제척신청이나 기피신청의 대상이 된 위원에게서 그에 대한 의견을 받을 수 있다. ⑥ 위원장은 제척신청이나 기피신청을 받으면 제척 또는 기피 여부에 대한 결정을 하고, 지체 없이 신청인에게 결정서 정본(正本)을 송달하여야 한다.**(21소방)**
회피	⑦ 위원회의 회의에 참석하는 위원이 제척사유 또는 기피사유에 해당되는 것을 알게 되었을 때에는 **스스로 그 사건의 심리 · 의결에서 회피할 수 있다.** 이 경우 회피하고자 하는 위원은 위원장에게 그 사유를 소명하여야 한다.
위원 아닌 직원	⑧ 사건의 심리 · 의결에 관한 사무에 관여하는 위원 아닌 직원에게도 제1항부터 제7항까지의 규정을 준용한다.**(15지방9급)**

다. 청구인 · 피청구인(§13~22)

1) 청구인

청구인 자격	처분의 상대방 아닌 제3자도 될 수 있고, **자연인 · 법인도 불문함.(18국가9급,15서울9급)**	
청구인 적격 (§13)	**취소심판**	처분의 취소 또는 변경을 구할 법률상 이익이 있는 자
	무효등 확인심판	처분의 효력 유무 또는 존재여부의 확인을 구할 법률상 이익이 있는 자
	의무이행 심판	**처분을 신청한 자로서, 행정청의 거부처분 또는 부작위에 대하여 일정한 처분을 구할 법률상 이익이 있는 자(10국회8급)**
선정 대표자 (§15)	① 여러 명의 청구인이 공동으로 심판청구를 할 때에는 **청구인들 중에서 3명 이하의 선정대표자**를 선정할 수 있다.**(18국회8급)** → **자진선정** ② 청구인들이 제1항에 따라 선정대표자를 선정하지 아니한 경우에 **위원회**는 필요하다고 인정하면 청구인들에게 선정대표자를 선정할 것을 **권고할 수 있다.** → **선정권고** ③ 선정대표자는 다른 청구인들을 위하여 **그 사건에 관한 모든 행위**를 할 수 있다. 다만, **심판청구를 취하하려면 다른 청구인들의 동의를 받아야** 하며, 이 경우 동의받은 사실을 서면으로 소명하여야 한다. ④ 선정대표자가 선정되면 다른 청구인들은 **그 선정대표자를 통해서만** 그 사건에 관한 행위를 할 수 있다.	

1. 행정심판의 대상과 관련되는 권리나 이익을 양수한 특정승계인은 행정심판위원회의 허가를 받아 청구인의 지위를 승계할 수 있다. 18국가9급

2. 피청구인의 경정이 있으면, 심판청구는 종전의 피청구인에 대한 행정심판이 청구된 때에 심판청구가 제기된 것으로 본다. 18서울7급

<table>
<tr><td rowspan="2">지위 승계
(§16)</td><td>당연 승계</td><td>① 청구인이 사망한 경우에는 상속인이나 그 밖에 법령에 따라 심판청구의 대상에 관계되는 권리나 이익을 승계한 자가 청구인의 지위를 승계한다.
② 법인인 청구인이 합병(合倂)에 따라 소멸하였을 때에는 합병 후 존속하는 법인이나 합병에 따라 설립된 법인이 청구인의 지위를 승계한다.</td></tr>
<tr><td>허가 승계</td><td>⑤ 심판청구의 대상과 관계되는 권리나 이익을 양수한 자는 위원회의 허가를 받아 청구인의 지위를 승계할 수 있다.(18국가9급,18국회8급)
⑧ 신청인은 위원회가 제5항의 지위 승계를 허가하지 아니하면 결정서 정본을 받은 날부터 7일 이내에 위원회에 이의신청을 할 수 있다.</td></tr>
<tr><td>대리인</td><td colspan="2">제18조(대리인의 선임) ① 청구인은 법정대리인 외에 청구인의 배우자, 청구인 또는 배우자의 사촌 이내의 혈족, 청구인이 법인이거나 제14조에 따른 청구인 능력이 있는 법인이 아닌 사단 또는 재단인 경우 그 소속 임직원, 변호사, 다른 법률에 따라 심판청구를 대리할 수 있는 자, 그 밖에 위원회의 허가를 받은 자를 대리인으로 선임할 수 있다.
제18조의2(국선대리인) ① 청구인이 경제적 능력으로 인해 대리인을 선임할 수 없는 경우에는 위원회에 국선대리인을 선임하여 줄 것을 신청할 수 있다.</td></tr>
</table>

2) 피청구인(§17)

피청구인 적격	① 행정심판은 처분을 한 행정청(**의무이행심판의 경우에는 청구인의 신청을 받은 행정청**)을 피청구인으로 하여 청구하여야 한다. 다만, 심판청구의 대상과 관계되는 권한이 다른 행정청에 승계된 경우에는 권한을 승계한 행정청을 피청구인으로 하여야 한다.(13서울9급)
피청구인 경정	② 청구인이 피청구인을 **잘못 지정한 경우에는 위원회는 직권으로 또는 당사자의 신청**에 의하여 결정으로써 피청구인을 경정(更正)할 수 있다.(22소방,20지방7급,18국회8급) ③ 위원회는 제2항에 따라 피청구인을 경정하는 결정을 하면 **결정서 정본을** 당사자(종전의 피청구인과 새로운 피청구인을 포함한다. 이하 제6항에서 같다)에게 **송달하여야 한다.** ④ 제2항에 따른 결정이 있으면 **종전의 피청구인에 대한 심판청구는 취하**되고 종전의 피청구인에 대한 **행정심판이 청구된 때**에 **새로운 피청구인에 대한 행정심판이 청구된 것으로 본다.**(18서울7급)

3) 참가인

<table>
<tr><td>이해
관계인</td><td colspan="2">심판결과에 이해관계 있는 제3자나 행정청은 행정심판의 의결이 내려지기 전까지 심판 참가를 할 수 있는데, 이를 '참가인'이라 함.
'이해관계'는 '법률상'이해관계를 의미(96다51714)</td></tr>
<tr><td rowspan="2">참가
방식</td><td>허가에
의한
참가
(§20)</td><td>① 행정심판의 결과에 이해관계가 있는 제3자나 행정청은 해당 심판청구에 대한 제7조제6항 또는 제8조제7항에 따른 위원회나 소위원회의 의결이 있기 전까지 그 사건에 대하여 심판참가를 할 수 있다.
② 제1항에 따른 심판참가를 하려는 자는 참가의 취지와 이유를 적은 참가신청서를 위원회에 제출하여야 한다. 이 경우 당사자의 수만큼 참가신청서 부본을 함께 제출하여야 한다.</td></tr>
<tr><td>요구에
의한
참가
(§21)</td><td>① 위원회는 필요하다고 인정하면 그 행정심판 결과에 이해관계가 있는 제3자나 행정청에 그 사건 심판에 참가할 것을 요구할 수 있다.
② 제1항의 요구를 받은 제3자나 행정청은 지체 없이 그 사건 심판에 참가할 것인지 여부를 위원회에 통지하여야 한다.</td></tr>
<tr><td>참가인
지위
(§22)</td><td colspan="2">① 참가인은 행정심판 절차에서 당사자가 할 수 있는 심판절차상의 행위를 할 수 있다.(18국회8급)
② 이 법에 따라 당사자가 위원회에 서류를 제출할 때에는 참가인의 수만큼 부본을 제출하여야 하고, 위원회가 당사자에게 통지를 하거나 서류를 송달할 때에는 참가인에게도 통지하거나 송달하여야 한다.</td></tr>
</table>

라. 심판청구의 방식과 절차(§23~26, 28)

<table>
<tr><td rowspan="2">심판
청구</td><td colspan="2">서면주의
(§28)</td><td>① 심판청구는 서면으로 하여야 한다.
→ 엄격한 형식을 요하지 않는 서면행위로 해석됨(18국가9급)

판례 ㉠ 제목이 진정서로 되어 있어도 행정심판의 주요사항이 기재되어 있다면 행정심판청구로 볼 수 있음(98두2521).(16국회8급)
㉡ 행정심판청구서의 형식을 다 갖추지 않고, 작성자의 서명ㆍ날인 없이 학사제명취소신청서 또는 진정서라는 이름의 서류를 제출한 경우라도, 일정한 경우 적법한 행정심판청구로 보아야 한다(90누851).(12사복9급)</td></tr>
<tr><td colspan="2">보정
(§32)</td><td>① 위원회는 심판청구가 적법하지 아니하나 보정(補正)할 수 있다고 인정하면 기간을 정하여 청구인에게 보정할 것을 요구할 수 있다. 다만, 경미한 사항은 직권으로 보정할 수 있다.</td></tr>
<tr><td rowspan="2">제출
절차</td><td colspan="2">선택적
경유 절차
(§23①)</td><td>① 행정심판을 청구하려는 자는 제28조에 따라 심판청구서를 작성하여 피청구인이나 위원회에 제출하여야 한다. 이 경우 피청구인의 수만큼 심판청구서 부본을 함께 제출하여야 한다.
(18국가9급,17국회8급,15서울9급)</td></tr>
<tr><td>행정청에게
제출되는
경우</td><td>위원회로
송부
(§24)</td><td>① 피청구인이 제23조제1항ㆍ제2항 또는 제26조제1항에 따라 심판청구서를 접수하거나 송부받으면 10일 이내에 심판청구서(제23조제1항ㆍ제2항의 경우만 해당된다)와 답변서를 위원회에 보내야 한다. 다만, 청구인이 심판청구를 취하한 경우에는 그러하지 아니하다.</td></tr>
</table>

1. 행정심판청구서의 형식을 다 갖추지 않고, 작성자의 서명·날인 없이 학사제명취소신청서 또는 진정서라는 이름의 서류를 제출한 경우라도, 일정한 경우 적법한 행정심판청구로 보아야 한다. **12사복9급**

2. 행정심판을 청구하려는 자는 행정심판위원회뿐만 아니라 피청구인인 행정청에도 행정심판청구서를 제출할 수 있다. **18국가9급**

1. 부작위에 대한 의무이행심판청구에 있어서는 심판청구기간의 제한이 없다. **19소방9급**

2. 무효확인등심판에는 심판청구기간의 제한이 없다. **13서울7급**

3. 판례는 불특정 다수인에게 고시 또는 공고에 의하여 행정처분을 하는 경우, 이해관계를 갖는 사람이 고시 또는 공고사실을 현실적으로 알았는지와 무관하게, 고시가 효력이 발생하는 날에 처분이 있음을 알았다고 본다. **20지방9급**

제출 절차	**행심위에 제출된 경우** (§26)	① 위원회는 제23조제1항에 따라 심판청구서를 받으면 지체 없이 피청구인에게 심판청구서 부본을 보내야 한다. ② 위원회는 제24조제1항 본문에 따라 피청구인으로부터 답변서가 제출되면 답변서 부본을 청구인에게 송달하여야 한다.
서류의 송달	이 법에 따른 서류의 송달에 관하여는 「민사소송법」 중 송달에 관한 규정을 준용한다(§57). → **행정절차법 아님!(19국가9급,08국가9급)**	
직권 취소 등 (§25)	① 제23조제1항 · 제2항 또는 제26조제1항에 따라 심판청구서를 받은 피청구인은 그 심판청구가 이유 있다고 인정하면 심판청구의 취지에 따라 직권으로 처분을 취소 · 변경하거나 확인을 하거나 신청에 따른 처분(이하 이 조에서 "직권취소등"이라 한다)을 할 수 있다. 이 경우 서면으로 청구인에게 알려야 한다. ② 피청구인은 제1항에 따라 직권취소등을 하였을 때에는 청구인이 심판청구를 취하한 경우가 아니면 제24조제1항 본문에 따라 심판청구서 · 답변서를 보낼 때 직권취소등의 사실을 증명하는 서류를 위원회에 함께 제출하여야 한다.**(11지방9급)**	

마. 심판청구의 기간(§27)

안날로부터 90일, 있은날로부터 180일 이내에 청구해야 하고, 둘 중 하나라도 경과되면 심판 청구는 부적법 각하됨. 기간 준수여부는 **직권조사사항임**.
부작위에 대한 의무이행심판청구, 무효등확인심판에는 심판 청구기간의 제한X. (§27⑦)**(21지방9급,21국회9급)** ∴ 거부처분에 대한 의무이행심판청구에는 청구기간의 제한 O **(19소방9급,13서울7급)**

원칙 (불변기간)	**처분이 있음을 알게 된 날 (안 날)부터 90일** (§27①)	**'처분이 있음을 안 날'**이란 처분이 있었다는 사실을 **현실적으로 안날**을 의미함.**(21지방9급)** 판례 ㉠ 아파트 경비원이 납부고지서 수령 → 알았다고 볼 수 없다(2002두3850) ㉡ 원고 주소지의 **아르바이트 직원이 납부고지서 수령시**, 그 때 처분이 있음을 **알았다고 추정**(99두9742) ㉢ 불특정인에 대해 고시 · 공고에 의해 처분을 하는 경우, **고시 · 공고의 효력발생일**에 처분이 있음을 알았다고 본다(94누5694).**(20지방9급,18서울7급,17사복9급)**
	처분이 있은 날로부터 180일 (§27③)	처분이 대외적으로 표시되어 효력이 발생한 날(77누195)

예외	90일에 대한 예외	② 청구인이 천재지변, 전쟁, 사변(事變), 그 밖의 불가항력으로 인하여 제1항에서 정한 기간에 심판청구를 할 수 없었을 때에는 그 사유가 소멸한 날부터 14일 이내에 행정심판을 청구할 수 있다. 다만, 국외에서 행정심판을 청구하는 경우에는 그 기간을 30일로 한다. ⑤ 행정청이 심판청구 기간을 제1항에 규정된 기간보다 긴 기간으로 잘못 알린 경우 그 잘못 알린 기간에 심판청구가 있으면 그 행정심판은 제1항에 규정된 기간에 청구된 것으로 본다.**(21행정사)**
	180일에 대한 예외	**정당한 사유가 있는 경우에는 180일 넘어서도 제기할 수 있음**(§27③단서)**(14경행)**
	제3자효 행정행위	**처분이 있었음을 알지 못한다는 사유는 §27③단서의 '정당한 사유'에 해당하므로 180일 지나서도 심판청구가 가능하다**는 것이 판례의 입장(2000두3641)**(16서울7급,10국회8급)** 단, 제3자가 어떤 경위로든 처분이 있었음을 알았다면, 90일이내에 청구해야 한다(95누16233).

1. 행정처분의 직접 상대방이 아닌 제3자는 특별한 사정이 없는 한 180일 기간 적용을 배제할 정당한 사유가 있는 경우에 해당한다고 보아, 180일이 경과한 뒤에도 심판청구를 제기할 수 있다고 함이 대법원 판례의 태도이다. **16서울7급**

2. 행정심판위원회는 심판청구의 대상이 되는 처분 또는 부작위 외의 사항에 대하여는 재결하지 못하고 이를 불고불리의 원칙이라 한다. **16국회8급**

3 본안판단

가. 심리

1) 심리의 내용과 범위

내용	요건심리 (형식적 심리)	행정심판의 요건을 갖추었는지에 대한 심리로, 부적법한 경우 보정이 가능하면 직권으로 보정하고(§32①), 보정하지 않거나 불가능하면 각하재결을 함.
	본안심리 (실질적 심리)	행정처분의 위법 · 부당여부를 심리
범위	불고불리의 원칙 (§47①)	① 위원회는 심판청구의 대상이 되는 처분 또는 부작위 외의 사항에 대하여는 재결하지 못한다. → 위원회는 당사자가 청구한 범위 내에서만 심리 · 판단함(행정소송과 동일)**(21군무원9급,16국회8급,16교행9급,15서울9급)**
	불이익변경금지 원칙 (§47②)	② 위원회는 심판청구의 대상이 되는 처분보다 청구인에게 불리한 재결을 하지 못한다.**(21군무원9급,18교행9급,16국가9급)** → 재조사결정에 따른 후속처분이 당초처분보다 불리한 경우, 불이익변경금지원칙에 위반됨(2016두39382).
	법률문제 사실문제 재량문제	행정심판은 법률 · 사실문제에 더하여 재량문제까지 심사할 수 있다는 점에서 행정소송보다 심리 범위가 넓음

1. 행정처분의 취소를 구하는 심판에서도, 처분청은 당초 처분의 근거로 삼은 사유와 기본적 사실관계가 동일성이 인정되는 한도 내에서만 다른 사유를 추가 또는 변경할 수 있는 항고소송의 법리가 그대로 적용된다. **18지방7급**

2. 행정심판법은 집행정지의 요건으로 '회복하기 어려운 손해의 예방'이 아닌, '중대한 손해가 생기는 것을 예방할 것'이라는 완화된 요건을 요구하고 있다. **18국가9급**

3. 행정심판은 집행부정지 원칙을 취하면서도 예외적으로 일정한 요건하에 집행정지를 인정한다. **09국가9급**

2) 심리의 방식

기본원칙	**당사자주의**	행정심판법은 대립 당사자들이 대등한 입장에서 공격 · 방어를 하고, 이를 기초로 심리 · 재결하는 구조를 규정하고 있음.**(19지방·교행9급)**
	처분권주의	행정심판법은 심판의 개시, 결정, 종료를 당사자에게 맡기는 처분권주의를 취하고 있음.**(19지방9급,16지방9급,15서울9급,13지방7급)**
	보충적 직권 심리주의	행정심판위원회는 필요하면 당사자가 주장하지 아니한 사실에 대하여도 심리할 수 있다.(§39)**(19지방9급,19사복9급,13지방7급)** → 위원회는 원칙적으로 변론주의를 따르면서도 보충적으로 직권심리를 인정함.
	구술심리 서면심리	심판위원회의 재량에 따라 구술 또는 서면 심리로 함 **(16서울7급,13지방7급)**(행정소송은 구술심리가 원칙)
	비공개주의	명문 규정 없으나, 비공개주의 택하고 있음 (위원회가 심리와 재결과정을 일반에게 공개하지 않는 것)
절차의 병합, 분리 (§37)	위원회는 필요하면 관련되는 심판청구를 병합하여 심리하거나 병합된 관련 청구를 분리하여 심리할 수 있다.	
판단 기준시	**원칙적**으로 **처분시**를 기준으로 판단하여야 할 것이나, 재결 당시까지 제출된 모든 자료를 종합하여 처분 당시 존재하였던 객관적 사실을 확정하고 그 사실에 기초하여 처분의 위법 · 부당 여부를 판단할 수 있다(99두5092).**(15지방9급)**	
처분사유의 추가 · 변경	**기본적 사실관계의 동일성이 인정되는 한도 내**에서 사유의 추가 · 변경이 **가능함**(2013두26118)**(18국가9급,18지방7급)**	

나. 가구제

집행정지 (§30)	**원칙 집행부정지**	**제30조(집행정지)** ① 심판청구는 처분의 효력이나 그 집행 또는 절차의 속행에 영향을 주지 아니한다.**(20군무원7급,17국가9급)**
	예외 집행정지	② 위원회는 처분, 처분의 집행 또는 절차의 속행 때문에 중대한 손해가 생기는 것을 예방할 필요성이 긴급하다고 인정할 때에는 직권으로 또는 당사자의 신청에 의하여 처분의 효력, 처분의 집행 또는 절차의 속행의 전부 또는 일부의 정지(이하 "집행정지"라 한다)를 결정할 수 있다.**(09국가9급)** → **행정소송보다 요건 완화**함(행정소송법은 '회복하기 어려운 손해'로 규정)**(17국회8급,16사복9급)** ⑦ 위원회는 집행정지 또는 집행정지의 취소에 관하여 심리 · 결정하면 지체 없이 당사자에게 결정서 정본을 송달하여야 한다.**(08국가7급)**

임시 처분 (§31)	**의의**	**(거부)처분이나 부작위에 대해 임시의 지위를 정하는 가구제**로(18국가9급), 위원회는 처분 또는 부작위가 위법 · 부당하다고 상당히 의심되는 경우로서 **처분 또는 부작위 때문에 당사자가 받을 우려가 있는 중대한 불이익이나 당사자에게 생길 급박한 위험을 막기 위하여 임시지위를 정하여야 할 필요가 있는 경우**에는 **직권으로 또는 당사자의 신청에 의하여 임시처분을 결정**할 수 있다(§31①).(22국회8급,21국회8급,19지방9급,18국가9급,18국가7급) 임시처분결정절차에는 집행정지결정의 절차에 관한 규정이 준용된다(§31②).(22국회8급)
	요건 (22국회8급)	㉠ 심판 청구 계속 중(22국회8급), ㉡ 처분의 존재, ㉢ 그 처분이 위법 · 부당하다고 상당히 의심되는 경우, ㉣ 당사자가 받을 우려가 있는 중대한 불이익이나 당사자에게 생길 급박한 위험이 존재, ㉤ 이를 막기 위한 임시처분이 필요해야 함. ㉥ 공공복리에 중대한 미칠 우려가 없어야 하며 ㉦ **집행정지로는 목적을 달성할 수 없는 경우**(보충성원칙)여야 함(§31③).(21소방간부,21행정사,17교행9급,16서울9급,14지방9급,11국가7급)

1. 행정심판법은 행정소송과는 달리 집행정지뿐만 아니라 임시처분도 규정하고 있다. 18국가9급

2. 행정심판위원회는 임시처분을 결정한 후에, 임시처분이 공공복리에 중대한 영향을 미치는 경우에는 직권으로 또는 당사자의 신청에 의하여 이 결정을 취소할 수 있다. 19지방9급

3. 임시처분은 집행정지로 목적을 달성할 수 있는 경우에는 허용되지 않는다. 17교행9급

다. 재결

1) 의의 및 절차

의의	**행정심판청구에 대한 행정심판위원회의 판단**으로, 준법률행위적 행정행위(확인행위 + 재판작용)의 성질을 가지므로, **처분성 인정**되어 **재결 자체에 고유한 위법**이 있는 경우 **행정소송의 대상**이 됨(행정소송법 §19단서).	
절차	**재결 기간** (§45)	① 재결은 제23조에 따라 피청구인 또는 위원회가 심판청구서를 받은 날부터 60일 이내에 하여야 한다. 다만, 부득이한 사정이 있는 경우에는 위원장이 직권으로 30일을 연장할 수 있다.(11국회8급,08지방9급) → 훈시규정(21군무원9급) ② 위원장은 제1항 단서에 따라 재결 기간을 연장할 경우에는 재결 기간이 끝나기 7일 전까지 당사자에게 알려야 한다.
	재결 방식 (§46)	① 재결은 서면으로 한다. ② 제1항에 따른 재결서에는 다음 각 호의 사항이 포함되어야 한다. 1. 사건번호와 사건명, 2. 당사자 · 대표자 또는 대리인의 이름과 주소 3. 주문, 4. 청구의 취지, 5. 이유, 6. 재결한 날짜 ③ 재결서에 적는 이유에는 주문 내용이 정당하다는 것을 인정할 수 있는 정도의 판단을 표시하여야 한다.
	재결의 범위 (§47)	① 위원회는 심판청구의 대상이 되는 처분 또는 부작위 외의 사항에 대하여는 재결하지 못한다. ② 위원회는 심판청구의 대상이 되는 처분보다 청구인에게 불리한 재결을 하지 못한다.(22소방,21소방간부,21행정사)

1. 행정심판위원회는 취소심판청구가 이유있다고 인정하는 경우에도 이를 인용하는 하는 것이 공공복리에 크게 위배된다고 인정되면 그 심판청구를 기각하는 재결을 할 수 있고 이를 사정재결이라 한다. **17국가9급**

절차	**재결서의 송달과 효력 발생** (§48)	① 위원회는 지체 없이 당사자에게 재결서의 정본을 송달하여야 한다. 이 경우 중앙행정심판위원회는 재결 결과를 소관 중앙행정기관의 장에게도 알려야 한다. ② 재결은 청구인에게 제1항 전단에 따라 송달되었을 때에 그 효력이 생긴다. ③ 위원회는 재결서의 등본을 지체 없이 참가인에게 송달하여야 한다. ④ 처분의 상대방이 아닌 제3자가 심판청구를 한 경우 위원회는 재결서의 등본을 지체 없이 피청구인을 거쳐 처분의 상대방에게 송달하여야 한다.

2) 재결의 종류(§43)

<table>
<tr><td>각하 재결</td><td colspan="3">위원회는 심판청구의 요건을 충족하지 않은 부적법한 심판청구에 대해 본안 심리를 거절하는 각하 재결을 함(§43①)</td></tr>
<tr><td rowspan="5">기각 재결</td><td>보통의 기각재결</td><td colspan="2">위원회가 심판청구에 대해 이유가 없다고 인정하면, 원처분을 지지하는 기각 재결을 함.(§43②)</td></tr>
<tr><td rowspan="4">사정 재결
(§44)</td><td>의의</td><td>위원회는 심판청구가 이유가 있다고 인정하는 경우에도
이를 인용하는 것이 공공복리에 크게 위배된다고 인정하면 그 심판청구를 기각하는 재결을 할 수 있는데,
이는 매우 엄격하고 제한적으로 인정됨.(17국가9급)</td></tr>
<tr><td>주문 명시</td><td>위원회는 재결의 주문에서 그 처분 또는 부작위가 위법하거나 부당하다는 것을 구체적으로 밝혀야 한다.(21행정사,15국회8급)</td></tr>
<tr><td>구제 방법</td><td>위원회는 제1항에 따른 재결을 할 때에는 청구인에 대하여 상당한 구제방법을 취하거나 상당한 구제방법을 취할 것을 피청구인에게 명할 수 있다.</td></tr>
<tr><td>적용</td><td>취소, 의무이행심판에만 적용(21지방9급,19소방9급),
무효등확인심판은 적용 X(21지방9급,21군무원7급,18국회8급,17교행9급)</td></tr>
<tr><td rowspan="5">인용 재결</td><td>의의</td><td colspan="2">위원회는 취소심판의 청구가 이유가 있다고 인정하면 처분을 취소 또는 다른 처분으로 변경하거나 처분을 다른 처분으로 변경할 것을 피청구인에게 명하는 인용재결을 함.</td></tr>
<tr><td rowspan="4">종류</td><td rowspan="2">취소심판
(§43③)
(21국가9급, 21국가7급, 21군무원7급)</td><td>처분취소재결, 처분변경재결 → 형성적 재결
처분변경명령재결 → 이행적 재결(15서울9급)
취소명령재결 → 삭제됨(19서울7급)
(거부)처분명령재결 → 허용 X (20국가9급)</td></tr>
<tr><td>'취소'는 전부취소, 일부취소 모두 가능
'변경'은 당 처분의 내용을 적극적으로 유리하게 변경하는 것을 의미함.(19사복9급)</td></tr>
<tr><td>무효등 확인심판
(§43④)</td><td>처분무효 · 유효확인재결,
처분존재 · 부존재확인재결, 실효확인재결</td></tr>
<tr><td>의무이행 심판
(§43⑤)</td><td>처분재결 → 형식적 재결(21국가9급,21군무원7급)
처분명령재결 → 이행적 재결(21국가9급,21군무원7급,16서울7급)</td></tr>
</table>

3) 재결의 효력

가) 행정심판법에 규정이 있는 효력-기속력

제49조(재결의 기속력 등) ① 심판청구를 **인용하는 재결**은 **피청구인**과 그 밖의 **관계 행정청**을 기속한다. → **처분변경명령재결에 따른 변경의무**

② 재결에 의하여 취소되거나 무효 또는 부존재로 확인되는 처분이 당사자의 신청을 거부하는 것을 내용으로 하는 경우에는 그 처분을 한 행정청은 재결의 취지에 따라 다시 이전의 신청에 대한 처분을 하여야 한다.
→ **거부처분에 대한 취소재결에 따른 재처분의무(21지방9급,21국회9급,21소방간부,21국회8급,20국회8급,19지방9급,19국가7급)**

③ 당사자의 신청을 거부하거나 부작위로 방치한 처분의 이행을 명하는 재결이 있으면 행정청은 지체 없이 이전의 신청에 대하여 재결의 취지에 따라 처분을 하여야 한다(**21경행**). → **의무이행심판에서 처분명령재결에 따른 재처분의무**

④ 신청에 따른 처분이 절차의 위법 또는 부당을 이유로 재결로써 취소된 경우에는 제2항을 준용한다. → **취소심판에서 절차하자로 취소된 경우 재처분의무**

⑤ 법령의 규정에 따라 공고하거나 고시한 처분이 재결로써 취소되거나 변경되면 처분을 한 행정청은 지체 없이 그 처분이 취소 또는 변경되었다는 것을 공고하거나 고시하여야 한다.**(22소방,20지방7급)**

⑥ 법령의 규정에 따라 처분의 상대방 외의 이해관계인에게 통지된 처분이 재결로써 취소되거나 변경되면 처분을 한 행정청은 지체 없이 그 이해관계인에게 그 처분이 취소 또는 변경되었다는 것을 알려야 한다.

의의	피청구인인 행정청이나 관계 행정청이 **인용재결**의 취지에 구속되는 효력으로, 이에 위반한 처분은 **무효**임. **각하, 기각 재결에는 인정 X(21지방9급,18서울9급)**		
효력	**소극적**	**반복 금지 의무**	**기본적 사실관계가 동일한 사정** 하에서 동일한 사유로 동일인에 대해 **동일 처분 반복해서는 안됨.(21군무원9급)**
	적극적	**재처분 의무**	§49①~④
		결과제거 의무	취소,무효확인 등 재결이 있은 후에, 당 처분과 관련하여 행해진 후속처분 등에 의한 법률·사실관계는 위법하게 되므로, 처분청은 이를 원상회복해야 함.**(21군무원9급)**
	취소 · 변경된 처분의 공고의무(§49⑤,⑥)**(16교행9급)**		
범위	**주관적**	**피청구인인 행정청, 그 밖의 모든 관계행정청**(§49①)	
	객관적	**재결의 주문 및 그 전제가 된 요건사실의 인정과 효력의 판단(기본적 사실관계가 동일한 경우)에 대해서만 미침(21지방9급,19국가7급)**	
	시간적	**처분시**를 기준으로 그때까지 존재한 처분사유에만 미치고, 처분시 이후에 생긴 사유에는 미치지 않으므로 동일한 처분하는 것 가능 단, 의무이행심판은 재결시를 기준으로 함.	

1. 처분취소재결의 경우 행정처분은 별도의 처분을 기다릴 것 없이 당연히 효력이 소멸된다. **18경행**

2. 판례는 처분의 절차적 위법사유로 인용재결이 있었으나, 행정청이 절차적 위법사유를 시정한 후 종전과 같은 처분을 하는 것은 재결의 기속력에 반하지 않는다고 본다. **17사복9급**

3. 재결의 기속력은 주문 및 그 전제가 된 요건사실의 인정과 판단에만 미친다. **19국가7급**

4. 인용재결이 있는 경우 처분청은 그러한 재결에 기속되므로 이에 불복하여 취소소송을 제기할 수 없다. **13지방9급**

1. 행정심판위원회는 처분이행명령재결이 있음에도 피청구인이 처분을 하지 않은 경우, 당사자의 신청에 의해 기간을 정하여 서면으로 시정을 명하고, 그 기간 안에 이행하지 않으면 원칙적으로 직접 처분을 할 수 있다. **19서울7급**

기속력 확보수단	**위원회의 직접처분** (§50)	**의의 및 요건**	**의무이행재결**의 실효성을 확보하기 위한 제도로, ㉠ 행정심판위원회의 처분명령재결에도 불구하고, **처분청이 처분을 하지 않는 경우,** ㉡ **청구인의 신청**에 따라 위원회는 **기간을 정하여 서면으로 시정을 명하고**(20국가9급,19서울9급,15국회8급,11국가7급 등), ㉢ 행정청이 **그 기간 내에 시정명령을 이행하지 않은 경우, 위원회가 직접 당해 처분을 할 수 있는 제도**임.(21경행,21경행,20국가9급,19서울7급,17교행9급)
		한계	**처분의 성질이나 불가피한 사유로 위원회가 직접 처분을 할 수 없는 경우 → 직접처분 불가** (예 : 재량행위, 자치사무, 정보비공개결정에 대한 정보공개명령재결(21국가7급), 의무이행재결 이후의 사정변경 등)
		행정청의 후속조치	② 위원회는 제1항 본문에 따라 직접 처분을 하였을 때에는 그 사실을 **해당 행정청에 통보하여야 하며, 그 통보를 받은 행정청은 위원회가 한 처분을 자기가 한 처분으로 보아** 관계 법령에 따라 **관리 · 감독 등 필요한 조치**를 하여야 한다.(14지방9급)
	간접강제 (§50의2)		① 위원회는 피청구인이 **거부처분에 대한 취소재결, 무효 · 부존재확인재결(§49②), 의무이행심판에서 처분명령재결(§49③), 취소심판에서 절차하자로 인한 인용재결(§49④)**에 따른 처분을 하지 않으면, **청구인의 신청에 의하여** 결정으로 **상당한 기간**을 정하고 피청구인이 그 기간 내에 이행하지 아니하는 경우에는 그 **지연기간에 따라 일정한 배상**을 하도록 명하거나 **즉시 배상**을 할 것을 명할 수 있다.(22국회8급) ② 위원회는 사정의 변경이 있는 경우에는 당사자의 신청에 의하여 제1항에 따른 결정의 내용을 변경할 수 있다. → 직권 아님.(22국회8급,21지방9급) ③ 위원회는 제1항 또는 제2항에 따른 결정을 하기 전에 신청 상대방의 의견을 들어야 한다(22국회8급,21소방간부,21경행,19경행,18국가7급,18서울7급) → **변경명령재결에 대하여는 간접강제 X.**(21국회9급) ④ 청구인은 제1항 또는 제2항에 따른 결정에 불복하는 경우 그 결정에 대하여 행정소송을 제기할 수 있다.(22국회8급,20국회9급,19지방9급,18국가7급,18서울7급,14지방9급) ⑤ 제1항 또는 제2항에 따른 결정의 효력은 **피청구인인 행정청이 소속된 국가 · 지방자치단체 또는 공공단체**에 미치며(21국가7급), **결정서 정본**은 제4항에 따른 소송제기와 관계없이 **「민사집행법」에 따른 강제집행에 관하여는 집행권원과 같은 효력을 가진다.**(21소방간부) 이 경우 집행문은 위원장의 명에 따라 위원회가 소속된 행정청 소속 공무원이 부여한다.(22국회8급,21국가7급) ⑥ 간접강제 결정에 기초한 강제집행에 관하여 이 법에 특별한 규정이 없는 사항에 대하여는 「민사집행법」의 규정을 준용한다. 다만, 「민사집행법」 제33조(집행문부여의 소), 제34조(집행문부여 등에 관한 이의신청), 제44조(청구에 관한 이의의 소) 및 제45조(집행문부여에 대한 이의의 소)에서 관할 법원은 피청구인의 소재지를 관할하는 행정법원으로 한다.

나) 행정심판법에 규정이 없지만 인정되는 효력

개설	행정심판법은 재결의 효력에 대해 기속력 및 이에 대한 직접처분과 간접강제 규정만 두고 있으나, 재결은 행정행위의 하나로서 불가쟁력 등의 효력이 인정되며, 준사법적 작용으로서 불가변력, 형성력 등의 효력 역시 인정됨.
불가쟁력	심판 당사자에 대한 구속력으로, 심판당사자들은 위원회의 재결에 대해 불복하여 다시 행정심판을 청구할 수 없으나, 재결 자체에 고유한 위법이 있다면 행정소송법 §19단서에 따라 행정소송제기가 가능함(단, 제소기간은 지켜야 함) 즉, 재결 자체에 고유한 위법이 없으면 행정소송 제기가 불가능하다는 의미
불가변력	심판 기관에 대한 구속력으로, **일단 재결이 있은 후에는 그것이 위법, 부당하여도 위원회 스스로 그 재결을 취소·재결을 할 수 없다.(08국회8급)** 단, 기각재결의 경우, 처분청은 정당한 이유가 있는 경우 직권으로 당 처분을 취소·변경할 수 있음.
형성력	형성적 성질을 갖는 **취소, 변경, 처분재결에서만 발생하는 효력**으로, 재결의 내용에 따라 새로운 법률관계의 발생이나 기존의 법률관계에 변경·소멸을 가져오며**(17서울9급)**, 대세효 역시 인정된다.
기판력	행정심판의 재결은 **기판력 인정 X(21지방9급,18서울7급,18국가9급)** **판례** 행정심판의 재결은 피청구인인 행정청을 기속하는 효력을 가지므로 재결청이 취소심판의 청구가 이유 있다고 인정하여 처분청에 처분을 취소할 것을 명하면 처분청으로서는 재결의 취지에 따라 처분을 취소하여야 하지만, 나아가 재결에 판결에서와 같은 기판력이 인정되는 것은 아니어서 **재결이 확정**된 경우에도 처분의 기초가 된 사실관계나 법률적 판단이 확정되고 당사자들이나 법원이 이에 **기속되어 모순되는 주장이나 판단을 할 수 없게 되는 것은 아니다**(2013다6759).**(21지방9급,21경행)**

1. 의무이행심판에 관한 재결이 있게 되면, 재결기관은 그것이 위법·부당하다고 생각되는 경우에도 스스로 이를 취소 또는 변경할 수 없고 이를 불가변력이라 한다. **08국회8급**

2. 판례에 의하면 행정심판의 재결은, 판결에서와 같은 기판력이 인정되지 않는다. **18서울7급**

라. 조정

제43조의2(조정) ① 위원회는 당사자의 권리 및 권한의 범위에서 **당사자의 동의**를 받아 심판청구의 신속하고 공정한 해결을 위하여 조정을 할 수 있다. 다만, 그 조정이 공공복리에 적합하지 아니하거나 해당 처분의 성질에 반하는 경우에는 그러하지 아니하다.**(21국회8급,21행정사,18국가7급)**

② 위원회는 제1항의 조정을 함에 있어서 심판청구된 사건의 법적·사실적 상태와 당사자 및 이해관계자의 이익 등 모든 사정을 참작하고, 조정의 이유와 취지를 설명하여야 한다.

③ 조정은 당사자가 합의한 사항을 **조정서에 기재**한 후 **당사자가 서명 또는 날인**하고 **위원회가 이를 확인**함으로써 성립한다.**(21경행,20지방7급)**

④ 제3항에 따른 조정에 대하여는 제48조부터 제50조(재결의 송달과 효력 발생, 재결의 기속력 등, 위원회의 직접 처분)까지, 제50조의2, 제51조(향정심판 재청구의 금지)의 규정을 준용한다.**(21경행)**

마. 재결에 대한 불복

재심판청구의 금지 (§51)	기판력이 인정되진 않으나, **당해 재결 및 동일한 처분 또는 부작위에 대해 다시 행정심판을 청구할 수 없다**(§51).**(21지방9급,21소방간부,17국회8급,17지방7급,16지방9급)** → 기판력은 확정된 재판에 대한 구속력이므로 재결에는 기판력이라는 효력 자체가 미치지 않음.
행정소송	• 행정심판의 청구인은 **각하, 기각, 일부인용재결**(일부취소,변경,변경명령재결)에 재결자체에 고유한 위법이 있다는 이유로 **불복**하는 경우(제3자효 행정행위에서 처분의 상대방인 행정심판의 **제3자는 인용재결**에 불복하는 경우), **항고소송**을 제기할 수 있다. • **재결자체에 고유한 위법이 없는 경우임에도 불구하고 불복한 경우, 판례와 다수설은 기각**해야 한다고 함.

바. 증거서류 등의 반환

위원회는 재결을 한 후 증거서류 등의 반환 신청을 받으면 신청인이 제출한 문서 · 장부 · 물건이나 그 밖의 증거자료의 원본(原本)을 지체 없이 제출자에게 반환하여야 한다(행정심판법§55).

사. 행정심판의 고지

1) 고지의 의의 및 유형

제58조(행정심판의 고지) ① 행정청이 처분을 할 때에는 처분의 상대방에게 다음 각 호의 사항을 알려야 한다.

1. 해당 처분에 대하여 행정심판을 청구할 수 있는지
2. 행정심판을 청구하는 경우의 심판청구 절차 및 심판청구 기간

② 행정청은 이해관계인이 요구하면 다음 각 호의 사항을 지체 없이 알려 주어야 한다. 이 경우 서면으로 알려 줄 것을 요구받으면 서면으로 알려 주어야 한다.

1. 해당 처분이 행정심판의 대상이 되는 처분인지
2. 행정심판의 대상이 되는 경우 소관 위원회 및 심판청구 기간

의의	행정청이 처분을 할 때에 상대방 등에게 그 처분에 대해 행정심판을 청구할 수 있는지, 심판청구의 절차 및 기간 등을 미리 알려주어야 하는 제도로, 현행법상 고지제도는 행정심판법, 행정절차, 정보공개법에 규정되어 있음. 한편, 행정절차법에는 고지의무를 이행하지 않은 경우에 대한 제재 규정이 없음 **(10국회9급)**
성질	**비권력적 사실행위로, 처분 아님.**

		직권고지(§58①)	신청고지(§58②)
유형	주체	국가, 지자체의 행정청	당해 처분의 이해관계인
	상대방	처분의 직접 상대방	이해관계인 (제3자효 행정행위의 제3자 등)
	방법	제한 없음	서면으로 신청받은 경우, 서면으로
	시기	명문 규정은 없으나, 처분시에 서면으로 하는 것이 바람직함.	요구시 지체없이(=행정심판을 제기하는 데 지장을 주지 않을 합리적인 기간)
	내용	청구가능여부, 청구절차, 청구기간	심판대상여부, 소관위원회, 청구기간

2) 고지위반의 효과

<table>
<tr><td>고지위반시 효과</td><td colspan="3">고지의무를 이행하지 않거나, 잘못된 고지를 했더라도 처분 자체가 위법하게 되는 것 아님(87누529)(12국회8급)</td></tr>
<tr><td rowspan="5">청구 기간의 불고지 · 오고지</td><td rowspan="2">불고지</td><td>제출기관을 알리지 않은 경우</td><td>행정청이 고지를 하지 아니하거나 잘못 고지하여 청구인이 심판청구서를 다른 행정기관에 제출한 경우에는 그 행정기관은 그 심판청구서를 지체 없이 정당한 권한이 있는 피청구인에게 보내야 한다(§23②).
이 경우, 심판청구 기간을 계산할 때에는 심판권한 없는 행정기관에 심판청구서가 제출되었을 때에 행정심판이 청구된 것으로 본다(§23④).</td></tr>
<tr><td>청구기간을 알리지 않은 경우</td><td>처분이 있었던 날부터 180일 이내에 심판청구가능 (§27⑥)(20국회8급,19서울9급,15지방9급)
판례 행정청이 행정처분을 하면서 그 개별 법률상 심판청구기간을 고지하지 아니하였다면 그 개별 법률에서 정한 심판청구기간이 아니라 행정심판법 §27⑥에 따라 처분이 있었던 날부터 180일 이내에 행정심판을 청구할 수 있다 (92누565).(15서울9급)</td></tr>
<tr><td rowspan="3">오고지</td><td colspan="2">오고지 규정은 행정심판법에만 규정되어 있으므로, 행정소송절차에서는 해당 규정이 적용되지 않음.</td></tr>
<tr><td>제출기관을 오고지한 경우</td><td>불고지의 경우와 동일</td></tr>
<tr><td>청구기간을 오고지 한 경우</td><td>행정청이 심판청구 기간을 실제보다 긴 기간으로 잘못 알린 경우 그 잘못 알린 기간 내에 행정심판 청구 하면 된다(§27⑤).(10서울9급)
짧게 고지한 경우에는 원래의 법정 기간 내에 심판청구 하면 됨.</td></tr>
</table>

1. 행정청이 처분을 하면서 상대방에게 그 처분에 대하여 행정심판을 제기할 수 있다는 내용 등을 고지하지 않은 경우에도, 해당 처분 자체가 위법하게 되는 것은 아니다. **12국회8급**

2. 행정청이 심판청구기간을 고지하지 않은 경우에는 당사자가 처분이 있음을 알았다고 하더라도, 처분이 있었던 날부터 180일 이내에 취소심판이나 의무이행심판을 제기할 수 있다. **19서울9급**

3. 행정청이 행정심판 청구기간을 착오로 실제보다 긴 기간으로 잘못 알린 경우, 당사자는 그 잘못 고지된 기간 내에 행정심판을 청구하면 청구 기간을 준수한 것으로 본다.

청구 기간의 불고지 · 오고지	오고지	행정심판전치의 불요	처분을 행한 행정청이 행정심판을 거칠 필요가 없다고 잘못 알린 때에는 행정심판을 제기함이 없이 행정소송을 제기할 수 있다(행정소송법 제18조 제3항 제4호).

4 이의신청과 처분의 재심사

2021년 행정기본법에서 이의신청과 처분의 재심사 부분이 신설됨(시행일 2023. 3. 24.)

처분에 대한 이의신청 (§36)	① 행정청의 **처분**(「행정심판법」 제3조에 따라 같은 법에 따른 행정심판의 대상이 되는 처분을 말한다. 이하 이 조에서 같다)에 이의가 있는 당사자는 **처분을 받은 날부터 30일 이내**에 해당 행정청에 이의신청을 할 수 있다. ② 행정청은 제1항에 따른 이의신청을 받으면 그 신청을 받은 날부터 14일 이내에 그 이의신청에 대한 결과를 신청인에게 통지하여야 한다. 다만, 부득이한 사유로 14일 이내에 통지할 수 없는 경우에는 그 기간을 만료일 다음 날부터 기산하여 10일의 범위에서 한 차례 연장할 수 있으며, 연장 사유를 신청인에게 통지하여야 한다. ③ 제1항에 따라 **이의신청을 한 경우에도 그 이의신청과 관계없이 「행정심판법」에 따른 행정심판 또는 「행정소송법」에 따른 행정소송을 제기할 수 있다.** ④ **이의신청에 대한 결과를 통지받은 후 행정심판 또는 행정소송을 제기하려는 자는 그 결과를 통지받은 날**(제2항에 따른 통지기간 내에 결과를 통지받지 못한 경우에는 같은 항에 따른 통지기간이 만료되는 날의 다음 날을 말한다)**부터 90일 이내에 행정심판 또는 행정소송을 제기할 수 있다.** ⑤ **다른 법률에서 이의신청과 이에 준하는 절차에 대하여 정하고 있는 경우에도 그 법률에서 규정하지 아니한 사항에 관하여는 이 조에서 정하는 바에 따른다.** ⑥ 제1항부터 제5항까지에서 규정한 사항 외에 이의신청의 방법 및 절차 등에 관한 사항은 대통령령으로 정한다. ⑦ 다음 각 호의 어느 하나에 해당하는 사항에 관하여는 **이 조를 적용하지 아니한다.** 1. 공무원 인사 관계 법령에 따른 징계 등 처분에 관한 사항 2. 「국가인권위원회법」 제30조에 따른 진정에 대한 국가인권위원회의 결정 3. 「노동위원회법」 제2조의2에 따라 노동위원회의 의결을 거쳐 행하는 사항 4. 형사, 행형 및 보안처분 관계 법령에 따라 행하는 사항 5. 외국인의 출입국 · 난민인정 · 귀화 · 국적회복에 관한 사항 6. 과태료 부과 및 징수에 관한 사항
처분의 재심사 (§37)	① 당사자는 **처분(제재처분 및 행정상 강제는 제외한다. 이하 이 조에서 같다)이 행정심판, 행정소송 및 그 밖의 쟁송을 통하여 다툴 수 없게 된 경우**(법원의 확정판결이 있는 경우는 제외한다)**라도 다음 각 호의 어느 하나에 해당하는 경우에는 해당 처분을 한 행정청에 처분을 취소 · 철회하거나 변경하여 줄 것을 신청할 수 있다.** 1. 처분의 근거가 된 사실관계 또는 법률관계가 추후에 당사자에게 유리하게 바뀐 경우 2. 당사자에게 유리한 결정을 가져다주었을 새로운 증거가 있는 경우 3. 「민사소송법」 제451조에 따른 재심사유에 준하는 사유가 발생한 경우 등 대통령령으로 정하는 경우

처분의 재심사 (§37)	② 제1항에 따른 신청은 해당 처분의 절차, 행정심판, 행정소송 및 그 밖의 쟁송에서 **당사자가 중대한 과실 없이 제1항 각 호의 사유를 주장하지 못한 경우에만 할 수 있다.** ③ 제1항에 따른 신청은 당사자가 제1항 **각 호의 사유를 안 날부터 60일 이내**에 하여야 한다. 다만, **처분이 있은 날부터 5년**이 지나면 신청할 수 없다. ④ 제1항에 따른 신청을 받은 행정청은 특별한 사정이 없으면 신청을 받은 날부터 90일(합의제행정기관은 180일) 이내에 처분의 재심사 결과(재심사 여부와 처분의 유지 · 취소 · 철회 · 변경 등에 대한 결정을 포함한다)를 신청인에게 통지하여야 한다. 다만, 부득이한 사유로 90일(합의제행정기관은 180일) 이내에 통지할 수 없는 경우에는 그 기간을 만료일 다음 날부터 기산하여 90일(합의제행정기관은 180일)의 범위에서 한 차례 연장할 수 있으며, 연장 사유를 신청인에게 통지하여야 한다. ⑤ 제4항에 따른 **처분의 재심사 결과 중 처분을 유지하는 결과에 대해서는 행정심판, 행정소송 및 그 밖의 쟁송수단을 통하여 불복할 수 없다.** ⑥ **행정청의 제18조에 따른 취소와 제19조에 따른 철회는 처분의 재심사에 의하여 영향을 받지 아니한다.** ⑦ 제1항부터 제6항까지에서 규정한 사항 외에 처분의 재심사의 방법 및 절차 등에 관한 사항은 대통령령으로 정한다. ⑧ 다음 각 호의 어느 하나에 해당하는 사항에 관하여는 **이 조를 적용하지 아니한다.** 1. 공무원 인사 관계 법령에 따른 징계 등 처분에 관한 사항 2. 「노동위원회법」 제2조의2에 따라 노동위원회의 의결을 거쳐 행하는 사항 3. 형사, 행형 및 보안처분 관계 법령에 따라 행하는 사항 4. 외국인의 출입국 · 난민인정 · 귀화 · 국적회복에 관한 사항 5. 과태료 부과 및 징수에 관한 사항 6. 개별 법률에서 그 적용을 배제하고 있는 경우